新编21世纪经济学系列教材

经济思想史

第四版

张旭昆 编著

The History of Economic Thought in Western World

中国人民大学出版社
·北京·

图书在版编目（CIP）数据

经济思想史 / 张旭昆编著. --4 版. --北京 ：中国人民大学出版社，2023.9
新编 21 世纪经济学系列教材
ISBN 978-7-300-31744-1

Ⅰ. ①经… Ⅱ. ①张… Ⅲ. ①经济思想史－西方国家－高等学校－教材 Ⅳ. ①F091

中国国家版本馆 CIP 数据核字（2023）第 096859 号

新编 21 世纪经济学系列教材
经济思想史（第四版）
张旭昆　编著
Jingji Sixiangshi

出版发行	中国人民大学出版社		
社　　址	北京中关村大街 31 号	邮政编码	100080
电　　话	010－62511242（总编室）		010－62511770（质管部）
	010－82501766（邮购部）		010－62514148（门市部）
	010－62511173（发行公司）		010－62515275（盗版举报）
网　　址	http://www.crup.com.cn		
经　　销	新华书店		
印　　刷	北京七色印务有限公司	版　　次	2012 年 10 月第 1 版
开　　本	787 mm×1092 mm　1/16		2023 年 9 月第 4 版
印　　张	26.5 插页 1	印　　次	2025 年 5 月第 4 次印刷
字　　数	608 000	定　　价	59.00 元

内容简介

本书主要介绍西方非马克思主义经济学自诞生起到20世纪30年代为止的发展过程。包括古希腊与古罗马的经济思想、欧洲中世纪的经济思想、资本主义早期的重商主义思潮、18世纪70年代到19世纪70年代的古典经济学、从边际革命开始的新古典经济学，一直到凯恩斯革命。它涉及几乎所有重要的西方经济学家，包括经济学鼻祖斯密、当代微观经济学的奠基人马歇尔、当代宏观经济学的奠基人凯恩斯等。本版新增的附录“凯恩斯以后西方经济学发展概览”，粗略介绍了20世纪30年代以后西方经济学在研究对象及研究方法方面的发展变化、微观经济学和宏观经济学的发展变化等。

本书的特点如下：一是力求以原生态方式介绍西方经济学家的思想。例如对斯密的介绍，侧重于其关于如何发展经济的观点。二是尽可能用今天的眼光审视他们的功过是非。例如对萨伊的收入分配理论，用今天的眼光看待其优缺点，不做教条式的批判。三是力求通俗易懂，深入浅出。

作者简介

张旭昆　1982年2月本科毕业于杭州大学经济系。现任浙江财经大学经济学院讲座教授；曾任浙江工商大学经济学院、浙江大学经济学院、宁波大学商学院教授，浙江工商大学、浙江大学博士生导师，宁波大学商学院院长。治学原则：独立之精神，自由之思想，求实之态度，创新之激情。主要论著：《思想市场论》《制度演化分析导论》《西洋经济思想史新编》《经济思想通史》（合著）。获2005年度浙江省哲学社会科学优秀成果一等奖。

前言

本书主要介绍从古希腊开始一直到 20 世纪 30 年代为止，西方非马克思主义经济学的发展过程，包括古希腊与古罗马的经济思想、欧洲中世纪的经济思想、资本主义早期的重商主义思潮、从 18 世纪 70 年代到 19 世纪 70 年代的古典经济学体系和德国的历史主义思潮，以及边际革命以后一直到凯恩斯革命的经济思想。本书涉及几乎所有重要的西方经济学家，包括经济学鼻祖亚当·斯密、当代微观经济学的奠基人马歇尔、当代宏观经济学的奠基人凯恩斯等。

本书的特点，一是力求以原生态方式介绍西方经济学家的思想，二是尽可能用今天的眼光重新审视他们的功过是非。以往的类似书籍经常拘泥于某一专题来介绍其发展脉络，其结果往往一叶障目，使读者无法了解那些经济学家的主要思想。例如，对于亚当·斯密的介绍往往侧重于其价值理论，而对于其主要的关于如何发展经济的观点反而语焉不详。同时，由于受意识形态教条的束缚，对一些经济学家的评价不能适应今天的需要。例如，对于萨伊的分配理论往往只做负面评价，而用今天的眼光来看，萨伊何错之有?

随着我国市场经济的逐步建立，以研究市场经济为专长的西方经济学，对于一般国民了解市场经济的运行机制，了解政府如何调控宏观经济、规制微观市场，都具有重要的参考价值。今天的西方经济学是西方经济思想长期发展的结果，要深入了解今天的西方经济学，更离不开对它的历史的了解和掌握。

本书写作力求通俗易懂，深入浅出，在介绍经济思想的同时，适当介绍了当时的社会背景，以便读者更好地理解这些思想形成的社会原因。

在中国共产党第二十次全国代表大会上，大会报告提出要实现中国式现代化，以中国式现代化推进中华民族伟大复兴。要实现这一目标，同样需要我们了解西方经济学及其历史发展，以便从中汲取能为我们所用的知识，他山之石，可以攻玉。

本书可供经济学专业的本科生、研究生作为参考读物，还可供学习、研究一般思想史的人员作为入门读物。

本书不少内容取材于蒋自强先生领衔著述的四卷本《经济思想通史》。当然，书中存在的一切不足，皆由本人负责。

张旭昆

四改于杭州西湖区嘉绿西苑醉仙斋

目录

第八章
边际革命中的英国经济学家

第九章
边际革命中的奥地利学派

第十章
边际革命与洛桑学派：一般均衡的缔造者

第十一章
马歇尔：当代微观经济学的奠基人

第十二章
威克塞尔与瑞典学派

绪 论

一、为何要了解经济思想史

经济思想史就是介绍、研究经济思想发展演化的历史。为何要了解、研究经济思想的历史?

一门学科的逻辑体系越完善，对其学科发展历史的了解就显得越不必要，思想史的课程就越无地位。从单纯的学以致用的目标出发，对于逻辑体系完善的学科，学生掌握其逻辑推导过程，就足以掌握其基本原理。只有逻辑体系欠完善的学科，似乎才有必要了解其思想史。

但从发展一门学科的目标出发，即便是逻辑体系完善的学科，仅仅掌握其逻辑推导过程也仍然不够。尤其是社会科学，它与自然科学的最大不同之处在于自然科学的发展不会改变自然法则，而社会科学的发展会引起人们行为方式的改变，从而引起许多社会法则的变化，导致许多前所未有的社会现象和社会问题。因此，根据先前社会现象发展起来的社会科学，即便具有完善的逻辑体系，也往往难以解释新的社会现象和解决新的社会问题。

经济学是一门会改变人们行为方式的学科，它与实际经济生活形成一种正反馈的互动过程。在此过程中常会出现一些原有经济理论难以解释的新现象。20 世纪 30 年代的大萧条使马歇尔的理论难堪，20 世纪 70 年代的滞胀让凯恩斯的理论蒙羞。

当主流经济学可以为当前经济现象提供令人信服的解释、为当前经济政策提供有效的论证时，了解经济思想史似乎没有多大必要。然而，一旦主流经济学不能胜任，了解经济思想史的必要性就凸显出来。居安思危，从长远看，为了推进经济科学的发展，那些愿意献身于经济学的学子完全有必要了解经济思想的发展历史。因为在经济思想发展过程中常常会出现一些虽然在当时未能取得主流地位，但对于解释以后出现的经济现象颇有启示作用的思想“基因”。整个经济思想史就是一个经济思想的“基因库”。它是一个丰富的宝库，其中有许多暂时不为当前的主流思想所接纳的理论观点。但是在社会面临新问题时，这些理论观点往往能够给人以启迪，帮助经济学家解释新现象、解决新问题。

面对人类社会不确定的未来，许多曾经非常有效的主流经济思想观点可能会由于新现象的出现而失去解释能力，而以往被人们认为无用的甚至错误的异端经济思想却反而可能会发挥效力。所以，了解历史上曾经产生过哪些经济思想观点，对于经济学家在面临前所未有的新问题时发挥创造性、推出新的思想产品具有重要意义。马歇尔的供求均衡价格论在17世纪的洛克和19世纪的马尔萨斯、萨伊那儿就已经萌芽，凯恩斯的有效需求理论也早在17世纪的曼德维尔、19世纪的马尔萨斯和20世纪初的桑巴特那儿草创。马歇尔和凯恩斯对经济学发展的巨大贡献实际上都是他们在熟谙经济思想史的基础上推陈出新的结果。

同时，了解经济思想的历史，有助于了解思想产品的生产规律，了解经济思想发展演化的特征，了解在什么条件下才能够有效地生产思想产品，了解政府采用何种政策才能更有效地促进思想产品的生产。

自2008年美国金融危机以来，使世界经济难以复苏的主权债务病症似乎再次表明，经济学永远不可能得到一个一劳永逸的、能解释所有经济现象、能解决所有经济问题的通用原理，永远需要通过重温历史寻求新的知识。

经济理论的发展一般以亚当·斯密1776年出版《国富论》为开端。而后，经济学在英国维持了近两个世纪的兴旺发展趋势，一直到凯恩斯革命。在此期间经历了三次革命和两次综合：亚当·斯密经济学自由主义革命、边际革命、凯恩斯革命；约翰·斯图亚特·穆勒综合和马歇尔综合。在这段时间，英国经济学一直保持全球领先地位。重要原因除了英国是当时第一个实行了工业革命的国家外，还由于英国经济学界一直保持宽容、开放、多元的状态。

英国（包括爱尔兰）在很长一段时间里，除了经济学界公认的亚当·斯密，在经济学领域没有一个由政府钦定的权威，更没有经济学的统编教材、统一试卷；各个大学都允许本校自己的经济学者宣传个人的学术观点。每个学者都可以有自己的观点，可以有自己的粉丝。学者相互之间可以公开争论。最著名的就是19世纪初期李嘉图与马尔萨斯之间长达数年的争论，以及李嘉图的几位捍卫者与质疑李嘉图的其他学者之间的争论；还有边际革命时杰文斯对古典经济学的揭竿而起。这些自由的讨论为后来经济学的发展留下了许多有价值的思想遗产或思想基因，为英国经济学在此后一个多世纪的兴旺发达奠定了扎实的基础。

对照法国和德国，我们可以看到如下景象。

虽然法国紧随英国开始了工业化进程，法国经济学家萨伊早在1803年就出版了《政治经济学概论》，宣传亚当·斯密的经济自由主义，而且这种经济自由主义传统也一直被萨伊的几代教席继承人延续，形成一个崇尚自由主义的萨伊学派，但是由于法国的教育制度规定大学生必须通过国家规定的统一考试才能毕业，这就束缚了法国经济学教授们的独立发展、自由思想。同时，法国经济学界被萨伊学派垄断，就连当时法国唯一的经济学出版社也由萨伊学派掌控。萨伊学派最重要的成果就是由萨伊教席的第三任继承者舍瓦利埃于1860年代表法国与英国签订的旨在实施自由贸易的英法条约——《科布登-舍瓦利埃条约》。这只能算是应用型实践性的成果，而非理论性的成果。这种学术垄断的结果之一就是提出双寡头理论的古诺在当时的法国几乎没有知音，更不用说去大学教授经济学了；另一个结果就是瓦尔拉斯由于无法在法国得到教席，只得去了瑞士洛桑大学。颇具讽刺意味的是，主张自由主义的萨伊学派一旦垄断了法国的经济学思想市场，竟然使得法国的经济学发展大受困厄，墙里开花只能在墙外香。

德国在法国之后也于 19 世纪中叶开始了工业化进程。虽然德国历史学派对英国古典经济学的自由贸易主张表示了反对意见，表现出标新立异，对英国古典经济学的研究方法——以演绎推理为主——也表示了不同的看法，但是在该学派统治德国经济学界的近一百年中，留下的值得继承的思想成果，除了斯塔克尔伯格的双寡头理论和杜能、韦伯等人的产业区位理论外，实在乏善可陈。究其原因，德国大学是政府附属机构，教授的遴选必须通过政府程序，尤其是在 19 世纪下半叶，各校经济学教授的选择必须经过新历史学派的领军人物、教育界在政府的代表施莫勒的认可。由此，非历史学派的经济学家哪里还有出头之日。

法国和德国 19 世纪经济学理论发展的历史说明，尽管工业化进程产生的大量实际问题尚有待解决，但如果没有宽容、开放、多元的学术氛围，大学的经济学教育定于一尊，学生的毕业必须面对一张统一考卷，教师的晋级必须遵循统一的评审标准，那么经济理论的发展必将大受束缚。

相反，西方 20 世纪 30 年代围绕社会主义的可行性问题，米塞斯、哈耶克和泰勒、兰格等左右派经济学家展开了一场自由的大争论。虽然这场争论对当时东西方的经济政策几乎都没有产生什么即时的影响，但是争论双方所提出的理论观点对后来经济学的发展产生了深远影响，对几十年后苏东及中国的经济体制改革起到了重要的启示作用，深刻地影响到了改革的政策走向。

历史证明并将继续证明：宽容、开放、多元是经济学的繁荣之路；而独尊、封闭、一元是经济学的死亡之路。

二、经济思想史的三种研究视角

经济思想如何发展演化，这既是一个科学考古学问题，又是一个科学心理学问题，也是一个科学社会学问题。

从**科学考古学**的视角出发，首先需要厘清基本史实：何时何人在何处出版了何种论著、发表了何种观点，以后又在何时何地影响到何人。这就需要以编年史为基础，进一步梳理各种经济思想观点的传承脉络，为各位经济学家和各种经济思想观点建立“家谱”。

作为科学考古学的经济思想史，可以大致分为通史和专题史两大类。

通史需要阐述古今中外整个经济思想发展演化的历史过程，其代表作有蒋自强先生领衔著述、浙江大学出版社 2003 年出版的四卷本《经济思想通史》；还有专门阐述某个地区自古至今的经济演化历程的经济思想史，如外国经济思想史、中国经济思想史等，其代表作有约瑟夫·熊彼特的三卷本《经济分析史》、胡寄窗的《中国经济思想史》、赵靖和石世奇的《中国经济思想通史》等。

专题史有两种：一种是把整个经济思想分解成若干组成部分，然后专注于某个经济学论域或论点、某个流派的发展历史，其代表作有马克思的《剩余价值学说史》、张培刚和厉以宁的《微观宏观经济学的产生和发展》、安道尔·马加什的《现代非马克思主义经济学史》、晏智杰的《经济学中的边际主义》等。另一种则是把时间进行分段，专门研究某个时段（往往是一些重要时段）的经济思想，其代表作有布莱克等人的《经济学的边际革命》等。

从**科学心理学**的视角出发，经济思想史主要是研究单个经济学家（往往是一些重要经济学家）的思想脉络和心路历程，其成果往往是一些重要经济学家的个人生平传记和思想传记，如凯恩斯的《阿尔弗雷德·马歇尔传》等。当然，从这一视角出发，还应当研究那些重要经济学家涌现出新观点的心理过程，即创新的心理过程，以便概括出经济学家创新活动的一般规律。这是一个有待进一步开发的研究领域。

从**科学社会学**的视角出发，经济思想史就是要探讨导致经济思想发展演化的社会因素，探讨什么样的社会环境（制度环境、经济环境、政治环境、文化环境）更有利于经济思想的创新和发展。对此，在非常抽象的层次上，经济学家可以借助思想产品的供求模式或思想市场来分析经济思想的发展演化。①

与物质产品相比较，思想产品具有五个特征：公共性、单件性（或斥重复性）、意义的模糊性、效用的不确定性和外部性。

经济学思想市场上的需求方可以大致分为相对独立的三类主体：政府、公众和专业学术团体。这三类主体的需求既相对独立，又有一定的交集。前两类主体的需求往往在决定经济思想发展的长期趋势上起着主要作用。三类主体的需求通常包含两个方面：（1）需要解释哪些经济现象，需要解决哪些经济问题，即需求指向。三类主体需求指向的并集就构成整个社会的课题集合。（2）用哪种理论来解释这些经济现象，用哪种政策来解决这些经济问题，即需求落点。决定需求指向和需求落点的因素有所不同，因此在分析需求的决定因素时，必须区分需求指向的决定因素与需求落点的决定因素。

经济学思想市场上的供给方就是经济学家。供给所需的投入包括经济学家（人数和素质）和经济学家所掌握的知识资本。

从整个社会来看，生产经济学思想产品与生产其他学科思想产品，以及从事科学活动与从事实际部门（政府、工商企业等）活动的相对收益（包括声誉、金钱和纯粹兴趣的满足），是决定经济学家人数和素质的重要因素之一。决定经济学家人数和素质的另一个重要因素，是从事经济科学研究的相对难易程度。

经济学家的知识资本可以划分为两大部分：经济学知识和非经济学知识。经济学知识首先包括以往对各种经济现象的解释说明和对各种经济问题的解决方法，但更重要的是以往分析经济现象和解决经济问题时所提出的各种概念、假设和分析方法。非经济学知识既包括经济学家的哲学观念和其他学科的专业知识，又包括各种基本能力，如发现问题尤其是重大问题的能力、分析问题的能力、形成概念的能力、提出恰当假设的能力、为问题提供基本正确的答案或指出解决问题的基本正确方向的洞察力等等。

经济学家及其所掌握的知识资本决定了思想产品的生产可能性集合。它包括了在既定的资源条件下所可能生产的一切思想产品。它表明一定的经济学家和知识资本能够解释哪些经济现象、解决哪些经济问题，但无法解释哪些经济现象、无法解决哪些经济问

① 张旭昆．思想市场论．杭州：浙江大学出版社，2001.

题。但是思想产品的生产可能性集合还要进一步受到思想市场性质的约束。那些受到世俗政府或宗教组织的意识形态控制的非自由的思想市场，能够被允许生产的思想产品的范围一般都要小于其生产可能性集合。这个受到约束的范围可以被称作思想产品的可允许生产集合，它一般是思想产品生产可能性集合的真子集。只有在自由的思想市场中，两者才会一致。

新思想产品总是出现在可允许生产集合与课题集合的交集之中。

可允许生产集合表明，在资源和思想市场性质的约束下，有哪些思想产品有可能被生产出来。但这些思想产品中究竟有哪些能被实际生产出来，则取决于经济学家在追逐声誉、金钱或纯粹兴趣满足时的选题行为。

三、经济思想史的基本发展脉络

经济思想自16世纪以来的发展，说明了供求模式在分析经济思想演化时的有效性。由于难以得到直接反映历史上公众和政府的需求指向和需求落点的资料，所以只能从那些留传至今的经济学论著所解决的课题来间接地推断当时当地公众和政府的需求。可以说，凡是符合公众和政府需求指向并成为需求落点的论著，均往往受到公众和政府的关注；凡是没有迎合公众和政府需求指向的论著，均往往出版后不能引起公众和政府的注意。当然，不受公众和政府关注并不是说它也不会被专业学术团体关注，也不意味着它永远不会引起公众和政府的关注。

（一）富国裕民：16—19世纪初经济学的主题

1. 富国裕民的需求指向

从16世纪到19世纪初，英法两国公众和政府的需求指向主要是如何富国裕民，如何实现经济发展。在理论上，他们要求说明财富的性质和原因；在政策上，他们要求提出能增加国民财富的政策。围绕富国裕民这一主课题，形成了许多派生子课题，例如怎样增加王室和政府收入的财政问题、货币问题、对外贸易问题等。

公众和政府的这种富国裕民的需求指向，与那三个多世纪英法两国的经济及政治状况、价值观念和知识背景密切关联。从经济上看，那时英法两国都还未成为世界上最富强的国家。在这种国力相对落后的情况下，很容易（但远不是肯定）形成追求富国裕民的价值观念。从政治上看，英法两国都已摆脱中世纪的封建状态，建立了统一的民族国家。追求国家的富强以及王室或政府财政收入的充足，成为统治者关注的首要问题。

2. 发展论而非价值论、分配论

与这一阶段公众和政府的需求指向相对应，经济学的主要内容是发展论（又称“发展理论”）而非价值论（又称“价值理论”）、分配论（又称“分配理论”）。英法两国的重商主义（包括早期重商主义和晚期重商主义），英国从威廉·配第到亚当·斯密的早期古典主义，法国从布阿吉尔贝尔的经济思想到重农主义再到西斯蒙第（指出版《政治经济学新原理》以前）、萨伊和巴斯夏的主张，它们要解决的课题都是如何富国裕民、发展本

国经济。各学派经济学家的区别在于对财富性质的不同看法、对致富原因的不同看法以及致富的不同方法。只有紧紧抓住富国裕民、发展经济这一主线，才能全面、准确地理解他们的论著，把握其历史意义。

在这一阶段，价值论、分配论并非经济学家考虑的主要问题，而只是他们在考虑发展问题、富国裕民问题时的副产品。把价值论、分配论当作这一阶段经济学家尤其是早期古典经济学家的主要论题，其实是19世纪经济学家的理解和解释。这种理解和解释受到19世纪公众和政府需求指向的强烈影响。在这种需求指向的影响下，19世纪的经济学家更注重、更强调这一阶段经济学论著中的价值论、分配论内容，以至直到今天，大多数经济学说史论著仍然是以价值论、分配论为主线来叙述从16世纪开始的经济思想发展，而严重忽略了早期经济思想中富国裕民、发展经济这一主线。

若要尽量避免对前人论著的主要内容的理解偏差，可以采用内容定量分析法来分析前人论著的主要内容，即根据不同内容在论著中所占篇幅的绝对量和相对量（对于一本书来说，可按页数计算）来确定一部论著的主要内容。该方法假设作者是在他自认为最重要的内容上花费最多笔墨。当然，这一前提未必完全正确，但在没有更好的定量方法来判定作品的主要内容时，这显然是一种可行的方法。

由于篇幅所限，不可能对每位经济学家的论著都严格采用内容定量分析法来判定其主要内容。但任何一位阅读过英法两国从16世纪到19世纪初的主要经济学论著的人，只要他不过分偏重价值论、分配论，他就总会发现发展论是这一阶段经济学的主题。以威廉·配第为例，读遍他的五本主要经济学论著——《赋税论》《献给英明人士》《政治算术》《爱尔兰的政治解剖》《货币略论》——就可以看出，他所考虑的主要问题是如何改革税制、如何发展英国经济、如何改变殖民地的落后面貌、如何正确看待货币。而价值论、分配论只是他考虑上述问题时的副产品。再比如在法国的布阿吉尔贝尔、魁奈的论著中可以算作价值论、分配论的内容比重也很小，但是可以算作发展论的内容则触目皆是。

古典经济学理论体系的创立者——亚当·斯密的经济学论著的名称是《国民财富的性质和原因的研究》（以下简称《国富论》），由此可见他关心的首先是经济增长。对经济增长的这种关心构成他的“看不见的手”理论及经济自由政策主张的基础。

《国富论》按中文版计算，上下两册共893页，各部分内容的绝对量和相对比重见表1。

表1 《国富论》各部分内容的绝对量和相对比重

内容主题	页数	比重（%）	备注
价值论、分配论	183	20	上册第26～169页，第208～229页，第235～251页
发展论	398	45	上册第5～19页，第253～382页，下册第1～253页
财政论	258	29	
其他	54	6	

由此可见，发展论或富国裕民论在斯密体系中占主导地位，而价值论、分配论只占次要地位。价值论、分配论与整个《国富论》的规模和意义相比，似乎只是一个相对小

的分析点。

从斯密写作《国富论》的过程我们也可以看到他更重视发展论而非价值论、分配论。一般认为：《国富论》的前身是《关于法律、警察、岁入及军备的演讲》（以下简称《演讲》）。在《演讲》中价值论、分配论都不占据主要地位，这可从价值论、分配论在《演讲》中的排序（第二篇第二部分第七节）及其所占篇幅看出来。从《演讲》的内容来看，斯密的分配学说最初并不是《国富论》第一篇的主要内容，尽管第一篇标题提到分配问题。显然，在斯密去法国以前，他早已写好分工、货币、价值和职业工资差异的原因这些部分的内容，而分配计划则是个空白。后来他从重农学派处得到必须补充一个分配研究的建议，因此，他把自己所想的内容附在已写好的价值学说之内，而且斯密的价值理论完全是他的发展论或富国裕民论的附论。在《演讲》中，这一点特别明显：斯密认为使商品市场价格永远停留在自然价格之上会减少国家的财富，使市场价格跌到自然价格之下的措施也有相同的影响。由此可知，斯密把市场价格对自然价格的背离看作国民财富减少的原因。所以他就要探讨自然价格的决定因素和衡量尺度，以及市场价格背离自然价格的原因，这种探讨就构成了他的价值论。

至于斯密体系在欧洲大陆的最初传播者萨伊，也可用内容定量分析法分析其初版于1803年的《政治经济学概论》。分析结果表明，萨伊首先关注的是财富的生产和经济的发展，其次才是财富的分配和消费。

3. 斯密革命：经济理论长期逐步演化的结果——从供给角度的说明

在长达三个多世纪的时间里，为何英法两国竟有如此众多的经济学家始终围绕富国裕民问题出版论著这一疑问只能从公众和政府的需求指向中找到答案。在这段时间里，围绕如何富国裕民这一主题，经济学由重商主义发展到古典主义。这是经济学演化中的第一场革命。这场革命以斯密的《国富论》为主要标志。这场革命是经济理论长期逐步演化的结果，是需要从供给角度加以解释的。如果把这场革命成功的标志定为两个：（1）斯密的政策主张为公众和政府所普遍接受，以及（2）理论体系在专业学术团体中得到广泛传播和认可，那么成功的原因要从公众、政府和专业学术团体需求落点的变化上去说明，要从造成需求落点变化的因素上去说明。

斯密革命的要点是对国民财富的性质和原因提出了一整套不同于重商主义的论点：（1）财富不是金银货币，而是由生产性劳动者所生产出来的有用物品。（2）导致国民财富增长的第一个原因，是生产性劳动者人数的增加以及他们之间的分工，而这两者都有待于资本积累，而资本积累则有待于节俭。（3）导致国民财富增长的第二个原因，是生产性劳动者生产出来的商品能够在市场上按其自然价格出售，或者说商品市场价格能够自动趋向其自然价格。这就需要减少政府对经济的干预，因为干预总会使市场价格长期偏离自然价格；而减少干预就要在贸易方面实现自由贸易，在国内消除妨碍资本和生产性劳动者自由流动的各种障碍，让市场调节进出口贸易以及资本与劳动者的流动。（4）为了说明自然价格的决定和衡量，他提出了价值论和分配论。（5）为了论述市场机制的有效性，他提出了“经济人”假设和“看不见的手”理论。

斯密的上述论点对于重商主义是一次真正的革命，但它是斯密在继承前人所创立的知识资本的基础上进行创新的结果。斯密关于财富性质的看法，在他之前的一些英国经济学家那儿已经出现。在法国，由于约翰·劳计划的破产，斯密的观点也已被重农主义者所特别强调，甚至在布阿吉尔贝尔那儿就早已被提出。对于分工的意义，配第早已谈到，斯密的新见解主要是分析了分工促使劳动生产率提高的原因。这属于对原有理论的深化。生产性劳动和非生产性劳动是重农主义者提出的一对概念，斯密对它们进行了重新解释，改变了它们的内涵。斯密的资本理论恐怕与重农主义者也有千丝万缕的联系，因为在《演讲》中，几乎没有生产性劳动及资本方面的内容，而在《国富论》中，它们却占据了重要地位。关于节俭的意义，大卫·休谟已经充分肯定，只是没有把节俭和资本积累明确联系起来并加以强调，而斯密则补上了这一环。主张自由放任、反对政府干预的思想，是在法国最早被提出并产生影响的（虽然严格地讲，英国商人达德利·诺思更早提出了这一主张，但在当时并未产生影响。它被发现是在法国人自由放任的主张早已传遍英法两国之后）。但对这一主张能增进财富的原因所进行的分析，当属英国的经济学家们。在休谟之前，英国经济学家理查德·坎蒂隆和杰科布·范德林特就已经看到一国所拥有的货币数量对该国物价水平的影响，但他们基本上仍然坚持重商主义的外贸顺差观。休谟在他们的基础上向前迈出了非常关键的一步，那就是以货币数量论为基础，建立了进出口贸易自动平衡理论。由此证明在自由放任条件下，重商主义的顺差论是一个长期无法实现的目标，同时也证明一国的货币不会长期被输出，而是会自动趋向某一与该国经济实力相适应的水平，因此政府干预完全没有必要。可以说坎蒂隆和范德林特提出了最终将重商主义置于死地的理论——货币数量论，但仍然坚持重商主义的政策目标——外贸顺差。休谟则运用货币数量论指出了重商主义政策目标的不可实现性，以及其政策手段——政府干预——的非必要性和不合理性。而斯密则进一步将休谟对货币所做的上述分析推广到所有商品上。斯密与休谟是有交往的，他不可能不从休谟那儿受到启示。用今天控制论的术语来讲，休谟提出了一国货币的供求在其价格的作用下自发趋向均衡的负反馈机制，而斯密则指出这一负反馈机制存在于一切商品中。因此，不仅在外贸方面政府干预是不必要的，而且在一切商品中政府干预同样是不必要的。在自由放任条件下，一切商品自发趋向供求平衡，市场价格自发趋向自然价格，而这又将是最有利于财富生产的状态。

综上所述，斯密革命是经济思想逐步演化的结果。在相当长的时间里，不少经济学家或者在基本理论上，或者在政策主张上，或者在这一问题上，或者在那一问题上，陆续提出了一些否定重商主义的命题。斯密的作用便是把这些分散的命题连接成一个有机整体。当然，在这一过程中，斯密并不是简单地把前人的东西拿来堆在一起。由此可知，斯密革命只是经济思想长期演化过程中的最后一环。

4. 斯密革命：需求落点的转移

经济理论在长期演化过程中积累起来的知识资本，有助于说明斯密革命是如何发生的，但还不能说明斯密革命何以成功。现举两个例子来说明单凭理论本身的特征并不能保证它能取得成功。一个例子是英国商人达德利·诺思在 1691 年匿名出版的《贸易论》，这是第一部主张自由贸易的小册子。李嘉图在 1822 年对它评价甚高，但它竟被埋没了一个多世纪，何以如此？只能说是生不逢时。17 世纪末，英国国力尚不强大，仍需借助政府干预来发展经济，一本主张自由贸易的小册子自然不可能成为公众和政府的需求落点，尽管它迎合了他们富国裕民的需求指向。另一个例子是德国经济学家弗雷德里希·李斯特于 1841 年出版的反对斯密自由贸易主张的论著《政治经济学的国民体系》，而李斯特随之成为世界著名的经济学家。难道自由贸易主张不正确？非也。原因在于在当时的德国，斯密的主张无助于经济发展，所以不能成为公众和政府的需求落点。当时的需求落点只能是李斯特的贸易保护主义。

斯密革命的成功，首先在于 1776 年以后的英国已不再像 17 世纪和 18 世纪初期那样仅仅是二流国家。它已经开始成为超过荷兰和法国的一流强国，在 18 世纪最后的 20 年开始的工业革命，使英国终于成为整个 19 世纪的一流强国。在这样一种国势之下，自由放任无疑是比政府干预更能有效地促进经济发展的政策。因此，公众和政府的需求落点便逐步由重商主义的干预政策转变为以斯密为代表的古典主义放任政策，为自由放任政策提供理论依据的斯密体系便为公众和政府所普遍接受。

斯密革命成功的另一因素是把以往零散出现的经济思想综合成一个理论体系。正如熊彼特所指出的，《国富论》一书取得成功的原因是斯密极为出色地完成了协调整理这一工作。在斯密之前，英国的经济学论著大多是商人、哲学家所写，不成体系。斯密是第一个以学者身份建立经济学体系的人，这使他比其他具有类似思想的人更容易为专业学术团体接受。当然，单凭一个体系并不能被专业学术团体接受。例如，重商主义者詹姆斯·斯图亚特就曾于 1767 年出版《政治经济学原理研究》，但由于政策主张不符合时代需要，所以未能在公众、政府和专业学术团体中取得成功。所以说，政策主张提出的适时，是斯密革命取得成功的根本原因；而能建立一个为其政策主张进行论证的理论体系，是斯密革命取得成功的必要条件。

（二）解释和消除收入分配不均、论证市场机制的有效性：19—20 世纪初经济学的主题

1. 收入分配：新的需求指向

英法两国公众和政府需求指向发展的第二阶段大致是从 19 世纪初到 20 世纪 30 年代。自 18 世纪最后 20 年开始的工业革命，到这时已取得重大成果。随着 1815 年反对拿破仑战争的结束，英国最终确立了自己一流强国的地位。但广大劳动人民却并未享受到经济发展的果实，仍处于贫困状态，即：富国的目标虽然实现了，裕民的目标却依然遥远。在这样一种背景下，公众和政府的目标逐渐由富国和发展转变为收入分配的公正。政府之所以关注收入分配问题，是因为若这个问题处理不当，将造成政局不稳。代替富国和发展这一课题，如何解释工业革命以来在收入分配中出现的贫富不均现象，能否改善这种现象，如何改善这种现象，便成为新的热门课题。这种新的需求指向使该阶段英法经济学的主题由发展论转变为价值论、分配论。

当然，这种新的需求指向虽然是主要的，但绝不是唯一的。在这一阶段，如何解释经济波动、如何通过货币政策克服波动、如何说明国际贸易，同样也成为公众和政府的需求指向。围绕这些课题，经济理论也获得了长足的发展。因篇幅所限，下文不展开论

述这些领域经济理论的发展演化。

1817年大卫·李嘉图《政治经济学及赋税原理》（以下简称《原理》）的出版，可以看作是这一阶段开始的标志。《原理》提出把收入分配作为研究重点，认为政治经济学的主要问题是确立支配这种分配的法则。李嘉图在写给马尔萨斯的一封信中，反对马尔萨斯关于经济学是研究财富性质和原因的科学的说法，强调经济学应当探讨决定产品在共同制造这种产品的各阶级当中的分配的法则。李嘉图在经济学的研究内容上与斯密有重大差别。斯密强调的是富国裕民、经济发展，价值论、分配论只是附论。李嘉图则相反，把发展论抛在一边，突出强调了价值论、分配论。当然，李嘉图也谈到发展，谈到资本主义经济发展的长远趋势，但其目的是分析经济发展对收入分配的影响，说到底还是以分配论为中心。在经济学的研究内容方面，还是马尔萨斯更符合斯密的原意。但这恐怕也是马尔萨斯不像李嘉图那样在19世纪享有那么高声誉的原因之一。当公众和政府的需求指向已经不再是财富的性质和原因，而是收入分配时，马尔萨斯便显得落伍了，而李嘉图则迎合了新的需求指向。

2. 价值论、分配论成为经济学的主要内容

自李嘉图的《原理》出版以来，收入分配问题吸引了整个19世纪乃至20世纪最初20年的绝大多数英国经济学家。作为分配论基础的价值论，开始成为经济学的主要内容之一。任何一位通读过李嘉图之后的重要英国经济学家［麦克库洛赫、詹姆斯·穆勒（以下简称“老穆勒”）、约翰·斯图亚特·穆勒（以下简称“小穆勒”或“穆勒”）、西尼尔、杰文斯、马歇尔等］的主要论著的人，都会肯定这一断言。

在法国，自西斯蒙第1819年出版《政治经济学新原理》（以下简称《新原理》）之后，发展论的主题也逐渐让位于价值论、分配论以及周期论。在法国，主题由发展论转变为价值论、分配论和周期论，是以对发展论的反思为开端的，突出表现在西斯蒙第的《新原理》中。该书对经济学说以财富增长为目标提出了质疑，对斯密学说提出了质疑。

在英国，上述主题的转变是潜移默化地进行的。在斯密那儿，资本积累是增进分工和增加生产性劳动者人数的基本因素；而节俭则是积累资本的主要手段。循此思路，李嘉图很自然地把发展论的主题转换成价值论、分配论的主题。在工人只赚取维生工资的条件下（这仅仅是工业革命初期的现实，斯密显然并不具有这种观点），要依靠工人节俭来积累资本是无望的。而由于地主阶级天性挥霍，要依靠地租来积累资本也勉为其难，因此，唯一能履行积累职能的便是资本家阶级，积累的源泉便只能是利润。于是，收入分配便成为支配资本积累的一个主要因素，对增长因素的研究就这样转变为对收入分配的研究。同时，斯密也在李嘉图等人的笔下被描绘成一个主要研究价值论、分配论的经济学家。

实际上应当以李嘉图为界，把英国古典经济学家划分为主要研究发展问题的早期古典经济学家（如配第、坎蒂隆、诺思、范德林特、休谟以及斯密）和主要研究价值论、分配论的后期古典经济学家（如李嘉图、穆勒父子、麦克库洛赫、西尼尔等）。后期古典经济学家与早期古典经济学家不仅在研究重点上存在差异，而且在研究方法上也存在显著区别。斯密的方法兼顾归纳与演绎，在《国富论》中抽象的演绎推理与具体的历史分析保持了一种微妙的平衡。李嘉图的方法则是纯粹的演绎，从一些高度抽象的假设前提出发，推导出理论结论和政策结论。李嘉图的《原理》可以说完全没有历史。李嘉图的抽象演绎法对其后的经济学说尤其是英国经济学说产生了重要影响，德国历史学派除外。因此，英国学者哈奇森认为李嘉图（连同老穆勒）制造了一次方法论上的革命，认为与亚当·斯密相比，李嘉图在研究主题方面的变化不如在方法上的改变重要，且其对后人的影响更大。

方法上的变革显然不能从社会需求指向变化做出解释，它显然与李嘉图所掌握的知识资本有关。据说李嘉图在钻研政治经济学之前曾钻研过自然科学，大概是自然科学在叙述上的抽象演绎法影响到了他研究经济学的方法。

研究重点的转移，尤其是在李嘉图之后长达一个多世纪的时间里，有那么多的英法经济学家专注于价值论、分配论，不能不以公众、政府以及专业学术团体三者的需求指向来加以说明。需求指向由发展问题转变为分配问题的缘由，只能以工业革命造成的英法两国的社会经济政治状况来解释。工业革命一方面改变了英法两国的国力，使之成为世界上的强国；另一方面造成了贫富两极分化，在初期甚至造成劳苦大众生活水平的绝对下降。这两方面的强烈反差不能不使公众及政府关注收入分配，使经济学家迎合这种需求指向。西斯蒙第、马歇尔等人都是在目睹了劳动群众的贫困现象之后才改变观点或投身于经济学研究的。

德奥两国的经济学同样经历了从发展论到价值论、分配论的过程。当德奥两国经济相对落后时，公众和政府关注的首先是如何富国、如何发展经济。奥地利重商主义经济学家霍尼克 1684 年出版了《奥地利富强论》。该书再版 12 次，享誉达一个世纪之久，其主要内容并非价值论、分配论，而是发展论、富国论。德国经济学家李斯特 1841 年出版的《政治经济学的国民体系》的主要内容也不是价值论、分配论，而是发展论、富国论。在斯密和李嘉图的学说在德语世界已经得到传播的时期，李斯特几乎完全不研讨价值论、分配论，而是致力于研究发展论、富国论，这很难单纯地从他的个人偏好去解释，只能看作是德国公众和政府需求指向影响的结果。李斯特之后的德国历史学派的论著虽然充满学究气，但透过这层学究气我们可以发现，他们所关心的仍然是发展问题、富国问题。他们与英法早期古典经济学家的区别在于研究发展的方法不同。他们喜欢采用个案描述，而早期古典经济学家则侧重于综合归纳。这种区别源于各国经济学家的知识背景的差异。在德奥两国经济发展到一定程度，工业化进程开始之后，公众与政府的需求指向也逐渐发生变化，由关心发展和富国转变为关心收入分配。马克思主义在两国的广泛传播，以及奥地利学派的兴起，都标志着公众和政府的需求指向由之前的发展问题转变为当前的价值问题和分配问题。

对于价值论、分配论在经济学文献中占统治地位达一个世纪之久，琼·罗宾逊（又称“罗宾逊夫人”）在其《资本积累论》的前言中认为：这一切发生在关于国民财富的性质和原因的经济分析被人用价值论替代之后。这一更替之所以发生，有种种根深蒂固的政治原因，也有一种纯粹技术的、知识的原因。可惜她重点分析的是纯粹技术的、知识的原因，而没有分析她所说的种种根深蒂固的政治原因。其实她所说的政治原因就是由社会经济政治状况、价值观念和知识背景三者决定的公众和政府的需求指向。她正确地看到了古典学派（严格地讲是早期古典学派）的主题是发展论、富国论，看到了这一主题被转换成价值论。

3. 19世纪初围绕价值论、分配论的争论以及小穆勒的综合

在价值论、分配论成为经济学主题的一个多世纪里，西方经济学经历了两次综合和一次革命：小穆勒所进行的第一次综合、边际革命，马歇尔及克努特·威克塞尔所进行的第二次综合。对于这两次综合和一次革命，不能用公众和政府需求指向的变化来说明，只能用思想产品供给的变化及需求落点的转移来说明。

在第二阶段初期，即从李嘉图出版《政治经济学及赋税原理》到小穆勒进行第一次综合为止，经济思想的演化表现为三个方面：一是围绕价值论、分配论（以及危机论），李嘉图、萨伊、马尔萨斯和西斯蒙第四人之间展开竞争。二是一些英国经济学家（麦克库洛赫、老穆勒，等等）围绕在李嘉图周围，改造、深化和拓展李嘉图体系；以及另外一些经济学家（罗伯特·托伦斯、理查德·惠特利、塞缪尔·贝利，等等）对李嘉图劳动价值论的质疑。三是小穆勒在综合前人观点的基础上，于1848年出版《政治经济学原理及其在社会哲学上的若干应用》，建立了经济学说史上的第一个综合体系。下面分别分析这三个方面。

在第二阶段开始以前，斯密学说得到政府认可，成为制定政策的依据。这种情况可被称作思想市场的均衡。但这种均衡在第二阶段被打破了，因为公众和政府的需求指向改变了，斯密时代的课题与19世纪初由工业革命和都市化带来的课题截然不同。新课题需要新思想产品。于是在第二阶段开始之后不久，便出现了经济学家围绕价值论和分配论展开的激烈竞争。

在争论中经济学家通常都是从斯密学说中为自己的论点寻找根据。这是因为第二阶段的经济学家在分析价值问题、分配问题时所能依靠的知识资本主要是《国富论》中有关价值和分配问题的论述。斯密在解决发展问题时提出的价值论和分配论观点，成为第二阶段初期经济学家共同的知识资本。所以在第二阶段经济学家研究价值论、分配论，不仅由于公众和政府的需求，也由于斯密从供给方面为他们提供了可用的知识资本。前面讲过，《国富论》中讨论的价值论和分配论，是在写作过程中逐步发展和充实起来的，具有很大的模糊性，即具有进行多种解释的可能性。所以第二阶段初期的经济学家，几乎都通过改变斯密的部分命题、坚持另外一些命题，来建立独立的价值论、分配论。斯密就好比是一把打开的纸扇的扇轴，而那些以他为出发点的经济学家就像是各个扇骨。围绕新的需求指向而出现的分化和竞争现象，表明思想市场处于失衡状态。

在第二阶段初期的各种价值论、分配论中，李嘉图的论点曾在一段时间里更好地适应了公众和政府的需求，成为他们的需求落点。究其原因，一是因为李嘉图的价值论、分配论更好地适应了当时资产阶级反对地主阶级、要求实行谷物自由贸易的愿望；二是因为李嘉图关于工资的维生论观点也正好符合当时的现实，这使他的理论带有强烈的逼真性；三是因为李嘉图的劳动价值论成为不满现状的工人群众的思想武器；四是因为李嘉图把经济学改造成一个仅依存少数几条公理而推导出来的演绎体系，在方法上表现出创新精神，给其他经济学家留下了良好的印象，使他们中的不少人愿意聚集在他的旗帜下，以他作为新的起点，来彻底解决价值论、分配论问题。当时与李嘉图展开争论的其

他经济学家，没有一个成为某个学派的领袖人物，由此可见李嘉图体系的魅力。

李嘉图学派对李嘉图体系的深化和拓展，在国际贸易理论方面取得了一定的成功，这主要是老穆勒的功劳；但在价值论和分配论方面，却未能取得预想的成功，这是由于麦克库洛赫等人对“劳动”概念所做的重新解释无法使人信服，从而无法消除李嘉图体系的两个内在矛盾。这逐步削弱了专业学术团体对李嘉图体系的信任。

同时，随着时间的推移，无产阶级和资产阶级之间的对立日益明显，资产阶级对价值论、分配论的需求落点开始变化，它们日益需要那种能证明资本收益具有经济合理性的价值论、分配论，而不是李嘉图的那种认为一切财富均源于劳动的理论。西尼尔的节欲论恰好是对李嘉图价值论、分配论中过激成分的一种抵消。

同样，随着英国工业革命给社会带来的阵痛逐渐消失，工人阶级（尤其是其上层）开始享受工业革命的红利。这使李嘉图的维生工资论逐渐失去逼真性。

这一切都使得思想市场越来越不可能在李嘉图的价值论和分配论的基础上实现均衡，但是由于李嘉图体系的巨大声望，要完全抛开李嘉图体系来实现均衡也不可想象。

于是，一个在多年的行政工作中养成妥协、调和习惯的经济学家——小穆勒，以李嘉图、马尔萨斯和西尼尔的经济学为知识资本，以法国空想社会主义者圣西门的思想为社会哲学背景，建立起一个在理论上折中调和、在政策主张上提倡渐进改良的综合体系。这一体系在政策主张上迎合了英国社会中大多数公众和政府的需求，在理论特征上迎合了专业学术团体希望实现理论内部协调的需求，因此，它实现了思想市场的均衡。在 19 世纪 70 年代以前的一段时间里，该体系实际上接近于垄断了当时整个英国经济思想的市场。它的这种权威地位与英国 1846 年废除《谷物法》之后出现的经济繁荣局面大有关系，这种局面如果不是证实，起码也表明了它所主张的自由贸易政策的成功。公众和政府以至专业学术团体，通常总是愿意信服那种在他们看来带来经济成效的理论。经济状况越好，越是令人满意，在思想市场中出现自然垄断（区别于由政府强制推行某种思想所导致的垄断）的可能性便越大。

小穆勒的综合体系为后来马歇尔和威克塞尔对微观经济学进行的第二次综合提供了重要的知识资本。

4. 边际革命的发生：从供给角度的说明

小穆勒的综合体系所导致的思想市场的均衡局面以及它所处的垄断地位，被 19 世纪 70 年代初以后的边际革命所打破。在英法两国，边际革命并非公众和政府的需求指向发生重大变化的结果，需求指向依然和 19 世纪初期一样，是要求经济理论说明收入分配现象的结果。因此，边际革命是公众和政府的需求落点发生重大变化的结果，但在德奥两国是否也同样如此尚有待考察。

要运用供求模式来分析边际革命，首先要把它看作一个从 19 世纪最后 30 年开始到 20 世纪的绵延连续的过程，而不能把它看作发生在 1871 年的一个事件。从过程的角度看问题，就必须对边际主义的起源和传播扩散的原因分别进行分析。边际革命的起源多半要从供给方面去找原因，其传播扩散的原因则多半要从需求方面去寻找。其次，必须破除一种成见：相同的思想只能在相同的环境中涌现。其实可以殊途同归：既然相同的社会环境和学术背景会产生不同乃至对立的经济思想，那么为何相同的经济思想就不能源自不同的环境呢？在 1871 年以前，经济学远不像今天这样能进行跨国传播，各国经济学家之间多少有点处于隔离状态。

边际革命的最初成果是边际效用价值论。杰文斯、瓦尔拉斯及门格尔这三位奠基人之所以选择研究价值问题而非其他课题，显然与他们所处的时代及国度的公众和政府的需求指向有关。但他们提出边际效用价值论而非其他价值论，则与他们各自的学术环境有关，与他们在这种环境中积累的知识资本有关。

从学术环境和可供使用的知识资本来看，边际革命的三位奠基人的情况既有不同，又有相似之处。在英国，虽然早在 19 世纪 30 年代，西尼尔和劳埃德就已经提出了边际效用价值论的一些萌芽观点（它们是否成为杰文斯的知识资本尚有待考察），但当时处于正统地位的是以小穆勒的综合体系为代表的古典经济学。但到 19 世纪 60—70 年代，古典经济学的正统地位由于其工资理论（维生工资论和工资基金论）所受到的攻击而被削弱。英国 1846 年废除《谷物法》之后，尤其是 1871 年前后英国从美国进口的廉价食品大量增加，导致绝对工资水平稳步上升。这无疑是对维生工资论所依存的前提——马尔萨斯人口论——的一大冲击。维生工资论和工资基金论都无法解释绝对工资水平的上升。同时这两种工资理论也无法有效地解释相对工资的差异，而这种差异随着工业革命的深入、职业分化的加剧、劳动技术档次的拉开而变得日益明显。如果说维生工资论和工资基金论大致符合 19 世纪初工业革命初期的现实，那么随着现实本身的变化，这两种工资理论显然已不再符合 19 世纪中叶以后英国现实的工资情况和变化趋势。除了工资理论以外，古典学派的生产费用价值论也由于缺乏对需求的重视而显得不够完美。在古典经济学的正统地位被大大削弱的背景下，杰文斯从杰里米·边沁的功利主义哲学出发提出的边际效用价值论确实是对古典经济学的革命。

但用“革命”一词来表征瓦尔拉斯和门格尔的贡献便不妥当了。法国有着边际效用价值论的悠久传统，连传播斯密理论的萨伊也是边际效用价值论者，瓦尔拉斯的父亲更是一位主张效用价值论并提出稀缺性概念的经济学家。瓦尔拉斯的父亲无法对稀缺性进行定量描述，所以把这个悬而未决的问题留给了瓦尔拉斯。法国数学家古诺于 1838 年出版《财富理论的数学原理的研究》，用数学方法研究和表述了商品的供求与价格之间的相互关系，同时指出各种商品价格之间的相互影响，但把为这种影响建立数学模型的任务遗留了下来。瓦尔拉斯正是继承了他父亲和古诺的知识资本，用边际效用衡量稀缺性，解决了他父亲未解决的问题；用联立方程建立一般均衡模型，解决了古诺留下的课题。可以说瓦尔拉斯的贡献虽然是对当时法国主流经济学派萨伊学派的革命，但并非对法国当时非主流经济思想的革命，而是对当时非主流经济思想的发展和完善。

至于门格尔，从他 1871 年的《国民经济学原理》的引证情况来看，德国旧历史学派和其他一些德国经济学家都对他影响很大。门格尔谦恭地认为自己的见解是以这些德国经济学家的观点为基础的进一步改进，是这些卓越的德国同行的一个微弱回声。因此可以说门格尔的贡献是德国 19 世纪初期和中期的经济学说的发展和延伸，并非一次对抗德国旧历史学派的革命。只是在 12 年之后，在是否要建立抽象演绎理论这一更深层次的问题上，门格尔才与德国新历史学派展开对抗。

虽然这三位奠基人所处的学术背景各不相同，但有一个共同因素可能对边际效用价值论的同时提出起到了催化作用，那就是数学微积分的发展和普及。有确凿证据表明，这一因素对于杰文斯和瓦尔拉斯是有影响的，也有一定（但尚有待确定）的证据表明它对门格尔的创造有影响。杰文斯完全以标准的导数形式表述边际效用概念，瓦尔拉斯通过与洛桑大学一位显然精通微积分的力学教授的交流，解决了从边际效用递减规律推导出需求函数的难题。

5. 边际主义的传播：需求落点转移的结果

边际主义的传播，或者说边际主义最终成为公众、政府和专业学术团体的需求落点的原因，主要应从需求方面寻找。一种社会科学方面的思想要成为需求落点，必须具备两个条件：一是该思想所显含或隐含的政策主张要符合需求者的利益和价值取向；二是该思想所采用的分析工具和表达方式要符合需求者的知识素质。

有利于边际主义成为需求落点的重要因素之一，是西方资本主义国家 19 世纪末 20 世纪初工人运动的发展、马克思主义和其他社会主义思想的广泛传播。边际效用价值论成为对抗马克思主义的思想武器，因为边际效用价值论并非简单地说明商品价值由主观效用决定，而是深刻有力地论证了市场机制在资源配置方面的有效性。这一点在奥地利学派和洛桑学派的理论中表现得特别明显。这就为那些反对马克思主义的人提供了精神支持和理论武器。起码在美国、奥地利和日本这三个国家，边际主义的传播带有意识形态上的浓厚火药味。在美国，J. B. 克拉克提出边际生产力论是为了对抗社会主义思想。在奥地利和日本，由于马克思主义得到了广泛传播，两国的边际主义者都采取激烈的反马克思主义的态度：奥地利的庞巴维克对马克思主义经济学的经典性诘难；日本的小泉信三在 20 世纪 20 年代挑起的、由河上肇应战的关于马克思劳动价值论的大论战。

但是单纯从对抗社会主义思潮这一角度来寻找边际主义传播的原因，难以解释它何以在英国得到传播并获得重大发展。因为在英国，马克思主义未在工人运动中产生像它在德语国家中的那种巨大影响，并且英国的一些非马克思主义的社会主义如费边社会主义，甚至欢迎边际主义。在英国社会环境中有利于边际主义成为需求落点的重要因素，是中产阶级的兴起和改良主义思潮的强大。英国资本主义发展到 19 世纪末 20 世纪初，出现了垄断，但并未使社会截然分化为暴富和赤贫两个极端，而是形成了资本主义社会所特有的中产阶级：技术工人、熟练工人、白领雇佣者、自由职业者、知识分子等。比起马克思的暴力革命和无产阶级专政，中产阶级更喜欢用费边式的改良来改善资本主义。同时他们也对垄断造成的祸害表示不安，对社会的贫富悬殊感到不满。边际主义蕴含的政策主张——自由竞争和收入再分配——正好符合他们的利益和价值取向。

在理论研究领域，边际主义与后期古典主义都是价值论、分配论，但是观点大不相同。首先，对于价值源泉、价值决定因素有完全不同的意见，是主观价值论与客观价值论之间的根本分歧；其次，更重要的是两者对于价值问题的研究重点有重要差别，主要是对市场价格机制的功能有不同看法。后期古典主义侧重于研究价值的决定因素，更加注重市场竞争的激励功能，强调同一行业内的竞争将导致优胜劣汰的结果，促使企业家不断提高效率；而边际主义则不局限于探讨决定因素，而是更注重研究市场价格机制的经济功能——既定稀缺资源的有效配置机制，研究经济主体（消费者和厂商）目标值最大化的条件，以及经济主体追求目标函数最大化的行为与稀缺资源有效配置之间的关系，从而清楚地论证了亚当·斯密的“看不见的手”，说明了经济主体的自利行为如何实现稀缺资源的有效配置。从理论上讲，边际革命的最大意义就是深化了对稀缺资源配置问题的研究，对竞争性市场的资源配置功能进行了深入分析，有力地论证了竞争性市场的有效性。同时，边际主义的分析工具比古典主义的分析工具更能够有效地说明垄断条件下的价值决定以及垄断不如竞争之处，从而能更好地分析公用事业（经常处于自然垄断之中）问题。

在政策主张方面，边际主义与后期古典主义虽一致要求自由竞争、反对垄断，但对于收入分配政策、济贫政策却有不同看法。后期古典主义的分配理论推导出来的分配政策其实是主张无为而治的。李嘉图的维生工资论及工资基金论，与马尔萨斯的人口论相结合，意味着任何人为改变收入分配状况、提高工人收入的做法以及救济穷人的做法，其最终效应都是增加工人人口，从而将工资压降至原有水平。边际主义则从货币收入边际效用递减这一现象出发，论证收入从富人手中移转到穷人手中将增加社会总效用，因此主张政府通过累进所得税等再分配措施来干预收入分配。同时，边际主义的分配理论也不蕴含贫困是必然的这一思想，这就为后来出现的用救济工程消除失业、克服主要由失业引起的贫困现象这类思想打开了绿灯。由此可见，边际革命不仅是一次理论上的革命，而且是一次政策上的革命——收入分配政策和济贫政策上的革命。

边际主义成为专业学术团体需求落点的重要原因之一是经济学学术环境的迅速优化。19 世纪 70 年代以后，经济学日益成长为一门独立学科，不再是伦理学或政治学的组成部分；开始开设经济学专业的大学不断增多；专门的经济学刊物开始大量印行，经济学家之间的通信渠道有了质的变化；经济学家开始在一国之内，随后很快在国际范围内组成各种专业团体；这些专业团体也越来越多地由受过高等教育、研习过高等数学的人员组成。边际分析所采用的数学分析方法和表述方式，无疑更适合这些人的知识素质。相比之下，古典主义和历史主义便不太受欢迎了。

6. 马歇尔与威克塞尔的综合：20 世纪经济学发展演化所依存的主要知识资本

遭到边际革命破坏的思想市场的均衡，大约到 19 世纪末，通过马歇尔和威克塞尔的综合工作再次得以恢复。

马歇尔综合体系最主要的成果是供求均衡价格论，它使边际效用价值论与生产费用价值论不再互相对立，而是互相补充。同时供求模式也使价值论与分配论在分析方法上得以统一。可以说供求均衡价格论在西方经济学说的演化过程中起到了承前启后的作用：一方面，它是对之前各种价值论、分配论的一个综合；另一方面，它为后来微观经济学的发展提供了最重要的知识资本。

马歇尔综合体系是微观经济学极为重要的知识资本。从那以后，微观经济学的发展演化大都是以对马歇尔综合体系的改造和拓展的方式进行的。在英语世界中直到大萧条为止，这始终是经济学家的主要活动。马歇尔综合体系虽然综合了古典经济学和边际效用价值论，但它主要是对边际革命的初期成果进行了综合，对边际革命的几乎全部成果加以总结的工作，是由后来的希克斯和萨缪尔森完成的。

瑞典经济学家威克塞尔在大致相同的时间，建立了综合古典经济学和边际效用价值论的理论体系。他的价值论以瓦尔拉斯的一般均衡分析为主干，综合了边际效用价值论和生产费用价值论。他的分配论综合了边际主义者内部的两种理论：边际生产力论和庞巴维克的时差利息论。他在宏观经济学领域，通过综合李嘉图的货币数量论和庞巴维克、杰文斯的资本利息理论，提出了旨在解释一般物价水平波动的累积过程论。

威克塞尔在宏观经济学领域建立的综合体系，由于语言壁垒，很长时间内只在瑞典经济学家中得到传播和改造。直到 20 世纪 30 年代前后，这一综合体系才被传播到英语世界，成为大萧条后凯恩斯宏观经济理论最重要的知识资本之一。

（三）解释和消除失业：20 世纪 30—60 年代经济学的主题

20 世纪 30 年代的大萧条，造成西方国家公众和政府需求指向的重大转折。在经历了工业革命一个多世纪的经济发展之后，收入分配问题已经不像工业革命初期那样引人注目、令人愤懑了。工业革命造成的物质生产大发展使得社会底层的人也可以实现温饱。收入差距虽然仍然很大，但已不再使人感到过于残忍。同时，经济学家为克服收入分配不平等所提出的各种收入再分配政策也日益为政府所采纳，这进一步降低了分配不平等的程度，缓和了公众的不满情绪。但大萧条却使公众和政府突然意识到，还有比收入分配问题更重要的经济问题有待解释和解决。于是公众和政府的需求指向发展到了第三阶段，把国民收入、就业水平和物价水平作为待释现象，把稳定增长作为待解问题，主要课题由微观领域转移到了宏观领域。

需求指向的转变使得 20 世纪 30 年代以后西方经济学的发展演化主要发生在宏观经济学领域。凯恩斯革命标志着这一阶段的开始，它不仅意味着经济政策的重大转折，还意味着经济学研究主题的重大转折。在第二次世界大战以后，宏观经济学的发展演化在很大程度上是以改造、深化和拓展凯恩斯体系的形式出现的。当然，非凯恩斯主义的宏观经济学如货币主义、新古典宏观经济学也在发展。它们之间的竞争成为推动宏观经济学不断发展的动力之一，迫使竞争双方不断提高自己体系的质量。

20 世纪 70 年代以后，西方国家经济政治形势与 20 世纪 30 年代相比有了巨大的变化，人们的价值观念也有了巨大的变化。通货膨胀代替单纯的萧条成为人们关注的中心，这使得公众和政府的需求落点由凯恩斯主义转向货币主义。

以上运用供求分析模式简略概述了西方经济学的演化。这一过程的简要图示见图 1。

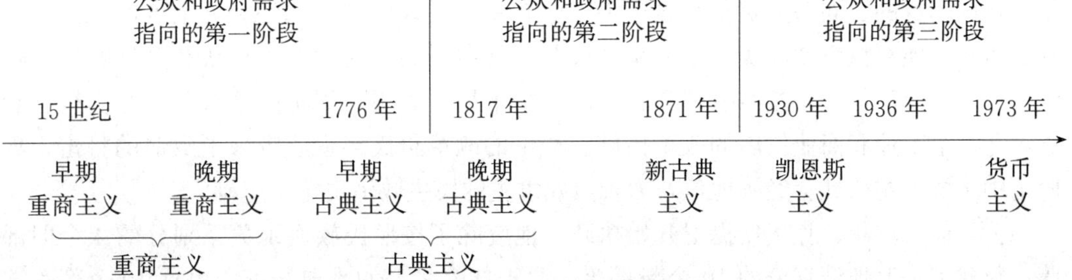

图 1　西方经济学的演化

第一章

从古希腊思想家到中世纪经院学者

第一节　古希腊、古罗马思想家的经济思想

一、古希腊的经济思想

古希腊是欧洲文明发达最早的地区。从公元前 12 世纪到公元前 9 世纪，古希腊开始由原始公社制度向奴隶占有制度过渡。荷马的两部史诗——《伊利亚特》和《奥德赛》，反映了这个时期的社会经济制度。因此，历史上称这个时期为荷马时代。在荷马时代之后，在公元前 8 世纪到公元前 6 世纪之间，古希腊进入了奴隶制国家的形成时期。在这个时期，古希腊社会的商业有了较大发展。古希腊在公元前 7 世纪时已开始使用由城邦政府铸造的硬币。这是当时商品经济发达的重要标志。古希腊的国家一般都很小，一个城市和它的近郊便构成一个国家，所以古希腊的国家也被称为城邦。城邦之间不断地进行斗争，逐渐形成了两个互相敌对的集团：以斯巴达为首的联盟和以雅典为首的联盟。

斯巴达从公元前 8 世纪开始，由政治家莱客古士制定法律，实行了约 600 年的土地公有制。同时，为了遏制人的贪欲，莱客古士废除了金银货币的使用，代之以铁币，进而禁止了商业和航海，实行公共用餐。当然，这种公有制仅仅局限于斯巴达人，希洛人作为斯巴达人的奴隶，是被排除在外的。斯巴达的公有制，到公元前 370 年左右，由于各种原因而趋于崩溃。

在公元前 6 世纪初，雅典平民和贵族之间的斗争达到非常尖锐的程度。公元前 594 年，贵族出身的、同海上贸易和城市手工业有密切联系的梭伦（约公元前 638—前 559）开始执政。他在执政期间实行了一系列改革。最主要的是通过立法承认和允许财产的转让与分割，取消债务，按照财产和收入的多少来划分等级与规定政治权利，并实行有利于农业、手工业和商业发展的改革措施。梭伦的改革给氏族贵族带来了致命的打击，巩固了中小奴隶主的社会经济地位，为雅典奴隶主的民主政治奠定了基础。

公元前 509 年，克里斯提尼开始执政，他废除了按照氏族血统关系划分的 4 个旧部落，重建了按照地域划分的 10 个新部落。居于部落之上的雅典国家，由这 10 个部落选出的 500 名代表组成的人民议会来管理，但是，贵族议会仍有权否决人民议会的决议案。

由于古希腊对波斯战争（公元前 499—前 449）的胜利，雅典成了海上强国，执掌海上霸权，进一步促进了雅典海上贸易的发展和雅典经济的繁荣。在手工业、商业和海运业发展的基础上，雅典的民主政治在伯里克利（公元前 445—前 429）执政时期达到了最高水平。伯里克利制定的雅典民主政治宪法，最终确立了雅典国家的最高权力机关是公民大会。

公元前 5 世纪是古希腊奴隶制经济高度发展的时期，农业、手工业和商业都达到了相当高程度的繁荣。这种经济的繁荣是通过奴隶劳动创造出来的。在手工业方面，奴隶劳动占压倒一切的重要地位。在农业方面，主要是自由小农，使用奴隶劳动的多为贵族大田庄，有的富裕小农也拥有一两个奴隶。当时奴隶的来源主要依靠战争掳掠和拐卖人口。

古希腊由盛到衰的转折点，是在斯巴达和雅典之间为了争夺霸权而爆发的伯罗奔尼撒战争（公元前 431—前 404）。斯巴达虽然最终战胜了雅典，但无论是战败者还是战胜者，都由于长期战争而使广大农民和手工业者陷于破产，财富集中在少数富裕奴隶主手中，贫富之间的对立进一步加深。奴隶反对奴隶主和贫者反对富者的斗争不断激化。各城邦都面临着经济衰竭、贵族富豪专横的局面。从此，古希腊城邦陷入深重的危机之中。公元前 338 年，古希腊北部马其顿国王腓力二世（公元前 382—前 336）征服了古希腊各城邦。公元前 146 年古希腊被并入古罗马的版图。

在古希腊存续的数百年时间里，产生了一批对后来西方文明具有重大影响的思想家。这些思想家有色诺芬（约公元前 440—前 355）、柏拉图（约公元前 427—前 347）、亚里士多德（公元前 384—前 322）。

色诺芬出身于雅典富有的奴隶主家庭，是古希腊著名思想家苏格拉底的学生。色诺芬的著作有很多，他的《经济论》是古希腊流传下来的、也是最早的一部经济学著作，其中最早使用了“经济”一词。在古希腊，“经济”这个词是指家政管理，色诺芬用“经济”一词来概括奴隶主对生产的经营和对财产的管理，他认为奴隶主的经济任务，就在于管理好自己庄园的财产并使之不断增加。按照今天的学科分类，色诺芬的经济学就是管理学。

色诺芬的经济（管理）思想可以简单归纳如下：

（1）关于财富的观点。在色诺芬看来，一切对其所有者有用的东西，都是财富。同时，他已经认识到财富的主观性，认识到作为财富的物品具有使用和交换两种功用，具有了主观价值论的初步思想。

（2）关于重农的见解。在色诺芬看来，农业是增加财产、锻炼身体、训练士兵的重要手段，也是各行各业发展的基础。他说，农业是其他技艺的母亲和保姆，因为在农业繁荣的时候，其他一切技艺也都兴旺，但是在土地不得不荒废下来的时候，无论是从事水上工作的人还是从事非水上工作的人的其他技艺也都将处于垂危的境地。从对农业的这种重要性出发，他认为国家对于农业必须给予最大的重视。

（3）关于商品货币经济的见解。色诺芬基本上是一个奴隶制自然经济的拥护者，因此，他对待商品货币经济的态度是矛盾的。一方面，他贬低商品货币经济的意义，把农业看得高于其他经济部门；另一方面，他又承认发展商品货币经济的必要性。他还高度评价了货币的作用，强调开采白银的好处。

（4）关于分工的观点。色诺芬认为一个人不可能精通一切技艺，因此劳动分工是有必要的。他注意到分工对提高产品质量的作用。

柏拉图是古希腊著名的思想家。他出身于雅典一个显赫的奴隶主贵族家庭。虽然幼年丧父，母亲改嫁，但柏拉图仍受到了当时最好的教育。公元前 407 年，在 20 岁时柏拉图投到苏格拉底门下，成为当时最有智慧、最有学问的苏格拉底的学生。柏拉图被苏格拉底的哲学和为人所吸引，放弃了原来对文学、诗歌的爱好，专心致志地跟随苏格拉底学习哲学长达 8 年之久。

公元前 399 年，苏格拉底被雅典民主派害死，28 岁的柏拉图愤然离开雅典，开始了他长达 12 年的游历生涯。柏拉图先到邻邦麦加拉，又从那里渡海到北非。他到过古希腊的殖民城邦居勒尼，到过金字塔之乡埃及。埃及的古老文明给柏拉图留下了深刻的印象。他经过充满神话故事的克里特岛，然后到达南意大利。公元前 387 年，柏拉图最后到达西西里的古希腊城邦叙拉古。当时的叙拉古正处在僭主狄奥尼修一世的统治下，柏拉图本想说服这位僭主实现自己的政治理想，不料却惹恼了这位僭主，于是柏拉图被卖为奴隶，后来幸得朋友相救，方返回雅典。

经过 12 年的游历考察，柏拉图得出结论：唯有大声疾呼，推崇真正的哲学，使哲学家获得政权成为政治家，或者使政治家奇迹般地成为哲学家，人类灾祸才能得以避免。后来柏拉图在其代表作《理想国》中详细阐述了这一政治理想。

此时，柏拉图年已 40，坎坷半生，感到无法实施其政治理想，于是仿照他的老师苏格拉底的做法，在雅典创办学园，培养了一批既懂哲学和自然科学又能治理国家的人才（即哲学家与政治家合一的“哲学王”），希望通过他们改变社会现状，实现其政治理想。公元前 387 年，柏拉图在雅典西北郊创办了一所学园，世称“柏拉图学园”。从此，他在该学园一边教学，一边著书立说，宣传其哲学思想和政治主张。

柏拉图著述颇丰，其经济思想主要体现在他的《理想国》和《法律篇》中。这里简述如下：

（1）关于社会分工和国家产生的学说。柏拉图从个人需要的多样性、个人能力的片面性和不同个人能力的差异性这三个方面来阐明社会分工的必要性，进而以分工为基础描述了国家的产生。

（2）关于交换、市场、货币、商业和高利贷的观点。柏拉图在分工的基础上阐述国家产生的同时，提出了分工与交换、市场与货币、商业与商人产生的因果联系。他认为：城邦之间和城邦内部既然存在着分工，那么就必须有商业和商人，有了商业就有市场，就需要货币。他认为货币是为日常交换服务的，意识到货币可以作为价值尺度和流通手段。

柏拉图既肯定了商业的必要性，但又对商人持鄙视态度，认为雅典人不应该从事这种不体面的事业，而应该让住在雅典的野蛮人去从事。他攻击商人唯利是图，认为国家应该制定法律，使商人只能得到适当的利润。他更是反对高利贷，主张禁止放款取利和抵押放债。

（3）关于理想国和所谓“共产”的观点。柏拉图认为：在社会分工中每个人所从事的行业和担任的职务，由天生的秉性决定。他所描述的理想国，按照严格的社会分工原则，由三个等级组成。第一个等级是执政者等级，即富有理性和知识的哲学家，负责制定法律、教育人民和治理国家。他特别强调贤人治国的极端重要性。第二个等级是保卫者等级，即军人，负责执行法律、保卫国家和打仗。第三个等级是供应产品者等级，即农民、手工业者和商人，他们必须服从统治者的命令、负责生产和供应生活资料。在理想国里，哲学家和军人都被取消私有财产和个人家庭，实行共产、共妻、共子。在柏拉图看来，实行共产制将有助于优生优育并防止出现腐败和内部冲突。

柏拉图关于统治阶级实行共产主义的思想，在很大程度上源于古希腊斯巴达的实践，对于后来的各种公有制的思想具有重要影响。这种思想可以说是当代经济体制理论的先驱。

亚里士多德是古希腊著名的哲学家、思想家。他的父亲和母亲均出身于世医之家。亚里士多德自幼好学，17 岁进柏拉图学园学习，在该学园学习、研究、执教长达 20 年之久，成为古希腊第一位博览群书的学者。公元前 343 年，亚里士多德应马其顿国王腓力二世的邀请，成为王太子亚历山大的老师。公元前 335 年，亚里士多德重回雅典，仿照他的老师柏拉图创办了吕克昂学园，从事讲学、研究和著书立说。他的大量著作主要是在他主持吕克昂学园的十二三年间写成的。

在公元前 323 年，马其顿国王亚历山大去世后，雅典掀起了反马其顿的运动。亚里士多德成了打击对象，他和苏格拉底一样，被控以“亵渎神灵”的罪名。亚里士多德不等公开审理，便放弃学园教职，逃往他母亲的故乡。翌年病故，享年 62 岁。

亚里士多德生活在古希腊城邦衰落的年代，他继柏拉图之后，力图克服当时希腊奴隶制的危机并提出了自己的理想国方案。他的理想国和柏拉图的理想国不同。柏拉图主张严格区分社会各等级，以实现奴隶主贵族占统治地位的寡头政体。亚里士多德则希望加强中等阶层的势力，以实行民主政体。

亚里士多德著作浩瀚，在社会人文领域，涉及政治学、伦理学、经济学等数个学科。他的经济思想主要体现在《政治学》和《尼各马可伦理学》两本书中。这里简述如下：

（1）关于经济与交易的见解。亚里士多德认为：国家是由许多家庭组成的，要研究国家，就要先研究家庭。因此，他把奴隶主阶级的家庭管理即“经济”纳入了他的政治学。在他看来，家庭管理主要包括两个内容：一个是研究家庭关系，即除了夫妻关系、父子关系外，主要研究奴隶主和奴隶的关系；另一个是研究奴隶主阶级的“致富之术”。

亚里士多德在研究家庭关系时，力图证明奴隶制是自然的和合理的制度，把奴隶制说成是劳动分工的自然结果。他认为适合做脑力劳动的人，自然应该成为主人；适合做体力劳动的人，只能用体力去服务主人。他认为奴隶只是为奴隶主提供生活资料的一种有生命的工具。他还论证了所谓劣等种族是天生的奴隶。

亚里士多德在研究“致富之术”时区分了对财富的自然使用和非自然使用。自然使用满足生理需要，因此是有限的；非自然使用则是通过交换来赚钱，因此必然是无限的。这样他就区分了对财富的使用和交换，区分了家庭管理意义上的“经济”和以赚钱为目的的“交易”，提供了后来经济学家区分使用价值和价值的思想萌芽。

亚里士多德认为：商品交易的最初形式是物物交换，但是随着物物交换的扩大，必然产生货币。随着货币的出现，物物交换必然发展成商品交易，从而形成以赚钱为目的的交易。

亚里士多德从“经济”出发，认为“交易”是违反自然的。他把物物交换和以货币为媒介的简单商品交换看作是小商业，它属于经济，只有大商业才属于交易。因此，他反对以追求货币财富为目的的大商业，更反对高利贷。

在亚里士多德的方法论中，自然与不自然之间的对比起着决定性作用。他认为经济是自然的，交易是不自然的；把货币用作价值尺度和流通手段是自然的，而把货币用作产生新价值的交易是不自然的。

（2）关于商品和商品交换的观点。亚里士多德用自然的和不自然的这个尺度来分析商品。关于交换，他提出了如下四个基本命题：①只有存在剩余时才会出现交换；②交换双方对于所交换的物品有不同的主观估价；③交换双方对于交换的互惠性具有一定的共识；④在交换双方争执不下时，应当由行政当局按照公平规则确定交换比例。

亚里士多德在论述商品交换时天才地发现了等同关系。他指出：两种感觉上不同的物品相互交换，如果没有一种本质上的等同性，就不可能作为可通约的量而互相发生关系。但是，这种本质上等同的东西究竟是什么呢？在他看来，商品之所以彼此能等同，是因为一切商品都以货币来表示。至于能够使不同物品通约的价值由什么决定，他提到了稀缺性。

（3）关于货币和利息的观点。亚里士多德指出了货币作为价值尺度、流通手段和积累手段的职能。他认为货币是为了便利交换而由人们制定或废弃的。关于利息，他认为是一种“非自然的收入”。这种观点反映了他担心不受制约的高利贷会使中产阶级分化，威胁社会和经济的稳定。这种观点对后来的中世纪有重大影响。

（4）关于产权制度的观点。亚里士多德反对柏拉图的《理想国》中统治阶级的共产制，提出财产私有制的五大优越性：①私有制有更高的生产力，从而有助于进步。②财产共有导致了人们在报酬方面的攀比和争执。③私有财产给人以愉悦。④如果财产共有优于私有，那么它应该早就实行了，但是人类经验表明私有制更普遍。⑤财产私有有助于慈善活动。

（5）关于公平的观点。亚里士多德区分了分配性公平和补偿性公平。分配性公平是指社会的财富和荣誉按照各个公民的贡献进行分配。这种分配势必造成不同人收入的差别，这就需要进行补偿性分配以缩小这种差距。他还讨论了交换公平，用数学语言表达了公平交换的观念。他假设 A 是建筑商，B 是鞋匠，C 代表一座房子，D 代表一双鞋子，则公平交换就是 $A/B=xD/C$。联系他的分配性公平的思想，这个交换方程的左边显然是指两个人对于社会的贡献之比，而这个比值就决定了方程右边的 x 的大小。这也许是经济学理论中最早的数理模型。

亚里士多德关于公平交换的思想深深影响了后来中世纪关于公平价格的讨论。

二、古罗马著作家、思想家的经济思想

古罗马是稍晚于古希腊的又一文明古国。古罗马原是欧洲南部亚平宁半岛上的一个小城邦，大约从公元前 8 世纪开始由原始公社制度向奴隶占有制度过渡。在这个过渡时期的古罗马，相传经历了 7 个国王的统治，人们一般称之为“王政时代”（公元前 8 世纪

到公元前6世纪末）。王政时代晚期（公元前6世纪中叶）已形成奴隶制国家。古罗马奴隶制国家的形成是通过塞尔维乌斯·图利乌斯（公元前578—前534）的改革实现的。他参照古希腊梭伦的改革，将全体古罗马人按财产划分为5个等级。每个等级按财力提供不同的军队，以百人团为单位。投票以百人团为单位，一团一票，组成百人团大会并把3个旧的血族部落改为4个地区部落。这次改革是古罗马从氏族社会过渡到奴隶制国家的标志。

公元前510年，相传的第7个国王卢修斯·塔克文·苏佩布（约公元前534—前496）被人民起义推翻，从此古罗马不再设立国王，而由百人团会议选举一年一任的两名执政官作为行政首脑。这样，古罗马就进入了共和时代（公元前6世纪末到公元前1世纪后半期）。

古罗马共和国建立之初，仍然是贵族掌握政权，作为国家首脑的两名执政官，只有贵族才能担任。在王政时代就已掌握实权的元老院，在共和国成立以后便进一步发展为贵族统治的核心机构，作为国家行政和军事指挥中心。当时，平民是古罗马军队的骨干力量，因此平民常利用抗拒作战等形式和贵族展开斗争，以争取经济利益和政治权利。从公元前5世纪到公元前3世纪初，经过200多年的斗争，平民取得了一些胜利，例如建立了保民官和保民会议。规定保民官只能由平民担任，平民也有担任执政官和其他高级官职的权利；取消了平民不能和贵族通婚的限制；制定了废除债务奴隶的法令；等等。

古罗马经过长期发展与扩张，逐渐成为拉丁族诸城邦的霸主。在古罗马征服各地区的过程中，许多外邦人被卖为奴隶；古罗马的贵族奴隶主阶级却从掠夺战争中攫取了大量财物、土地和奴隶。古罗马使用奴隶劳动的广泛性，在古代历史上是空前的。从公元前2世纪中叶起，由于大量战俘奴隶的涌现，奴隶制大庄园的形成，工商业的兴盛，高利贷资本的增长，奴隶制经济获得了前所未有的发展。古罗马奴隶制经济的发展是建立在奴隶主对奴隶的残酷剥削和压迫的基础上的。因此，随着古罗马奴隶制经济的发展，奴隶阶级反抗奴隶主阶级的斗争也爆发、高涨起来。公元前73年，在古罗马的心脏地区爆发了古代世界历史上最伟大的奴隶起义——斯巴达克斯领导的奴隶大起义。

在大规模奴隶起义的同时，古罗马平民反对贵族的斗争也掀起了新的高潮。原来已在平民群众中间普遍流传的平分土地的要求，得到了以提比略·格拉古（公元前168—前133）为代表的民主改革派的支持。提比略·格拉古出身于奴隶主贵族家庭，他支持平民运动是想通过加强小农的地位改进古罗马的军队，保障古罗马的长远利益。公元前133年，他担任保民官。他提出的土地法案规定：每人占有的公有土地不得超过500犹格（每犹格约合1/4公顷），全家不得超过1 000犹格；余数收回，按30犹格一份，分给破产农民使用。该法案获得通过后，设“三人委员会”执行。改革遭到豪门贵族的激烈反对。在竞选下一年度的保民官时，贵族蓄意挑起械斗，提比略·格拉古及其拥护者被杀。公元前123年和公元前122年平民选举提比略·格拉古的弟弟盖约·格拉古（公元前154—前121）为保民官，继续进行土地改革。盖约·格拉古恢复了他哥哥的土地改革法并提出了一些新法案，例如降低粮食价格，把小亚细亚的收税权包给骑士，向外省移民以分配土地给无产者等。他力求联合骑士和平民共同反对贵族元老。贵族元老猖狂反扑，用武力杀死了盖约·格拉古和他的追随者，改革于是以失败告终。

接连不断的奴隶起义和平民斗争，严重打击了古罗马奴隶主贵族专政，奴隶主阶级为了加强自己的统治，力求摆脱共和政体，建立军事独裁政权。同时古罗马已由一个狭小的城邦发展成囊括整个地中海的大国，贵族元老垄断的政权已不能适应形势需要，其他奴隶主阶层要求参加政权，以保障自己的利益。于是古罗马出现了一场扩大政权基础、加强国家机器的斗争。经过绵延近一个世纪的反复争夺的血腥内战，古罗马共和制度终于被瓦解。

从公元前 27 年屋大维就任第一任皇帝起，古罗马就进入帝国时代（公元前 27—公元 1453）。图拉真皇帝统治时期（98—117），是古罗马帝国版图最大的时期，它西起西班牙、不列颠，东达幼发拉底河上游，南抵非洲北部，北迄多瑙河与莱茵河一带。古罗马成为地跨欧、亚、非三洲的大国以后，对外贸易大为发展。地中海变成了古罗马的内湖，海运畅通，古罗马政府在境内修筑了宽阔的大道，陆上交通也很便利。东西方商品交流频繁，大宗贩运的货物有粮食、酒、油、铅、锡和陶器等基本商品，还有各地的奢侈品，例如北欧的琥珀，非洲的象牙，东方的香料、宝石，等等。由于贸易和商品货币经济的发展，古罗马商人资本和高利贷资本的发展达到了古代世界史上前所未有的高度。

从公元前 2 世纪到公元 2 世纪是古罗马的全盛时期。这个时期古罗马的经济思想主要体现在一些农学家、哲学家、法学家和早期基督教神学家的著作中。下面对其一一进行概述。

（一）古罗马农学家的经济思想观点

从公元前 2 世纪到公元 1 世纪之间，在古罗马出现了一批讨论农业的著作家，其中最主要的代表有加图、瓦罗和科路美拉。

马尔库斯·波尔齐乌斯·加图（公元前 234—前 149）既是古罗马的政治活动家和著作家，又是一个经营农庄的大奴隶主。他在农业经济领域是一个既重视实践又不墨守成规的农学家，而且是一个精打细算、讲究经济效益的奴隶主农庄的管理人。

加图的经济思想主要体现在他约于公元前 160 年所撰写的《农业志》一书中。他认为从事农业是古罗马人最重要的职业，主张奴隶制农庄应该基本自给自足，奴隶生活的一切用品都应该在本农庄生产。他认为农庄生产应以满足自己的需要为主，出卖只限于剩余产品，购买只限于本农庄不能生产的物品。他给农庄经营规定“多卖而少买”的原则。他所提出的这个原则成了若干世纪以后重商主义者的座右铭。

马尔库斯·铁伦提乌斯·瓦罗（公元前 116—前 27）是古罗马的著作家和学者，曾任大法官，公元前 47 年受恺撒之命筹建古罗马第一所公立图书馆。其著作主要有《论农业》等。瓦罗在《论农业》中谈到农业生产工具时，曾把奴隶看作一种生产工具。由于奴隶对生产劳动没有兴趣和积极性，瓦罗就在农业生产上看到了雇佣劳动相对于奴隶劳动的优越性。

科路美拉（约生活于 1 世纪中期）生卒年月不详，著有《论农业》十二卷。当时奴隶制大农庄的劳动生产率很低，如何提高劳动生产率成为发展奴隶制经济的中心问题。这种情况明显地反映在他的著作中。一方面他非常关心如何使奴隶对劳动感兴趣，劝告奴隶主要改变对奴隶的态度；另一方面他又认为以奴隶劳动为基础的大土地占有制已不能为奴隶主提供有利的收入，因此主张把农业交给隶农经营。

（二）古罗马哲学家的经济思想观点

从公元前2世纪末到公元1世纪末，古罗马关注经济问题的哲学家，主要是马尔库斯·杜利乌斯·西塞罗（公元前106—前43）。他是古罗马奴隶主贵族政治家、演说家、折中主义哲学家。在古罗马由共和制转到帝国制的过渡时期，西塞罗追随庞培反对恺撒，在恺撒死后热衷于恢复共和政体，曾居元老院之首。

西塞罗认为从事农业是古罗马人最可贵的职业。他还提出了与古希腊著作家不同的对待商业的看法。色诺芬、柏拉图和亚里士多德都是赞成小商业反对大商业的，而他却反对小商业赞成大商业。他不仅论述了大商业的作用，还论及商品价格的决定，认为物价的决定随人们的欲望而转移。西塞罗还对劳动与社会分工的作用做了精辟的论述。

（三）古罗马法学家以及体现在罗马法中的经济思想观点

古罗马奴隶主阶级在发展奴隶制经济和向外扩张征服异族的过程中，为了巩固其统治地位而制定了一系列法律。公元前541年，古罗马元老院设立了一个由贵族和平民各5人组成的法典编订委员会，并派赴古希腊考察法制，从而制定了著名的《十二铜表法》，该法是罗马法的起点。公元2世纪中叶确立了皇帝的立法权。从529年到535年，东罗马帝国皇帝查士丁尼亲自主持编订了罗马法全书。罗马法对古罗马社会的商品货币经济的一切重要法律关系，如买主和卖主、债权人和债务人、契约、债务等等，都做了明确的规定。体现在罗马法中的经济思想观点，这里仅简述以下几点：

（1）关于自然法的观念。古罗马法学家常常把法律区分为人为法和自然法。古罗马法学家沿袭古希腊斯多噶派哲学家。斯多噶派从所谓宇宙的理性引导出自然法的观念，认为世界上存在着由理性支配的不变的规律，人类的行为和社会都要服从它。自然法超出国家规定的法权，国家规定的法必须以自然法作为指导原则。他们认为依据自然法，人们的本质是一样的，有着共同的感情，因此应该拥有平等和自然的权利。他们甚至提出财产公有的思想。同时他们号召人们听天由命、顺从命运、抛弃仇恨、恬淡寡欲、摈弃人生乐趣。这些思想对古罗马法学家产生了很大影响，对后来18世纪自然秩序学说的形成和经济学的产生具有一定的影响。

（2）关于私有财产及自由契约的观念。古罗马人早就具有狭义的个人私有财产的观念（即财产被看作家族中各个人的），及至古罗马法学家则公然不以家族为社会单位，而以个人为社会单位并进而规定个人的财产权利。个人财产权利既定，则个人财产的处理和自由契约就必须相伴而立。罗马法中所确立的个人私有财产制度和自由契约制度，对后世有重大影响。

（3）关于利率的规定。古罗马初期的法律完全禁止取利，直到《十二铜表法》被制定出来，才有利息的规定，但仍禁重利。然而这仅仅是法律条文的规定，社会上实际利率仍依市场行情而变化。

（4）关于货币和价格的见解。公元3世纪初期，古罗马法学家包卢斯曾对货币和价格做过论述。他认为货币是交易媒介，但除了作为交易媒介外，货币自身亦为一有价值之物，其值每随其效用而异。在罗马法中，也提出过“公平价格”的概念。根据古罗马法学家的解释，所谓“公平价格”或“真正价格”，是指某个时期不受市场变动影响的价格。大多数从事交换的人就是按照这个价格买卖的，因而这个价格也被称为“通行价格”。

第二节　欧洲中世纪的经济思想

一、早期基督教神学家的经济思想

在古罗马帝国衰落时期，形成了从古代向中世纪过渡的经济关系，即原先由奴隶耕种的大庄园被分成小块由隶农耕种。这个时期是生产方式由奴隶制转向封建制的过渡时期。与此相应，在古罗马的晚期形成了从古代向中世纪过渡的新的经济思想观点。这便是早期基督教神学家的经济思想观点。

在古罗马，奴隶与平民反对奴隶主的斗争最终总是遭到血腥镇压而陷入失败，然而这并没有扑灭被压迫、被奴役的劳动群众从苦难处境中寻找出路的愿望。他们幻想上帝的拯救，期望上帝能改善他们的困苦境遇。早期基督教就是在这种情况下产生并传播的。

在公元 1 世纪上半叶，基督教最先出现在当时属于古罗马帝国叙利亚行省的巴勒斯坦，但很快就传播到古罗马帝国的其他地区。基督教因袭了早期犹太教的某些教义，特别是一神教一个上帝的观念，强调每个人都是上帝的儿子，同时是其他人的兄弟。这种观点使基督教不但对犹太人，而且对古罗马人和古罗马帝国以内的其他人都有吸引力，尤其是对穷人和战败者更有吸引力。在早期基督教教会中，教徒绝大部分是奴隶和下层劳动人民。他们主张财产公有和人人平等，尊重穷人，仇恨富人，反对古罗马统治者的压迫和剥削。

从公元 1 世纪下半叶开始，有产者和富人陆续渗入基督教，早期基督教的阶级基础开始发生变化。到公元 4 世纪末，基督教终于变成了与古罗马帝国的政权相结合的、官方的意识形态，并且帝国政府确定基督教为古罗马帝国的国教，强迫人民信奉。这样基督教就由古罗马的被压迫、被奴役的劳动群众的宗教演变成为古罗马统治阶级服务的宗教。

早期基督教神学家的经济思想主要涉及对于财富、私有制以及劳动的看法。基督教教义原本是不重视经济问题的，因为在将要到来的千年王国中是无须考虑生产和物质福利的。耶稣在说教中毫不重视经济问题，追随耶稣的人放弃了职业和财产，当十二使徒被派去布道时不准带钱。但随着基督教逐步渗入富人阶层，对于财富、私有制就开始有了说法。

对于财富和私有制的看法，早期基督教信徒一直有不同意见。公元 2 世纪末期，亚历山大的克雷芒把财富称作上帝用于增进人类福利的礼物，是一种工具，能用对也能用错。富人需要正确地使用财富。这就在一定程度上肯定了私人财富的合法性，但是也有一些基督教信徒强烈谴责财富和私有制，提倡平均主义。例如，希腊神父约翰·克吕索斯托（约 347—407）认为私有制来自人有缺陷的天性，导致了大量冲突，指出富人必须散财才能自救。哲罗姆（约 340—420）认为一切财富都有不公平的色彩。巴西尔（约 330—379）建立了实行平均主义制度的修道院。安布鲁斯（约 339—397）认为大自然把一切产品共同给了一切人，富人的施舍不是馈赠而是义务，富人清偿了贷款，穷人得到了应得的东西。奥古斯丁（约 354—430）认为私有财产要为各种罪恶——不和、非正义、战争——负责。这些信徒虽然指责私有制，但是一般并不主张废除私有制，只是主张愿意进修道院的人实行公有制平均主义，而一般人所要做的是更加慷慨地捐赠。

为了使基督教教义不再与财富和私有制冲突，公元 4 世纪 40 年代在里海沿岸举行过一次主教会议，会议参与者宣称不放弃一切财富的富人不能得救的观点是错误的。于是私有财产得到了容忍，但是并不神圣。关于私有财产是否符合基督教教义的问题，一直是基督教主教神父们苦苦思索的问题，直到 13 世纪，才由托马斯·阿奎那解决。

在基督教演变的过程中，基督教对劳动的观念也在变化。基督教信徒原先依靠化缘度日，信徒对劳动和经济生活抱着虚无主义的态度。这种情况到信徒人数达到成千上万时就不能维持了。因此，时代和教会本身的发展要求改变对劳动的看法。许多基督教教会的著作家和思想家都为改变这种观念做过努力。被称为基督教“教父”的奥古斯丁是新观点的出色表述者。

奥古斯丁用新柏拉图主义哲学来论证基督教教义，把哲学和神学结合起来。他的主要著作有：《忏悔录》《论自由意志》《论宿命和神恩》《论三位一体》《上帝之城》《论僧侣的劳动》等。他发表了与古代奴隶主思想家不同的对劳动的看法，他认为所有人都应当劳动。他像尊重精神劳动那样尊重体力劳动，但他没有把商业列入值得人类从事的众多行业中。在他看来，为了糊口谋生而从事小商业还情有可原，但是以营利为目的的大商业是绝对不能容忍的。

奥古斯丁还提出过“公平价格”的概念。这个概念被后来的中世纪基督教神学家所继承和发展。

二、13—15 世纪经院学者的经济思想

（一）西欧中世纪封建制度的产生与发展

从公元 476 年西罗马帝国灭亡到 15 世纪文艺复兴即资本主义抬头的时期为止，这相继约 1 000 年的历史，被称为“中世纪”。西欧中世纪占统治地位的是封建主义生产方式。

西欧封建社会的早期一度发生过经济衰退。原先古罗马帝国那些人口稠密和繁荣的城市因遭到日耳曼部落侵占，几乎完全消失了。手工业衰落，商业停顿或被迫中断，货币流通缩小到最低限度。当时西欧被分割成许多小块领地，在这种小块领地中，停滞的自然经济占统治地位。那时封建主和农奴的主要生活必需品基本上都由庄园自己生产。

11 世纪，西欧封建社会的生产力有了明显提高。农业生产效率的提高使得一些人能够从农业中分离出来专门从事手工业生产。从事手工业的农奴逐渐脱离庄园，聚居到城

堡、寺院附近或交通便利的地方。这些地方由于人口增加，来往商人增多，逐渐形成了城市。在 11 世纪，城市已遍布西欧各地。

城市的兴起是西欧封建社会生产力发展的重要标志之一。这些城市主要是手工业和商业的中心。城市居民主要是手工业者和商人，他们都加入行会并按照行会章程进行活动。

随着生产力的发展，商业和对外贸易也得以发展。在 13—14 世纪，欧洲形成了两个贸易区。一个是地中海地区，以意大利诸城，特别是威尼斯、热那亚、比萨等为中心。这些城市联系西欧和东方的市场，成为东西方贸易的枢纽。另一个是北海和波罗的海地区，以佛兰德各城，特别是布鲁日为中心。德国、尼德兰、英国、北欧诸国和俄国都参加了这一区域的贸易。

城市的兴起和贸易的发展，对中世纪农村的影响很大，许多庄园加入了市场交换。大约从 13 世纪起，货币地租开始在西欧流行起来。但在 15 世纪以前，西欧国家占统治地位的经济仍然是自然经济。许多城市用武力或金钱购买的方式摆脱了封建依附，可是很大一部分居民还是不自由的，商品生产和流通的范围还受到很大限制，生产规模和价格还是由市政当局或行会规定。从 15 世纪末叶起，西欧封建社会内部产生的资本主义经济才获得了长足的发展。

（二）西欧中世纪封建社会意识形态的特征

西欧中世纪占统治地位的意识形态是基督教神学。在公元 4 世纪，随着古罗马帝国东西两部分的分裂，作为古罗马帝国国教的基督教教会也逐渐分为东西两大支，分别以君士坦丁堡和罗马为中心。1054 年，基督教教会东西两部分正式分裂。以罗马教皇为首的西部教会自称为普世教会（惯称天主教），主要流行于西欧各国。

基督教神学在西欧中世纪的一切知识领域都具有至高无上的权威。西欧中世纪基督教神学的表现形式是经院哲学。所谓经院哲学，就是用哲学的形式来论证基督教神学。在经院哲学家看来，一切真理都已由《圣经》提出来了，他们的主要任务就是运用抽象思维与逻辑推理的方法来论证和维护基督教的教条和教义。因此，他们在观察实际生活的一切现象时，并非观察事物之间的内在联系，而是观察它们是否符合《圣经》和神学家所制定的信条。

（三）西欧中世纪最著名的经院学者托马斯·阿奎那的经济思想

在 13 世纪时，西欧封建社会达到相当高的发展程度，天主教教会的统治也达到极盛时期。1216 年教皇批准建立多米尼克教团。这个教团最著名的代表人物是托马斯·阿奎那（约 1225—1274）。他是西欧中世纪最著名的经院学者、神学家，把经院哲学系统化并使之发展到顶峰。他的学说在西欧封建社会的兴盛时期占统治地位。

阿奎那被天主教教会奉为“神学泰斗”。他的著作甚多，其中最著名的是《神学大全》(创作于 1266—1273 年)，它是集中世纪经院哲学之大成的著作。《神学大全》根据中世纪典型的烦琐空洞的三段论法编成。他特别利用在亚里士多德哲学中关于“第一推动者”“第一原因”“最高目的”等的观点来论证上帝创造万物、创造世界的思想，论证教权与神学高于一切的思想。地上的秩序必须服从天上的秩序，政治必须服从宗教，现世必须服从来世，哲学必须服从神学，知识必须让位于信仰。关于阿奎那的经济思想，简述如下：

（1）关于自然法和私有制的观念。在阿奎那为私有制辩护的学说中，自然法观念占有重要地位。自然法观念最初源于古希腊斯多噶派，古罗马法学家根据天主教教义而进一步发展为自然法观念从而为私有制辩护。阿奎那将支配宇宙秩序和社会秩序的法律划分为四种：①永恒法；②自然法；③人法；④神法。永恒法是基本法并且为其他诸法之首，这是支配世界的神的理性在自然现象中的体现并作为必然秩序表现出来。自然法是永恒法在一切生物界中的反映。自然法是真正立法的基础。人法就是实在法。例如，对杀人行为加以惩治的要求包括在自然法内，但惩治的性质却由实在法来加以规定。实在法是在某一国家有效的法，并且从其特殊性中人们可以看到那些常与自然法有分歧的原理。神法就是表现于《圣经》中的启示，并用以修正人法的缺点。

在阿奎那看来，私有财产不仅符合自然法的观念，而且是人类生活所不可缺少的基础。他还利用自然法观念为封建等级制辩护。他以亚里士多德关于自然不平等的观点为依据，把社会解释成一个有机体，应受统一的造物主的支配。按照他的看法，为了使社会不至于陷入分崩离析的境地，“下等人”服从“上等人”的统治既是有必要的，也是符合作为上帝意志表现的自然法的。

阿奎那对劳动的看法也有等级观念。他认为劳动有贵贱之分：体力劳动是低贱的，是下等人干的事情；只有脑力劳动才是高尚的，才符合上等人的身份。正像蜜蜂一样，有些采蜜，有些用蜂蜡建造蜂房，而蜂王则完全不参加物质劳动，人也应如此。

（2）关于公平价格的理论。阿奎那关于公平价格的理论，在其经济思想中占有重要地位，他对许多经济问题的研究都从“公平”这个概念出发。他认为公平价格就是商品与商品或商品与货币之间的均等。这种均等是以生产上所耗劳动量为转移的。他认为这种与生产上耗费的劳动量相等的价格就是“公平价格”。他又从等级制出发，断言公平价格必须保证卖主有相当于他等级地位的生活条件。阿奎那认为同一种物品，由于各个等级的地位不同，可以按照不同的价格出卖。为了证明这样做并不违反公平价格的原则，他又认为公平价格不只是取决于劳动，还由物品提供的效用决定。他对公平价格还有另一种解释，即认为公平价格是由供求关系决定的。

（3）关于货币的见解。阿奎那从他的公平价格理论出发，认为商品的价格既然应该是公平的，那么作为表现商品价格的货币的功能就只能是便利交换，起辅助和从属的作用，而不能成为社会财富的代表。

对于货币的起源和本质，阿奎那从亚里士多德的观点出发，认为货币是人们协议的结果，是为交换而发明出来的。因此，统治者既有权铸造货币，又有权规定货币的重量、成色和购买力。这种见解具有明显的货币名目论倾向，货币被认为只具有纯粹想象的价格。他和其他一些中世纪思想家都用这种货币名目论观点来为统治者贬损铸币的政策辩护。

一方面，阿奎那认为货币似乎只具有纯粹属于想象的价值，它只是一种君主给予的“指定的”价值；另一方面，当商品交换越出铸造该货币的封建主领地的范围，要求具有足值的货币时，他又认为货币是商品，要求货币具有一定的重量和稳定的内在价值。他劝告君主在改变重量和成色时必须适度。

（4）关于商业的见解。在阿奎那以前，中世纪早期的基督教神学家对以赚取利润为目的的商业一般持否定态度。在 11 世纪中叶以后，商业在西欧封建社会内部逐渐发展起来，这就引起了人们对商业和商业利润看法的改变。阿奎那从亚里士多德的观点出发，认为有两种不同的交换：为自己取得生活必需品而交换和为牟利而交换。第一种交换有利于自然的需要，值得称赞。对于第二种交换，一方面他认为理应受到谴责，因为它势必助长利欲，而利欲是漫无止境、得寸进尺的；另一方面他又认为：虽然牟利本身并不包含任何必要的目标，但是它也并不包含任何有害的或违反道德的事情，所以没有什么东西能够阻碍它转向某种必要的目标。

阿奎那进一步指出：一个人在以下两种情况下从事贱买贵卖可以免受道义的谴责。第一，把收入用于某种必需的或正当的用途，例如以持家或者慈善为目的等。第二，原来买进时并无转手卖出的意图，而只是后来才希望卖掉它并且在这个时期内对这些物品做了一些改进；或者由于时间、地点的改变而价格有了变动；或者由于把这件物品从一个地方运到另一个地方时担负了风险；等等。

（5）关于利息的见解。关于借贷货币是否应当收取利息，这是在西欧封建社会中引起过争论的一个重要的经济问题。在阿奎那以前的中世纪早期神学家，都是引用《圣经》和宗教信条，断言放债取利是一种不义行为。到 13 世纪商品货币关系逐渐发展起来以后，以阿奎那为代表的基督教神学家就不得不对禁止高利贷的教规做出新的说明。阿奎那把物品分为两类：一类是在使用过程中就被消费掉的物品，如酒、小麦等；另一类是在使用过程中并不被消费掉的物品，如房屋、土地等。按照他的意见，出借第一类物品是不应当收取利息的，只有在出借第二类物品的时候，才可能收取利息，因为第二类物品的使用权和所有权是可以分别让与的。

如果出借的东西是货币，那又怎么办呢？在阿奎那看来，货币属于第一类物品，因此借贷货币也是不应该收取利息的。但是在他那个时代，信贷活动已相当流行，教会本身也积极参加了高利贷活动。在这种情况下，为了迎合当时教会和世俗高利贷者的利益，他又为放债取利留下了许多出路。他关于利息是损失赔偿和风险报酬的说法，被后来的宗教神学家当作应该遵守的公平原则而加以承认。

（四） 14 世纪西欧经院学者的代表人物尼科尔·奥雷斯姆的货币学说

尼科尔·奥雷斯姆（约 1320—1382）是 14 世纪法国著名教士，被列为当时经院哲学唯名论[①]的三大代表之一，他还是法国国王查理五世的密友和顾问。在经济学说方面，他于 1360 年前后著有一本专门论述货币问题的著作——《论货币的最初发明》。这本著作通常被认为是经济思想史上第一本专门讨论某一经济问题的专著，它是针对当时严重的货币贬损而撰写的。

---

① 唯名论是中世纪的一种哲学观点，认为一切概念都不过是其所指事物的名称，并非实际存在的事物。与之对立的观点是唯实论，认为一切概念本身也是实际存在的事物。

自 12 世纪以来，西欧各封建君主和庄园主都利用当时盛行的货币名目论观点（即认为货币价值纯属想象或指定），为了弥补财政困窘而大肆贬损货币，即在不变更货币面值的情况下，减少货币金属的重量和成色以攫取财富。从此，货币贬损问题困扰西欧各国长达数百年。从 14 世纪中叶起，这种货币贬损情况尤以法兰西最为严重，几乎使货币制度濒于崩溃。于是，一些有识之士为反对货币贬损而著书立说。奥雷斯姆的这本论述货币问题的专著就是这方面最著名的权威。关于奥雷斯姆的货币学说，简述如下：

（1）货币的起源和性质以及用作货币的材料。奥雷斯姆指出：物物交换的困难，使某些才华出众的人设计出一种比较方便的交换方式——使用货币。货币自身对人类生活大有助益而且必不可少，使我们可以极其方便地获得必需品。可以把一切货币叫作人造财富。一些人为了获得这种财富而干出许多罪恶勾当，是由于恶人的贪财好利，而不是由货币自身造成的。

在奥雷斯姆看来，货币是便于交换自然财富的一种人为手段。它应当便于授受和携带，以便在使用时只需以较小数量的货币就可以购买较大数量的自然财富。而金、银这两种贵金属最符合这种要求。

（2）货币的铸造问题。奥雷斯姆指出：最初的货币是以金属的原形态流通的，每次交换使用这种货币时均很麻烦。于是就有明智人士提出，可以把原来轻重不等的一块块货币统一起来，规定某一固定的品质和重量，然后在这样的货币上加上大家所熟悉的印记，标明所含金属的品质和重量，以解除人们的疑虑。这种用金属铸造、盖有印记的硬币，就是铸币。

奥雷斯姆强调指出：货币铸造的通则是，除了用价值较低的金属铸造的低值币外，铸造货币绝不可使用合金。理由是这样的混合币必然会引起人们的猜疑，人们对于其中所含黄金的质量和数量都不容易辨认。在他看来，这是任何一个健全的政府都必须遵循的原则。

奥雷斯姆认为：只有一国国王才有铸币权，应严格禁止本国臣民甚至邻国君王铸造印记相同或价值较低的货币，以防一般老百姓无法辨认真伪。他进而指出：虽然铸造权属于国王，但这并不是说国王是在其境内流通的货币的所有人，因为货币是人与人之间交换自然财富的合法手段。

在奥雷斯姆看来，既然货币属于拥有自然财富的社会团体或个人，那么铸造货币的费用就应由这些团体或个人自己负担，但铸币费不宜过大。

（3）货币的稳定和变革以及当时君主们贬损货币通常所采用的方式。奥雷斯姆首先同意亚里士多德的原则，认为如无绝对的必要或全社会公认有效的场合，不能改铸货币或改变币值。他进而详细地揭露了当时君主们贬损货币所采用的几种方式：第一，君主们任意改变金银之间的比率。第二，货币的名称和价格都无变动，而重量却有了改变。第三，国王擅自改变货币的材料或货币材料的混合比率。他指出：当时的君主还通过改变货币形式、体积、名称、印记或价格等方式来诈骗、攫取别人的财富；此外，君主还通过货币经营以牟利，如兑换、受托保管或进行货币买卖、从事高利贷等。他谴责君主们通过这种方式的得利是不义之财，是不法行为，是赤裸裸的专横表现，是名副其实的暴君行为。

（4）贬损货币的后果。在奥雷斯姆看来，君主们贬损货币会造成以下三方面严重不利的影响：第一，对国王本人不利，使他丧失威信。第二，对整个社会造成损害，即大大减少了良币在国内的流通，使市场充斥质量较差的货币。这是思想史上最初对劣币驱逐良币规律的阐述。第三，对社会真正有贡献的人因遭受损失而贫困，而另一些不配享有巨额财富的人或不法分子却大发横财。

奥雷斯姆的货币学说与在西欧中世纪占统治地位的阿奎那的货币观点相对立。阿奎那把货币价值看作纯粹想象或“指定的”并用这种货币名目论观点为封建统治者贬损货币的行为做辩护，而奥雷斯姆则不仅是理论上的货币金属论者，而且坚决反对君主减少货币金属的重量和成色，反对君主用贬损货币的办法来掠夺公众财富。奥雷斯姆对货币的这种论述，在早期西方经济思想史上是具有革命性的。

思考题

一、述评柏拉图、亚里士多德的经济思想。

二、述评托马斯·阿奎那的经济思想。

三、述评奥雷斯姆的货币观点。

第二章
重商主义时代的经济思想

第一节　重商主义概述

一、重商主义的时代背景

从15世纪中叶开始一直到19世纪中叶，意大利、葡萄牙、西班牙、荷兰、英国、法国等以农业为基本产业的封建社会逐渐衰落，以工商业为基本产业的资本主义开始萌芽，并艰难地、有时甚至是曲折反复地成长起来。这一时期经济思想的主流是重商主义[①]思潮。它于18世纪中叶以后被古典主义替代，但重商主义经济政策则进一步延伸至19世纪中叶。

从15世纪中叶到18世纪中叶这一长达300年的时期，从经济思想史的角度，可以被称作重商主义时代。如果进一步考虑到经济政策转变的滞后，那么从经济政策的角度，我们似乎也可以把重商主义时代延伸到19世纪中叶。这样，重商主义政策的延续时间就长达400年。

由上述说明可知，重商主义时代有广义和狭义之分。广义的重商主义时代，是指重商主义政策的持续时期，大致从15世纪中叶的1453年信奉伊斯兰的奥斯曼帝国攻占君士坦丁堡，信奉东正教的拜占庭帝国灭亡开始，到1846年英国废除《谷物法》为止。狭义的重商主义时代，大致可以从17世纪初开始，到1776年亚当·斯密出版《国富论》结束。这是因为欧洲各国重商主义文献的大量涌现始自17世纪，而《国富论》的出版则意味着重商主义思想主流地位的丧失，虽然其政策仍然延续了70多年。

1300年前后，作为中世纪十字军运动的后果之一，从地中海的意大利开始，西欧和北欧渐渐开始了一场商业革命。意大利的威尼斯、比利时的布鲁日和安特卫普、荷兰的阿姆斯特丹曾经相继成为这场革命的执牛耳者。

15世纪上半叶与航海有关的技术的进步（其突出表现就是当时中国明朝的郑和七下西洋），为15、16世纪之交出现的远洋探险和贸易奠定了技术基础。

1453年土耳其人占据君士坦丁堡后，封闭了欧洲基督徒通往东方的传统的陆上贸易

① “重商主义”一词由法国重农主义经济学家马奎斯·德·米拉波于1763年创造。

道路，即通常所说的丝绸之路。伊斯兰教的商人通过垄断欧亚大陆东西方之间的贸易获取丰厚利润。同时，当时在欧洲国家同东方的贸易中，输出的黄金多于输入的黄金，贵金属大量从欧洲流出，而欧洲开采出来的金银又极为有限。欧洲各国深切地感到缺乏金银，于是金银就成为人们渴望的万能之宝。

传统商路的中断、贵金属的匮乏，迫使欧洲各国商人，尤其是地中海沿岸各国商人，寻找新的通商路线。征服异教徒的宗教狂热和发财致富的贪欲，作为两股动力，推动着欧洲的基督徒去寻求通往东方的新途径。欧洲西南角伊比利亚半岛的葡萄牙和西班牙，作为曾经受到伊斯兰教统治的基督教国家，迈出了最初的一步。

1492 年，哥伦布与西班牙的伊莎贝拉女王达成协议，开始探寻到达东方的新航路。紧随其后，1497 年，葡萄牙人达·伽马开始绕过非洲探寻到达东方的新航路。

15 世纪末 16 世纪初，新大陆和新航路的发现，在随后的两个多世纪里极大地促使西欧各国开始向外殖民，从而开辟了一个世界性市场。世界性市场为商业资本的活动开辟了广阔的场所，推动了对外贸易的迅速发展。

在商业资本发展壮大的同时，西欧国家建立了以农商经济为基础的中央王权国家。在中央集权较弱的国家如英国，国王和商业资产阶级为了双方各自的利益而结盟。各商业公司不断通过寻租活动谋求特权，国王则往往赋予一些商业公司特许垄断地位。而在王权专制程度较高的中央集权国家如法国，政府甚至直接从事商业活动。

中央王权国家的崛起、日益发展的海外贸易（往往伴随着争夺海外市场的战争）以及国内争夺商业特权的寻租竞争或政府直接经营商业，就是西欧重商主义思潮发生、发展的具体国内外背景。

在资本主义经济发展的基础上，产生了资产阶级的意识形态。新兴的资产阶级为了从事商业、工业和其他方面的活动，就要求摆脱封建制度的压迫和宗教神学的束缚。于是从 13 世纪末开始，一直到 16 世纪末为止，意大利兴起了生气蓬勃的文艺复兴运动。重商主义者在文艺复兴运动的影响下抛弃了从神学角度观察经济现象的方法，转而用人的观点，更确切地说，是用商人的观点，来研究与商品货币有关的“世俗利益”，从而迈出了经济科学研究的第一步。因此，重商主义就是在中世纪晚期为适应资本原始积累的需要而产生的一种代表商业资产阶级利益和中央集权君主利益的经济学说和政策体系。

重商主义时代持续了三四百年。在如此漫长的时间里，西欧各国的发展存在很大差异，由此导致各国重商主义思潮的不同表现。

第一个是位于地中海中部的意大利。新商路的出现改变了世界贸易的走向，地中海的重要地位逐渐被大西洋所代替。西南欧的葡萄牙、西班牙替代意大利成为世界贸易的执牛耳者。意大利明显衰落了，以至到 17 世纪，意大利的重商主义更多地表现为如何挽救一个衰落国家的经济对策。

第二个是西班牙。16 世纪初的地理大发现和随之而来的对拉丁美洲各国的征服和殖民掠夺，给它带来了巨额的金银财富。同时通过皇族之间的联姻，即伊莎贝拉将其女儿嫁给哈普斯堡王室的腓力，西班牙成为除了英国和法国外控制几乎大半个欧洲的帝国，在几乎整个 16 世纪成为西方霸主。然而由于一系列对内对外的错误政策，西班牙于 16

世纪即将结束之时趋于衰落，其标志性事件就是 1588 年在与英国海上作战时无敌舰队的惨败。因此，西班牙的重商主义以主要活动于 17 世纪的人物为代表，更多地表现为对不发达经济的特征的分析和解决不发达问题的对策。

第三个是荷兰。波罗的海周边地区的经济和贸易的发展使荷兰在 17 世纪成为欧洲继西班牙之后的西方霸主国家。18 世纪由于英法两国的崛起，荷兰相对衰退为欧洲的二流国家。在这个国家逐渐开始兴起的 17 世纪初，出现了后来被称作“国际法之父”的格劳秀斯。面对葡萄牙对远东贸易的垄断，格劳秀斯在欧洲近代史上第一个喊出了自由贸易的政策主张。而这一呼喊，一直到近 150 年之后才在英国得到了回声。

第四个是英国。这是重商主义大获全胜的国家，虽然重商主义的主流地位最后被古典经济学取代，但是重商主义对于英国经济的发展，对于使英国在 18 世纪的英法竞争中得以胜出的作用，是不容低估的。同时这个国家也是使重商主义思想得到清楚表述的国家。

第五个是法国。这是重商主义最终给国家带来悲剧性结果的一个国家，虽然在最初的时期，它曾经带来了一度的繁荣。因此，以 17 世纪的财政大臣柯尔贝尔为代表的法国重商主义往往被后人所诟病，人们认为这一学派要为法国在 18 世纪的衰败和由此诱发的大革命负责。

第六个是德语世界（包括今天的德国和奥地利）。在当时欧洲的落后地区，重商主义思想作为一种摆脱落后状态的对策，也得到了很好的甚至不亚于英国的阐述。当然，由于种种原因，德语世界在狭义重商主义时代结束以后仍等待了近一个世纪，才在重商主义的一种新翻版——李斯特的贸易保护主义——的影响下，迈入现代化进程。

虽然可以把 1776 年作为世界范围内重商主义时代的结束之年，但这并不意味着重商主义思潮在世界范围内永远销声匿迹。相反，在后来的年代里可以一再发现重商主义思想以不断翻新的面貌，出现在那些力图从原来的落后状态中挣扎出来并进入现代化行列的国家中。

二、重商主义的基本观点、基本政策以及西欧重商主义思潮的发展阶段

重商主义者的基本观点为：只有能实现并且真正实现为货币的东西才是财富，因此，财富就是货币，货币就是财富；于是他们把国家的经济政策和一切经济活动统统归结为攫取金银。

介绍和评论重商主义时代的经济思想，并不是一件容易的事情。困难之一在于，重商主义者并没有把他们的见解作为一个完整的经济理论体系加以阐述。重商主义不是哪一个思想家系统的理论体系，往往只是若干学者的一些零散见解。

困难之二在于，虽然这一时期主流经济思想和政策是重商主义，但是要准确确定某个思想家是否为重商主义者却困难重重。有一些思想家也许可以算作完全的重商主义者，如英国的托马斯·孟、法国的柯尔贝尔等；有一些思想家则可以称作完全的古典主义者，如荷兰的格劳秀斯、英国的达德利·诺思；而另外一些思想家则往往同时持有重商主义的观点和古典主义的观点，如英国的威廉·配第、约翰·洛克等，如何判定他们的归属

着实不易。

因此，本书在介绍这段时间的思想家的经济思想时，基本上按照时间顺序、分国别介绍各个思想家的观点和政策主张，同时分别指出他们思想中的重商主义成分和古典主义成分。

（一）重商主义的基本理论和政策

早在14世纪末，西欧国家的一些有识之士为了摆脱财政困境与发展商品经济，就已开始在发展对外贸易上寻找出路。例如英王理查二世在位时期（1377—1399），为了克服财政困难，曾问计于他的大臣。当时英国皇家造币厂一位名叫理查德·艾尔斯伯里的官员，于1381—1382年给国王的奏折中建议理查二世国王实行“少买多卖”的外贸政策。

围绕着什么是财富、财富的来源以及如何积累财富等问题，大约从15世纪开始西欧各国的许多商界要人、银行家、官吏、学者展开了一系列的探讨和争论。他们著书立说，谋求依靠国家力量扩展商业、增加财富之路。于是在西欧诸国形成了一股长期流行的重商主义思潮。

重商主义经济学说和政策体系的要点是：（1）财富的直接源泉是流通领域，即产品转化为货币的领域，因此商业是财富之源。（2）并非一切流通都是财富的源泉，国内贸易虽有用处，但不能增加国内的货币量，只有通过将本国商品输出至国外换回金银的对外贸易，才能增加本国的货币量。（3）流通是利润的源泉，利润只是一种让渡利润，即商品贱买贵卖的结果，而只有对外贸易才能为一个国家带来真正的利润，因为国内的贱买贵卖只会使一部分人占便宜而另一部分人吃亏，甲之所得恰为乙之所失而抵消。（4）对外贸易的差额必须是顺差，即应尽量少地向国外购买而尽量多地向国外售卖。（5）商品生产只是对外贸易的先决条件，工业是为商业服务的，国内商品生产应服从于商品输出的需要，应大力发展工场手工业，生产在国外可高价畅销的商品。（6）政府必须积极干预经济生活，通过法令保护国内工商业，通过贸易保护促进对外贸易的发展。（7）政府积极干预经济生活的一个重要方面就是应当设法维持低工资政策，以通过贫困来强制劳动者工作，同时通过由此引起的低成本来加强本国产品在国际市场上的竞争力。（8）政府积极干预经济生活的一个重要结果就是激发了大量寻租行为，造成了大量行政特许的行业垄断，或者是政府直接经营的经济活动。

（二）重商主义的发展阶段

重商主义思潮在西欧诸国是相继兴起和相继衰落的。一般来说，它在各个不同国家和地区的兴盛、衰落情况是不一样的。

在英国，重商主义的政策建议虽然在14世纪末就有人提出来了，但重商主义作为一股思潮，其形成通常都是从“玫瑰战争”结束、英王亨利七世即位的1485年算起的；英国重商主义的高潮是在伊丽莎白一世统治的时代（1558—1603）和斯图亚特王朝时期（1603—1649，1660—1714），到18世纪下半叶，英国重商主义已处于衰落时期。

法国重商主义的高潮大概出现在17世纪下半叶，特别是在法国国王路易十四起用柯尔贝尔任财政大臣推行重商主义政策期间（1665—1683）达到高峰。

在德国和奥地利，不仅重商主义思潮兴起较晚，而且表现形式也与英法等国不同。

从政策主张来看，重商主义思潮在发展过程中通常有两个阶段：早期重商主义，又被称为“重金主义”或“货币差额论”；晚期重商主义，又被称为“重工主义”或“贸易差额论”。为本国商业实践服务，主张国家干预经济生活，这是早期重商主义和晚期重商主义的共同点。它们的区别是：早期重商主义者以守财奴的眼光看待货币，主张销售量大于购买量，严格禁止货币出口，而晚期重商主义者主张在保证货币进口多于货币出口的前提下允许货币出口以发展对外贸易。

第二节　16 世纪西欧法学家、政治学家的经济思想

16 世纪是西欧商品经济开始发展的时期，从总体上看，这个世纪经院学者和世俗的政治学家、法学家的经济思想还没有明显的重商主义的特征，他们虽然关注由于商品经济的发展所带来的一些新问题，但是却受制于中世纪思想传统的影响，往往是从规范伦理的角度去考虑这些问题。他们最关注的是赋税的公平、债息的公平以及货币物价水平，而不是 18 世纪中期以后及 19 世纪那些萦绕在经济学家头脑中的与民族国家的强盛有关的各类问题。

公平，或者说公道，是他们考虑政府（往往是王权）与公民之间关系、公民相互间的商品交换关系和借贷关系的基本准则。围绕这一准则，他们对经济现象做出了大量的规范研究，当然也不可避免地进行了一些实证分析。规范研究始终是他们考虑问题的出发点和主要目的，而实证分析则不过是副产品。这与当代经济学有重大差异。他们的公平观念的核心是所谓的“公共利益”，而这种“公共利益”实际上不过是有关各方的经济利益的总和与平衡。

关于货币问题。这些中世纪晚期经院学者和世俗政治学家、法学家几乎一致提出了严格意义上的金属货币理论，都从物物交换的困难推论出货币的起源，都反对降低货币成色，其中一些人还明确提出了货币数量论，用货币数量来解释一般物价水平的高低。

关于利息问题。利息理论的重点也还不是利息的决定机制、利息的根源、利率的决定、利率的经济功能等实证性问题，而主要是利息和利率是否公正、是否应当存在等规范性问题。与之相应，他们所关注的主要是对个人经济行为（诸如交换和放款等）的价值判断，而很少涉及整个经济体制的价值判断。从个人行为的公正观念出发，他们探讨了何为公正的问题，于是自然状态就往往被看作导致公正的状态。那么什么是自然状态呢？从这一问题入手，他们便打开了通向实证分析的大门。把公正解释为自然，这是从规范研究转向实证分析的关键一步。它预示了以后年代的经济学将以实证分析作为自己的主要内容。

下面分别介绍 16 世纪政治学家、法学家等关于利率和货币物价的观点。

一、法国法理学者莫利诺斯关于利率的观点

卡罗律斯·莫利诺斯（1500—1566）是16世纪最优秀的法学家之一，曾在巴黎担任过法国宫廷和议会的法律顾问，于1546年发表《论契约与高利贷》。

莫利诺斯的《论契约与高利贷》一文，逆着中世纪对高利贷行为的一片谴责之声，明确肯定了高利贷行为是一种符合《圣经》教义的行为，同时又对债息应有的高低提出了自己的见解。他论证了放债取息的合理合法之处，认为双方自愿的借贷行为并未违反《圣经》规定的仁爱之旨，反倒是以互爱为出发点。因为债权人答应帮助债务人，从自有资金中拿出一笔贷款供债务人使用，而债务人则答应从使用这笔资金所获取的收益中拿出一部分来酬答债权人。双方均未因此而遭受损失，相反，双方尤其是债务人还将获得无此借贷行为便不可能获取的利益。同时他又指出：如果债务人因确有困难而不能偿付利息甚至本金，那么债权人也应当以仁爱之心对待债务人，不应伤害他。他强调，借贷关系对于需要资金周转的商人，就像货币对于进行交易的人一样是必不可少的，因此是不应当取消的。因此他的结论是：第一，要在一定程度上容忍和保留放债取息行为；第二，应当用一定的规则来节制这种行为；第三，符合规则的放债取息行为是合法的；第四，以放债取息为幌子损害借款者利益的行为是非法的。关于利息的高低，他的看法是在延期支付不受惩罚的条件下，利息应当高于资金的平均收益但低于最高收益。

莫利诺斯为放债取息辩护的观点遭到了当时舆论的反对，但也为他赢得了国际性的声誉。

二、货币数量论萌芽和法国政治学家博丹

让·博丹（1530—1596）

16世纪最早提出货币数量论的是天文学家哥白尼，早在1522年，他就已经提出了货币在过多时会贬值的论点。16世纪中叶，西班牙的纳瓦鲁斯通过观察西班牙的现实情况，再次提出了货币数量论的观点。

尽管有哥白尼和纳瓦鲁斯的贡献，但是人们一般把发现货币数量论归功于法国政治学家让·博丹（1530—1596)。博丹被认为是在亚里士多德之后最重要的政治学家之一。博丹对经济学的主要贡献，是在一篇名为《对马莱斯特罗特侈谈物价高昂及其补救办法的答复》(以下简称《答复》）的论文中，第一次明确提出了货币数量论。他在《答复》一文中首先肯定法国的物价在几百年中有明显的上涨，理由是土地的价格上涨了。他分析了物价上涨的五个原因：一是充当货币的黄金和白银的增多；二是存在垄断；三是出口和浪费导致的物品短缺；四是王公贵族的奢侈消费；五是货币的成色质量的降低。他强调第一个原因是最主要的。至于货

币之所以增加的原因，他认为这是法国和西班牙、意大利等货币充裕的国家进行商品贸易，以及法国在里昂设立银行吸引外资的结果。博丹的上述观点在经济学说史上有着重要地位，被认为是日后休谟提出的货币数量论的先驱。

三、英国早期重商主义的主要代表人物约翰·黑尔斯

约翰·黑尔斯（？—1571）的重商主义理论和政策主张，主要体现在他于1549年写成的《论英国本土的公共福利》一书中。该书在英国重商主义文献中占有重要地位。约翰·黑尔斯的许多观点是超前的。

约翰·黑尔斯在书中提到经济思想是“道德哲学”的一个分支，它告诉人们个人应当如何管理自己和家庭，以及一个城市或者一个王国应当如何管理和统治。这就确认了经济学在社会科学中的地位。他的思想兼有后来古典经济学的自由主义观点和重商主义观点。他对政府通过法律管理经济的效能表示了怀疑，认为市场是更有效的资源配置机制。同时，他又强调发展经济、发展出口贸易的重要性，反对出现进出口贸易的逆差，表现了重商主义的思想倾向。此外，约翰·黑尔斯还强调以下两点：

（1）论述了如何防止足值铸币外流。当时正是大批贵金属从美洲新大陆流到欧洲和出现大批不足值铸币的时期。贵金属大量流入和英国出现大批不足值铸币，使商品价格高涨和人民生活费用增加并引起足值铸币流向国外。约翰·黑尔斯从货币差额论的观点出发，坚决反对铸造不足值的铸币，认为不足值铸币的出现，不仅会造成商品价格高涨，而且会导致国内足值货币的外流。稍后几年，英国财政学家托马斯·格莱辛（1519—1579）进一步论述了“劣币驱逐良币”的必然性，这一思想后被称为“格莱辛定律”。

（2）分析和描述了物价高涨的原因及其对各阶层人民的影响。当时，西欧各国物价高涨。物价高涨的原因以及物价高涨对社会各阶层的影响，引起了约翰·黑尔斯的注意。据估计，英国1600年的物价比1500年高出约6倍。他认为：物价高涨的原因，一方面是各国铸造了不足值的铸币；另一方面是贵金属的大量流入。他认为物价高涨引起社会各阶层人民相互埋怨。他对物价高涨、货币外流感到不安，反对铸造不足值的劣币，关心如何将足值货币保存在国内。

第三节　17世纪西欧各国的经济思想

从17世纪开始，逐渐摆脱神学阴影的自然法哲学开始成长起来。自然法哲学在17世纪的主要代表人物有出版《战争与和平法》的法学家雨果·格劳秀斯（1583—1645），出版《利维坦》的托马斯·霍布斯（1588—1679），以及哲学家约翰·洛克（1632—1704）；18世纪的主要代表人物则有法国哲学家孔狄亚克（1715—1780）和爱尔维修（1715—1771），英国哲学家大卫·休谟（1711—1776）和杰里米·边沁（1748—1832）。自然法哲学家在研究社会时，实行方法论个人主义，把个人的心理因素放在最基本的位置，认为个人的心理状态和心理过程是解释个人行为、集体行为乃至整个社会的状

态和过程的最终“原子”。关于这种心理状态，占主导地位的是由霍布斯首先提出而由边沁系统建立的利己主义假设。后者把这一假设发展为一整套功利主义哲学，强调个人都是以追求自身利益为目标的趋乐避苦的主体，他的一切行为都可以从这一假设前提做出解释和说明，而个人的幸福或效用也完全取决于趋乐避苦的成功程度；同时社会的福利不过是所有人幸福的总和。“最大多数人的最大幸福”便成为功利主义的规范原则。

自然法哲学及作为自然法哲学的一个特殊分支的功利主义哲学，对经济学的最大贡献是从方法论角度提供了经济学理论体系最根本基石之一“经济人”假设。

自然法哲学的发展意味着古典经济学的思想已经萌芽于重商主义时代，格劳秀斯的自由贸易理论就是一个鲜明的例证。

一、雨果·格劳秀斯的产权思想和自由贸易思想

长期以来，荷兰 17 世纪最著名的思想家雨果·格劳秀斯一直被认为是法学家而未引起经济学界的充分重视，其实他是当代产权经济学和古典经济学自由贸易政策主张的先驱。

雨果·格劳秀斯生活在尼德兰（现荷兰）反抗西班牙的独立战争（1566—1609）和欧洲“三十年战争”（1618—1648）期间，经历了荷兰和欧洲历史上非常重要的时期。他天赋颇高，被称为神童，前半生一帆风顺，事业辉煌，后半生由于受到政治迫害，命运坎坷，颠沛流离。但其学术贡献非常重大，被誉为“国际法之父”。其主要论著有：《捕获法》(写于 1604—1605 年)，《论海洋自由或荷兰参与东印度贸易的权利》(1608 年出版，中文版于 2005 年出版)，《战争与和平法》(1625 年出版，中文版于 2005 年出版）等。下面主要介绍他在《论海洋自由或荷兰参与东印度贸易的权利》及《战争与和平法》中展现的与经济学有关的思想。

格劳秀斯为了论证荷兰有权通过海上航行参与东印度贸易，提出了共有物品的思想，认为海洋不属于私有财产，而应归全人类所有。他首先说明产权就是绝对排除任何其他人的同时占有。对于那些虽为某个人服务，但是仍足以为其他所有人共用的东西，便只能是共有的。而对于可以排他地占有的东西，他又提出了两种产权，即整个国家的公共产权和个人的私有产权。他区分了共有物品和具有公共产权的物品，指出海洋是共有物品，而一个国家领域内的河流属于具有公共产权的物品，即国人可以自由使用但是外国人将被排除的物品。他提出了共有物品得以存在的两个理由：任何使用者均无法排斥他人的同样使用，即不可能建立产权；任何使用者均无须排斥他人的同样使用，即不必建立产权，因为他人的使用不会减少该物品从而妨碍自己的使用。格劳秀斯实际上看到了资源的稀缺性及建立产权的成本与产权制度的关系。一切不稀缺或者不会由于使用而稀缺的资源和物品（如海洋和空气）均不必建立产权，一切无法（可以认为是由于成本太高）建立产权的资源和物品，即便有可能出现稀缺，也不可能建立产权。这样他实际上指出了当代产权经济学关于建立产权制度的充要性。

格劳秀斯还分析了产权制度的形成和演化过程，认为私有产权首先发生在一般

生活用品上，然后渐渐过渡到生产这些物品的资源上。他进一步指出了资源的稀缺性变化在产权制度演化中的作用。他认为在人类社会早期是不存在私有产权的，随后虽然牲畜私有了，但土地仍然是共有的，因为土地足够人数很少的所有人加以利用。不过，由于人口数量的增长以及牲畜的数量也以同样的比例增长，人们对共有土地共同加以利用就不再方便了。于是，将土地分给每个家庭就变得有必要了。他认为私有产权的形成方式有两种：要么是通过明确的协议，要么是通过默示的同意，如占有而确立。

格劳秀斯认为：任何人均不能被剥夺的从事贸易的机会对所有人来说都是平等的。贸易自由是基于国家的原始权利，它有着自然和永久的原因。而这个原因在他看来，就是因为各地的禀赋差异。他指出商品自由流通会增进整个社会的福利。为此，他反对对贸易商品进行征税，除非是为了弥补对贸易安全和保护而支出的费用。由此可知，格劳秀斯是自由贸易政策的先驱，而且能够初步运用资源禀赋的差异来说明贸易的原因。

产权理论和自由贸易理论是格劳秀斯对经济学的两大贡献。

二、西班牙（包括意大利）重商主义的主要代表人物安东尼奥·塞拉

意大利是农奴制关系瓦解得最早，也是资本主义发展得最早的国家。但是在地理大发现以后，随着通商航路的转移，意大利失去了欧洲贸易中心的地位，经济出现了衰退。但由于原来从事工商业的新兴资产阶级改变其经营内容而从事银行信贷业务，在相当长的一个时期内意大利仍然保持着欧洲货币中心的地位。因此，货币流通、信贷和外汇管理问题成了意大利一般重商主义者注意的中心。

同时，西班牙在 17 世纪也陷入困境。这首先是由于西班牙的国内制度。长子继承制抑制了土地的商业化。伊达尔贵族的免税特权刺激了全社会对土地资产的追求、对非生产性职业的向往以及对工商业的轻视。伊达尔贵族的炫耀性消费又激发了社会的消费需求并抑制了资本的积累。牧羊团的特权对农业生产活动的破坏使农业一蹶不振。其次，在对外政策方面，连绵不断的对法国和英国的战争消耗了大量资源，导致严重的财政赤字。巨额公债和大量涌入的美洲金银引起国内的物价上涨，削弱了产品的国际竞争力，使国际贸易长期处于逆差状态。

在这种背景下，西班牙（包括意大利）的重商主义主要表现为对欠发达经济特征和原因的分析，表现为对改善欠发达状态的对策的探讨。

安东尼奥·塞拉（生卒年月和身世不详）在 1613 年出版了《略论可以使无矿之国金银充裕的成因》一书。他认为一国有两类获得充足金银的手段：自然手段和人为手段。自然手段只有在国家具有矿藏时才能采用。由于意大利不具备这一条件，因此他把这个手段排除在他的论述之外。

塞拉又将人为手段分为特殊的和普通的两种。特殊手段为一国所特有而其他国家所没有或不可能有的手段。这类手段可归结为两个：一个是国内生产的、超过本国需要的农产品，将这些剩余农产品输出国外就可以换回金银；另一个是国家占据了特殊优越的

地理位置，可以成为繁荣贸易并使国家获得充足金银的重要条件，如威尼斯就具有这种优越的地理条件。他认为这两个特殊手段并不是每个国家都具备的，而“手工业数量”“人民的素质”“贸易的扩大化”“主政者的管理方式”等四个普通手段，却是任何一个国家都能具有的。他认为：如果能很好地发挥这四个普通手段的作用，就可以使国家有充足的金银，成为富足的国家。

在四个普通手段中，首先，塞拉论述了“手工业数量”。他认为各式各样的为数众多的手工业，如果能生产出超过本国需要的生活资料、享乐用品和奢侈品，就可以给国家换回充足的货币。他认为发展手工业生产是使国家金银充足的强有力的手段之一。他还认为发展手工业在许多方面比发展剩余农产品生产更为有利：（1）农业的收入不仅取决于人的劳动，还取决于天气的变化，因而农业收入不可靠，而手工业的利益却通常是可靠的。（2）手工业的产量可以通过人的努力而增加，利润也可以相应增多，而农业却往往并不如此。（3）出口手工业品比出口农产品可靠，农产品不宜长期保存，而手工业品却不易损坏，因此利润比较可靠。

其次，塞拉论述了“人民的素质”。他认为一个国家的居民所具有的勤劳、智慧、不怕劳苦和不畏艰险的性格是致富的重要手段，这一手段在任何国家或城市都存在。在他看来，一个国家的居民同其他国家进行贸易，就可以使该国获得充足的金银。

再次，塞拉论述了“贸易的扩大化”。他认为只靠国内贸易不仅不能使贸易繁荣，不能使国家获得充足的货币，而且会使货币更加缺乏；要使贸易繁荣，就必须发展对外贸易，这样才能使国家获得充足的货币。但他又认为：并不是任何一种对外贸易都可以使国家富足，只有发展从事转运业务的对外贸易，才能使国家获得充足的货币。他认为：凡是贸易繁荣的地方，就必然具有充足的货币，因为没有货币就不能进行贸易，进行贸易就是为了货币。

最后，塞拉论述了“主政者的管理方式”。他非常强调国家干预经济生活的特殊作用，把这一手段看作比其他一切手段更为重要。他认为国家完善地运用这一手段不仅可以防止货币外流，而且可以汲取大量货币。

塞拉批判禁止输出货币和限定汇率的主张。他认为禁止货币输出，从表面看来似乎可以防止已经流入本国的货币输出国外，但实际上这样做对本国有害无益，因为商人输出货币是为了购买大量商品然后出卖，若汇率适当，输出货币到国外比在本国获利更多。在他看来，只应该限制商品流动，而不应该限制货币流动。他认为只要在对外贸易中保持顺差，就会增加国家的货币收入。

三、英国重商主义的早期代表人物米尔斯、马林斯、米塞尔登与晚期代表人物托马斯·孟

大体上，17 世纪上半叶英国早期重商主义非常活跃，后半叶则由晚期重商主义唱主角。

英国早期重商主义者要求实行外汇管制防止货币外流，因此被后人称作“金块主义者”。主要代表人物有托马斯·米尔斯（1550—1627）、吉拉德·德·马林斯（1586—

1641）和爱德华·米塞尔登（1608—1654）。

米尔斯除了要求禁止铸币和金块出口外，还要求把出口贸易限定在特定的公司和城镇，由地方官员监督外国商人并强迫外国出口商把在英国赚到的钱用于购买英国商品，由政府监督外汇兑换。

马林斯于1601年同时出版了两部小册子《圣乔治保卫英国：寓言式的叙述》和《英国公有财产的弊害》，把国家比喻为家庭，认为家庭不能入不敷出，所以国家也不能出现外贸逆差，以免减少国家的财富。为此他特别关心汇率，认为汇率波动导致外贸逆差。同时，他已经初步指出货币流动对汇率，从而对进出口贸易的影响。他要求实行固定汇率。

米塞尔登是个商人，在1622年出版的《自由贸易或实现贸易繁荣的手段》中要求实现一种免于竞争的自由出口，反对出口贸易由像东印度公司那样的垄断公司把持，同时也反对东印度公司输出货币进行贸易的做法。

英国晚期重商主义的主要代表人物托马斯·孟（1571—1641）出身于伦敦一个商人家庭，继承父业成为大商业资本家，曾任东印度公司董事和英国政府贸易委员会委员。当时英国的殖民地转运贸易已有很大发展，早期重商主义的理论与政策已不能适应经济进一步发展的需要，但是仍有许多人为这种过时的理论和政策辩护，攻击东印度公司为经营转运贸易而大量输出货币的做法。为了驳斥这种攻击，说明发展东印度贸易是增加英国财富的重要源泉，托马斯·孟在1621年出版《贸易论——论英国东印度贸易：答对这项贸易的常见的各种反对意见》(简称《论英国东印度贸易》)，驳斥对东印度公司发展对外贸易的反对意见，论述了晚期重商主义者的观点。

1630年，托马斯·孟将他的《论英国东印度贸易》重新改写并改名为《英国得自对外贸易的财富》，该书在他去世后于1664年出版。在该书中，他进一步论述了贸易差额论。因此，该书成为晚期重商主义理论和政策的最著名著作，被称为“重商主义的圣经”。

托马斯·孟在书中所阐明的重商主义观点主要有以下几点：

（1）以一国财富的增减作为研究对象，指出可以使一国财富增加的真正途径。

（2）国内商业是对外贸易的辅助，并不能使国家致富。只有发展对外贸易并保持顺差，才能达到致富的目的。而且这种“少买多卖”的原则不是短期的、对某个国家的、对某笔交易的，而是从全年贸易最后的总结果来看的。这种着眼于最终的贸易顺差的观点被称为“贸易差额论”。

（3）扩大本国商品出口、减少外国商品进口的12条纲领为：

①充分利用荒地，扩大耕地面积，增加生产，以抵制外国商品进口。

②纠正人们使用外国货的恶习，使自己的商品供应自己的需用，以抵制别国商品的进口。

③努力提高本国生产商品的质量并尽量降低价格，使本国商品能在国际市场竞争中获胜并畅销。为此，需要政府规范厂商，建立贸易委员会来为政府出谋划策。

④重视本国航运业的发展，使出口商品能用本国船只运输，从而增加国家收入。

⑤尽量节省原材料消耗，以制成更多的商品扩大出口。

⑥充分利用渔业资源，发展渔业生产，以扩大出口贸易。

⑦大力发展转运贸易，使英国成为一切外国商品的货栈，以增加货币收入。

⑧发展同“偏僻地区”或“遥远国家”的贸易，会带来特别大的好处。

⑨输出货币，发展转运贸易，以带来更多的货币。

⑩实行来料加工，增加就业，扩大出口，给国家带来利益。

⑪实行保护性税收政策，鼓励出口，抑制进口，以实现贸易顺差。

⑫从发展对外贸易出发，认为生产者人数越多，技艺越高超，生产出来的商品就越多，从而可换回的货币也就越多，因此主张鼓励人口增长。

托马斯·孟认为除了采取上述手段发展对外贸易外，没有其他任何手段可以使国家致富。

（4）论证了外贸商人的作用及其必须具备的品质，认为一个国家只有靠着商人所掌握的秘诀才可以致富。因此，商人应该拥有受人尊重的地位。

四、威廉·配第：具有浓厚重商主义色彩的英国古典经济学创始人

（一）时代、生平及其著作

威廉·配第（1623—1687）

威廉·配第（1623—1687）是英国经济思想史上具有重要影响的人物，他的思想兼具重商主义色彩和古典主义的思想萌芽。

在威廉·配第生活的时代，农业还是英国的主要产业，但造成“自由”劳动者的圈地运动持续进行，大农场逐渐取代小农经济，农业生产技术不断进步。同时，雇用几百人的资本主义性质的工场手工业在纺织、采煤、冶金等行业已经相当普遍，成为英国工业生产的主要形式。英国工农业的发展与它的对外贸易密切相关。当时英国主要是与其殖民地贸易。这种贸易与殖民掠夺、商业战争、海盗行径、贩卖黑奴等罪恶勾当紧密相连，为英国积累了巨额资本。但是 17 世纪中叶的英国与号称“海上马车夫”的荷兰相比，国力还略逊一筹，尤其是其航海业，在一段时间里还无法与荷兰抗衡。

随着资本主义经济的发展，英国社会的阶级结构发生了重大变化，逐渐形成了资产阶级化的新贵族、工商业资产阶级和资本主义租佃农场主。他们要求取消封建专制制度，建立资产阶级民主制度，以保障资本主义工商业和农场的自由发展。但当时的斯图亚特王朝力图加强君主专制制度的各项政策，同经济力量日益增长的资产阶级发生了尖锐矛盾。当时资产阶级在政治上和经济上都不如新贵族强大，资产阶级在反对封建王朝的斗争中同新贵族结成联盟。而深受封建压迫和剥削的广大农民群众，尤其是遭受圈地运动打击的广大独立小农，以及手工业者和城市贫民，也纷纷起来参加反对封建制度的斗争。所有这些不断增长的革命力量，使英国终于在 1640 年爆发了新贵族和资产阶级领导的、

以广大独立小农和城市贫民为主力军的英国资产阶级革命。但是经过克伦威尔独裁，封建君主制度很快又复辟了。直到 1688 年的“光荣革命”，才最终确立了资产阶级的统治，确立了资本主义生产方式在英国的支配地位。

当时的许多制度，包括税收制度，都极不适应资本主义的发展，如何改进是一大问题。

爱尔兰问题当时也是英国的一大难题，英国对它的这第一个殖民地进行的不当管理，使爱尔兰处于极端穷困、极不安宁的状态，亟待妥善处理。

上述经济状态和政治状态所造成的各种问题便构成了配第著书立说时所考虑的主要内容。

配第出身于一个手工业家庭，14 岁时外出谋生，当过水手、小商人、手工业者以及英语教师等。1644 年到荷兰学医，1645 年移居巴黎，结识了英国哲学家霍布斯，过从甚密。回英国后开业行医，后获得医学博士学位，担任过解剖学和音乐教授。在伦敦，他加入以研究培根哲学为目的的伦敦哲学学会，在这个学会中，他结识了当时的英国独裁统治者克伦威尔（1599—1658）的义弟——牛津大学惠登姆学院院长威斯金博士和曾任克伦威尔随从医生的戈太德博士等。从此，他不论在学术活动方面还是在政治活动方面都得到了这两个人的不少帮助，从而得以从一个穷水手爬上了贵族统治者的宝座。

1651 年，配第担任英国侵略爱尔兰的侵略军司令艾尔顿的随从医生，前往爱尔兰。起初，他由威斯金介绍任英国驻爱尔兰总督的私人秘书，后来又在爱尔兰议会当书记。当时英国侵略者决定把从爱尔兰掠夺到的土地分配给侵略军军人和有关人员。配第由于得到了克伦威尔的赏识和宠信，因此被任命为土地测量总监，负责测量爱尔兰的土地和主持分配工作。配第从中为自己掠夺到 5 万英亩的土地，成为新兴的土地贵族。同时他在土地分配工作中积累了许多经济知识，为他后来从事经济理论研究工作创造了条件。

1658 年，威廉·配第被选为国会议员。1660 年斯图亚特王朝复辟后，他又投靠复辟王朝国王——查理二世，得到查理二世的宠信，被封为爵士，仍被任命为爱尔兰的土地测量总监。查理二世不仅发还了他在爱尔兰的土地，又赐给他一大批土地。配第在晚年已经成为拥有 27 万英亩土地的新兴贵族大地主。此外，他在爱尔兰还先后创办了铁厂、铅厂、渔场，同时，他也经营木材的买卖等。1667 年后，他除了担任爱尔兰议会的议员外，还兼任殖民执行委员。

1673 年，配第由爱尔兰回到英国，又被选为英国皇家学会会员。1679 年，他又回到爱尔兰居住。1682 年，他奉召回伦敦参加枢密院关于爱尔兰税收制度改革的会议。1687 年 12 月 16 日，他病死于伦敦。

马克思对配第在经济科学上所做出的贡献给予了很高的评价，称他为“英国政治经济学之父”。

配第关于经济学方面的著作主要有：《赋税论》(1662)，《政治算术》(1672 年前后写成，1690 年出版)，《爱尔兰的政治解剖》(1672 年前后写成，有手抄本留存于世，1691 年出版)，《献给英明人士》(1664 年写成，1691 年出版)，《货币略论》(1682 年写成，1695 年出版)。

在研究经济的方法上，配第深受培根和霍布斯的哲学思想的影响，力图运用培根的经验主义方法即观察和实验法来研究经济问题，从而确立了他的政治算术方法。所谓政治算术方法就是通过分析统计（估计）数据来研究社会经济现象，从中发现经济现象之间的内在联系，从而发现许多重要的经济原理。他的政治算术方法对古典经济学的建立起到了重要作用。他运用初步的统计学方法——主要是简单平均数——估计（更确切地讲是猜测）了当时英国的国民收入和财富，从而成为国民经济统计的先驱之一。

配第的早期著作中有不少重商主义观点。例如，他认为经商的利益要比经营农业和工业多得多，一国生产金银、珠宝比经营任何经济事业都有利。在他看来，金银、珠宝就是财富。他非常重视对外贸易和海上航运业并主张对外贸易必须遵守出超原则。他还主张国家干预经济生活、拥护殖民制度等。但他的《货币略论》等晚期著作已完全摆脱了重商主义倾向。

（二）经济发展思想

17 世纪的英国在许多方面仍落后于荷兰，因此配第探讨了经济发展问题。他认为决定经济发展的基本因素并非土地和人口的绝对数量，而是土地和人口的素质及人口的构成与密度。

关于人口构成对经济发展的意义，配第通过对比英国和法国后指出：虽然法国人口绝对数超过英国，但法国只消费而不生产的神职人员大大超过了英国，而最具有生产力的海员则是英国比法国多。他提出了生产人员和非生产人员在总人口中所占比例对社会经济发展的重大意义。

配第分析了人口密度对经济发展的作用，认为若人口密度小到使人们只需靠天然产物或只需做少许劳动就能维持生活，那么他们就会变得没有任何技能。他看到了人口密度对提高劳动技能的重要作用。此外，他还谈到增加人口密度对提高消费水平的作用。在他看来，人口密度增大所引起的外部经济效应对经济发展有重要作用。

除了土地和人口这两个基本因素外，配第认为地理位置、产业结构和所施行政策是决定经济发展的更为重要的因素。他比较尼德兰和法国后指出：尼德兰可以同人口远为众多、领土远为辽阔的法国相抗衡，究其原因，除了土地和人口的素质以及人口的构成与密度等因素外，主要还由于尼德兰的位置、产业和政策优越。

配第指出：尼德兰人完成他们宏伟事业的基础，源于该国地理位置的优越性。他在谈到尼德兰产业的优越性时指出：尼德兰所处的地理位置使尼德兰人最擅长航海业，从而适合从事全球贸易。在他看来，航海业是最能致富的事业。配第认为尼德兰人所制定的政策，诸如宗教自由、资产转让登记、低关税税率、创设和经营金融银行业以及制定商法等，有力地促进了尼德兰经济的发展。

配第在探讨了影响经济发展的各种因素后详细地分析了英国发展经济的有利条件和不利条件。他按照自己的政治算术方法，通过检验、比较伦敦和巴黎在 3 年内的平均葬礼数，发现前者的数量大于后者，于是推断出前者的人口数量大于后者，并进一步推断出英国的财富水平高于法国。其暗含的前提是人口死亡率在两地一致且人口数量与财富水平正相关。但是他认为当时英国的税制在妨碍经济发展，主要问题有：一是税基不清，君主不知道人民能负担多少赋税，也不知道什么时候是合适的征税季节。二是征税对象不合理。三是税额不确定。四是征税方式不合理，手续繁，费用大。他提出了合理征税的两条基本原则：(1) 摸清税基。(2) 公平，即对所有人都按适当的比例征税。因此，他反对人头税，认为这是累退税；主张累进税和消费比例税。

为了发展英国的经济，配第主张发展劳动密集型产业和新兴产业。

配第在摸清国情并回顾了英国近 40 年来的发展情况后指出：英国具有进一步发展的潜力。于是，他提出了英国在经济上完全超过法国和尼德兰而掌握整个世界贸易，称霸于世界的战略目标。一个多世纪后，这个战略目标被历史证实了。

（三）价值理论

价值与价格问题在配第的著作中并非考虑的重点，然而在经济思想后来的发展中却成为整个古典经济学的主要内容之一，更严格地讲是直到 20 世纪 30 年代为止经济学考虑的主要内容。价值与价格问题的提出并成为经济学的主要内容，是与下列经济事实相联系的：产品的商品化，以及新兴市民阶级的成长。

产品的商品化意味着财富不仅要被生产出来，而且必须经过交换才能实现其价值。而君主的税收不仅取决于产品数量的多少，而且取决于商品价格的高低。因此，即便是维护君主利益的思想家，也不能忽视价值与价格问题。新兴市民阶级的成长使得代表其利益的思想家把在生产中产生并在交换中实现的价值当作社会的财富。这样，价值与价格问题自然取代赋税问题成为这些思想家要考虑的中心问题。

同时，受到市场力量而非某个人控制的价格成为深受自然法思想影响的思想家饶有兴趣的课题。于是从配第开始，不仅价值与价格问题的重要性发生了变化，而且问题的提法也完全变化了。中世纪时问题的提法是价格应当如何，答案是应当公正。而配第以后问题的提法变成了价格是什么、由什么决定、如何决定。

关于商品的价值，配第的名言是“劳动是财富之父，土地是财富之母”，这清楚地表明了他对财富源泉和价值决定的看法。可以猜测他更多的是从度量的意义而非源泉的意义上强调劳动在商品价值决定上的重要意义。但是他的表达不是十分清晰，这就使后人既可以在度量的意义上、也可以在源泉的意义上解释他的劳动价值论。

配第区分了自然价格和政治价格。他所说的政治价格，就是经常发生涨落的市场价格。他认为政治价格的涨落是有中心的，这个中心就是自然价格。那么，商品的自然价格由什么来度量呢？他认为是劳动，即在生产商品时所耗费的劳动时间。

配第对生产谷物和生产白银的不同劳动进行了比较，从而得出各种商品相交换的共同基础，那就是它们在生产中都耗费了人的劳动。这说明他把劳动作为各种商品价值相等和权衡比较的基础，把劳动作为度量价值的尺度。他不仅认识到商品价值由劳动度量，而且认识到商品价值量和劳动生产率的反比关系。他认为分工会提高劳动生产率，促使商品的成本和价值下降。

（四）货币、工资和地租

配第分析了货币的价值，认为货币本身的价值也是由劳动度量的，从而货币也就成为衡量其他商品价值的尺度。他看到了货币的价值尺度和流通手段的功能。他探讨了货币作为流通手段，满足一国流通所需货币量的问题。他把货币比喻为人身上的脂肪，认为一国流通所需的货币量是有一定限度的，并且一国流通所需的货币量是与货币流通速度成反比的。这表明他已经否定了重商主义一味崇拜货币的观点，具有了古典主义的观点。

配第在法律规定的工资背后寻找工资的自然基础。他认为工资是由劳动者为了生存、劳动和传宗接代所必需的生活资料的价值决定的。

配第探讨了地租的来源，认为工资加上种子等生产资料的价值，就是农产品的生产费用，而从农产品价值中扣除这种生产费用后的剩余，就是地租。由此他认为工资上涨，地租就相应下跌。反之，地租增加，工资就必然下降。他的这种见解，是李嘉图关于工资和利润相对立观点的先驱。

配第探讨了级差地租的两种形态。他从同等肥力的地段到市场的不同距离引出级差地租的第一形态，从土地的不同肥力引出级差地租的第二形态。

总之，配第运用政治算术方法对经济学的几乎一切领域都做了最初的研究。他的一系列观点，都为他的英国后继者所接受并且做了进一步探讨。

五、诺思、洛克的经济思想

（一）诺思的自由贸易思想

达德利·诺思（1641—1691）是在重商主义时代彻底摈弃重商主义观点的英国商人，是古典经济学的初期代表人物之一。他出身于一个男爵家庭，后来到土耳其伊斯坦布尔给一个商人当学徒，21 岁时已成为当地著名商人，积累了巨额财富。1680 年回到英国，相继担任伦敦市参议员、关税委员、财政委员等职，后又被推选为国会议员。他的名著《贸易论》是在 1691 年他去世的那一年匿名出版的。该书出版后被埋没和遗忘了一个多世纪，直到 19 世纪初由于《银行限制法》和《谷物法》的辩论引起了人们研究经济问题的兴趣，一批自由主义者才重新发现了他的《贸易论》。1822 年李嘉图看了此书后对其评价甚高。

诺思是英国第一个提出自由贸易思想的经济学家。他的自由贸易思想是在反驳重商主义观点时阐述的。

第一，诺思反对重商主义者认为只有金银才是财富的观点。在他看来，财富乃是人们手头的剩余物品。他认为即使金银或类似金银的物品都不存在，只要通过交换，就可以使别人的剩余物品变成自己的，也就是使之成为自己的财富。诺思认为金银只是财富的一种形态，只是交换媒介。他认为金银的增减乃是一般财富增减的结果，绝不是一般财富增减的原因。

第二，诺思坚决反对早期重商主义者禁止金银出口而把金属货币保存在国内的主张。他认为储存货币并不能增加国民财富，只有把货币当作资本来运用才能使财富增加。

第三，诺思也反对晚期重商主义者借对外贸易的出超以增加货币的主张。他指出：一个国家流通所需要的货币量，是由商品流通量决定的。如果货币不足，必然会从货币多的国家流入；如果货币有余，也就必然有一部分货币退出流通界。它会自行调节，不必强求货币的增加。

第四，诺思坚决反对重商主义者关于政府干预经济生活的主张。他认为无论是国内贸易还是对外贸易都应该自由地进行。任何阻碍自由贸易的立法，都不利于财富的增长。因此，为了促进贸易和财富的增长，他坚决反对人为干涉，主张自由放任。

（二）洛克的经济思想

约翰·洛克（1632—1704）是17世纪末英国著名哲学家和政治学家、经济学家。他出身于律师家庭，就读于牛津大学。早年结识著名科学家波义耳和牛顿，17世纪70年代多次赴巴黎广泛结交学界人士。他在政治上倾向于代表资产阶级利益的辉格党，由于反对皇室而受保皇党的迫害，于1683年逃亡荷兰，在此后5年中从事著述工作。1688年“光荣革命”后，他担任过英国贸易和殖民事务大臣，并于1694年成为英格兰银行的发起人和大股东。

约翰·洛克（1632—1704）

洛克的经济思想主要集中在1691年出版的《论降低利息和提高货币价值的后果》(以下简称《后果》）以及1690年出版的《政府论》下篇中。

洛克的经济思想兼具重商主义和古典主义色彩。

(1）关于财富与贸易。洛克在《后果》一书中提出财富在于黄金和白银的丰足，因为虽然它们本身用处不多，但能换得一切生活用品。既然财富在于金银丰足，那么如何获得丰足的金银呢？他认为英国只能通过对外贸易来获得，而且主要通过对外贸易的出超来获得。而为了做到这一点，他主张节俭，安于享用本国自产的生活用品，不去追求那些奢侈的外国货。他的上述观点带有浓厚的重商主义意味。

(2）关于商品价值。洛克在《后果》一书中提出商品的市场价格由它的供求关系决定，提出商品价格的供求规律，即如果卖者多而买者少，则价格下跌；而如果卖者少而买者多，则价格上升。他认为商品的供求决定的是商品的市场价格，而除了这种市场价格外，商品还有一种内在的自然价格，即它能够满足人们生活的需要或有益于人们的福利。他的自然价值论实际上就是效用价值论。概括地说，在他看来，商品的内在价值由效用决定，而市场价格由商品的数量和销路共同决定，而销路又取决于商品的效用。从这里我们已经可以看到后来马歇尔均衡价格论的萌芽。

(3）关于货币。洛克认为货币是一种通用的商品，是一种可保存、耐久的物品，可用来交换真正有用但易于损耗的生活必需品。他还从他的供求价格论出发去说明货币价格。由于货币可以换取一切物品，所以其销路永远很大，这样一来，其价值便完全由其数量决定了。他注意到货币在贸易中所起的作用，指出贸易是获取财富所必需的，而货币又为进行贸易所必需。他一方面把获取货币当作贸易的目的，另一方面又把货币看成是进行贸易的必需品，这正好表明他兼有重商主义和古典主义两种观点，也表明英国重商主义是怎样逐渐转变为古典主义的，即从把金银当作贸易目的逐渐转变为把金银当作贸易工具。他认为贸易所需货币是有一定比例的，它不仅取决于货币数量，也取决于货币流通速度。针对当时存在的政府降低铸币成色的做法，他明确地表明了反对态度，认为那将使物价上涨。他也反对人为地规定金银比价。

(4) 关于利率。针对当时一些商人要求政府强制降低利率的主张，洛克表示了明确的反对意见，反对用法律人为地压低利率，认为压低利率将引起货币供给量的减少，从而对贸易产生不利影响，最终导致国家财富的减少，认为由市场决定的利率将比政府法定的利率更合理。

洛克对于经济思想的最大贡献，是论证了私有财产的合理性。当时，正在蓬勃发展的私人商业活动与中世纪的传统观念发生了冲突。传统观念认为地球上的一切资源都是上帝赐予所有人的，私有财产的观念与之相悖。洛克在分析私有财产的起源时承认了劳动创造财富的作用，但这种作用被他用来论证私有财产的合理性。洛克认为土地和一切低等动物为一切人所共有，但是每个人对他自己的人身享有排他的所有权，因此他的身体所从事的劳动是属于他自己的。所以只要他使任何东西脱离自然状态，他就已经掺进他自己的劳动，掺入了他自己拥有的某些东西，因而使它成为他的财产。由此可知，劳动价值论在洛克那里是一种为私有制辩护的理论。

洛克还指出：在有货币之前，私有财产的数量受到每个人劳动所得和满足需要所费这两方面的限制，但是随着货币的出现，随着人们把容易变坏的物品转换成耐久的货币，私有财产的数量开始突破以往的限制，尤其是个人储存不能多于他所用这一限制。洛克认为私有财产的重要意义在于当人们可以通过劳动和货币积累财产时，会更具有生产的积极性。

洛克的私人产权理论与格劳秀斯的共有产权理论是 17 世纪关于产权问题的两个互补的思想，它们共同为以后西方国家产权制度的发展演化奠定了初步的理论基础。

洛克对于经济思想的又一个重要贡献是提出了减少政府对私人经济活动的干预的观点。他认为政府的目的在于保护私有财产。他把政府类比为一个股份公司，股东就是人民大众。政府只应当负责保护人民的生命和财产，而不必干预私人的具体商业活动。如果政府不能履行这些职责，人民将有权推翻它并另择政府。而为了促使政府正确地行使职权，防止其违背人民的意志，就需要实行分权，让政府各个部门相互制约。

洛克关于政府职责的上述观点无疑对亚当·斯密有着重要影响；洛克关于权力制衡的观念对后来政治学的发展具有深远的影响。

六、达维南特的经济思想

查尔斯·达维南特（1656—1714），又称“查尔斯·达芬南”，是英国的经济学家和统计学家。1678—1689 年任英国国内货物税专员，1702—1714 年任英国进出口总监察官，1698—1707 年连续 3 次被选为下议院议员。其主要论著有：《论筹措战费的方法》《关于英国谷物的备忘录》《论东印度贸易》《关于信贷的备忘录》《论英国的公共收入与贸易》《论使一国人民在贸易差额中成为得利者的可能的方法》《论如何开展与管理同非洲的贸易》《有关王国贸易状况的报告》。

达维南特的经济思想具有重商主义的外表，但实质是主张古典主义的自由贸易。他的思想反映了从 17 世纪下半叶到 18 世纪上半叶许多英国经济学家思想的共同特点，即反映了英国经济思想正在经历从重商主义到古典主义的渐进转变。下面将主要根据有中译本的《论东印度贸易》和《论英国的公共收入与贸易》介绍其经济思想。根据这两部论著，可以把他的经济思想大致概括为两部分内容：关于财富与对外贸易的观点和关于公共财政尤其是政府筹资的观点。

达维南特在分析方法上继承了威廉·配第的政治算术方法，并认为这种方法的基础是充分了解人口数，不仅了解本国的情况，而且了解敌国和友邦的力量和弱点。他认为通过政治算术，不仅可以使政府了解一国财富的不同组成部分，而且可以使政府了解各种交易如何互相依赖。

（一）财富与对外贸易

达维南特探讨了财富的定义和源泉。他的财富观是相当超前的，甚至包括了后人所说的人力资本。同时，他虽然否定了重商主义的财富观，但是并未低估货币的作用。正是基于这种正确观点，他强调了货币的重要性，但他对货币的重视并非重商主义思想。他明确反对金银是一个国家唯一的或最有用的财富的观点，认为金银只是贸易的手段，是在交易中进行结算的筹码，是贸易的仆从，它的本源是国家的自然或人工的产物。

关于财富的源泉，达维南特认为各国的财富均产生于人民的勤奋劳作。同时他指出：财富会逃离妄想用欺骗手法和法律羁绊它的地方，而渴求进入能给它最大自由的地方，由此表明了自由对于财富的重要意义。

至于如何增加一国的财富，达维南特强调了对外贸易的重要性。他主张立法机构和行政机关积极干预对外贸易，主要是为贸易的管理制定出合理、公平而方便的规则。为此，他建议成立一个得到立法机构授权的贸易委员会，其职责主要就是照管和监督贸易活动，勿使英国的贸易遭受损害。

达维南特反对各种限制性的法规，认为贸易就其本性而言是自由的，它自行寻找航道并且最为妥善地自行引航。因此，为贸易制定规则和方向并加以限制和约束的一切法律对社会来说裨益殊少。关于贸易，政府应当在总体上像上帝那样仁慈地照管，然而一般来说，其他一切则应听其自然；而且，考虑到各种贸易是紧密结合在一起的，大致来说，无论哪种贸易对于国家都是有利的。他反对的主要是政府对具体贸易行为的干预。他认为：由英国生产并向东印度出口毛织品而换回东印度的棉、丝、麻织品，比通过禁令而由英国自己生产棉、丝、麻织品更有利于英国。这个一国根据优势进行分工和交换将获利的思想，可以说是后来斯密的绝对优势理论和李嘉图的比较优势理论的萌芽。

达维南特反对政府干预具体贸易活动的理由，是一切贸易之间的相互依存性。他强调从总体上看待不同的贸易和不同对象的贸易，即便有的贸易似乎没有盈利，也不要简单地加以限制，因为与它相联系的贸易就可能带来收益。他反对在出现贸易逆差时对贸易对象国课征高额关税或禁止进口，因为那不仅不起作用，反而招致报复，最好的补救方法很可能是用出口本国产品来回敬外国产品的进口。

达维南特分析了政治体制对国民财富的影响，指出在采用共和政体的国家，贫穷会使政府精明节俭；而在采用君主政体的国家，贫穷却往往使政府更加绝望、更加轻率。

同时他又指出：无论是共和政体还是君主政体，都需要有一位出色的政治家，才能使一个国家繁荣昌盛。

达维南特还强调了宗教和法律的作用，认为人类社会是靠宗教和法律的纽带维系的。世界上所有国家的繁荣昌盛都取决于其人民的道德水平。而为了维持节俭、勤劳、谦恭、温顺的道德，他主张依靠宗教的力量。同时他认为《济贫法》是毁灭和破坏英格兰整个制造业的真正根源，因为它明显地鼓励怠惰和行乞，他希望由法律强迫穷人去工作。

上述这些观点表明：达维南特的财富观已经摆脱了重商主义的看法，并且具有了初步的自由主义观点。他虽然强调对外贸易的重要性，但是这并不意味着他把对外贸易看作财富的唯一源泉，也不意味着他只是希望通过对外贸易获取更多的金银货币。而且他关于如何增加财富的观点具有非常广阔的视野，能够从经济、政治、外交、军事、法律、道德各个方面考虑问题。

（二）关于公共财政

达维南特考虑公共财政问题的背景，是英国政府在刚刚结束的英法之间的奥格斯堡联盟之战或者威廉王之战（1688—1697）中发行了公债。因此，如何看待公债、如何偿还，就成为需要认真考虑的问题。

达维南特认为：累积增长的公债将妨碍一个国家的富强。他认为西班牙王国衰退的主要原因就是它自1588年以后不断增加的公债。他把政府能否偿还公债的问题提升为一个国家能否全面建立或者恢复信用的问题，而无论是收入还是贸易都严重依赖于信用。他认为信用的特征在于信用从来不是强迫的，而是自觉自愿的；信用常常不用争取而自行出现，又总是无缘无故地消失；而信用一旦丧失，就很难完全恢复。信用的功能在于它是把一国人民联系和维系在一起所必不可少的条件。他是比较早又比较少见的对信用的特征和功能进行分析的经济学家。至于信用与货币的关系，他指出信用和货币肯定是相互强化的；货币是信用的基础。

从总体上看，达维南特关于公共财政尤其是政府筹资的观点可以概括为以下几点：（1）政府尽量不要发行公债，只有在不得已时才发行，而一旦发行了就要尽快设法偿清。（2）要尽力改进税收征管工作，把私人包税制和政府官员征收妥当结合。（3）在包税制中实行类似于今天人们所说的承包制。（4）要尽可能减轻税负，尽可能实现公平负担。

七、法国重商主义的主要代表人物蒙克来田和柯尔贝尔

自从地理大发现以后，欧洲到东方的贸易通道逐渐转移到了大西洋，法国的一些沿海城市，如南特、波尔多、马赛等，逐渐成为商业资本活动的中心。在16、17世纪，法国的资本主义工场手工业也随着国内外贸易的发展而逐渐发展起来。同时，法国的封建专制王朝也把对殖民地的掠夺作为扩大财源的手段，先后在美洲、非洲和亚洲侵占了许多殖民地并建立了一系列海外贸易公司。法国国王路易十三在1635年还直接参加了欧洲从1618年到1648年的“三十年战争”，获得了阿尔萨斯和洛林，将领土扩张到莱茵河西岸。但是，当时法国资本主义的发展受到封建制度的阻碍，工场手工业的发展十分缓慢，

绝大多数居民从事农业，农民仍遭受着严重的封建剥削，农业生产停滞落后，广大农村陷入十分贫困的境地。这种状况决定了法国重商主义的特点。法国重商主义的代表人物主要有蒙克来田和柯尔贝尔。

（一）安托万·德·蒙克来田

安托万·德·蒙克来田（1575—1621）是17世纪初法国重商主义的主要代表人物。他起初曾为剧作家。1605年，他因与人决斗违法，逃亡到英国。在英国他认识了培根并受到英国国王詹姆士一世的赏识。在詹姆士一世的斡旋下，蒙克来田于1614年返回法国。回国后他经营工业，成为金属器具制造业主。他是一个新教徒，曾积极支持日内瓦的宗教改革运动并在1621年参加法国南部新教起义。起义失败后，惨死于天主教卫道士的长剑之下。

蒙克来田在经济思想史上因1615年出版《献给国王和王太后的政治经济学》一书而闻名。该书第一次使用了“政治经济学”一词，是一本分析经济状况，提出国家干预经济、保护本国工业、发展对外贸易的重商主义著作。它所阐述的重商主义观点主要有以下几点：

（1）财富及其源泉。和其他重商主义者一样，蒙克来田也把财富和货币相混同，认为财富就是货币，对外贸易是财富的源泉。

（2）论述了商业和商人的重要性，为商业利润辩护。蒙克来田认为商业是国家活动的基础。他承认国家由三个等级构成，即僧侣和贵族两个统治阶级以及由资产阶级、手工业者和农民组成的第三等级。在这三个等级中，他认为第三等级中从事商业的商人最重要。

（3）论述了政府干预经济的重要性。蒙克来田认为政府的主要任务就是使国家获得荣誉和不断致富。因此，政府应该执行有利于本国商人的政策。他极力反对外国商人享有与本国商人同等的权利。

（4）论述了农民的重要性，同情农民的处境。蒙克来田主张不仅要保护本国商人的利益，还要同情农民，要求国王注意农民的困苦状况。这种观点表明他已经有了后来重农主义思想的萌芽。

（二）让·巴普蒂斯特·柯尔贝尔

让·巴普蒂斯特·柯尔贝尔（1619—1683）出身于呢绒商家庭。他起初曾担任路易十四幼年时代的执政者茹尔·马扎然的助手，后来成了路易十四的财政大臣，成为当时法国经济生活的决策者。柯尔贝尔是重商主义的实践者，在当政期间（1661—1683）推行了一套极端的重商主义政策。因此，这个时期法国的重商主义被称为“柯尔贝尔主义”。他的政策主要有以下几个方面：

（1）积极扶植本国工场手工业的发展，扩大出口，发展对外贸易。柯尔贝尔认为国内拥有的贵金属数量是国家财富的标志，它决定着国家的军事、政治实力。在他看来，西欧各国流通的货币总量是一定的，要使国家致富，就必须设法使别国的货币转移到本国来。他认为只有发展对外贸易并在对外贸易中保证出超，才能使国家的财富增加。为了保证有可供出口的商品，他采取各种办法鼓励本国工业的发展，如聘请外国工匠、给工场手工业者发放贷款、豁免兵役、自由选择宗教信仰等优惠条件，以扶植工场手工业的发展。在扶持的同时，他也对工场手工业实行了严格和烦琐的政府规制，如规定来自第戎市的织品必须含有 1 408 根线等。

（2）改善国内商业，促进本国商业的发展。在柯尔贝尔当政以前，法国国内关卡林立，地方税名目繁多。在他当政以后，法国取消了部分国内关税并统一了税率。在他的倡议下，法国政府还拨出大量经费改良公路、开凿运河，从而改善了国内的运输和市场状况，促进了法国工商业的发展。

（3）实行保护关税政策。在鼓励本国商品出口的同时，柯尔贝尔还采用保护税率的政策，限制外国商品的进口。

（4）建立海军舰队和大型商船队，进行殖民扩张，发展远洋贸易。柯尔贝尔认为贸易是常年的战争，而国际市场是有限的，谁能在国际贸易中居于首位，谁就可以充当战争与和平的裁判者。他认为一个国家的海军数量永远同它的贸易数量成正比。在他的倡导下，法国建立了庞大的海军舰队和大型商船队，成立了经营海外贸易的法国东印度公司、西印度公司等，使法国走上了殖民扩张和远洋贸易的道路。

（5）牺牲农业，发展工商业。柯尔贝尔不顾农民的疾苦，下令禁止法国粮食和其他农产品输出到国外，同时又准许外国的粮食和农产品输入法国。他认为这样做既可以保证资本家减少工资支出，降低工业品成本，又可以保证巴黎等大城市的农产品供应。这种靠牺牲农民利益来促进工商业发展的政策，使法国的农业陷入停滞不前以至破产的境地，从而造成了法国财政经济的严重危机。

柯尔贝尔主义起初曾促进了法国资本主义的产生和发展，但由于没有从根本上改变其封建制度的基础，再加上采取了牺牲农业的错误政策，最后以导致经济崩溃而告终。

八、德国和奥地利重商主义的主要代表人物霍尼克

奥地利和德国的一些诸侯国直到 17 世纪下半叶，商品经济才得到较大发展，资本主义工场手工业才开始出现，于是重商主义思潮也在德国和奥地利兴起。

当时在德国和奥地利所掀起的重商主义被称为“官房主义”。它是有关政府财政的科学，有别于警察科学或政府行政科学。官房学的本义是关于管理官产与王室私产的学问，即关于如何管理和增加政府财富的学问。后来，它又把公共行政、法律、技术、财务管理等包括进来，形成了一个广泛的体系。因此，以官房主义为表现形式的德国、奥地利重商主义与英、法等国的重商主义相比有较大差异。霍尼克是德、奥重商主义的杰出代表人物。

菲利普·威廉·冯·霍尼克（1638—1712）生于德国西部的梅因斯，后随其父移居奥地利首都维也纳。他于 1661 年获法学博士学位，长期在维也纳从事律师职业，1682 年出版了两本讨论公法的小册子，猛烈抨击法国对德国的领土要求。到 1683 年，奥地利的部分领土被法国和土耳其人占领，于是奥地利帝国的地位大大降低。1684 年霍尼克匿名出版了他的名著《奥地利富强论》，提出用经济方法重建国家。

霍尼克在《奥地利富强论》中探讨了一国富强的标准和途径，全面系统地阐述了他的重商主义理论和政策主张。在霍尼克看来，构成一个国家力量和地位的标志，就是要看它所拥有的丰富的黄金、白银和生活上必需的一切其他物品，是否尽可能地取自自己的资源，而不是依赖其他国家并在竭力节省的情况下取得，以及在取得这些物品以后是否适当地加以利用。在简要说明这一标准的基础上，他着重阐明了发展一国经济的九条主要通则：

（1）要尽力开发一国土地、矿藏等自然资源。尤其重要的是要不遗余力地发掘黄金和白银。

（2）一切要经过制作才能使用的商品，都应在本国进行加工，因为通过这一过程所得的报酬，一般可以超过原料价值 2 倍、3 倍、10 倍、20 倍甚至 100 倍。

（3）要充分利用资源生产原料并把原料制成商品，应用尽一切方法，使人民从游手好闲转变为从事有报酬的专业工作，应教育和鼓励他们在各个方面有所发明，做到各有各的技术和行业，在有必要时可以从外国聘请教师进行这方面的教导。

（4）黄金和白银应尽可能保持在本国流通。

（5）应尽一切努力在日常生活中使用本国产品，尽可能地摒弃外国产品。

（6）当外国产品成为必需品而必须输入时，也应尽可能地直接从外国取得，取得时可用本国产品交换，避免用金银购买。

（7）在必须输入外国产品时，也应以未完成形态输入，然后在国内进行加工，这就可赚取由这方面的制造业务而获得的工资。

（8）本国的过剩产品，应不断地寻求机会以成品形式向外推销以换取金银。

（9）在国内有充分供应时，除了特殊重大原因外，即使外国产品价廉物美，也应禁止输入。

霍尼克认为：只要奥地利当局对国民经济实行有条不紊的改革，严格执行这九条通则，它就必将赢得空前甚至是不敢奢望的财富和光荣。

霍尼克的这本《奥地利富强论》于 1684 年出版后，曾再版 12 次，至少在一个世纪内备受欢迎。许多人把发展经济的这九条通则奉为经典。霍尼克的这本《奥地利富强论》和托马斯·孟的《英国得自对外贸易的财富》一样，在重商主义史上享有重要地位。

第四节　18 世纪 70 年代以前英语世界的经济思想

一、曼德维尔的经济观点

伯纳德·曼德维尔（1670—1733）是出生于荷兰鹿特丹的一个医学博士。1699 年到英国行医，成为英国公民。其主要论著为《蜜蜂的寓言》(书名全称为《蜜蜂的寓言：私人的恶德，公众的利益》，初版于 1705 年并于 1714 年、1723 年、1728 年 3 次修订，有中译本)。

曼德维尔不仅是一个经济学家，同时也是一个伦理学家，但不是那种研究规范性伦理的伦理学家，而是一个对人类的实际伦理行为进行深刻分析的实证性伦理学家。本书主要介绍他的经济思想。

曼德维尔的经济思想主要体现在他的《蜜蜂的寓言》中。在这本书中，他基本上摆脱了重商主义财富观的束缚，而他对人性的深刻分析，为后来的经济自由主义奠定了基础。

曼德维尔在其寓言诗里写道：最初，因为蜜蜂们都贪婪且自私地追求繁华虚荣，所以无不奢侈挥霍，炫耀自傲。这时整个社会兴盛繁荣，人人就业。后来，这群蜜蜂忽然改变原有习惯，放弃了奢侈生活，崇尚节俭朴素，但结果却是宫室荒芜，货弃于地，商业萧条，民生凋敝。国家因要厉行节约，所以削减军费开支，以致敌人前来侵略时无力抵御。最后，这群蜜蜂只好遁逸他方。这个寓言的基本思想是：各种卑劣的成分聚合起来，便会构成一个健康的混合体，即一个秩序井然的社会。这个寓言表明：既享受一个勤勉、富裕和强大的民族所拥有的一切最优雅舒适的生活，又具备一个黄金时代所能希望的一切美德与清白，此二者不可兼得。使人能够组成社会的，并不是人的合作和善良的天性；相反，是人的一些卑劣可憎的品行，才使人适合于幸福繁荣的社会。

曼德维尔虽然肯定私人的恶行有助于社会公益，但是并不主张私人从恶，也并不意味着有罪的具体成员不应该受到谴责甚至惩处。他确定了一条原则，即在一切社会（无论大小）中，为善乃是每个成员的责任；美德应受鼓励，恶德应遭反对，法律当被遵守，违法当受惩罚。但是他并不认为政府应该消除一切不良行为，而是主张容忍轻微的不便，以防止重大的不便。

曼德维尔对于经济学的主要贡献有以下几个方面：

（1）曼德维尔深入揭示了人性自利的一面，否定了性善论，为经济学中的经济人假设奠定了基础。曼德维尔认为追求私利是人的天性。他的看法为社会科学的实证性、经验性研究奠定了基础。

（2）曼德维尔指出社会公益可以从私人追求自利的行为中萌生。他所说的“恶行”，主要是指人的贪婪、挥霍、奢侈和虚荣。他认为所有的社会都必定起源于人的各种需求、人的缺陷和欲望。人的骄傲及虚荣心越是得到展现，人的所有欲望越是扩大，人就越可能不得不组成数量繁多的大型社会。他指出：人的种种需要、人的恶德及缺点，加上空气及其他基本元素的严酷，它们当中却孕育着全部艺术和技能、工业及劳动的种子。人们的骄傲、懒惰及变幻无常，是刺激一切艺术、科学、贸易、手工业和各行各业发展的主顾。而需要、贪婪、嫉妒、野心以及人的其他类似特质，则无一不是造就伟业的大师。因为野心、贪婪以及经常产生的需要，乃是使人去兢兢业业、拼命奋斗的刺马针。他看到了激励人们努力的根源并非造福公众的精神，而大多数是渴慕荣誉和希冀晋升的欲望。他认为：使人们组成社会的也并非人的良好品行，人类天生追求友谊的品性和仁爱的热情也好，人们依靠理性与自我克制所能获得的真正美德也罢，这些皆非社会的基础；相反，被我们称作现世罪恶的东西，无论是人类的恶德还是大自然中的罪恶，才是使人类成为社会性动物的重大根源，才是一切贸易及各行各业的坚实基础、生命与依托，概莫能外；必须将它们视为一切艺术与科学的真正起源；一旦恶德不复存在，社会即使不马上解体，也必定会变得一团糟。《蜜蜂的寓言》试图证明这样一个思想：如果每个人自由地做着利己的活动，其结果会增进社会全体的繁荣，其利益比做非利己活动还要大。

这种思想是后来亚当·斯密“看不见的手”的观念的源头。但是曼德维尔的思想与斯密还是有一定的差别，那就是曼德维尔更强调政府的管理，私人的恶德若经过老练的政治家的妥善管理，可能转变为公众的利益。

(3) 曼德维尔肯定了贪婪、挥霍、奢侈和虚荣对于经济繁荣和发展的作用。曼德维尔认为：在蜜蜂的社会里，如果劣行和奢侈风行，那么这个社会就会非常繁荣；相反，如果代之以节约和俭朴的生活，那么社会就会冷冷清清，以至衰退。他指出：对于金钱的贪婪虽然有许多恶果，但是它为挥霍提供了物质基础。而对于挥霍，他把它形容为维持公众生存的“珍贵的口粮”。曼德维尔以荷兰为例，把挥霍看作一个国家富裕的标志，而把节俭看作一个国家由于贫困而不得不为之的事情。他把贪婪和挥霍比喻为两种相克的毒药，可以混合成有利于社会的良药。因为正是有人挥霍，才使得许多生产挥霍品的工人有工可做、有钱可赚。针对一些人反对进口奢侈品的观点，曼德维尔指出：只要始终保持贸易的平衡，任何国家便都绝不会因进口外国奢侈品而变穷。他区分了家庭和国家之间不同的致富原则，家庭和个人要靠节俭致富；而国家致富则要靠使大多数穷人几乎从不游手好闲并要使他们不断地花掉自己挣到的钱。他的结论是：没有人的恶德，任何社会都不会成为富强的王国，即使成了富强的国家，也不可能长久维持。

曼德维尔关于挥霍和奢侈促进经济繁荣的观点，当时曾被一些人认为是胡说八道，但它对西方经济学的发展产生了巨大的影响。他的上述看法，很可能影响到后来德国历史学派的桑巴特和奥地利学派的米塞斯。这种观点实际上是对于需求对经济的重要性的初步意识。马尔萨斯从中吸取了关于消费不足有害于经济的观点。凯恩斯则完全承袭了他节俭有害的思想，竭力主张奢侈消费，扩大非生产性开支，以维持经济繁荣。

当然，曼德维尔也并非鼓励全社会所有人都去奢侈挥霍，而应始终让穷人去工作；缓解穷人的需求乃是明智之举，但满足其需求却是愚蠢之举。他认为社会不能没有穷人，否则没有人会去做工。因此他希望一个社会有众多的劳动者，因为这会使劳动价格低廉，便于对穷人进行管理。应当使穷人免于饿毙，但却不应使穷人得到值得去储存的东西。他更多的是从激励的角度、效率的角度而不是从公平的角度去看待穷人问题，与那个时代的一般重商主义者一样，他希望通过低收入去迫使穷人参加劳动。同时他又指出：不应该阻碍勤勉节俭的穷人去致富。由此可知，用今天的语言来表达，曼德维尔更重视所有人机会的平等而反对结果的平等、收入的平等。

(4) 关于货币的看法。曼德维尔针对货币是罪恶之源的观点，提出金钱作为一种附带原因，在这个世界上已经造成的祸患，比其他任何原因造成的都多。尽管如此，它是文明社会的秩序、运作乃至存在所必不可少的，因为它能够促成人们互利的交易，并且与人类的任何其他发明相比，货币的发明乃是一件最能巧妙地迎合人的全部天性的事情。曼德维尔一方面正确地指出了货币的重要意义，另一方面也反对一味地追求货币金银。他以西班牙的衰落为例，说明一个国家拥有过多的货币并非有益之事。这种观点表明他已经摆脱了重商主义的货币财富观。

（5）曼德维尔认为贸易并非使一个国家致富的唯一手段，而政府对于产权的保护、严格的法制、自由的思想、防止神职人员权力的过分扩张、妥善处理外交关系等都是致富的必要条件。

（6）曼德维尔肯定了分工的作用，认为分工将比不分工更有利于技艺的改进。这种观点影响到后来亚当·斯密关于分工的看法。

（7）曼德维尔强调稀缺性决定着价值，稀少往往比有用更能提高物品的价值。这种观点表明他也可以被看作后来的边际学派的先驱。

（8）关于渐进演化的思想。曼德维尔指出：有些成就常被我们归因于人的卓越才能与深刻洞察力，其实它们来自漫长的时间和许多代人的经验。他认为语言文字的发展、工艺的进步、良好习俗和法律的形成，绝大多数都是几个世代共同努力的产物。管理城市的法律和法规，全都经历过数不清的变更、废除、补充和修正。这种通过试错而逐步演化的思想影响到后来的哈耶克，是其自然演化秩序思想的源头。

曼德维尔的《蜜蜂的寓言》之所以会在后来产生巨大的影响，最根本的一点就在于它深刻地揭示了人的一系列本性，阐明了这种本性与经济繁荣的关系。

二、休谟的经济思想

大卫·休谟（1711—1776）

大卫·休谟（1711—1776）是英国哲学家、历史学家和经济学家。他出身于苏格兰一个没落贵族的家庭，1723年进入爱丁堡大学，1739—1740年出版其哲学名著《人性论》。1754—1762年出版史学专著《英国史》。1763年任英国驻法国大使馆秘书，后任参赞，与法国著名思想家卢梭、魁奈和杜尔哥交往密切。1766年回伦敦，不久任副国务大臣。1769年退休后隐居爱丁堡。他的经济思想主要见于1752年出版的《政治论丛》中的经济论文。这些论文是他参加反重商主义大论战的产物。这场论战发生于1748—1758年间，参与者多为当时英、法、德三国的学者名流，如查尔斯·汤申德、乔赛亚·塔克、凯姆斯勋爵、詹姆斯·奥斯瓦德、孟德斯鸠以及休谟。他们以通信方式讨论在国际社会中是否有一种“自然”过程。如果有，则探究它是如何起作用的。在这个过程中，国际经济会自然而然地保持平衡，若平衡被打乱，不需要政府的广泛或有步骤的干预即可自行恢复平衡。这次讨论是经济思想史上自由主义反对重商主义的一次论战。休谟在讨论中表达的观点后来曾被亚当·斯密在格拉斯哥大学编写讲义时大量采用。

贯穿于休谟经济论文中的一个基本思想是货币数量论。他认为一切东西的价格均取决于商品与货币之间的比例，任何一方的重大变化都能引起同样的结果。商品增加，价钱便宜；货币增加，商品就涨价。反之，商品减少或货币减少也都具有相反的倾向。但是，商品价格的上涨或下跌并不取决于国内的商品和货币的绝对数量的变动，而是取决于进入市场的商品和处于流通中的货币数量的变动。

休谟货币数量论的历史背景是16—17世纪美洲贵金属矿山的发现使金银产量激增，大量贵金属涌入欧洲，引起欧洲大陆物价的普遍上涨。休谟货币数量论的要点在于：（1）货币本身不具有什么价值，不过是劳动和商品的代表。（2）商品价格取决于国内流通的货币量。当货币多时，价格高；当货币少时，价格低。（3）当一国货币量逐渐增加时，各种商品价格的上涨不会紧跟着金银的增加而发生，而是会有一个时间上的滞后，要等到货币流通到全国各地，各行各业的人都感受到这种影响时才会出现，尤其是劳动的价格将最后上涨。因此，货币量的增加将促进国内产业的兴旺发达。这是因为工资上涨落后于物价上涨所引起的利润增加将刺激工商业主的生产热情。（4）如果一国货币过多，将引起物价上涨，从而削弱出口商品的竞争能力，引起外贸逆差，使货币外流。（5）反对银行发行纸币，反对信用。

由此可知，休谟的货币数量论是反对重商主义的。休谟以货币数量论为理论依据批判了重商主义的贸易差额论。他指出：第一，货币只是人们约定用于便利商品交换的一种工具。它不是贸易机器上的齿轮，而是一种使齿轮的转动更加平滑自如的润滑油，而劳动产品乃是一切实力和财富的根本。第二，商品的价格总是与货币数量成正比。一国货币过多引起的物价上涨不利于该国同别国的竞争，将削弱该国的出口能力，因此主张贸易差额论的重商主义者追逐货币的目标是错误的，也是难以实现的。第三，担心贸易会使货币金银无止境地外流是不必要的。一国货币多了物价就会上涨，廉价商品将由国外涌进，使货币流出。若货币流出过多，商品价格会下降，由此提高了出口商品在国际贸易中的竞争力，从而使货币回流，直到货币数量与该国的工业水平、贸易能力相适应为止。因此，一国既不能长期保持贸易逆差，也不能长期保持贸易顺差。由于货币数量对物价的影响，进出口贸易将自动趋于平衡，重商主义者想长期保持贸易顺差的目标是无法实现的。

通过批判重商主义，休谟提出了自己的自由贸易主张：（1）各国因自然条件不同，都会有本国的特产可供各国交流。（2）各国从商品交换发展为技术交换，将促进各国产业的发展。（3）国际贸易将引起国际自由竞争，从而促使各国改进经营和技术。（4）对外贸易要以国内工业发展为基础，因此要着力于发展工业和技术。基于以上看法，他主张发展自由贸易，反对关于货币输出和谷物出口的禁令，反对对外贸设置过多的障碍和关税，反对人们在以邻为壑心理的支配下强行限制外贸。但同时他也主张通过适当的关税和其他保护性措施来扶植和发展国内产业。

休谟的上述经济思想许多并非首创，但其最大意义在于直接影响到亚当·斯密。尤其是休谟关于国际贸易和货币的国际流动会自动趋向平衡的思想，很可能影响到了斯密关于“看不见的手”这一市场自动平衡机制的思想。

三、富兰克林的经济观点

本杰明·富兰克林（1706—1790）生活在美国从殖民地到独立的时代，是美国独立战争的积极参加者，杰出的政治家、科学家和思想家。

富兰克林出身于北美波士顿的一个制造蜡烛和肥皂的手工业者的家庭。他家境贫寒，

本杰明·富兰克林（1706—1790）

只上过2年学。从12岁起，他就到一家印刷所当学徒，几经周折成为一名印刷工人。但他刻苦好学，自学成才，并于1727年秋同11位好友组织了“共读社”，互相切磋，共同学习、研究社会和自然等各方面的问题。当时的北美曾发起关于是否发行纸币的问题的争论。为了适应经济日益增长的需要，广大人民群众要求增发纸币，而有钱人却怕纸币贬值使自己受损，反对发行纸币。富兰克林站在广大人民群众一边，积极主张增发纸币。就是这场关于纸币的论战，促使他去研究经济问题并写成了《试论纸币的性质和必要性》(1729）这部重要的经济学著作，该著作提高了他的政治声誉。

富兰克林积极参加了北美殖民地人民反对英国殖民统治的斗争。1775年独立战争爆发后，他参加了美国《独立宣言》的起草工作。1776年，他奉美国国会的派遣前往巴黎，以特使的身份游说法国助战。法国在他的努力说服下同意在军事上、经济上支援美国，从而加速了美国独立战争的胜利。

富兰克林不仅是一位杰出的政治家和科学家，而且是新大陆最初研究政治经济学的代表人物。其主要经济学著作除《试论纸币的性质和必要性》外，还有《关于人类增长的观察报告》(1751)、《关于美洲纸币的评论与事实》(1764)、《关于国民财富有待研究的几个问题》(1769）和《贸易原理》(1774）等。

富兰克林认为通过劳动获得的维持生活的产品就是财富，而一个民族获得财富的途径只有三条：战争掠夺、商业诈骗以及依靠农业这唯一正当的途径。由此可见他的财富观具有重农主义色彩。

富兰克林认可劳动价值论。他指出：由于白银价格会随着其稀缺性的变化而不稳定，所以最适合作为价值尺度的是劳动，而一国的财富是由其居民所能购买的劳动量而非货币金银来估价的。这一观点是亚当·斯密关于商品价值由能购买或能支配的劳动量来衡量的观点的直接先驱。富兰克林认为贸易无非劳动与劳动相交换，一切物品的价值均用劳动来衡量是最公正的。

富兰克林从物物交换的不便引申出货币的起源。他认为货币的价值由获得它所花费的劳动决定，并且由于它促成商品交换中时间和劳动的节约而具有附加价值。他分析了一个国家所需要的货币量，认为一定比例的货币量是一个国家自由而普遍地进行贸易所必需的。多于这个数量，对贸易没有益处；而少于这个数量，如果非常少，则对贸易极其不利，因为缺乏货币会引起高利率，会使物价低迷、贸易萎缩，无助于吸引人才。为了解决货币不足的问题，他以金属货币为例，指出作为交换媒介的货币，其名义价值可以与其实际价值相脱离，因此可以通过发行纸币来增加一个国家的货币量。

富兰克林认为贸易既是国与国之间的交往，也是人与人之间的交往，它的目的是利润，但是它的结果可以是双赢的。他主张自由贸易，认为自由和保护是贸易赖以成功的最无可置疑的原则，强制是贸易的大敌。为了促进一般贸易，自由和安全实质上是最有必要的。这一观点与他所认识到的国际贸易自动平衡机制的看法有关。针对当时一些人反对谷物输出的意见，他指出：谷物像水一样，会找到自身的水平。我们输出的越多，它在国内就变得越昂贵；国外接受的越多，它在那里就变得越便宜。一旦国内外价格均等，出口自然就会停止。如果一切贸易都是自由的，那么每一个沿海国家的人总能吃上平均价格的面包，因而能更平稳地促进农业发展。从这种观点出发，他不同意重商主义关于把货币保留在国内的观点。他坚决反对政府干预贸易，认为管理、指导或限制贸易的大多数法规、法令、条例、决定，以及议会、君主和国家的公告，不是政治上的愚蠢，就是那些狡猾的人在公众利益的借口下为了个人私利以假公济私的手段炮制出来的东西。他非常欣赏法国商人在柯尔贝尔询问如何促进贸易时的回答："让我们自己干，不要过多地干预"，即自由放任。富兰克林是18世纪反对重商主义、主张自由贸易的重要思想家。为了促进贸易，他只是主张要促使人民勤劳，而勤劳比货币更有益于贸易。

第五节　18世纪中叶以前法国的经济思想

一、法国古典经济学的创始人——布阿吉尔贝尔

皮埃尔·布阿吉尔贝尔（1646—1714）时代的法国社会经济，比当时的英国要落后得多。到17世纪末18世纪初，封建主义生产关系在法国仍占统治地位。当时法国基本上还是以分散的落后小农经济为主的农业国，农村人口占全国人口的80%以上，广大农民还承受着极其沉重的封建剥削，各种名目繁多的封建贡赋一般要夺去农民全年收获量的3/4以上。在政治上，资产阶级还没有形成一支独立的社会政治力量，他们还和手工业者、农民一起组成纳税的第三等级。封建王权发展到了登峰造极的地步。国王路易十四（1638—1715）为了显示自己的威严和炫耀法国的威力，在国内兴建富丽豪华的凡尔赛宫，对外发动一系列扩张领土的侵略战争。为此，路易十四在采取一切措施增加赋税收入的同时，也把工商业当作增加国库收入的重要来源。于是，他采用了财政大臣柯尔贝尔所制定的重商主义政策。由于柯尔贝尔全部经济政策的基本出发点是应付封建王室和政府的庞大开支，为巩固封建王权服务，他发展工商业和增加封建王朝的收入都是在牺牲农业和农民利益的基础上实现的，因此，实行柯尔贝尔重商主义政策的最终结果，不仅没有为法国资本主义经济的进一步发展开辟道路，反而使本来就比较落后的法国国民经济又出现了严重的比例失调。在整个社会生产中，农业的衰败与工商业的发展严重脱节；在工业生产中，基础工业的薄弱与奢侈品工业的畸形发展不相适应；在流通领域中，国内市场形成缓慢，也与对外贸易的迅速发展不相协调，城市的繁荣与农村的贫困更是形成了尖锐的对立。

皮埃尔·布阿吉尔贝尔
（1646—1714）

1685年，路易十四废除许可信仰自由的“南特敕令”（1598—1685），造成天主教信徒对新教信徒的残酷迫害，迫使大批富有企业家精神的新教信徒逃离法国，造成法国人力资本的重大损失。

当时法国的统治阶级，为了维持庞大的官僚军事机器、满足穷奢极侈的享乐欲望，实行了一套极糟糕的税收制度。当时的国税有两种：直接税（如财产税、人头税、军役税等）和间接税（如盐税、酒税、烟草税等）。直接税的征收完全依照中世纪的方式，没有固定的税率，贵族免税，这样整个税负沉重地压在贫穷又无地位的农民身上。任意的征派使农民失去了发展生产的动力。间接税则往往高达商品原有价格的数倍，压抑了消费需求，而征收方式又是包税制。君主为了报答借钱给他的富人，便把收税权包给富人，这进一步加重了纳税人的负担。

伤农养工的重商主义政策和横征暴敛的税制，极其沉重地伤害了法国的农业，而农业的不景气又反过来破坏了工业的国内市场。工农业的衰败影响了君主的财政收入，而专制君主为了维持自己的收入，又变本加厉地增加税收，整个国家的经济处于每况愈下的恶性循环之中。

18世纪初，显赫一时而被称为“路易大帝”的路易十四的统治，终于以军事失败和财政破产而告终。这时呈现在人们眼前的是一幅经济凋敝、国势日衰、土地荒芜、人口减少、人民灾难深重、社会矛盾空前尖锐的画面。

针对当时法国的这种情况，一些有远见的思想家认为：要摆脱困境，就必须坚决摒弃重商主义的方针，实行把农业提到首位的发展国民经济的新方针。法国古典经济学就是在反对重商主义的斗争中产生的。法国反对重商主义的斗争，首先是由布阿吉尔贝尔掀起的。

布阿吉尔贝尔生活在当时法国最大的出口贸易中心鲁昂，曾任鲁昂地区法院的法官。他在审理大量诉讼案件，特别是农村案件的过程中，对法国的民间疾苦，特别是法国农民日益悲惨的处境，有较深入的了解，对柯尔贝尔主义所造成的国民经济比例严重失调的恶果有具体的感受。他同情农民的疾苦，猛烈地抨击柯尔贝尔主义，攻击路易十四的宫廷、包税人和贵族的具有盲目破坏作用的求金欲，他把这些求金欲者斥为金钱这一偶像的祭司和神父。

布阿吉尔贝尔对社会经济问题的研究是从了解法国的详细真实情况着手的。他的经济学著作主要有：《法国详情》(1697)、《货币缺乏的原因》(1697)、《论财富、货币和赋税的性质》(1705)、《谷物论》(约在17世纪末18世纪初出版)、《法国的辩护书》(1707) 和《法国详情及补篇》(1707)。他在寻找造成法国社会经济混乱和破产的原因、探索复兴法国国民经济的方案的过程中，几乎涉及社会的生产、交换、分配和消费等各个领域。

布阿吉尔贝尔分析方法的一个突出特点就是注重分析各种产品、各个部门、各个地区、各个经济环节之间的相互关系。从这种相互关系中探讨经济中存在的问题，提出解决办法。他通过分析国民经济各个部门之间的关系，认识到农业在整个经济中的重要地位；通过分析消费与生产之间的关系，指出了消费对生产的重要影响；通过分析谷物市场，发现了谷价低廉与高昂之间的转化关系。他的分析方法的这一特点，使他的理论成为后来瓦尔拉斯所创立的一般均衡理论的雏形。

（一）财富、货币观

布阿吉尔贝尔认为：法国社会经济之所以处于如此严重的困境中，主要是起因于人们对财富和货币概念的错误理解，以及由此采取的重商轻农错误政策。他坚决反对重商主义者把金银货币当作唯一的社会财富、把外贸出超看成是财富唯一源泉的观点。他认为真正的财富只能是具有一定使用价值的、能满足人们的物质和精神需要的物品。由此，他自然得出了财富只能来源于生产，而不能来源于流通的观点。

布阿吉尔贝尔的货币观是他的财富观的直接延伸。由于他是从使用价值的角度来看待财富的，所以他认为金银本身不是、也从来都不会成为一种财富。但他也初步看到了货币作为一般等价物的性质和价值尺度的功能。由于他把货币主要看作流通手段，所以他已初步认识到货币对促进商品流通的作用，并有了货币需求量的初步概念。

布阿吉尔贝尔尖锐地批判了拜金主义。他指出：人们把金属货币当作偶像来膜拜所造成的祸害，甚至超过了那些恶名昭著、肆无忌惮、穷凶极恶的强盗。但是他并非笼统地反对货币。他认为只要金钱保持交换媒介的职能，就是无害的。他把充当交换媒介的金银货币称为“善良的金钱”；把不充当交换媒介而变成商业暴君的金银货币称为“万恶的金钱”。

（二）重农思想

布阿吉尔贝尔根据自己对财富的性质和本源的理解，得出了重农思想。他把农业生产看成是财富最初的、直接的来源，其他一切财产都由它派生出来。他自称是农业的辩护人，认为一切财富都来源于土地耕种。在他看来，农业是社会其他一切行业产生和发展的基础。由此，他得出了耕种者的繁荣昌盛是一切其他等级的财富的必要基础的结论。

布阿吉尔贝尔认为：振兴法国经济，保护农业这个基础，关键是谷物价格问题。他指出：谷价过于低廉是当时法国经济混乱的原因和不协调的根源。因为谷物价格过低会使农民破产，地主收入减少，结果就缩小了占人口大多数的农业人口的需求，从而引起其他行业的凋敝和在这些行业中的劳动者的失业。而且谷物价格过低会影响谷物生产者的积极性，并引起消费者对谷物的浪费，从而就减少了以后谷物的供应，引起谷物价格的高昂。他认为在谷价的高低、谷物的丰歉之间存在一种相互转化的关系。他在分析这种转化过程时已经粗糙地提出了后来被称为“蛛网理论”的见解。

在布阿吉尔贝尔看来，必须在谷物的高价和低价之间建立平衡，具体的方法是应当允许谷物自由出口。这样，在谷物丰收时谷价就不会由于供大于求而过分跌落，从而也就不会由于这种跌落而引起以后供给的锐减和价格的高昂。这就可以避免谷价过高和过低的祸害。

（三）按比例发展社会经济和自由放任的观点

法国农业衰退引起百业凋敝、整个国民经济不振。这一现象激励着布阿吉尔贝尔去探索国民经济各个部门之间的关系。在他看来，国民经济中的各个行业都不是孤立存在的，而是相互关联、彼此不可或缺的。布阿吉尔贝尔指出：保持各部门之间的比例与均衡是增进财富、促进社会普遍富裕的唯一手段。他看到任何一个部门的不景气都将对整个社会财富产生不利影响。布阿吉尔贝尔不仅看到了社会经济各部门之间保持比例关系的重要性，而且进一步分析了保持这种比例关系所需要的社会经济机制。他认为必须使一切贸易均衡发展，使每个人都能从中同样得到好处，各得其所，使利润得以公平地分配于各方。这些见解已经暗含着等价交换的原则。他看到使各部门按比例发展的条件是卖者将进行和买者同样多的购买。这实际上是把需求与供给的相等作为按比例发展的条件。概括来说，他已经提出了按比例发展社会经济的两个条件：各部门有均等的利益和总需求等于总供给。

在实际生活中，布阿吉尔贝尔也清楚地看到了买卖双方都在竭力为自己的利益打算，而不顾各部门之间应有的比例关系。那么，各部门之间的比例关系又是如何实现的呢？在解答这个问题时，他提出了自由放任的主张。在他看来，由于买卖双方都在竭力为自己的利益打算，所以社会经济秩序就需要整顿。他认为整顿经济秩序的权力只属于大自然，而不属于任何政府。他认为：法国社会的一切灾难，归根到底，只是法国政府违背“自然规律”的要求，对社会经济生活，特别是对谷物生产这样“生死攸关的问题”乱加干涉的结果。他把一切贸易的自由往来均看成是实现社会经济按比例协调发展的一个重要条件。他认为自由竞争是“自然规律”的基本要求，因为大自然是酷爱自由的，它总是走向自由和趋于完善。因此，要挽救法国的社会经济危机，就必须停止政府对经济生活的干预，恢复“自然规律”的一切权力。但是，他在主张自由输出粮食的同时又要求禁止输入粮食。这种自相矛盾的主张，反映了他的自由贸易思想又是不彻底的。他的自由放任的主张，后来在重农主义者的自然秩序学说中得到了进一步的发展。

布阿吉尔贝尔是第一个阐明社会经济按比例均衡发展的古典经济学家。不仅如此，他还分析了实现这种按比例均衡发展的具体机制，就是在商品流通过程中使买卖双方的利益均等，而自由放任便是达到这一均等的条件。

（四）重视消费需求和改进税制

在分析法国农业衰退、经济凋敝的过程中，布阿吉尔贝尔看到了消费对于生产的重要作用。他强调破坏消费就是破坏收入，因为消费不足会引起土地收入和其他一切收入的减少，从而引起整个国家的贫困。他还指出消费的减少会引起国民收入数倍的减少，看到消费不足对投资的不利影响，从消费不足和派生的投资不足来分析经济不振的原因并看到货币窖藏对经济的危害。这种观点已经包含了有效需求决定国民收入的思想萌芽。他也许是第一个指出消费不足会危害经济的经济学家，可能影响到后来法国的西斯蒙第，或许还有英国的马尔萨斯。

在布阿吉尔贝尔看来，为了解决消费不足问题，必须纠正不合理的赋税制度，实现收入分配的均等化。因为货币在富人手中的集中会导致货币的窖藏，所以他主张把货币分散给穷人以增加消费。他实际上已经领悟到穷人的消费倾向高于富人。他的这种收入分配均等化的主张在后来英国的霍布森那里得到了进一步的发展。

布阿吉尔贝尔主张增加总消费的论点，与英国同期一些经济学家主张节俭的观点形成了鲜明对立。这反映了英法两国当时不同的经济状况。英国的储蓄大多可以转化为投资，所以国民收入不会受有效需求不足之累，虽然总消费同样不高；而法国的储蓄大多难以转化为投资，而是形成窖藏，所以国民收入深受有效需求不足之苦。之所以如此，重要原因之一是法国的税制。

布阿吉尔贝尔对当时法国的税收制度提出了尖锐的批评。当时法国主要有三种税：达依税、间接税和关税。达依税是从法国古代因袭下来的，按人口和产出向平民征收，而贵族和僧侣免税且税率不稳定，也没有确定的征收对象，只有一点是固定不变的，即越穷者纳税越重。当时法国的间接税过于严苛，妨碍了消费。其中一个重要的税种是酒税。过高的酒税严重破坏了酒的消费和生产并引起了一系列与酿酒有关的行业的衰败。当时法国的关税不仅存在于进出口商品中，而且存在于国内跨省流转的商品中，从而阻碍了商品的自然流通和贸易。

布阿吉尔贝尔猛烈地抨击了当时法国盛行的包税制的危害，认为繁多的税种导致了庞大但低效的税务机构，引起了高昂的征税费用。而税务人员和包税人的中饱私囊进一步加重了人民的负担。

布阿吉尔贝尔要求税收不能破坏生产和交换，还要求实行公平原则，认为捐税上的特权是导致国家破产的根本原因。为此他建议征收一种类似于沃邦元帅所提出的税种单一的“十一税”的税收，以简化税制，降低税率。

布阿吉尔贝尔的经济研究为法国古典经济学奠定了一定的基础，从而使他成为法国古典经济学的创始人。

二、金融家约翰·劳

集花花公子、赌王、数学家、金融学家和经济学家于一身的约翰·劳（1671—1729），出身于苏格兰爱丁堡的一个金匠家庭。成年后在荷兰、法国、意大利流亡考察多年，形成了他关于货币与银行的重要创新思想。他的主要论著是1705年出版的《论货币和贸易》。

1715年法国国王路易十四去世之后，法国财政陷入了破产的境地。约翰·劳向法国的摄政王奥尔良公爵腓力二世提出了自己的建议，受邀帮助法国恢复衰败的经济。他于1716年成立了一家以土地为担保的发行可兑换纸币的“通用银行”（两年后被改组为“皇家银行”），以及以发展路易斯安那这块当时的法国殖民地为目标的“密西西比公司”。银行和公司初期的成功使他威望大增，并使他于1720年出任法国财政大臣。然而，由于银行无法摆脱重用他的法国摄政王奥尔良公爵腓力二世的不良控制，违背他的意愿过度发行了数十亿利佛尔①纸币，导致了通货膨胀和对密西西比公司股票的过度投机。最后在投机狂潮停息、股票价格暴跌之后，银行于1720年因挤兑而倒闭。他也被解除一切职务，不得不离开法国，于意大利威尼斯度过余生。

约翰·劳在《论货币和贸易》中对国家因极度缺乏货币所遇到的困难展开分析、提出建议。当时苏格兰货币稀缺、贸易不振、产业凋零、大众贫困。他通过分析货币的性

① 中世纪欧洲货币的基础是铜币，100个铜币相当于一个法郎银币，叫作“利佛尔”，价值为一磅白银。

质，考察货币对贸易的影响，提出了通过发行纸币来增加货币的主张。

约翰·劳首先以水和钻石的价格为例，论证了以稀缺性为基础的、兼顾供求的主观价值论。他由此而成为边际效用价值论和供求价格论的先驱之一。

约翰·劳从物物交换的困难入手，论证了货币的产生，并通过对白银特性的分析，说明货币为何由白银来充当，以及铸币产生的原因。他以供求价格论为基础，指出白银的价值一部分由其本身的使用价值决定，另一部分则由它充当货币降低了交易成本所造成。

约翰·劳论证了货币对于一国的贸易发展和就业增加以及国家致富的重要意义。但是他反对重商主义禁止货币出口的主张，认为导致贸易逆差的原因是国内过量的消费，因而解决之道是减少对外国商品的消费，或征收进口税，或发展本国工业。

为了解决货币短缺问题，约翰·劳根据自己对货币性质和价值的分析，以及他所观察到的银价持续下跌而地价稳步上涨的现象，主张建立一个受到议会监督的纸币管理委员会，定期限量发行以土地为担保的纸币，并根据国家的情况增发或回收，使其供求相等，保持币值稳定。纸币的优点在于价值固定、携带方便、不会外流。这种纸币的供给与需求将永远相等，因而人们将得到雇用，国家的经济状况将得到改善，制造业将得到发展，国内外贸易将得以进行，财富和实力将得到保持。

约翰·劳所设想的纸币制度，是以纸币发行量受到议会控制为前提的，是遵循稳健原则的。但当他在法国实施这一设想时，纸币却由于专制者的贪欲而过度发行，从而导致银行因挤兑而破产。银行的破产从反面促成了重农主义的产生。

约翰·劳虽然事业失败，却是当之无愧的管理通货思想的首创者、纸币之父。他发现银行的功能不仅仅是利用别人的存款来放贷，而且可以通过创造货币（主要是纸币和信用）来放贷。他还从管理通货的思想出发，引申出了运用货币手段调控国家经济的政策主张。他的失败之处在于，他没有看到这种纸币制度需要一定的政治制度相匹配，才有可能使纸币在数量上受到一定的限制，以防止出现通货膨胀。这种管理通货的思想和建议在又经历了近200年之后，才由于威克塞尔等人的努力，终于成为现代银行的基本原则，而利用货币来调控经济也终于成为政府的常规做法。

约翰·劳虽然强调货币的重要性，重视纸币和信用，但是他的思想与当时的重商主义思潮是格格不入的。他并没有像重商主义者那样认为货币就是财富，而是认为国家的财富是由国内外货物的储存量构成的。所以他并不专注于通过贸易顺差从外国获得金属货币，而是反对重商主义贸易顺差的政策主张。

三、坎蒂隆的经济思想

理查德·坎蒂隆（1680—1734）是爱尔兰金融家和经济学家。1716年，他从原籍爱尔兰迁居法国，从事民间贸易业务，并在短时期内以其特有的才能使该业务十分兴旺。1719年坎蒂隆放弃了贸易业务，开设了一个普通的有限公司来经营银行业务，颇为成功，乃成巨富。同时他以极高的信誉加上和蔼的态度深得上流社会的欢迎，同许多社会名流过从甚密，从而在社交上也获得了很大的成功。正是由于他在金融上和社交上获得的成功，他遭到了当时巴黎权势人物约翰·劳的妒忌和胁迫，不得不承购其所发行的股票，后因股票涨价，反而赚得巨利。他为了逃避约翰·劳的猜忌而迁居荷兰，后又移居伦敦。1734 年 5 月，坎蒂隆在伦敦寓所被其解雇的厨师所谋杀。据传他曾著有大量手稿，由于被害时房屋被焚而销毁，留传下来的著作只有《商业性质概论》一书。《商业性质概论》的原稿大约于 1730—1734 年间写成，1755 年，由后人在英国以法文出版。杰文斯在 1881 年重新发现了这部著作。他以极大的热情查考了理查德·坎蒂隆的生平，向大家推荐该书并对之做出高度评价。埃里克·罗尔认为该书是《国富论》出版以前关于经济原理的最系统的著作。

（一）产权的重要性

坎蒂隆认为：不管人类社会以何种方式组成，不管是游牧社会、居住地点比较稳定的社会还是新社会，人类所居住的土地的所有权都必将属于人类中较杰出的少数人，如家族的头领、君主、将军等。即便土地由君主平分给所有居民，它最终还是要被少数人分享，虽然每个人的后代人数不一样，每个人节俭和奢侈的习惯不一样。他强调了产权，尤其是土地的产权的重要性。如果土地不属于任何人，那么人类社会的建立是不可想象的，因为土地是人依靠自身的劳动获得财富的"源泉"，财富只是人类维持生活、方便生活和使生活富裕的资料。人类社会的建立和发展，必须以掌握一定的财富为基础。因此，人类必须以各种方式主宰、使用土地，而社会的领袖人物为了防止人们争夺地盘、发生冲突，便以自己特有的职权占有土地，成为土地所有者并把土地分配、出租，或雇用人来进行耕种。这种重视产权的思想使坎蒂隆有资格成为今天产权经济学的先驱。

（二）经济区位：农村和城镇的形成

坎蒂隆分析了村庄、集镇、城市和大城市的形成过程。为了便于对土地进行耕作，村庄便在被耕种的土地上建立了起来。村庄的大小则与耕种土地所需的人力、制作农具的工匠，以及居住在农村的土地所有者的家仆、客房人数成比例。由于某些富人或权贵的关心，同样也是为了交换的需要，在几座村庄的中心便出现了集镇，吸引了不少小业主和商人，集镇的大小和租地农场主、农业工人、工匠、小商人、仆人的数目成比例。而许多富有的地主生活在同一个地方，这种聚集便构成了城市，它会吸引更多商人、工匠、面包师、屠夫等各种行业的人来为贵族服务，同样他们之间的人数也是有比例的。这样，由村庄、集镇、城市所组成的国家，便以土地所有者为主体而建立起来了。这种思想是现代经济区位理论的先驱。

（三）社会各阶级及其功能

一个国家必定有不同阶层的人口，他们之间的关系如何呢？坎蒂隆认为：土地所有者一般把土地出租给租地农场主，而租地农场主一般将土地产品的 2/3 用于供养所有生活在农村的人以及一些居住在城里的工匠或业主。业主和商人则担负着商品的生产和流通的任务。由于不确定因素的存在，他们得冒一定的风险，同样，其利润也带有不确定性。坎蒂隆将社会上一切从事活动的居民划分成两个阶级：企业主和受雇者。所有企业主似乎都是靠不固定的工资为生的，而其他人在能得到工资的情况下则是靠固定工资为生的，尽管他们的工作和地位可能非常不同。他特别强调那些竭力谋取更多利润收入的租地农场主、工场企业主、各种商人在社会经济发展中的作用。这种重视企业家的思想被后来的法国经济学家萨伊所继承，对于企业家承受风险的功能的强调也与今天的企业家理论相接近。

关于社会各阶级的地位和作用，在坎蒂隆的心目中，最重要的还是土地所有者，这和他的地租理论密切相关。他指出：租地农场主因租用农场或土地而许诺向土地所有者缴纳一笔固定的货币，由土地所有者支配，这就是地租。租地农场主通常取得土地产品的 2/3，其中一半用于补偿成本、供养帮工，另一半作为自己的经营利润。坎蒂隆还指出：租地农场主把剩下的 1/3 作为地租交给土地所有者，而土地所有者用这 1/3 不仅往往供养了那些把土地产品从乡下运到城里的脚夫，而且供养了他在城里雇用的所有工匠和其他人。

从坎蒂隆的这些论述中，我们不仅可以看到重农主义者划分阶级的影子，而且可以看到亚当·斯密划分阶级的痕迹。

（四）关于分工、交换和价值、价格

在坎蒂隆看来，一个国家的所有阶级和个人都是依靠土地所有者维持生活和致富的，因此，土地的性质和土地所有者的时尚、爱好和生活方式决定了社会的分工和交换。

社会分工必然产生交换，集镇的建立也是为了交换的需要，小业主和商人充当了交换的中介人，他们在市集购买附近村庄的商品，然后运到大市镇去卖。

随着社会分工和交换的发展，必然产生价格、价值问题。坎蒂隆认为：商品的价格或内在价值一般是以生产该商品所使用的土地和劳动为尺度的。商品的相对价值不同，因为生产商品所占的土地和劳动之间的比例不同。

坎蒂隆在一定程度上已经认识到了供求规律，区分了商品的内在价值和市场价格，看到了两者之间的差异所发挥的调节作用。他指出：商品的内在价值虽然同所使用的土地和劳动成比例，可是在现实中，市场却并不总是符合这个比例。但在商品消费较稳定的社会中，市场价格不会过于偏离内在价值。总之，市场价格一般来说是由待售商品或商品的数量同买者的数量或需求量之间的比例决定的。这种思想后来在亚当·斯密那里得到了进一步发展。

坎蒂隆已经看到商品市场与要素市场之间的一般均衡关系，认识到对生产要素尤其是劳动要素的需求是一种派生需求，指出各行各业的人数也都必须同对他们的需求成比例。

坎蒂隆分析了不同职业收入存在差异的原因，认为农夫的收入低于手工业者的原因是后者需要更多的训练和承担更大的风险与责任。

（五）关于人口

坎蒂隆认为：在土地所能供养人口的限度内，一个国家人口数量的增减主要取决于土地所有者的趣味、时尚和生活方式。如果他们愿意增加人口，那么可以把土地用于此

目的而提供给农民充裕的生活必需品。反之，如果他们不愿意增加人口，就通过操纵商品的市场价格，驱使租地农场主把土地用于养育人口以外的其他目的，这样，人口的数目必将减少。

坎蒂隆比马尔萨斯早半个多世纪就对人口做过近似的论述。坎蒂隆认为：如果人类拥有无限的生活资料，那么他们就会像仓廪里的老鼠那样迅速地繁殖起来。

（六）关于货币、利息和利率、银行

坎蒂隆认识到用土地和劳动只能说明商品内在价值的决定，而交换价值必须以货币来表示。这说明他已经初步意识到商品相对价格和一般物价水平之间的区别。他说，货币和硬币可以在交换中确定各种物品价值的比例，因而是判断土地和劳动之间的平价以及两者在不同国家的相互关系的最可靠的尺度。因此，对于人类来说，找到一种易于运输、不会腐烂、可按重量分割为不同部分，使其价值可等于不同的商品，在生活中必不可少而且携带方便的物质，是绝对有必要的。这里，他提出了充当货币材料所必须具备的一些特性。根据这些特性，金、银、铜是通常用来制造货币的三种材料。他认为：由于金、银价值大，因而适合进行大宗交易，铜则适宜进行小额买卖。

坎蒂隆认为：货币本身是具有真实价值的。他指出金属的内在价值同样是与生产金属的土地和劳动成比例的，其市场价值也根据需求状况，随它们的充裕或稀缺程度有时高于、有时低于它们的内在价值。对于货币流通规律，他正确地认识到了市场上货币数量的多少和货币流通速度成反比。同时，他也认识到货币作为支付手段与信用相结合，可以减少货币流通量。所以商业信用使流通中真正货币的需求量大为减少。另外，银行券的运用也导致了货币流通速度的提高。

在货币流通量与商品价格之间的关系上，坎蒂隆进一步发展了前人已提出的货币数量论。他指出：洛克认为货币在交易中的增加将导致一切商品昂贵这一观点尽管已被事实所证明，但洛克并未说明这一结果是怎样形成的。于是坎蒂隆进一步阐述了这一结果的形成过程，指出一国中真实货币的增加将导致消费的相应增加，从而造成商品价格的上涨。

总之，当从金矿、银矿中得到的过度充盈的货币使该国居民人数减少，使留在国内的人们习惯于过度的开支，使土地和工人劳动的产品的价格被过度抬高并因地主和矿主使用外国产品而使该国制造业陷于破产时，由金、银提供的货币必将流到国外以付清进口商品的价款。

坎蒂隆除了分析因采矿而增加货币量的后果外，还分析了因外贸顺差而增加货币量的后果问题。他指出：如果货币的增加是由外贸顺差造成的，那么每年货币的这种增加将使该国大批商人和业主富裕起来，并使为外国人提供商品的大批工匠和工人得到就业机会，而货币就是从输入这些商品的外国人那里得来的。这将逐渐增加这些工业居民的消费并提高土地和劳动的价格，进而使百物昂贵。

最后，坎蒂隆得出结论：在一国流通的货币量的增加总要引起消费的增加，总要使支出达到较高的水平。但是，这一新增货币所导致的价格上涨并不会与货币数量成比例，不会对所有的产品产生同等的影响。在他看来，一个国家达到它金银财富的顶峰之后将

不可避免地陷入贫困。因此他建议：当一国货币充足时，立法者应试行各种办法使货币退出流通以预防物价的过分高涨，并防止由奢侈造成的种种弊端。

坎蒂隆关于增加货币量将增加消费支出从而抬升一般价格水平的这些论述，在当时是卓越的，被后人称作“坎蒂隆效应”。

关于利息，坎蒂隆指出：当人们手头有充足的货币并有完全保证或有抵押时，便会把货币贷出去，但他们至少要冒借款者不守信用或卷入各种法律纠纷和遭受损失的风险。因此，需要借钱的人起先必须以利润引诱放款者。这一利润必然同借款者的需要和放款者的担心与贪欲成比例。这就是利息的来源。但它在各国经常是以企业主从中所能得到的利润为基础的。他认识到利息只是利润的一部分。

至于利率的高低，坎蒂隆认为它与一国货币的充裕或稀缺没有必然联系，货币的多寡只是关系到一般物价水平的高低。利率高低首先是由借贷者的供求决定的。当一国货币充裕是由贷者造成的时，增加贷者无疑会使利率下降，反之，就会造成相反的结果。但这个原因并不是最重要的。他认为：造成一国利率高低最常见的原因主要是土地所有者或其他富人的开支多寡。如果他们开支庞大，那么利率会成倍地提高，因为他们的消费需要各行各业的企业主和劳动者提供，为此企业主就需借钱来扩大生产。相反，如果土地所有者生活节俭，开支较少，那么企业主靠自有的资本不需要借款就能生产出供土地所有者使用的消费品。这样，利率将会下降，利率的降低意味着所得利润的减少；另一个后果则是不高的利润能阻止其他没有资本的人靠借款挤入这些行业。

另外，还有些原因也造成利率的上下波动。例如，战争不仅需要大量军需品，而且要冒较大的风险，所以利率会上升；持续的贸易顺差造成一国货币的充裕，企业主手头有钱不需要借款，就会导致利率下降。同时坎蒂隆还认为：通过法律来调节利率是行不通的，因为借贷双方只服从竞争的力量。

（七）关于对外贸易

坎蒂隆在分析贸易时指出：一国在对外贸易中以少量土地产品换取更多的产品，或以劳动换取外国的土地产品，或以产品连同劳动换取外国人更多的产品以及同等或更多的劳动。他认为这三种情况对该国都是有利的。但如果一个国家每年习惯于向国外输出大量土地产品来换取外国制成品，那就无利可获了。

一方面，坎蒂隆认为：一个国家如果要富裕、昌盛，那么在任何时候都应努力输入尽可能多的金银，人们有了金银，任何时候都可以进口国内缺乏的东西。从这里可以看出重商主义思潮对他的影响。但是另一方面，他也看到：货币通过顺差不断增加，会使一国土地和劳动变得昂贵，进而使商品价格变得高昂，从而失去竞争力；同时货币的增加也会使一国沉湎于奢华享受；凡是依靠贸易兴起的国家，一定会在以后衰落下去。他实际上已经看到了顺差是不可能长期维持的，得到了与大卫·休谟相似的结论，但奇怪的是他并没有像休谟那样根据这个结论去反对重商主义政策。

坎蒂隆的某些分析曾被后来的重农主义者和亚当·斯密利用。因此，英国经济学家杰文斯把坎蒂隆的著作看作是“政治经济学的摇篮”。

第六节　重商主义的历史地位

重商主义思潮对于继承古代著作家的经济思想和近代经济学作为一门独立科学的产生，都曾起过重大的作用。重商主义者反对古代奴隶主、封建主阶级思想家维护自然经济和反对货币财富的观念。他们力图从中世纪的宗教神学和伦理观念的束缚中解放出来，把经济现象作为独立的研究对象。他们是把商业实践反映到理论上来的经济研究者，把注意力和研究的中心放在论证与商品、货币关系发展有关的世俗利益上，对社会经济现象进行实证研究，并在研究中开始注意寻找经济现象之间的因果关系。这在经济思想的发展史上不能不说是一个很大的进步。

重商主义是作为最早的经济思潮出现在西方经济学史上的。重商主义对财富及其源泉的理解虽然是片面的、肤浅的，但是它在人类历史上第一次将经济活动作为一个专门的研究对象，在方法上注意寻找经济现象之间的因果关系。这些都为经济学这门科学的产生准备了条件。

重商主义作为中世纪晚期出现的一种经济思潮，是中央王权的农商社会替代分封制农业社会以后，一些商人、官员以及学者对于一个相对落后的国家如何实现经邦治国、富国强兵裕民目标的最初思考。这些思考以及在它影响下的经济政策，对资本主义生产方式的勃兴产生过非常重大的影响，在许多国家（尤其是英国）促进了资本主义市场经济的产生和发展，推动了资本主义工场手工业的成长，为资本主义生产方式所需要的大量货币财富的积累准备了条件，从而加速了资本主义的产生和发展。而随着西欧资本主义的发展、兴盛，主张加强政府干预的重商主义思潮便逐步失去市场，退出历史舞台。

然而，重商主义并没有销声匿迹。不少后发展国家往往在其发展的某个阶段要以不同的形式重复重商主义的观念和政策。如 18 世纪后半叶的美国和 19 世纪前半叶的德国的贸易保护主义。而且凯恩斯经济学也在主张政府干预方面与重商主义具有某些显著类似之处。凯恩斯曾赞扬过重商主义者关于增加货币量、降低利率、刺激投资以扩大就业的政策主张。

思考题

一、述评重商主义的基本观点和政策主张。

二、述评威廉·配第的经济发展理论。

三、述评布阿吉尔贝尔的财富观、均衡观。

四、述评曼德维尔的奢侈消费观。

五、比较格劳秀斯与洛克的产权思想。

六、述评休谟的货币数量论。

第三章
亚当·斯密：自由主义革命

亚当·斯密在经济思想史上所完成的自由主义革命，与法国重农主义有密切联系。

第一节　以魁奈为首的法国重农主义

一、时代背景及其理论体系的特点

重农主义是作为与重商主义相对立的思潮出现在经济思想史上的。它是18世纪中叶在法国产生的一种主张经济自由和重视农业的经济理论体系。“重农主义”一词的法文由“自然”和“统治”两个希腊词合成，因此，重农主义就是关于自然权利的学说。由于重农主义者注意的中心是农业，所以人们为了突出这个学说的中心内容而称之为“重农主义”。自从亚当·斯密把“重农主义”和“重商主义”作为两种相对立的富国裕民的政治经济学体系以来，“重农主义”这一术语就一直被人们所沿用。

重农主义在法国18世纪50—70年代盛行的时期，正是法国资产阶级革命的准备时期。18世纪初期，针对法国实行柯尔贝尔式的重商主义政策所导致的不良后果，布阿吉尔贝尔发出了强烈的抗议。但是这种抗议被路易十四所忽略，也没有被继任的路易十五所重视。相反，享有无限王权的路易十五推行了更加糟糕的内外政策。他使法国陷入了耗尽国库的、不必要的战争中，同时又推行严苛的税收制度以便为战争和臭名昭著的庞巴杜夫人的奢侈宫廷生活筹措资金，而沉重的税负基本上全压在第三等级头上，因为拥有2/3国土的贵族和僧侣都享受免税特权。中央集权式的王权统治使法国和英国相比，资本主义的发展要缓慢得多，社会矛盾也尖锐得多。

从整体上说，中央集权式的王权统治造成了18世纪法国农业的落后，工商业的发展也受到严重阻碍，导致直接生产者极端贫困，国家财政连绵不断地发生危机。农民对暴虐的王权统治的不满已达到极点，全国各地不断发生农民起义和市民运动，这时的法国已处在“山雨欲来风满楼”的资产阶级革命的前夕。

反封建的政治斗争，首先在思想战线上反映出来。在对法国王权专制制度进行武器的批判之前，以孟德斯鸠（1689—1755）、伏尔泰（1694—1778）和狄德罗（1713—1784）等人为代表的启蒙思想家就锻铸了批判王权专制制度的锐利武器。这些进步思想家在18世纪20年代至1789年爆发资产阶级革命期间，在法国掀起了具有重大历史意义的启蒙运动。在当时的历史条件下，这些启蒙思想家在动员革命群众、启发革命觉悟、推动革命运动方面都起到了不同程度的作用。他们的共同点就是用“理性”这个尺度来衡量一切。

以魁奈为首的法国重农主义者的经济理论，就是在这些启蒙思想家的影响下形成并作为法国资产阶级革命准备时期的整个启蒙运动的一个分支而出现的。它的形成还和法国在17—18世纪推行重商主义政策屡遭惨败的深刻教训有关。国王路易十四在1661—1683年推行柯尔贝尔的重商主义政策，用牺牲农业的办法来发展工业和对外贸易，结果导致了国民经济的崩溃。继路易十四而统治法国的摄政王奥尔良公爵腓力二世为挽救法国的财政经济危机，于1716—1720年又根据约翰·劳的设想开办了发行纸币的银行。结果银行在摄政王的控制下过度发行纸币，引发通货膨胀、纸币贬值。银行最终因挤兑而彻底破产，从而进一步加深了法国财政经济状况的恶化。柯尔贝尔主义和约翰·劳纸币制度惨败的事实，从反面加速了重农主义的产生。此外，重农主义经济理论体系的产生和形成，还在一定程度上受到古希腊和中国古代思想家的一些影响。

重农主义经济理论体系是在18世纪法国的经济、政治和思想发展的条件下，并在其先驱者的思想观点的影响下产生和形成的。但重农主义者和别的激进启蒙思想家不同，他们并不想迎接革命来推翻封建统治，而是企图保存封建统治的形式而实现资本主义的内容，借助自上而下的改革来避免革命大风暴。

以魁奈为首的法国重农主义者是自由主义的先驱。他们所憧憬的实际上是资本主义社会。在这个社会里，产业资本的代表——租地农场主阶级指导着全部经济活动，农业按资本主义方式经营；土地的直接耕作者是雇佣工人；生产的结果就是为了被称作纯产品的剩余，而这种剩余的产生是在生产领域，而不是流通领域。

二、重农主义经济理论体系的创建者——弗朗索瓦·魁奈

（一）魁奈的生平和主要经济学著作

弗朗索瓦·魁奈（1694—1774）

弗朗索瓦·魁奈（1694—1774）是一名医生，同时，他又是重农学派的领袖和重农主义经济理论体系的创建者、法国古典经济学的主要代表人物。他在1694年6月4日生于巴黎一个律师家庭。他的家庭经济状况虽不算很困难，但因兄弟姐妹众多（据说兄弟姐妹13人中他排行第十），他未能受到很好的学校教育。但他有强烈的学习欲望，自学成才。从16岁开始，他到一个外科医生那里当学徒，3年后又到巴黎，在大学里学习医学、化学、植物学、数学、哲学等。到24岁时，他已成为一名小有名气的外科医生。到

1749年，魁奈55岁时，被任命为法国国王路易十五（1710—1774）的情妇庞巴杜侯爵夫人的侍医，住进凡尔赛宫。1752年，因治愈王太子有功，他又被任命为路易十五的侍医。由于医学上的成绩和治好国王与王太子疾病的功劳，他被国王赐封为贵族。

魁奈移居凡尔赛宫后，经常和当时法国思想界的名流聚会、交谈，这就使他有更多的机会了解当时法国的经济和政治状况。当时与他经常聚会的哲学家、思想家有狄德罗、达朗贝尔、爱尔维修、孔狄亚克等；经常交谈的经济学家有维克多·米拉波（老米拉波）、杜邦·德·奈穆尔、比埃尔·保尔·迈尔西埃·里维埃尔、勃多、杜尔哥等。斯密在欧洲大陆旅行时，也曾和他会晤交谈过。由于法国推行重商主义政策和纸币制度的失败，经济问题十分严重，财政陷入绝境，人民生活极端困苦，这一切自然就成为人们谈论的中心。魁奈就是在这种情况下开始研究经济问题的。魁奈开始研究经济问题大约在1755—1756年之间，即在他61岁左右的时候。从1756年起，魁奈开始作为经济学家进行活动了。

魁奈从医学、哲学和自然科学的研究转向经济学的研究时，和当时大多数人的想法一样，认为法国经济问题严重主要是由于农业的衰退，因此，要增进国民财富，使人民富裕起来，最重要的是振兴农业。他的主要经济学著作有：《租地农场主论》(1756)、《谷物论》(1757)、《人口论》(1758)、《赋税论》(1758)、《经济表》(1758)、《经济表的说明》(1759)、《自然权利》(1765)、《关于货币利息的考察》(1766)、《经济表的分析》(1766)、《农业国经济统治的一般准则》(1767）和《中华帝国的专制制度》(1767）等。魁奈在他的一系列经济论著中系统地阐述了重农主义的经济理论体系。

（二）自然秩序

自然秩序理论是魁奈考察经济问题时的社会观和方法论。重农主义的经济理论体系就是建立在他的自然秩序理论基础之上的。

魁奈深受笛卡儿思想的影响。在魁奈看来，人类社会和自然界一样，也存在着不以人们意志为转移的客观规律，即自然秩序。他认为只有理性才能把握规律，并通过理性运用规律来指导行动。

魁奈认为要认识支配人类经济活动的规律，就必须掌握人类全部经济活动的具体情况，在大量具体材料的基础上分析各个构成部分，然后说明各个部分之间的相互关系，推论情况变动的规律性。这就给经济学提出了认识客观经济规律的任务。

（三）交换的等价性

交换的等价性理论是魁奈研究经济问题、建立其重农主义经济理论体系的出发点，也是他批判重商主义理论和政策的理论基础。

魁奈认为在自然秩序的情况下，即在自由竞争的条件下，商品和商品之间总是按照同等价值进行交换的。在这种情况下，把一种价值的财富交换成另一种同等价值的财富，这里不可能有财富的真正增加。

从魁奈的大多数论述来看，他是从同等生产费用推论出同等价值的。因此，他的价值理论总的来说是一种生产费用决定论。

魁奈关于交换的等价性命题给了重商主义体系一个有力的打击。他从交换的等价性命题中得出了两个结论：

第一，交换既然是按照等价进行的，那么流通领域就不可能是价值增值的源泉。

第二，交换既然是按照等价进行的，那么当卖者以商品换回货币时，他并没有因此而致富。交换不可能使价值增值。

魁奈关于交换的等价性命题，把建立在贸易差额论上的整座重商主义建筑物夷为平地。他认为国家同个别商品生产者一样，都不能由出售商品而致富。他甚至认为出超对于国家是有害的。在他的心目中，商品或货物是真正的财富，货币不过是交换的媒介、商品流通的手段。

（四）纯产品

纯产品理论在魁奈的经济理论体系中占有中心地位。他的许多经济理论，如社会阶级结构理论、资本理论、再生产理论等，都是以纯产品理论为基础的。

魁奈的纯产品理论同他对财富的看法密切相关。在他的心目中，财富不是货币，而是物质资料，即使用价值。

魁奈在考察财富的来源时，把财富的“增加”和财富的“相加”区分了开来。他认为只有农业部门才能使物质财富的数量增加，而在其他经济部门中，只不过是变更已经存在的物质资料的形态，使其重新结合起来，产生出一种新的使用价值，但其数量不会比原来增多；它只能补偿已经消耗掉的生产资料以及劳动者与农业资本家的生活资料，因此这些经济部门并没有创造出新的财富，而只是引起了财富的“相加”。在农业中生产出来的产品，除了补偿在生产过程中被消耗掉的生产资料以及劳动者与农业资本家的生活资料外，还有剩余，所以农业会引起财富的“增加”。由此，魁奈得出了只有农业才是财富的真正来源的结论。

魁奈把从农业中生产出来的产品，扣除在生产过程中所耗费的工具、种子、肥料、饲料以及农业工人和农业资本家的生活资料等项以后所剩余的产品，叫作纯产品。由于他所注意的是使用价值，纯产品就表现为剩余农产品。从价值上看，纯产品就表现为生产出来的农产品价值减去生产该产品所耗费的生产费用后的余额。这样，要确定纯产品的数量，就必须先确定生产该产品的生产费用数量。在农业中，生产费用是由生产工具、种子等生产资料和工人的工资构成的。由于生产资料的价值是既定的，所以纯产品的多少，就取决于工资的多少。魁奈把工资看作维持工人生活所必要的生活资料。

魁奈把纯产品看作大自然的赐予。在他看来，在农业中，自然力也是参加工作的，因此只有农业才生产纯产品，而其他部门由于没有自然力参加工作，所以不生产纯产品。正是由于魁奈和重农学派把纯产品看作大自然的赐予，是土地本身生产出来的，所以纯产品也就应该归土地所有者阶级占有。

（五）社会阶级结构

魁奈从农业是唯一能增加财富的生产部门、从事耕种土地的劳动是唯一的生产劳动这个基本观点出发，依据对纯产品的生产、占有的不同关系，将社会划分为生产阶级、不生产阶级和土地所有者阶级三个基本阶级。

魁奈的生产阶级，就是生产纯产品的阶级。根据他的观点，只有农业才生产纯产品，因此生产阶级应该就是农业劳动者阶级。然而他所说的生产阶级，不仅包括农业劳动者，还包括租地农场主。

魁奈的不生产阶级就是不生产纯产品的阶级，是指除从事农业外的其他一切经济部门的人，主要是从事手工业和商业的人。

魁奈的土地所有者阶级，就是占有纯产品的阶级。他们都是依靠纯产品来生活的。这些纯产品是由生产阶级从每年生产的财富中扣除生产费用之后，把剩余部分以地租形式交给土地所有者的。对于土地所有者阶级，魁奈认为既不能把它归入生产阶级，也不能把它和不生产阶级混同起来，而应该把它列为社会的第三阶级。因为土地所有者阶级不是生产当事人，所以并不生产纯产品。它只是根据土地所有权而占有生产阶级所生产的纯产品。

（六）资本理论

魁奈着重研究的是投在农业上的生产资本。他认为：农业是唯一能够生产纯产品从而增加社会财富的生产部门，因此，要增加财富就必须重视和发展农业，而要发展农业就必须追加投资。

魁奈把投在农业上的生产资本划分为两个部分。其中一部分是每年都要预付的费用，如种子、肥料以及雇用劳动者的工资等，他把这部分预付称为“年预付”，要使生产过程连续不断，“年预付”的全部价值就必须在每年生产物的价值中取得补偿，就必须由同类的新物材来补充。另一部分是开办农场所必须预付的费用，如耕畜、农具、仓库、房屋等，他把这部分预付称为“原预付”。“原预付”的价值每年只部分地从生产物的价值中取得补偿，并且必须经过相当长的时期（通常是10年）才能完全取得补偿，即由相同的新物材来替换。他实际上是把资本区分为固定资本与流动资本。这种区分无疑是一个重要的贡献。

（七）经济表

魁奈认为经济研究的目标之一，就在于通过研究保证人类社会能使支出再生和持续的自然规律，使支出达到可能最大的再生产。他认为一个国家的国民收入，可以分为规模不变、规模扩大和规模缩小三种情况。他主要分析了规模不变的情况。他认为：租地农场主每年必须支出和收回同样数额的预付，这是国民收入规模不变所必须具备的、不可缺少的条件。国民收入规模不变的另一个不可缺少的条件，就是在流通和分配过程中需要有一定的货币量作为价值尺度和交换中介，并使这个货币量与每年的纯产品保持平衡。

魁奈用经济表分析了一个国家国民收入的决定机制，即收入与支出的循环流。他的经济表可以算作是对宏观经济最早的均衡分析。他所制作的经济表可以归结为三种基本类型，即：锯齿图式，描绘了一轮一轮的支出；提要图式和算术图式，描绘了总支出的结果。

魁奈 1766 年 6 月提出的算术图式，最能表达其重农主义理论体系。他假定生产阶级每年以同一数额的年预付如 20 亿利佛尔，每年同样继续生产出 50 亿利佛尔的农产品，即土地每年生产的农产品总额。生产阶级从 50 亿利佛尔总产品中拿出向土地所有者阶级缴纳的 20 亿利佛尔地租，另外的 30 亿利佛尔形成生产阶级的回收，其中 20 亿利佛尔由生产阶级自己保留，用于抵偿每年的生产费用，使年预付得到补偿，以便继续投资，重新再生产，另外 10 亿利佛尔由生产阶级用作相当于 100 亿利佛尔原预付 1/10 的利息。这样，代表生产阶级的租地农场主每年就可以以同样数额的预付向土地所有者阶级租佃田地，购置生产工具和设备，雇用劳动者，实行规模不变的生产活动。

魁奈的算术图式经济表如图 3-1 所示。

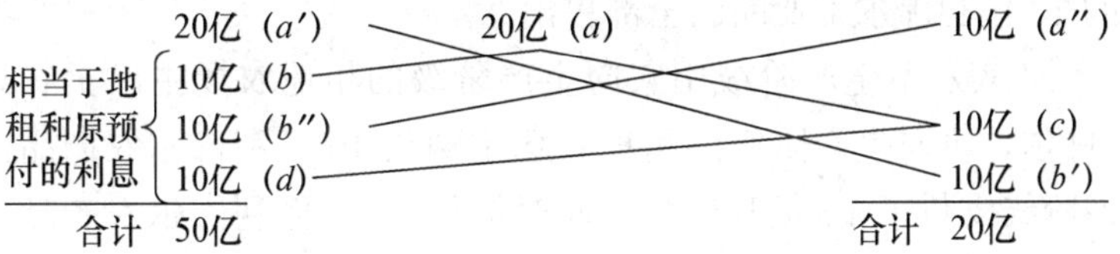

图 3-1 魁奈的算术图式经济表（利佛尔）

在这个图式中，魁奈把三个阶级之间在一年内所进行的交换行为概括为几个大的交换行为。他对收入-支出过程所做的描述是在一定的前提条件下进行的：（1）为简单起见，采用固定价格和规模不变的收入水平；（2）一个阶级内部发生的任何流通，都不予考虑，只考虑阶级与阶级之间的流通；（3）年度内各个阶级之间的一切买卖，都合算成一个总数；（4）略去对外贸易，即假定国民只在本国进行交易。

算术图式的出发点是每年 50 亿利佛尔农产品总额，列在图式的最上端。在流通开始以前，三个阶级的经济状况如下：

生产阶级持有上一年度利用 20 亿利佛尔"年预付"和 100 亿利佛尔"原预付"生产出来的 50 亿利佛尔总产品。不生产阶级持有投入 10 亿利佛尔年预付所生产出来的 20 亿利佛尔工业品。土地所有者阶级持有生产阶级作为地租支付给它的 20 亿利佛尔。

魁奈把一个国家在一个经济年度内三个阶级之间所发生的无数交换行为概括为五种特定的流通，用五条线来表示：

（1）a——b 线表示土地所有者阶级先以 10 亿利佛尔向生产阶级的租地农场主购买 10 亿利佛尔农产品。通过这个流通行为，土地所有者阶级得到了 10 亿利佛尔农产品作为生活资料（食物），而在地租收入的 20 亿利佛尔中，减少了 10 亿利佛尔，还剩下 10 亿利佛尔。租地农场主投入流通的 30 亿利佛尔剩余农产品减少了 10 亿利佛尔，还剩下 20 亿利佛尔，但是收回了 10 亿利佛尔。这个流通行为只在三个阶级中的两个阶级之间进行，称为不完全流通。

（2）a——c 线表示土地所有者阶级以另一个 10 亿利佛尔向不生产阶级购买 10 亿利佛尔工业品。通过这个流通行为，土地所有者阶级得到 10 亿利佛尔消费用的工业品，但是原有 20 亿利佛尔的地租收入则全部花费完了。不生产阶级原有的 20 亿利佛尔工业品减少了 10 亿利佛尔，还剩下 10 亿利佛尔，同时取得 10 亿利佛尔。

（3）c——d 线表示不生产阶级用它向土地所有者阶级出卖工业品所得的 10 亿利佛

尔向租地农场主购买 10 亿利佛尔农产品。通过这个流通行为，不生产阶级取得了 10 亿利佛尔农产品作为生活资料，把由土地所有者阶级向它购买工业品付给的 10 亿利佛尔花完。生产阶级取得了 10 亿利佛尔，但原有的 30 亿利佛尔剩余农产品又减少了 10 亿利佛尔，只剩下 10 亿利佛尔。

（4）a'——b'线表示租地农场主用他们向土地所有者阶级出卖农产品所收回的 10 亿利佛尔向不生产阶级购买工业品。这是第四个流通行为。生产阶级取得 10 亿利佛尔工业品，主要作为农业工具及其他农业生产资料，相当于租地农场主 100 亿利佛尔原预付（即基本投资）1/10（即 10 亿利佛尔）的利息，这时租地农场主原有的 30 亿利佛尔剩余农产品仍余 10 亿利佛尔，不生产阶级得到了 10 亿利佛尔，但又减少了 10 亿利佛尔工业品，这样原有的 20 亿利佛尔工业品已全部售出。

（5）a''——b''线表示不生产阶级用它向生产阶级的租地农场主出卖农具等生产资料所得的 10 亿利佛尔，再向生产阶级的租地农场主购买 10 亿利佛尔农产品。通过这个流通行为，不生产阶级支付了 10 亿利佛尔，同时取得了 10 亿利佛尔农产品作为原料，使原来的 10 亿利佛尔预付得到了补偿。这时生产阶级的租地农场主出售了最后一批 10 亿利佛尔农产品，使 30 亿利佛尔的剩余农产品全部出售完毕，却又收回了 10 亿利佛尔。连同上次从不生产阶级处收回的 10 亿利佛尔，共计 20 亿利佛尔，这样租地农场主原来以地租形式付给土地所有者的 20 亿利佛尔就全部收回了。至此，整个年度的流通已告完成。

经过上述五个流通行为，结果是：

（1）土地所有者阶级得到 10 亿利佛尔农产品和 10 亿利佛尔工业品作为粮食和生活用品，来满足一年的生活需要。

（2）不生产阶级得到 20 亿利佛尔农产品，其中 10 亿利佛尔是粮食，作为生活资料，用以支付它的劳动。10 亿利佛尔是原料，用以补偿 10 亿利佛尔预付（即经营资本），这样又可以继续进行 20 亿利佛尔工业品的再生产。

（3）作为生产阶级的租地农场主在生产出的 50 亿利佛尔农产品中，保留 20 亿利佛尔农产品用于补偿年预付（即经营资本）；另外 30 亿利佛尔剩余农产品通过出售，收回了 20 亿利佛尔，同时换得了 10 亿利佛尔工业品，这是租地农场主 100 亿利佛尔原预付（即基本投资）1/10 的利息的转化形式。而这种利息不是从流通中产生的，而是把剩余农产品中的 10 亿利佛尔农产品通过流通转变为 10 亿利佛尔工业品才得以实现的。首先，租地农场主把这个 10 亿利佛尔利息的大部分用来在一年中做必要的修缮和基本投资的部分更新；其次，用来作为防灾的准备金；最后，在可能的范围内，用来增加基本投资和经营资本，以及改良土壤，扩大耕种。租地农场主通过先后五次商品流通和货币流通的整个经济运动，保留 20 亿利佛尔农产品，使年预付的经营资本得到了补偿；出售 30 亿利佛尔剩余农产品，使 100 亿利佛尔原预付的基本投资得到了 1/10 的利息，同时收回 20 亿利佛尔，又可以向土地所有者交付地租。有了这些条件，租地农场主又可以在来年继续生产出 50 亿利佛尔农产品。

总之，通过这一经济年度的整个经济运动，又恢复到这一年度开始时三个阶级的经济状况，在下一年度，同样的经济运动又重新继续进行下去。

魁奈由于重农主义偏见，把农业看成是唯一的生产部门。因此，在他的算术图式中存在这样一些缺点：(1) 没有把不生产阶级的 20 亿利佛尔工业品算入社会总产品之中；(2) 没有把生产阶级的预付区分为“年预付”和“原预付”；(3) 把不生产阶级的 20 亿利佛尔工业品看成全部卖给了土地所有者阶级和生产阶级，而没有给自己留下任何工业品。

尽管如此，魁奈的《经济表》仍然对一个国家宏观经济的运行机制提出了许多有价值的见解：(1) 他对宏观经济的分析抽象了微观的各种细节，从而使分析能够反映宏观经济收入-支出的基本联系；(2) 分析显示了需求在决定国民收入水平时的重要意义；(3) 分析显示了国民经济内部不同部门之间的相互联系。他的这些思想后来起码启发了马克思的两大部类分析和瓦西里·里昂惕夫的投入产出分析。

（八）发展社会经济、增加社会财富的政策主张

魁奈针对当时法国农业衰败、人民生活困苦和国家财政匮乏的困境，以他的经济理论为依据，提出了以下一些发展社会经济、增加社会财富的政策主张：

(1) 关于发展农业的主张。首先，魁奈主张发展资本主义大农业。其次，他主张取消禁止农产品出口的法令，实行自由贸易，以提高谷物价格。最后，他主张开展合理的多种经营。此外，魁奈还主张要繁荣农业必须普及农业生产知识和经济学知识、积累资本、增加农业投资的预付等。

(2) 关于提高消费水平的主张。在财富的生产与消费的关系上，魁奈承认生产是起主导作用的。因为消费来自收入，而收入是由生产创造的，所以他又认为：消费对生产具有重大作用。从这种观点出发，他主张应当让有钱人自由地花钱，雇用仆人，以增加整个社会的消费，并认为土地所有者应当花尽他们的收入，以便维持再生产的正常进行。为了提高整个社会的消费水平，他还反对降低劳动人民的生活水平。他虽然重视消费，但是也反对无节制的奢侈，认为如果奢侈的结果是引起预付的减少以及对生活必需品需求的减少，那么这种奢侈将毁灭国家。

(3) 关于实行经济自由的主张。当时法国的各种清规戒律严重束缚了资本主义生产的发展。其中最主要的是各种妨碍贸易自由的法令和各种苛敛诛求的税制。针对这种情况，魁奈依据他的自然秩序理论提出了实行经济自由的主张。在他看来，为自然权利所规定的、在不妨碍别人的情况下实行经济自由，是增加社会财富和私人财富的重要条件。他主张实行的经济自由，包含三个方面的内容：自由选择、自由贸易和自由竞争。自由选择就是指每个人都有选择职业的自由。自由贸易就是指国内商业和对外贸易的完全自由。在他看来，自由竞争是最有利于商业和贸易的政策。只有实行自由竞争，才能保证实现等价交换的原则。

(4) 关于合理征税的主张。魁奈依据他的自然秩序理论抨击了当时法国的征税制度。他反对当时法国实行的租税包征制，认为这种租税包征制给贸易和粮食生产造成了严重的损失。他要求取消一切妨碍农业和贸易发展的赋税。他从纯产品理论出发，坚决反对向耕作者任意征税。他认为这将使耕作者不再愿意对农业进行投资。他也反对向农产品和商品征收间接税，认为这并不会使税负由富裕的消费者承担，却会引起浩大的征税费

用。他认为应该直接对土地所有者的收入进行征税，这就是他的地租单一税的主张。他主张按确定的比例征税，使税额与国民收入保持均衡并随后者的增加而增加。他认为实行地租单一税可以简化税制和减少征收费用。

（5）关于发展对外贸易的主张。魁奈是主张发展对外贸易的，但是反对重商主义者的外贸必须出超的主张。在他看来，对外贸易应该实行互利共富的原则。他认为：发展对外贸易，应该遵循国际分工，各国都应根据自己的优势扬长避短地发展本国的出口商品。

三、杜尔哥对魁奈重农主义经济理论的发展

安·罗伯特·雅克·杜尔哥
（1727—1781）

安·罗伯特·雅克·杜尔哥（1727—1781）出身于法国诺曼底的一个贵族家庭。他从神学院毕业后，曾任索邦神学院院士。从1751年起，杜尔哥放弃神职开始从政。在1751—1761年间，他主要在司法机关任职。在1761—1774年间，他担任里摩日州的州长。杜尔哥在担任州长期间，除从事政务工作外，还从事经济研究和著作活动。在主持制定的文告内，往往包含有阐述重农主义经济观点的文字，试图在他所管辖的州的范围内实施重农主义的一些措施。1774—1776年间被法国国王路易十六（1754—1793，于1774—1792年在位）任命为财政大臣。

杜尔哥在担任财政大臣期间，为了挽救当时法国严重的财政经济危机，曾采取过一些改革措施。例如，他于1774年推进了国内谷物的自由贸易；1775年，减少了对输入城市的粮食所征收的课税；同年，又实行了用赋税代替徭役的办法，并确立了特权阶级亦要纳税的规定；1776年，实行了酒类的贸易自由，因而使兼营酿造的领主失去了一种重要的专利权；这一年，他还大胆地废除了行会组织。所有这些改革只是他所拟订的整个改革计划的一些初步措施。

杜尔哥的这些改革注定是要失败的，因为其主要目的是要为资本主义生产的发展扫清道路，而横在这条道路上的一个严重的障碍就是封建专制政权；对于封建专制政权，他不但不力图摧毁，而且要设法巩固它，结果只会弄得各方都对他不满。王室贵族对他不满，显然是因为他的改革方案侵犯了他们的特权；广大人民群众对他亦不满，因为他所实行的改革不仅没有改善大多数人的生活，反而要求大多数人做出各种牺牲。他的改革方案也为路易十六所不满，因为它并没有解决财政困难，创造奇迹，因此，他上任不到2年就被路易十六罢免了。随着他在政治上的失势，他的许多改革也被逐步废止，重农学派本身的活动也因之受到官方的打击。但是杜尔哥却以胜利者的姿态对待自己的下台，在被免职前写了一封信给路易十六，责备他无定见并且提醒他，英国的查理一世就是因为缺乏定见而丢了头颅。杜尔哥预见到了路易十六的结局。

1789 年法国爆发了资产阶级大革命，随着革命的深入进行，杜尔哥所制定的许多改革措施也都先后得以付诸实施。

杜尔哥的著作有很多，在经济方面，主要有《古尔内颂》《关于财富的形成和分配的考察》《关于粮食贸易自由的通信集》等。在这些著作中，他进一步发展了魁奈的重农主义经济理论，主要有以下几个方面：

第一，杜尔哥发展了魁奈关于社会阶级结构的理论。在社会阶级结构观点上，杜尔哥和魁奈最大的不同之处是，他进一步把工业中的薪资阶级再划分为资本家性质的企业家和单纯的工人；把土地耕种者阶级再划分为企业家或农业经营者和单纯的工资劳动者。他正确地刻画出资本家的特征就在于他们依靠资本，使别人从事劳动、通过垫支而赚取利润；工资劳动者的特征就在于他们除了双手以外，一无所有，他们的垫支只是他们每日的劳动，他们得不到利润，只能挣取工资。这是杜尔哥的一个重要贡献。我们可以用图 3-2 来表明他的社会阶级结构观点。

- 社会
  - 土地所有者阶级
  - 土地耕种者阶级（生产阶级）
    - 农业资本家
    - 农业劳动者
  - 薪资阶级（工匠阶级）
    - 工业资本家
    - 工业劳动者

图 3-2　杜尔哥的社会阶级结构

第二，杜尔哥发展了魁奈关于纯产品、资本和利息的理论观点。他比较正确地说明了农业劳动者所创造的纯产品为什么会成为地租而被土地所有者占有。在他看来，土地所有者之所以能占有农业劳动者生产的纯产品，就是由于他们拥有土地私有权，由人为的法律规定。

在杜尔哥看来，资本是从土地的收入和工资中积累起来的。他是最早把资本的产生源泉归结为节俭的经济学家。

杜尔哥认为，资本有以下五种使用方法：（1）买进一份田产；（2）用作制造业和工业方面的垫支；（3）用作农业企业的垫支；（4）用作商业企业的垫支；（5）放债取息。在他看来，资本的各种不同使用方法可以相应地取得不同的收入。当资本被用来“买进一份田产”时，资本家也就成为土地所有者，就能不依靠自己的劳动而得到可以自由支配的地租；当资本被用来经营工业、农业和商业企业时，资本家就能得到利润；如果资本家把货币资本贷放出去，就可以得到利息收入。

杜尔哥通过资本的不同使用方法所产生的地租、利息和利润在量上的变动与均衡，来说明社会经济运行自动调节的情况，这可以说是对亚当·斯密所阐明的社会经济受一只“看不见的手”支配的最初论述。

第三，在价值问题上，杜尔哥强调了主观价值论，认为商品的价值取决于其效用和稀缺性。这更加接近现代的价值理论。

第四，杜尔哥最早提出了报酬递减规律。

重农主义者的经济研究及其对重商主义的批判，为亚当·斯密系统地批判重商主义、创立古典经济学体系做了重要准备。

第二节 亚当·斯密的时代、生平和著作及其研究方法

一、时代背景

虽然在重商主义流行的 17 世纪中叶至 18 世纪中叶就出现了像配第、诺思、休谟、布阿吉尔贝尔和魁奈等一批在不同程度上摆脱了重商主义的观念束缚、主张自由放任的经济研究者，但是直到 1776 年亚当·斯密的科学巨著《国富论》的出版，才从理论上最终战胜了重商主义，实现了经济思想史上的第一次革命——自由主义革命。

亚当·斯密（1723—1790）

亚当·斯密（1723—1790）是英国古典政治经济学理论体系的创立者，其 1776 年出版的《国富论》，标志着英国古典政治经济学理论体系的建立。这个时期，正是英国工业革命的前夕，是工场手工业发展的鼎盛时期。

在世界范围内，与英国的工业革命比翼齐飞的政治革命也正如火如荼地展开。1776 年 3 月 9 日，亚当·斯密出版《国富论》；同年的 7 月 4 日，英属殖民地代表在费城签署了美国《独立宣言》；往前推 7 年，即 1769 年，詹姆斯·瓦特制造了单动式蒸汽机；往后推 6 年，即 1782 年，瓦特又制造了复动式蒸汽机；往后推 13 年，即 1789 年，法国爆发了资产阶级革命，颁布了《人权宣言》。《国富论》的出版与其他几个重大事件在时间上的接近绝非偶然，说明亚当·斯密就是生活在这样一个进步时代的潮流之中。

可以说在 18 世纪后半叶，全球范围同时发生了三场意义深远的革命：以亚当·斯密的《国富论》为代表的经济自由主义思想革命，以美国独立和法国大革命为代表的政治革命，以蒸汽机为代表的工业革命。

英国的工场手工业，大概是在 15 世纪开始产生的，在从 15 世纪至 18 世纪中叶的 300 多年中，英国的国内外环境和社会经济发生了深刻的变化。在国内，1688 年的“光荣革命”为商品市场经济的发展提供了政治上的保证。新兴资产阶级和新贵族通过圈地运动实现了对农民的剥夺，基本上消灭了农业中的封建制度和小农经济，为机器大工业的发展提供了充分的劳动力和国内市场。在国外，英国先后战胜了葡萄牙、西班牙、荷兰和法国，取得了海上霸权和世界贸易中心的地位，积累了发展机器大工业所必需的货币资本。

但是，当时在英国工业中占绝对统治地位的生产技术方式仍然是工场手工业。英国资本主义经济的发展仍然受到封建势力的限制，大地主阶级和封建贵族利用在议会中的多数把持着政府和社会中的一切重要职务。他们不仅保留中世纪行会制度的陈规陋习，如学徒制度、居住法令等，而且颁布限制商品市场经济发展的各种法令，并在对外贸易

方面坚持实行一系列早已过时的重商主义政策和保护关税制度，严重阻碍了商品市场经济的自由发展，损害了资产阶级的利益。在这种情况下，英国资产阶级在经济上的要求，是取消政府对经济活动的干预，解除封建主义和重商主义政策的束缚，实行自由竞争和自由贸易，以保证资本主义经济的自由发展和工业革命的顺利进行。从理论上论证这一时代要求的，就是亚当·斯密的古典政治经济学体系。

亚当·斯密的古典政治经济学体系，是集当时所有经济科学知识之大成而建立起来的。斯密在创立自己的经济理论体系时汲取了前人所建立的知识成就；其伟大之处，在于他把已经存在的种种分散的经济思想观点，综合成一个适合时代发展要求的经济理论体系。他的学说好比一条宽广的大河，把许多大大小小的支流汇合在了一起。

二、生平与著作

（一）1764 年前的亚当·斯密及其名著《道德情操论》

亚当·斯密于 1723 年 6 月 5 日生于苏格兰，从小就受到良好教育。1737 年进入格拉斯哥大学学习。亚当·斯密在格拉斯哥大学学习的 3 年中，在几位名教授（哈奇森等）的热心指导下，深受这些名教授的渊博知识、治学精神及其进步的自由主义思想的影响。

1740 年，亚当·斯密由于学习成绩优异，作为斯内尔奖学金的获得者被推荐进入牛津大学的贝利奥尔学院学习了 6 年。在牛津大学学习期间，他广泛深入地阅读了许多科学方面的和多种语言的大量书籍，特别致力于对拉丁语和希腊语的古典著作的学习，从中学到了广博而有益的知识。在此期间，他养成了独立思考的习惯，对各种理性问题进行了孜孜不倦的探索和钻研。这就为他后来的教学与理论研究积累了丰富的知识，奠定了良好的理论基础。

1746 年 8 月，亚当·斯密从牛津大学毕业后回到故乡卡柯尔迪。1748 年秋，他担任爱丁堡大学讲师。在 1748—1750 年间，亚当·斯密连续 3 个冬天讲授英国文学史。他曾在 1749 年编写过一份经济学讲义，在 1750—1751 年冬天还兼职教过一学期的经济学。他在讲课中曾对自由贸易学说进行了论述。这是亚当·斯密表述自己的基本经济观点的开端。

1751 年，亚当·斯密受母校格拉斯哥大学之聘，开始了在格拉斯哥大学近 13 年的教授生涯。他自己认为这 13 年是他一生中“最有益”“最幸福”的时期。他在格拉斯哥大学的第一年，即 1751 年，担任了逻辑学教授。从 1752 年起，他一直主持道德哲学讲座，直到 1763 年 11 月辞去教职为止。

亚当·斯密以他的教学热忱和才能得到了师生们的爱戴和拥护。从 1758 年到 1763 年他离开格拉斯哥大学为止，他一直担任学校财务主管的职务。他在 1760—1762 年还担任过学校的教务长，1762 年又担任副校长，在担任这些职务期间，他都表现出很强的办事能力。

1759 年 4 月，亚当·斯密在道德哲学讲稿第二部分的基础上进行了加工整理，出版了《道德情操论》，这是他的第一部成名之作。这部著作主要论述了现在所说的道德或伦理问题，属于个人如何修身的学问，同时还涉及哲学、法学、心理学和经济学等。

在《道德情操论》出版以后的1760—1763年间，亚当·斯密在讲授道德哲学的过程中把重点放在了研究法学、政治学和经济学上。

（二） 1764年后的亚当·斯密及其科学巨著《国富论》

自1764年起，亚当·斯密进入了《国富论》的创作时期。

1763年11月，亚当·斯密辞去了格拉斯哥大学教授职务，接着作为年轻的巴克勒公爵出国旅行的家庭教师，开始了为期近3年（1764年2月至1766年10月）的欧洲大陆之行，访问了法国和瑞士的一些重要城市。在这期间他开始撰写《国富论》。

在这次欧洲大陆之行中，让亚当·斯密获益最大的是对巴黎的访问。在巴黎逗留的10个月里（1765年12月到1766年10月），他会见了许多著名的思想家和政治家：启蒙思想家、百科全书派成员狄德罗、达朗贝尔、孔狄亚克、爱尔维修，以及重农主义者魁奈、杜尔哥、奈穆尔、老米拉波等。在形形色色的沙龙、定期或不定期的宴会等社交场合以及个人交往中，斯密经常同他们讨论经济学、哲学、文学、政治学等方面的问题，从中汲取了不少思想营养。在经济理论方面，对他影响较大的是魁奈、杜尔哥等重农主义者的意见。

1766年11月初，亚当·斯密从巴黎回到了伦敦。在伦敦停留的半年时间里，他曾利用1759年1月15日起正式对公众开放的大英博物馆所藏的丰富资料，继续进行《国富论》中所要论述的一些重要问题的研究。1767年5月他回到了自己的出生地卡柯尔迪，在从那时开始直到1773年4月的近6年时间里，一直在从事《国富论》的著述工作。到1776年3月9日，《国富论》这部科学巨著终于出版了。

《国富论》的全名——《国民财富的性质和原因的研究》表明，其全书五篇都围绕如何增进国民财富这一主题展开：第一篇“论劳动生产力增进的原因并论劳动生产物自然而然地分配给各阶级人民的顺序”；第二篇“论资财的性质及其蓄积和用途”；第三篇“论不同国家中财富的不同发展”；第四篇“论政治经济学体系”；第五篇“论君主或国家的收入”。斯密在这一科学巨著中将当时已经形成的各种经济学知识融会贯通起来，系统地论述了国民财富增进或减少的因素、条件和途径，从而建立起一个富国裕民的古典政治经济学体系。这就使《国富论》不仅在经济思想史上成为一部具有划时代意义的著作，而且对当时英国资本主义经济的发展也起到了重大的促进作用。它不仅在英国国内多次再版，而且被译成许多国家的文字出版。从此，人们开始用“苏格兰贤人”来称呼亚当·斯密。

由于《国富论》所取得的成就以及巴克勒公爵的举荐，1778年1月，亚当·斯密被腓特烈·诺斯首相任命为苏格兰海关专员及苏格兰盐税专员，在爱丁堡定居。

亚当·斯密所取得的巨大成就给他的母校格拉斯哥大学增添了光彩。为此，格拉斯哥大学师生在1787年11月和1788年11月两次推选斯密担任该校名誉校长（每次当选任期一年），给了他极高的荣誉。对此，斯密感到由衷的高兴。

亚当·斯密预感到他不久将离开人世，于是决定除了留下少量手稿（包括未出版的天文史手稿）外，将其余的手稿全部销毁。1790年7月17日，亚当·斯密与世长辞。斯密简朴的墓碑上写着：“《国富论》的作者亚当·斯密安眠于此。”

三、研究方法

亚当·斯密在研究经济问题时主要采用抽象法进行演绎分析，同时也采用经验描述方法，在大量实际资料的基础上进行分析。他对许多艰深理论的阐述，总是联系实际旁征博引并辅之以尽人皆知的比喻，可见其对经济学所进行的研究在当时达到了何等精通的程度。

亚当·斯密在运用抽象演绎方法研究商品市场经济的运行机制时，出发点是由人的本性产生而又适应于人的本性的自然秩序。他从“人的本性”出发研究社会经济运行规律。在他看来，社会是由无数的个人组成的，而每个个人的行为都受一定的动机所支配。他认为支配每个人从事经济活动的动机，就是这些经济人的利己心。他认为既然个人利益是从人的本性产生的，那么它就是合法的，有存在的权利，每个人的个人利益只要不妨碍其他人的利益，就不应再受别的限制。

亚当·斯密并不否认社会和社会的利益，但他认为社会是由许多个人组成的，社会的利益也是由个人的利益产生的。这样，就形成了他的方法论原则：分析社会和社会利益应当以分析个人、个人的本性和个人的利益为基础。这就是后来人们所说的方法论个人主义。斯密的思维过程是：（1）人的本性是利己主义的；（2）人都需要别人的帮助；（3）利己主义者互相帮助不能没有代价；（4）利己主义者的互相帮助只能在互利的基础上进行；（5）因此人们互相帮助的最合理的办法就是交换。由此，交换是一种自然现象，因为它由人的本性决定。他把商品交换、分工协作、货币流通等经济现象都看成是从个人的利己主义本性中产生出来的。

亚当·斯密是在经济科学中系统地运用“经济人”假设的第一人。他把资本主义社会的一切经济现象都看成是“经济人”活动的结果。他所谓的“经济人”，其实主要就是指资本主义社会里的企业家。在资本主义社会里的每个企业家所从事的经济活动，确确实实都是从追求利润的利己主义动机出发的。因此，从个人利己主义动机出发来考察整个资本主义社会的经济现象，事实上就是从资本主义生产的目的和动机出发来考察资本主义社会的经济现象。

在亚当·斯密看来，资本主义社会的一切经济现象都是自然而然地产生的，所有的经济过程以及体现各种经济过程的经济范畴都是自然规律的表现。他在揭示资本主义经济运行的客观规律时，对封建主义、重商主义所主张的特权、垄断和限制展开了尖锐的批判。在他看来，政府是不应当对经济生活进行干预的；如果政府制定规章制度和采取措施对经济生活加以干涉和限制，那就不仅没有好处，反而会对社会造成灾难。这就是说，他承认在经济生活中存在着不以个人的主观意志为转移的客观经济规律。

亚当·斯密认为经济现象源于人的自利本性，提出了经济生活受自然规律支配的思想。这就使经济学从主观主义的目的论的束缚中解放出来，打破了仅仅把经济政策作为经济学的研究对象的局限，正确地把经济现象之间的客观规律规定为经济学的研究对象，从而使经济学发展成为一门独立的、系统的科学。“经济学”第一次被公认为是一门独立的学科，一门自觉和自信的科学。

第三节　经济发展理论和自由主义政策

标志着古典政治经济学体系形成的《国富论》，实际上是一部论述经济发展理论和自由主义政策的著作。亚当·斯密在《国富论》第一篇和第二篇中阐述了增进国民财富的两个基本因素——增进受雇劳动者的生产力、增加生产性劳动者在总人口中所占比重——之后，接着又在该书的第三、四、五篇中阐述了他关于经济发展的其他有关理论和政策，主要是关于政治经济学的研究目的和国民财富的含义、关于社会经济发展的历史阶段以及对经济发展因素的分析、关于经济发展的动力与机制以及自由放任的政策主张、关于政府在经济发展中的作用和财政政策、对欧洲自古罗马灭亡以来的经济史的看法。

一、关于政治经济学的研究目的和国民财富的含义

亚当·斯密认为：研究政治经济学的目的就是富国裕民，有两个不同的目标：（1）给人民提供充足的收入，或更确切地说是使人民能给自己提供这样的收入；（2）给国家或社会提供充分的收入，使公务得以进行。总之，其目的在于富国裕民。在他看来，奖励生产，丰富产品，从而使消费便宜，这才是政治经济学所要促进的结果。

亚当·斯密坚决反对重商主义者把财富与金银货币混为一谈的观点。在他看来，资本主义社会的财富就是可供消费和交换的商品。尽管他没有清晰地表达，但是他所谓的国民财富，并不是全社会的商品总额，也不是国内生产总值，其真正含义就是今天的国民净产值和国民收入。他还提出了今天所讲的人均国民收入的概念，并认为人均国民收入的大小对社会经济状况的好坏有着极为重要的意义。《国富论》全书所要解决的根本问题，就是如何增加人均国民收入，达到富国裕民的目的。

二、关于社会经济发展的历史阶段以及对经济发展因素的分析

亚当·斯密在《国富论》第三篇“论不同国家中财富的不同发展”中以及其他有关部分，探讨了自古罗马帝国灭亡以来，中世纪欧洲农业发展停滞、城市和商业的发展如何促进了农业的繁荣等问题。在斯密看来，古罗马帝国的经济衰退和它的没落，都起因于它的土地制度，而城市经济的兴起，是由于工商业所享有的自由不受限制。他在对这些经济事实的探索中提出了社会经济发展的四个历史阶段：

第一阶段：狩猎民族社会。在这个最低和最原始的阶段里，劫掠、打猎和捕鱼等是占主导地位的生存活动。这些生存活动几乎不或完全不需要社会组织，生产力水平十分低下，没有剩余产品，人们过着原始群居生活。由于没有提供剩余产品的可能性，不存在私有财产制度，所以没有财产不平等的可能性。普遍的贫乏，造成了普遍平等的局面。由于没有私人财产的积累，所以只会发生较小的争端，当然用不着常设的司法行政机构。在斯密看来，狩猎社会不存在国家。

第二阶段：游牧民族社会。由于出现了财产的不平等，接着就带来了人与人之间过去不可能存在的某种程度的权力和服从，因此又带来了保持权力和服从所必要的某种程度的政府组织。亚当·斯密分析了作为这种原始形态的国家的实质，就保障财产的安全来说，政府组织的建立目的实际就是保护富者抵抗贫者。

第三阶段：农业社会。亚当·斯密指出：在比较进步的农业社会，没有对外贸易，除了几乎全在自己家中制造、由自己使用的粗劣用品的制造业外，没有其他制造业。这就是说，在社会经济发展的这个阶段，是以农业生产为主，土地所有权是整个社会权力的基础，自然经济占统治地位。在他看来，这个较为复杂的阶段又有早、中、晚三个时期。

早期，也就是在古罗马帝国灭亡以后，一些基本上以畜牧业为主的国家已经存在某种最低限度的农耕和土地所有制，那么就要使这些现成制度适应通过征服得来的土地，把通过征服得来的土地加以分配，并引进更多的定居雇佣形式和初步的耕作方法。由于交通不便和缺乏强有力的中心权力，每一块土地都变成了各自独立的、保留着第二阶段特色的公国。其权力的基础是土地所有权，那些没有土地的人，如同在第二阶段一样，被迫成为完全听命于领主的私人仆从。仆从也有服兵役的义务，中央权力薄弱，不能慑服地方权力。总的来说，这是一种无助于经济发展的局面。任何剩余产品，由于没有市场价值，习惯性地由仆从消耗。

中期，以自治城市的出现为特征。随着剩余产品有了买卖，这些城市就有能力向国王交付赋税。由于有了这些赋税，国王就获得了充分的财源来抵消领主的势力。这种相互的自利导致国王保护城市，随之而来的就是允许城市自治。这些城市有了安全和自治之后，就能创造有利于经济发展的环境，而城市的发展就引起了政治权力转向以国王为首的新兴民族国家。

晚期，城市商业和制造业为贵族或领主提供了一种服务，即贵族或领主可以利用现已生产出来的可能出售的剩余产品来换取消费品，通常是显示贵族或领主地位身份的奢侈品。这样，贵族或领主不再将剩余产品用于维持不必要的侍从了。为了尽量扩大这种消费形式，领主就把土地出租给生产力更高的人，同时打发走许多侍从，而这些侍从流入城市成为新的都市劳动队伍。这种情形在权力和从属关系的形成上产生了一种分界点的变化，并使经济的、最终是政治的权力转移到新兴市民阶层手中。亚当·斯密指出：这些封建领主为了满足其最幼稚、最可鄙的虚荣心，宁愿把足以维持 1 000 人一年生活的粮食，用来换取一对金刚石纽扣或其他同样无用、无意义的东西，从而把这些粮食所能给他们带来的权威一并舍弃了。

第四阶段：制造业和商业社会或文明社会。在这个阶段，重要的变化是出现了由制造业和商业这两个主要部门构成的经济，一切货物和劳务都有一定的价格，商品经济十分发达。这个阶段有效摆脱了封建依附关系，削弱了财产所有者的权力，扩大了财富资源的分配，形成了有利于制造业和商业发展的局面。在亚当·斯密看来，这个阶段建立了一个适应自然状态的私人利益与公共利益和谐一致的制度结构。他认为：制造业和商业社会经济结构的建立是一种极其重要的革命，但完成这种革命的却是两个全然不顾公众幸福的阶级。满足最幼稚的虚荣心是大领主的唯一动机；至于商人工匠，虽不像大领主那样可笑，但他们也只为一己的利益行事，他们所追求的，只是到一个可以赚钱的地方去赚钱。大领主的痴愚和商人工匠的勤劳使得这次革命终于逐渐完成了，但他们对于这次革命却既不了解，又未预见。这表明斯密认为从中世纪农业社会向文明社会的过渡是一个自然演化的过程，这种看法可以说是其“看不见的手”理论在分析制度演化过程中的运用。

亚当·斯密对社会经济发展历史阶段的分析，是以社会分工引起的社会生产力发展水平为标准，并结合在人类社会发展过程的各个阶段中占统治地位的经济部门（狩猎→游牧→农业→制造业和商业）的变化过程，来描述社会发展的历史概貌。他还基本上正确地指出了政府是随着财产出现了不平等、社会出现了贫富两极分化而产生的，而政府的必要性，也正在于保护财产的私有权。

亚当·斯密在《国富论》中着重分析了社会经济发展的最后一个阶段，即制造业和商业社会或文明社会的经济发展问题。他对该阶段社会经济发展的分析，主要是从供给方面分析了促进或阻碍经济发展的因素，是供给因素分析。他之所以不注重分析需求，是由于他认为人的欲望具有无限性。他指出：个人食欲受胃的狭小容量的支配，而个人对住宅、衣服、家具及其他必需品的欲求却似乎永无止境，即特种欲望具有有限性而全部欲望具有无限性。他认为正是这种欲望的无限性，在生产力不断提高的情况下造成了需求对象的多样化，使需求不可能成为经济发展的制约因素。这种观念使得他忽视了对需求的分析并反对曼德维尔的奢侈观。也正是这种观念，到李嘉图那里成为否认资本过剩、否认经济危机的论据。斯密混淆了人的欲望与有支付能力的需求，从欲望的无限性错误地推论出需求的无限性，于是就认为产品总会有销路，阻碍经济发展的原因不可能存在于需求方面，只能存在于供给方面。因此，萨伊定律在他这里已经萌芽。

亚当·斯密在《国富论》中提出了促进人均国民收入增长的两个基本因素，即增加一国土地和劳动的年生产物的价值的两个基本因素：一个是增进受雇劳动者的生产力；另一个是提高生产性劳动者在总人口中所占比重。围绕这两个基本因素，他展开了详尽的分析。

首先，亚当·斯密分析了增进受雇劳动者的生产力这一重要因素。亚当·斯密作为工场手工业鼎盛时期的经济学家，特别强调了分工对提高劳动者生产力的作用，把劳动分工看成是国家财富增长的一大原因。同时，他又是一位处于工业革命前期的经济学家，因此也看到了机器、设备和劳动的合理分配对提高劳动者生产力的重要作用。亚当·斯密还指出了科学技术的发展与应用在提高劳动者生产力方面的重要作用。此外，他还把人口本身的数量和质量以及自然资源的多寡列为影响劳动者生产力提高和国民财富增长的因素。

其次，亚当·斯密分析了提高生产性劳动者在总人口中所占比重这一重要因素。在亚当·斯密看来，无论是提高生产性劳动者在总人口中所占的比重，还是增进受雇劳动者的生产力，都离不开资本的增加。他还特别强调了资本积累对增加生产性劳动者人数的意义以及资本的合理配置对促进国民财富增长的作用。斯密认为：一年的总产出中，用以维持非生产性人手的部分越小，用以维持生产性人手的部分则必然越大，从而次年生产物也必然越多，反之亦然。因此，他实际上是通过说明增加生产性劳动者在总人口中所占比重的重要性，论证了资本积累的重要意义。

最后，除了以上两个经济发展的基本因素外，亚当·斯密还把政府所实行的政治经济制度和经济政策列为经济发展的重要因素。

亚当·斯密在分析英国的北美殖民地比法国、荷兰、丹麦的北美殖民地繁荣得更快的原因时指出：这是由于英国殖民地的政治制度比其他三国殖民地的政治制度更有利于土地的改良与耕作。他还从一般意义上概括了新殖民地繁荣的原因之一，就是殖民者带来了关于正常政府的观念、维持政府的法制观念以及正常司法制度的观念。殖民者自然要把这些在新殖民地建立起来。亚当·斯密进而把自由竞争看成是提高生产效率、促进国民财富迅速增长的重要社会因素。他认为在经济发展的社会因素中，直接起着更重要作用的是经济政策。他在反对重商主义的垄断独占和封建行会的斗争中阐明了自由放任是最能促进经济发展的政策主张。

亚当·斯密对促进国民收入增长的因素的分析，见图 3－3。

- 促进国民收入增长的因素
  - ①需求因素（总是不成问题的）
  - ②供给因素
    - ①受雇劳动者的生产力
      - ①分工
      - ②机器、设备和工具的增加与改良
      - ③劳动的合理分配
      - ④科学技术的发展与应用
      - ⑤人口本身的数量与质量
      - ⑥自然资源的多寡
    - ②生产性劳动者在总人口中所占比重
      - ①资本积累
      - ②资本的合理配置
        - ①配置的理想模式：先农业，后制造业，再批发商业，最后零售商业
        - ②配置的方法
    - ③政府所实行的政治经济制度和自由放任的经济政策

图 3－3　促进国民收入增长的因素

若设 R_i 为第 i 部门的劳动生产率，Y 为国民收入，C_i 为第 i 部门所用资本，W 为工资（为一常量），C_i/W 为第 i 部门的生产性劳动者人数，则亚当·斯密对促进国民收入增长的因素的分析可用方程简单表示如下：

$$Y=\sum R_i \frac{C_i}{W}$$

亚当·斯密对经济发展因素的这种分析其实包含了一种经济发展模型。这种模型可以说是一种完全自由的经济发展模型。在完全自由的经济体制下，经济发展的动力与机制是经济人的自利心和竞争。经济发展的基本政策主张是自由放任。

三、关于经济发展的动力与机制以及自由放任的政策主张

亚当·斯密把充满利己主义精神的“经济人”作为分析经济问题的基本前提。他认

为在现实社会中一切从事经济活动的人都是为了满足自己的利益。我们每天所需的食物和饮料，不是出自屠户、面包师或酿酒家的恩惠，而是出自他们自利的打算。

在亚当·斯密看来，在经济自由的条件下，资产者的利己动机并不是一件坏事，相反还是一件好事，因为每个人都不断地努力为他自己所能支配的资本寻找最有利的用途。固然，资产者所考虑的不是社会利益，而是他们自身的利益，但他们对自身利益的研究自然会或者毋宁说必然会引导他们选定最有利于社会的用途。个人利益与社会利益的一致性，就是斯密颂扬个人利己动机的一个根据。

对个人利益的追求是如何被引上对社会有益的道路的呢？亚当·斯密认为：资产者受一只“看不见的手”的指引，去尽力达到一个并非他们本意想要达到的目的。也并不因为事非出于本意，就对社会有害。资产者追求自己的利益，往往使他们能比在真正出于本意的情况下更有效地促进社会的利益。斯密对这只“看不见的手”的作用做了如下说明：个人的利害关系与情欲，自然会使资产者把资本投在通常最有利于社会的用途。但若由于这种自然的倾向，他们把过多资本投在此等用途上，那么这些用途利润的下降和其他各用途利润的提高，立即会使他们改变这种错误的分配。用不着法律干涉，个人的利害关系与情欲，自然会引导人们把社会的资本尽可能按照最适合于全社会利害关系的比例分配到国内一切不同用途上。这里，斯密指出了市场在资源配置上的一种自由调节的负反馈机制。这只“看不见的手”其实就是竞争性市场机制，它消除了个人利益与社会利益之间的矛盾，使得对个人利益的追求，从伦理的角度来看，不再是一种令人难堪的行为。这只“看不见的手”在斯密的理论体系中占有重要地位，是其反对重商主义、主张自由放任的重要依据。

亚当·斯密关于“经济人”及“看不见的手”的论述，不仅揭示了资本主义经济发展的动力与运行机制，而且推演出了他关于经济发展的基本政策主张——自由放任。关于自由放任的政策主张，他的突出贡献主要在于：（1）他提出“看不见的手”会使个人追求自利的行为达到促进社会公益的结果；（2）他详细地描绘了资源配置的负反馈机制。有了这样一只手，任何政府的人为干预确实都没有什么必要了。西方的一些自由主义经济学家把亚当·斯密对市场机制的卓越分析比喻为《国富论》王冠上的宝石。

亚当·斯密对自由放任这一政策主张的论述有一个突出的优点，就是直接反对各种形式的封建特权和重商主义的独占经营。他在《国富论》第三篇中曾设专章分析欧洲农业在封建专制制度下受到阻碍的原因。首先，他指出了供封建贵族挥霍浪费的贡赋，是不可能为大规模地改良农业进行积累的。其次，残酷的封建劳役和各种横征暴敛，严重地阻碍了农民和农业经营者对改良农业的投资。最后，还有其他一些不利于土地改良和耕作的政策。例如，限制谷物甚至各种农产品的国内贸易的禁令，实行垄断的种种荒谬做法，集市市场行业协会的特权等。他指出：只有在自由放任的政策下，才能合理地经营和发展农业、制造业和商业等经济事业。他在《国富论》第四篇中着重批判了重商主义的垄断独占政策。由于这种垄断独占经营往往受到政府法规的保护，所以他把批判的矛头直接指向政府的不合理干预。他认为：每个人都能比政治家或者立法者更好地选择和运用自己资本的产业部门，政府不必干预私人的经济活动。

亚当·斯密认为：推行重商主义的政策措施扰乱了“看不见的手”的正确引导，从而破坏了市场经济内部的自动机制，阻碍了国民财富的增长。他反对对一些出口货物给予津贴的重商主义政策，认为津贴破坏了生产的自然平衡。他认为独占乃是良好经营的大敌。良好经营只有靠自由和普遍的竞争，才能得到普遍的确立。自由和普遍的竞争，势必驱使每个人为了自卫而采用良好的经营方法。在亚当·斯密看来，一种事业若对社会有益，就应当任其自由，广其竞争。竞争越自由、越普遍，事业也就越有利于社会。他把自由竞争看作迫使企业提高劳动生产率的外在压力。他对重商主义的上述批判具有历史进步意义。

亚当·斯密通过对封建主义与重商主义的批判阐明了贯彻自由放任主张的一整套具体政策，可以概括为以下四个方面：

（1）通过废除学徒规章制度和居住法，实行自由迁徙、自由择业，实行劳动力的自由买卖。

（2）通过废除限嗣继承法、长子继承法以及限制自由转让土地的其他规定，实行土地自由买卖。

（3）废除地产关卡税和其他一些税收，实行国内自由贸易。斯密的结论是：总的来说，最好的政策还是听任事物自然发展，既不给予津贴，也不对货物课税。

（4）废除关税、奖励金、对商业的禁令和政府给予特许公司的商业垄断权，实行对外贸易自由。

为了论证对外贸易自由的优越性，亚当·斯密提出了按照绝对优势进行国际分工的主张，即每个国家都根据自己的自然条件和技术条件生产自己擅长生产的东西，然后通过自由贸易交换别国所擅长生产的东西，这样做比各国各自生产自己所需要的一切东西更为有利，更能增加国民财富。这一关于国际分工的绝对优势论，后来被李嘉图进一步发展为比较优势论。

关于亚当·斯密的自由放任主张还有一点需要加以说明，那就是他并不主张绝对的自由放任，反对国家对经济活动的任何干预。他赞成规定适当利率的法律。他在谈到政府应当把银行发行的最低钱币面额限定为 5 英镑时指出：从某种意义上说，这一限制侵犯了天然的自由。但会危害全社会安全的少数人的天然自由，要受而且应受一切政府的法律制裁，无论政府是最民主的还是最专制的，强迫人民筑墙以预防火灾蔓延——其侵犯了天然的自由——无异于这里主张的以法律限制银行的活动。他并不主张立即全部撤销政府对外国货物输入的限制，特别是当某种货物的输入会影响本国某些生产部门广大工人的就业和生活时，就必须小心谨慎，逐步改变这种限制。其实，斯密对自由贸易是否能够完全建立尚抱有怀疑态度。他曾说过，不能期望自由贸易在英国完全恢复，正如不能期望理想岛或乌托邦在英国设立一样。不仅公众的偏见，还有更难克服的许多个人的私利，都是自由贸易完全恢复的不可抗拒的阻力。

四、关于政府在经济发展中的作用和财政政策

亚当·斯密认为在狩猎社会中不存在财产不平等的现象，因而也不存在阶级和政府，到了游牧社会，财产不平等现象出现了，贫富差距也发生了，阶级和政府也就出现了。

他指出：政府的目的就在于保护财产，保护富人，使其免受穷人的侵犯。

亚当·斯密从他的自由放任主张出发，要求废除一切特权和限制。每一个人，在不违反法律时，都应听其完全自由，让其采用自己的方法，追求自己的利益，以其劳动及资本和任何其他人或其他阶级相竞争。这样，君主们就被完全解除了监督私人产业、指导私人产业使之最适合社会利益的义务。亚当·斯密认为：在这种自由放任的状况下，政府的职能只有三项：第一，保护社会不受其他独立社会的侵犯。第二，尽可能地保护社会上每个人从而使之不受社会上任何其他人的侵害或压迫，这就是说，要设立严正的司法机关。第三，建设并维持某些公共事业及某些公共设施。

关于第二项职能，亚当·斯密认为：任何国家，如果不具备正规的司法行政制度，以致人民对于自己的财产所有权不能感到安全，以致人民对于人们遵守契约的信任心没有法律予以支持，以致人民设想政府未必经常地行使其权力强制一切有支付能力者偿还债务，那么，那里的商业、制造业很少能够长久发达。可见他对于司法公正是何等重视。

关于第三项职能中所谓“公共事业”和“公共设施”是指什么，则必须略加阐述。根据亚当·斯密对第三项政府职能所做的说明，亚当·斯密所谓的“公共事业”和“公共设施”，首先是指为履行前两项职能（即提供防务和司法体系）所需的事业和设施。其次是指为便利社会商业所需的事业和设施，包括为便利一般商业所需的良好的道路、桥梁、运河、港湾等；以及便利特殊商业的工程和设施，即为与未开化国家开展贸易提供保护的工程和设施。在分析这个问题时，他转入对企业形式的分析，分析了股份公司和合伙企业这两种形式的区别及其利弊。这种分析使他成为今天新制度经济学的先驱之一。最后是指政府资助所有青少年接受基本教育。如果国家规定，在有资格从事某种职业以前，一切人都得接受国家的考试或检定，那么国家就几乎能强制全体人民必须接受最基本的教育。

亚当·斯密在阐明了政府的职能后，进而论述了政府为履行其职能所需的费用问题，即财政问题。他关于财政的理论和政策，主要有以下三个方面。

（一）关于政府开支的基本原则：谁受益，谁支付

（1）国防费用和维持国家元首的费用，是为社会的一般利益而支出的，故应由全社会成员公平负担。（2）司法行政费用，也是为全社会的一般利益而支出的，也可由全社会一般的贡献开支，不过，其中的一部分应由诉讼的双方或其中一方支付。（3）地方费用或州区费用，只是为了社会局部的利益，因此应当由地方收入或州区收入开支，而不应由全社会一般收入开支。（4）维持良好的道路及交通所需的费用，当然有利于社会全体，不过，最直接的受益人，是转运货物的商贾及购用那种货物的消费者，因此应由这两部分人多负担一些。（5）教育及宗教设施是对全社会有益的，其费用由全社会的一般收入开支并无不当。

（二）关于政府的收入及其源泉

亚当·斯密认为：政府的收入来源于各种赋税。他提出了四项著名的赋税原则：（1）公平原则。（2）确定原则。（3）便利原则。（4）经济原则。

国家在制定税法时要设法使赋税尽可能地保持公平。纳税日期、输纳方法务求确定和便利于纳税者。要使人民在缴纳正税外，不再受其他勒索。

（三）关于公债

亚当·斯密认为：公债从表面上看是给个人以新的资财，但从整个国家来看，资本非但没有增加，反而将原来可用以维持生产性劳动者的资财转变为用以维持非生产性劳动者了，因此对于社会是一种损失。他的结论是：曾经举债的一切国家都趋于衰弱。

五、对欧洲自古罗马灭亡以来的经济史的看法

亚当·斯密认为在古罗马灭亡以后，欧洲的政治结构使大地产盛行，而长子继承法和限嗣继承法又保护了大地产制度，再加上农奴制，这种制度结构使得土地根本得不到有效改良。农奴制逐渐发展为对分佃农制，再发展为近代享有长期租佃权的租地农场主制。亚当·斯密认为欧洲城市商业的发展对农村的改良有三个方面的帮助：（1）为农产品提供了市场；（2）城市富民的资金被投资于开发荒地；（3）逐渐改变了农村居民对其领主的依附状态。而对于欧洲城市的发展，他认为是因为君主与贵族之间的矛盾促使君主赞助城市的发展，而城市的发展又为君主提供了财源，这样就使欧洲的城市逐渐发展起来。

在回顾欧洲经济史的过程中，亚当·斯密对于英国率先发达的原因也做了一些探讨。亚当·斯密认为：首先是英国较其他国家有较多的经济自由，但更重要的是英国的法律制度保证了一切人都能享有自己劳动的果实。最重要的是平等而公平的司法制度，即保障私有产权的司法制度，使最下级英国人民的权利为最上级英国人民所尊重，使每个人均能保有各自的劳动果实，这样就对各种行业给予了最大而且最有效的鼓励。在产业政策上，他认为英国较其他国家更重视农业，制定了有利于租地农民的法律并给予了政治上的选举权。他强调这种十分有利于农民的法律、风俗所起的促进现代英国伟大光荣的作用，也许比为商业制定的各种夸大条例所起的作用还要大得多。

第四节　分工和交换以及货币

一、关于分工和交换的理论

在经济思想史上，亚当·斯密是第一个系统地论述了分工的经济学家，分工理论在他的整个经济理论体系中占有重要地位。

亚当·斯密特别强调分工，并把分工作为其经济理论体系的逻辑起点。在他看来，分工是由人们具有的互通有无的交换天性引致的。在他所处的那个时代，工场手工业内部的分工对劳动生产力的提高从而对社会财富的增长起着特别突出的作用。亚当·斯密

根据历史事实论证了分工怎样促进国家富裕。在劳动没有分工的野蛮国家，一切东西全是为了满足人类的自然需要。但在国家已经开化、劳动已经分工以后，人们所分配的给养就更加丰富。由此，他得出了富裕起因于分工的结论。

分工之所以能提高劳动生产率、促进国家富裕，在亚当·斯密看来，主要是由于以下三个原因：第一，分工使劳动专门化，因而能提高劳动者的技巧和熟练程度。第二，分工使每个人专门从事某项作业，可以节省与生产没有直接关系的时间，从而增加与生产直接有关的时间。第三，分工使专门从事某项作业的劳动者比较容易改良工具和发明机械。

亚当·斯密通过对分工和协作的论述，论证了任何一种商品都是许多工人共同劳动的产物。任何一种商品，不仅是一个工场手工业中的许多工人共同劳动的产物，而且是社会上各种有关行业各种不同种类的工人共同劳动的产物。然而，社会上这许许多多不同种类的劳动，毕竟是分散工人的私人劳动。那么，是什么使这些分散的私人劳动结合起来转化成社会劳动的呢？斯密认为：交换的范围或市场范围制约了分工的程度，即分工受到市场广狭的限制。这一思想非常重要，是各国废除内贸关税以及降低国际贸易关税的理论依据。

亚当·斯密分析了人们之间产生分工的原因。与古希腊柏拉图强调的分工是由于人的天资差异的观点不同，斯密认为人们之间的分工并非由于不同人的天资有多大差异，而是由于人们互通有无、物物交换、互相贸易的倾向。而这种倾向既为人类所共有，也为人类所特有。而人们在职业才能上的差异，在多数场合，与其说是分工的原因，倒不如说是分工的结果。斯密的这种人们天性无多大差异的观点，实际上是他认为的自由竞争将导致普遍富裕的观点的基础。

亚当·斯密不仅充分肯定了分工与交换的有益之处，而且指出了它存在的问题：在不平等的分工中，财富的分配并不是依据工作的轻重，使劳动者变成了最愚钝、最无知的人。

亚当·斯密对分工和交换的论述比其前辈更加系统，但是斯密的论述还存在如下缺点：他没有认识到工场手工业内部的分工和社会分工有本质上的差别。工场手工业内部的分工是在企业家指挥之下有计划地进行的，而社会分工却是通过市场交换进行的。

关于亚当·斯密的分工理论，在西方主流经济学中一直没有被数理化，直到杨小凯将其数理化之后，才开始与主流经济学接轨。

二、关于货币的理论

亚当·斯密在论述了分工和交换之后，接着论述了货币的起源，以及货币的职能、形态及其流通规律。

亚当·斯密从物物交换的不便引出货币。这一思想后来被奥地利学派的卡尔·门格尔阐发为制度自然演化的典型案例。亚当·斯密认为：货币就是交换工具。在未开化社会，人们曾用家畜作为交换工具。由于金属具有不易磨损、久藏不坏、易于分合、便于携带等特点，所以各国都逐渐以金属作为交换工具。

亚当·斯密既然把货币看作是为克服交换困难而产生的，自然就把货币首要的基本职能看作是交换媒介、流通手段。

亚当·斯密在论述货币的起源和职能的基础上探讨了一国货币流通量的规律。他认为：一国流通所必需的货币量取决于该国每年所流通的商品的价值，即取决于该国每年所销售的商品的价格总额，而不是商品的价格总额取决于流通中的货币量。他在论述流通所需货币量时，还看到了货币流通速度的快慢可使所需货币量减少或增加。假如实际流通的货币量多于所需货币量，则货币必然外流。这就是斯密阐明的货币流通规律。在超过需要的货币会流向国外这一点上，他与货币数量论者的观点一致，但是他没有像货币数量论者那样描绘出货币流出的具体机制。

亚当·斯密从货币的流通手段职能正确地引出了以纸币、银行券代替金属货币使用的主张。他认为：若以纸币代替金银货币，将大大节省流通费用，将金银转用于生产，就可以增加国民财富。

亚当·斯密对银行券的本质及其流通规律具有深刻而正确的理解。他首先把银行券看作银行为代替私人票据所发行的银行票据，其发行方法主要为票据贴现。另一种发行银行券的方法，即所谓现金结算法，实际上就是以透支方式贷借款项的发行方法。

发行银行券以代替金银铸币，虽有节约流通费用的利益，但若不依据一定的原则加以限制，以致发行过多，钞券泛滥，其危害则亦不浅。所以，亚当·斯密特别强调指出：银行发行的纸币额，不应超过国内无纸币时流通所需的金银额。这就是他所提出的银行通过贷款发行银行券所应遵守的一般原则。

关于银行办理票据贴现，亚当·斯密认为：银行只应贴现真实票据，而不应贴现融通票据。假如银行所贴现的是真实票据，是贷款给资本家作为其必须保有以应不时之需的现金，其数额小，又属于短期性质，到期一定可以兑付，这就意味着由此发行的银行券，就必然随着商品的流通而流通，随着商品的退出而退出。这样所发行的银行券总额，就不会超过无纸币时流通所必需的金银币数额。假如银行所贴现的票据不是真实票据而是融通票据，就会引起银行券的过度发行，因为这种融通票据都没有真实的商品交易作为基础，所以，以此项票据向银行取得的贷款，就使银行的金库流出去的多而流进来的少，从而就必然使银行由此而发行的银行券超过该国流通所必需的金银数量，从而产生银行券过多的祸患。

亚当·斯密认为：任何国家各种纸币能毫无阻碍地到处流通的全部金额，绝不能超过其所代替的金银的价值。如果超过了这个价值，过剩的部分既不能使用于国内，又不能输往国外，结果会马上回到银行去兑换金银。这就是斯密创造性地阐明的银行券流通规律。

亚当·斯密在说明货币作为流通手段的职能及与该职能有关的纸币和银行券的同时，也论证了货币作为衡量货物的价值尺度的职能。

亚当·斯密关于一国货币流通量的观点，一方面承袭了休谟的货币数量论，是对重商主义无节制需求货币主张的批判，另一方面开创了后来一系列货币需求理论的先河。

第五节　价值理论

亚当·斯密在研究了货币之后，进而转向对商品交换价值的研究。这里需要指出的是，价值问题并不像后人所认为的那样是《国富论》的主要内容和主要贡献。有关价值问题的论述在整个《国富论》中所占的比重相当有限，对于价值理论的论述也推敲不足，表现出不少粗疏之处。这种疏忽可能反映了斯密没有把它作为主要内容来对待。只是后来大卫·李嘉图为了研究收入分配问题的需要，才把亚当·斯密的价值理论提高到重要地位。

一、使用价值和交换价值的区分

亚当·斯密在研究商品的交换价值时首先区分了使用价值和交换价值。使用价值是指物品的效用，交换价值是指物品的购买力。亚当·斯密不仅提出了使用价值和交换价值的概念，而且分析了使用价值和交换价值的关系。他主张：使用价值很大的东西，往往具有极小的交换价值，甚或没有；反之，交换价值很大的东西，往往具有极小的使用价值，甚或没有。例如，水的用途最大，但我们不能以水购买任何物品，也不能拿任何物品与水交换；反之，金刚钻虽几乎无使用价值可言，但需有大量其他物品才能与之交换。亚当·斯密以此批判了那种认为商品交换价值的大小由其效用决定的观点。

二、商品真实价格的决定

亚当·斯密对商品价值的研究，是为了解决两个问题：（1）衡量商品交换价值的最好尺度是什么？（2）与变动不居的商品市场价格不同的真实价值由什么决定？作为一个关心富国裕民的经济学家，亚当·斯密自然关注这两个问题的正确答案。因为第一个问题从宏观角度考虑，涉及对国民财富的正确衡量；从微观角度考虑，涉及商品交易中长期合同的公平公正。而第二个问题则涉及如何增加财富价值。

为了解决这两个问题，亚当·斯密在论述商品价值时提出了以下两个概念：一个概念是“交换价值的真实尺度”。他认为衡量商品“交换价值的真实尺度”的是这个商品能购买或能支配的劳动量。另一个概念是“商品的真实价格”。为了分析这两个概念的决定因素，他又区分了两种不同的情况：简单商品生产和资本主义商品生产。

（一）简单商品生产

亚当·斯密认为“商品的真实价格”在简单商品生产中（即土地归劳动者所有，不存在资本与劳动相交换时的商品生产）是由生产商品时所耗费的劳动决定的。

亚当·斯密认为：在货币产生以后，商品的交换价值就大多按货币计算了。然而金银的价值时有变动，时有高低，金银的购买也时有难易。而自身价值会不断变动的商品，也绝不是计量他种商品价值的准确尺度。但是，亚当·斯密认为劳动应另当别论。因为等量劳动，无论在什么时候和什么地方，对于劳动者都可以说有同等的价值，所以，只有劳动才是价值的普遍尺度和正确尺度。换言之，只有把劳动作为标准，才能在一切时代和一切地方比较各种商品的价值。这样，亚当·斯密就得出了商品的交换价值应当由商品交换到的劳动来衡量的结论，劳动是一切商品交换价值的真正尺度。

亚当·斯密又认为商品生产时耗费的劳动量决定商品交换时购买到的劳动量。于是推论就是商品价值的最好衡量尺度和决定因素都是生产商品时所耗费的劳动。这就是后来李嘉图提出的劳动价值论的由来。

亚当·斯密还认识到，商品的价值量是同生产商品时所耗费的劳动时间成正比的。他还看到了简单劳动和复杂劳动的区别，并把复杂劳动看作是倍加的简单劳动。

（二）资本主义商品生产

亚当·斯密认为：在资本主义以前的简单商品生产条件下，劳动者都是商品生产者，生产出来的商品都归他们自己所有，因此，他们也是商品的出卖者。他们在生产商品时所耗费的劳动和在交换中所购买到的劳动在量上是相等的，因此，生产商品时所耗费的劳动量是决定商品交换价值的唯一因素。但是，在资本积累和土地私有的资本主义条件下，当资本和劳动相交换时，"商品的真实价格"的决定因素就发生变化了。

在亚当·斯密看来，劳动决定价值的原理只适用于资本主义以前的简单商品生产和交换，而不适用于资本积累和土地私有的资本主义商品生产和交换。他指出：在资本积累和土地私有的资本主义社会里，由于劳动的全部生产物未必都属于劳动者，必须与雇用他的资本所有者和地主分享，于是"商品的真实价格"已不单纯由生产商品时所耗费的劳动构成，而是由工资、利润和地租三种收入构成，也就是三种收入之和决定了"商品的真实价格"。

亚当·斯密不仅认为个别商品的价格或交换价值由这三个部分构成，而且就一国的年生产物来说也是如此。他指出：分开来看，每一件商品的价格或交换价值都由那三个部分全数或其中之一构成；合起来看，构成一国全部劳动年生产物的一切商品价格都必然由那三个部分构成，而且作为劳动工资、资本利润或土地地租，在国内不同居民间分配。社会上年年由劳动采集或生产的全部物品，或者说，它们的全部价格，本来就是照这样分给社会不同成员中的某些人的。工资、利润和地租是一切收入和一切可交换价值的三个根本源泉。可见他这里所说的一国的年生产物就是今天人们所说的国内生产总值。

亚当·斯密的价值理论实际上包括两个部分：一个是关于价值尺度的理论，另一个是关于价值源泉的理论。关于价值尺度，他始终坚持商品价值由购买到的劳动决定。他之所以会持有这种观点，与他生活的那个时代的特征有关。在亚当·斯密生活的时代，劳动的工资基本稳定在维持工人生存的水平上，表现得比其他所有商品包括货币金银更稳定，因此他选择将购得的劳动作为价值尺度无疑是非常合理的。关于价值源泉，它其实是一种生产成本论，只是在假设的简单商品生产中，在土地和资本都无须付费（其蕴含的意义是两者都不稀缺）的条件下，这种生产成本论才退化为劳动价值论。只是由于后来的李嘉图，亚当·斯密关于价值源泉是劳动的观点才被过分地强调，这其实并非亚当·斯密的原意。

三、自然价格和市场价格的关系

亚当·斯密所谓的自然价格，是指与工资、利润和地租的自然率一致的价格。他的目的在于说明市场价格怎样围绕着自然价格这个中心上下波动。他认为自然价格可以说是中心价格，一切商品价格都不断地受其吸引。各种意外的事件，固然有时会把商品价格抬高到这个中心价格之上，有时会把商品价格压低到这个中心价格之下。可是，尽管有各种障碍使得商品价格不能固定在这一恒固的中心，但商品价格时时刻刻都围绕着这个中心。他认为市场价格围绕着自然价格上下波动的主要原因是供求关系的变化。

四、简短的评价

亚当·斯密的价值理论，用今天的眼光来看，主要是一种生产成本决定论，其缺陷主要是只考虑了供给因素而没有考虑需求因素对价值决定的影响。但是由于斯密对生产成本做了比较宽松的解释，所以与李嘉图相比，斯密的价值理论反而更接近今天的价值理论。

亚当·斯密的生产成本价值论，用历史的眼光来看，主要是提出了一个重大的理论问题，引起了在他之后的几代经济学家的关注。当然，这种关注与由伴随工业革命而来的社会收入分配状况恶化所引起的经济学家对于分配问题的格外关注有关。当李嘉图把收入分配规律作为政治经济学的唯一研究对象时，价值理论自然就成为经济理论的基础了。从这里也可以看出斯密的价值理论与李嘉图的价值理论的区别，斯密是从增加国民财富的角度考虑价值问题，而李嘉图则是从发现既定国民财富的分配规律的角度考虑价值问题。

亚当·斯密价值理论中最有价值的内容，应该是发现了由随供求变化而不断波动的市场价格所引起的资源配置过程。这一发现最终在奥地利学派那里导致了对价格机制的资源配置功能的出色研究。

第六节　三种收入和三个阶级

亚当·斯密在研究了商品价值之后，进而探讨了商品价值是怎样在资本主义社会各阶级中进行分配的问题，即对资本主义社会中三个基本阶级的三种基本收入分别进行了研究。

一、工资理论

亚当·斯密在研究商品价值的分配时首先研究了工资。他认为：在资本主义制度下，劳动者只能获得他自己劳动生产物的一部分作为工资，而劳动生产物的其余部分则构成地主的地租和资本家的利润。那么工资究竟占全部商品价值的多少？亚当·斯密从工资是生产费用的一部分出发，认为工资就是劳动的价格。在他看来，劳动同其他商品一样，也有市场价格和自然价格。劳动的市场价格是由资本家和工人双方所订立的契约规定的，而由契约所规定的这种劳动的市场价格，是以劳动的自然价格为基础的。亚当·斯密所了解的劳动的自然价格，是由劳动者的生活维持费决定的。而维持工人本人及其家属生活所必需的生活费用，就是生产和再生产劳动力的费用。这种费用决定劳动的价值。

亚当·斯密认为：随着对劳动的需求的增加，工资会超过这种最低水平；然而工资的增加会鼓励工人多生儿育女，随即又会造成劳动力供给增多；而随着劳动力供给的增多，工资又会下降到它的最低水平。在斯密看来，劳动力的供求情况，也像一般商品的供求情况左右着商品售价的升降一样，对工资的涨跌起着调节作用。于是，他又进一步描述了工人和资本家在劳动市场上的相互竞争以及这种竞争对劳动的市场价格的影响。

亚当·斯密认为：在资本主义社会中靠出卖劳动力为生的劳动者和雇用劳动力的资本家之间的利害关系绝不一致。劳动者盼望多得，雇主盼望少给。劳动者都想为提高工资而联合，雇主却想为降低工资而联合。由于资本家之间相互勾结，又加上他们控制着国家机器，而劳动者却往往出于生活所迫而屈服于资本家的压力，所以在斗争中，居于有利地位的往往是资本家而不是劳动者。但是，斯密认为劳动者是财富的创造者，提高劳动者的工资会刺激劳动者的生产积极性，有利于生产的发展。因此，他认为：工资菲薄是不能促进财富增长和社会前进的，劳动报酬优厚是国民财富增加的必然结果，同时又是国民财富增加的自然征候。斯密把工资的变动和财富生产的变动联系起来考察，既把提高工资看作促进生产发展的前提、又把它看作生产发展的必然趋势的这种观点，与重商主义者一味要求压低工人工资的观点形成一种鲜明的对照。

亚当·斯密还认为：随着社会生产的发展，对随劳动力需求增加而出现的工资上涨，还取决于资本的积累水平。他认为：使劳动工资提高的，不是庞大的现有国民财富，而是不断增加的国民财富。因此，最高的劳动工资不在最富的国家出现，而在最繁荣，即能最快变得富裕的国家出现。

在亚当·斯密看来，只要资本积累不断扩大，就有更多的利润转化为资本，因此，工资也就必然上升。他的这种工资论可用下述公式表示：

$$\text{工资率}=\text{生活费水平}+a(\Delta K/\Delta t)$$

式中，$a>0$；$\Delta K/\Delta t$ 为资本增长速度。

这个公式概括了斯密的两个想法：(1) 当资本增长速度大于零时，工资高于生活费水平。(2) 工资的大小在很大程度上取决于资本增长速度。

亚当·斯密的这种工资论是针对当时重商主义者压低工资的政策主张的。他指出重商主义者压低工人工资的主张是与资本积累的发展趋势背道而驰的。

亚当·斯密通过人口增减来说明工资跌涨的工资论，预示了后来马尔萨斯的类似观点。

除了分析一般工资水平的决定因素外，亚当·斯密还分析了不同行业工资差异的决定因素。对于这个问题，坎蒂隆曾经做过初步研究，而亚当·斯密则进行了系统分析。亚当·斯密认为决定行（职）业工资差异的有以下几点：(1) 工资与就业的愉快程度成反比；（2）工资与学习技能的成本成正比；（3）工资与就业的稳定性成反比；（4）工资与所需承担的责任和信任成正比；（5）工资与取得职业资格及从业成功的可能性成反比。

二、利润理论

在亚当·斯密看来，在社会的原始状态中是没有利润的，利润是随着资本的出现而产生的。他虽然承认利润是工人劳动所创造的生产物价值的扣除部分，但是又从他的价值由三种收入决定的观点出发，认为利润是资本的自然报酬，把利润看成是生产费用的构成部分。

亚当·斯密批判了那种把利润看作是资本家监督指挥这种劳动的工资的观点，指出利润与工资截然不同，它们受着两个完全不同的原则的支配，而且资本的利润同所谓监督和指挥这种劳动的数量、强度与技巧不成比例。

亚当·斯密揭示了资本主义生产的目的就是追求利润。他虽然深信在资本主义社会中私人利益与社会利益的增进是基本一致的，但是又认识到资本家对利润的追求还包含了私人利益与社会利益的不一致性。

在亚当·斯密看来，凡是资本，就都要获取利润。既然获取利润是资本家投资的目的，那么，资本首先是被投向利润高的生产部门，但资本自由流动的结果，就会导致利润的平均化。亚当·斯密还在一定程度上揭示了利润率下降的趋势。在他看来，随着社会的发展和资本积累的增大，利润率趋向下降。但亚当·斯密对利润率的下降并不抱悲观情绪，相反，却认为这是国民财富和社会福利增进的标志。

亚当·斯密从利润进一步论及利息，认为利息是利润的一部分，是一种派生的收入。这种观点虽早就由约瑟夫·马西和大卫·休谟提出过，但他们都没有像亚当·斯密那样展开论述。

三、地租理论

亚当·斯密在研究资本主义社会的地租时，承认地租就是工人劳动所创造的生产物价值的扣除部分，是土地被私人占有后的产物，是决定商品价值的一个因素，是使用土地的自然报酬。

亚当·斯密又认为地租是农产品垄断价格的结果。在他看来，由于垄断，农产品的出售价格，除了足以补偿生产所耗资本和提供平均利润外，还会有剩余，这种剩余就形成了地租。这里，他已经认识到土地所有权的垄断是形成资本主义地租的直接原因。

亚当·斯密还认为地租是自然力发挥作用的结果。在他看来，地租就是由农业中所特有的自然生产力所提供的收益形成的。这种观点显然是受重农主义思想影响的表现。

关于级差地租，亚当·斯密虽没有进行专门的研究，但已经有所论述。他指出：不问土地的生产物如何，其地租随土地肥沃程度的不同而不同；不问其肥沃程度如何，其地租又随土地位置的不同而不同。这就为后来李嘉图深入研究级差地租开了先河。这一思想也影响了后来德国经济学家杜能的农业区位理论。

四、对资本主义社会阶级结构的分析

亚当·斯密在经济思想史上第一次比较正确地说明了古典资本主义社会阶级划分的经济根源，从而也就比较正确地分析了资本主义社会的阶级结构。一国土地和劳动的全部年生产物，自然分解为劳动工资、资本利润和土地地租三个部分。这三个部分分别构成三个阶级的收入。这三个阶级构成文明社会的三大主要阶级，即工人阶级、资本家阶级和地主阶级。亚当·斯密对古典资本主义社会阶级结构的论述克服了重农主义者关于阶级结构的论述的局限性和片面性，打破了在阶级划分上的部门界限，依据经济地位或收入状况来划分阶级。

亚当·斯密在把资本主义社会复杂的阶级结构概括为三个基本阶级以后，进而分析了这三大阶级与整个社会利益之间的关系，以及各阶级之间的关系。在他看来，这三大阶级中，第一个阶级即地主阶级的利益，是和社会一般利益密切相关、不可分离的。凡是促进社会一般利益的，均必促进地主阶级的利益；凡是妨害社会一般利益的，均必妨害地主阶级的利益。斯密认为地主阶级是资本主义社会中的一个特殊阶级。地主们不用劳动，不用劳心，更用不着任何计划与打算，就自然可以取得收入。而且，随着国民财富和资本的增加，地租也必然会增加，地主阶级无论在什么时候都能得到最大的好处。但是，地主阶级所处的安乐稳定地位，使地主们自然流于懒惰。懒惰不但使地主们无知，而且使地主们不能用脑筋来预测和了解一切国家规章的后果。第二个阶级即靠工资过活的工人阶级的利益，也同样与社会利益密切相关。随着资本积累的增加，工资也必然上涨。不过亚当·斯密又认为：劳动者在繁荣社会中不能享得地主阶级那样大的利益，在衰退的社会中仍要蒙受其他任何阶级所体验不到的痛苦。但由于劳动者没有能力了解一般社会利益，更没有能力理解本身利益与社会利益的关系，因此，他认为劳动者阶级是无法理解自己所处的地位和作用的。亚当·斯密断言：只有构成第三个阶级的资产阶级，才是推动社会发展的最重要的阶级。劳动者的雇主即靠利润为生的人，构成了第三个阶级。推动社会大部分有用劳动活动的，正是为追求利润而使用的资本。资本使用者的规划和设计，指导和支配着劳动者的一切最重要动作，并且资本使用者终日从事规划与设计，自然比大部分乡绅具有更敏锐的理解力。资本使用者比乡绅高明，与其说是由于他们更理解公众利益，倒不如说是由于他们更理解自身的特殊利益。由于对这种比较优越的理解，资本使用者往往利用乡绅的宽宏施行欺骗手段，使乡绅舍弃自己的利益和公众的利益，去迁就他们。但是，亚当·斯密认为：随着资本的增加，利润有下降的趋势，因此资产阶级从社会中得到的利益不如其他两个阶级大。

亚当·斯密在分析各阶级之间的关系时，一方面，从三种收入决定价值的观点出发，认为在资本主义社会里各阶级的利益都是一致的，并随社会经济的发展而增加。他的这种阶级利益协调的观点，被后来的经济学家萨伊发展成为“三位一体公式”。另一方面，亚当·斯密又认为在资本主义社会里各阶级的利益是不一致的，随着社会经济的发展，地租和工资增加，利润却下降。可他当时还没有直接攻击土地权益、反对地主。他直接攻击的主要对象，其一是商业垄断者，其二是挥霍浪费的寄生者。他在指责商业垄断者对公众的“压迫”与“欺骗”时强调：不论在哪一种商业或制造业上，商人的利益在若干方面均往往和公众的利益不同，有时甚或相反。因为他们这类人的利益，从来不是和公众利益完全一致的。一般来说，他们的利益，在于欺骗公众，甚至在于压迫公众。事实上，公众亦常为他们所欺骗、所压迫。

一个有趣的问题是：亚当·斯密究竟代表哪个阶级？他其实对于古典资本主义的三大阶级都各有褒贬，并不像以往人们所认为的那样仅仅是资产阶级的代表。他对商人和企业主的批判是非常严厉的。如果一定要确定亚当·斯密所维护的人群，那就是市场中的消费者。亚当·斯密是所有消费者的守护神。

五、国民收入的决定

亚当·斯密认为：虽然单个商品的价值中包含资本的转移价值，但是一个生产部门的资本总是前一个生产部门的产品，而这前一个生产部门的资本又是再前一个生产部门的产品……这样类推追溯上去，经过许多生产部门和生产过程，最后，就会回到人们不用生产工具而只用双手、不用原料而只用自然界原有的劳动对象来进行生产的状态。于是从不断递归的角度来看，一切资本的价值最终都要分解为三种收入。于是在一个社会全部商品的整个价值中，就只能找到工资、利润和地租这三种收入。但是在一年生产的商品的总价值中，还是应当把资本的转移价值单独列出。一个大国全体居民的总收入，包括了他们土地和劳动的全部年生产物。在总收入中减去维持固定资本和流动资本的费用，剩余留供居民自由使用的便是纯收入。换言之，所谓纯收入乃是以不侵蚀资本为条件，留供居民享用的资财。亚当·斯密实际上是把资本的价值看作以往年份的三种收入。在这个意义上，一国的年生产物的价值，也都是由工资、利润和地租三种收入构成。只是当年的纯收入只包括当年的工资、利润和地租。

由于亚当·斯密没有清楚地区分财产、资本和收入这些概念，也没有提出中间产品和最终产品的概念，所以他关于国民收入的定义就显得不是很清晰。但是关于国民收入的这一定义已经具有了现代意义上的国民收入的初步概念，而且国民收入的大小就取决于当年三种收入的加总。而三种收入的决定因素我们前面已经分析过了。可以说，亚当·斯密没有探讨独立于个别商品和要素的价值决定的关于综合商品价值决定的问题。

重农主义经济理论体系的创建者魁奈在他的《经济表》中，已经从阶级结构和综合商品的供求关系出发，对整个社会的宏观经济做过天才般的探讨。与魁奈相比，亚当·斯密对宏观经济的分析则显得过于简单。可以说，亚当·斯密的整个理论体系缺乏独立于微观分析的宏观分析。

第七节　资本理论

亚当·斯密在研究资本时，主要阐明了资本的性质与构成、资本积累和生产性劳动及非生产性劳动、资本的各种用途等理论问题。

一、资本的性质与构成

在亚当·斯密看来，资本不是自古就有的，而是社会发展到一定阶段的产物。亚当·斯密认为在既无分工也少交换的原始社会中，人们是无须“预储资财”的，因此也就没有资本。后来，由于分工的出现，一个人的劳动生产物只能满足他自己的一小部分需要，其余大部分需要不得不依靠别人的劳动生产物来满足，因此，个人在自己进行劳动生产直到出卖产品并购买别人的生产物之前，就不得不“预储资财”，以供在这期间的生产和消费之用。个人把这种“预储资财”分成两个部分：一个部分用于维持生活，即生活资料；另一个部分用于继续进行生产，从而取得收入。亚当·斯密把个人财产中用于投入再生产以获取收入的部分称为资本，强调了这部分作为资本的资财和用作个人消费品的资财的区别。同时，他也指出资本家把资本投入生产的目的是占有雇佣工人的一部分劳动产品而取得利润。

亚当·斯密认为资本最重要的特征就在于它能给企业家带来利润。于是他根据为企业家提供利润的不同方式，把资本划分为固定资本和流动资本两个部分。固定资本的特性是不必经过流通，不必更换主人即可提供利润；流动资本的特性是要靠流通，要靠更换主人才能提供利润。亚当·斯密认为固定资本主要由以下四项构成：第一，一切便利劳动和节省劳动的有用机器与工具；第二，一切有利润可取的建筑物，如商店、堆栈、工场、农屋、厩舍、谷仓等；第三，用开垦、排水、围墙、施肥等有利可图的方法投入的使土地变得更适于耕作的土地改良费；第四，社会上一切人民学到的有用才能。流动资本也由四项构成：第一，货币；第二，各种食品，人们出售这些食品，可以获得利润；第三，制造衣服、家具、房屋等物品的材料；第四，已经制成但仍在制造者或商人手中，未曾卖给或分配给真正消费者的物品。

亚当·斯密在经济思想史上第一次明确地把资本区分为固定资本和流动资本。他较重农主义者在对资本的划分上前进了一步，将资本发展为固定资本与流动资本这两个普遍化的概念。

从亚当·斯密的上述观点可知，他的资本概念还是相当粗放的，没有细分储蓄和投资、个人资本和社会资本、资本品和存货、物质资本和人力资本。精确的资本概念要到100 多年以后才由奥地利学派的庞巴维克提出。

二、资本积累和生产性劳动及非生产性劳动

亚当·斯密把增加生产性劳动看作是资本积累的重要因素，而资本积累又是使用和增加生产性劳动的必要条件。

亚当·斯密认为资本积累是扩大生产、增加社会财富的重要条件。他从社会历史的发展和分工、交换的产生角度，论述了资本积累的必要性。在他看来，资本积累的增加必然会促进生产力的提高和社会财富的增长。

亚当·斯密在论述资本是怎样积累起来的时，把节俭而非勤劳看作资本积累的直接

原因和来源。他在强调节俭以积累资本的同时，也坚决反对封建贵族挥霍无度的奢侈浪费。无论就哪一个观点来说，奢侈都是公众的敌人，节俭都是社会的恩人。这种观点预示了后来西尼尔的节欲论。亚当·斯密认为社会总资财中资本和收入各自所占的比例，直接影响到资本的积累。在他看来，增加资本就可多雇用生产性劳动者，多增加财富；反之，增加收入部分，势必多雇用非生产性劳动者，助长奢侈浪费，从而造成国家财富的减少。亚当·斯密所说的收入，就是今天经济学家所说的消费，他所说的资本则相当于今天所说的转化为投资的储蓄。

亚当·斯密把参加生产性劳动的人数在整个社会成员中所占比例的增长，看作增加国民财富的重要因素之一，因此，他自然要研究什么是生产性劳动与非生产性劳动的问题。这个问题在亚当·斯密的经济理论体系中占有重要地位。亚当·斯密对于生产性劳动与非生产性劳动有两种不同的定义。

首先，亚当·斯密认为：生产性劳动是同资本相交换、能生产价值并为资本提供利润的雇佣劳动；反之，就是非生产性劳动。他把制造业工人的劳动和家仆的劳动加以对比来说明：制造业工人的劳动，通常会把维持自身生活所需的价值与提供雇主利润的价值，加在所加工的原材料的价值上；反之，家仆的劳动却不能增加什么价值。雇用许多工人是致富的方法，维持许多家仆是致贫的途径。这是亚当·斯密关于生产性劳动与非生产性劳动的第一种见解。

其次，亚当·斯密又认为：生产性劳动不是随生随灭的，它是生产物质商品的劳动；非生产性劳动则是随生随灭的，它是不生产物质商品的劳动。他仍以制造业工人的劳动和家仆的劳动为例来说明。制造业工人的劳动，可以固定并且实现在特殊商品或可卖商品上；反之，家仆的劳动，却不固定亦不实现在特殊物品或可卖商品上。

亚当·斯密的这两种定义在他那个时代并不矛盾。因为在那个时代，以营利为目标的服务性企业还几乎不存在，资本主义企业几乎都是生产物质商品的，能够为资本提供利润的劳动几乎全是生产物质商品的劳动。而一旦出现了以营利为目标的服务性企业，很明显，他的这两种定义就矛盾了。

在亚当·斯密那个时代，今天人们所说的服务业几乎都是以富人的家仆的形式存在，家仆的劳动都是富人的消费，不会带来利润。于是不生产物质商品的劳动就与不带来利润的劳动相等了。因此，斯密把它们统统归入非生产性劳动，并进一步认为不生产物质商品是非生产性劳动的一般特征。于是他把一切不直接参加物质商品生产的人，都列为非生产性劳动者。他不仅把家仆而且把演员、律师、牧师以及官吏甚至君主等都列为非生产性劳动者。

在亚当·斯密看来，非生产性劳动者浪费了大量的社会财富，从而妨碍了资本积累，因此必须把非生产性人员限制在最低限度。

三、资本的各种用途

亚当·斯密认为：资本有四种不同用途：第一种是农业家、矿业家、渔业家的用法；第二种是制造者的用法；第三种是批发商人的用法；第四种是零售商人的用法。他在这里所讲的资本用途，其实讲的是资本投资的行业。

关于哪个经济部门的收益最大、生产力最强的问题，早在古希腊时代就有过争论。主张雅典民主制度的人，都主张提倡工商业；而反对它们的人则认为：只有农业才具有生产性。这个争论，后来又在重商主义者和重农主义者之间激烈地展开。重商主义者认为只有商业尤其是对外贸易才具有生产性，或者说最富于生产性；重农主义者认为只有农业才具有生产性，其他如工商业等则是非生产性的，或者说，是不结果实的。亚当·斯密在研究资本的各种投资场所时进一步探讨了这个问题。他认为应该按照各个经济部门收益的大小和生产力的强弱来进行投资，因此，他对国民经济的各个部门进行了排序。在他看来，第一是农业和采掘工业，第二是加工工业，第三是批发商业，第四是零售商业。他认为这四个部门都是给资本提供利润的，都是生产物质财富的。

亚当·斯密关于投资排序的这种观点，表明他仍受着重农主义的严重影响。为什么把资本投在农业和采掘工业中收益是最大的呢？在亚当·斯密看来，在农业和采掘工业中劳动并创造价值的要素不仅包括工人，而且包括牲畜和自然力。这里明显地体现了重农主义的深刻影响。尽管亚当·斯密把农业和采掘工业放在国民经济首位的理由不正确，但是他把农业和采掘工业放在国民经济首位的观点本身是正确的。

亚当·斯密所谓的批发商业和零售商业，就是我们今天所讲的第三产业，他所谓的农业和采掘工业、加工工业，也就分别是我们今天所讲的第一产业、第二产业。可见，亚当·斯密对四个产业的划分，同我们今天对三个产业的划分，虽提法不同，但其基本精神大体一致。

第八节　亚当·斯密在经济思想史上的地位

亚当·斯密对经济科学的主要贡献，是系统地批判了重商主义，创立了以经济自由主义为中心、以富国裕民为目标的古典政治经济学理论体系，实现了西方经济学演进中的第一次革命——自由主义革命。

自从亚当·斯密在《国富论》中创立古典政治经济学体系以来，亚当·斯密一直以其在经济思想史上开山鼻祖的地位而受到人们的尊敬，这种情况直到200多年后的今天仍没有发生多大的变化。亚当·斯密对后世经济科学发展的影响是多方面的。

第一，亚当·斯密作为经济学家的素质及其为人，吸引着人们对他的关注。

亚当·斯密是第一个真正在大学里培养出来的经济学家，他兴趣广泛，博学多才。他对古代及近代的语言文学、历史学、数学、自然哲学、政治哲学、社会哲学、伦理学、心理学、法学、政治学等多门科学都有相当深入的研究。《国富论》就体现了他所建立的这个富国裕民的古典政治经济学体系同这多门科学之间所具有的内在联系。这是亚当·斯密经济理论体系的一大特色，也是斯密之所以能对经济学做出如此伟大贡献的一个原因。

亚当·斯密也是一个具有敏锐洞察力和求实精神的学者。他除了接受学校教育、坚持勤奋读书外，还非常注意观察社会，汲取知识。无论是在做学生时期还是在当教授的时期，他都经常同各行各业的人接触和交往，了解他们的生活、工作和思想，注意观察和了解工场手工业、农业、商业、市场、港口和交通运输，积极参加学术团体的活动，特别注意和了解人们普遍关心的经济问题、新的社会思潮和生产技术的改进与革新。例如，当詹姆斯·瓦特开始进行蒸汽机试验时，亚当·斯密就以非凡的洞察力预见了蒸汽机的前景并给予了有力的支持。后来，亚当·斯密又陪同年轻的巴克勒公爵，在巴黎、图卢兹、波尔多和日内瓦等城市进行了近3年的专门考察，并与当时的许多著名思想家和进步学者进行了广泛的接触和交流，这使他对英国和西欧大陆的经济状况与社会思潮有了进一步的了解和体会。他以敏锐的眼光进行了长期仔细的观察、研究和思考，不仅抓住了当时英、法等国经济发展的主要问题，为深入研究这些问题积累了第一手资料，而且把握住了他所处的那个进步时代的潮流精神，从而建立了以经济自由主义为中心的富国裕民的经济理论体系。他所阐明的这种新颖的经济理论和政策主张，深刻地反映了时代的要求，因而对人们产生了强烈的吸引力和感染力，这就不能不引起人们对他的关注。

亚当·斯密还是一个富有人情味和民主精神的知识分子。他是一个单身汉，外表并不出众，身材略高于中等，相貌纯朴、脸形端正，有一双灰蓝色的眼睛和一个笔直的大鼻子，穿着非常俭朴，一直到死都戴着假发，走路总爱把竹手杖放在肩上，有独自出神、自言自语的习惯。他性情温和，待人非常友善而慷慨。除在牛津大学那段苦读生活外，在他生活的各个阶段，他总是喜欢同各方面的人士结识与往来，特别是同当时英、法思想界的名流——休谟、魁奈和杜尔哥等人结识与交往，而这些人对其经济学体系的形成曾产生过决定性的影响。约翰·雷在《亚当·斯密传》中写道：同母亲、朋友和书本在一起，是亚当·斯密的三大乐趣。母亲是斯密一生中唯一的亲人，他们母子两人相依为命长达60多年的岁月。他对母亲极尽孝顺侍奉之心。尽管经济收入相当优厚，但亚当·斯密始终过着俭朴的生活。他的钱除了用于购买心爱的书籍外，差不多都花在了慈善事业上。他以纯朴的为人和渊博的知识，使一伙真挚的朋友和来访者经常出现在他的身旁。亚当·斯密的个性之所以有魅力，不仅是由于这个知识渊博的学者如此富有人情味，而且主要是由于他所具有的那种民主知识分子的大无畏的精神与气质。他虽不是一名战士，但对一切不公正、残暴、横行等不法行为和贪官酷吏都深恶痛绝，对劳苦大众深表同情。亚当·斯密在谴责浪费社会财富的寄生虫时，曾把国王与小丑、官吏与教士看作一丘之貉。同时，科学家的良心和教授的严肃性，使他又不得不从经济学的角度把各种文人著作家，其中也包括亚当·斯密自己，看作非生产性劳动者。像这样一个具有如此大无畏精神与气质的知识分子，又怎么能不引起人们对他的关注呢？

第二，亚当·斯密所论证的自由放任经济政策，对经济发展产生了巨大影响。

亚当·斯密在反对封建主义和重商主义的斗争中所阐明的自由贸易和自由竞争的政策主张，成为当时新兴产业资产阶级发展经济、增加财富和进行阶级斗争的锐利理论武器。一些西方经济学者把这种自由放任政策看作现代文明原则，并认为这是亚当·斯密最大的历史功绩。尽管《国富论》对纯经济理论有巨大的贡献，但它的划时代意义主要在于它对公共政策的影响。在这一点上，亚当·斯密是现代历史的创造者之一。他的书之所以值得人们关注，最重要的是由于它对当时那些正在消亡的原则的批判，并制定了正在出现的文明的原则。他的《国富论》常常被英国政府的决策者作为制定某些政策的依据。例如，英国首相兼财政大臣腓特烈·诺斯在编制 1777 年和 1778 年预算草案时，就是以《国富论》中有关税收的论述作为立案依据。在英国下议院以至上议院讨论议案时，议员们常常引用这部著作中的某些文句或段落来论证自己的观点。在不少场合，论敌往往为这种引证所折服，不再坚持己见。一些政府官员也常常在一些重要的经济政策问题上征求亚当·斯密的意见。例如，1779 年，爱尔兰各地发生骚动，在爱尔兰强烈要求享有自由贸易权利的严重局势下，英国贸易大臣卡莱尔等人曾一再要求亚当·斯密就给予爱尔兰这种权利可能产生的后果问题发表意见。斯密在给他们的长信中对此做了分析，认为允许爱尔兰享有商品自由出口和国外商品自由进口的权利是完全合理、无损于英国的利益的。1783 年上台的英国托利党领袖、年轻的首相威廉·皮特（小皮特）在执政的最初几年贯彻了亚当·斯密的自由放任政策。小皮特取消了对爱尔兰实行的贸易限制，同法国签订了通商条约，根据亚当·斯密的建议制定了简化征税方法和管理财政收入的法律，并试图将亚当·斯密的学说广泛应用于立法实践。有这样一则传闻：1787 年亚当·斯密在伦敦时，曾到一位达官贵人家参加政治家们的聚会。客厅里坐满了社会名流，当时的英国首相小皮特也在座。当亚当·斯密进来时，全体起立欢迎。亚当·斯密出于自己的教授习惯，举手说："先生们，请坐。"小皮特首先回答说："博士，您不坐，我们岂敢坐，我们都是您的学生啊！"亚当·斯密曾说："小皮特比我更能理解我的思想。"

亚当·斯密的经济自由主义主张不仅影响了英国的经济政策，而且影响到了法国。一些法国的资产阶级人士认为：亚当·斯密的政治经济学就是法国大革命所确立的法兰西原则。

西方学者的研究结果表明：亚当·斯密的经济自由主义对美国也产生过很大影响。美国早期的一些政治活动家和思想家在进行革命活动和制定宪法时都曾阅读过他的著作，颂扬过他的功绩，引证过他的言论。例如，汉密尔顿①的许多言论便与亚当·斯密的观点十分近似。托马斯·杰斐逊认为《国富论》是现有的政治经济学中"最好的一本书"。詹姆斯·麦迪逊认为：国家只应管国防、司法和公共工程，其他则应一概不管。这种观点与亚当·斯密关于政府职能的规定基本一致。在美国制宪时期，亚当·斯密的经济自由主义曾对美国的经济政策产生过压倒一切的影响，宪政大会曾否决了所有赋予政府以广泛权力的法案。到 19 世纪中叶，美国大致上已达到了亚当·斯密所设想的"完全自由的境地"。这表明亚当·斯密的经济自由主义不仅对西欧，而且对北美以及整个资本主义世界的发展都起到过重大的推动作用。直到当代，自由派学者依然认为亚当·斯密的经济自由主义仍然适用。

第三，亚当·斯密所建立的古典政治经济学理论体系，对后来经济学的发展产生了深远的影响。体现这个理论体系的科学巨著《国富论》的结构是相当巧妙的。

在《国富论》出版初期，引起人们关注的是亚当·斯密针砭时弊而提出的政策主张。

---

① 亚历山大·汉密尔顿（1755—1804），美国独立战争时期曾任华盛顿的秘书，是美国建国初期的著名政治活动家，任财政部部长多年，曾参加制定美国宪法，又是美国党政制度的创建者。

当时，多数人并不理解他的理论及其重要性，一些人则把他的《国富论》仅仅看成是论述贸易和赋税的著作。

19 世纪上半叶，英国的李嘉图、马尔萨斯，法国的萨伊、西斯蒙第，德国的杜能，纷纷以亚当·斯密追随者的身份，开始诠释、补充、发展、纠正亚当·斯密的思想。由于他们各自观点的不同，就形成了一场学术争论的五重奏。19 世纪中叶，一些学者，如麦克库洛赫和小穆勒等人，尊称亚当·斯密为“政治经济学之父”。19 世纪下半叶，以德国历史学派的重要成员海斯贝克、莱塞和昂肯为代表，则把亚当·斯密作为哲学家来对待，他们所关注的“亚当·斯密问题”，即《道德情操论》和《国富论》之间对比悬殊甚至矛盾的问题，是那个时期的主要议题。尽管这是一个基于无知和误解的伪问题，但这些学者把亚当·斯密的著作作为一个整体来看待的观点毕竟是正确的，可以说从此开始了对亚当·斯密的近代研究。

亚当·斯密的经济理论体系，差不多都为现代经济学者所接受，并被加以发展和宣扬。由于《国富论》的内容十分丰富，涉及的问题很多，这就为各种不同流派的经济学家寻找根据、汲取营养提供了便利条件。《国富论》是那样广泛地包含着人类在历史、伦理、经济和政治上所表现的社会行为的所有方面，以至不同的甚至对立的思想学派都在一定程度上认同亚当·斯密。

亚当·斯密的古典经济理论对当代西方经济学也有重大影响。特别是在 20 世纪 60 年代末，由于推行凯恩斯主义，西方世界出现了社会动荡、大量失业、通货膨胀与经济停滞并存的局面，这种情况是当时居正统地位的凯恩斯理论所解释不了的，也是凯恩斯主义的经济政策所无法对付的。在这种情况下，许多学者试图通过《国富论》出版 200 周年（1976 年）的纪念活动来“复兴”古典经济学以摆脱困境。为这次纪念活动，英国学术界曾召开了三次国际性的学术讨论会，英国出版了完整的六卷本《亚当·斯密著作和通信集》，出版了新的传记和体现西方学者最新研究成果的论文集。与会学者提出不仅要通读《国富论》的五篇，而且要通读亚当·斯密的全部著作。在这三次纪念《国富论》出版 200 周年的学术研讨会上，学者们谈得较多的是这样三个问题：对市场机制的分析、经济发展理论和经济自由主义。他们重视对市场机制的分析和对经济自由主义的论证，与当代资本主义国家经济政策之争有关；重视对经济发展理论的研究则反映了战后经济学的发展。

思考题

一、述评亚当·斯密的经济发展理论。

二、述评亚当·斯密的价值理论和分配理论。

三、述评亚当·斯密的货币理论。

第四章

19 世纪上半叶英国的经济学家

——马尔萨斯、李嘉图和西尼尔

第一节　工业革命时代

一、英国工业革命

自亚当·斯密 1776 年出版《国富论》以来，英国发生了对古典经济学最有影响力的事件——工业革命。所谓工业革命，又称产业革命，就是资本主义生产从工场手工业向机器大工业过渡的阶段。通过工业革命，机器生产代替了手工劳动，从而建立起和资本主义生产方式相适应的技术基础。这种新的技术基础是在特定的产权制度条件下，由一系列技术发明造成的。

在工场手工业的发展过程中，原有技术工具已不能满足生产发展的需要，这种情况在英国的棉纺织业中表现得最为明显，特别是棉纱的生产赶不上织布的需要。于是新的技术发明首先在棉纺织业中展开。1764 年，织工兼木匠詹姆斯·哈格里夫斯（约 1720—1778）发明了能同时纺 16～18 根纱的珍妮纺纱机。由于珍妮纺纱机依赖人力，随着珍妮纺纱机带动的纱锭日益增多，人力越来越难以胜任，于是就产生了利用其他动力的需求，从而引起了一系列技术发明。其中最有影响力的是：（1）1769 年理查德·阿克赖特获得了他发明的以水力为动力的机械纺纱机的专利。（2）1779 年塞缪尔·克朗普顿综合珍妮纺纱机和水力纺纱机的优点，发明了“骡子”纺纱机。（3）詹姆斯·瓦特于 1769 年制造了单动式蒸汽机，1782 年又制成了复动式蒸汽机。从 1785 年起，蒸汽机已开始被应用于棉纺工厂。蒸汽机的发明，不仅使棉纺织业发生了技术变革，而且对社会各个部门都产生了深刻的影响。1771 年阿克赖特与人合伙创办了第一所近代意义上的工厂。

蒸汽机的广泛应用，推动了各个部门的机械化，从而产生了机器制造业。制造机器必须以金属作材料，而对金属材料需求的扩大，推动了冶金工业和采掘工业的发展。

英国工业革命对社会生产、经济关系以及经济科学的发展都产生了巨大影响。

可以大致上把英国工业革命定位成自 18 世纪 70 年代初（以 1771 年阿克赖特与人合伙创办第一所近代意义上的工厂为标志）至 19 世纪 40 年代末（以 1846 年英国废除《谷物法》为标志），英国社会经历的一场由重大技术进步所引发的经济、社会和政治的大变动。

从技术角度来看，工业革命就是在纺织业中大规模采用机械方法和在冶金业中采用化学方法，用人工动力（蒸汽机）取代自然动力（水力和畜力）为生产提供能源而导致的产业结构和产品种类的巨大变化。工业取代农业成为社会的支柱产业。

从经济角度来看，工业革命就是在资本集中的基础上，用以大烟囱为象征的大工厂这种新型的生产组织取代以往的家庭生产和小型手工作坊。值得注意的是，工业革命不是那种一次性的事件，而是一个绵延不断的技术进步过程。而每次技术进步都往往意味着掌握旧技术的劳动者人力资本贬值、岗位丢失、收入下降。

从社会角度来看，工业革命导致原有大批手工业者（手工工匠和小业主）的破产、贫困，以及与之相伴随的新兴工厂无产阶级的兴起；导致人口的城市化和城乡在收入分配上差距的扩大，以及由贫富悬殊和经济波动引起的大量劳资纠纷。“在 1780—1840 年间，英国人民经受了苦难的经历，虽说从统计数字来看，物质条件可能略有改善……苦难的经历以成百种形式压在他们身上：对农田劳工来说是失去公地使用权、村社民主制；对工匠来说是失去手工业工匠师傅的社会地位；对织工来说是失去生计和独立性；对儿童来说是失去在家中的劳动和玩耍。对实际收入有所提高的各类工人来说，他们失去的是安全保障和闲暇生活，而且城市的环境在不断恶化。”① 早在 1779 年，8 万名手工业者攻击一个工厂，捣毁机器。1811 年反对机器的抗议席卷英国，出现了历史上著名的毁坏机器的卢德运动。

虽然当时工业工资可能要略高于农业工资（否则无法解释人口从农村向城市的大规模迁移），但是工人的工作条件极其恶劣，与资本家的利润相比，工人的工资极其低廉。工人一般每天要在毫无安全和卫生可言的车间工作 14～16 小时，工厂肆无忌惮地使用五六岁的童工。工人们得到的仅仅是勉强维持生存的工资，一旦遇到经济衰退，工人们就连这点菲薄的工资也将由于失业而丧失。当时许多有良心的贵族、学者、文人、工厂视察员甚至企业家都对此有大量的文字记载。在工业革命时期英国普通民众生活水平的下降，也为一些统计资料所证实。②

技术、经济、社会诸方面的巨大变化，激发了在城乡和不同阶级中重新分配政治资源的需要，引起了对政府职能的重新审视。

工业革命对英国资本主义的发展产生了两个影响：（1）由于技术革命，各种机器得到发明和应用，社会生产力得到迅速发展，英国变成当时的“世界工厂”，而其商品运销世界各地。（2）社会阶级关系发生了深刻变革。在机器大工业时期形成了真正的无产阶级，英国社会成为由无产阶级、资产阶级和地主阶级构成的社会。

二、当时英国社会的主要矛盾和阶级斗争

在 19 世纪 30 年代以前，英国产业资产阶级还没有取得政权，无产阶级和资产阶级的阶级斗争还处于潜伏状态，或只在个别现象上表现出来。无产阶级和资产阶级的矛盾

---

① E. P. 汤普森．英国工人阶级的形成（上、下）．南京：译林出版社，2001：522－523.

② Clark，Colin，*The Conditions of Economic Progress*，London：Macmillan，1940：84.

还没有上升为社会的主要矛盾。当时工人运动虽然已经发生，但是主要带有自发性质，表现为捣毁机器的运动等。一般来说，19 世纪 30 年代以前的英国工人运动，还不能算是独立的工人运动，而只构成一般民主运动的左翼。当时，英国社会的主要矛盾仍然是资本主义和封建残余势力之间的矛盾，公开的主要阶级斗争是产业资产阶级和贵族地主阶级之间的斗争。

当时英国产业资产阶级和贵族地主阶级的斗争，最明显地表现在对《谷物法》存废的争论上。《谷物法》是英国政府在 1773—1846 年为提高贵族地主阶级的土地收入而实施的一种保护谷物贸易的政策。根据《谷物法》的规定，只有当国内谷物价格超过规定限价时，英国才允许谷物输入。英国自进入工业革命后，国内的工业企业如雨后春笋般大批涌现，新的工业中心不断出现，工人阶级队伍也随之迅速扩大，这样，国内生产的农产品就远远不能满足工业迅速发展的需要，造成了谷物价格的猛烈上涨。当时，盘踞在国会里的贵族地主阶级，为了保持谷物价格的不断上涨以便收取更多地租，不断地修改对谷物限价的规定。1773 年英国国会通过的《谷物法》规定：当每夸特小麦价格超过 48 先令时方准小麦进口。每夸特小麦的限价 1791 年提高到 50 先令，1804 年提高到 64 先令，到 1815 年时提高到了 80 先令。地主阶级力图依靠关税壁垒政策堵塞国外廉价谷物的输入，从而造成国内谷物价格的不断上涨，而地主们就可以不断增加收入。在苏格兰，1793 年一英亩土地的租金是 10 先令，到 1812 年提高到 50 先令，提高了 4 倍。地租额越大，在其他条件相同的情况下，地租在产品价值中所占的份额也就越大，这样，利润在产品价值中所占的份额就越小；同时，谷物价格的提高势必引起工人阶级生活资料价格的提高，从而影响产业资产阶级的利润。另外，《谷物法》也严重妨碍了英国的工业品和其他国家的输出农产品之间的商品自由流转，这样就妨碍了英国产业资产阶级在世界市场上获取暴利。所以产业资产阶级坚决主张废除《谷物法》，而贵族地主阶级为了自己的利益则坚决主张保留它。因此，产业资产阶级和贵族地主阶级之间围绕着《谷物法》的存废展开了激烈的斗争。产业资产阶级在各地组织了反《谷物法》同盟，宣传《谷物法》的危害性，主张贸易自由，使得《谷物法》终于在 1846 年被废除。《谷物法》的废除，不仅扫除了产业资产阶级发展生产的障碍，而且促进了农业集约化经营的发展。

当时英国产业资产阶级和贵族地主阶级之间的斗争，还明显表现在对货币信用制度的争论上。随着工业革命的迅速发展，商品生产和商品流转扩大且产业资本和商业资本积累迅速进行，这引起了借贷资本积累的迅速发展，同时，产业资本和商业资本对借贷资本的需要也随之增大，这样，银行的存款业务和放债业务就以空前惊人的规模和速度发展起来，银行券和支票的流通也就广泛盛行。到 18 世纪末 19 世纪初，已形成了适应资本主义生产和流通需要的货币信用体系。

在 1793—1813 年，英国和法国发生了长期战争，英国政府为了弥补大量军费开支增发了大量银行券。由于银行券的发行量大大超过了商业信用所需要的数量，英格兰银行在 1797 年宣布停止兑现银行券。这样，银行券和纸币之间的差别就消失了，于是英国就走上了纸币流通的轨道。纸币和不能兑现的银行券每发行一次，就贬值一次，从而商品价格就不断上涨。因此，货币流通和信用制度问题就成为当时最迫切需要解决的问题。产业资产阶级和掌握政权的贵族地主阶级之间，围绕着这个问题展开了激烈的斗争。当时代表贵族地主阶级利益的政府，主张继续发行纸币以弥补国库亏空；而产业资产阶级则要求货币信用制度能保证正常的商品流转，坚决反对滥发纸币危害国民经济。产业资产阶级要求英格兰银行逐步收回发行过多的银行券，以恢复正常的货币流通和信用制度。

工业资产阶级和地主阶级在经济上围绕着《谷物法》和货币信用制度的斗争，反映在政治上，就表现为改革议会的斗争。因为产业资产阶级要取消《谷物法》和反对滥发纸币，就必须掌握政权，在议会中取得多数。但是，英国在 1688 年资产阶级“光荣革命”以后，政权落在资产阶级化了的贵族地主和资产阶级上层分子的手里，而资产阶级的中间阶层，尤其是产业资产阶级，并未取得政权。当时议会议员的选举法对选民资格限制极严，选区的划分也落后于经济发展的新形势。人口稀少的选区可以选出两个议员，而许多新兴的工业城市却连一个议员也不能选派。因此，产业资产阶级坚决主张改革议会，要求放宽对选民资格的限制，按照新的经济情况重新划分选区，但是贵族地主阶级则拖延、反对议会改革。这样，产业资产阶级和贵族地主阶级之间的斗争，就集中在议会改革的斗争上。斗争的结果，是工业资产阶级取得了最后胜利，在 1832 年英国议会通过了议会改革法。

工业革命时期的重大历史事件可以简述如下：1771 年阿克赖特与人合伙创办了第一所近代意义上的工厂。1773 年英国国会通过《谷物法》。1799 年爆发拿破仑战争。1811—1812 年，英国爆发了在竞争中破产的手工业者毁坏机器的卢德运动。1815 年，拿破仑战争结束。1819 年英国发生了政府血腥镇压曼彻斯特圣彼得广场集会工人的“彼得卢屠杀”，该事件实际标志着英国工人阶级开始作为独立的政治力量登上历史舞台。1819 年英国通过第一部工厂立法，对工厂卫生、学徒教育、雇工年龄、劳动时间做出了限制性规定。这是英国向起点为绝对放任主义、终点为国家社会主义的道路迈出的第一步。1832 年英国颁布议会改革法，英国向政治民主化改革迈出了重要一步。1834 年英国全国各业统一工会成立。1846 年英国废除《谷物法》。

工业革命的过程是产业结构大幅改变的过程，同时也是城市化的过程，大量人口由农业转移到非农业、由农村转移到城市。在这个过程中，大量转移到非农业的、进入城市的原农村人口，其人力资本急剧贬值，从而处于严重的贫困状态。社会贫富差距迅速拉大，社会矛盾日益尖锐，从而使收入分配问题和贫困问题成为人们关注的重大社会问题。在亚当·斯密时代的那种对于未来的乐观主义情绪被残酷的现实粉碎，一种对于未来的悲观主义倾向逐渐弥漫，突出表现在马尔萨斯和李嘉图的经济思想中。

第二节　马尔萨斯

一、生平、著作及研究方法

托马斯·罗伯特·马尔萨斯（1766—1834）是与大卫·李嘉图同时代的英国经济学

家，出身于乡绅家庭，1784 年进入剑桥大学耶稣学院，攻读哲学和神学，1788 年以优异的成绩毕业，1791 年获剑桥大学硕士学位。由于他是第三子，按照当时英国的长子继承法，他无法继承家庭遗产，在 1797 年加入僧籍，成为其家乡的候补牧师。

托马斯·罗伯特·马尔萨斯
(1766—1834)

当时英国正受到法国大革命激进思想浪潮的冲击，其中有两本书在传播这股激进思潮方面起着重要作用：一本是英国传教士威廉·葛德文（1756—1836）在 1793 年出版的《政治正义论》，另一本是法国大革命时期的著名政治家马里·让·孔多塞（1743—1794）于 1794 年出版的《人类理性发展的历史观察概论》。当时这股激进思潮是如此有力，以至影响到了马尔萨斯的父亲丹尼尔·马尔萨斯（1730—1800）。丹尼尔·马尔萨斯是一位怀有激进思想并对人类的进步充满信心的绅士，他力图用自己的观点影响马尔萨斯。但有趣的是，在一次激烈的父子争执之后，马尔萨斯于 1798 年匿名出版了《论影响社会改良前途的人口原理，并论葛德文、孔多塞和其他作家的推测》。这本书一出版便引起强烈反响，据说是人所不读、人人咒骂，那些怀有进步思想的人士更是把马尔萨斯叫作“卖假膏药的牧师”。该书问世以后，为了充实内容、论证观点，马尔萨斯于 1799—1802 年到欧洲大陆各地游历考察了 3 年，然后于 1803 年，以自己的真实姓名，出版了从内容到形式都可以说是焕然一新的第二版，即更名后的《论人口原理及其对于人类幸福的过去和现在的考察，附预测将来关于消除和缓和由人口原理所产生的弊端的研究》(简称《人口原理》)。之后马尔萨斯不断修订再版，于 1826 年出版了他生前的最后一版——第六版。

在《人口原理》中初露锋芒之后，马尔萨斯的学术兴趣逐渐转移到政治经济学方面。1804 年，他因结婚而丧失神职。从 1805 年起，马尔萨斯应聘任东印度公司创办的东印度大学海利贝里学院近代史和政治经济学教授，成为英国所设立的政治经济学教授职位的第一个获得者。随后他出版了一系列政治经济学方面的论著，其中最主要的有：《当前粮食涨价原因的研究》(1800)、《论实行〈谷物法〉的效果》(1814)、《论禁止谷物输入的政策》(1815)、《地租的性质与发展的研究》(1815)、《政治经济学原理》(1820)、《价值的尺度》(1823) 和《政治经济学定义》(1827) 等。在政治经济学方面，马尔萨斯与他同时代的李嘉图、西斯蒙第、萨伊等都有不同的见解，进行过直接或间接的争论。

与李嘉图不同，马尔萨斯认为政治经济学研究的主要问题应当是国民财富的性质与原因，在这一点上马尔萨斯更接近亚当·斯密。马尔萨斯认为经济问题可分作两类：一类是理论性的，这类问题的解决对这门科学的发展显然是必要的，但对经济学这门科学的实际运用也许并不产生根本性影响；另一类则是应用性的，这类经济问题的解决必然会影响个人或国家的行为。马尔萨斯指出，当时在经济研究中存在的主要倾向是：一些经济研究者轻率地把理论简单化和一般化从而导致了浅薄和不成熟的理论，不承认定律或原理可以有所修正、限制和例外，不承认任何经济现象或过程都有不止一种原因在发挥作用。他认为：要克服这种错误倾向，就应重视经验并在经济研究中运用经验方法。只有运用广泛的经验来充分检验自己的理论，才能确立这些理论的真实性和有用性。他最坚信的真理是政治经济学的许多重要定律绝对需要限制和例外。

马尔萨斯重视经验的研究方法，继承了弗兰西斯·培根的经验主义传统，与李嘉图的重视抽象演绎方法有鲜明区别。虽然马尔萨斯有一个采用抽象演绎和经验观察方法并保持良好平衡的人口理论体系，但是他过度重视经验观察的结果，使他不能像李嘉图那样建立起一个逻辑严密的经济学理论体系。经济学缺乏逻辑结构、人口学又遭人厌恶，这也许就是马尔萨斯在19世纪古典经济学中的地位一直不如李嘉图高的原因。这种局面一直到20世纪30年代凯恩斯的《就业、利息和货币通论》面世之后才得以改观。

二、人口理论

（一）马尔萨斯人口原理的基本内容

在马尔萨斯以前，已有许多学者对人口问题做过探讨并做出过一定的贡献，但他们都没有建立起人口科学的理论体系。第一个人口科学的理论体系是马尔萨斯在继承前人成就的基础上建立起来的。

对马尔萨斯人口理论有直接影响的主要是以下四个人的思想观点：第一个是亚当·斯密关于资本（用于雇佣劳动者的生活资料）对劳动阶级人口制约的思想；第二个是苏格兰牧师罗伯特·华莱士（1697—1771）在1761年出版的《纵谈未来》一书中关于在共产主义社会中人口将超过生活资料增长的思想；第三个是威尼斯修士扎马利亚·奥特斯（1713—1790）提出的人口按几何级数增长并把劳动阶级的贫困归咎于人口过分增长的思想；第四个是牧师约瑟夫·汤森（1739—1816）提出的人口增长受生活资料的制约并有超过生活资料增长趋势的思想。

马尔萨斯并不是从学术角度来考虑撰写《人口原理》的，他的直接动机是反驳当时葛德文和孔多塞关于社会改革的思想观点。他直言不讳地承认，他的目的就是要运用自己的人口原理来检验那些关于人类社会完善性的理论的真实性。

葛德文在《政治正义论》一书中主张废除私有制，实行共产主义。为了论证共产主义的可行性，他反驳了华莱士关于共产主义将导致人口过剩的思想，提出了两点理由：一是人们增加生活资料的潜力几乎可以说是无穷大的；二是人们到一定时期将自觉地从理性出发限制自己的情欲，理性最终将控制各种非理性的纯本能的欲望，包括繁殖欲望。他指出：社会的灾难和不幸源于私有制。

在《人口原理》初版中，马尔萨斯为了反驳葛德文关于人类理性将控制情欲的观点，提出了两个公理作为他的整个人口原理的前提：第一，食物是人类生存所必需的；第二，两性间的情欲是必然的，而且几乎会保持现状。然后，他又假定人口增殖力比土地生产人类生活资料的能力更为巨大。人口在无所妨碍时，是以几何级数增加的，而生活资料只以算术级数增加。如何使占优势的人口增长受到抑制，使人口的增长与生活资料的增长保持平衡？他认为：起抑制作用的是贫困与罪恶。于是他在初版中把自己的人口原理概括为三个相互关联的命题：（1）人口增加，必须受生活资料的限制，即关于人口增加的限制原理。（2）生活资料增加，人口必然增加，即关于人口的被动增加原理。（3）占优势的人口增殖力，受贫困和罪恶所抑制，致使现实人口得以与生活资料相平衡，即主动增加的人口与生活资料之间如何达到均衡的原理。命题（1）和（2）实际上肯定了人口的水平和增加是依存于生活资料的水平和增加的，即指出了人口与生活资料的依存关系。命题（3）实际上指出了这种依存关系的具体形式，即人口不是按被动的方式随生活资料的变动而变动，而是经常超过生活资料的增长，但超过部分又常常被贫困和罪恶所抑制；即人口与生活资料不是始终保持均衡，而是均衡一次次被人口增殖力打破，但又一次次由于抑制而达到新的均衡；即人口与生活资料的依存关系是一种波动式的均衡关系。

马尔萨斯人口原理的实质在于强调人口对生活资料的依存，以及依存的具体形式。在初版中，他突出强调了人口依存生活资料的具体形式，强调了贫困和罪恶抑制占优势的人口增殖力的不可避免性，以此反驳葛德文等人关于人类社会将达到理想境界的观点。从第二版开始，他对人口原理的进一步研究主要集中在人口的抑制方式上，对各种抑制人口的方式进行了分类。马尔萨斯首先指出：由两个增长级数导致的食物缺乏是对人口增长的最终抑制，但并不经常是直接抑制。他把抑制区分为两个层次：最终抑制和直接抑制。直接抑制又可分为两大类：预防抑制和事后抑制。预防抑制是人类所特有的，包括两种情况：道德节制，即克制结婚同时又避免不正当性行为；罪恶性质的预防，即各种不正当的两性关系。预防抑制通过降低出生率来减少人口。事后抑制包括各种不卫生的职业、繁重的劳动、严寒酷暑、极度贫困、儿童的恶劣保育条件、城市的拥挤、各种过度行为、各种传染病、战争、饥荒。事后抑制通过提高死亡率来减少人口。事后抑制又有两种不同类型：一是由自然因素造成的不可避免的抑制，即贫困；二是由人为因素造成的同样导致贫困的罪恶，如战争、暴行等。图 4－1 说明了马尔萨斯对人口抑制方式的分类。

- 人口抑制方式
  - 最终抑制（食物缺乏）
  - 直接抑制
    - 预防抑制
      - 道德节制（克制结婚同时又避免不正当性行为）
      - 罪恶性质的预防（各种不正当的两性关系）
    - 事后抑制
      - 自然因素（贫困）
      - 人为因素（战争、暴行等罪恶导致的贫困）

图 4－1 马尔萨斯对人口抑制方式的分类

马尔萨斯不仅对人口抑制的方式进行了分类，而且考察了从古代到第一次工业革命、从文化落后地区到文明地区人口抑制方式的变化。他认为在文化落后地区预防抑制（无论是道德节制还是罪恶性质的预防）的作用一般来说要远远小于事后抑制的作用。他认为欧洲各国的人口抑制与以前及不文明地区相比，事后抑制有所减弱，而预防抑制有所增强；而且在预防抑制中，道德节制（克制结婚同时又避免不正当性行为）起着抑制人口的主要作用。

从不文明到文明的过程中人口抑制方式的转变，使马尔萨斯承认了人类理性的作用。

他认为人口的抑制比植物和无理性的动物的抑制更为复杂。一方面，人类像其他生物一样有繁殖后代的本能；另一方面，人类的理性又打扰了这种本能。他从第二版开始做了一个重要修订，即承认有一种既不属于恶习、又不属于苦难的人口抑制方法，即道德节制。这一修订是他思想的一个重要转轨。马尔萨斯从不承认劳动群众有改善的可能到承认他们有改善的可能，进而指出使这种可能转变为现实的具体途径。

（二）对马尔萨斯人口原理的简要评价

马尔萨斯人口原理的贡献在于把前人的零散见解综合形成完整的人口原理，这就奠定了他在人口理论发展史上的地位。

马尔萨斯的人口原理揭示了人口数量与生活资料的依存关系，在人口在生物学意义上的增加快于生活资料的增加这一前提下，肯定了生活资料对人口数量的制约，指出了两者间的动态平衡。他的人口原理实际上是关于封闭社会人口数量在相当长时间里的一般性规律。

所谓封闭社会，是指那种不存在人口的外向迁移，也没有对外贸易的社会。如果存在人口的外向迁移，那么该社会可能不存在抑制人口的机制，同时该社会人口的增长未必超过生活资料的增长。如果存在对外贸易而且是输出工业品、输入农副产品型的对外贸易，那么食物等生活资料的增长也未必落后于人口的增长。只有在封闭社会中，马尔萨斯的人口原理才可能表现出来。所谓相当长时间，是指人口已经增长到在一定技术条件下封闭社会的资源（尤其是土地）所能承受的极限。在此之前，人口的增长可能带来递增的报酬。所谓一般性，是指人口原理所揭示的人口规律存在于任何时代、任何社会，是超然于特殊社会制度的一种规律。这种一般性规律为这些特殊的人口现象提供了一种背景。

马尔萨斯的人口原理作为封闭社会人口数量在长时间里的一般性规律，它的表述并非没有问题。他用几何级数和算术级数来说明人口在生物学意义上的增加和生活资料的增加，未免失之粗糙。尽管有这类表述上的不足，但他以令人注目的方式强调了人口数量与生活资料的依存关系，这是他的杰出贡献。每当人口数量与生活资料之间出现紧张局面时，马尔萨斯的幽灵总会出现在人们面前。同时，人口超越生活资料的增加，也是几乎所有古老国家在工业化过程中的现实，这些国家先后出现了马尔萨斯所说的那种人口和生活资料的动态平衡。这正是他的人口原理魅力经久不衰的原因，同时也是它屡遭反驳的原因。因为它适应特定国家的特定时代，所以不处于该特定国家的特定时代的人便往往倾向于反驳它。对他的人口理论的不同评论，在实质上正是不同国家、不同时代、不同人口现实的反映。

马尔萨斯人口原理的错误之一，就是它忽视了各社会、各时代特殊的人口规律，试图直接运用一般性的人口原理来说明特殊社会、特殊时代的独特人口现象，尤其是运用人口原理来直接说明资本主义社会的人口过剩。虽然人口与生活资料之间由增长的不协调到协调的动态均衡是任何时代、任何社会都存在的现象，而指出这一点是他的功绩，但是两者增长的具体方式和两者之间动态均衡的具体形式却是依时代、社会的不同而不同的。

马尔萨斯人口原理的错误之二，是他认为在资本主义社会早期下层阶级的贫困只是他的一般性人口原理的必然结果。即使在一个消除了私有制的国家，若人口超过生活资料的增长，也必然会降低大多数人的生活水平。这说明他的人口原理可以成为人们贫困的一种解释。但在马尔萨斯生活的时代，人口的过快增长只能是劳动群众贫困的潜在原因，而现实的原因是资本主义制度。导致劳动群众贫困的原因是多重的，既有制度的原因，也有人口的原因，而每种原因的作用的重要性在不同时代、不同国家是不同的。在他生活的时代，制度原因无疑比人口原因重要得多。人口过快增长在任何时代、任何社会都会导致贫困（指出这一点是他的功绩），但贫困并不一定是人口过快增长的结果。人口过快增长只是贫困的充分条件，远非充要条件。

尽管有一些错误，但是马尔萨斯人口原理所包含的生存竞争思想影响深远。在19世纪分别独立提出进化论的查尔斯·罗伯特·达尔文和艾尔弗雷德·拉塞尔·华莱士都表示自己主要受益于马尔萨斯。

三、供求价值论

马尔萨斯指出：商品价值与需求成正比变化并与供给成反比变化。他认为用供求关系说明商品价值（价格）具有普遍适用性。从时间的长短来看，无论是商品的市场价格（暂时价格）还是自然价格（经常价格）都取决于供求关系，区别仅在于市场价格取决于该时该地的、实际的、暂时的供求，自然价格取决于正常的、长久的、一般的供求。从商品的类型来看，无论是工业制造品、农产品还是垄断商品，它们的价格（价值）无一例外地都由供求决定。

马尔萨斯否认商品价值单纯由生产费用决定。他认为供求关系是决定市场价格和自然价格的最主要因素，而生产费用只处于从属地位，仅仅在影响供求关系的场合才对价格产生影响。同时他也指出：不能认为生产费用对价格没有一种极为有力的影响，生产费用是取得所需物品的供给的必要条件。由供求关系决定的商品价格，从长期来看，必须能够抵补生产费用，即商品价格必须能补偿不断再生产这些商品所需的工资、利润和地租。

关于供求决定价值的具体机制，马尔萨斯认为供求影响商品的利润，而利润如上所述，是需要在价值中得到补偿的生产费用之一，于是供求关系通过决定利润进而决定了价值。

马尔萨斯进一步分析了决定商品价值的供给和需求。他把供给定义为具有出售愿望的待售商品的数量；把需求定义为人们对该商品具有一般购买能力的购买愿望，即有支付能力的需求。他把商品的有效需求定义为能支付生产费用的需求。有效需求在他的经济理论中是极重要的概念。他还区分了总是与一定价格的供给恒等的需求和决定商品价格的意愿需求，认为只有意愿需求才与供给一起决定商品的价格。他进一步指出了决定意愿需求大小的因素，即需求者人数、欲望和能力。

马尔萨斯的供求价格论是马歇尔供求均衡价格论的前身。

四、收入分配论

（一）地租理论

马尔萨斯是以土地剩余产品这一范畴为基础来论述地租的，他看到了土地剩余产品与地租的异同。他指出土地剩余产品就是土地产品未被耕种者实际消费的部分，而地租则是土地剩余产品的一个重要组成部分。从这一认识出发，他认为地租产生的第一个原因，就是土地具有生产出多于耕种者生活所需的必需品的能力，他把这种能力称为上帝对人类的恩赐。他意识到这个原因只是土地剩余产品产生的原因，并非剩余产品采取地租形式的原因。于是他把土地的这种能力称作地租的基础。第二个原因是土地产品所具有的特殊性质，即供给能引起相应的需求。例如粮食的充裕促使人口增长，从而创造了对粮食的需求，使需求扩大到仅凭最肥沃的土地无法满足的地步。这个原因实际上是他的人口原理的一个推论。第三个原因才是土地剩余产品采取地租形式的原因。在土地耕种的初期，剩余产品以高工资、高利润形式存在，只是由于肥沃土地有限，以至资本积累导致利润下降，以及人口增长导致工资下降之后，在土地剩余产品中才有越来越多的部分采取地租形式。这说明他已认识到土地剩余产品采取地租形式是财富增长的结果。

马尔萨斯在分析地租的原因时正确区分了土地剩余产品与其特殊形式——地租，但他分析地租产生原因的基本思路是有问题的。他实际上只是分析了土地剩余产品产生的原因，而没有分析剩余产品采取地租形式的真正原因，尤其是没有找到剩余产品采取归地主私人占有的地租形式的真正原因。真正的原因在于土地所有权和经营权的私人垄断。

马尔萨斯正确地看到了土地剩余产品的重要意义，表达了农业劳动生产率的一定程度的发展是其他各个行业发展的一个前提思想。他还认识到土地剩余产品对整个社会文明的作用。但他从土地剩余产品的积极作用出发，为地主占有这种剩余产品的地租形式做辩护。

（二）工资理论

马尔萨斯将劳动工资定义为对劳动者努力的报酬。他区分了名义工资和实际工资，认为无论生活必需品价格如何，货币工资所能换得的生活必需品都必须能保证劳动人口或者稳定或者不断增加。

马尔萨斯从供求决定工资的见解出发，反对李嘉图关于劳动的自然价格（即维持劳动人数不变的价格）的定义，提出劳动的自然价格就是使劳动的供给与需求在长时期中相等的价格。劳动的市场价格就是劳动在市场上的实际价格，它有时高于、有时低于自然价格。这种看法比李嘉图的看法更接近当代西方经济理论关于工资的见解。

马尔萨斯认为劳动需求的大小与任何形式的资本无关，仅取决于由生活必需品构成的工资基金的数量与价值。工资基金的大小通常与年总产品的大小无关，但当生产劳动和私人服务的比例一定时，年总产品价值的增长通常引起工资基金的增长。

马尔萨斯所谓的劳动供给，并非短期可劳动人数中愿意在各种工资水平下就业的人数，而是指长期的劳动人口的数量，所以他分析劳动供给的决定因素也就是分析影响劳动人口的因素。他认为影响劳动人口的因素是工资基金和劳动者的生活习惯。一方面，当生活习惯一定时，工资基金的增长，尤其是其中的主要成分粮食的增加，会使劳动者由于能够得到更多粮食而迅速增加。另一方面，如果劳动者的生活习惯是不断追求舒适，那么工资基金增长引起的高工资只会增加劳动者的享受水平而非人口。

在马尔萨斯的工资理论中，工资基金是一个很重要的概念。他认为：当期的工资基金决定着当期的劳动需求，同时工资基金通过对人口的影响决定着未来的劳动供给。

从工资的供求决定论出发，马尔萨斯认为：人为地将劳动价格抬高到自然价格之上只能导致失业。他进一步指出：劳动阶级的生活状况部分取决于工资基金的增长速度，部分取决于人民的生活习惯。工资基金增长引起的高工资可能导致两种结果：一是人口迅速增加但享受水平不变；二是人口维持不变但享受水平提高。造成第一种结果的是虐政、压迫和无知，造成第二种结果的是公民自由、政治自由和教育。

从工资的供求决定论出发，马尔萨斯坚决反对《济贫法》。他认为《济贫法》破坏了人们谨慎的美德，使劳动人口的增长超过粮食的增长，从而降低了劳动者的生活水平。他的这种观点往往引起人们的误解，其实他也提出了不少有助于穷人的政策主张，如对穷人提供免费医疗、救济养育六个以上孩子的贫困家庭等。

马尔萨斯的工资理论虽然是用劳动的供求来说明工资水平，但在本质上是一种工资基金理论。这突出表现在他用工资基金而不是劳动的边际生产力来解释劳动需求，以及他用工资基金与生活习惯来说明劳动供给。

（三）利润理论

马尔萨斯把利润定义为国民所得的资本的报酬。他认为：利润来源于资本，是资本家对生产所做的那一部分贡献的公平报酬。

马尔萨斯着重分析了利润率的变动问题。他提出了决定利润变动的两个原理：限制原理和调节原理。

限制原理是指最后投放在土地上的资本的生产力决定在总产品价值中归资本家所有的数量。由于土地报酬递减，同时劳动者所需的谷物下降到一定程度后便无法再降低，所以土地报酬递减的作用便完全体现在农业利润上，土地报酬递减导致农业利润率下降，从而引起资本从农业向非农业转移，而这种转移最终又降低了工商业的利润率。这就是限制原理导致利润率降低的机制。

调节原理是指由于供求关系的变化，由同一价值资本支配的同一数量劳动的产品价值发生了变动，这种变动引起在产品中归工人所有部分所占比例的变化，从而引起利润率的变化。在说明利润的调节原理时，马尔萨斯有两个重要前提：一是劳动的价值不变，虽然表现这个价值的货币或实物是变化的。当劳动的货币工资增加时，他认为这并不是劳动的价值增加，而是货币的价值减少。二是工资份额与利润份额在总产品中的此升彼降关系。在马尔萨斯看来，劳动价值是不变的，利润将随着商品价格的变化而同向变化。

而依他所见，商品的价格取决于供求，因此他得出一个重要的结论：一方面，个别商品的利润取决于供求，尤其是取决于需求；另一方面，整个社会的利润则取决于资本和劳动的比例。当资本的增长快于劳动的增长时，随着资本的积累，一切商品，包括货币，由供求决定的价值都倾向于下降，但劳动的价值不变，结果就是劳动的货币工资和实物工资都会增加，同时利润下降。

由上可知，调节原理在实质上有两方面内容：一是个别商品由于供求关系引起利润率变动；二是整个社会由于资本和劳动的比例关系引起利润率变动。

从利润的调节原理出发，马尔萨斯指出：劳动群众改善自己处境的唯一途径在于自己的谨慎、俭朴使人口增长低于资本增加。

马尔萨斯用利润的限制原理和调节原理来说明利润率的变动。他认为土地报酬递减是造成利润率降低的最后的有力原因，但并不是利润率下降的必要条件。

在平均利润率下降这个问题上，马尔萨斯一方面把土地报酬递减作为重要原因，另一方面强调供求关系以及资本和劳动的比例关系的重要作用。他实际上看到了个别商品以及整个社会的全部资本会由于有效需求不足而导致利润率下跌，这与他承认普遍过剩危机是一脉相通的。马尔萨斯看到了有效需求不足对利润率的不利影响，但没有把其中的机制解释清楚。

马尔萨斯从工资基金论和人口原理角度论证了谷物工资的下降趋势，从有效需求说和土地报酬递减规律角度论证了资本积累导致利润的下降，从而得出了工资和利润下降的必然结果是地租的上升。马尔萨斯并没有为此感到不安，相反，他从土地剩余产品在社会进步中的重要作用出发，论证了地租上升的合理性和必要性。他乐观地认为：在社会进步中，以地租形式出现的土地剩余产品的增长，将为所有人带来利益。马尔萨斯意识到有人将因此指责他，所以他在为地租高唱赞歌之后赶紧申辩说："令人感到奇怪的是像李嘉图先生这样一个大地租收入者，竟然这样低估了地租在国民经济中的重大意义。而像我这样一个从未收取同时也不希望收取任何地租的人，却被人指责高估了地租的重要性。在这种情况下，我们的意见分歧，至少可以说明我们相互间的诚挚并且提供一种有力的证据，证明不论我们的思想受制于怎样一种偏见，都绝不是那种最难防范的、不能觉察的、由地位和利害关系产生的偏见。"

五、经济增长理论

马尔萨斯以财富增长为题研究了经济增长问题。他认为研究这个问题是对人口原理的补充。他指出：人口原理探讨限制人口使之适应实际供应水平的机制，而对财富增长原因的研究则回答了这个实际供应水平是如何决定的这一问题。

马尔萨斯并没有忘记政治因素、道德因素在影响国家财富增长上的重要作用，但他主要分析了财富增长的直接原因。

马尔萨斯把财富定义为需要一部分人劳作来取得或者生产的必需、有用或喜爱的物质对象。他认为一国的财富取决于两个因素：（1）产品数量或决定产品数量的资本和劳动人口的变动；（2）产品适应人们有效需求的程度或决定这一程度的产品分配。

也就是说，他认为一国的财富取决于供给和需求。于是他分别研究了决定供给和需求的因素。

在供给方面，马尔萨斯认为对生产最有利的三大因素是资本积累、土地肥力和节约劳动的新发明。他没有把人口的增长作为决定供给的因素，是因为当不需要增加劳动时，人口的增加将因就业机会的缺乏和已就业劳动者生活条件的恶劣而立刻受到抑制。他指出资本积累并非无条件地促进财富增长的因素，只有当有效需求足够大以至能够吸收积累造成的产品增量时，积累才能导致财富的增加。他指出土地肥力是一个国家生产财富的自然潜力，但并不一定会成为财富增长的刺激因素。因为如果盛行大地产制度，既没有工商业，也没有农产品的对外贸易，那么肥沃的土地往往既不能刺激财富增长，也不能刺激人口增长，而且劳动者也往往容易养成懒惰的习惯。他指出：节约劳动的新发明只有在产品市场能够扩大、消费能够增加的前提下，才能发挥增加财富的作用。

在需求方面，马尔萨斯提出：为了保证财富不断增长，除增加生产能力外，还需要有足够大的有效需求。有效需求能增加商品的交换价值，进而增加财富。他把人口增加当作决定需求的因素，但认为单凭人口的增加，不足以形成足够的有效需求。他把增加有效需求的方式称为产品的分配（这里所说的分配不是指收入在各阶级间的分配），认为产品数量的增加主要取决于生产能力，而产品价值的增加取决于分配方式。生产和分配是决定财富的两个重大因素。他认为从分配方面造成总产品价值增加的三个原因是：土地财产的分割，国内外贸易的扩大，以及非生产性消费者数量经常维持在最适应生产力的这样一个比例上。

马尔萨斯认为大地产制度是一种最不利于有效需求的财富分配制度。他提出：地产和动产的一定程度的分割有助于财富增长，但超过这一程度不利于供给能力的增加，低于这一程度则造成有效需求的不足。地产分割的最佳程度，必须依国内外贸易情况和除地主外的其他有效需求者的情况而定。

马尔萨斯认为国内贸易的发展和市场的扩大既能增加产品数量，又能增加产品总价值。因为市场扩大导致需求增加，从而提高了价格，而为了满足需求又会引起资金的积累，引起供给能力的增加，于是一切国内贸易均会直接增加全国产品的数量和价值。他认为对外贸易能增加总产量的价值和数量，因为对外贸易能给国家带来更多的利润，而依据他对价值的定义，利润是进入商品价值的。他认为：支配交易行为的基础原理是用比较不需要的东西换取比较需要的东西，从而使价值增加。他提出对外贸易的最大利益在于它会激发新欲望，形成新爱好和提供使人辛勤努力的新动机。他的结论是：国内外市场狭隘、缺乏有效需求的国家，难以积累大量资本。

马尔萨斯接受了亚当·斯密按是否直接从事物质产品生产来划分生产性劳动和非生产性劳动的见解，只是主张用私人服务一词来代替非生产性劳动。他认为私人服务并不直接生产财富，但刺激财富的生产。私人服务和非生产性消费者是从增加有效需求方面来增加产品价值从而刺激财富的生产的。为什么需要私人服务和其他非生产性消费者呢？在他看来，资本家是倾向于积累而不注重消费的；给生产性劳动者以优厚报酬将有助于增加消费，但不利于资本积累，所以生产性劳动者注定不能获取优厚报酬。地主加上工人和资本家的开销不足以维持足够大的有效需求，即三大基本阶级的消费不足以形成充分的有效需求，所以社会必须有一批非生产性消费者以增加消费、刺激生产。他指出：非生产性消费者的主要作用在于使生产与消费保持平衡，保证产品获得最大的交换价值，从而增进财富。当非生产性消费者与生产性劳动者之间保持一种最佳比例时，能促进财富最有效地增长。他提出了最优消费倾向的观念。如果消费大大超过生产，一国的资本必然递减；如果生产大大超过消费，积累和生产的动力必然停止于那些拥有主要购买手段的人的有效需求。两个极端是明显的，一定有一些中界点。在考虑生产能力的同时也考虑消费意愿，对于增加财富的鼓励是最大的。

马尔萨斯的经济增长理论是对亚当·斯密国富理论的一个重大发展，其突出表现是强调了有效需求在决定财富增长中的重要作用。马尔萨斯实际上看到了供给能力和有效需求的均衡增长是财富增长的必要条件。他提出总供给和总需求不平衡不利于财富的增长。若总供给大于总需求，利润会降低，资本家会破产，劳动者也会受失业之苦；而若总供给小于总需求，价格会上涨，劳动群众的生活水平会下降，人口会因此减少，从而影响财富的增加。从这一点看，马尔萨斯是当代经济增长理论的先驱。马尔萨斯的另一个杰出之处是他强调了积累与消费之间保持合理比例的重要性。他反对一味地积累资本，认为只有当一国的资本所生产的产品和人们的需求相比显得不足时，才需要节制消费，增加资本。关于爱尔兰及拉美一些国家经济落后的原因，他也不乏卓越见识，认为它们不仅囿于资本缺乏，还囿于有效需求不足，而这又由于大地产制的盛行及人民的习惯等一系列制度文化因素而加剧。这种分析可以被认为是对不发达经济的早期分析。

六、普遍过剩危机

马尔萨斯将普遍过剩定义为大宗商品的价格跌落到生产成本以下而没有其他同样大宗的货物成比例地涨升到生产成本以上作为抵补的情形。他认为产生普遍过剩的原因在于积累与消费出现了不平衡，资本积累往往快于劳动人口的增殖，从而使总供给大于总需求。

马尔萨斯研究了消除普遍过剩的机制以及普遍过剩转化为长期萧条的机制。他认为工资的变动是关键因素。如果货币工资保持不变，当存在普遍过剩时劳动者的实际工资增加，那么利润相应降低，资本家缩减生产、裁减工人，于是总供给减少使供给和需求恢复均衡（当出现供给不足时，相反的过程将使供给增加）。如果货币工资适应物价的降低而相应调低，同时有效需求由于分配制度和人民的节俭习惯而不充分，那么利润率同样不会很高并且将在长时期中保持低水平，从而出现长期萧条。他实际上是看到了宏观经济从失衡到恢复均衡的机制，看到了低于充分就业的均衡。

马尔萨斯反对萨伊、李嘉图和詹姆斯·穆勒等人否认普遍过剩危机的观点。他用经验事实法来反驳萨伊定律，认为如果是供给决定需求，那么当一些供给由于战争或其他原因减少时，需求亦应随之减少，整个经济将由于恢复供给能力需要一定时间从而难以在短期内恢复，但这与现实情况不一致。他还反对萨伊等人关于商品只是用来交换商品的观点；认为有些商品是直接与生产性劳动或私人服务相交换的，如果商品相对于所要交换的劳动显得过多，那么价值就会下跌，出现普遍过剩。他还针对萨伊，尤其是老穆勒关于各种商品会自行调节相互间的数量比例从而不可能出现普遍过剩的论点，强调指出：普遍过剩可以在各种产品完全被合比例地生产出来的时候发生。这一见解确实击中了萨伊定律的要害，表明马尔萨斯已经把总供求与个别产品的供求区别了开来。实际上萨伊等人认识的是产品间的横向比例关系，这一比例在完全的市场机制下是可以自动调节到合理水平的，据此，萨伊等人否认了发生危机的可能性。马尔萨斯则认识到了产品的纵向比例关系，即积累与消费的关系，指责萨伊等人没有考虑消费品与消费人数及消费欲望间的关系，认为当商品按一定比例增加时，如果消费人数不变且消费欲望因节约而降低，那么消费品就会过剩，物价普遍下跌，反过来使积累的动机和能力都受到有力的削弱。因此，马尔萨斯反对过度节约，认为这会使国家变得贫穷，人口减少。

马尔萨斯以资本积累作为总供给的决定因素，以劳动人口作为总需求的决定因素，通过论证两者的不同增长速度证明了普遍过剩危机的必然性。

七、货币非中性及通货膨胀

马尔萨斯既反对重商主义的货币观，强调财富并非就是货币；也反对李嘉图、萨伊等人否定货币重要性的见解，反对李嘉图、萨伊等人在讨论生产过剩问题时抽象掉货币，他强调货币的重要作用。他指出货币对于促进商品交换、引起资本积累、鼓励勤勉都起到了重要作用。他认为货币是非中性的，会影响产量的多寡。马尔萨斯出色地看到了货币促进生产的具体机制，指出如果增加的货币数量能够更多地向生产阶级集中，那么将有助于增加资本从而增加财富。其原因就在于货币供给量增加会引起物价上涨，这就使得不生产阶级的实际货币份额相对减少，财富份额相对下降，更多的财富集中到生产阶级手中。他看到了货币数量变化的分配效应。

马尔萨斯为了分析英国当时的通货膨胀，首先分析了纸币体系的基础，也就是人们需要贵金属只是为了交换而非其内在效用。他反对李嘉图关于黄金价值不变，纸币贬值只是由于银行过度发行纸币的观点，认为应当以可以购买到的劳动这一不变的价值尺度来判断通货是否贬值。根据这一尺度，他认为黄金本身的价值已经变化，所以通货贬值并不全是由于银行过度发行纸币。

马尔萨斯还分析了决定外汇价格的因素。他认为除货币磨损和伪造外，还有通商各国需求结构的变化和货币数量的相对变化。需求结构变化的影响是迅速的、暂时的；货币数量的相对变化通过物价水平变化造成的影响是缓慢的、长久的。两者对外汇价格的影响有时同向、有时反向，从而有可能使得外汇价格的变化与国内物价水平的变化出现不一致。

马尔萨斯反对政府对经济活动的过多干预，反对绝对自由放任，主张适度干预。政府适度干预的主要内容应当是制定法律和重要的经济政策，确定合适的税收体系。

从总体上看，马尔萨斯的经济思想比李嘉图的经济思想更接近今天微观经济学和宏观经济学的主流观点。

第三节　李嘉图

大卫·李嘉图（1772—1823）

大卫·李嘉图（1772—1823）生活的时代，是英国的社会经济、政治和意识形态发生剧烈变化的时代。从亚当·斯密的主要著作《国富论》(1776）的出版，到李嘉图的主要著作《政治经济学及赋税原理》(1817）的问世，相隔仅仅 41 年，但在这短短的 41 年内，却发生了许多具有世界历史意义的重大事件，如英国工业革命、法国大革命和拿破仑战争等。亚当·斯密基本上是工场手工业时代的经济学家，而李嘉图则是工业革命时代的经济学家。从工场手工业到机器大工业，在经济史上刚好相差一个时代。

一、生平、著作及经济研究方法

（一）从事金融事业并发财致富的前半生

李嘉图的生平事业，可以很明显地被划分成两个时期：第一个时期从事证券交易所活动，发财致富；第二个时期从事科学研究活动，攀登经济科学高峰。

大卫·李嘉图于 1772 年 4 月 18 日出生在伦敦一个信奉犹太教的证券交易所经纪人家庭。他从小就被安排来继承他父亲已获得成就和地位的金融事业。他在接受了几年普通学校教育后，进入他父亲经营的证券交易所，协助父亲经营证券买卖。在 16 岁时李嘉图就成为他父亲经营证券交易所活动的得力助手。

然而，李嘉图对父亲的褊狭、固执、保守、专横感到苦恼。李嘉图的父亲对犹太教的信仰异常虔诚，十分拘泥于祖传的犹太教仪式，而且强制子女要像自己一样绝对信仰祖先的宗教、政治和教育见解并严格奉行宗教仪式。当时犹太教教规规定，教徒的儿子不能同异教徒的女儿结婚。李嘉图在 21 岁时与贵格会（基督教新教的一个派别）教徒——当地名医爱德华·威尔金的女儿普利丝娜恋爱。李嘉图的父亲对此非常恼怒。根据犹太教的教规，教徒的儿子若与异教徒的女儿结婚，那就要将他的名字从家谱中除去并要为他朗诵追悼死者的祈祷文。但是，李嘉图对普利丝娜的爱坚定不移，决定背弃家庭祖辈相传的犹太教，改信基督教。新教贵格会在当时为一进步势力，主张宗教信仰自由，反对迫害异端分子。李嘉图改教对他的思想产生了决定性影响，使他有机会和当时的进步思想接近，这就为他后来从事经济研究打下了一定的思想基础。

1793 年 12 月 20 日，李嘉图最终和他的父亲决裂，同普利丝娜举行了婚礼，从此也就被他父亲逐出了那个富裕的家庭，丧失了一切财产。这在当时是一个非常勇敢而浪漫的举动，被人称为“爱神战胜了财神”。

李嘉图在与父亲决裂后担负起新家庭的重担，他的物质生活真有些令人担忧。在这个关头，有三个因素造成了对他有利的局面：第一，在交易所内，李嘉图家族一直是光荣和正直的象征；第二，一般人对李嘉图本人的品质和人格是了解的、尊敬的；第三，一般人都很清楚李嘉图脱离他父亲家庭的经过并且对这位顽强的年轻人多少表示了一些同情，许多和他父亲有来往的富有资财的人很快给了他鼓励和支持。于是，李嘉图就独立经营起证券交易所的业务。那个时代对精明的金融投机者和证券交易业务是有利的。李嘉图利用这些机会，出乎意料地复制了他父亲在 30 年前所获得的成功。

在法国大革命（1789—1799）和拿破仑战争（1803—1815）时期，由于大陆封锁政策，农业歉收，食品短缺，再加上英格兰很不明智的钞票发行政策，引得谣言四起，人心惶惶，物价和外汇波动极大。在这种情况下，谁能掌握市场行情，谁就能捞到大钱。李嘉图就是利用债券行情的变化，向政府投标买进债券，然后通过零售卖出从中获利。他对从事这种债券买卖具有非凡的观察力和嗅觉，反应迅速但又非常谨慎，从不蛮干，不丧失冷静和清醒的估计。到 1809—1810 年，即当他 37～38 岁时，他已成为伦敦金融界的头面人物之一，所拥有的财产已达 100 万英镑。

在从事金融事业 20 年左右的时间里，李嘉图经历了从协助他父亲经营到被他父亲逐出家门时的一无所有，再到变成百万富翁，进入“财神的王国”。

（二）从事科学活动并登上经济科学高峰的后半生和名著《政治经济学及赋税原理》

李嘉图不仅热衷于赚钱，还热衷于研究科学。他从事科学活动，登上经济科学高峰，大致经历了以下三个阶段。

（1）第一阶段（1799—1812），从对经济学产生兴趣到参加“金价论战”。

这个阶段是李嘉图学习、运用亚当·斯密的经济理论并试图解决当时紧迫的实际经济问题的阶段。

李嘉图从 25 岁起，在取得经济独立、拥有相当多的财产以后，急于补习他所喜爱的在青少年时代由于种种原因不被允许学习的科学知识。于是，他将自己的精力和时间分配在以下两个方面：一方面，他继续经营证券交易所，承包政府债券，充当政府的“债款承包人”。他从事这种交易活动，直到 1819 年才完全退出。另一方面，他如饥似渴地学习、钻研科学文化知识。起初，他学习和研究的主要是当时流行的自然科学，如数学、化学、地质学和矿物学等，积极参加有关学术活动。这些初期的科学活动，培养了他从事学术研究的一些素质，如思维严谨性、逻辑性、精确性等。这些素质对他后来在经济学研究中所表现出的分析推理能力起到了不小的作用。

可见李嘉图在从事经济学研究之前，已经不仅是一位具有丰富金融实战经验的经济实践家，而且是一位对多门自然科学进行了相当多研究的博学多才的思想家。1799 年的一天，当李嘉图陪夫人前往温泉胜地养病时，在一个巡回图书馆里李嘉图看到了亚当·斯密的《国富论》，翻了几页，就订购了一本，他对该书非常欣赏。《国富论》引发了李嘉图研究经济学的兴趣，引发了李嘉图探讨当时人们普遍关心的货币信用制度、谷物价格、地租和利润的关系等问题的兴趣。

李嘉图虽然是从 1799 年开始对经济学产生兴趣的，但是真正从事经济学研究，却是从 1809 年加入货币信用问题的争论开始的。在 1809—1811 年“金价论战”时期，关于货币流通和信用制度问题，他写了一系列文章、小册子和札记。这些论著是他步入经济学殿堂的明显标志。

当时英国政府由于对法战争的需要，大量增发银行券，从而造成银行券兑现困难。于是英国政府在 1797 年通过《银行限制法》，停止了银行券的兑现。从 1799 年起，英国发生了金价的持续上涨和随之而来的物价上涨及英镑汇价下跌的现象。李嘉图认为：产生这些现象的原因在于银行券贬值，而银行券贬值则是由银行券发行过多造成的。《银行限制法》的推行加剧了这些现象，促使银行券进一步贬值。因此，他主张恢复银行券的无限兑现。1809 年 8 月 29 日，李嘉图通过读者来信的方式，以《黄金的价格》为题匿名发表了他的经济学处女作。1809 年底至 1810 年初，他撰写了名为《黄金的高价是银行纸币贬值的明证》的小册子。这本仅有 40 多页的论著是他的成名作。该论著于 1810 年初出版，深得各方重视，从而推动“金价论战”进入高潮。他因此名声大振。

李嘉图撰写的《黄金的价格》一文，导致了 1809—1811 年的“金价论战”。这场“金价论战”使英国的经济学家在货币流通和信用问题上分为两个学派：通货学派和银行学派。通货学派主张银行券的发行要以全部金属准备为保证而以无限兑现为条件。银行学派则主张银行券的发行只需以部分金属准备为保证而以限制银行放款业务为补充。李嘉图是通货学派的首领。这场论战最后以通货学派战胜银行学派而告终。1844 年英国政府通过了《皮尔法案》，以立法的形式巩固了这一胜利。此后在一个较长的时期内，通货学派的观点成为货币流通和信用问题的正统思想。但在实践过程中，英国政府不止一次被迫暂停《皮尔法案》的执行。

到 1811 年春天，李嘉图已被公认是一名为硬币进行论战的杰出战士，是一位敏锐的思想家，是一位关于通货问题的有影响力的著作家。对他后来的思想发展来说，比由此获得的名望更重要的是他结识了当时一些知名的新闻评论家和经济学家。从此以后，李嘉图与老穆勒、马尔萨斯、麦克库洛赫等人经常往来或通信。他们对李嘉图的经济研究都曾或多或少地给予了一定的启发或帮助。

（2）第二阶段（1813—1817），从参加《谷物法》辩论到代表作《政治经济学及赋税原理》出版。

李嘉图在这个阶段的经济研究，是随着 1813—1816 年《谷物法》的辩论展开的。在 1813 年 3 月以前，他所关心的主要是货币问题。直到 1813 年农业大丰收和 1814 年 3 月宣告和平引起谷物价格大跌，议会将在 1815 年 2 月 7 日开始讨论谷物价格问题时，李嘉图于 1815 年 2 月出版了《论低价谷物对资本利润的影响》(以下简称《论利润》)。该书是由于李嘉图预计到众议院将讨论新《谷物法》问题而出版的许多小册子之一。1815 年夏天，他考虑为《论利润》一书出一个修订本，结果却写成了体现其整个经济理论体系的巨著——《政治经济学及赋税原理》。

《政治经济学及赋税原理》共由 3 个部分 32 章构成。第一部分，也就是前七章，这七章包含了李嘉图体系的全部原理，即关于政治经济学原理本身的部分。第一章主要研究价值问题，第二章研究地租理论，第三章论述矿山租金，第四、五、六章讨论资本、工资、利润、利润率以及自然价格和市场价格的区别等问题，第七章论述价值规律在国际贸易中的作用。第二部分，也就是第八至十八章。这 11 章差不多占全书 1/3 的篇幅，运用第一部分论述的原理来专门阐明赋税问题。第三部分，也就是第十九至三十二章。这一部分是对前面两部分的一些主要章节所做的补充，以及对斯密、马尔萨斯、萨伊等人的理论观点所做的评论。

李嘉图在《政治经济学及赋税原理》中以劳动价值论为基本分析前提，通过一个抽象演绎的逻辑体系，详细考察了收入分配（包括政府税收）问题。

（3）第三阶段（1818—1823），参加议会从事社会政治活动，同时为进一步完善其经济理论体系而努力的时期。

李嘉图不仅是一位金融活动家、著名的经济学家，而且是一位进行议会活动的政治家。他于 1819 年 2 月当选英国议会下院议员。在当时的英国议会里，有两个主要政党——执政的托利党和在野的辉格党。虽然李嘉图没有参加任何政党，但他是在托利党政府的反对派中代表工业资产阶级利益的激进集团的一员。

李嘉图在当选议员以后，积极从事议会活动，极力提倡自由贸易，反对《谷物法》，主张修改选举法，赞同宗教信仰自由，反对一切压制人权的法律。在参加议会的近 5 年任期内李嘉图发言达 126 次。他对所了解的一切问题都很坦率地表达自己的见解。不仅对通货、银行、赋税、公债、偿债基金、农业萧条、关税等问题表达自己的见解，而且对议会改革、出版自由以及公共集会的权利等问题也是如此。

李嘉图在晚年除从事议会活动、修订再版《政治经济学及赋税原理》外，还撰写了一系列重要的经济论著并参加了许多重要的学术活动。

李嘉图早年曾患内耳炎，在 1823 年 9 月初因内耳炎复发并影响到脑部，于 1823 年 9 月 11 日与世长辞，终年 51 岁。

（三）经济研究方法

李嘉图提出把分配问题作为研究重点，确立支配这种分配的法则，乃是政治经济学的主要问题。他极力主张，经济学应当探讨决定劳动产品在共同制造这种产品的各阶级中进行分配的法则。

不能说在李嘉图之前的经济学家没有研究过分配问题，但可以说分配问题不是李嘉图的前辈关注的中心，尤其重要的是，李嘉图的前辈没有从阶级对立的角度来研究分配问题。地租和利润的对立、利润和工资的对立，是李嘉图的主要观点。他以这种观点为指导来研究经济学，不仅扩大了经济学的研究范围，还使经济学带有明显的社会性质。

李嘉图生活在充满激烈阶级斗争的氛围中。工业资产阶级同贵族地主阶级为争夺国民财富的份额进行斗争，这种氛围使李嘉图受到两大阶级利益冲突的直观影响。另外，财富的增长不仅在于如何影响自然，如何从自然界中取得更多的财富，还在于财富如何分配。一种分配方法会减少财富的增长，而另一种分配方法则能促进财富的增长。这样，李嘉图在分配问题的研究中提出了一个重要的问题，即收入分配的各个部分为何是此消彼长的。为了回答这个问题，他找到了理论基础，即劳动价值论。他认为分配理论必须建立在劳动时间决定商品价值的统一基础上。

李嘉图以商品价值由劳动时间决定这个原理作为研究的出发点，展开对资本主义社会各种现象，尤其是对收入分配现象的分析考察。在经济学家中他是第一个比较彻底地运用抽象演绎方法研究经济学的人。抽象演绎方法就是把现实经济高度抽象为少数几个变量之间的关系，然后在一些自明的公理性的假设前提下，通过演绎推理，得出有关变量之间关系的结论。李嘉图的抽象演绎方法并非脱离实际的纯智力游戏。他是密切关注现实问题并具有很强问题意识的经济学家。他运用抽象演绎方法试图解决的完全是现实的重大问题。问题的现实性和方法的抽象性在他那里得到了完美的结合。

李嘉图的抽象演绎方法可能是他在研究经济学之前大量学习自然科学的结果，因为当时自然科学已经常常表现为抽象演绎的逻辑体系。正是这种抽象演绎方法，第一次赋予经济学以统一的逻辑体系，使经济学从以往的道德哲学中独立了出来。这也许就是李嘉图（而不是马尔萨斯）能够成为在后来的一段时间里英国古典经济学领军人物的重要原因之一。自他之后，主流经济学的研究重点、基本观点虽然多有变化，但是在方法上与他的抽象演绎方法基本一脉相承，以至进一步发展为数理方法这种高度抽象的演绎方法。

李嘉图的抽象演绎方法的缺点也是非常明显的。他忽略了历史归纳法，使经济学变得似乎只是从一些前提假设演绎出来的逻辑体系，不再需要与经验事实有多大联系。他的方法打破了亚当·斯密在《国富论》中保持的抽象演绎法和历史归纳法之间微妙的平衡，所以在当时就受到了马尔萨斯的批评。马尔萨斯认为这种方法所推导出来的结论往往与事实相悖。具体来说，就是它无法以劳动价值论为基础解释劳动与资本之间的交换以及等量资本获得等量利润的现象。同时，李嘉图的抽象演绎法使他忽略了历史-制度因素对经济现象的影响，使得经济学变成一种不需要考虑历史-制度因素的、研究超历史的经济规律的、类似于物理学和化学的“纯粹”科学。当然，李嘉图本人由于高度关注现实问题，并没有把他的方法的缺陷发展到非常严重的地步，问题是他诱导了后来的一些（绝非全部）经济学家沿着这个方向不断跨出越来越危险的步伐。这些经济学家不关注现实问题，只陶醉于抽象的演绎推理，使经济学形成科斯所讥讽的“黑板经济学”。因此，熊彼特毫不客气地把李嘉图的方法称作“李嘉图恶习”。

二、价值理论

（一）研究的出发点——价值由耗费的劳动时间决定

李嘉图的整个理论体系建立在价值理论的基础上，以劳动价值论为基本出发点。他的价值理论是通过批判地继承亚当·斯密的价值理论建立起来的。后来，他的价值理论又被马克思批判地继承。

李嘉图首先肯定了亚当·斯密关于使用价值和交换价值的区分，接着进一步认为交换价值必须以使用价值为前提条件。实际上他把使用价值看成是交换价值的物质承担者。

李嘉图进而研究交换价值如何决定。他把商品分为两类：一类是即使增加劳动也不能增加其数量的。这类商品的种类极有限，如古钱、古画等。另一类是可以由劳动而无限增加其数量的商品。他认为第一类商品的价值由其稀缺性决定，而第二类商品的价值则由劳动时间决定。李嘉图着重研究了第二类商品，对于这类商品，他始终坚持价值由劳动时间决定的原理。

李嘉图在坚持商品价值由劳动时间决定这个原理的基础上批判了亚当·斯密的价值理论，发展了古典经济学的劳动价值论，为马克思的劳动价值论提供了素材。

首先，李嘉图不同意亚当·斯密将耗费劳动和购得劳动混淆起来并把它们都当作价值尺度的见解。在他看来，商品价值只能由生产商品所耗费的劳动决定，并认为价值量的大小同这种劳动量成正比。其次，李嘉图不同意亚当·斯密关于资本出现和土地成为私有财产以后商品价值不是由劳动而是由三种收入决定的观点。他始终坚持商品的价值由劳动时间决定这个出发点，认为工资、利润和地租只是商品价值的分割，认为它们来自商品价值，相互之间存在此消彼长的关系。因此，工资、利润和地租三项之间任何一项的变动都不会影响商品的价值，只是引起另外两项或者一项的反向变化。李嘉图的结论是：在资本主义社会里，商品的交换价值与投在它们生产上的劳动成比例这个原理仍然正确。

（二）创造价值的劳动和商品价值量的确定

李嘉图把生产金属货币的劳动和生产其他商品的劳动都归结为量的表现，不管劳动有什么具体形态，都把它归结到劳动时间上。马克思正是在李嘉图这一观点的基础上提炼出了抽象劳动形成价值的观点。

李嘉图区分了简单劳动和复杂劳动，认为在同等时间内复杂劳动比简单劳动能创造更大的价值。

李嘉图认为：决定商品价值的不仅有在生产时直接耗费的劳动，还有间接耗费的劳动。他指出了直接劳动和间接劳动在价值形成上的不同作用，认为能够创造新价值的只有直接劳动，间接劳动不过是把原有的价值转移到新生产出来的商品上去而已。

李嘉图认为：决定商品价值的劳动并非个别生产者在生产商品时实际所耗费的劳动，而是必要劳动。他所说的必要劳动，是指在最不利条件下，生产每单位商品所耗费的最大劳动。这一观点说明他在分析商品价值量时已考虑到需求因素的影响。因为他所说的最不利条件，用当时西方经济学的语言来说，也就是受需求限制的边际生产条件。在李嘉图看来，一单位商品的价值量在需求既定的前提下，由该商品在边际生产条件下所耗费的劳动量确定。从这种观点出发，他推导出一个重要结论，即劳动工资的变动不可能使这些商品的相对价值发生任何变动。这一结论实际上已隐含了工资与利润对立的命题。马克思接受了李嘉图关于价值由必要劳动决定的观点，但是他对必要劳动的含义做了不同于李嘉图的规定，提出了社会必要劳动决定价值的论点。

李嘉图分析了引起单位商品价值量变动的因素：在单位商品生产中耗费劳动量的增减将导致单位商品价值同样的增减；同时单位商品价值随着劳动生产率的提高而下降。他还进一步指出：劳动生产率的提高，不仅会降低现时商品的价值，而且会降低过去生产出来的同种商品的价值。但是，从各种商品价值的长期变动趋势来看，在财富和人口增加的情况下，其他商品的价值会不断下降，而农产品的价值却会上升。

（三）价值和交换价值的区分

在李嘉图的著作中，价值和交换价值这两个概念的用语是不一致的，但他是清楚价值和交换价值的区别的。他认识到：一个商品的价值是由生产这个商品所耗费的劳动时间决定的，价值是包含在这个商品内的劳动时间；而交换价值则是两个商品相交换时的比例关系。这就是说，一个商品的交换价值，既可以随着生产这个商品所耗费劳动时间的变化而变化，又可以随着与这个商品相交换的其他商品在生产时所耗费劳动时间的变化而变化。

（四）价值规律与等量资本获取等量利润这一现实之间的矛盾

李嘉图劳动价值论的重要推论就是同样的劳动量只能生产同样的价值，同时工资的增减只会相应地引起利润的减增而绝不会使商品价值发生变化。但是这种推论与现实社会的等量资本（但是雇用不等量的劳动）获取等量利润这一现象之间产生了他无法解决的矛盾。他不得不承认，由于资本的耐久性和固定资本与流动资本的比例不同，劳动时间决定价值量的原理需要进行修正。他承认如果各个生产部门的资本构成有差别，那么工资的变动似乎也会影响商品的价值。为了前后一贯地坚持劳动时间决定价值量的原理，他宣称工资和利润对商品价值的影响，比起劳动对商品价值的决定来说，只居次要地位。马尔萨斯切中要害地指出：李嘉图先生自己也承认他的法则有相当多的例外，但是这些例外为数之多，使得该法则可以看成是例外，而例外倒成为法则了。对马尔萨斯的攻击，李嘉图回应说："我承认它并不完全正确，但是作为衡量相对价值的标准来说，它最接近真理。"

价值由耗费的劳动时间决定与等量资本获取等量利润现象之间的矛盾，是李嘉图的劳动价值论及其整个经济理论体系的根本矛盾之一。正是由于这个矛盾，马尔萨斯反对李嘉图采用的抽象演绎方法。李嘉图一直希望通过寻找不变的价值尺度或者说绝对价值来解决这一矛盾，直至去世。这个寻找不变价值尺度的研究方向，在 100 多年以后被斯拉法所继续并取得了一定的成果。这个矛盾也激发了马克思的巨大研究热忱。在坚持劳动价值论的基础上，马克思通过提出"生产价格"这一概念消除了这个矛盾，但是马克思的研究遗留下了一个逻辑上的问题，即价值转型问题。

三、分配理论

（一）引言

在李嘉图的经济理论体系中，分配理论占核心地位，而价值理论是分配理论的基础。他的赋税原理，则是探讨赋税对社会各阶级收入的影响。李嘉图把分配问题作为研究中心这一做法不是偶然的。他生活在工业革命迅速发展的机器大工业时期，资本积累的规模依存于利润的大小已成为越来越明显的事实。因此，工业资产阶级要求社会纯收入的绝大部分由利润构成，而不是由地租构成。于是工业资产阶级和贵族地主阶级之间为争夺社会纯收入的份额展开了激烈的斗争。李嘉图的经济理论体系就是以这场斗争为背景建立起来的。

李嘉图所谓的分配问题，是指全部产品在地租、工资和利润的名义下，在土地所有者、劳动者以及资本所有者这三个社会阶级之间如何分配。他最关心的是以下两个问题：(1) 地租、工资和利润在量上是怎样规定的？(2) 这些经济范畴之间有什么关系？

关于第一个问题，李嘉图认为：地租是对农产品价值的一种扣除，它是由耕种优等和中等土地而产生的；工资则是由维持工人及其家属生活所必要的生活资料的价值决定的；利润是指在工人生产的商品价值中减去工资以后的余额。

关于第二个问题，它的解决则是以对第一个问题的见解为基础的。从劳动价值论出发，李嘉图认为工资的增减不会影响商品的价值，但会引起利润发生相反的变化。他认为工资和利润、劳动和资本之间存在对立。他认为地租的变化并不直接影响工资和利润，因为地租是优等和中等土地生产物价值大于劣等土地生产物价值的结果，而优劣不同的土地生产物价值则都包含着工资和利润。但是，他又认为由于社会的发展和人口的增加，再劣等的土地也必须耕种。在这种情形下，地租增加了，实际工资虽然不变，但货币工资却由于农产品价值的增加而增加，利润因而减少。从而，李嘉图指出了地租和利润之间的矛盾，以及地主和资本家之间的对立。他论证了贵族地主阶级的利益不仅和资产阶级的利益对立，而且和全社会的利益对立，从而把资产阶级和贵族地主阶级在《谷物法》等具体问题上的斗争提到了理论高度，为资产阶级反对贵族地主阶级的斗争提供了理论武器。所以，在论述的次序上，李嘉图首先论证了地租。

（二）地租理论

李嘉图始终一贯地从他的劳动价值论出发，建立了比较完整的地租理论。

李嘉图认为地租的产生不是由于大自然的恩赐，而是由于大自然的吝啬：所有的土地并不是同等地肥沃，而社会却非耕种贫瘠的土地不可。因此，他认为：农产品的价值和工业品的价值一样，并不是取决于在优等或中等生产条件下所耗费的劳动，而是取决于耕种劣等土地所耗费的劳动。由于社会非使用劣等土地不可，耕种劣等土地所需的劳动，就成为决定农产品价格的社会必要劳动。正如工业资本家按照价值出售工业品能够得到平均利润一样，租种劣等土地的农业资本家，按照价值出售农产品，也能得到平均利润。这样，租种优等和中等土地的农业资本家就能得到超额利润。但是，由于农业资本家在订立契约时的相互竞争，这些超额利润就会以地租的名义交给土地所有者。由此李嘉图就得出了地租的存在并不与劳动价值论相矛盾的结论。

首先，李嘉图考察了级差地租的第一形态，即由于土地优劣和位置远近的不同，使用等量资本和劳动具有不同的劳动生产率产生的地租。在李嘉图看来，地租的存在不是农产品价格上涨的原因，而是农产品价格上涨的结果。从这个观点出发，他否定了亚当·斯密关于地租是价值的源泉之一的观点。他指出：按照亚当·斯密三种收入决定价值的观点，就会得出各阶级的收入越大，商品的价值就会越高的荒谬结论。在这个问题上，李嘉图不仅坚持了劳动价值论，而且论证了贵族、地主阶级从谷物价格的上涨中不劳而获地得到了更多的好处。因此，他认为：理解地租不是谷物价值的构成部分这个原理，对经济学来说是极为重要的。

其次，李嘉图考察了级差地租的第二形态，即在同一块土地上追加投入等量资本和劳动具有不同的劳动生产率产生的地租。他认为：在同一块土地上追加投入等量的资本和劳动，土地产量总是以递减的比例增加，即存在土地报酬递减规律。地租是由于土地报酬递减规律而产生的。

李嘉图还从土地报酬递减和人口增长等“自然因素”中寻找地租和利润对立的根源。他认为：随着人口的增长，人们对农产品的需求增加，而由于在原有土地上连续追加投资的收获量递减，因此必须耕种越来越贫瘠的土地。由于越来越贫瘠的土地被耕种，因此农产品的价格越来越高。由于农产品的价格越来越高，地租就会越来越高。因此农产品的价格越来越高，就意味着工人生活必需品的价格越来越高，从而造成工人的名义工资越来越高。由于地租、工资和利润都是工人所创造的价值的构成部分，地租因农产品价格上涨而提高，从而引起名义工资的提高，因此，利润就必然减少。于是，通过工资这个环节，地租就与利润对立了。

李嘉图认为：随着社会的发展，工人阶级的利益没有受到影响，因为他们的名义工资虽然提高了，实际工资却不会变化。可是，地主阶级却会得到越来越多的利益。资产阶级获得的利润由于地租和名义工资的提高而降低。社会的农业总产品在一定时期内是一个定量。在这个定量的分配过程中，既然地租所占的部分越来越大，那么余下可供劳动和资本分配的份额就必然会越来越小。李嘉图就是以此来论证地主阶级的利益与劳动和资本的共同利益是对立的。

李嘉图认为：农产品的价格上涨和利润下降是一种自然趋势，这本来是用不着由地主阶级负责的，但是当时英国政府实行的《谷物法》，人为地助长了农产品价格上涨，造成地租提高，利润下降，以至影响到社会各阶层的利益。因此，他认为必须取消《谷物法》，允许谷物自由进口，使谷物价格下降，以降低名义工资从而提高利润。这种观点表明：他的地租理论为资产阶级反对维护地主阶级利益的《谷物法》提供了理论武器。

（三）工资理论

李嘉图的工资理论包括对工资性质的看法和对工资量决定机制的看法。

首先，从本质来看，李嘉图认为工资是劳动的价值或价格。这种观点在他的劳动价值论的基础上，将导致利润的存在同等价交换规律的矛盾。如果工资是劳动的价值或价格，资本和劳动之间的交换又按照等价交换规律进行，就无法说明利润的产生；如果认为利润是工人劳动所生产的价值的一部分，那么，资本和劳动之间的交换，显然是资本家用比较少的价值交换了比较多的工人劳动价值，这样等价交换规律就被破坏了。这个矛盾是李嘉图的经济理论体系的另一个根本矛盾。正是这个矛盾，促使马克思以劳动价值论为基础发展出了剩余价值论。

其次，李嘉图的工资理论，主要包括以下两个方面：

(1) 关于决定工资数量的基础。在李嘉图看来，劳动也是一种商品，具有自然价格和市场价格。劳动的自然价格是指让劳动者大体能够生活下去并不增不减地延续后裔所必需的价格。因此，劳动的自然价格便取决于劳动者维持自身与家庭所需的食物、必需品和享用品的价格。若食物和必需品涨价，劳动的自然价格也会上涨；若食物和必需品降价，劳动的自然价格也会下降。

(2) 关于工资变动的规律。在李嘉图看来，劳动和其他商品一样，也有自然价格和市场价格之分。劳动的自然价格已如上所述；劳动的市场价格就是工人实际获得的工资。李嘉图认为劳动的市场价格也是以劳动的自然价格为中心，随着劳动的供求变化而上下波动的。他认为劳动的市场价格不能长久高于或者低于劳动的自然价格。在他看来，工人人口增加的快慢是随着工资的高低变化的，而工人人数的增减又会引起劳动供求关系的变化，结果就会使劳动的市场价格和劳动的自然价格趋于一致。

（四）利润理论

在利润理论上，李嘉图始终坚持以劳动价值论为基础来说明利润。他认为工人以工资形式得到的只不过是工人在劳动过程中创造的价值的一部分，其他部分的价值被资本家占有从而成为利润。

李嘉图还以劳动价值论为基础确立了利润量变化的三个规律：第一，无论劳动生产率怎样变化，无论产品数量和单个产品的价值怎样变化，一定的工作日总是创造相同的价值。第二，工资和利润按相反方向发生变化，引起这种变化的最终原因是生产生活必需品的劳动生产率发生了变动。当劳动生产率提高时，生活必需品的价值下降，工资跟着下降，于是利润增多。相反，当劳动生产率降低时，生活必需品的价值上涨，工资跟着上涨，于是利润减少。第三，因为劳动生产率的变动先影响工资，再影响利润，所以工资变化是原因，利润变化是结果。李嘉图确立的这种利润量变化规律，表明工资和利润是按反方向变化的，进而表明工人阶级和资产阶级之间根本利益的对立。

李嘉图在考虑利润量变化的规律时分析了利润的平均化倾向和利润率下降的趋势。他认为：在资本自由流动的情况下，资本家为了追求高额利润互相竞争，竞争的结果使得利润趋向平均。他还认为：个别资本由于生产技术的改良以及其他方法，可能会得到较多利润，但是在资本的自由竞争下，这种超额利润是保不住的。利润率的平均化是资本运动的必然结果。

李嘉图认为：社会的发展、人口的增加，引起谷物需求增大，谷物价格上升，工资上涨，从而造成利润率下降的倾向。在他看来，谷物价格上涨、工资上升、利润下降只对地主有利，因为工资上升只是货币工资上升，而工人的实际工资反而下降，因为工人在一国的产品总量中所能支配的份额减小了。真正得益的只有地主，他们会得到更高的地租，这是因为：第一，产品将具有更高的价值；第二，地租在这种产品中所占的比例将大大提高。这样，李嘉图从利润率下降的趋势中，阐明了地主阶级的利益既与资本家阶级的利益对立，又与工人阶级的利益对立。

李嘉图关于工资与利润对立，利润与地租对立，工资、利润与地租对立的这种论证，为马克思的阶级斗争学说奠定了初步基础。

四、货币理论

李嘉图是通过研究通货问题走上政治经济学舞台的。当时英国的货币制度是金本位制，流通手段兼有金银铸币和一些银行发行的银行券。根据法律规定，金银条块可以自由输出，但是金银铸币禁止出口；银行有义务用金银铸币兑换银行券。但是由于对法战争的需要，英国于1797年颁布了限制英格兰银行以金币兑换银行券的法令，银行可以更多地发行银行券。结果引起银行券贬值，汇率上涨，从而引发了一场关于通货管理制度的大论战。李嘉图在论战中提出了自己的货币理论以及与之关联的国际金融理论。

（一）货币的价值

李嘉图反对重商主义者把货币直接等同于财富的观点，认为货币在被交换成别的物品以前是永远不会增加国家财富的。他反对那种认为金银铸币基本不同于其他商品的观点，赞同把金银及其铸币都看作是商品并以此展开关于金银等整个通货的价值决定的观点。

1. 贵金属金银的价值决定

李嘉图从内在价值（或自然价值）和交换价值两个角度考虑金银的价值决定。在金银价值的决定上，他并没有严格恪守他的劳动价值论。

在《政治经济学及赋税原理》一书的前面部分，李嘉图认为：货币的价值是由在生产中所耗费的必要劳动量决定的，货币价值的变动，在流通中就会相应地表现在商品价格的变动上，这时为了适应商品流通的需要，就要有数量不等的货币进入或退出流通。他认为：黄金和白银的价值会随着采矿技术和采矿机器的改良而发生变动，因为有了这种改良，所以可以用相同的劳动取得较大产量。如果当其他商品的价值没有变动时，一定量的黄金所能交换到的上述商品的数量减少了，那么这是因为黄金的生产已经比较便利或获得黄金所必需的劳动量已经减少。

在这个基础上，李嘉图进一步发展了他的价格理论。在他看来，商品的价格无非就是用一定数量的、具有相同价值的货币（金银）所表现出来的商品的价值。因此，若不考虑由市场供求关系变化所引起的价格波动，商品价格就是由商品价值和货币价值的比例关系决定的，即商品价格既可因商品价值的变化而变化，也可因货币价值的变化而变化，但商品价值和货币价值的变化对商品价格的影响恰好相反。如果货币价值不变，那么商品价值的变化会引起商品价格正比例的变化；如果商品价值不变，那么商品价格必随货币价值的变化而发生反比例的变化。

但在《政治经济学及赋税原理》一书的后半部分，李嘉图却提出了货币数量论。他认为货币的价值取决于在流通中存在的货币量。如果货币数量多于流通需要，商品价格就会上涨，这时货币价值就下跌；反之，如果货币数量少于流通需要，商品价格就会下降，这时货币价值就上升。在该书的某个地方，他直截了当地认为货币金银的价值由其数量规定。只要限制货币金银的数量，货币金银的价值就可以被提高到任何可能的程度。

2. 铸币及纸币的价值决定

李嘉图认为铸币的价值等于与其具有相同重量、相同成色的金属块的价值再加上铸币税。

李嘉图的纸币概念包括银行发行的可兑换或不可兑换的银行券，还包括政府发行的纸币。他通过对铸币价值的分析，认为纸币的价值决定类似于铸币，可以把纸币看作是由于造币费用很高而获得票面价值的。因此，纸币和铸币一样，只要限制纸币的数量，纸币的交换价值就会等于面值相等的铸币或其内含的生金的价值。由此他得出结论：单位纸币的价值一定完全取决于其数量。

李嘉图提出了最优通货状态的概念。当一种通货完全由纸币构成，而这种纸币的价值又与其所要代表的黄金的价值相等时，这种通货就处于最完善的状况。以纸币代替黄金就是用最廉价的媒介代替最昂贵的媒介。他认为实现这种最优状态的最适当方法就是要使银行承担以金币或金块兑现纸币的义务。

由于纸币的价值与纸币的发行数量有关，所以纸币的发行权掌握在谁手中就引起了李嘉图的思考。李嘉图提出了纸币发行的最优控制权概念，认为如果能完全保证纸币发行权不被滥用，那么纸币无论是由国家还是由银行来发行，对国家财富的影响都是一样的。但由于任意增发纸币对银行有利，专断的政府又往往为了一时之需而不顾纸币发行的制约，所以纸币发行权掌握在银行或专断政府手中都是不安全的。最好的方法是在具有开明立法机关的国家里，在保证纸币持有人能随时兑现的条件下，把纸币发行权交到一些可以完全不受政府大臣支配的特派委员手中。

3. 通货膨胀

李嘉图认为一国商品流通所需要的货币量是一定的，当银行发行纸币取代硬币时，被排挤的硬币便倾向于输出。但由于法律禁止硬币出口，于是对于金块的需求便增加，结果就是提高了黄金的市场价格。当纸币发行过多超过流通所需的金属货币时，纸币将贬值，黄金价格将超过法定平价。这时如果可以自由兑换硬币，那么人们将按平价用纸币从银行兑换硬币，然后熔化成金块，再按照金块被抬高的市场价格从银行换取纸币，之后再重复上述过程以套利。银行则面临金币不断减少的困境，为此将被迫按市场高价购进金块，铸成硬币以满足兑换要求。长此以往，银行将无以为继。因此，银行出于自身安全考虑，将自觉采取措施减少纸币发行。因此，只要保持兑换自由，银行就不会发行过多纸币导致通货膨胀。李嘉图认为兑换自由是防止银行滥发纸币引起通货膨胀的关键措施。而一旦实行了限制兑换自由的法令，除了自律外，就没有任何外在压力去迫使银行限制其纸币发行，银行就倾向于不断增发纸币，从而引起通货膨胀。

李嘉图指出了通货膨胀对公众的危害。通货膨胀使国家没有稳定的价值尺度，提高了生活费用，伤害了消费者的利益，损害了公私债权人的利益，损害了固定收入者的利益，减少了一切拥有货币的人的财富。但同时他又认为如果通货膨胀使得货币向生产者阶级集中，则通货膨胀也将有一定的正面意义。至于已经发生的通货膨胀，他主张逐渐减少纸币发行，在金价走平以后再允许自由兑换，以避免一下子给银行造成过大的兑现压力。

（二）货币需要量

商品流通所需的货币金银量，是英国古典政治经济学家为了反对重商主义无限度地增加国内货币的主张而一直考虑的问题。在这个问题上，李嘉图进一步发展了亚当·斯密关于一国投入流通的商品价格总额决定流通所需货币量的原理。李嘉图指出：在市场商品供求不变的情况下，当商品价格总额一定时，流通所需的货币量，取决于货币本身的价值。如果货币价值降低，流通所需的货币量就会增加，反之，如果货币价值提高，流通所需的货币量就会减少。当货币价值不变时，流通所需的货币量就以投入流通的商品价格总额为转移。一旦流通的商品价格总额减小了，就只需要较小量的货币，反之，一旦流通的商品价值总额增大了，就需要较大量的货币。因此李嘉图认为：一国流通所需的货币量，并非只有商品价格总额一个决定因素，而是还有三个决定因素：第一，金属的价值；第二，拟做出的支付的数额或价值；第三，在完成支付过程中实行的节约程度。

由此可知，英国古典学派的货币需要量理论有一个重要的前提，那就是全部有待交换的商品有一个独立于货币金银的总价值量。而在李嘉图这里，这个总价值量由耗费的劳动决定。另一个前提就是货币金银也有一个独立于所有商品的由某种因素（对李嘉图来讲还是耗费的劳动）决定的价值量。于是交换所需的货币金银数量就取决于这两个价值量以及货币金银的流通速度和纸币（可兑换银行券）取代金银的程度。因此这个货币需要量理论是与劳动价值论相互融洽的。

这个理论的一个重要推论就是：当商品总价值和金银价值一定、货币金银流通速度和纸币取代金银的程度一定时，过多的货币金银不会引起物价上涨，只会引起货币金银的窖藏和储存。这就无法说明现实生活中的通货膨胀现象，除非假设出现了金银在生产中耗费的劳动下降，从而金银对一般商品的比价下跌。然而当时英国现实生活中的通货膨胀并不是金银价跌、一般商品价涨，而是金块价格与一般商品价格同时上涨，因此必须解释原因。这就迫使李嘉图采用以纸币的数量来解释纸币的价值，并进而用货币金银的数量来解释货币金银的价值的货币数量论。于是，李嘉图虽然在其论著的许多地方强调了货币金银价值的劳动决定论，但是在分析通货膨胀问题时却不自觉地（似乎没有意识到与劳动价值论的对立）主张了货币金银价值的数量决定论。

五、国际贸易与国际金融

（一）比较成本说

出于缓解利润率下降的目的，李嘉图主张发展国际自由贸易，为此他下了一番功夫来论证国际贸易的可行性和收益性。他继承并发展了亚当·斯密的自由贸易理论，提出了更加系统和完善的国际贸易理论——比较成本说。这是他对国际贸易理论最杰出的贡献。在当代，比较成本说甚至被认为是李嘉图对经济学的最大贡献。

该学说认为：每个国家都应该根据自己国内各种商品生产成本的相对差别，专门生产成本相对较低的商品用于出口，而生产成本相对较高的商品，即使其生产成本绝对低于其他国家，从国外进口也仍然更有利。这一学说证明：即使在各种商品的生产成本方面一个国家都占有绝对优势，而另一国家都处于绝对劣势，也仍然存在着有利于双方的国际分工和国际贸易的可能性。只要两国各自生产在比较成本上相对有利的商品，通过国际贸易，彼此就都能得到好处。

李嘉图在论述比较成本说时举例说，假定从事国际贸易的只有两个国家：英国和葡萄牙；进入国际贸易的商品只有两种：毛呢和葡萄酒。英国生产一定数量的毛呢需要 100 人一年的劳动；而如果要酿制葡萄酒，则需要 120 人劳动同样长的时间。因此，英国发现对自己有利的办法是输出毛呢以输入葡萄酒。葡萄牙生产相同数量的葡萄酒只需要 80 人劳动一年，而生产毛呢却需要 90 人劳动一年。因此，对葡萄牙来说，输出葡萄酒以交换毛呢是有利的。即使葡萄牙进口的商品在本国制造时需要的劳动显然少于英国，这种交换也仍然会发生。虽然葡萄牙能够以 90 人一年的劳动生产毛呢，但它宁可从一个需要 100 人一年的劳动生产毛呢的国家输入毛呢，因为对葡萄牙来说，与其挪用种植葡萄的一部分资本去织造毛呢，还不如用这些资本来生产葡萄酒，由此可以从英国换得更多的毛呢。

根据李嘉图所举的这个例子，葡、英这两个国家生产两种商品所耗费的劳动量的比例，即劳动成本比例是：毛呢为 90/100＝0.9，葡萄酒为 80/120＝0.67。这两种比例表明，葡萄牙生产毛呢的劳动成本是英国的 90％，而生产葡萄酒的成本只是英国的 67％，前者大于后者。这就是说，虽然葡萄牙在生产这两种商品的任何一种时耗费的劳动量都比英国的少，而且它生产这两种商品的效率都比英国的高，但是葡萄牙生产这两种商品的效率并不一样，葡萄牙生产葡萄酒的效率比生产毛呢的效率更高一些。这就是比较优势的意义所在。换句话说，葡萄牙生产这两种商品都具有绝对优势，但两相比较，葡萄牙在葡萄酒的生产方面优势更大。

从英国来看，英国生产毛呢和葡萄酒的单位劳动成本都比葡萄牙的高。英国的劳动成本和葡萄牙的相比较，毛呢为 100/90＝1.11，葡萄酒为 120/80＝1.5。这表明英国生产毛呢的成本是葡萄牙的 111％，生产葡萄酒的成本是葡萄牙的 150％。英国生产这两种产品的效率都比葡萄牙的低。虽然如此，两相比较，英国生产毛呢的效率相对要高一些。这就是说，英国在生产毛呢方面有比较优势。

比较优势这一概念是李嘉图国际贸易理论的核心。李嘉图认为：如果英国的劳动力全部用来生产毛呢，而葡萄牙的劳动力全部用来生产葡萄酒，也就是说，各国只分工生产各自具有比较优势的产品，那么不但各种产品的产量可以增加，而且通过贸易，双方都可以获得利益。根据前面例示的数据可以看出：

在国际分工之前的生产情况是：葡、英两国一年一共生产 2 单位毛呢和 2 单位葡萄酒。在国际分工之后，世界产量随之增加。英国专门生产毛呢，原来用于生产葡萄酒的人，现在也用于生产毛呢，220（＝100＋120）人一年共计生产 2.2（＝220 人一年/100 人一年）单位毛呢。葡萄牙专门生产葡萄酒，全部 170（＝90＋80）人一年生产 2.125（＝170 人一年/80 人一年）单位葡萄酒。两种产品的生产水平都高于在进行国际分工以前的水平。

随着世界产量的增加，通过国际贸易，各自国内的消费量也是增加的。但具体情况取决于两种商品的国际交换比例，也就是取决于两者的贸易条件。李嘉图假定英、葡两国商品的交换比例是1∶1，按照这个交换比例，如果葡萄牙出口1.100单位葡萄酒并从英国进口1.100单位毛呢，那么英、葡两国国内消费量变化的情况见表4-1。

表4-1 英、葡两国国内消费量的变化

	英国		葡萄牙	
	分工前	分工后	分工前	分工后
毛呢	1	1.100	1	1.100
葡萄酒	1	1.100	1	1.025
合计	2	2.200	2	2.125

显而易见，由国际分工带来的劳动量的节约，英、葡两国都可用来增加各自具有比较优势产品的产量和贸易量，从而增加英、葡两国的国内消费量。由此，李嘉图得出结论：发展对外贸易大大有助于一国商品总量的增长，从而使享用品总量增加。从这种比较成本说出发，李嘉图提出了一个国际分工的模式：葡萄酒应在法国和葡萄牙酿制，谷物应在美国和波兰种植，金属制品及其他商品则应在英国制造。李嘉图的比较成本说从理论上为进一步扩大国际贸易、在国际范围内提高劳动生产率提供了依据。

（二）比较优势的实现机制——货币数量论

李嘉图关于比较优势的实现机制，是以全世界通货在各个国家中的均衡分布原理为基础的。这个通货均衡分布原理是指：全世界用以流通商品的贵金属，在地球上不同的文明国家之间，是按照商业和财富的情况并因而按照所需偿付的次数和程度分成一定比例的。经过这样的划分，它们在每一个地方都保持同样的价值，而且既然每一个国家对其实际使用的数量都有同等的必要，也就不会有任何动力促使它们进口或出口。即在正常的流通情况下，每一个国家的货币数量都同它的生产和财富状况相适应，这时货币在各国具有相同的价值，不会发生各国之间货币的输出或输入。通货在各国的分布达到均衡，各国的进出口也都同时达到均衡。

那么通货的这种均衡分布是由什么决定的呢？李嘉图认为：商业竞争使得金银货币在各国的分配比例，能够适应于假定没有这两种金属存在，国际贸易纯然是一种物物交换时所将出现的自然贸易情况。那么这种货币在各国的分配数量都刚好只是调节有利的物物交换所必需的数量的局面——货币总量的国际平衡分布局面——是如何打破的？换言之，货币如何会不再在一个国家中保持它原有的价值呢？在李嘉图看来，打破货币总量的国际平衡分布局面的原因主要有两点：（1）一国拥有的货币数量的变化（例如金矿的发现导致国内金量增加）；（2）一国流通的商品价格总额的变化。此外，经济发展较快的国家拥有的通货比例会增加，技术进步会引起货币输入，必需品生产困难增加和赋税增加会引起货币输出。

针对那些认为自由贸易会引起不利的贸易差额，从而造成国家黄金储备减少的观点，李嘉图断言，根据黄金国际流动的规律（即黄金从货币数量多、单位币值低、物价高的国家流向货币数量少、单位币值高、物价低的国家），对外贸易会自动地调节各国流通所需的货币量。货币在一国中的输出或输入可以避免由于货币过剩或不足而妨碍商品正常价格的形成。由此可知，关于黄金的国际均衡分配和货币自动调节原理是李嘉图依据货币数量论建立起来的，是对休谟的货币数量论的进一步发展。从上述认识出发，他反对国家限制硬币的出口，认为硬币出口在任何时候都可以让个人自己去决定。

从通货均衡分布原理出发，李嘉图认为一国出现外贸逆差的原因是：由于通货相对于流通的商品来说太多了，通货成了廉价商品，所以它最宜于被运往国外去清偿债务。

从通货均衡分布原理出发，李嘉图认为一国对另一国通货出现长期高额逆差是可能的，但是一国的全部对外贸易不可能长期处于逆差，因为通货输出的结果将使通货分布趋于均衡，从而消除逆差的根源。

根据李嘉图所举的例子，可以假定：当葡萄牙和英国都没有自觉认识到比较成本说的时候，国际贸易将建立在绝对成本差异的基础上。最初，葡萄牙会将生产方面的优势直接转化为贸易方面的综合优势（因为两国若都采用黄金作货币，葡萄牙的两种商品的价格均低于英国同类商品的价格），向英国出口毛呢和葡萄酒。英国在遭受连续性的贸易逆差后，要补偿这一逆差，势必要把黄金运往葡萄牙。黄金从英国流出使英国国内的货币供给量减少，而商品进口则又使英国国内商品数量增加，按照货币数量论，英国所有商品以黄金表示的价格均开始下跌。相反，葡萄牙的连续贸易顺差使葡萄牙国内的货币供给量增加，葡萄牙国内商品量减少，所有商品的价格均开始上涨。当这种情形发生并进一步发展时，葡萄牙的商品在国际市场上的竞争优势将逐渐被削弱。尽管葡萄牙在生产效率方面仍占有像以前一样大的优势，但是这种较高的生产效率的优势将由于葡萄牙商品的价格较英国商品的价格不断上涨而被日益抵消。

在这个过程中，英国的这两种商品中的某一种迟早将变得能够同葡萄牙的同类商品进行竞争。虽然英国的这两种商品的生产效率都处于绝对劣势，但劣势的程度是不同的，当英国的所有商品价格下跌和葡萄牙的所有商品价格上涨到某一水平时，英国的劣势程度较小的商品将最先赶上葡萄牙的同类商品，同它进行竞争。一旦英国毛呢的价格低于葡萄牙毛呢的价格，双方对流的贸易就会开始。尽管这种对流的贸易并不能一举改善英国的贸易逆差地位，但逆差的存在会使两国商品的价格水平继续波动，从而加强英国商品的国际竞争能力，削弱葡萄牙商品的国际竞争能力，直到最后某个时期由于每个国家都输出一种对自己国家相对有利的商品，贸易才能达到大致平衡。上述以比较成本为基础的国际贸易的形成过程，也正是货币数量论发挥作用的过程。

李嘉图的比较成本说为世界各国提供了发展对外贸易的理论武器。不论一个国家处于什么样的发展阶段，经济力量是强还是弱，都能确定自己国家的比较优势，即使是处于劣势的国家也能在劣势中找到优势。各国根据自己国家的比较优势安排生产，进行贸易，则贸易各方都可以用比较少的劳动耗费，交换到比闭关自守时更多的商品并增加总的消费量。

李嘉图还考虑了汇率的决定。他定义汇率是用他国通货估价的一国通货的价值。汇率保持平价的条件是当各国的货币数量都刚好是各国在实际情况下流通所必需的数量时，各国之间的汇兑率才是平价的。如果贵金属的贸易完全自由，而货币输出又无须任何费用，那么各国之间的汇兑率就必然都是平价的。他还指出了在金本位条件下汇率的变动幅度，它一般并不变动到以金银办理汇款比以购买汇票办理汇款更为有利的那种限度。具体来讲，对外国汇价的变动，在任何长时期内都绝不会超过贵金属从一个国家运到另一个国家的运输和保险费用。他认为上述界限即便在通货膨胀时也仍然适用，不过以纸币表现出来的汇率，会由于通货膨胀而降低。

六、经济发展和经济波动

（一）对资本主义经济发展基本趋势和基本条件的分析

李嘉图从他的价值论和分配论推导证明：随着资本的积累和生产力的发展，人口相应地增加，随着对谷物需求的增长，耕地将日益趋于贫瘠。由于土地报酬递减规律的作用，农产品（尤其是谷物）价值不断提高，谷物地租、货币地租和货币工资都随之日益上涨（实际工资从长期来看取决于维持劳动者及其家属生存所必需的生活资料），而利润率则相应地下降。如果没有技术进步和对外贸易的发展，谷物价格不断提高，就会引起货币工资持续上涨，从而使利润率下降。当利润率下降到一定程度时，资本家积累资本的动因就会消失，资本积累就会停止。于是，社会就进入只能实现简单再生产的静止状态。李嘉图对于长期中资本主义经济发展基本趋势的这种描述，调子是低沉的。李嘉图描述未来前景的态度是悲观的。

在李嘉图看来，资本积累是资本主义社会财富增长的基本原因，而资本积累规模的大小又取决于利润的多少。因此，他把维持高额利润当作发展经济、增加财富的基本条件来看待，当他发现利润有下降趋势时，就自然会担心积累源泉枯竭的问题。

李嘉图对资本主义经济发展前景的看法实际上具有二重性。一方面，他认识到利润率有下降的趋势，担心资本积累的源泉会枯竭，因而感到悲观；另一方面，他认为通过改进技术、提高劳动生产率、取消限制谷物进口的《谷物法》、发展对外贸易、改革赋税制度等，可以提高利润。因此，他对资本主义经济发展的前景又是乐观的。总体而论，李嘉图并不是一个完全的悲观主义者，因为他深信资本主义生产方式是最有利于生产发展、最有利于财富增长的生产方式。

李嘉图对利润率下降趋势的论述，其目的不仅是要证明利润率下降会造成资本积累源泉的枯竭，对资本家不利，而且是要证明利润率下降的结果，会引起生产对劳动力需求的下降，工资下跌，人口减少，社会停止发展。对此，他以其特有的敏感注意到了技术进步给经济带来的影响，论述了采用机器这一形式对社会各阶级利益的影响。他指出：随着机器的普遍应用，产品的价格就会由于竞争而降低到等于产品生产成本的程度。李嘉图的结论是：机器的发明与有效应用总是会增加一个国家的纯产品，但是机器的使用虽有利于作为纯产品的利润的增加，但对劳动阶级却是不利的。因为随着利润的增加，每当资本增加时，更大比例的资本将被应用于机器，至于对劳动力的需求，虽然也有增加，但却不会成比例地增加，其增加率必然是递减的。这就会造成一部分人失业，从而使劳动阶级陷入贫困。因此，他认为机器的采用往往有损于工人阶级的利益。

李嘉图不仅指明在自然状态的社会中，财富和人口都会永远地继续发展，而且把不同状况的国家划分为贫富两种类型，并指出其贫富的原因和致富的方法是各不相同的。他指出：有些国家肥沃土地很多，但由于居民愚昧、懒惰和不开化而遭受着贫困与饥馑的一切灾害。这类国家的灾害主要来自政治不良、财产不安全和各阶层人民缺乏教育。因此补救办法是刷新政治、改良教育，以增进他们的幸福，因为照这样办，资本的增加便必然会超过人口的增加。而有些一切肥沃土地都已投入耕种的国家，则是由于农产品供给率递减而遭受着人口过密的一切灾害。关于这两类国家的资本使用和产业发展，李嘉图主张：富国发展资本密集型产业，穷国发展劳动密集型产业。他关于这两种类型国家贫富原因和致富方法的分析，曾对现代西方经济增长和经济发展理论的建立产生过重大影响。

（二）关于否认普遍生产过剩经济危机的观点

李嘉图对资本主义经济发展前景的乐观态度，还表现在他对资本主义社会是否会发生普遍生产过剩危机的看法上。在这个问题上，他接受了萨伊关于供给会自动创造需求的理论，认为人们进行生产的目的，都是为了满足需要，而需要就必然会引起消费，消费自然会引起购买。于是生产、消费、购买就形成一个连环。在李嘉图看来，生产出来的商品既然都有人需要，那么就不存在商品卖不出去的问题，也就不会出现商品生产过剩。因为需求是无限的，只要资本的运用还能产生一些利润，就是没有限制的。他认为：一个人的收入，或者用于自己消费，或者用于生产从而增加所雇用的劳动者的消费，或者借给别人从事生产，都将导致同样的结果。用今天的术语来讲，就是储蓄总归等于投资，而投资会导致同样的消费。当然，李嘉图承认个别商品的生产会发生过剩，但是，他认为就整个社会而言，生产的增长总是赶不上需要的增长，因此，不可能发生普遍生产过剩的经济危机。在他看来，产品总是要用产品或劳务购买，货币只是实现交换的媒介。某种商品可能生产过多，在市场上过剩的程度可能使其不能偿还生产所用资本，但就全部商品来说，这种情形是不可能有的。只要供给结构与需求结构互相吻合，就不会出现商品普遍过剩或者个别商品过剩。

概括地讲，李嘉图否认普遍生产过剩经济危机的基本论据是：（1）需求的无限性（虽然有效需求受生产制约）引起生产（资本运用）的无限性，即只要有利润，资本就会被运用。（2）由于生产是为了消费和销售，所以资本运用的地方不可能是产品长期过剩的行业。（3）由于资本增大引起对劳动需求的同比例增大，所以对消费品的需求也同比例增大。（4）由于货币只是交换媒介，收入会立即被本人花掉或借给别人花掉，所以生产的增加一定会引起有效需求的同时增加，于是增加的产品会马上被增加的有效需求吸收。这就否定了储蓄大于投资的可能性，否定了投资需求不足造成的危机。于是卖与买必然同时相等，供给创造同等的有效需求。

李嘉图否认资本主义社会会发生普遍生产过剩的经济危机，可是就在他去世后的第三年，即1825年，英国就爆发了普遍生产过剩的经济危机。

（三）承认结构性危机的可能性

李嘉图虽然否认普遍生产过剩经济危机的可能性，但是并未排除结构性危机的可能性。他认为：人们的需求变化、政府税收的变化以及战争会引起产业结构的变化。而在一种稳定的产业结构向另一种稳定的产业结构过渡的过程中，资本品的刚性会引发结构性危机。他指出：使新环境成为资本最有利的投资场所并稳定下来需要一段时间；在这一期间，很多固定资本将得不到使用，也许会遭受完全损失，劳动者则不能充分就业，即过渡过程会引起资本的闲置和劳动者的失业。另外，他看到，由于工业发达国家往往具有更多资本品，所以资本品的刚性会使得发达国家相对于落后国家有可能产生更严重的结构性危机。

七、赋税与公债

赋税问题是李嘉图考虑的一个重要问题。之所以如此，首先是因为征收赋税是政府的重要职能之一，而他作为一个经济自由主义者，总是力图减少政府对经济生活的影响，因此，通过研究赋税，有可能为达到这一目标提供一些思路。其次是因为他认为亚当·斯密关于赋税的一些观点不能完全让人满意，希望做一些补充和完善的工作。最后是因为他认识到赋税对收入分配的影响，希望借此厘清这个问题。由于对资本积累和收入再分配问题的格外关注，他的赋税理论主要集中在两个方面：赋税对资本积累的影响；赋税引起的收入再分配问题，即税收的负担问题。

（一）税收对资本积累的影响、对货币影响价格机制的影响

李嘉图对赋税所下的定义是：在一个国家的土地和劳动产品中由政府支配的部分；它最后总是由该国的资本和收入来支付，即税收的最终源泉是国家的资本和收入。从这种认识出发，李嘉图认为凡属赋税都有减少积累的趋势。这是因为：赋税一般都是浪费的，总是必须牺牲人民的舒适和享受才能取得；赋税通常不是减少资本，便是妨碍资本的积累。他的结论就是：税收总是不利于生产，至多不过是不会大大妨碍生产，所以赋税不利于经济增长。

由于对赋税有这样一个总的结论，所以李嘉图认为任何形式的赋税都只是流弊与流弊之间的选择问题。即赋税是一件不能避免的坏事，只能选择危害较轻者。从这些观点来看，他从经济学角度论证了自由主义者主张的小政府。

李嘉图认为税收对货币流通量的影响是中性的。尽管一国的税收可以有很大的增加，流通的媒介却并不一定有相应的增加。他分析了税收在货币数量增加时对不同商品的价格的不同影响。在一个没有赋税的国度内，货币因数量多寡而产生的价值变动将按照相同的比例对一切商品的价格发生作用；但在这些商品中如果有任何一种被课税，情形就不会再是这样，因为利润的平均化倾向将通过转移资本、变动相对价格使被课税行业的

利润与其他行业相同。他认为这是一条极为重要的原理，并认为可以把这条原理称作“税收改变货币影响价格机制原理”。该原理表明他看到了货币数量变化在存在赋税的现实世界中影响商品价格水平的复杂性。

（二）税负问题

从总体上看，李嘉图认为公平的所得税不会改变商品价格，因此税负不可能被转移出去；但不公平的所得税会提高税负偏重行业的商品价格，从而税负会被转移给消费者。而由于利润的均等化倾向，商品税肯定会使生产者提高商品价格。但税负最终由谁承担，则要视直接纳税人能否通过提高价格把税负转嫁出去而定。

李嘉图考虑了供求弹性的相对大小对税负的影响问题。他初步认识到：凡是供给弹性较大的商品，其税收都易于通过提高价格而转移给消费者；凡是需求弹性较小的商品，即使供给弹性不大，其税收也易于通过提高价格而转移给消费者。

（三）赋税原则

从积累资本的目标出发，李嘉图坚决反对各种资产转移税。他认为资产转移税有两大害处：一是减少国家的资本；二是妨碍国家资本按照最有利于社会的方式来进行分配。同时他认为地租税有可能妨碍土地改良，因为如果不区分真正的地租和以地租形式出现的地主改良土地所垫支的资本的应有利润，将挫伤地主改良土地的积极性。他强调征税要公平和经济。

（四）公债妨碍资本积累、李嘉图等价原理

李嘉图强调公债会减少整个社会的资本，如果为了一年的军费支出用发行公债的办法征集 2 000 万英镑，那就是从国家的生产资本中取走了 2 000 万英镑。另外，通过发行公债来筹集资金不利于公众养成节俭的习惯。他指出巨额公债对国家不利，因为它会加重纳税人的负担，以至迫使纳税人携资出国，从而减少国家的资本积累。由此可知，他不主张大规模发行公债并且希望在和平时期努力清偿战时所发行的公债。

李嘉图认为：为公债支付的利息是靠税收来筹资的，因此既不会使整个国家更富，也不会使整个国家更穷。每年为偿付公债利息而课征的 100 万英镑，只不过是由支付这 100 万英镑的人手中转移到收取这 100 万英镑的人手中，也就是说，由纳税人手中转移到公债债权人手中。因此，取消债息支付与保留债息支付，对整个国家来讲是等价的。同时，政府用征税的方式来筹资与用发行公债的方式来筹资，对个人来讲，也是等价的。假定一个社会有 1 万人，政府发行 2 000 万英镑公债，然后，政府可以为了按照 5%的利率每年支付 100 万英镑利息，向每个人每年征税 100 英镑。同时，政府也可以通过赋税的方式一次征收 2 000 万英镑，在这种情形下，政府就不必每年课征 100 万英镑，但这样做并不会改变这一问题的性质。一个人虽无须每年交付 100 英镑，却可能必须一次付清 2 000 英镑。对个人来说，与其从自己的资金中一次付清 2 000 英镑，倒不如每年交付 100 英镑。

以上所述的两个等价，就是著名的李嘉图等价原理。它在 20 世纪 80 年代被理性预期学派的代表人物巴罗用来论证不存在公债的财富效应。

第四节 西尼尔

一、生平和著作

纳索·威廉·西尼尔（1790—1864）出身于英格兰一个乡村牧师家庭，1811 年毕业于牛津大学法律系，获学士学位，1815 年又获硕士学位，1819 年任高级律师。1821 年，西尼尔因在《每季评论》上发表《论谷物法》一文而受到经济学界的关注，同年被伦敦政治经济学俱乐部接收为成员。1825—1830 年，西尼尔担任牛津大学的第一位政治经济学教授。1831 年，西尼尔被委任为伦敦国王学院的政治经济学教授。1832—1834 年，西尼尔受聘为济贫委员会委员，1837 年受聘为工厂委员会委员，1841 年受聘为爱尔兰济贫委员会委员，1857 年受聘为教育委员会委员。他在这几个皇家委员会供职期间，曾从事过数量可观的调查研究工作并参与制定了《1834 年济贫法修正案》。1847—1852 年，西尼尔再度出任牛津大学政治经济学教授。1841—1855 年，西尼尔为《爱丁堡评论》的定期撰稿人。1860 年，西尼尔任英国科学会经济分会主席，名重一时。

纳索·威廉·西尼尔
（1790—1864）

西尼尔是 19 世纪上半叶的英国经济学家，他是从关心济贫问题开始从事经济理论研究的。他的主要著作是 1836 年收录于《大英百科全书》的《政治经济学大纲》。此外，他还著有《政治经济学绪论》(1827) 等。

二、纯粹经济学的四条基本原理

西尼尔把政治经济学看作一门研究财富的性质、生产和分配的科学。他认为以往的经济学家把政治经济学的研究范围定得过于广泛。他主张将以往政治经济学家涉及的关于政治、道德、立法、哲学等问题，从政治经济学中分离出去。他还认为：研究财富应与研究福利区分开来，研究政治经济学应与研究经济政策区分开来，政治经济学家的任务，就在于排除价值判断和情感影响，客观地研究和阐明一般原理。西尼尔是第一个明确强调经济学应当是一门实证科学、强调应当区分纯理论研究和应用对策研究的经济学家。

西尼尔试图把政治经济学变成一门抽象演绎的精密的“纯粹经济学”。他认为：这种“纯粹经济学”的前提，是从人们观察或意识中得到的一般的、主要的、不变的基本命题，一切必要的理论都可以从这些基本命题中引申和推演出来；而这些基本命题，不过是那些人人承认的真理。他认为：建立“纯粹经济学”只需确立四个基本命题。他在《政治经济学大纲》中确立了四条基本原理，下面对这四条基本原理分别做一概述。

第一条基本原理是：每个人都希望以尽可能少的牺牲取得尽可能多的财富。

西尼尔认为：这是人类希求的普遍目标。西尼尔在解释这条原理时强调，没有人会认为自己的全部欲望已经获得充分满足。每个人欲望的性质不同，迫切程度不同。有些人追求权势，有些人追求荣誉，还有些人追求闲暇；有些人追求物质的享受，有些人则追求精神的愉悦；有些人急于为公众谋求重大利益，有些人则急于谋求一己私利。但是，金钱似乎是共同期求的唯一目标，这是因为金钱是抽象的财富。一个人只要有了钱，就可以随心所欲地满足他自己的种种奢望或虚荣，就可以游惰度日，就可以发挥他急公好义的精神或施行他私人的恩惠，就可以千方百计地求得肉体的快乐和避免肉体的劳苦，就可以用更大的代价求得精神的愉悦。

至于在追求财富时遭遇的牺牲，西尼尔认为：不论从量还是质的方面来说，在不同个体之间，甚至在同一个人身上，都同样存在着差别。这些方面的差别构成了个人与民族的性格的某些主要特征。荷兰、英国的居民和制度系导源于英国的那些国家的居民，对富裕的追求热情最高，成就也最大。

西尼尔强调指出：追求财富这一命题几乎是一切经济学推论过程的一个基本假设。这一命题在政治经济学中的地位，就和万有引力在物理学中的地位一样。这一假设就是今天人们所说的经济人假设。西尼尔是第一个明确表达这一假设并指出其基础地位的经济学家。

第二条基本原理是：限制世界人口的，是每个人对所要求的财富可能不足的顾虑。

西尼尔在阐述这一原理时，首先指出人口能够增长的速度，在气候温和的广泛地区，为每25年增加一倍。问题是由于什么约束，人口扩张才受到抑制。

西尼尔对限制人口增长原因的分析，是从评价以往学者分析人口与生活资料关系的观点展开的。在这个问题上，以往学者的观点基本可以分为两派。其中一派认为在世界上，每一个国家如果都能摆脱一切对人口增长的自然制约和人为制约，以尽可能大的速度进行繁殖，那么即使一连经过许多代，也绝不会感受到任何威胁。这一派可称为乐观派。另一派的主要代表人物马尔萨斯则认为：人口的增长有超过生活资料增长的倾向，人口的增长是广大人民长远幸福的不可克服的障碍。这一派可称为悲观派。

西尼尔和这两派的观点都不同：一方面，他反对乐观派不需限制人口增长的观点，指出如果人口不受制约地增长，那么无论我们怎样吃苦耐劳，都无法防止我们的生活资料越来越缺乏；另一方面，他更反对以马尔萨斯为代表的悲观派在人口增长趋势面前无能为力的观点。西尼尔认为：处于不同经济文化发展水平下的人口增长，具有不同的制约因素和增长趋势。人类的苦乐主要取决于生活资料与人口两者的相对发展，而两者的发展是有其原因的，这些原因在人类的控制范围以内，因此是可以加以调节的。

接着，西尼尔具体分析了在不同经济文化发展阶段制约人口增长的不同机制，以及对人口增长趋势的调节作用。当物质贫乏时，其决定性的和不可抗拒的制约因素是由于艰苦或饥饿而造成的死亡。这几乎是无理性动物增殖的唯一制约。至于人类，在最低级的野蛮状态下，这是主要的和显而易见的制约力量。在高度文明的社会中，这一力量几乎是难以觉察的，但这只是由于另一替代力量在发挥作用。只有对结婚持慎重态度和在消费方面保持相当高水平的习惯，才能持久防止生活资料受到人口增长的过大压力，以及不断招致事后制约的痛苦。由于只有文明社会才存在着上述前一习惯，只有富裕社会才存在着上述后一习惯，这就可以清楚地看出：当一个国家在文化程度和富裕程度上日益取得进展时，事后制约就势必为防止性制约所取代。

为什么随着经济文化的发展和进步，人口过剩、过多的弊害势必会逐步减少呢？西尼尔认为有两个原因：其一，在物质文明和精神文明较高的社会里，可能预见到人口增长过速的弊病，会以充分的慎重态度防止它。在这种情况下，防止性制约就会充分发挥作用，就可以达到甚至无须接近任何事后制约的程度。其二，知识、财产安全、国内交换和国外交换的自由以及获取权力与地位的机会均等，这些原因既足以促进生活资料的增长，并且由于提高了人民的品性，又使他们得以在较低的速度下进行繁殖。反之，对交换和商业加以限制从而使多数人不能享有上进机会的人为障碍，尤其是愚昧无知以及人身与财产的不安全，这些原因既足以降低劳动者的生产力，又会造成一种只顾眼前不计将来的野蛮状态。在这一状态下，慎重态度这一制约力量就不复存在，生殖力总是在尽力争取超过生活资料的供应限度，这时抑制人口增长趋势的就只能是贫困和堕落。

尽管西尼尔认为随着经济和文化水平的逐步提高，人口增长给生活资料带来的压力逐步减轻，但他绝没有否认在一切长期安定的国家中这一压力的普遍存在。

在上述分析的基础上，西尼尔的基本政策主张是：完整的社会改革方案要兼顾增加财富生产和防止人口过快增长两个方面。西尼尔认为：前者的实现有赖于立法机关，后者的实现则有赖于个人的审慎和远见。前者的实现必须依靠社会的统治阶级，而后者的实现则差不多完全取决于下层民众。

第三条基本原理是：将劳动的力量与其他工具的力量相加并把它们所生产的产品当作进一步生产的工具，劳动生产力和社会财富就会无限量地增加。

西尼尔认为：生产得以进行所必需的要素可分为三类：一是劳动，二是自然要素，三是节欲。劳动是为了生产而在体力或脑力方面的自觉努力；自然要素包括力量不是来源于人类动作的一切生产要素；节欲则表示个人对他自己可以自由使用的那部分，或者不做非生产性的使用，或者有计划地宁愿从事其效果显现在将来而不是眼前的生产。在这三类要素中，第三类要素是最重要的。没有它，第一、二类要素就不能充分发挥作用；没有它，社会就无法取得进步。

西尼尔在谈到资本与节欲的区别和联系以及资本与劳动及自然要素的关系时指出：资本这个词指的是，出于人类努力的结果，用于财富的生产或分配的一项财富。节欲这个词所要表达的是：除花费劳动于遥远目的外，还必须忍受额外的牺牲。西尼尔强调指出：放弃我们力所能及的享乐，或者放弃切近的效果而追求遥远的效果，是人类意志最艰苦的努力之一，也是在人类借以提高其生存地位的一切方法中最有效的方法。资本所获得的利息就是对节欲的报酬。

西尼尔认为：作为生产手段的资本在生产力发展和财富增长过程中的作用，是通过机器的使用和分工的发展而实现的。在他看来，随着机器无止境的改进和分工的深化与发展，生产力发展和财富增长的前景是无限美好的。

第四条基本原理是：假定农业技术不变，在某一地区以内的土地上使用的增益劳动，一般会产生比例递减的报酬，即在土地上增加劳动，虽然总报酬增加，但报酬不能随着劳动成比例地增加。

西尼尔阐明了以各种生产手段运用于农业的效率和运用于制造业的效率之间的重大差别与特征。他认为：农业的优点是增益劳动使用于同一块土地可以获得越来越多的产物，其缺点是产量增加对劳动增加的比率一般会逐渐降低，结果是优点敌不过缺点。制造业的缺点是产量增加需要材料同等增加，其优点是使用的材料数量越大，工作就越可以不断获得推进，结果是优点压倒了缺点。但是西尼尔指出：土地报酬递减这一通则是有例外的，那就是农业技术的种种改进，这一类改进必然足以抵消甚至可能胜过由地力递减所引起的缺陷。

西尼尔以非常清晰的语言表达了土地报酬递减规律，指出它只是在技术不变时的规律。

上述这四条基本原理，就是西尼尔在《政治经济学大纲》一书中为建立“纯粹经济学”而确立的四条基本原理。熊彼特把这四条基本原理称为普通经济学纯理论的“公理”。这四条基本原理对后来西方经济学的发展演化具有相当大的影响。

在西方经济学的产生、发展、演化过程中，西尼尔是作为“纯粹经济学”的倡导者之一被载入史册的。熊彼特指出，西尼尔是那个时期的第一个纯粹理论家，西尼尔同马尔萨斯和李嘉图一起，是从亚当·斯密到约翰·斯图亚特·穆勒的三个主要垫脚石。

思考题

一、述评马尔萨斯的人口理论。

二、述评李嘉图的劳动价值论和收入分配理论。

三、述评西尼尔的纯粹经济学的四条基本原理。

第五章

19 世纪上半叶法国的经济学家

——萨伊、西斯蒙第、古诺和巴斯夏

19 世纪，更确切地讲是 1789—1913 年的法国，在经济上经历了一场渐进式的工业化，即没有工业革命的工业化。[①] 在这一百多年的时间里，法国经济增长大致经历了快—慢—快三个发展阶段：从 1789 年法国大革命到英法缔结《英法通商条约》实行两国自由贸易的 1860 年，是经济增长不断加速的阶段；从 1860 年到 1896 年，是经济增长相对缓慢的阶段；从 1896 年到 1913 年，是经济增长重新加速的阶段。在上述三个长时段当中，法国还经历了若干次经济危机，如 1825 年危机和 1848 年危机。

在这个渐进工业化的世纪里，法国的产业结构、社会结构发生了重大转型。到 19 世纪 30—40 年代，现代化工业迅猛发展，共有 12.4 万家大中型企业和 154.8 万家小型企业。这种转型的结果之一，就是社会贫富差距一度迅速扩大。在 1830 年以前，工人一天工作 16 个小时。1831 年，巴黎有 4 万名失业工人。19 世纪 30 年代，法国工业迅速发展，蒸汽机数量增加了 7 倍，棉花需求量增加了 1 倍，煤炭采掘量增加了 2 倍，铁路网迅速布满法国，工人人数达到一百多万。然而，与经济迅速增长相对照的是：从 1820 年到第二帝国时期的 32 年时间里，工人实际工资徘徊不前。[②] 作为工业革命过程的典型特征之一，雇主严酷地剥削工人。工人的工作时间经常一天达到 18 个小时，而工资则只有 18 苏并且企业大量使用童工。直到 1841 年法国才颁布禁止雇用未满 8 周岁儿童的法律。

19 世纪，更确切地讲是 1789—1913 年的法国，与在经济上的渐进工业化相对照，在政治上却经历了一系列起义、革命和复辟：1789 年发生大革命；1792 年建立第一共和国；1794 年发生热月政变；1804 年建立法兰西第一帝国；1814 年波旁王朝复辟；1830 年发生七月革命，建立奥尔良王朝；1831 年和 1834 年里昂纺织工人两次举行武装起义；1848 年发生革命，建立法兰西第二共和国，实现了普选权，选民人数从 24 万增加到 900 万；1851 年路易·拿破仑·波拿巴发动政变，建立个人独裁的第二帝国；1871 年建立巴黎公社。

在这个风云激荡世纪的前半叶，法国涌现出了四位对后世颇具影响力的经济学家：萨伊、西斯蒙第、古诺和巴斯夏。

---

①② 沈坚．近代法国工业化新论．北京：中国社会科学出版社，1999.

第一节　萨　伊

一、时代、生平和著作

让·巴蒂斯特·萨伊
(1767—1832)

让·巴蒂斯特·萨伊（1767—1832）出身于法国里昂一个商人家庭。不到12岁时，因父亲破产而中断学业，被迫到一家商店当学徒。不久随其兄到了英国，在那里接受了完备的商业教育，目睹了英国工业革命的现状。回国以后，任一家保险公司的经理克拉维（此人信奉亚当·斯密的学说，在1792年任法国财政部部长）的秘书。1789年法国大革命爆发后，萨伊积极活动。1792年他曾投笔从戎，远征香槟。但雅各宾党人上台之后，他脱离了革命。

从1794年起，萨伊任《哲学、文艺和政治旬刊》主编，其文章颇受拿破仑欣赏，于是被委任到财政委员会工作。1803年，他出版了《论政治经济学，或略论财富是怎样产生、分配和消费的》(以下简称《政治经济学概论》)，提倡自由贸易，与拿破仑的大陆封锁政策相对立。拿破仑曾召见他，示意其修改著作，但他拒绝了拿破仑的要求，于是被解职，其著作亦被禁止发行。复辟后的波旁王朝十分赞赏萨伊的经济理论及他反对拿破仑的政治态度，派他去英国进行考察，以便把英国的经验应用于法国的工业发展。

从1816年开始，萨伊成为法国第一个系统讲授政治经济学的教授。在欧洲大陆，人们最初是通过他的介绍才了解亚当·斯密的经济理论的。

二、对政治经济学的基本看法

萨伊指出政治经济学只涉及增加财富的一般法则，与所采用的具体方法无关。从这一基本看法出发，他提出了有名的关于政治经济学的三分法，即财富的生产、财富的分配和财富的消费。这三个部分分别考察生产法则、分配法则和消费法则。

萨伊在考察政治经济学的性质时，首先把科学划分为叙述科学和实验科学两大类，前者涉及物体及其性质的正确知识，如植物学和博物学，后者考察事件的因果联系，如化学、物理学和天文学。在如此分类的基础上，他认为政治经济学类同于化学、物理学，属于实验科学。他对政治经济学和统计学加以区分，认为政治经济学涉及关于因果关系的一般知识，而统计学只是给出事物的数量指标，并不告诉人们各种事实的来源与后果，也只为一般知识提供例证。他实际上把政治经济学看作一门探索财富现象因果联系的科学。

萨伊强调了政治经济学的演绎性质。他指出：政治经济学由几个基本原则和这几个基本原则演绎出来的许多结论组成。同时他也看到了政治经济学的归纳性质，强调政治经济学的基本原则必须从无可否认的一般事实中正确推断出来并且演绎出来的结论也必须和实际经验相比较，以验证其正确性。据此，他指责李嘉图从无可非议的假设出发，却不去比较推论的结果与事实。

三、对生产和生产要素的分析

（一）生产三要素论

萨伊认为：人们在生产中所创造的不是物质，而是效用，因为物质是不可创造的。他所谓的效用是指物品满足人类需要的内在力量。他强调物品的效用就是物品价值的基础，而物品的价值则构成财富。

从生产创造效用这一前提出发，萨伊提出了生产三要素论。他认为财富（价值）来源于劳动、资本和自然力（主要是指土地）这三种要素的协力。因此，效用（即价值和财富）是三要素协力合作的结果。

（二）关于劳动

萨伊指出：劳动的实质是役使自然力。他把劳动单纯地看作是人与自然之间的关系。他认为劳动有三种类型：第一种是科学家所从事的研究自然规律、形成理论的劳动；第二种是企业主、农场主、商人运用知识从事管理提供产品的劳动；第三种是工人的劳动。即劳动可分为建立理论、应用理论和具体执行三种类型。他强调要重视科学研究，同时也看到了科学知识的易传播性，指出科学不发达的国家可以利用发达国家的科学知识来生产财富。萨伊可能是第一个指出科学研究的重要性和科研成果具有正外部性的经济学家。

萨伊关于生产性劳动和非生产性劳动的见解是直接反对亚当·斯密的。萨伊从生产的结果是效用这一见解出发，认为凡能扩大效用并因而能够增加产品价值的劳动都是生产性劳动。这样，他就把生产所谓“无形产品”（指各种服务性劳务，包括政府的服务和教会的服务）的劳动也称作生产性劳动了。

（三）关于资本

萨伊认为：资本是比土地更重要的生产要素。因为劳动不会受土地大小的限制，却会受资本多寡的限制，并且土地的大小、肥瘠在很大程度上依存于地理位置，而劳动与资本的力量则依存于人类本身的管理能力。于是他花费了较大篇幅来研究资本要素。

萨伊承认资本是劳动从前所创造的产品。他把资本分为三类：第一类资本是用于生产有形产品的生产资本，第二类资本是处于完全不生产状态的非生产资本，第三类资本包括住宅、家具、装饰品等产生效用或愉悦的物品。他认为生产资本由工具、原料及维持劳动者生活的必需品的价值组成，甚至包括资本家维持本人生活的必需品的价值。促进产品交换的货币也是生产资本，但它只构成生产资本的很小一部分。培养劳动技能所付出的费用也是生产资本。他把劳动能力也看作资本，这一点他继承了亚当·斯密的人力资本的思想。非生产资本主要是指窖藏的价值。他认为社会资本是私人资本的总和。

萨伊已经看到资本能够在不断的生产性消费中保存自己的价值，已经意识到了资本的运动本性。这一思想成为他反对重商主义的一个论据。

萨伊指出了生产资本形成和增加的条件，概括起来主要有：（1）生产的产品要超过在生产过程中的消耗；（2）剩余的产品要被储蓄起来，即投入生产，用于生产性消费。因此，生产资本既可以通过扩大生产获得，也可以通过扩大储蓄获得。他不赞成亚当·斯密关于资本积累单纯依靠节约的说法，更强调生产的扩大在资本积累中的作用，认为消费和储蓄可以在生产扩大、商业繁荣时齐头并进，而且节约风气的形成也有赖于生产扩大创造的有利投资机会。

萨伊认为资本积累不仅有利于资本家，而且有利于工人增加就业机会，并且个人资本积累引起的贫富不均可以通过分割遗产而消除。在考察资本积累对工人的影响时，他特别分析了使用机器的后果，把机器看作人们利用自然力来节约劳动的手段。他承认机器的使用会引起收入向首先使用机器的人转移并引起工人失业，但他强调这些弊病在长时间内是可以克服的，因为机器的使用是一个缓慢的过程，可以采取预防措施并且机器的使用会为失业工人提供新的就业机会，会降低物价从而有利于消费者（包括工人）。他认为机器的发明和技术的进步不会引起产品过剩，因为机器引起生产费用的降低，进而引起价格的降低，以至需求的增加超过生产能力的增加。萨伊的结论是：机器的使用从长期来看是能够补偿工作一时所遭受的损失的，是有利的。他对采用机器的后果的看法显然比李嘉图正确。

（四）发展生产的合理政策

萨伊认识到私有产权的激励功能，认为保障私有产权有助于生产发展。他认为：安稳地享有自己的土地、资本和劳动果实，是诱使人们把这些生产要素投入生产用途的最有力动机。

萨伊反对重商主义的国家干预政策，认为产业和财富的健全状态乃是绝对自由，即听任各种事业各自照顾自己的利益，因为个人利益是最可靠、最节省的指针。而政府仅需保护人民不受欺骗，不受暴力迫害。他剖析了法国重商主义政策的出发点及其危害，指出政府干预的目的无非两个：（1）使人们生产更重要的产品；（2）使人们采用更合适的方法。他认为政府干预的结果并不能达到上述两个目的，反而会使人们生产次要产品，采用更浪费的生产方法。萨伊强调阻碍人们自由运用其生产手段的做法，就是侵犯私有产权。他同意亚当·斯密的看法，认为政府干预对外贸易将形成独占，既不利于消费者，也不利于资本和劳动的合理配置。他指出政府直接从事生产事业往往是低效率的且往往与同行的私人企业发生竞争，窒息私人企业。他反对法定价格，认为法定价格将打乱生产与需要之间的自然比例，而法定最高价格将加剧货物的短缺。

萨伊虽然反对重商主义的政府干预政策，但并不笼统地反对一切国家干预。他认为政府除尽到保护私人财产的责任外，还应当建设公共交通，创办学校。政府还应当保护有助于国防的行业、有前途的新兴行业。

从理论上看，由于重商主义在英法两国之间的表现有所不同，所以萨伊对重商主义的批判与亚当·斯密也有所不同，萨伊更侧重批判政府对生产对象和生产方法的不合理干预。在国家的经济职能方面，萨伊也比亚当·斯密有更全面的看法，如萨伊看到了保护有前途的新兴产业的必要性等。

四、萨伊定律

在反对重商主义的过程中，萨伊反对人们为了解决产品滞销问题而要求政府保护。为此他提出了著名的萨伊定律。他认为：在以产品换货币、货币换产品的交换过程中，货币只在一瞬间起作用。因此交易总是以一种货物交换另一种货物，即商品交换在实质上不过是物物交换。以此为据，他认为销路呆滞绝不是因为缺少货币，而是因为缺少其他产品。他的结论是：生产给产品创造需求，单单一种产品的生产，就给其他产品开辟了销路。在萨伊看来，由于某种产品的过剩实质上是其他产品的生产不足，所以当某产品亏本的同时，必有其他产品赚得过度利润，只要没有政府的不合理干预，这种现象就不会持久。只要实行自由放任的政策，就能有效消除个别产品的生产过剩，而产品的普遍过剩是不可能出现的。萨伊定律的中心论点是：在自由放任条件下供给自动创造需求，不可能出现产品的普遍过剩。

萨伊从该定律出发演绎出四个重要结论：(1) 一切社会，生产者越众多，产品越多样化，产品的行销便越快、越多和越广泛，而生产者所得到的利润也越多。(2) 每一个人都和全体的共同繁荣有利害关系。一个企业办得成功，就可以帮助其他企业也达到成功。因此，城市居民能从乡村居民的富裕中受益，反之亦然。一个国家也同样能从邻国的富裕中受益。(3) 购买和输入外国产品绝不会损害国内或本国产业和生产，因为购买外国产品总是以同样价值的本国产品为支付手段。(4) 激励生产的政策是贤明的，而鼓励消费的政策是拙劣的。

萨伊提出萨伊定律来反对重商主义，有其合理性，但萨伊定律要依存于即使在一般情况下也非常不现实的前提条件：货币只是交换媒介，只在一瞬间起作用。在法国大革命以后出现的通货膨胀、纸币贬值，使货币在交易中只在一瞬间起作用。这一历史背景构成了萨伊定律的理论前提。萨伊定律的提出，激发了后人对它的前提条件的不断思考，起码形成了数种观点，如物物交换说、储蓄与投资相等说、货币面纱说等。因为它的成立与否关系到政府在市场经济中发挥什么作用的重大问题，所以萨伊定律一直是自由主义论者和政府干预论者争论的焦点。

五、价值理论

萨伊把价值规定为效用，认为效用是价值的基础，价值是衡量效用的尺度，但他无法从效用出发去决定价值量。例如，他无法说明极有效用的空气为何价值为零，也无法从效用出发去说明价值量的变动规律。例如，他无法解释当物品的效用未发生变化时，为什么生产率的提高会降低它的价值。为了说明价值量的决定和变动规律，萨伊被迫离开了效用这一价值基础，从其他方面来说明价值量的规定。他首先否认了绝对价值的存在，只承认相对价值，认为价值只不过是用其他物品来表现的相对价值。由于用货币表现的相对价值就是价格，于是他便用价格来说明价值量，价格是测量物品价值的尺度。而价格在他看来是依存于供求、随供求的变动而变动的，物价和需求成正比，物价和供给成反比。

萨伊进而考察了需求和供给，认为个人对某一特殊物品的需要，依其体质和品性，居住地的气候，社会的法律、习惯和生活方式而定。萨伊指出人们的需求是受到他们每个人自己所生产的产品的限制的，一件物品的效用和购买者的财富共同决定需要的程度。有支付能力的需求随价格的变化而反方向运动，因为需求者人数和每个人的需求数量都依价格的变化而变化。至于供给，是在一定时间内可用以满足需求的商品数量，随价格的变化而同方向变动。

萨伊并没有前后一贯地用供求关系来说明价格和价值，他还试图用生产费用来说明价格和价值。他承认一物之所以有价值，不仅在于其有效用，而且在于获得它要付出代价，这个代价就是生产费用。因此，价格受到生产费用的约束，生产费用决定了价格的下限。当价格低于生产费用时，货物就停止供给；当价格高于生产费用时，供给就增加。供给增加引起物价下跌，以至影响生产费用的水平。于是生产费用就成为价格的决定因素了。

萨伊是在亚当·斯密之后用效用而不是用劳动来说明价值现象的第一位经济学家，他的价值理论包含了后来西方的各种价值理论的萌芽。边际效用价值论就是在萨伊的效用价值论的基础上，通过稀缺性这一概念说明了空气等为何有效用而无价值，通过边际效用这一概念解决了价值量的决定问题，使萨伊摆脱了以效用规定价值但却无法用效用说明价值量的难堪处境。马歇尔的均衡价格论是萨伊供求价格论的进一步发展和完善，通过把生产费用看作影响供给进而影响价格的因素，就消除了供求价格论和生产费用价格论在萨伊手中的不和谐。瓦尔拉斯的一般均衡理论可以说是萨伊的关于商品价值与要素价格相互制约思想的精致表述，是一个代替了萨伊的不合理循环决定论的精致表述，它说明了商品价格与要素价格的同时决定。

六、分配理论

萨伊认识到收入的分配与生产要素的分配两者之间的关系，处理收入的专有权乃是生产手段专有权的结果。那么，生产要素的专有权是如何给所有者带来收入的呢？这是因为生产要素在生产过程中提供了生产性服务，三种要素协同创造了价值（效用），所以它们必须取得收入以为它们的服务提供报酬，即劳动取得工资，资本取得利息，土地取得地租。

萨伊把工资、利息和地租统称为要素价值。从效用价值论出发，他认为要素价值取决于产品的价值，而产品的价值则取决于效用。这样，要素价值实际上就由要素最终所生产的产品的效用决定。而特定要素价值和该要素在生产中所提供的服务的重要性成比例。由于效用的不可定量性，萨伊以产品效用说明生产要素价值的做法面临如何确定收入量的难题。为了解决这个难题，他再一次求助于供求关系，用要素的供求来说明要素的价值。生产要素的相对价值随需求的增大而上升并随着供给的增多而下降。

在对收入的一般来源和量的决定法则做了如上探讨之后，萨伊开始分析各种收入范畴。首先分析工资。由于他把劳动能力也看作资本，所以他把工资称作劳动的利润，认为工资的高低取决于劳动要素的供求。萨伊指出：科学家的工资往往较低，因为他们的劳动成果极易传播、不易得到保护，所以供大于求。这一观点预示了知识产权的重要性。他认为简单劳动的工资，因为其供给充分，所以常常维持在可维持生存的水平；复杂劳动的工资较高，这是因为劳动能力的训练费用相当于累积资本，需要有利息报酬。他认为老板、经理和冒险家由于监督活动和管理劳动而得到的利润也属于工资范畴，应对这部分利润与纯粹由资本所带来的利润加以区分。他认为这些人的工资同样由供求决定。萨伊是继坎蒂隆之后强调企业家功能的人。

萨伊提到了在劳工工资决定中劳资利益的对立，认为劳工的工资是为了调和雇主与工人之间不相容的利益而订立合同的结果。他复述了亚当·斯密关于在订立工资合同时雇主的有利地位及工人的不利地位的观点。

萨伊把资本要素的收入称作利息，认为企业利润包括利息收入和企业家劳动的管理工资。他反对亚当·斯密关于利润与监督劳动无关的论点，认为管理水平的不同会使同等资本获得不等量的利润。萨伊认为作为资本收入的利息，包括了纯利息和保险费两部分。纯利息与借贷资本的供求有关，保险费则取决于风险。他没有分析利润的决定，只是把利润分解为纯利息、保险费和监督工资三部分。

萨伊认为土地不是唯一有生产性的自然力，但它是唯一可以为人类所占有的自然力。他认为土地所有权专有有助于土地的改良。他把地租也常常称作利润，认为地租的来源在于人们对农产品的需求足够大，使农产品的价值除抵补成本外，还能超过资本的通常利息。他把土地产生地租的这种能力称作土地的生产力，而地租既是土地生产力的价值，又是土地生产性服务的报酬。地租的大小和其他商品一样，取决于土地生产力的供求。不同性质的土地的地租同样取决于人们对它们的特殊供求。他还认为：地租中包括地主改良土地所耗费资本的利息。他看到地主能够无偿享有租地人改良土地所带来的好处，因此认为长租期将有助于土地改良。

萨伊用三要素在创造效用的生产中的协力作用来论证三要素所有者取得各自报酬的必要性，用三要素在创造效用的生产中的所谓生产性服务来说明三要素所有者各自收入的来源。这样，他就建立了关于收入分配的“三位一体公式”。为了说明收入量是如何决定的，他求助于供求决定论，或者用要素产品的效用来说明要素的价格。用今天的眼光来看，为了激励人们把生产要素投入生产性活动，萨伊的按要素贡献决定要素所有者收入的见解是非常正确的。

萨伊的分配论是后来的边际生产力论的基础和萌芽。他的生产性服务论被演化为要素的边际生产力论，而他的供求决定论则发展成以边际生产力论为基础的供求均衡论。可以简单地说，在萨伊之后的分配理论无非是在萨伊已经建立的理论建筑中，进行修补完善工作而已。

萨伊建立经济理论的主观愿望是想增加国家的财富，消灭分配不平等现象。他憎恶在当时社会中存在的贫富不均。他写道：无论在什么地方，赤贫和豪富都成为鲜明的对照，一些人的劳动被剥削来养活另一些闲散人，丑陋茅屋和堂皇公馆毗连邻接，穷人的褴褛衣衫和富人的华丽衣服混在一起。总之，一边是酒肉臭腐，另一边是食不果腹。他认为：研究政治经济学就是要克服这种现象，使国王和人民都意识到他们的利益之间无冲突，从而使国王不再压迫人民，人民更加信任国王。萨伊看到了分配不均的现象，把它归咎于重商主义干预政策的结果，于是猛烈地攻击重商主义的干预主义，赞美自由放任的资本主义制度。

第二节　西斯蒙第

一、时代、生平及其对政治经济学的基本看法

西斯蒙第和李嘉图、马尔萨斯、萨伊是同时代人，他们的经济理论都源于亚当·斯密，但相互之间存在很大差别。

让·西斯蒙第（1773—1842）在西方经济思想史上是一个占有特殊地位的人物，以对亚当·斯密古典政治经济学的怀疑为其思想特色，是现代福利主义思潮的先驱。

让·西斯蒙第
（1773—1842）

西斯蒙第与李嘉图差不多是同时代人，西斯蒙第的代表作《政治经济学新原理》(1819) 仅比李嘉图的代表作《政治经济学及赋税原理》(1817) 晚出版两年，但他们两人在经济理论上却是针锋相对的。这是当时法、英两国不同社会状况的反映，同时也是由他们两人不同的生活经历所造成的。

在李嘉图生活时的英国，资本主义生产方式已经充分发展，当时的英国社会已经基本由资产阶级、无产阶级和地主阶级这三大阶级构成，小生产者已经几乎不存在了。在西斯蒙第生活时的欧洲大陆，尤其是法国，1789 年大革命给它造就了一个广泛的小农阶层，大革命后迅速发展的资本主义生产方式，又使这一阶层处于濒临破产的境地，工人阶级也由于机器的使用而经常处于失业状态，这样小土地所有者因贫困和破产而产生的不满，工人对经常失业产生的愤恨，自然会在法国经济学的发展中得到反映。

西斯蒙第是意大利佛罗伦萨一个古老家族的后裔，出生在瑞士日内瓦湖畔的一所庄园，他父亲是一个同旧贵族有密切往来的有势力的新教牧师。他在一所新教中学接受中等教育，后在巴黎上大学，因父亲破产而辍学，到里昂一家银行供职。大革命爆发后，他逃回日内瓦，当革命蔓延到瑞士以后，他与其父因同贵族交往密切而被捕入狱。出狱

后举家迁居英国。一年半以后重回故乡日内瓦，但不久又移居意大利，他们在意大利买了农庄。西斯蒙第在经营农庄的同时开始研究经济学和历史。

1800 年，西斯蒙第重返瑞士，成为日内瓦市商会的秘书。1803 年，他出版了《论商业财富》一书，完全赞同亚当·斯密的观点。16 年后，即 1819 年，他出版了他的主要经济学著作《政治经济学新原理》，书名全称为《政治经济学新原理或论财富同人口的关系》。这本书使他名声大振，从而也奠定了他在西方经济学史上的特殊地位。

西斯蒙第在主观愿望上是真诚地忠实于劳动人民的，在他的著作中充满着对劳动者的深切同情。在政治立场上，他拥护拿破仑，把反拿破仑联军的胜利称作反动势力的胜利。作为一个思想家，他特别看重独立思考的精神，曾因担心不能自由阐述自己的观点而拒绝担任大学经济学教授的邀请。同时，他也为保持思想的独立性而拒绝接受拿破仑授予的荣誉勋章。他于 1842 年去世，终年 69 岁。

西斯蒙第撰写《论商业财富》一书时，曾是亚当·斯密学说的忠实信徒，但随着岁月的流逝，他发现许多事实与他所信赖的经济学原理不相符。他通过对英国社会经济的研究发现，生产增加了，可是享受的收入却减少了。英国所积累的如此巨大的财富究竟带来了什么结果？除了给各个阶级带来忧虑、困苦和完全破产的危险外，还有什么？他认为英国一切灾难的产生只是由于它遵循了错误的经济方针。而这种错误方针在他看来是来源于正统的经济学，即亚当·斯密和李嘉图的经济学。西斯蒙第指出：那些学说不管应用在什么地方，都可以增加物质财富，不过，那些学说也会使每个人应得的享受量减少；如果说那些学说的目的在于使富者更富，那么它也同样使穷者更穷，更加处于依附地位，更加被剥削得一干二净。因此，他认为有必要对亚当·斯密的学说做出修正。他说："我们同亚当·斯密一致认为：劳动是财富的唯一源泉，节约是积累财富的唯一手段，但是还要补充一句，享受是这种积累的唯一目的。"

西斯蒙第对亚当·斯密学说的修正，是从经济学的研究对象和研究目的开始的。他责备亚当·斯密没有始终保持自己的主要宗旨——财富与国民享受的关系，他定义政治经济学是研究一国绝大多数人能够最大限度享受该国政府所能提供的物质福利的方法的科学。在他看来，研究政治经济学的目的是增进人的物质福利。他反对李嘉图关于研究政治经济学的目的是无限制增加财富的观点，反对李嘉图用增加生产和减少消费来增加财富的方法。他认为：增加财富并不是政治经济学的目的，而只是使大家享福的手段。从这种观点出发，他认为政治经济学的研究对象是全民收入的确定及这种收入的分配。

从西斯蒙第对政治经济学所下的定义来看，政治经济学的目的不是告诉人们经济本身的运行机制及如何利用这种机制，而是告诉人们合理的经济应当如何运行。从这种观点出发，他强调了政治经济学的规范伦理性质。政治经济学不是单纯计算的科学，而是道德的科学。他强调这门科学需要良心，正如需要理智一样。

西斯蒙第对经济学的对象、目的和性质的这种看法，是与他对财富的看法密切关联的。他认为财富不是目的，只是达到目的的手段。他反对为了财富这个手段而牺牲目的。他认为财富这个手段所要达到的目的是人们的物质享受，享受是积累财富的唯一目的。他认为只有增加了国民享受，国民财富才算增加。

二、对生产均衡条件的分析

由于西斯蒙第把财富看成是满足人们物质欲望的手段，所以，他特别重视需求因素对财富形成和增长的重要意义。他把愿望或需要与劳动并提，当作形成财富的一个条件。一个人的劳动产品要供给别人消费，而他自己却要消费别人生产的东西。虽然生产与消费之间的直接联系对在商品生产社会中的个人来说不再存在，生产和消费之间的种种比例不再固定，也不为个人所清楚了解，但对整个社会来说，它生产的全部商品都应该用来消费。如果它生产的年产品送到市场却找不到消费者，再生产就会陷于停顿，国家也就会由于产品过剩而陷入灭亡。因此，生产的增加只有在相应的消费也随着增加时，才是稳定的增加，才是对社会有益的。西斯蒙第把生产与消费的均衡当作再生产的条件并指出了当生产超过消费、出现失衡状况时，物价会下跌，生产会缩减，因而国家就会遭受困苦。

西斯蒙第认为：在商品生产社会中对生产起约束作用的消费并非欲望意义上的消费，而是受收入调节的有支付能力的消费。

西斯蒙第把个人收入定义为地租、利息、利润和工资。至于国民收入，他认为由两部分构成：一部分是利润（他把地租、利息都包括在利润之中），另一部分是工资。他肯定了收入对消费的调节作用，但对于消费与收入之间的关系，他只考虑了两种可能，即消费等于收入和消费大于收入。他认为消费大于收入将侵蚀资本，如果是个人，就要破产，如果是国家，就要致穷。他认为消费应当与收入相等。当消费与收入相等时，他认为生产与消费均衡的再生产条件就变形为生产与收入相等。他认为年产品仅由两部分构成：一部分是财富产生的利润，另一部分是劳动阶级的生活资料。这样，生产与收入相等的再生产条件就变形为年收入与年产品相等，即年收入全部用于交换年产品。

综上所述，可以把西斯蒙第关于在静态（即年收入不增加）条件下再生产的均衡条件表示如下：

总需求(≡总消费≡总收入)=总供给(≡消费基金≡年产品)

西斯蒙第并没有满足于仅绘出在静态条件下再生产的均衡条件，他还考虑了在动态条件下，即在收入增长情况下的均衡问题。要考虑在收入增长时的均衡，就必须分析投资需求对均衡的影响。他在考虑这一问题时，实际上只考虑了资本家把全部资本增加额都用于雇用追加劳动这一情况。资本家将在第一年增加的收入，一部分用于提高自己在第二年的消费，另一部分则形成资本的增加量，用于在第二年增加雇佣劳动。这样，资本的增加最终只是引起消费的增加。按照这种新增资本全数用于雇佣劳动的假定，可以把西斯蒙第关于在动态条件下再生产的均衡条件表示如下：

t 年总需求的增量(≡t 年总消费的增量≡$t-1$ 年总收入的增量)
=t 年总供给的增量(≡t 年消费基金的增量≡t 年年产品的增量)

简单来说，西斯蒙第的均衡条件，不论静态还是动态，最主要的是生产必须和收入相等；他进而分析了收入的决定因素和从供给方面决定生产的因素。对于收入，他指出：生产出来的产品在商品生产社会中并不直接形成生产者的收入，只有当它被别人所需要时，它的价值才能实现，才能转化为生产者的收入。简单来说，收入不是取决于产品有多少，而是取决于这些产品是否为社会所需要，有多少为社会所需要。

在从供给方面决定生产的因素中，主要是资本的数量。西斯蒙第基本正确地划分了固定资本和流动资本，但他在考虑再生产的均衡问题时，时常把资本仅仅当作支付给劳动者的工资。这样，资本量的大小便决定了雇佣劳动量的大小，从而决定了年产品的多少。根据他的再生产均衡条件，决定了年产品的资本也必须和收入保持一定的比例关系，或者说资本应当和消费需求保持一定的比例关系，以使资本所引起的年产品与消费需求相等。他认为当资本不足时，由于资本所带来的收入较高，所以能够促进节约和鼓励节约，促进资本形成。但如果现有资本由于资本家或政府的挥霍而突然减少，那就会引起灾难。它一方面将使减少的资本所引起的年产品低于消费需求，另一方面将使一部分工人失业。西斯蒙第认为虽然资本不足不好，但资本超过消费需求则更坏，它导致利率下降；资本家竞争激烈，不顾需求；对劳动的需求不稳定，先是需求增大，后是需求减少，从而引起人口过剩。在他看来，资本不足和过多都不好，只有与消费需求保持一定比例的资本数量，才是均衡生产发展所必需的。

由于西斯蒙第常常把资本仅仅当作资本家准备支付给工人的工资，所以他认为资本的数量决定了劳动需求，因此，资本和人口也要保持合适的比例。西斯蒙第把资本看作资本家节约的结果，所以资本家因挥霍使消费超过收入从而侵蚀资本或资本过多，都不利于资本和人口之间保持适当的比例。

总之，在西斯蒙第看来，生产均衡得以保持的条件就是消费等于生产，年收入等于年产品；从这两个等效的基本条件中推出的派生条件是资本与消费相互间保持一定的比例以及资本与人口相互间保持一定的比例。

西斯蒙第的上述观点继承了法国古典经济学的创始人布阿吉尔贝尔及重农主义经济理论体系的创建者魁奈等人重视国民经济重大比例关系的思想，表现了法国古典经济学独特的优良传统。西斯蒙第的上述观点，用今天的眼光来看，属于宏观经济学的范畴。他不像英国古典经济学家那样注重分析一种商品的价值决定，而是研究整个社会生产水平的决定，他用年产品和年收入两个宏观经济变量的均衡来决定生产水平。由于他没有考虑收入的储蓄因素，暗中假定全部收入用于消费需求，所以实际上他是用总供给与总需求的均衡来决定国民生产水平的。从这个意义上讲，西斯蒙第是当代西方宏观经济学的一个早期表述者。他的上述论点可以看成是他关于国民经济生产水平决定的宏观经济理论。他的宏观经济理论有许多不足：(1) 把总需求归结为消费需求，忽略了投资需求。(2) 对收入与消费之间的关系做了不合现实的假定。他只考虑了消费大于收入和等于收入两种情况，没有考虑第三种可能，即消费小于收入，没有考虑总储蓄这一宏观变量。这使他的经济危机理论表现出内在的矛盾并使他的宏观理论以不准确的形式表现出来，即以年收入等于年产品的形式，而不是以总需求等于总供给的形式来表示均衡条件，而年收入等于年产品的形式包含着循环论的逻辑错误，因为它强调收入是取决于生产的，而生产取决于消费，最终又取决于收入。尽管有这些不足，但西斯蒙第仍然是第一个用总量均衡方法研究宏观经济的经济学家。

三、对资本主义经济危机必然性的论述

西斯蒙第认为上述生产均衡得以保持的条件，并不是在任何时候都自然存在着的。他坚决反对萨伊所提出的而为李嘉图所笃信的供给自动创造需求的定律。他注意到，在资本主义社会中，有支付能力的消费需求经常低于生产所可能达到的高度，生产是在经常的失衡状态中进行的。他分析了消费需求低于生产的原因。概括起来说，这个原因就是在资本主义社会中随着生产的增长，收入以及消费却没有同比例上升。而这又是由劳动者与生产资料的分离、资本家对市场缺乏了解以及竞争所引起的技术进步造成的。

在西斯蒙第看来，正是由于工人与生产资料相分离，工人在劳动市场上才处于不利地位，差不多总是把自己的要求降到最低限度，结果工人的收入以及消费需要必然变得极其有限。

西斯蒙第认识到，整个社会的生产要受到整个社会的有支付能力的需求的限制，因此社会一定要根据需要来调整生产，以使市场扩大，使任何生产者都不至陷入困境，但是，每个生产者并不是根据普遍的需求而是按照生产者所掌握的资本来安排他的生产的。西斯蒙第认为：在资本主义社会中，每个生产者财产的整个发展完全靠生产者市场的扩大。但生产者并不能决定增加整个社会的收入以便增加总的社会需求，因此便力图增加总需求中对自己那部分产品的需求，这样生产者就与自己的同行展开争夺顾客的价格竞争，其手段就是加强分工、使用机器等。

西斯蒙第分析了分工和大机器的发展给资本主义社会带来的巨大影响。他承认分工和大机器的发展导致了生产力的巨大发展。但是机器的发明所产生的生产能力，只有当消费和它按比例发展时，才是有利的，或者当它能增加劳动者的休息时间时，那也是有利的。他还指出：如果被机器代替的人能在其他地方找到工作，这种代替就是有利的事情。换言之，只要机器的发明不导致劳动者失业，就是一件好事。但他清楚地看到：如果整个社会的消费量不变，如果没有对外贸易，那么机器发明的结果就是在提高生产力的同时导致工人失业。即使有对外贸易，可以输出过剩产品，最后也会产生这样一个时期：整个文明世界完全变成了一个市场，这时，在一个新的国家里再也找不到新的顾客。因此，对外贸易只不过是把机器发明所必然引起的失业灾难暂时推迟而已。他承认：虽然机器发明会降低商品的价格，使消费者能以更便宜的商品来满足需求，但这点小利比起它带来的劳动的缩减是得不偿失的。他指出：由于劳动被缩减了，那种认为机器发明能使穷困阶级买到所生产的商品，从而也就能增加消费量的想法，是极端荒谬的。他承认，个别商品会由于机器发明而增加消费量，但绝对不能增加总消费量，因为机器发明引起失业，失业引起整个国家收入的减少，而收入的减少引起的消费缩减必然使国家更贫困。由此，他认为在资本主义社会中，机器的发明和工业的进步，有大大加强人类不平等现象的趋势。整个社会的总消费也将由于收入分配的不平等而减少，而消费上的平等总是扩大生产者的市场，消费上的不平等总是缩小市场。因为富人对奢侈品需求的增

加并无助于弥补穷人消费需求的减少，只不过增加了对进口奢侈品的需求，于是，他指出：财富集中到少数私有者手中，会使国内市场缩小，迫使工业寻求国外市场，从而使工业受到更加巨大的波动的威胁。

西斯蒙第认为：与分工和大机器同步发展的资本积累，虽然由于流动资本转变为固定资本，无须有相应的消费就能创造将来的一项生产，即对资本品的投资需求也有助于维持生产，但终将导致生产和消费之间可怕的不平衡。

西斯蒙第看到了分工、大机器和技术进步给社会带来的危害，但并没有把这些危害归因于技术进步本身。西斯蒙第所反对的绝不是机器，绝不是发明，绝不是文明，反对的是现代的社会组织。这个社会组织剥夺了劳动者的一切财产，使劳动者除了自己的双手外一无所有，他们没有任何抵抗竞争的保障，没有任何避免疯狂竞争的危害的保障，他们是注定要遭到牺牲的。假使大家彼此平分共同劳动所生产的产品，那么任何技术发明在任何情况下都对大家有利，因为技术每向前发展一步，每个人都能自由选择是少劳动多休息，还是同样劳动多享受一些。在今天，不是发明不好，而是劳动果实的分配不合理。西斯蒙第看到了，正是雇佣劳动制度使技术进步给社会带来了灾难。他的结论是：占人口大多数的工人的消费需求极其有限，而资本家为了得到市场又不断采用增加生产的分工和大机器，这样市场的饱和才是人们所竭力追求的生产方式的必然结果。

西斯蒙第的巨大功绩在于他早在1819年就指出了在资本主义社会中生产过剩经济危机的必然性。正是由于这一点，他才在经济思想史上占有特殊的地位。他在论证经济危机的必然性的过程中，猛烈地抨击了供给自动创造需求的萨伊定律，并对李嘉图把生产的增长当作唯一目标的见解提出了质疑。这样，西斯蒙第就以他对正统经济理论的怀疑而成为在西方经济学发展史上早期异端派的代表。

西斯蒙第在分析经济危机的根源时，已经在一定程度上触及了资本主义的基本矛盾，这表现在他把危机的根本原因归结于劳动群众与生产资料的分离，以及以这种分离为基础的劳资对立。他也触及了整个社会生产的无政府状态对危机的影响。在分析危机的根源时，因为他的宏观理论忽略了投资需求，所以他无法认识到正是投资需求的巨大波动才使资本主义产生周期性的危机。投资需求的巨大波动是以劳动群众的消费不足为深刻背景的，因此，他用消费不足来直接说明危机的成因，就无法解释为什么持续存在的消费不足会引起周期性的危机。因为他忽略投资和储蓄，所以他的理论暗含的假定是收入全部用于消费。在这种假定下，如果说劳动群众消费不足，就是说劳动群众收入不足，但这不一定导致危机，只要富人花光全部收入就可以了。如果说消费不足是指全社会的消费不足，那就是说全社会收入不足。而他又认为劳动群众收入的减少是因为富人收入的相应增多。这就与全社会收入不足的论点发生了冲突。如果他的见解是随着生产的增加，收入也相应增加，但收入主要集中在富人手中，而富人将把收入花费在进口的奢侈品上，从而缩小国产消费品的市场，于是剩余的国产消费品将输出，但最后会在整个世界市场都饱和后重新出现过剩，那么，他的上述见解暗含的假定就是生产国产消费品的部门，在出现过剩之后仍难以撤出资本。且不说这种假定的现实性如何，即使它成立，他的理论也只能证明个别产品的过剩是可能的，却无法证明产品的普遍过剩。由此可见，他在分析危机原因时的基本假定，即收入全部用于消费，从逻辑上讲，蕴含着否定普遍过剩危机的结论。这说明他关于危机必然性的理论虽然符合事实，但关于危机原因的分析，在逻辑上是缺乏严谨性的。

尽管有种种不足，但考虑到西斯蒙第是在 1825 年第一次爆发普遍的经济危机以前就提出危机理论的，这些不足就都是可以谅解的，他毕竟是第一个阐明危机理论的经济学家。他认为为了克服危机，可以采取三种办法：第一，利用准备出售的富余产品养活无处出卖劳动力的工人，让他们建造世俗或宗教的公共建筑物；第二，鼓励富人过奢华的生活，让他们消费穷人的劳动；第三，给所有公众提供一项脑力劳动或一种爱国的工作，以便打发由于技术进步而节省下来的劳动时间。

四、对资本主义的批判及其经济浪漫主义的改良纲领

西斯蒙第是一位目光敏锐的观察家，一位对人类富有同情心的严厉的批评家。他看到资本主义社会是一个充满着各种矛盾的社会，他尖锐地批判了资本主义制度的各种弊端。比如，指出资本主义生产的目的，只是为了财富而忘记了人；指出自由竞争和追逐个人利益乃是资本主义一切罪恶与祸害的根源；指出资本主义使用机器的矛盾性；指出人口过剩乃是资本主义制度所固有的现象；指出资本主义分配的不公平、不合理，大量揭示了资本主义社会的两极分化和无产阶级贫困化的过程及事实。

西斯蒙第承认，在指出什么是原则、什么是正义以后，他并没有制定执行手段的能力。这说明了他改良主义纲领的摇摆特征。他主张改变生产资料的所有制，使生产关系适应生产力，但并不主张建立公有制。他反对同时代的空想社会主义者，认为他们的原则是不值得一驳的。他强调平分财产不能鼓舞人的劳动热情。他留恋过去的时代，主张用小私有制来代替资本主义的大私有制。具体来说，他主张在农业中由政府扶持宗法式农业，在工业中反对大工业制度，主张建立为数众多的小作坊，让工人分享老板的利润，得到较长的受雇用时间。他主张用法律来实现他所希望的改良。他确信只有当人们能够设法建立一个彼此关心的集体，来代替工业企业家和被他们雇用者彼此对立的制度，使农业工人分享土地收入，使产业工人分享自己的产品的时候，产业阶级才能幸福，才有实际而持久的繁荣进步。

西斯蒙第主张政府控制生产力以适应生产关系，由政府调节消费、生产、收入、资本及人口的发展，使它们合乎比例。为了避免生产与消费之间的冲突，他甚至反对促进技术进步、生产增加的专制制度。在对策方面，他的最大贡献在于提出了不少旨在维护工人利益的改良主义主张，除了前面已经提到过的利润分成外，他还是在法国第一个主张制定工厂法的人。他要求政府采取措施，使劳动者避免竞争的危害，实行休息日制度，在工资中包括对疾病、失业和老年生活的补贴等。他的这些改良主张虽然在当时根本无法实行，他自己在临终前不久也万念俱灰地写道，“我要走了，一生没有对这个世界产生哪怕是微不足道的影响，以后也将一无所成”，然而历史是公道的，他的福利主义政策主张最终在欧洲得到了实现并且将在更多的地方实现。

第三节　古　诺

安东尼·奥古斯丁·古诺
（1801—1877）

法国数学家安东尼·奥古斯丁·古诺（1801—1877）生于法国格雷，里昂大学数学、力学教授。他对经济学的主要贡献集中在他 1838 年出版的《财富理论的数学原理的研究》一书中。该书秉承法国哲学的理性主义，运用严格的数学推理方法来研究经济学。该书对经济学的贡献主要有两个方面：一是涉及研究方法；二是涉及若干具体的经济理论。

在研究方法上，古诺第一个说明了数学方法对经济学的巨大用处，与以往一些经济学家用数例来表达经济思想不同，他是运用数理模型（函数、联立方程、对函数求微分和极值）推导出经济思想。数学方法在他那里不再是一种表达已有经济思想的方式，而是推导出新结论的手段。

在具体经济理论上，古诺最早提出了需求函数 $[Q_d=f(p)]$ 这一概念，指出个人需求函数的间断性和市场需求函数的连续性。连续需求函数的提出为把微分方法引进经济分析求解优化问题奠定了基础。根据连续需求函数，他给出了销售额最大化的条件（以导数和几何图形两种方式）。他指出：需求对价格变动的反应，对于不同的商品是不相同的。这是关于需求价格弹性的思想火花。他还提出了后来马歇尔特别强调的需求随价格下降而上升的法则并给出了后来被称作凡勃伦商品的反例。

以需求函数为基础，古诺研究了追求利润最大化的厂商的垄断价格决定问题，给出了垄断利润最大化的条件并分析了在垄断条件下各种税收对厂商、消费者和政府的影响。在分析中，他第一次区分了固定成本和变动成本，定义了边际成本和边际收益。这使他成为现代垄断理论的先驱。

对现代经济学来讲，古诺最为人注意的贡献是他提出的双寡头模型。该模型在当前经济博弈论的研究中再次成为范例。从双寡头模型出发，通过假设生产者人数不断增多，他研究了在完全竞争条件下的产量和价格决定，正确地指出完全竞争的特征是个别厂商的产量变化无法影响价格，指出保持竞争的条件是各厂商的边际成本递增，否则便会由竞争导向垄断。

古诺对经济学的这些重要贡献显然完全没有被他同时代的法国同行所认可。主要问题可能出在两个方面：一是他的方法实在太超前了，当时懂微积分的经济学家除了他本人以外可能根本绝无仅有。二是他没有用他的方法去回答和解决当时法国重要的实际经济问题。尽管如此，古诺依然是在三十多年以后经济学出现的边际革命的重要先驱之一。

古诺与边际革命三剑客之一瓦尔拉斯的父亲是朋友，他对瓦尔拉斯的影响无疑是极重要的，而这种影响大致可以集中表现在两个方面：一是古诺提出了与局部均衡相区别的一般均衡的观念。他写道：完整而严整地解答与经济系统中几个部分有关的问题，全面考虑整个系统，看来似乎是必不可少的。二是他在分析通过套利行为实现多国均衡汇率的决定时采用的联立方程方法，可以说是瓦尔拉斯在展开一般均衡分析时采用的联立方程方法的雏形。任何看过他们两人著作的人都不会怀疑两者之间的继承关系。可以说，古诺提出了一般均衡分析的初步观念和初步方法，瓦尔拉斯则把一般均衡分析发展成一座宏伟的理论大厦。

古诺经济思想的历史穿透力从以下事实中可见一斑：他的双寡头模型是在经济学教科书中寿命最长的内容，至今已有 180 多年。

第四节　巴斯夏

一、19 世纪 40—50 年代西欧诸国的自由贸易运动

19 世纪 40—50 年代西欧诸国掀起了一场自由贸易运动。这场自由贸易运动首先是从英国兴起的。英国自 18 世纪末以来，由于推行贸易保护主义的《谷物法》，导致 19 世纪 30 年代后期物价猛涨、失业频发和社会骚乱，英国各地相继成立了反《谷物法》同盟。1840 年，曼彻斯特一位名叫理查德・科布登的印花布厂主和另一位名叫约翰・布赖特的企业家，将当时松散的、地区性的自由贸易协会组织成有效的全国性的反《谷物法》同盟。他们勤奋努力，不知疲倦，募集了数十万英镑的巨款，开展了大规模富有成效的反对《谷物法》、宣传自由贸易的运动。他们散发了 900 多万本对人民群众进行宣传的小册子，在全国举办了无数次活动，其中包括在伦敦考文特花园举行的每周一次的群众集会，以及在曼彻斯特建立了巨大的自由贸易大厅等。于是各阶层人民的请愿书如雪片似的飞向国会，仅在 1842 年，就有 150 多万人在请愿书上签名。在公众的巨大舆论压力下，1846 年英国议会终于宣布废除《谷物法》。

《谷物法》的废除以及 19 世纪 30—50 年代其他一些消除贸易保护主义的措施，标志着英国自由贸易政策的确立，从而促成了英国 19 世纪中叶工业的新高涨。

弗雷德里克・巴斯夏
(1801—1850)

由科布登和布赖特发起的自由贸易运动，对英国以外的法国、德国、意大利等西欧诸国都曾产生过不同程度的影响。在法国，这场自由贸易运动的旗手是弗雷德里克・巴斯夏（1801—1850）。他是 19 世纪中叶法国主张自由贸易的旗手、“和谐经济论”的主要倡导者，同时也是一位空前绝后的经济学幽默讽讽大师。他的经济思想是和 19 世纪 40—50 年代西欧诸国掀起的自由贸易运动密切关联的。

巴斯夏1801年出身于法国南部一个相当富裕的商人家庭，虽在9岁时父母双亡，但仍受到良好的教育。在1818年17岁时巴斯夏到公司任职，阅读了亚当·斯密的《国富论》和萨伊的著作。从此，他对经济学产生了兴趣。1825年，他因祖父逝世而得到一笔遗产，成为一个酿制葡萄酒的制造业主并经营一个农场。那时，他还与一些朋友成立了一个俱乐部，广泛阅读、讨论当时的许多经济学著作，研究自由贸易等经济问题。1831年他成为地区初级法院的名誉法官、地方议会议员。

1840年，巴斯夏离开法国，去西班牙和葡萄牙学习，试图在那里建立一个保险公司，但未成功。回国后，巴斯夏在为他的俱乐部搜寻和整理资料的过程中，发现了科布登和布赖特所发起的宣传自由贸易运动并成立反《谷物法》同盟的报道，深为他们所倡导的这一运动所折服，于是便潜心研究自由贸易问题。1844年，他在享有盛誉的《经济学家杂志》上发表了一篇题为《法国和英国的关税对两国国民前途的影响》的文章。这篇清算贸易保护主义的文章发表后，立即引起轰动，读者纷纷要求该刊发表更多此类文章。1845年他来到英国，实地考察科布登和布赖特所倡导的自由贸易运动并与科布登建立了深厚的友谊。回国后，他出版了《科布登与同盟》这一专著。该书对英国以反《谷物法》为主要内容的自由贸易运动过程做了深入细致的描述，把科布登及其战友的重要言论都译成了法文，从而该专著的出版成了曼彻斯特自由主义运动的一座纪念碑。

在1846年英国废除《谷物法》时，巴斯夏移居巴黎并在那里组建了全国性的自由贸易协会，他自任巴黎协会的秘书，还为该协会创办了《自由贸易》周刊。在科布登的鼓励下，巴斯夏不知疲倦地投身于自由贸易运动，写了一本又一本小册子，几乎在所有有较大影响力的刊物上都发表了一篇又一篇文章，从一个地方到另一个地方跑来跑去做演讲。他很快被人们称为“法国的科布登”。

1847年，巴斯夏将揭露、批判贸易保护主义的部分小册子和文章结集出版，取名为《经济学诡辩》。其中包括他于1845年撰写的名篇《蜡烛商的请愿书》，他用蜡烛制造者祈求消除来自阳光的不公平竞争做比喻，讽刺性地抨击了贸易保护主义。这篇讽刺性作品是针对法国下院为保护本国工业于1840年通过的提高一切外国货进口关税的决议案而撰写的。这里摘引几段如下：

先生们：

……我们正遭受着一个外来竞争者的无法容忍的竞争，它在生产光方面占据非常优越的地位，其所处地位似乎远比我们自己所处的优越。它用惊人的低价手段，完全冲垮了我们全国的市场。这个竞争者不是别人，正是太阳。

我们恳求的是请你们通过一条法令，命令全国把所有的门窗、天窗、屋顶窗统统关闭起来，把所有设在外面和里面的窗板、门帘都放下来。总之，把一切孔、穴和裂缝都堵塞起来。

如果你们尽可能地堵塞一切自然光线的通道，从而造成对人造光线的需求，那么，我们法国制造商岂不会深受其惠？

……如果对动物脂的消费增加，就必然会有较多的牛和羊。如果对植物油的消费增加，则橄榄树的种植将扩大，我们的荒地将得到充分利用，种满含有树脂的树。

请你们斟酌而行，考虑时要注意到逻辑性。你们对国外的铁、谷物、纺织品等等，既然由于其价格已近于零而把它们摒于国门之外，那么对供应价格已经是零的阳光，如果不把它堵塞起来，岂非自相矛盾！

巴斯夏在这本文集中汇集了一连串讽刺作品，从各个方面揭露了贸易保护主义的种种荒谬行径，妙趣横生，使当时许多法国读者笑得前仰后合。他所反对的不仅是贸易保护主义，而且对任何背离经济自由主义的观点或行为都加以讽刺和奚落。他说，看看一个发疯的世界，两个国家先花大力气在边界的山下开设隧道，以便可以互通有无，然后却在隧道两端设立关卡收缴关税。听说当法国议会在辩论建筑巴黎到马德里的铁路时，有位议员主张铁路在法国的波尔多中断，以便为波尔多的搬运工创造就业机会以及为旅馆、商店等创造盈利机会。巴斯夏立刻讽刺说，建议铁路在法国境内沿途的每个城市都中断，这样就会为所有这些城市创造就业和盈利机会。

巴斯夏也用反对贸易保护主义的同样劲头来反对当时的各种社会思潮。例如，他的《财产与剥夺》是针对傅立叶主义者孔西德朗的，他的《正义与友爱》是针对圣西门主义者比埃尔·勒鲁的，他的《财产与法律》是针对小资产阶级社会主义者路易·勃朗的，他的《资本与利息》是针对无政府主义创始人之一蒲鲁东的。

1848年法国二月革命后，巴斯夏作为地方代表参加立宪会议，次年当选为立法议会议员。

1850年，巴斯夏发表了长篇论文《看得见的与看不见的》。他在该文中运用生动的比喻，进一步发挥了他在《蜡烛商的请愿书》等作品中对贸易保护主义的讽刺与揭露作用，从而更深刻地宣扬了他的经济自由主义。他在该文的开头虚构了一个场景：

一个陌生人打碎了一面橱窗，一帮看热闹的人开始从经济方面来思考这一事件，认为这初看起来是一个有害的破坏行为，但玻璃装配行业却由此可以获得额外的收益，它从破坏中产生了经济增长。

巴斯夏反驳这种看法，认为这一事件的全部积极效应只是对玻璃装配商而言的。殊不知打碎了橱窗的人却要为重新装配付钱，因此也许就不去买新书或新鞋了，从而受损失的书商或鞋商就永远不为人们所知了。

巴斯夏以该事例说明，采取贸易保护主义政策虽然促进了工业，这是人们所看到的，但是它破坏了其他许多东西，这却是人们没有看到的。他认为：一切都要用“什么是可以观察到的而什么又是不可以观察到的”这一公式来审查。他指出：作为一个经济学家，不仅要看到政治经济行为的直接结果，而且要看到政治经济行为的后续结果，这才算是一个好经济学家。

巴斯夏在上述论文和小册子所奠定的思想基础上创作了阐明其经济自由主义理论体系的主要著作——《和谐经济论》。为了写作该书，巴斯夏弄得身体大衰并得了严重的肺结核病，于是，不得不到对他的健康有利的意大利去疗养。1850年12月24日巴斯夏在罗马与世长辞，时年49岁。尽管他的《和谐经济论》是一部未完成的作品，但该书是巴斯夏的政治经济观点的代表作。

二、巴斯夏的和谐经济论体系

巴斯夏在《和谐经济论》中构建了一个和谐经济论体系，其主旨是引导人们认识一切正当利益彼此和谐这个真理。该书的基本论据可概括为两个：

一是上帝的意志。巴斯夏认为上帝的法则是和谐。

二是人的本性。巴斯夏认为人的本性是追求幸福和谐。人来到世上，本身对幸福有着执着的追求，对痛苦则表示厌恶。人的这种本能是所有个人乃至社会的大动力。因此，必须从个人利益中寻找扰乱社会的诸多因素之间的和谐。他认为人类是能够自我完善的，社会的普遍法则是和谐协调。

巴斯夏从上述两个基本论据出发所构建的和谐经济论体系，可概括为以下几点：

（1）政治经济学的研究对象及其性质。巴斯夏认为政治经济学的研究对象是人，即从人的需要及满足需要的手段这个角度来考虑的人。

关于人的需要，巴斯夏指出：它一般产生于人的肉体和精神的本性并与习惯的力量和自尊心有关，它具有无限的扩张性，因为它的永不枯竭的根源是欲望。他认为一个人的需要由于另一个人的努力而得到满足。实际上，彼此为他人劳动是人类所独具的能力，而其他一切生物都没有这个能力。

巴斯夏指出：付出努力以满足他人的需要，就是为他人提供劳务。如果规定应以劳务为报酬，那就有了劳务的交换。由于这种情况最为常见，所以政治经济学也可被称作交换理论。只要交换是自由的，被交换的劳务就总是等价的。因此政治经济学也可被称为价值理论。

（2）劳务价值论。在巴斯夏看来，人类社会是交换社会。他说，如果人与人之间不交换劳动成果和思想，如果彼此之间没有交易，那么，可能有许多人群，但不会有社会。人们彼此相互提供劳务，用各自的能力或源自能力的东西在得到相应回报的条件下为他人提供劳务，这就是社会。这种相互劳务的交换，引起以下两种现象：一是将人们的力量联合起来；二是促使人们进行分工。社会的本质在于人人彼此为他人劳动。

在巴斯夏看来，无论是木工、泥瓦工、制造商、裁缝、医生、传达员、律师、商人、画家、法官、总统等人提供相互交换的劳务，还是军人、战士、民兵、保镖、演员、歌女、教士、牧师等人提供相互交换的劳务，都是生产性的，都具有价值。

巴斯夏的这种劳务价值论是他建立和谐经济论体系的主要支柱。

（3）和谐分配论。巴斯夏在劳务价值论的基础上论证了社会各阶级利益的和谐。在他看来，社会各阶级之间都是用劳务交换劳务。人们让与和接受的东西一样，都是劳动，是努力，是辛苦；人们相互给予的，是彼此的满足；交换的决定因素，是共同利益；交换的衡量标准，是对彼此提供的劳务的自由评估。利润、利息、工资等词所表示的意思虽有差别，但并没有改变事物的实质。这永远是一物换一物，或说得更确切些，是一报还一报。工人为社会提供劳务，得到的报酬是工资，资本家为社会提供资本，得到的报酬是利润，利润又分为企业家收入和利息。企业家收入就是对资本家经营企业所提供的劳务的报酬。利息则是资本家推迟自己现时的消费和享受的回报。

巴斯夏在谈到劳资关系时指出：资本家以他积累的过去劳动与工人的现时劳动相交换。不可否认，在这一关系方面，资本家的处境比工人有利。但是，由于资本这种人类文明进步的力量参加协作，大自然的无偿效用大大降低了在社会生产中人类劳务的比重，从而带来了人类福利的普遍增长和社会产品分配的改善。他认为：进步的法则使得优势体现在现在的劳动中，这几乎是普遍的情况。进步总是对现在的劳动有利，贬损总是落到资本的头上。在巴斯夏看来，社会产品分配的趋势是：随着资本的增长，资本从总产品中的绝对提取额增加了，而它的相对份额降低了。相反，劳动从中提取的绝对额和相对额都增加了。他认为这就是伟大的、令人快慰的和不可改变的资本规律。他用一个自编的数字例子来说明这个规律，用1 000、2 000、3 000、4 000等来表示连续几个时期的社会总产品。资本的提取比例将连续从50%下降至40%、35%、30%，而劳动的提取比例将因此从50%上升至60%、65%、70%，于是资本的绝对提取额在每一个时期总是在增大，尽管它的相对份额在缩小。这样，对劳资提取额的分配的说明如表5-1所示。

表5-1 对劳资提取额的分配的说明

	总产品	资本提取额	劳动提取额
第一时期	1 000	500	500
第二时期	2 000	800	1 200
第三时期	3 000	1 050	1 950
第四时期	4 000	1 200	2 800

巴斯夏还指出：只有实行自由贸易和竞争，才能使社会各阶级的利益趋于和谐。他认为贸易保护主义完全是一个民族对另一个民族的侵略行为，因而是一种破坏经济和谐的行径。在他看来，政府的强力只能应用于维护秩序、保障安全和公正等。如果超出这个界限，政府的行为就是对人民的良知、智慧和劳动的侵占，就是对人民的自由的侵占。因此，应毫不迟疑地、毫不留情地把纯属个人范畴的行为，从政府权力的践踏下解放出来。

巴斯夏所建立的这种和谐经济论体系，就是为他的自由贸易主张进行论证的。

在经济思想史上对巴斯夏的评价，历来颇有争议。

在写作风格上，几乎所有评论家都认为巴斯夏在修辞、通俗化和政论方面是一位了不起的天才，巴斯夏惯于以既优美又富有启发性的感人比喻来揭示复杂的经济学原理。奥地利经济学家米塞斯说，巴斯夏是一位“光彩照人的修辞学家”，“读他的著作是一种特殊的享受”。熊彼特则称巴斯夏是“有史以来最有才华的经济新闻工作者”。

在学术思想上，巴斯夏是当时西欧自由贸易论者的旗帜。著名经济学家哈耶克在评价巴斯夏揭露、批判贸易保护主义的论文《看得见的与看不见的》时指出：在这篇论文中深藏着“主张经济自由的关键论据”，单凭这一点，巴斯夏就可以被称作“一位天才”。而另一位著名经济学家熊彼特则认为巴斯夏的论著“缺乏推理力”，“缺乏运用经济分析器械的能力”，因此熊彼特认为巴斯夏不仅是“一个不好的理论家”，而且根本“不是一个理论家”。

巴斯夏在他短暂的一生中，尤其是在他短暂的6年写作生涯中，出版了七大卷生动而又具有相当大影响力的经济论著，这无疑是他在此前二十多年中努力学习与不断思考的结果。他是一位具有相当“才气”的经济学大师。

巴斯夏作为当时经济学乐观派的首领，作为自由贸易论者的旗帜，对贸易保护主义的批判和对经济自由主义的论证，从而对当时经济学悲观境况的改善，对自由贸易制度的确立，对西欧诸国特别是对法国经济的发展，都有一定的积极意义。他所竭力倡导的自由贸易在他生前虽未实现，但在他去世后的第10年实现了。即1860年，拿破仑三世终于派遣巴斯夏的学生米歇尔·舍瓦利耶率领法国代表团与英国谈判并签订了《基于法英产品自由交换原则的贸易协定》，最终彻底打破了贸易保护主义，使法国经济得到了长足的发展，法国从此跨入了现代化国家的行列。

巴斯夏倡导和阐述的“和谐经济论”虽然并不完全符合当时西方国家的实际情况，但是作为一个社会发展的方向，确实值得肯定。今天的东西方国家的现实都证明了他的追求是正确的。劳资相斗，两败俱伤；劳资和谐，互利双赢。

思考题

一、述评萨伊定律。

二、述评西斯蒙第的经济危机理论。

三、述评巴斯夏的和谐经济论。

第六章

19 世纪上半叶德国的经济学家

——杜能、李斯特和戈森

19 世纪初叶，德国仍属于工业不发达国家，大多数人为农业人口。以普鲁士为例，1815 年时，73%的人口为农民。在农业中仍保留着的封建农奴制度，阻碍着资本主义生产方式的发展。工业中仍盛行中世纪的行会制度，资本主义的工厂制度仍属罕见。但当时的德国也正处于由封建农奴制向资本主义工商业转型的重要时期。在英、法等国的影响下，资本主义生产方式开始萌芽，以普鲁士为代表，其政府颁布了一系列改革农奴制的法令。但当时德国资本主义生产方式的发展，受到国家不统一的阻碍。到 19 世纪中叶止，德国一直被分割为若干小邦，这种封建时代遗留下来的政治结构，以其不统一的复杂税制阻碍着商业的发展。除税制的不统一外，币制的不统一也成为商业发展的大障碍。资本主义工商业的发展推动了德国关税同盟的建立。1834 年由北德、南德和中德各关税同盟合并组建了德意志关税同盟，促进了德国从 19 世纪 30 年代开始的工业革命。直到 1834 年德国多数邦实行关税联合，德国的工业才开始有了长足的发展。与其他社会的变革一样，工业革命的过程是一个社会的产业结构发生重大调整的过程，往往导致一个社会大多数劳动者原有人力资本的急剧贬值，使社会贫富差距迅速扩大，社会阶级矛盾日益激化。这种激化以一系列代表性事件为标志：1836 年成立了以流亡者为核心的德国工人最早的组织“正义者同盟”；1844 年爆发了西里西亚纺织工人起义；1847 年马克思、恩格斯应邀加入“正义者同盟”，随即把它改组成“共产主义者同盟”并于 1848 年 2 月应同盟委托出版了著名的《共产党宣言》；1848 年席卷欧洲的革命是造成社会转型的工业革命所蓄积的社会矛盾的一次总爆发。

第一节　杜　能

一、时代、生平、著作和研究方法

约翰·海因里希·冯·杜能（1783—1850）是 19 世纪初叶德国的一位重要经济学家。他于 1799 年进入农学院开始学习农学，毕业之后购置并亲自经营管理一个庄园。当时德国社会的转型促进了资本主义农业的发展，经济核算原则逐渐渗入农业的生产管理过程。他通过自己的亲身实践，在总结农业生产经营管理经验的同时，进一步深入思考

约翰·海因里希·冯·杜能
(1783—1850)

了许多经济学问题。杜能在国民经济学方面师承亚当·斯密，是亚当·斯密经济思想在德国的重要传播者和阐发者，同时也是在亚当·斯密经济思想的基础上建立产业区位理论的开创者。

产业区位理论和价格决定理论主要集中在杜能1826年出版的《孤立国同农业和国民经济的关系》(以下简称《孤立国》）第一卷中，反映了他对农业生产合理布局的思考，是19世纪初期德国开始进入资本主义工商业社会，资产阶级的求利态度开始影响实际生产经营活动的一种折射。收入分配理论集中在1850年出版的《孤立国》第二卷中，反映了他对合理收入分配的思考，是社会阶级矛盾激化所引起的一种反响。在出版《孤立国》第二卷的同年，他因为脑出血而去世。

杜能的《孤立国》反映了他的两种研究能力——敏锐的观察能力和合理的思维能力——的出色结合。他认识到，必须以观察和记录即经验事实作为研究的基础；同时，又不能单纯地记录和描述事实，为了发现经济规律，唯有在研究中排除一切偶然的及非本质的因素才有希望。这就意味着需要采用抽象分析方法。他具有出色的抽象思维能力，善于把次要因素与主要因素区分开来，在研究中首先抽象掉次要因素，然后集中研究主要因素的影响。在他的《孤立国》里，就是假设其他一切因素如土地的肥力等都保持一致，只考虑距离中心城市的远近对农业生产活动的影响、对农作物选择的影响、对谷物价格的影响。

杜能关于经验研究的重要性、抽象分析方法的重要性以及局限性、数理方法的重要性的看法，表明他在研究方法上与亚当·斯密有着密切的传承关系。用今天的眼光来看，他在经济学的研究方法上远远走在了同时代人的前列，与后来统治德国经济学界长达一个世纪之久、否定抽象分析方法的历史学派有重大差别。

杜能作为亚当·斯密经济思想在德国的第一个阐发者，为德国经济学的发展奠定了一个非常好的基础。可能由于他主要是一个农庄主而非专职学者，所以他的思想观点和研究方法未能很快在德国生根发芽。而历史学派的代表人物几乎都是学院派的专职学者，有更多的机会向学生传播自己的思想观点，从而使历史学派统治德国经济学界几乎一个世纪。

二、价格决定理论

杜能对经济学的最大贡献，是在研究农产品价格对生产方法（包括区位选择和耕作方式的选择）的影响过程中，提出了农业区位理论，或者说是农业布局理论。因此，为了说明他的农业区位理论，就需要首先介绍他的价格决定理论。

杜能在继承斯密价值理论的基础上探讨同一种农产品在不同地方的价格决定。这是一个斯密涉及不多的问题。杜能的价格决定理论重点考虑农产品的价格，可以分为两个组成部分：首先是在假设农产品在中心城市的价格已定的前提下考虑不同地方的价格决定；其次是进一步考虑中心城市的价格决定。在这两部分内容当中，他考虑的重点是第一部分。

以黄油为例，假设中心城市是唯一市场且价格已定为每磅 9 先令，农地自然肥力均质，并且没有便宜的河流运输，各地只能通过车辆运输黄油。在这些假设前提下每磅黄油的运输成本就取决于其产地距离中心城市的远近。由于农地自然肥力均质，所以各田庄黄油的价格就唯一地取决于距离城市的远近。杜能以表 6－1 假设的运输成本说明了这一观点。

表 6－1　假设的运输成本

与城市的距离（英里）	每磅运费（先令）	黄油在田庄的价值（先令）
5	0.2	8.8
10	0.4	8.6
20	0.8	8.2
30	1.2	7.8
40	1.6	7.4
50	2.0	7.0

由该例子可知，各地田庄的黄油价格就等于中心城市的价格减去运输成本。由于离中心城市越远，运输成本越高，于是当地的价格就越低，因此，田庄离中心城市越远，农产品的当地价格就越低。当然，杜能并没有忽视黄油的生产成本，如上决定的黄油价格必须大于或者等于其生产成本，否则田庄将停止生产黄油。

然后，杜能开始考虑中心城市农产品价格的决定。仍以黄油为例，他提出，为了确定城市黄油的价格，必须首先知道需求量，以及生产这一数量所必需的土地面积。如果为了满足城市的需求需要在离城市一定距离的田庄生产黄油，那么黄油在城市的价格就等于该田庄的生产成本加上运输成本。

三、农业生产区位理论

杜能的区位理论实际上是他在研究农产品价格变化如何影响生产方式的过程中发现的。产业区位理论在很大程度上是一个有关合理经营的理论，涉及如何通过产业的区位分布来获取最大利润的问题。

杜能首先提出了一个抽象的孤立国假设：在一个平原的中央，坐落着唯一的巨大城市，供应整个国家所需要的一切工业品，而城市所需要的食品则完全依靠其四周肥力均质、运输条件相同的土地。同时，他假设城市里各种农产品的价格都已经确定。这样的一个孤立国假设，突出了与城市距离的远近即运输成本这个因素对农业产业布局的影响。

按照孤立国假设，不同农产品的生产围绕中心城市形成一些界限相当分明的同心圈，每个同心圈内都有各自的主要产品。离城市最近的同心圈将生产相对于其价值而言笨重而体积大的产品，即运输成本在产品价格中所占比重很大、在远处生产不合算的产品。再就是那些易腐烂的、需新鲜消费的产品。随着与城市距离的逐步扩大，不同的同心圈将生产运输成本在产品价格中所占比重逐步递减的产品。

根据上述观点，离城市最近的第一个同心圈将主要生产水果、蔬菜和牛奶，而这些产品的价格则都将高达使其盈利不低于生产其他产品的程度。

离城市稍远的第二个同心圈将主要生产供城市消费的柴薪、木材和木炭等，即主要从事林业生产。杜能假设城市的木材价格已定，因此不可能在离城市太远的地方生产木材，因为运输成本太高。

离城市更远的第三、四、五个同心圈将主要生产供城市消费的谷物，但是耕种方式有所不同。这是因为离城市越远，运输成本越高，谷物在当地的价格就越低，从而生产方式就越粗放。即谷物的生产方式由集约到粗放的变化，与谷物在当地的价格相关。

离城市最远的第六个同心圈将主要从事畜牧业，因为畜牧业的主要产品黄油的运输成本在其价格中所占比重低于谷物。而比第六个同心圈更远的地方，则是地广人稀的狩猎区。

杜能关于农业生产的区位理论，可以用图 6-1 做进一步说明。

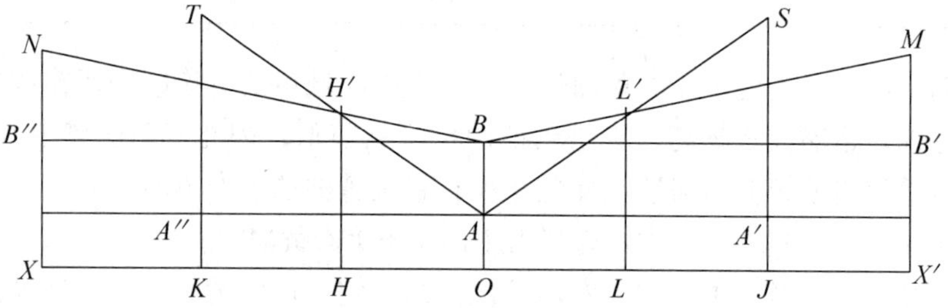

图 6-1 杜能关于农业生产的区位理论

资料来源：小罗伯特·B. 埃克伦德，罗伯特·F. 赫伯特．经济理论和方法史．北京：中国人民大学出版社，2001：241. 有改动。

在图 6-1 中，假设 O 是均质平原的中心，OA 是生产价值 1 美元的土豆的成本，$A'S$ 是运输土豆 OJ 距离的运输成本，$A''T$ 和 OK 分别代表相反方向的同样运输成本和运输距离。AS 和 AT 表明运输成本随运输距离的增大而线性增长。OB 是生产价值 1 美元的小麦的成本，$B'M$（$B''N$）代表对应于 OX'（OX）距离的运输成本。假设土豆运价高于小麦。由图 6-1 可知，超过距离 OL（OH），价值 1 美元的土豆的运输成本将高于价值 1 美元的小麦，所以土豆宜于在 HL 范围内生产，而小麦宜于在 HL 范围之外生产。农业生产的区位布局也遵从等边际原理，即在土豆生产布局与小麦生产布局的边界上，两种产品的边际生产-运输成本相等。

杜能重点考虑的是农业生产的区位布局。相对于农业生产，他对工业生产的区位布局考虑较少，但是也提出了一些简单的有价值的提示性见解。他认为如果其他一切条件相同，工厂和手工业产品可以在工资最低的地方进行生产，即人工成本是影响工业生产选址的重要因素。他还提出大部分工厂、工场应设在原料最廉价的地方，即原料成本也是影响工厂选址的重要因素并且由此推论出孤立国不可能只有一个城市，而是应当有许多城市。他已经看到了工业的发展与城市布局的关系。对于资金成本比较高的工业品，他认为要选择利率较低的地方进行生产。最后，他还提到了市场原则，即工业产品的生产要接近市场。概括地讲，他指出了工业生产区位选择的两条基本准则，那就是有利于降低成本，有利于市场销售。但是他并没有深入分析当不同的选择原则相左时应当如何处理，没有像分析农业那样分析工业区位布局问题。

四、收入分配理论

与同时代的大多数经济学家类似，杜能也花费了大量篇幅来分析收入分配问题。在工业革命的大背景下，社会贫富差距扩大和阶级矛盾尖锐的现实，使他深刻认识到建立正确的收入分配理论的重要性。出于对发生社会革命的担心，他考虑了工人的工资决定问题，提出了一种与当时大多数经济学家的理论不同的工资理论：类似于分享工资论的工资决定的边际生产力论。

（一）工资决定的边际生产力论

杜能承认当时工人的工资偏低，工人未能享受工业进步的红利。为何如此？对这个问题的回答，他在早期写于1826年的一篇短文中的观点类似于马尔萨斯。他在那篇短文中提出了通过国家提供教育经费实行义务教育改变工人习性的主张。

杜能预想了一个通过义务教育改变整个社会阶级结构的蓝图：通过义务教育，工人获得了工业企业家必须具有的学校教育，那么历来在这两个阶级之间的界限就消除了。工业企业家的垄断地位不复存在，工人子弟习惯于刻苦生活，他们与工业企业家竞争，工业利润将下降。在工业企业家（包括管理和辅助人员）中能力较差的部分人员将被迫转变为手艺工人阶级，在手艺工人中能力较强的部分人员因报酬微薄而抛弃自己的职业，改求学问，谋求当国家官员和公务人员。因此，在这一领域也将出现激烈的竞争，结果是这些人员的薪俸下降，节省了国家行政费用的支出。上述关于通过义务教育改进社会阶级结构的思想确实经受住了历史的检验，尽管在它被提出的当时被认为是空想。

杜能后来并不满意对于工人贫困的马尔萨斯式的解释，但是上述通过义务教育可以改变工人生活的思想也使他不再把工人的贫困看作是天经地义的事。他开始探索对于工人贫困的其他解释，探讨什么是合乎自然的工资水平。他首先审视了亚当·斯密及其大多数后继者尤其是李嘉图的观点，发现他们的意见是，工人不可或缺的生活必需品的总数就是自然的劳动工资。对于这样一种观点，杜能自然不会感到满意。为了探索合乎自然的工资，他便开始了自己的研究。

杜能运用孤立国的抽象模型来探讨工资的决定，因为这将使问题变得非常简单。他发现在孤立国可耕平原的边境地带，土地地租为零，产出除了支付利息，剩下的便是工资。如果工资提高，地租便为负数，于是土地所有者就会放弃经营，土地的耕作将向城市收缩，原先在被抛弃土地上工作的工人也将被迫到靠近城市的地方寻找工作，工人们相互之间的竞争又将把工资降到原先的水平。由此看来，提高工资似乎是不可能的。但是他马上发现，上述结论的前提是利率不变。而只要利率能够降低，工资就有可能提高。但是利率能够降低吗？它的变化依存于什么规律？于是合乎自然的工资就取决于决定利率高低和利率与工资的关系的规律。

为了探讨这个规律，杜能建立了一个数理模型，其前提假设是工人能够并且愿意用其工资的一部分进行投资，并且追求投资收益的最大化。通过推导，杜能得出工人自然工资的数学表达：$A=\sqrt{ap}$，其中 A 为自然工资，a 为工人的生活必需品，p 为工人人均劳动产品。即自然工资等于工人的生活必需品及人均劳动产品的几何平均值。假设 $a=4$，$p=9$，则 $A=6$。

这个自然工资水平与生活必需品及人均劳动产品都正相关。当人均劳动产品等于生活必需品时，它也就等于生活必需品。当人均劳动产品大于生活必需品时，它又总是低于人均劳动产品。所以本书把相关理论称作分享工资论，因为它表明，即便为工人的利益考虑，也要求把劳动产品在工人和资本所有者之间分享，而不是全部归工人或者全部归资本所有者所有。可见这是一个主张收益分享的、劳资协调的工资理论。

杜能进一步从企业追求利润最大化的假设前提出发，推导出了工资决定的边际生产力论并论证如此决定的工资水平也一定等于自然工资。

杜能首先确定，企业利润最大化要求其使用的任何要素的边际生产收益都等于其边际生产成本，然后进一步明确提出增加工人的限度以最后雇用的工人所增加的价值等于工人所得的工资为限。按照这种观点，如果工人人数在资本保持不变的前提下不断增长，那么工人工资将不断下降，直至等于生活必需品为止。他实际上已经看到了生产的边际报酬递减规律。

杜能通过一系列复杂步骤，运用数理方法论证了由边际生产力决定的工资正好等于自然工资。但是，他似乎没有区分关于工资问题的实证分析和规范分析。他在论证劳动的边际生产力决定工资的时候似乎是在进行实证分析，论证了在实际生活中工资就是这样决定的。然而在其他地方，他又对自然工资能否实行忧心忡忡，自然工资似乎变成了规范性的要求并认为如果工资等于自然工资，实行了收益的分享制，欧洲社会的所有那些弊病就都能被消除。

在西方经济学史上，杜能可能是第一个提出了工资决定的边际生产力论的经济学者，并且他进一步论证了如此决定的工资是一种收益分享促进劳资协调的工资。他的论证非常超前，基本以数理方法为主。他的边际生产力论可能影响到后来美国的经济学家克拉克，因为克拉克曾经在德国留学，完全可能受到杜能的影响。也许正是由于杜能，克拉克从原先信奉的历史学派转变为边际主义者。但是在论证的形式化水平方面，克拉克远远不及杜能。但也许正是由于克拉克简单直白的叙述反而使边际生产力论得以广泛传播，使人们在很长一段时间里以为克拉克就是边际生产力论的原创者。

（二）资本与利息、利润

杜能将资本定义为在自然力的辅助下通过人类劳动所完成的产品，使用这种产品可以提高人类的劳动效率，并且资本可以与土地相分离。他把资本的起源归结为劳动，与那种把资本形成仅仅归结于节欲的观点有所不同。

杜能已经发现了资本边际报酬递减现象并认为全部资本在出借时收取的租金是由最后投入的那部分资本的效益决定的。这就是利率决定的边际生产力论。他从这种观点出发推论出资本增加会有利于工人的结论。

杜能认为亚当·斯密及其同时代的英国学者都把投资的利息与企业家的利润混为一谈，强调要区分两者。他把企业家收入超过投资利息和管理费用的部分称作“营业利润”，其中包括企业家的风险报酬和勤奋报酬。杜能特别分析了竞争不能消除企业家风险报酬的原因，指出一个既能开办企业又能成为公务员的人，如果成为公务员，风险要小得多，而他之所以还要开办企业，就是因为有可能获得风险报酬。杜能甚至还提出了类似于今天人们所说的效用不对称观点的观点来论证风险报酬的正当性：如果资产丧失一部分或全部，人们感到被夺走的幸福和愉快比资产增加一部分或全部所增添的幸福和愉快多，那么在各行各业的经营中，得利的可能性必然也以同等程度大于遭受损失的可能性。

杜能的收入分配思想有许多被后人所继承，用今天的眼光来看，他的分配理论在他同时代的经济学家的理论当中是最出色的。这不仅是由于他的边际生产力论，由于他对收入分配悬殊的不满，由于这种不满而引发出的分享工资论，而且是由于他对企业家利润收入的正当性的肯定和论证。

五、社会保障思想

杜能是一个富有同情心的思想家。他同情当时大多数工人的不幸遭遇，迫切希望改变工人阶级穷困悲惨的生活状况。同时他的身份和经历又使得他不愿意通过极端方式来解决问题，这就促使他形成了一系列社会保障思想。这些思想主要表现在要求实行义务教育和强制实行医疗保险与养老保险上。

杜能认为工人的贫困在很大程度上是由于缺乏教育，而工人的贫困又使得他们无力支出经费去教育和培养后代，这就形成了恶性循环。而打破这一循环的方法就是政府出资实行义务教育。

至于医疗保险和养老保险，杜能在自己的田庄进行了初步的尝试。他多年来一直想在自己的田庄实践分享工资制，但是顾虑到家庭和其他田庄的反应，难以开展。1848年以后，障碍不再存在，他便开始在自己的田庄中具体实施：一是让工人分享收益；二是对工人的部分收入实行强制储蓄，晚年返还，即实行养老保险。

杜能关于社会保障的这些思想和非常初步的实践，不知是否对近半个世纪以后德国由俾斯麦普遍实施的社会保障制度有所影响。这是一个需要详细考证的工作。但是与杜能同时代的思想家的思想相比，杜能在这方面的思想无疑是最出色的。用今天的眼光来看，杜能在这方面的思想可能是他最隽永的贡献。

第二节　李斯特

一、李斯特的生平、著作及其独特的方法论

弗里德里希·李斯特
(1789—1846)

弗里德里希·李斯特（1789—1846）是19世纪上半叶德国著名经济学家。当时的德国在具有工业优势的英国面前，如何促进本国工业由落后跃为先进，就成为一个引起有识之士关切的问题。正是在回答这一问题时，李斯特建立了自己独特的经济理论体系。

李斯特1789年出身于德国符腾堡的一个皮匠家庭，成年之后先是在政府部门充任一般职员。由于他主张的行政改革与当时统治者的意见不同，他被迫离职，但仍积极从事社会活动。在他的倡导下，旨在联合德国各邦建立统一关税同盟的德国工商业协会于1819年成立，他实际上是该协会的领导人。次年，他被选为符腾堡国民议会的议员。由于他的改革主张难以为当时的贵族所容忍，他于1822年被宣判监禁。李斯特被迫经法国逃奔北美，在美国继续宣扬自己的政策主张并逐渐受到美国人的重视。1832年，他以美国派驻莱比锡和巴顿领事的身份回到德国。回国之后，仍受到德国统治者的迫害和打击。1841年他的主要经济学著作《政治经济学的国民体系》出版。由于他一生命运坎坷，深受刺激，以致精神失常，在1846年自杀身亡，终年57岁。

李斯特的经济理论可以概括为三大部分：（1）生产力理论；（2）关于工业对国民经济的重要作用的主张；（3）保护关税的政策主张。

李斯特的经济理论，无论是概念范畴、体系结构还是政策主张，都与亚当·斯密所建立的古典经济学有很大的不同，尤其是在方法上，李斯特有许多独到之处。这些独到之处使他建立了独特的理论体系，对后来经济学的发展产生了深远影响。

首先，李斯特考虑经济问题的侧重点与亚当·斯密等古典经济学家不同。李斯特关心的是如何改变德国的产业结构，建立并发展工业，从而发展德国的生产力，增强经济和政治实力。他从产业结构变化的合理方向、变动产业结构的具体措施等方面研究国家的经济发展问题。而亚当·斯密主要从分工、市场机制等方面研究经济发展的机制和社会后果，李嘉图只关心价值论和分配论。研究侧重点的不同使李斯特认为：政治经济学不仅要告诉人们交换价值怎样生产、怎样分配以及怎样消费，还要教导人们怎样激发、增长并保护整个国家的生产力。他提出要建立与亚当·斯密等人的价值理论不同的生产力理论。

其次，与李嘉图不同，李斯特从历史研究中得到启示，认为一个国家经济发展的战

略随着这个国家所处发展阶段的不同而有所不同。为此，他提出以主导产业的不同作为划分阶段依据的经济发展阶段论。他指出：从经济方面来看，国家都必须经过如下发展阶段，即原始未开化时期、畜牧时期、农业时期、农工业时期、农工商业时期。他是第一个联系经济发展阶段来考虑经济发展战略的经济学家。

再次，李斯特的经济理论考虑了国家这一政治实体的存在，考虑了国家的存在对经济发展途径的影响。他认为：亚当·斯密等人的经济理论抽象掉国家这一实体来谈论人类的致富，实际上是一种世界主义的经济学，它只适应于国家不存在时的情况。他指出：政治经济学必须考虑各国的特殊情况，针对不同情况提出不同的致富方式。为此，他提出了国民经济学这一概念，强调国民经济学将教导人们某一国家怎样维持并改进它的经济状况。国民经济学概念的提出，为他反对自由贸易、主张保护关税的政策提供了理论依据，它更深远的意义在于肯定了不同国家经济的不同发展途径的可能性。

最后，李斯特注意从西欧各国的经济发展史中归纳出自己的理论体系。他既重视成功国家的经济发展经验，也不忽视那些曾经先进但后来衰落的国家的教训，从各国经济的兴衰中总结出对发展德国经济有用的政策结论。这种方法被称为历史归纳法，为后来的历史学派所沿用，形成整整一个学派在方法论上的特征。但李斯特与后来以罗雪尔为开端的历史学派有很大不同：一是李斯特并不忽略演绎方法；二是李斯特善于驾驭历史资料，从中得出为当时德国所需的结论。他是为了解决实际经济问题而去了解历史的。他的书给人一种强烈的务实感，而历史学派的书则长于堆砌历史资料，给人一种学究气。

二、生产力理论

李斯特指出：财富的原因与财富本身完全不同，而作为财富原因的生产力比财富本身不晓得要重要多少倍。因为决定个人富裕程度的不是个人所占有的财富量，而是个人生产财富的能力；而决定一个国家发展程度的，也不在于它蓄积的财富（交换价值）的多少，而取决于它的生产力的发展程度。他以英国为例加以说明，英国之所以强大，是因为英国的执政者追求的不是从国外取得价廉的工业品，而是形成制造这些工业品的能力。

那么促进一个国家生产力增长的原因是什么？李斯特指出：国家生产力的来源是个人的身心力量，是个人的社会状况、政治状况和制度，是国家所掌握的自然资源，或者是国家所拥有的农业、工业与商业的物质资本。他认为：基督教，一夫一妻制，奴隶制与封建领地的取消，王位继承，印刷、报纸、邮政、货币、计量、历法、钟表、警察等事物、制度的发明，自由保有不动产原则的实行，交通工具的采用，这些都是生产力增长的丰富源泉。他是从自然资源、物质资本、个人的身心素质、社会的法律制度、意识形态等多个角度来考察生产力增长的源泉的。通过对若干欧洲国家经济发展史的回顾，对于生产力增长的原因，他反对那种只重视物质因素、忽视政治力量，只重视个人生产能力、忽视社会制度的见解，强调物质因素与政治力量、个人生产能力与社会制度在促进生产力增长时的难分主次的交互作用。他认为人之所以能生产财富，不仅是由于人能直接生产产品或创造生产力，而且是由于人能创造生产诱因、消费诱因或生产力形成的诱因。因此，仅仅说财富起因于劳动是不够的，还必须回答促使人们劳动的动因是什么。

他认为是对个人有鼓励、激发作用的那种精神力量，是使个人在这方面的努力可以获得成果的社会状况，是个人在努力中能够利用的天然资源。

李斯特认为有利于生产力发展的社会状况和精神因素包括：科学与艺术的发达，旨在促进宗教品质、道德才智、人身财产安全、自由公道的公共制度和法律（他特别提到司法公开、陪审制度、国会立法、公众监督行政、地方自治、言论自由、有益目的的结社自由），对农工商业以及教育事业和一般文化一视同仁的对待，以及足以保障在国民财富和教育方面世代发展的国家力量。他通过对英国和西班牙的对比，强调精神自由对生产力发展的重要意义。他赞赏专利制度在促进创造力从而推动生产力发展上的重要作用。他看到了人们致富的动机对生产力的促进作用，认为社会大部分的生产力就是因这种动机而产生的。他还指出教育对未来生产力增长的重要意义，认为一国的最大部分消耗应该用于下一代的教育，用于国家未来生产力的促进和培养。

从上述见解出发，李斯特对亚当·斯密关于生产力增长源泉的看法提出了批评。他认为亚当·斯密对生产力增长原因的分析过于狭隘，只看到分工的作用，从而把劳动，而且仅仅把体力劳动当作唯一的生产力，当作财富的源泉，而忽视了社会制度、精神因素的作用。

因为把许多制度性、意识性的东西都当作生产力发展的源泉，李斯特反对亚当·斯密关于生产性劳动和非生产性劳动的划分标准。他指出：按照斯密的划分标准，像牛顿、瓦特或开普勒这样一类人的生产性，竟然尚不及一匹马、一头驴或一头载重的牛。养猪的和造乐器的、制药丸的是生产者，而教师、音乐家和医生倒是非生产者。因此斯密的这种划分标准显然是错误的。在李斯特看来，划分生产性劳动者和非生产性劳动者的依据，不仅要看是否创造交换价值，而且要看是否生产了生产力。那些养猪的和制药丸的当然属于生产者，但是教师、作曲家、音乐家、医师、法官和行政官也是生产者，他们的生产性比前一类人要高得多。前者所生产的是交换价值，后者所生产的是生产力。就后一类人来说，有些人能够使下一代成为生产者，有些人能促进这一代人的道德和宗教品质，有些人能提高人类的精神力量，有些人能使病人继续保持他的生产力，有些人能使人权和公道获得保障，有些人能确立并保护公共治安，有些人则由于他们的艺术而给予人们精神上的愉快享受，能够有助于人们生产情绪的高涨。

李斯特不仅从多个角度考察了生产力的源泉问题，对分工这一推动生产力的重要力量也提出了许多有价值的创见。他认为要推进生产力，不仅要有分工（用他的话讲是动作的划分），还要有各种力量为了共同生产而进行的联合。他实际上看到了分工和协作的互相补充对生产力发展的重要意义。他突破了亚当·斯密仅仅把分工原则运用于各生产单位内部的局限，提出分工协作原则的作用可以扩及整个国家经济，并强调在一国之中最重要的工作划分是精神工作与物质工作之间的划分，两方是相互依存的。而在物质生产中最重要的工作划分与最重要的生产力协作是农业与工业之间的划分与协作。这就把亚当·斯密的着眼于微观的分工法则升华为着眼于宏观的分业法则。从宏观上考察分业的结果，使李斯特认识到把社会总劳动力按比例分配于全社会的各行各业（包括精神生产部门）之中的重要性，他称之为生产力的平衡或协调。

李斯特把资本看作形成生产力的一个重要来源。对于资本，他认为应该进行分类并将其划分为物质资本和精神资本。物质资本被规定为工商业所使用的物质工具，精神资本在他看来有个人资本和国家资本之分。个人的精神资本是个人所固有的或个人从社会环境和政治环境中得来的精神力量及体力，而国家的精神资本则是以往许多世代一切发现、发明、改进和努力等累积的结果。

在物质资本形成的问题上，李斯特不同意亚当·斯密及其他一些经济学家的储蓄理论。李斯特认为适用于个人积累资本的单纯储蓄的方式对整个国家是不适用的，国家物质资本的形成方式与个人不同，不是简单依靠储蓄，而是主要依靠国家的精神资本与物质资本之间以及农工商业资本之间的交互作用。他还提出：当社会处于不同的产业阶段时，资本的形成方式有所不同。在畜牧社会中，资本由于牲畜的增加而增加；在农业社会中，资本由于耕地和剩余农产品的增加而增加；在工业社会中，资本则由于专门用于工业的财富的增加而增加。

李斯特不仅反对亚当·斯密等人的资本形成理论，而且否定他们关于资本可以自由转移的见解，强调具体形态的资本是很难进行跨行业的转移而不同时丧失其价值的，并指出在谈论资本的转移时必须考虑私人资本与国家资本的区别。一个工业家或商人可以把他的工厂或船卖掉，然后用所得价款买进田产；而整个国家却不能这样做，除非把大部分物质资本和精神资本牺牲掉。

在经济学说史上，李斯特是较早把生产力问题作为政治经济学所要解决的一个重要的专门问题并主张建立专门的生产力理论的经济学家。他的生产力理论主要涉及生产力增长问题，可以说是生产力增长的因素分析。在他之前，亚当·斯密在研究财富的原因时，实际上已经研究了生产力增长的因素并把生产力的增长首先归因于生产劳动者人数的增加以及生产劳动者个人技能由于分工而得到的提高，且进一步认为这两个因素都与资本的形成和积累有莫大关系，所以亚当·斯密实质上是把生产力增长的因素最后归结为资本积累。与此不同，李斯特不仅看到了分工、资本积累对生产力的影响，而且看到了自然资源的作用。尤其值得注意的是：他看到了劳动者的劳动态度对生产力的影响，从而认识到政治状况、法律制度、道德、文化教育等因素对生产力的作用，他实际上涉及了今天人们所说的激励个人从事生产性活动的产权制度和各种精神文化因素。可见他对生产力增长因素的分析具有相当开阔的视野。这种开阔的视野是因为在他当时所处的德国，生产力的发展还受到许多封建的社会制度、意识形态的束缚，所以在分析生产力增长的原因时，就自然会注意到这些因素。例如他特别强调个人自由对生产力的促进作用，这说明他的生产力理论具有一定的反封建色彩。在分工、资本这两个传统课题上，李斯特也提出了不少有价值的新见解，这与他侧重从整个国家的角度（而不是从私人角度）考察这两个问题有很大关系。

李斯特的生产力理论也包含不少缺点，即没有对各种因素按不同的层次进行分类，把自然资源、分工协作、资本积累、政治状况、社会环境等因素都并列在了一起。

三、关于工业化的战略思想

从增进一国生产财富的能力这一目标出发，李斯特用大量的篇幅论证了发展工业的重要意义。首先，他指出工业的发展能扩大社会所用资源的范围，提高对自然资源和自然力的利用程度。其次，他指出建立工业对于增加国家的物质资本的重要作用。同时，工业的建立还有助于使农业的剩余产品转化为工业的物质资本。他还提出了工业发展对科学技术发展的促进作用，因为工业社会重视创造发明的才能，而纯农业社会则相反。他特别强调工业发展对一个国家的国民素质的有利影响，认为工业发展能够从智力、体力甚至人种诸方面提高国民的素质。他对农业社会的国民素质与工业社会的国民素质进行了比较，认为一个国家所经营的假使仅仅是原始状态的农业，在那里普遍存在的现象就必然是感觉迟钝，笨手笨脚，对于旧有的观念、风俗、习惯、方式、方法固执不化，缺乏文化、繁荣和自由。一个国家假使能专心致志于工商业，则情况刚好相反，在那里存在的普遍特征必然是竞胜情绪、自由意志和致力于身心发展的进取精神。他还提到工业发展以及与其相伴的城市化的发展将促进政治的进步和社会的改良，还提到了工业的发展会引起依靠单纯的农业所无法引起的消费动机。而这种动机将促进社会生产的发展。概括来说，李斯特从天然资源的充分利用、国家资本的有效积累、科技的发展、国民素质的提高、政治的改良等诸方面看到了一个国家建立自己的工业的重要意义。

为了进一步论证建立并发展工业的重要性，李斯特分析了工业与其他物质生产部门及商业的关系，指出只有工业发展了，航海业、国内商业和对外贸易、农业才能获得大发展。由于当时的德国农业仍占国民经济的主要地位，所以他着重分析了工业的发展对农业的影响。

首先，李斯特指出：一个单纯经营农业的国家，比起一个既有农业又有工业的国家，在各方面都要处于劣势。纯农业国如果与其他工农业都经营的国家有贸易往来，那么它在经济上、政治上总是要或多或少处于从属地位，因为纯农业国的农产品外销情况基本取决于它所无法控制的外部情况：进口国本身的农业收成状况，其他纯农业国家的竞争。此外，纯农业国与工业国的外贸由于关税、战争等因素而有完全中断的危险。更为严重的是：纯农业国还可能由于外贸逆差而诱发信用危机，给国民经济的发展带来极为不利的影响。在论证这一点时，李斯特指出：当时流行学派关于贵金属流通、对外贸易自动均衡的理论只适用于一国之内各地区间的交易情况，不适用于国与国之间，尤其不适用于农业国与工业国之间，因为国与国之间的贸易并不都是完全自由的，而是由各国的商业政策和国力支配的。他指出：工业国可以凭借雄厚的资本，利用出口商品的商业信用，或利用关税等手段造成纯农业国的持续外贸逆差，同时农业生产自发的波动也会造成外贸逆差，从而引起贵金属的大量外流，结果造成纯农业国的银行信用破产以及地产与商品价格的普遍波动，以至整个经济陷入混乱。待到进出口再次恢复平衡时，纯农业国的生产、消费、个人福利都已经受到影响深远的破坏。他指出：纯农业国的货币制度也往往是从属于工业国的。他的结论是：一个大国只有建立了工业，才能使工农业均衡发展，才能使生产力和生活水平有大的提高，才能使外贸保持平衡，才能避免由外贸逆差引起的信用危机，才能使国家在经济、政治、精神诸方面保持独立。

在论证了纯农业国发展工业的必要性之后，李斯特进一步分析了工业发展对农业的影响。他认为工业不会与农业争夺资源、物质资本和身心力量。工业的发展非但不会妨碍农业，而且还会从各个角度促进农业的繁荣。他指出：工业的发展将增加对各种农产品的需求并且为剩余农产品的贮藏、运输提供物质条件，由此，农业的区域分工协作将发展起来，从而促进农业生产力的提高。他还指出：在建立了本国工业之后，本国的剩余农产品就有了比较稳定的、远远大于国外市场的国内市场，农业生产就不会由于国外市场的波动而出现波动，就会比较平稳地向前发展。他还指出：随着国内工业的发展，农产品的需求在数量和种类上都将大大增加，农产品的价格将得到提高，从而农业劳动者的工资，经营农业的利润、地租、地价都将相应提高。可以说，农业繁荣的根本原因在于工业的存在。

李斯特还指出：一个农业国要转变成工业国，必须待农业发展到一定阶段才适宜，这个阶段就是农业的发展已经达到某种程度，不可能再迅速增长，同时农业人口也已经饱和。他进一步指出：当一个国家开始发展工业时，应首先发展一般消费品工业，而不是奢侈品工业。

李斯特特别强调了工业发展对增进一国生产力的重要作用，论证了工业化对一国经济、政治、文化发展的重要作用，论证了纯农业的不发达国家在国际贸易中的不利地位，论证了在工业化过程中工农业之间的相互促进作用。这些见解即使在今天也还是能给人以启示。李斯特是较早从产业结构的角度研究经济发展问题的著名经济学家，是从产业结构角度提出不发达国家发展战略的那些发展经济学家的先驱。

四、关于保护关税制度的政策主张

李斯特认为：为了使工业能够在当时的德国得以顺利发展，必须取消国内关税，同时必须反对亚当·斯密等人所提倡的自由贸易制度，对外实行保护关税政策。为了证明自由贸易制度的不合理性，他首先否认了亚当·斯密的那只“看不见的手”的功能，认为个人竭力促进自己的私利未必就一定会促进社会公益，外贸商人为了私利既可以输入药品，也可以欣然地输入毒品。

李斯特并不是简单地一概反对国与国之间的自由贸易制度，而是强调国与国之间的自由贸易必须具备一定的前提条件。前提条件之一是要有一个包括一切国家在内的世界联盟作为持久和平的保证并且各国都实行自由贸易原则，各国商人都处于同一个商业联邦之下。前提条件之二是实行自由贸易的国家的工业水平必须有相近的发展程度，否则在自由贸易条件下，比较落后的国家将普遍屈从于工商业与海军都强大的国家。对于单独一个国家来说，是否应当实行自由贸易政策，则要视该国处于哪个经济发展阶段而定。他指出：凡是先天的禀赋不薄，在财富、力量上要达到最高度发展所需的一切资源都具备的那些国家，都可以而且必须按照它们自己的发展程度来改进它们的制度。改进的第一个阶段是，与比较先进的国家开展自由贸易，以此为手段，使自己脱离未开化状态，在农业上求得发展；第二个阶段是，用商业限制政策促进和保护工业、渔业、海运事业及国外贸易的发展；第三个阶段是，在财富和力量都已经达到最高程度以后，再行逐步恢复到自由贸易原则，在国内外市场上进行无限制的竞争，使从事农工商业的人们在精神上不致松懈并且可以鼓励他们不断努力保持既得的优势地位。

李斯特反对亚当·斯密等人的自由放任主张，认为一国的经济越发展，国家在立法和行政方面的干预就越是不可或缺。他还用英、美两国的实例说明了国家干预的必要性。

在他看来，当时的德国正处于他所说的需要实行商业限制政策的第二个阶段，因此，国家干预的主要表现就是实行保护关税制度。

李斯特指出：保护关税制度，或者说限制政策，或来源于国与国之间利益的冲突，或来源于一个国家追求独立、追求强盛地位的努力，或来源于战事及优势工业国实行的敌对性的商业限制政策。他针对亚当·斯密等人对保护关税制度的指责，指出保护关税制度并不会造成垄断，从而损害消费者利益，因为它并不排除国内的竞争。同时他还指出：保护关税制度也并不限制个人自由，相反，在国际贸易方面，高度的保护政策可以与最大限度的个人自由并行不悖。他承认保护关税制度会引起工业品价格提高，但这种提高只能是暂时的，因为高的价格会刺激生产，保护关税制度保证了国内工业发展的良好环境，所以保护关税制度最终将使生产力提高。保护关税制度不仅保护了工业的发展，而且对农业也有促进作用，因为在保护关税制度下成长起来的工业，增加了社会对农产品的需求，从而提高了农产品的价格。从长期来看，保护关税制度将推动落后国家的经济发展，使落后国家赶上先进国家，为最终实行普遍的自由贸易做好准备。从这一点来看，保护关税制度是使落后国家在文化上取得与优势国家同等地位的唯一方法，是促进各国实现最后联合、促进真正自由贸易的最有效方法。

李斯特的保护关税政策并不是闭关锁国，他并不排斥外资和外国技术的引进。相反，他提出实行保护关税制度有两个步骤：首先是把外国工业品从国内市场排挤出去，其次是鼓励外资和外国技术、工人的流入。同时，他的保护关税制度也并非对一切产品都实行保护，而是区别看待农业和工业，对农产品原料和加工工业品加以区分，肯定农产品可以实行自由贸易，但对工业品则需要限制其输入。他指出：为了实行有效的保护关税制度，必须实现德国的统一。他还提出了实行保护关税的一些具体原则，例如根据国家的特有环境和工业状况，确定保护关税是禁止性的还是温和性的，对奢侈品工业不实行保护政策，对复杂机器的输入予以免税等。

李斯特从国家利益出发，指出自由贸易的局限性，即在国力不平等时自由贸易将伤害相对落后的国家。这一见解即使在今天也仍然具有现实意义。他关于自由贸易给各有关国家同时带来利益所必需的两个条件的看法也值得注意。他从相对落后国家需要保护关税制度这一点出发，对主张自由放任、反对国家干预的观点提出异议，说明了国家干预的必要性。最可贵的是，他虽然主张实行保护关税制度，但并没有把它绝对化，而只是把保护关税制度当作一个国家在经济发展的特定阶段所需要的东西。

李斯特的经济理论体系反映了德国工业资产阶级对内反对封建制度、对外抵抗英国资本欺压、发展民族工业、提高本国生产力的合理要求。

以生产力理论为主线，以发展工业为目标，以保护关税制度为手段，这就是李斯特经济理论体系的三大支柱，也是李斯特为当时仍然处于落后地位的德国提出的对策。

第三节　戈　森

曾做过地方政府税务官和经营过保险公司的德国经济学家赫尔曼·海因里希·戈森

（1810—1858）对经济学的主要贡献，是他在 1854 年出版、初始大受冷遇、后来久享盛名的《人类交换规律与人类行为准则的发展》一书中运用图表和数理方程，提出了边际效用价值论的几乎所有重要命题。杰文斯和瓦尔拉斯都推崇他为边际效用理论的先驱。

戈森假定人以追求享乐最大化为目的，即使是禁欲主义者也不例外，因为他们是以死后进入天堂为目的的。从这一基本前提假定出发，他提出了后人所谓的戈森第一定律，也就是边际效用递减规律。他把这一定律表述成两种形式：一是在一次持续的消费过程中各消费品单位的效用逐次递减，如图 6－2（a）所示。二是在隔期的重复消费过程中第一个消费品的效用递减，如图 6－2（b）所示。图中横轴为消费品数量，纵轴为边际效用。图 6－2（b）表示随消费次数的增多和消费活动的重复，边际效用曲线的位置由 AB 下移到 A_1B_1，再下移到 $A_{11}B_{11}$。

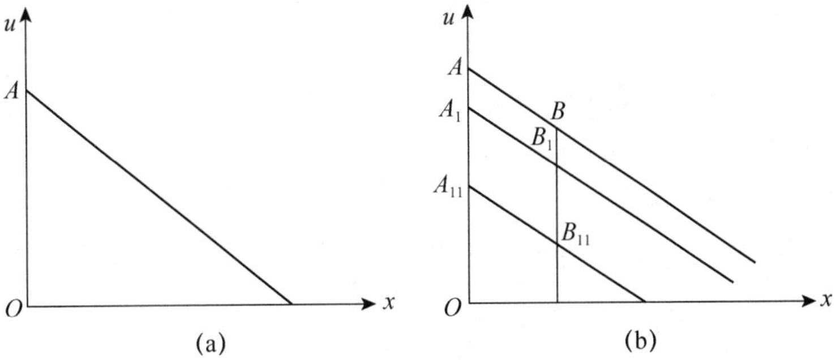

图 6－2　戈森第一定律

戈森第二定律就是后人所说的在消费活动中的等边际原理，即享乐均等定律。该定律的内涵是：在消费时间一定或购买消费品的货币一定而消费项目不止一个时，要使享乐最大化，就必须如此分配时间和货币，使得在各项目中获得的边际效用相等，或在各项目中每单位货币换得的边际效用相等。

戈森否定与人的享受无关的绝对价值，认为物品的价值由它为人提供的享受来决定。为此他把各种物品分为三大类：直接消费品、互补消费品及生产用品。第一类物品即直接消费品的价值由享受直接决定，第二类物品即互补消费品的价值需共同由享受决定，第三类物品即生产用品的价值决定同样如此，与它们生产消费品时的贡献成正比。在这个问题上，他已经接近但尚未得出后来门格尔等奥地利学派所得出的结论。

戈森分析了劳动与人的享乐之间的关系，认为劳动刚开始时对劳动者具有正效用，但其效用随劳动时间的延长而不断递减至零。后续时间的劳动将带来不断增加的负效用。当劳动的边际负效用的绝对值与劳动所带来成果的边际效用相等时，就达到了劳动者自愿停止劳动的临界点。这一思想后来被杰文斯以几乎完全相同的方式重新发现。

戈森以享乐均等定律为基础分析了交换行为，认为人们通过交换实现享乐最大化的条件是：交换后两种物品在每个交换者那里的边际效用恰巧相等。这可以说是以基数效用论形式表达的帕累托交换最适度。

除在基本理论方面的上述贡献外，戈森的一些政策主张也值得注意。他主张保护私有制，认为各民族在福利水平上所取得的进步程度，与它们成功保护私有制的程度几乎一样，因为公有制会导致懒惰。因此，尽可能地保护私有财产，不论是占有者享用这种财产本身还是想转交其他人享用，都是人类社会存在的绝对必要的条件。同时，他也主张经济自由，主张政府允许每个人拥有自由支配自己财产的权利。他主张人们相互尊重私有产权，要求每个商人以诚待客，把待出售物品的优缺点如实地告诉要购买的人。为了克服失业问题，他反对政府设立保护性关税、特许和优惠、行会制度等，主张政府应当便于工人跨部门转移，以消除过剩部门的失业现象。为了克服通货膨胀，他主张废除纸币。最有意思的是，他虽然主张私有制，却坚决主张土地国有化，主张通过政府收购使土地从私有者手中转移给国家，再由国家将它租给所出租金最高的承租人使用。他认为土地国有将扫除经济自由的最后障碍并使政府获得可观的收入。

思考题

一、述评杜能的农业区位理论。

二、述评李斯特的工业化理论。

三、述评戈森的两个定律。

第七章
穆勒：古典经济学的综合与终结

第一节 穆勒的时代及其改良主义的社会哲学观

约翰·斯图亚特·穆勒[①]（1806—1873）是19世纪中叶英国著名的经济学家，在逻辑学等领域深有造诣的哲学家，自由主义的代表人物，著名的社会活动家和社会改良主义者。

约翰·斯图亚特·穆勒是李嘉图学派的忠实追随者——詹姆斯·穆勒的长子，少年时代就跟随父亲研读亚当·斯密和李嘉图等人的经济学著作，受到古典政治经济学的熏陶。穆勒在社会哲学上开始时受边沁功利主义的影响[②]，在法国居住时又认识了萨伊、圣西门、孔德等人。孔德的实证主义对他影响甚大，他开始怀疑以往信奉的经济学原理，因为这些原理把私有制看作不能破除的东西。1823—1858年，他在东印度公司任职。这30多年的工作经历对他影响很大，使他养成了善于在多种对立意见中进行调和折中的习

---

① 本章后文简称“穆勒”。

② 穆勒深受边沁功利主义的影响。李嘉图以前如魁奈、斯密等人的古典经济学说，都是以17—18世纪启蒙思想家的自然秩序或理性观念为基础的。自然秩序和理性观念在资产阶级反对封建制度的斗争中曾起过重大作用。但是，法国资产阶级革命和英国工业革命的发展，并没有改变占人口绝大多数的劳动群众受压迫、受剥削的困苦状况，因此在18世纪末19世纪初，英国社会出现了一批激进的改革者，杰里米·边沁（1748—1832）就是其中的代表性人物。杰里米·边沁是英国社会学家、哲学家和法学家，也是一个经济学家。他出身于伦敦一个富有的律师家庭，毕业于牛津大学。1787年曾写过一篇名为《为高利贷辩护》的文章，责备斯密同意规定利率上限，认为规定利率上限会使穷人无处借钱，或者会使穷人被迫通过黑市借钱，反而降低了穷人的福利，违背了规定利率上限的初衷。边沁还著有《政治经济学教范》(1798)。但是他对英国经济学界的影响主要不是他的经济思想，而是他在《政府片论》(1776)、《道德与立法原理导论》(1789) 等著作中所宣扬的功利主义哲学思想。边沁功利主义哲学思想的理论核心就是所谓“避苦求乐”的功利主义。边沁认为人的“本性”就是“避苦求乐”。“避苦求乐”既是区分人们行为善恶和是非的标准，也是道德和立法的原则。而立法者的任务就是计算苦乐，就在于追求最大多数人的最大幸福。边沁的功利主义哲学为经济学的经济人假设提供了理论依据，使经济学家可以大胆地忽略现实中人的各种复杂动机，把人看作一部单纯避苦求乐的机器。古典经济学以及后来的经济学正是在这样一种简单化的假设下推导出了整套理论体系。功利主义虽然并非经济人假设的源头，但是它使得这个假设得到现在这样清晰的表达。边沁的功利主义对英国以至整个欧洲大陆的许多经济学家均有很大影响。边沁的功利主义哲学还蕴含一层意思，就是每个人的个人利益未必会导致社会整体的利益。因此完全自由放任是有问题的，需要通过立法来消除个人利益之间的冲突，在这方面政府的作用是不可忽视的。这一思想影响到他的许多学生，包括穆勒。边沁在《政府片论》中形式上是批判当时英国贵族地主阶级与金融资产阶级联合专政的君主立宪的政治制度，实际上是反对这种政治制度的理论依据——17—18世纪作为资产阶级启蒙思想的社会契约论和自然法等学说。他强烈要求进行议会选举制度方面的改革。19世纪初，边沁已被认为是社会改革运动的一个著名理论家。

约翰·斯图亚特·穆勒
（1806—1873）

惯。这种调和折中的习惯深深地烙印在他的学术思想中。据他自述，另一位对他影响很大的人是他的妻子，在她的影响下，他对其主要经济学著作做出了重要的补充修改，表现出进步的倾向。1865—1868年，他当选为英国议会的议员。

穆勒的主要经济学著作是出版于1848年欧洲革命前夕的《政治经济学原理及其在社会哲学上的若干应用》（简称《政治经济学原理》）。这部著作在1848—1871年曾七次重版，在相当长的时间里一直被奉为经济理论的圣经、政治经济学必读的教科书，是一本闻名于世的经济学著作，直到1890年马歇尔的《经济学原理》问世，其垄断地位才被打破。

穆勒开始活动于19世纪三四十年代，穆勒经济理论体系的形成同当时英国及欧洲大陆的经济发展和阶级斗争有着密切的联系。19世纪40年代初，英国在经济上仍然没有摆脱1837年爆发的经济危机的影响，工商业处于萧条状态。一些工商业城市呈现出一幅贫穷、困苦和绝望的图景。成千上万的工人流离失所，没有工作，在业工人的工资也下降了55%。当时又值农业歉收、全国普遍饥荒，这种情况引起了工人运动的高涨。欧洲大陆的工人运动更是风起云涌。在法国，继1831年和1834年的里昂工人起义之后，1848年又爆发了巴黎工人的六月起义。这些工人运动的目标都十分鲜明地集中在反对资本的统治和剥削上。1847年经济危机和1848年欧洲革命的爆发，在英国工人中引起了强烈反响。发端于19世纪30年代的宪章运动，在19世纪40年代又迅速恢复并形成新的高潮。

劳动群众的苦难和斗争引起了知识界一些先进分子的同情，他们开始思考群众贫困的原因，寻找消除社会矛盾和建设新社会的途径。于是在19世纪初的法国，出现了圣西门和傅立叶的社会主义。19世纪40年代，卡贝和布朗基的共产主义也开始广泛流传。在19世纪上半叶的英国，欧文的社会主义有着更为广泛的影响。欧文看到了资本主义经济的发展和工人提高劳动生产率所创造的财富并没有被用来改善人民的生活，因此，他认为资本主义社会和封建社会一样是不完善的。他尖锐地批判了资本主义社会的私有制，指出私有财产、宗教迷信和婚姻制度是贫困、愚昧和一切罪恶的根源。他提出应消灭贫困、消灭阶级对立，建立一个人人平等地共同享受劳动成果的公有制社会。在欧文思想的影响下，英国工人广泛开展组织生产合作社和工会活动，从而掀起了一场社会改良运动。

高涨的工人运动、社会改良运动以及社会主义思潮，引起了穆勒的注意。穆勒接受了其中的某些思想观点。他看到了资本主义虽然促进了财富的巨大增长，可是多数劳动者不仅得不到更多的利益，而且处于悲惨的境地。因此，他承认资本主义社会存在着矛盾并对无产阶级表示同情。他认为现在劳动产品的分配是同劳动成反比的：产品的最大部分属于从来不劳动的人，次大部分属于几乎只是在名义上劳动的人，而且劳动越艰苦和越不愉快，报酬就越少，最后，从事最劳累、最费力的体力劳动的人甚至连生活必需品都得不到保证。穆勒从产品的分配方式看到了资本主义的矛盾和不合理性，但他并不认为这是由社会制度本身造成的。在他看来，这主要是由国家的法律与习惯的不合理性造成的。因此，他认为不需要颠覆个人所有制这个基础，只要通过改变分配方式来改良它，就可改善工人阶级的经济状况，消除资本主义的一切不平等现象，使社会中的每一个成员都充分分享它的利益。他希望用普及教育来达到人口的自动控制，使穷苦的人减轻一点痛苦。他是一个民主主义者，但绝不是一个社会主义者。他认为在未来的很长一个时期内，政治经济学家的主要任务是研究以私有财产及个人竞争为基础的社会存在与进步的条件。

折中改良是穆勒社会哲学的基本特征。他的经济理论体系是他折中改良社会哲学观的应用与论证。通过折中，他完成了对古典经济学的综合，而这个综合则标志着古典经济学的终结。

第二节　政治经济学的研究对象、研究方法及其对生产规律和分配规律不同性质的分析

穆勒把财富作为政治经济学的研究主题，认为经济学家所要教与学的，是财富的性质及其生产与分配的法则。而社会经济繁荣与衰落的原因，也属于政治经济学研究的范围。至于什么是财富，他的定义是一切有用的或合意的有交换价值的物品。

穆勒认为研究政治经济学的方法与研究自然科学的方法是不同的。因为在研究中政治经济学无法像自然科学那样采取实验方法，阻隔其他因素的影响而单独分析某一因素的作用，所以内省是一个重要的方法。同时，政治经济学是以抽象的经济人假设为前提的演绎推理体系。穆勒指出：政治经济学假设人仅具有占有财富的愿望，完全抽象掉其他动机，并假设人有能力判断达到这种目的的各种可能性，即为完全理性的经济人。可以近似地讲，现代经济学的理性经济人假设大致是从穆勒那里开始明确起来的。

穆勒虽然把抽象的经济人作为自己分析的前提，但并没有用非历史的观点把资本主义看成永恒不变的制度。相反，他认为：在不同的时代和不同的国家，人们所生产的财富的数量和种类是有差别的；社会的财富以何种方法被分配给各成员，亦是有差别的。为了强调这一点，他用了大量篇幅来论述野蛮社会、游牧社会、封建社会和文明社会财富生产与分配的不同状况以及当时西欧社会与东方亚细亚社会所存在的这种差别。

穆勒在把财富的生产规律与分配规律确定为政治经济学的主题以后，论述了生产规律与分配规律的不同性质。在他看来，生产规律具有永久的自然规律的性质。他说，财富的生产法则与条件具有物理学真理的性质，没有任意选择的余地。无论人类喜不喜欢，他们的生产终须受制于他们先前的蓄积额。如果先前的蓄积额是已定的，他们的生产就必须与他们的能力和熟练程度、机械的性能和分工协作的程度成比例。至于分配规律，穆勒认为它与生产规律具有根本不同的性质。他强调财富的分配纯然是人类制度的问题。物品一旦在那里，人类（个别的或集合的）就可以随心所欲地处置它们。他们能以任何条件将该种物品给他们所满意的任何一个人支配。所以，财富分配乃依存于社会的法律

与习惯。决定分配的条件是由社会统治阶级按照它的意见及感情制定的。

由于生产规律与分配规律的决定因素性质不同，前者以自然的必然性为基础，后者以社会制度的必然性为基础，所以生产规律是恒久的，而分配规律是暂时的。穆勒认为混淆由自然导致的必然性与由社会制度导致的必然性，是经济学的谬误，不仅是理论上的谬误，而且是实践中的谬误，因为它导致了两方面的损害：一方面使经济学家把经济学里暂时的真理误认为永久的普遍真理；另一方面使许多志在改良社会制度的人，把永久性的生产规律误认为是导源于社会制度的暂时现象，而不予以应有的重视。穆勒把生产规律看成是永恒的规律，把分配规律看成是具有历史性质的规律。这就为他在保持资本主义的产权制度的基础上改良收入分配的政策主张提供了理论依据。

第三节　生产理论

穆勒认为任何社会生产都必须具备以下三个要素：劳动，资本，以及自然所提供的材料与动力。

穆勒首先规定了作为生产第一要素的劳动的含义。他所谓的劳动，不仅指体力和脑力的支出，而且包括由这些支出引起的不适主观感受。

穆勒按照劳动在最终产品生产中的不同作用把劳动分为直接生产最终产品的劳动和间接生产最终产品的劳动，并按照所起作用的不同进一步把间接生产最终产品的劳动分成数类。在对劳动进行分类时，他否定了通常按照农业、制造业和商业来划分劳动的见解。他赞赏萨伊的观点，认为劳动不创造物质，只生产效用。而劳动所生产的效用有三种：第一种效用是固定并体现在外界对象物上的，就是通常所讲的生产物质产品的劳动；第二种效用是固定并体现在人身上的，就是一切培植自身或他人的体力和智力的劳动，不仅包括医务工作者和教育工作者的劳动，还包括政府工作人员（如果他们改良了人民）、道德家和牧师（如果他们生产了幸福）的活动；第三种效用是既不固定也不体现在任何对象上的，只是给人们提供一定快乐或避免烦恼及痛苦的活动，它包括音乐家、演员、陆海军、法官和政府官吏（如果他们的活动对人民的改良产生了影响）的活动。

穆勒在依据萨伊的观点分析了劳动所生产的不同效用以后，又依据亚当·斯密关于生产性劳动与非生产性劳动的观点把两者调和起来，确定了劳动的生产性与非生产性。他认为：由于人们通常认为财富就是其效用可蓄积的物质财富，所以生产性劳动主要包括生产第一种效用的劳动和生产第二种效用的劳动，当其有助于生产第一种效用时，也是生产性劳动，即一切直接或间接生产物质产品的劳动都是生产性劳动；反之，生产第三种效用的劳动是非生产性劳动，因为其效用不能持久。他认为思想家的思辨活动是在社会中最有影响力的生产性劳动。

穆勒进一步把消费区分为生产性消费和非生产性消费，认为对生产没有直接或间接贡献的人的消费是非生产性消费，而在生产性劳动者的消费中，凡无助于维持和增加他们生产能力的消费（如对于享乐品、奢侈品的消费）也是非生产性消费，只有有助于维持和增加他们生产能力的消费才是生产性消费。

穆勒在确定作为生产第二要素的资本的含义时，否定了资本即货币的观点，认为资本是先前劳动生产出来的、由蓄积而保存下来用于维持生产性劳动的物质产品。他把自耕农为维持生活而蓄积起来的劳动产品也称为资本。

在对资本的含义做了上述说明之后，穆勒提出了关于资本的四个根本命题。第一个命题是一国的生产性劳动的多少受到该国资本（包括消费品和投资品）数量的限制。第二个命题是资本是节约和储蓄的结果，是生产者自身消费少于其生产产品的结果。第三个命题是一切资本均被使用，即便不被资本所有者自己使用，也要被别人使用，并且在使用中为资本所有者创造出更多的产品，即资本不同于窖藏。第四个命题是就业水平和产品数量取决于资本数量，与商品需求的大小无关，对商品的需求只决定就业方向和产品种类。这四个命题基本上是对斯密观点的重述，强调了资本的来源、功能和重要性，表明决定国民收入水平的是资本数量而非对商品的总需求。

关于作为生产第三要素的自然所提供的材料与动力，穆勒认为自然所提供的种种材料与动力，是进行生产所不可缺少的必要条件，它是生产的自然要素，因为它所包括的都不是劳动的生产物。他认为土地一词包括了这里所讲的一切自然要素。因此，生产的自然要素可由土地一词代表。所以他把生产的三个要素说成是劳动、资本与土地。

穆勒在论述了生产的三个要素以后，进而研究了影响劳动和资本这两个要素的生产力大小的诸因素：自然条件，劳动者的劳动习惯、刻苦精神、技术熟练程度、丰富的知识，整个社会教育的普及，重契约、讲诚实的道德风尚，政府对人身和财产安全的保障。他特别强调工人的智力是劳动生产力的一个最重要的要素。他指出了分工的效益及其限制，指出了大规模经营对制造业的效益，分析了规模经济的原因及大规模经营的必要条件。

在分析影响生产力大小的诸因素时，穆勒看到了农业的特殊性，正确地指出在农业中往往不存在分工的效益和大生产的效益；指出地租的不确定和租期的不确定不利于租地人提高经济效益；认为农户经营的土地面积过大或过小都不好，应当以劳力、畜力和农具都被充分利用为适宜程度；主张小农经营和大农场经营并存，大农场经营谷物种植业和畜牧业，小农经营劳动密集的种植业，尤其是经济作物；认为小农业和大农场并存最有利于农业改良。

穆勒认为：生产的增加不仅取决于生产要素的生产效率，而且依存于生产要素的增加。于是，他依次研究了生产三要素增加的规律。

穆勒认为：生产的增加第一依存于劳动，而劳动的增加即人口的增加。在他看来，劳动增加的规律就是马尔萨斯在《人口原理》中引出的真理：在无限制时，人口的增加必然是以几何级数而不是以算术级数增加。在实际生活中，人口的增加虽然会受到种种限制，但由于人口自然增加力的无限，所以，劳动不会成为生产增加的重要障碍。

穆勒认为：生产的增加第二依存于资本，而资本的增加必然依存于节约和储蓄所留出的基金的多寡及节约和储蓄欲望的强弱。所谓节约和储蓄所留出的基金，就是从劳动产品中扣除生产当事人的生活必需品以后的剩余。他把这种剩余称为纯产品；纯产品不仅包括利润和地租，还包括工资中的非必需品。纯产品越多，则节约和储蓄的数额便越大，从而也将增加节约和储蓄的欲望。因为纯产品越多，作为其重要组成部分的利润也往往越多。利润的多少仅仅是影响节约和储蓄欲望的一个因素，其他因素有是否有远虑，是否关心后代，尤其是人身和财产的安全程度等。

因此，增加资本的基本途径便是增加生产和（或）减少消费。增加生产，尤其是提高劳动生产率，就可以在不缩减消费的同时使纯产品增多。而减少消费可以在生产物不变时增加节约和储蓄。减少消费就是要节欲，反对奢侈。穆勒认为：节约和储蓄致富，消费致穷，在个人为然，在社会亦然。只要资本家减少非生产性支出，增加生产性支出，即增大纯产品用于生产性支出的比重，就会把一部分原先的消费财富转变为资本。这一观点意味着穆勒否定了工资基金论。而只要能够增加资本的报酬，就能提高资本所有者的节约和储蓄欲望，把非生产性支出转移到生产性支出上。这一观点意味着他并未坚持僵硬的工资基金论。这种僵硬的工资基金论认为作为分子的工资基金是固定不变的，因此工资的高低完全取决于作为分母的工人人数的多少。

穆勒认为：生产的增加第三依存于土地。在他看来，土地在生产中的基本规律，就是土地报酬递减规律。他对这个规律做过如下表述：在农业技术及农业知识一定的状况下，劳动增加，生产物不能有相等程度的增加；倍加劳动，不能倍加生产物。他认为这是在经济学上最重要的命题，是土地生产的一般法则。尽管在实际生活中，这个规律的作用会受到种种因素的阻碍，例如在农业中有利于提高土地生产率和劳动生产率的改良；与农业生产前后阶段的服务有关的改良，如运输的改善等；其他行业的降低农业生产投入价格的技术进步；社会制度的进步，尤其是各种阻碍农业的法律、制度、习俗的改革；教育的改良，劳动者及其雇主在知识、德性方面的进步。

穆勒在分别考察生产三要素增加的规律后得出结论：生产增加的限制是二重的，即资本不足或土地不足。他认为亚洲各国由于蓄积欲望不强而造成的资本不足是阻碍生产发展的主要问题。为此，他认为这些国家应采取下述措施增加积累：（1）刷新政治，改良税制，确保财产所有权，维持更永久、更有利的土地租佃制以使耕作者获利；（2）改良公众智力，破除不利于生产的习惯与迷信，使人民时常追求新的欲望对象；（3）引进外资，引进技术。而西欧各国，特别是英国，他认为人口增加过多，导致土地报酬递减是阻碍生产发展的主要问题。因此，他认为这些国家必须采取措施限制人口的增长。

穆勒不无正确地指出：限制人口增加的必要性不仅存在于财富分配不公的社会，而且存在于生产资料共有、财富平等分配的社会。因为虽然人口增加既增加“口”又增加“手”，但新的口和旧的口必须消费同样的食物，而新的手不能和旧的手生产同样多的食物，除非生产技术改良的速度能超过或不低于人口增加的速度。

穆勒把亚当·斯密等人的资本积累规律和马尔萨斯等人的土地报酬递减规律与按几何级数增长的人口规律综合在一起进行论述，证明生产规律是一种永久的自然性质的规律。

穆勒的上述生产理论可以简单概括为以下七个命题：

（1）一切生产都需要劳动、资本和自然所提供的材料与动力（或土地）。

（2）土地报酬递减规律。

（3）生产的增加依存于劳动和资本的数量增加与（或）劳动生产率的提高。

（4）劳动增加的法则就是人口在无限制时按几何级数增加，所以生产一般不会受到人口的限制。但是当人口的增长速度快于生产技术的改良速度时，社会将趋于贫困，所以限制人口的增长速度是必要的。

（5）资本的增加依靠纯产品（可节约和储蓄的对象）的增加以及节约和储蓄欲望的增强。资本靠节约和储蓄形成，靠投入生产来保存，因此节俭使社会致富，奢侈使社会致贫。而节约和储蓄欲望的强弱取决于利润（纯产品的一部分）的多少和人身、财产的安全与远虑。

（6）资本（而非劳动）往往决定生产规模、就业人数和劳动效率。

（7）当资本一定从而就业人数一定时，生产的增加取决于劳动生产率，而劳动生产率取决于劳动者的能力与熟练程度、机械的性能、分工协作的程度以及生产经营规模的大小。

上述命题涉及生产的必要条件、经济增长的促进因素和限制条件。其中有些命题是在任何社会都成立的，如第（1）、（2）、（4）条。而第（3）、（5）、（6）、（7）条则只有在总需求充分大的情况下才对任何社会均成立。穆勒显然忽略了马尔萨斯对有效需求的关注。

第四节　分配理论

穆勒在《政治经济学原理》第二篇中对资本主义分配进行了考察。他的分配概念包括生产要素的分配，所以他是联系所有制来考察产品分配的。他并不认为现存的所有制和分配方式是亘古不变的，他认为随着生产要素分配方式的变化，产品分配的原则也将变化。因此在资本主义社会和前资本主义社会，分配的决定因素是不同的。他指出在个人私有制下，生产物的分割取决于两种因素——竞争与习惯。而在资本主义社会以前，支配地租额和土地租借权的不是竞争，而是习惯。

对于资本主义的分配，穆勒首先分析的是工资。他认为工资是劳动的报酬，在资本主义制度下，竞争是工资的主要支配者，而习惯只具有一定的影响。他认为工资取决于劳动的需要与供给，即取决于人口与资本。这里所谓的人口，就是劳动阶级的人数，即劳动的供给。这里所谓的资本，就是指用于购买劳动力的那部分流动资本，它和其他用于雇用非生产性劳动者的基金一起，代表对劳动的需求。因此，高工资只能是被雇用的劳动者减少或雇佣劳动者的总基金增加的结果；而低工资则是被雇用的劳动者增加或雇佣劳动者的总基金减少的结果。

从劳动的供求决定工资高低的观点出发，穆勒认为：物价的涨跌通常通过影响劳动的供给来影响工资，或通过影响资本的增减从而间接引起对劳动需求的变化而影响工资。所以，在一般情况下，工资取决于资本与劳动的比例法则，不会因物价变化而动摇。关于实际工资水平的决定，他认为主要取决于人口的多少。除了少数例外，高工资是以人口限制为前提的。在他看来，工资既然取决于劳动人数及其用来购买劳动的资本及其他基金的比例，那么改变这个比例使之有利于劳动阶级的关键，不是蓄积的绝对量和生产的绝对量，甚至不是分配于劳动者之间的基金额，而是这种基金及分享这种基金的人数的比例。可见他实际上是赞同马尔萨斯的观点的，把在资本主义条件下工资低下的原因归之于劳动阶级人口过多。这一观点对他的改良主义纲领有很大影响。

穆勒不像李嘉图那样用维生的生活费用来决定工资，而是用劳动市场的供求关系来说明工资水平的决定。这种分析框架为后来的马歇尔等人所接受并一直延续至今。但穆勒的供求均衡工资理论与后来的工资理论并不完全一致，差别主要在于对决定劳动供求的因素的分析：穆勒是用工资基金而不是劳动的边际生产力来说明劳动的需求，用劳动人口而不是劳动的边际负效用来说明劳动的供给。而劳动人口则由劳动阶级提高生活水平和提高生育水平这两种互斥的欲望孰强孰弱决定。所以他的工资理论更经常地被称作工资基金论。而如果劳动阶级提高生育水平的欲望更强烈，这种工资基金论就与维生工资论合流了。可见李嘉图的维生工资论是穆勒的工资基金论的一个特例。由于穆勒承认整个社会的工资基金可以由于资本家阶级节俭与否而发生变化，而资本家阶级的全部收入构成工资基金的上限，所以穆勒的工资基金论可以算是一种软性的工资基金论，即工资的高低既取决于作为分子的工资基金的大小，也取决于作为分母的工人人数的大小。

在分析了工资以后，穆勒转而分析利润的性质、来源，利润的职业差异和平均化趋势，以及利润率的决定。

在分析利润的性质时，穆勒赞同西尼尔的节欲论，认为利润是忍欲的报酬。穆勒认为劳动者的工资是劳动的报酬，同样，资本家的利润，按照西尼尔的精当的用语，则是节欲的报酬。资本家自己忍住不再自己消费自己的资本，而是让给生产的劳动者为他的益处而消费，利润便是这种节欲的所得。这种节欲是必然有报酬的。穆勒同意萨伊的观点，认为总利润必须分成三个部分：利息、保险费和监督工资。利息作为节欲的报酬，保险费作为冒风险的报酬，监督工资作为管理的报酬。在利润的性质问题上，穆勒经济理论体系的综合特征表现得最为明显。穆勒一方面采纳西尼尔和萨伊的观点，另一方面则接受李嘉图的意见，认为利润来源于劳动。在他看来，由于资本家进行了节欲，从事了监督劳动，承受了风险，资本家理所当然地应该从工人所创造的劳动产品中取走一大部分作为报酬。

在分析利润的来源和利润的平均化时，穆勒认为利润产生的原因在于劳动生产力，在于劳动所生产的产品多于所耗费的产品，在于劳动者在生产了资本家以工资形式垫支的产品之后有剩余时间为资本家工作。在他看来，利润的产生并不是由于偶然的交换，即使在不存在交换的地方，只要劳动生产力较大，利润也依然会存在。

穆勒指出：由于不同行业资本的风险不同以及所需的管理能力不同，所以不同行业所需的保险费和监督工资亦根本不同，这样就会存在利润的行业差异。同时，自然垄断与人为垄断也会造成不同职业间的利润差异。尽管如此，不同行业的利润却具有平均化的趋势。如果一种行业比别种行业有更顺利的赚钱机会，那么就会有更多的人投资到这种行业上来；如果一种行业不被认为是繁荣的行业，如果该行业的获利机会被认为逊于其他行业，那么资本即将逐渐离去，至少新资本不会被吸向那里。在较少利润的行业与较多利润的行业之间，资本的分配遂发生变化，但其趋势是归向共通的平均数。

在分析利润率的决定时，穆勒是从总利润的决定谈起的。他认为一个国家的利润总量取决于两个要素：第一是生产物的数量，即劳动的生产力；第二是劳动者自己在这些生产物中所得的比例，即劳动者的报酬对其生产额所保持的比例。他认为利润率与上述第一个要素无关，只取决于第二个要素。因此，利润率与劳动者的报酬成反比。关于利润率的变动，他认为每一国家任一时间都有一个诱使人们进行储蓄并把储蓄转化为资本的最低必要利润率，若实际利润率低于此，人们将没有进行储蓄和投资的欲望。这种最低利润率取决于人们的远虑和投资的安全，远虑的大小决定了储蓄的多少，安全的大小决定了储蓄转化为投资的多少。

关于地租，穆勒基本上是重述李嘉图的级差地租理论。同时，他关于准租的初步概念为后来马歇尔明确提出准租概念做了准备。

第五节　价值、货币和利息

穆勒在《政治经济学原理》第三篇中阐述价值理论时，不认同一些经济学家把价值理论的重要性放在不恰当的地位。在他看来，价值理论并不是政治经济学的主题。他认为财富的生产与价值无关，只有分配才与价值相关并且分配也只是在其由竞争而非由习惯决定时，才与价值问题有关，但交换依然不是在竞争社会中决定财富分配的根本法则，就像道路车辆不是运动的基本法则，只是执行机关的一部分一样，交换并不引起分配法则的变化。同时，他又承认在商品社会中，价值问题仍是根本问题。

穆勒在分析商品价值时首先区分了使用价值、价值和价格的概念。在他看来，使用价值就是商品满足欲望或适合目的的能力。因此，他反对亚当·斯密关于钻石只有很低的使用价值而有很高的交换价值的说法。他认为一物的交换价值是不能超过其使用价值的。他写道：一物的价值或交换价值，意指它的一般购买力。这个一般购买力就是指拥有该商品可以为拥有者提供多少对其他各种商品的支配能力。他把价值规定为相对价值，否定价值是商品的内在属性。关于价格，他认为价格一词表示一物与货币相对的价值，指它所换得的货币量。当货币的一般购买力不变时，价格就表现了该商品的一般购买力，表现了它的交换价值。

穆勒在区分了使用价值、价值和价格以后，进而分析了价值的决定因素。他认为一物要有交换价值，有两个条件是必要的：第一，它必须适合某种目的，满足某种欲望；第二，一物不仅须有某种效用，而且在它的获得上须有某种困难。根据获得某物困难程度的不同，他把商品分为三类：（1）供给数量绝对有限的商品，如古代的艺术品、稀有的书籍等；（2）通过劳动与支出方能获得且当劳动与支出增加时其数量也同比例增加的商品，即其单位成本不会随其数量增加而提高的商品，如制造业的产品；（3）通过劳动与支出方能获得并可增加其数量，但其单位成本在其产量达到一定点之后将随数量增加而提高的商品，如农产品。穆勒认为这三类商品的价值决定因素是不同的。他首先分析了第一类商品的价值决定因素，认为这类商品的价值由它的供求状况决定，但不是由人们以往所说的供求比例决定，而是由供求的均衡点决定。他看到了需求与价格的反方向运动并看到了需求的变化幅度依商品性质的不同可以大于或小于价格的变化幅度，他已经有了需求规律和需求价格弹性的初步概念。他认为供求均衡点决定价值的法则，不仅适用于供给由于自然原因而绝对有限的商品，而且适用于供给由于人为原因而有限的商品、供给暂时不能增加的商品和供给不能迅速减少的商品。因此，一切商品的暂时价值或市场价值都由供求均衡点决定。

关于第二类商品的价值决定因素，穆勒认为是生产费用加普通利润。一般规则是诸物品之间的交换价值，趋向于使每一个生产者都能补偿其生产费用加普通利润，即趋向于使一切生产者都能对其支出取得等量的利润。这样决定的价值就是亚当·斯密和大卫·李嘉图所说的自然价值，它是市场价值波动的中心。穆勒反对用供求均衡点来说明第二类商品的价值决定。他认为需求与供给只在变动供给所必需的期间内决定价值的变动。需求与供给虽如此支配价值的变动，但仍需服从一种较优越的力，这种力使价值引向生产费用并使价值定在那里，需求与供给常常会平衡，但其安定平衡的条件是物品按照它们的生产费用、按照它们的自然价值来互相交换。既然在一般情况下商品的价值是由生产费用决定的，那么生产费用又是由什么组成的呢？他认为生产费用的主要成分（如此主要，简直可以说是唯一要素）是劳动。即商品的价值主要取决于其生产所必需的劳动量。他又认为：当劳动者为资本劳动时，劳动一词也可以用工资一词来代替；生产所耗费于劳动者的，即是资本不得不付的工资。但是在他看来，工资的普遍涨落却不会影响商品的价值，只有当个别行业的工资相对于其他行业涨落时，这种涨落才会影响该行业商品的价值。这是他把价值规定为相对价值的一个推论。同样，各种商品在生产上所耗费的劳动量的普遍增减也不会影响价值，只有当不同商品在生产上所耗费的劳动量发生相对变动时，价值才会受影响。关于劳动量和工资在决定商品价值中的相互关系，穆勒采纳了李嘉图对价值决定问题的最后看法，严格地说，劳动的工资和劳动量一样对价值有影响；李嘉图不曾否认这一事实，任何人都不曾否认这一事实。但在考虑价值变动的原因时，劳动量是最重要的，因为当劳动量变动时，其变动都属于一种或少数几种商品，而工资的变动（除暂时的变动外）则通常是普遍的，对于价值没有太大的影响。即劳动量是价值的主要决定因素，而工资是次要决定因素。

关于第三类商品的价值决定因素，穆勒认为是生产及上市所耗费最大的那一部分供给的费用。由于该类商品主要是一些农产品和矿产品，所以他特别提到地租与价值的关系。在他看来，农产品价格并不像亚当·斯密所说的那样是独占价值。他认为：地租一般不是价格的原因，而是价格的结果。只有当农产品的价格由最不利条件的生产费用决定仍不能使供给满足需求，供求均衡会使农产品价格高于最不利条件的生产费用，成为独占价格时，地租才成为生产费用，成为价格的原因。

穆勒把第一类商品的价值称为稀少价值，把第二、三类商品的价值称为成本价值。他在用生产费用解释商品价值时，并不是接受李嘉图关于商品价值完全由耗费劳动决定的观点，而是接受了李嘉图关于价值主要由耗费劳动决定，而工资、利润等也有次要影响的见解。为了分析工资、利润等影响价值的具体机制，穆勒否定了绝对价值的存在，仅把价值看成是商品之间交换的比例，从而工资、利润等的普遍变化不影响价值。而由于后一种情况较为少见，所以价值便主要由劳动决定了。他用供求均衡点决定李嘉图所说的那种稀少性商品的价值。实际上他对所有供给缺乏弹性的商品，都是用供求均衡点来决定价值的。穆勒的价值论是生产费用论和供求论的调和折中。

从总体上看，虽然穆勒的价值论带有综合前人不同价值论的特点，但它实际上是从古典经济学的价值论过渡到马歇尔的供求均衡价值论的一个中介。在穆勒这里供求均衡价值论还仅仅是一个萌芽，到了马歇尔那里就成长为大树了。

关于货币，穆勒反对重商主义者把货币等同于财富的观点，认为货币不过是一种商品，其特殊之处在于它是灵活性最强的商品，只有货币这种形式的财富能立即转化为任一种用途，而不限于一种。

穆勒在货币的功能问题上没有区别于其他古典经济学家的观点，但是在货币的价值决定问题上有一定的新见解。古典经济学家对货币的价值有两种观点：成本论和数量论。亚当·斯密基本上是成本论，李嘉图则兼有成本论和数量论。穆勒对这两种观点进行了综合，指出货币是一种商品，其价值与其他商品的价值都受相同法则的支配，即暂时地取决于需求与供给，永久地、平均地取决于生产费用。货币的供给就是流通的货币量，而货币的需求由待售的全部商品构成。当需求及其他一切条件不变时，若货币的供给增加了，则货币的价值就等比例下降。他认为必须考虑货币流通速度的影响，因此货币的价值与流通的货币量乘以货币流通速度之积成反比。他用货币数量论来说明在短期中货币价值的决定及一般物价水平，认为货币数量论是关于通货的最基本命题。他在仔细说明货币数量论的同时也指出了其限制条件，即只适用于货币为唯一交换媒介、信用尚不存在的状态。对于货币在长期中的价值，他坚持用生产费用来说明，认为货币金银属于第三类商品，其价值由最不利条件的生产费用决定。而生产费用通过影响货币数量来影响货币价值。

在穆勒生活的时代，金融业已经有了很大的发展，出现了信用、可兑换银行券、不可兑换纸币等新的货币金融现象。穆勒对这些现象进行了一定的分析。他指出信用有两种功能：(1) 把资本集中转移到善用者手中，使之得到更合理的使用。当然，前提是要转移到生产阶级手中。(2) 节约货币金银的使用。他认为：信用有提高一般物价的趋势，在通常使用信用的社会中，一般物价更多地取决于信用而非货币数量。他认为不同的信用形式，由于使用的范围大小不同，所以其对物价的影响也不同，汇票比账簿信用影响更大，可兑换银行券又比汇票影响更大。他之所以分析信用对物价的影响，是为了给他的经济周期理论奠定基础。

穆勒还分析了不可兑换纸币的价值决定，认为其价值取决于发行量。发行纸币将排挤金银铸币，这种排挤将促进金银铸币的出口，使原先非生产性的金银铸币换回可用于生产的财富。但若纸币由政府为非生产性的开支而发行，就对生产无益。当金银铸币尚未被排挤完时，可兑换纸币与不可兑换纸币的差别不大，一旦金银铸币被排挤完，二者的差别就出现了。这时若发行可兑换纸币，则过多的纸币将通过兑换而返回银行；若发行不可兑换纸币，则过多的纸币将引起物价上涨。他否认增发纸币可增加就业和产量，认为过度增发纸币将引起通货膨胀，那是对社会的课税、对债权人的欺骗。从这里我们可以看到当代货币主义观点的先驱。

穆勒认为利率与资本有关，是一种资本现象而非货币现象，其高低取决于借贷资本的供求均衡。利率与货币存量不直接相关，但受到货币存量变动的影响。政府发行不可兑换纸币引起的通货膨胀会从两个方面提高利率：(1) 贷者因预期货币贬值而提高利率；

(2) 借者因实际资本价格上涨而增加对货币的需求，从而提高利率。银行增发可兑换银行券往往同时也是增发贷款，所以有双重作用：(1) 作为通货的增加有引起通货膨胀从而提高利率的趋势；(2) 作为借贷资本的增加有引起利率下降的趋势。后者往往超过前者。金银的增加若增加了银行存款，就降低利率；金银的减少则提高利率。

第六节　国际贸易和国际价值

穆勒发展了李嘉图的比较成本说，系统阐述了国际贸易和国际金融理论，论证了自由贸易原则。

穆勒首先考察了对外贸易的利益，反驳了重商主义者关于外贸的观点，认为国际贸易的直接利益是使整个世界的生产更有效率。劳动和资本如果可以自由地跨国流动，那么生产能力就能得到最好的使用；如果无法最充分地流动，那么按照比较优势原则开展外贸将使生产能力得到次佳的使用。外贸对于一个国家的利益在于原先不能生产的商品现在可以得到，原先需要较大费用生产的商品现在可以以较低的费用得到。

穆勒详细叙述了在自由贸易条件下的比较优势原则，论证了自由贸易的利益，反驳了重商主义的保护关税政策。但他并非反对一切保护政策，而是主张对新兴国家的幼稚产业实行保护。

穆勒进一步考虑了在自由贸易条件下商品国际价值的决定。在他看来，在国际贸易中商品价值的决定问题是经济学中最复杂的问题。他首先排除了国际贸易中的货币因素，从两种商品的物物交换开始分析国际价值的决定。他认为在国际贸易中由于存在以国界为标志的障碍，劳动和资本不能自由转移，因而很难形成一个统一的国际市场价值，但在国际贸易中供求规律对商品交换比例的确定作用却加强了。由此他认为：对于商品的价值决定，在国际贸易中生产费用的法则是不适用的，而只能取决于另一个法则，即供给与需求的法则。穆勒把它称为"国际需求方程"。关于这个方程，他做了如下说明：一个生产物与其他诸国生产物交换，其价值必须使该国全部输出品恰好够支付该国全部输入品。

国际价值的这个法则，其实是更一般的价值法则——我们可称之为供给与需求方程——的应用。一个商品的价值往往会自行调整，使其需求恰与其供给相等。但一切贸易，无论是国家间的贸易还是个人间的贸易，都是商品的交换，在这种交换中人们各自所有的可用来售卖的物品，便是他们各自的购买手段：一方所提出的供给，便是他方所提出的供给的需求。所以，供给与需求不过是相互需求的另一称呼：说价值将如此调整，使需求与供给相等，实际上即是说，价值将如此调整，使一方的需求与他方的需求相等。这就是说，在自由贸易不计算运输费用的条件下，两种进出口商品的交换比例（即它们的国际价值）不是取决于生产费用，而是取决于供求关系；而这两种商品在两个国家中的交换比例将使两种商品的出口量都正好与两个国家在此交换比例下对进口商品量的需求相等，但这两种商品在两国之间的交换比例不可能大于它们在不存在外贸时的国内交换比例。穆勒以如下数字例子来说明这一点：假设英国用一定量劳动可生产10码毛呢或

15 码麻布，德国用一定量劳动可生产 10 码毛呢或 20 码麻布。在不通商时，在英国毛呢与麻布的交换比例是 10∶15，在德国则是 10∶20。而一旦按自由贸易原则通商，英国将倾向于用毛呢换德国的麻布，而德国将倾向于用麻布换英国的毛呢。如果当交换比例为 10 码毛呢换 17 码麻布时，英国对麻布的需求量正好与德国的供应量相等，即英国出口的毛呢量也正好与德国的需求量相等，那么 10 码毛呢的国际价值就为 17 码麻布，同样，17 码麻布的国际价值也就是 10 码毛呢。但当毛呢与麻布的交换比例为 10∶17 时，若英国对麻布的需求量小于德国的供应量，即英国出口的毛呢量小于德国的需求量，那么麻布的国际价值将降低（即毛呢的国际价值将提高）。由于需求将随价值降低而提高，因此当麻布的国际价值降低到某一点，比如说毛呢与麻布的交换比例为 10∶18 时，英国对麻布的需求量（即对毛呢的出口量）正好与德国的供应量（即对毛呢的进口量）相等，那么这一点所决定的交换比例 10∶18，就决定了毛呢与麻布的国际价值：10 码毛呢值 18 码麻布或 18 码麻布值 10 码毛呢。

穆勒认为：在国际贸易中生产费用决定商品价值的法则显然不适用了，但这个法则仍制约并规定着国家间商品交换比例的上下限。

穆勒分析了输入品的费用对交换条件的影响。他指出输入品的费用是两个变量的函数：(1) 用于交换一定量输入品的出口品数量；(2) 出口品的劳动生产率。前者取决于国际交换价值，取决于外国对本国出口品的需求与本国对外国出口品的需求的强度比较，与本国的劳动效率无关。外国对本国商品的需求越是超过本国对外国商品的需求，本国所能节省下来为外国市场生产物品的资本，与外国所能节省下来为本国市场生产物品的资本相比较越少，则交换条件越有利于本国；换言之，一定量本国商品所能交换的外国商品将越多。用今天的术语来讲，就是交换条件取决于双方对于进口品的需求价格弹性和出口品的供给价格弹性，一国与另一国相比，对进口品的需求价格弹性越大、出口品的供给价格弹性越小，则交换条件对其越有利。

穆勒分析了生产改良给贸易双方带来的利益，指出一国改良的结果若是产生一种新的出口品，则改良有利于本国。若改良的结果是减少一种出口品的成本，则改良对本国的利益取决于这种出口品在外国市场的需求价格弹性。若弹性为 1，则该国的利益不变，外国得到廉价商品；若弹性大于 1，则该国就获得更大的利益，外国则由于所付价格的减少程度小于生产费用的降低程度，故虽然也能够受益，但是不能充分享受改良带来的利益；若弹性小于 1，则该国将不能充分享受改良带来的利益，外国则由于所付价格的减少程度大于生产费用的降低程度，从而能够受益。

穆勒认为：当输入品为货币时，其价值决定法则与其他输入品是一样的。当货币在国际贸易中充当支付手段时，需要分析汇率。他认为货币和汇兑现象的存在不会影响商品的国际价值决定。但是从失衡达到均衡的路径，物物交换与货币支付是有差别的。在物物交换情形下，失衡状态将直接通过调整交换比例而消除；在货币支付情形下，失衡状态首先反映到汇兑中，引起货币的国际流动，然后引起物价变化，再引起进出口变化，最后实现均衡。他指出一个国家出现汇兑不利（即汇票贴水）的原因有两个：(1) 对外贸易的偶然入超。(2) 由国内价格水平引起的持续入超。如果是第一个原因，那么出口商赚得汇水增加利润而进口商支付汇水遭受损失，于是进出口会自行调整从而消除入超。

若是第二个原因，则不能单纯依靠进出口的调整，只有减少国内货币量或等额信用量，以降低一般物价水平，矫正不利的汇兑。

穆勒考虑了货币数量的变化对汇兑和外贸的影响。当一国货币或信用突然大量增加时，会引起该国物价普遍上涨，然后引起外贸入超，造成不利的汇兑状态，最后引起贵金属输出。若信用的增加由银行增发兑换券引起，则在未及影响物价时会首先降低利率，引起贵金属作为寻求高利率的资本外流。不可兑换纸币的发行会把等额金币逐出流通，一旦金币全部被逐出，不可兑换纸币的进一步增加就会引起商品纸币价格上涨，但似乎不会影响实际的外贸，不会引起入超，但是会影响汇率，使名义汇率（以纸币表示）与真实汇率（以金币表示）产生差异。

穆勒分析了外贸的税收效应。他提出出口税有三种情况：（1）甲国征收出口税使乙国对甲国产品的实物需求量减少，但乙国购买的总价值不变，则贸易额和以前一样，甲国获得全额税款，乙国损失同样数量。（2）甲国征收出口税使乙国对甲国产品的实物需求量减少，总价值也减少，则乙国对甲国产生出超，货币由甲国流向乙国，造成甲国物价下降，出口品也便宜，乙国物价上升，出口品也涨价，于是甲国的出口税有部分由甲国购买乙国商品者负担。若乙国对甲国的出超使甲国出口品的价格竟然低于课税前的水平，则甲国出口税全部由甲国购买乙国商品者负担。（3）甲国征收出口税使乙国对甲国产品的实物需求量略有减少，以致总价值增加，则乙国对甲国出现入超，甲国的物价将由于货币流入而上升，于是甲国的出口税将全部由乙国消费甲国商品者负担。从这三种情况来看，出口税未必全部由外国人负担，只有那种被外国人迫切需要的商品，其出口税才可能全部由外国人负担。

穆勒指出进口税有两种：（1）保护性关税。它阻碍贸易，是有害的。（2）非保护性关税。它若不减少国内需求，则本国负担全部税负；若减少国内需求，则引起出超，导致货币流入，进口品跌价，出口品涨价，于是税负部分由外国人负担。由于非保护性关税一般会减少国内需求，所以它是转移税负的有效手段。但由于各国都会采用它，其最终结果可能仍然是各国自己负担进口税，所以它也是无益的。

第七节　经济周期

穆勒承认资本主义社会会出现经济危机，但不同意马尔萨斯和西斯蒙第用供给的普遍过剩来解释它。其论据就是：卖必然导致买，储蓄必然是投资，物质欲望的普遍满足必然增加闲暇。他认为是否相信普遍过剩的可能性，关系到对经济学研究目的的根本不同的见解。否认这种可能性，就将认为经济学应当关注充分的生产如何与尽可能良好的分配相结合；承认这种可能性，就将认为经济学应当关心如何为生产物创造市场，或者是如何限制生产以适应市场的。

穆勒认为经济危机的原因在于资本家对利润的预期和投机行为，以及信用的波动。当预期利润将由于物价上涨而大增时，人们往往倾向于投机性地买进货物，待涨价后销售获利，这就造成物价的不断上涨。一旦人们预期物价将下跌，又纷纷抛售以致物价下跌，这就导致经济周期。然而如果没有信用，人们即便预期物价将上涨，也会由于自有货币量的限制而不可能大量购买。但有了信用之后，人们就可以摆脱自有货币量的限制，大量买进看涨的货物；而一旦看跌，信用紧缩，便会引起破产，导致恐慌。当然，破产和恐慌也未必会发生在信用大扩张之后，若借贷资本由于各种原因供不应求，导致利率上升、信用紧缩，同样也会引起破产和恐慌。

鉴于信用在经济周期中的重要作用，穆勒分析了各种信用形式在造成经济周期中的影响。他指出：当人们预期价格看涨而进行投机时，若交易主要发生在商人之间，则主要的信用形式是账簿信用和汇票，它们是引起物价上涨的主要信用形式。只有当交易扩展到制造商中间时，业务的扩展才会促使制造商靠借贷来扩大生产，借贷主要靠银行的兑换券。所以在经济上升阶段，兑换券对物价的影响，从而对恐慌的促成作用是有限的。投机高潮过后，失败的投机者会要求银行透支兑换券以偿付所欠贷款，这时兑换券会大增。这种大增会暂时延缓崩溃的到来，却会加深恐慌的程度。但是银行不可能无限度地发放兑换券，因为通过兑换券扩张信用会引起通货增加、物价上涨，引起利率降低、债券价格上涨，从而导致贵金属外流。这种外流将渐渐使银行丧失兑现能力，到一定时候，银行将被迫紧缩信用，于是崩溃来临。

根据以上看法，穆勒批评了英国 1844 年的限制发行兑换券的通货法案，认为其目的是避免恐慌，但并未达到目的，仅仅对恐慌有一定的缓和作用。他认为在经济膨胀时，信用的推广会推迟但加重崩溃，而在恐慌已经出现时，信用的推广有助于缓和恐慌。因此，应当在经济膨胀时限制信用以防止恐慌，而在恐慌真正到来时则放松限制以救济恐慌。即在经济扩张时采取紧缩性货币政策，在经济紧缩时采取扩张性货币政策。

第八节　经济增长、经济自由和政府职能

穆勒对社会经济做了动态的考察，即从动态的角度分析了经济进步的长期趋势。他还论述了经济自由主义和政府职能的问题。

穆勒认为：社会经济的进步，即经济的增长，表现为社会支配自然能力的增强、人身与财产的安全和自由支配权的增加，以及各种形式的合作能力的增强。他把经济增长的三大要素（人口增加、资本增加、技术进步）分别组合来考察经济增长对分配的各种影响，在亚当·斯密对未来的乐观憧憬与马尔萨斯对未来的悲观预测之间保持着微妙的平衡。他认为斯密的乐观力量和马尔萨斯的悲观力量会同时起作用，所以没有对最终的结果做出单一的预测，而是分析了几种可能性。在这一点上，穆勒是第一位认识到如下问题的经济学家：人们不可能准确预测经济发展的长期趋势，因为经济发展是各种不同力量互相制约的最终结果。他的第一种预测是马尔萨斯的悲观力量占据主导，人口的增长速度超过资本和技术提高产量的速度，于是工资不断下降，利润越来越高。第二种预测是斯密的乐观力量占据主导，资本积累的速度超过人口的增长速度，于是工人生活水平不断提高。第三种预测是技术进步超过人口和资本的增长，从而工资和利润都趋于上升。第四种预测是李嘉图式的预测，也是具有最大实现可能性的预测，即社会进步往往

增加地主的财富，使劳动者的生活水平大体上有提高的趋势，而利润则有跌落的趋势。但穆勒又提出了种种阻碍利润下降的因素。在他看来，利润下降的趋势最终会导致经济增长的静止状态。但他与其他一些古典经济学家不同，并不认为经济增长的这种静止状态是一种糟糕的状态，而是把它看作一种财富分配公平、人口得到限制、劳动不再繁重、闲暇时间大增、个人自由发展的理想社会。

在穆勒看来，经济增长的一般方法和基本原则，就是自由放任。他说，当作一般原则来说，人生的事务，最好是由与其利害关系最密切的人自由去经营，使其不受法律规定的统制，亦不受政府人员的干涉。亲任其事的人或诸人，相比政府，似更能判断他们应以何法达到他们所欲的目的。假设政府所有的知识和最善营业者所有的知识相等（这当然是不可能的），最善营业者对于营业的结果有强得多、直接得多的利害关系，所以，如果让他们自由选择，方法会更改良、更完美。

穆勒虽然是经济自由主义的拥护者和倡导者，但是反对“放任学派”把政府的职能仅限制在保护人民，使不受强者侵凌、诈者欺骗的狭小范围之内。他赞成把政府对社会事业的干预局限在最狭小的范围内，但绝不能用一个简单的定义来概括政府的一切职能。他列举了制造货币、制定度量衡、填铺街道、建修船港、建筑灯塔、筑堤以防海潮、筑岸以防河决等事例证明，即使是最坚决反对国家干预的人也不会认为此种设施是政府权力不适当的运用。于是他进一步提出了政府干预的一般原则，就是于公众便利极有关系的事项，才应准许政府干涉。

在此可以看到，穆勒对实行自由主义还是干预主义这个长期争论不休的问题，同对待其他问题一样，也是抱着调和折中的态度：既警惕政府的过多干预，又认为仅依靠市场和竞争不可能实现理想状态；既主张自由放任，又主张政府干预。从其社会哲学出发，他坚持严格的自由主义，但是在经济事务上，他已经不再把自由放任看作自然法则，认为自由放任不过是针对政府低效率的一种权宜性对策。因为在他生活的时代，早期古典经济学家所渴望的自由主义政策基本上已经实施，结果证明这并不能解决所有经济问题。这自然使他对无条件的经济自由主义产生了一定的疑虑。

在税收问题上，穆勒赞成亚当·斯密的赋税四原则并进行了补充。穆勒提出了公平征收所得税的三个条件：(1) 一定额（购买必需品所需）以下的收入免征。(2) 对一定额以上的收入按固定比例征收。他担心累进比例会压抑人们的工作积极性。为了体现公平，他更倾向于使用高额遗产税而不是累进所得税。(3) 在收入中用于投资的部分免税。对于间接税，他提出了以下征收原则：(1) 在便利前提下尽量征收奢侈品税。(2) 在可能程度内尽量避免向生产者征税，而应向消费者征税。(3) 在为保障税源而不得不向某些大众消费品征税时，为确保公平，宜按照这种商品的不同质地，优质重税。(4) 在不违背上述原则时，征税与其分散于多种商品，不如集中于少数商品，以减少被干预的行业。(5) 对奢侈品，征税重点应当是有刺激性的奢侈品，以减少其消费。(6) 在考虑上述原则的前提下，宜征收进口品税。若国内也生产该产品，则同样征税。

穆勒强调政府通过征税把人们用于非生产性消费的收入转向生产性事业。他认为判断税收好坏的标准就是要看征税得到的财富在不征税时是用于非生产性消费还是用于维持劳动。若是前者则税收无害，若是后者则税收有害，除非政府也用税款来维持劳动。

穆勒并非一概反对公债，认为只要不侵蚀原来会用于生产的资本，而只是动用了本来会流出到国外或将用于非生产性消费的蓄积，公债就是适当的。而判断的标准就是公债的发行是否提高了利率。若提高了，就侵蚀了原来会用于生产的资本。值得注意的是，穆勒已经注意到政府借债开支以增进国家财富的史实并承认这种现象与古典经济学的节俭致富论相悖，但是他仍然坚持从古典经济学的立场出发去解释它。

第九节　对未来经济制度的展望

穆勒指责在现存资本主义社会中财富的分配是征服与暴行的结果，是不公正的，而且现存的财富法是故意要制造不平等，使一切人不能在赛跑中有公平的出发点。但他的指责是有保留的，他认为劳动者与那些由于祖先节约而能继承财产的人相比，固然处于不利地位，但如果资本家的祖先不节约，劳动者将更不利。他认为现在劳动与过去劳动（即节约和储蓄的结果）两者是缺一不可的，资本家没有劳动者不能做任何事，劳动者没有资本家也不可能做任何事。尽管有这些看法，但他还是相信把人区分为劳动阶级和不劳动阶级的社会状态，既不是必要的，也不是永久的。他否认资本主义的合理性与永恒性，这种态度促使他考虑人类未来应有的合理制度，促使他考虑共产主义。

穆勒比较了私有制和公有制，反驳了通常用来反对共产主义的几种论点。一种论点认为在共产主义社会中人们没有工作积极性。他反驳说，积极性不高的问题在现存社会同样存在，或许更甚。而共产主义社会通过教育可以解决这个问题，通过训练大群民众，能够使他们将公众的利益看成自己的利益。针对共产主义社会容易导致人口过剩的指责，他认为：在共产主义社会若由于人口过多而产生贫困，人们将不会再把贫困归结为雇主的贪婪和分配的不均，而将意识到人口过多的问题，从而自觉节制生育。穆勒认为共产主义的真正困难是怎样把劳动合理地配置到各行各业，既不降低劳动生产率，又要符合平等观念。但是他认为这个问题在共产主义社会也是可以解决的，且不论如何解决，总比现存社会更平等、更公正。他认为：共产主义还只存在于人们的观念中，人们更了解其难处而不知其好处，而它将如何组建以克服困难取得最大利益，人们还需进一步考虑。

穆勒同情共产主义，认为劳动和产品分配成反比的社会与共产主义社会相比，后者的困难可能都微不足道。他认为现存的私有制都不是理想的私有制，而理想的私有制尚未出现。他认为：理想的私有制是把生产工具适当地分配给每个人并且每个人都能得到自己劳动和节欲的结果，不存在在现存社会中那种不劳而获、多劳少获的弊病，实行报酬与劳动保持比例的公平规则且普及教育，社会的人数也适中。他认为必须以这种理想的私有制与共产主义相比较，才能判定私有制和公有制谁更优越。

对现存资本主义制度的不满、对共产主义制度的同情、对理想的私有制的垂恋，这三者的结合使穆勒选择了改良主义道路。穆勒是一个热心的社会改革者，同时是为了尽可能保护和强化个人自由和尊严而参与社会改革。现在的所有权法不能使劳动的结果公平分配，但在他看来，社会改良的伟大目的，就应该是教育人类，使个人有最大自由而劳动结果又有公平分配的社会状态，才适合他们。理智的及道德的教养一旦达到这种状态，最适于幸福又最能使人性止于至善的状态，是个人所有制度（这种制度与现在的财产制度当然相去甚远）抑或社会共有生产工具而实行计划分配的制度，是必须留给且也可以安然留给那时候的人去解决的问题。这可以被认为是穆勒改良主义的总纲。

穆勒认为在现存社会中许多被人们痛恨的罪恶现象，其实并非理想私有制的必然结果。针对财富分配不均的现象，他主张通过立法来限制财产的继承权和赠与权，促成财富的分散而不是集中。同时他又认为：单靠平等制度是不够的，这种制度虽然可以降低社会上层的生活水平，但不一定可以提高社会下层的生活水平，因此还必须限制人口。他认为只有限制人口才有助于提高工资，保障劳动阶级。他反对用法定最低工资来提高工资，认为那将导致失业。他以美国为例说明雇佣劳动制度与人口过剩和劳动者的贫困没有必然联系，因而强调用普及教育的方法，普遍地、持续地提高整整一代人的生活水平，使之更重视生活水平的提高而不是生儿育女的方法，用解放妇女的方法，而不是用改变雇佣劳动制度的方法，来限制人口。

穆勒指责取缔工人联合的法律反映了奴隶主的非人道精神，认为工人的联合不会妨碍劳动市场的自由。他认为工会是改良的发端。

穆勒考虑了经济制度的未来发展趋势。他认为社会的进一步发展不是回到以家庭为中心的产业制度，同时，大生产的效率与经济也无须继续把人分为利害冲突、感情敌视的雇主和雇工两大阶级，进步的趋势是以人人独立但互相合作的制度来代替雇佣劳动制度。第一步是建立利润分成的劳资合作制度，最终则是建立劳动者自行合作的制度。他以赞赏的态度描绘了工人生产合作社的发展，肯定这是未来经济制度的发展方向。同时他也反对人们对竞争的指责，强调造成罪恶的不是竞争，而是劳动隶属于资本，因而主张在未来的劳动合作社制度中，继续依靠竞争来促进生产的改良和经济的发展。

第十节　穆勒在西方经济学史上的地位

综上所述，穆勒在19世纪中叶所建立的折中综合的经济理论体系是西方经济学演进过程中的第一次大综合，它在西方经济学史上具有承前启后的重要地位。

穆勒为适应当时英国社会的需要，接受了斯密、李嘉图等人的经济理论，也容纳了萨伊、马尔萨斯、詹姆斯·穆勒、巴斯夏、西尼尔等人的经济理论，还汲取了改良主义和社会主义思潮的某些观点。这样的一个理论体系好像是一个兼容并包的“大拼盘”。穆勒自己认为：他的这个经济理论体系概括了斯密以来曾提出的许多新的思想及思想的新应用并使其与最上流经济思想的原理相调和，而在经济学的范围内，全部重新考察了一遍。他认为他的《政治经济学原理》是模仿斯密的《国富论》而创作的并以当代的斯密自居。

穆勒在西方经济学史上是有其重要地位的。他综合当时各种经济理论知识所建立起来的这个折中综合经济理论体系，曾流行了近半个世纪。作为对源于斯密的理论体系、在马尔萨斯和李嘉图等人手中发展成长的古典经济学的最终综合，穆勒结束了马尔萨斯和李嘉图给古典经济学带来的沉闷和对未来经济前景的悲观，展示了一种谨慎乐观的希望，社会可以通过改良而避免马尔萨斯及李嘉图所预言的凶兆。穆勒不仅对当时的经济思想产生过巨大的影响，而且对后来西方经济学的进一步演变和发展也具有相当大的影响。例如，穆勒把精神、心理等主观因素纳入政治经济学的研究对象，用支出劳动的主观感受来看待劳动，用资本家“欲望的强弱”来解释资本积累等，这对后来奥地利学派、数理经济学派等强调用主观心理因素来解释社会经济现象的思潮的兴起曾产生过相当大的影响。又如，他在用供求均衡点来解释稀缺商品的价值决定时，已提到了后来马歇尔所系统论证的需求规律和需求弹性的初步概念。他的这种价值理论可以说是从李嘉图价值理论连接到马歇尔均衡价格理论的一座桥梁。他关于供求关系对确定国际贸易商品交换比例的作用，以及劳动生产率的提高对国际价值的影响的见解等，对于国际贸易理论的研究，也具有一定的启发意义。最后，他关于生产规律与分配规律的区分，对在他以后英国社会的渐进改良具有重大影响。

思考题

一、述评穆勒对于生产规律与分配规律的区分。

二、述评穆勒的生产理论与分配理论。

三、述评穆勒的国际价值理论。

第八章

边际革命中的英国经济学家

第一节 边际革命的兴起及其原因

1871 年，标志着西方经济学演进中的边际革命的发端。这一年，奥地利的卡尔·门格尔和英国的杰文斯分别出版了《国民经济学原理》和《政治经济学理论》。1873 年，瑞士洛桑的法国经济学家瓦尔拉斯出版了《纯粹经济学要义》(书名全称为《纯粹经济学要义或社会财富理论》)。这三本书被后人公认为是边际主义的开山之作，他们三个人则被公认为是边际革命的奠基人。

与西方经济学演进中的其他几次革命相比，边际革命具有两个特征：(1) 三个国家的三位经济学家，在事前并无联系的情况下，几乎同时提出了边际效用价值论的基本原理。(2) 这场革命与亚当·斯密的自由主义革命和后来的凯恩斯革命不同，并不以政策主张上的标新立异为主要特征，虽然在其理论中蕴含着与古典学派相异的收入分配政策和济贫政策。

国内的经济思想史方面的大多数论著，一般沿袭苏联经济思想史专家布留明的论点，认为边际革命的兴起与西方资本主义国家由自由竞争向垄断的过渡有联系，边际主义是垄断资本主义时代资产阶级的意识形态，是资产阶级为了对抗马克思主义的传播而杜撰的新的辩护理论，同时也是为资本主义企业的生产经营服务的实用理论。但这种观点忽略了几个史实：一是杰文斯在马克思的《资本论》第一卷出版（初版于 1867 年，1887 年译成英文）之前 5 年（即 1862 年）就已经形成了他的基本观点；同时三位奠基人在其开山之作中都明确地向另外一些经济学家而非马克思提出了挑战。因此，说三位奠基人是有目的地对抗马克思主义的胜利传播，为资产阶级提供一种新的辩护理论，未免失之牵强。二是杰文斯和瓦尔拉斯都以自由竞争为分析前提，论证自由竞争的优越性。门格尔虽然主要分析的是垄断状况下的交换和价格，但同样指出垄断比竞争更可能降低产量。因此，把边际主义完全归结为资产阶级（或其中某一阶层，如布哈林所说的食利阶层或布留明所强调的垄断资产阶级）的意识形态，也未免失之牵强。

当代西方经济思想史学者则倾向于从经济思想发展的内在逻辑，从经济学家所处的学术环境（包括专业学术团体的主导倾向及知识素质，与开展研究及发表见解的机会有关的制度，学术地位的晋升制度，学者之间通信方式的性质，以及邻近学科的相关情况等)，从三位奠基人的个性及知识结构等方面来探讨边际革命的兴起。

这里需要同时从社会环境、学术环境、内在逻辑以及个人心理素质和知识结构诸方面来探讨边际革命兴起的原因。为此，需要把边际革命看作从19世纪70年代初开始持续到20世纪初的一个绵延连续的过程，而不能把它仅看作发生在1871年的一个事件。从过程的角度来看问题，就必须对边际主义起源及传播的原因分别进行分析。

一、边际主义的起源

边际主义的最早表现形式是边际效用价值论。三位奠基人对这一理论的系统阐述，显然与他们的个人境况及学术背景有更密切的联系，而与当时的社会环境少有关联。因为在他们之前的约一个半世纪中，西欧各国不断有人接二连三地提出边际效用价值论，因此，如果说自由竞争向垄断的过渡是边际效用价值论产生的时代背景，那就很难解释何以早在1738年，瑞士数学家伯努利便已经提出了边际效用的概念。

从个人境况方面来看，三位奠基人都出身于中等富裕家庭，都接受过高等教育。除了门格尔的情况有待进一步了解外，杰文斯和瓦尔拉斯都是从小就在家庭中受到经济学的启蒙，杰文斯从他母亲那儿听到过理查德·惠特利（1787—1863）的一本宣传效用价值论的小册子的内容，瓦尔拉斯则直接受他父亲（一位主张稀缺性决定价值的经济学家）的影响。同时，这两个人也都学习过微积分。门格尔的弟弟是一位数学家，估计门格尔也熟悉微积分，三位奠基人的知识结构无疑是他们提出边际效用价值论的必要条件。

从学术背景方面来看，三位奠基人面临的学术背景差别甚大。在19世纪70年代之前，经济学远不像今天这样能够跨国界传播，各国经济学家多少有点处于隔离状态，联系是有限的。在英国、法国、奥地利，经济学的传统各不相同。在英国，占据正统地位的是以约翰·斯图亚特·穆勒为代表的古典经济学。19世纪60年代末70年代初，由于其工资理论（维生工资论和工资基金论）不符合当时的实际情况而遭受多方面的攻击，古典经济学的正统地位受到削弱，工资理论的挫折连带影响到它的价值理论（生产成本说）。从内在逻辑来讲，古典经济学缺乏对消费者行为的分析，缺乏对需求在价格决定中的作用的分析。因此，杰文斯从边沁的功利主义理论出发提出的边际效用理论，在当时确实是针对古典经济学的革命。杰文斯的理论在英国是以正统理论的对立面形式出现的。

奥地利的学术背景是另外一种情况。19世纪中叶，德国旧历史学派的代表人物罗雪尔（1817—1894）等人的学术影响逐步加强。他们强调民族经济发展的特殊性，否认英国古典经济学所揭示的经济规律具有普遍意义，主张用国民经济学代替政治经济学。他们否认理论概括的意义，主张用所谓的历史方法代替抽象方法。

除旧历史学派外，当时还有相当大一批非历史学派的德国经济学家也具有相当大的学术影响力。如K. H. 劳（1792—1870）、赫尔曼（1795—1868）、曼戈尔特（1824—1868）等人，他们有的赞同英国古典学派，有的持其他观点。

从门格尔的《国民经济学原理》的引证情况来看，德国旧历史学派和上述非历史学派的经济学家都对门格尔有不可忽略的影响。他谦恭地认为自己的见解不过是对这些德国经济学家的观点的进一步改革。

自19世纪70年代以来，以施穆勒（1839—1917）为代表的新历史学派在德国经济学界取得了正统地位。新历史学派在方法上否定普遍规律，否定建立经济理论的必要性，否定抽象方法，主张运用历史统计方法研究各国的经济史。在观点上，他们强调心理、伦理、法律、国家在经济发展中的决定作用，主张由国家实行改良主义的社会经济政策，以解决当时的政治经济问题。

对于新历史学派，门格尔最初并没有以自己的边际效用价值论向其发起挑战，只是在他出版《国民经济学原理》12年之后，才向施穆勒在方法论而非价值论方面发起挑战，主张抽象演绎的分析方法，反对新历史学派那种过于极端的归纳方法。

所以，门格尔的边际效用价值论的产生，可以说是德国19世纪中叶经济学（包括历史学派与非历史学派）的发展和延伸，并非对抗德国历史学派的一场革命。只是在是否要建立抽象演绎的理论这一更深层次的问题上，门格尔才在后来与新历史学派分道扬镳。

瓦尔拉斯面对的学术背景与前两位都不相同。法国有着效用价值论的悠久历史，就连宣传亚当·斯密理论的萨伊也同样把价值的决定归结于效用。瓦尔拉斯的父亲更是一位主张效用价值论并提出稀缺性概念的经济学家。但是瓦尔拉斯的父亲无法找到一种可以对稀缺性进行定量估算的方法，就把它作为在效用价值论中悬而未决的问题遗留给了瓦尔拉斯。瓦尔拉斯把边际效用作为衡量稀缺性的尺度，从而解决了他父亲未解决的问题。因此，瓦尔拉斯提出边际效用价值论完全不是对法国传统（或正统）经济理论的革命，更恰当地说，应当是对法国传统经济理论的发展和完善。瓦尔拉斯对法国经济理论的创新之处与其说是在于边际效用这一概念上，不如说是在于一般均衡观念及表述这一观念的数理方法方面。但运用数理方法，是瓦尔拉斯受到法国数理经济学家古诺影响的结果，因此真正具有独创性的是一般均衡的观念，以及这一观念与数学方法的完美结合。

虽然三位奠基人面对的学术背景差别甚大，但在他们的学术背景中有一个共同的因素，可能对边际效用价值论的同时提出起着催化作用。那就是数学的发展，当时微积分已经开始得到普及。有确凿的证据表明，这一因素对杰文斯和瓦尔拉斯提出边际效用价值论发挥了作用，也有一定的证据表明它对门格尔的创造有影响。不同科学之间的相互影响，也许是任何科学得以出现重大进步的少数几个共同因素之一。一门科学中的新思想往往诞生于精通（起码是了解）几门科学的人的头脑中。在经济学中，边际革命就是诞生于那些熟悉经济学和数学的人的头脑中。

二、边际主义的传播

如果说社会环境对于边际效用价值论的起源并没有多大影响，那么对于边际主义的传播就不能再得出同样的结论。在每一特定的时代，在某一科学领域中，总会出现许许多多思想萌芽和思想火花，它们可能引导这一科学的主流向不同的方向发展。这些潜在发展方向之间存在着一种竞争。在竞争中究竟哪一种潜在发展方向会成为实际的方向，对于社会科学而言，在很大程度上就取决于社会环境。社会环境起着一种筛选作用，它使某些思想萌芽茁壮成长，而使另外一些思想萌芽被暂时、也许永久埋没。

一种社会科学方面的思想要得到广泛传播，需要具备两个条件：一是这一思想所显含的或隐含的政策主张要符合传播者和被传播者的利益和价值取向；二是这一思想所采用的分析工具和表达方式要符合传播者和被传播者的知识素质。

在社会环境方面有利于边际主义传播及发展的重要因素之一（但不是唯一因素），是19世纪末20世纪初西方资本主义国家工人运动的发展，以及马克思主义与其他社会主义思想的广泛传播。由于边际效用价值论否认价值的根源是劳动，其隐含的政策主张是反对一切财产归劳动者，所以它便成为对抗与它相反的意识形态的思想武器。起码在美国、奥地利、日本这三个国家，边际主义的传播带有浓厚的意识形态的火药味。在美国，克拉克提出并传播边际生产力论是为了对抗其他思想。

但是单纯从对抗社会主义思潮这一角度来寻找边际主义传播的原因，难以解释它何以在英国得到传播并获得重大发展。因为在英国，马克思主义未在工人运动中产生像它在德语国家中的那种巨大影响，并且英国的一些非马克思主义的社会主义如费边社会主义，甚至欢迎边际主义。在英国的社会环境中有利于边际主义传播和发展的重要因素是中产阶级的兴起及其改良主义思潮的强大。英国资本主义发展到19世纪末20世纪初，出现了垄断，但并没有使社会截然地分化为暴富和赤贫两个极端，而是形成了资本主义社会所特有的中产阶级：技术工人、熟练工人、白领雇佣者、自由职业者、知识分子等。同时他们也对垄断造成的祸害表示不安，对社会的贫富悬殊感到不满。而边际主义蕴含的政策主张——自由竞争和收入再分配——正好符合这些人的利益或价值取向。英国1889年出版的《费边社会主义论文集》就采纳了边际效用价值论。在德语世界和北欧诸国，边际主义也日益成为越来越倾向于改良主义的社会民主党的经济理论。因此可以说，边际主义广泛传播的阶级基础是资本主义社会中的中产阶级。

从学术环境方面来看，导致边际主义广泛传播的重要因素之一是经济学学术环境的迅速改善。在19世纪70年代以后，经济学日益成为一门独立的学科，不再是伦理学或政治学的一个组成部分；越来越多的大学开始开设经济学专业；专门的经济学刊物开始大量发行，这意味着经济学家之间的通信渠道有了质的变化；经济学家开始在一个国家之内，而后很快在国际范围内组成各种专业集团；这些集团也越来越多地由受过高等教育、研习过高等数学的人员组成。边际分析所采用的数学分析方法和表述方式，无疑更能迎合这些成员的知识素质。相比之下，古典学派和历史学派便不太受欢迎了。在这里有一个正反馈机制，边际分析的数理性质使那些富有数学造诣而又对社会科学感兴趣的年轻人愿意献身于经济学，从而使经济学家团体的数学素质得到提高；而这又反过来促使边际分析所采用的数学工具更高深、更复杂，使经济学的数理性质表现得越来越强烈。

三、边际革命的意义

在理论研究领域，边际主义与后期古典主义（李嘉图及其以后的古典经济学家）是一致的，都是研究价值论、分配论，当然观点大不相同。

首先，对于价值决定的因素，两者有着完全不同的意见，是主观价值论与客观价值论之间的根本性分歧；更重要的是，两者对于价值问题的研究重点有重要差别，后期古典主义侧重研究价值的决定因素，而边际主义则不仅探讨决定因素，而且更注重研究价值机制的经济功能——稀缺资源的配置机制，研究经济主体（消费者和厂商）目标值最大化的条件，以及经济主体追求目标函数最大化的行为与稀缺资源有效配置之间的关系，从而有力地论证了亚当·斯密的“看不见的手”，清楚地说明了经济主体的自利行为如何实现稀缺资源的有效配置。从理论上来讲，边际革命的最大意义就是深化了对稀缺资源配置问题的研究。同时，边际主义的分析工具比后期古典主义的分析工具更能够有效地说明垄断条件下的价值决定及垄断不如竞争之处，从而能更好地分析公用事业（经常处于自然垄断之中）问题。

其次，在政策主张方面，两者虽一致要求自由竞争反对垄断，但对于收入分配政策、济贫政策则有不同看法。后期古典主义的分配理论推导出来的分配政策其实就是主张无为而治。李嘉图的维生工资论及穆勒的工资基金论，与马尔萨斯的人口论相结合，意味着任何人为地改变收入分配状况、提高工人收入的做法以及救济穷人的做法，最终效应都是增加工人人口，从而使工资降低至原有水平。边际主义则从货币收入的边际效用递减这一论点出发，论证收入由富人手中转移到穷人手中将增加社会的总效用，因此主张政府通过收入累进税等再分配措施来干预收入分配。同时，边际主义的分配理论也不蕴含贫困是必然的这一思想，这就为后来出现的用救济工程消除失业、克服主要由失业引起的贫困现象这种思想打开了绿灯。

由此可见，边际革命绝不仅仅是一次理论上的革命，同时它也是一次政策上的革命——收入分配政策和济贫政策的革命。正如英国学者巴克豪斯所说，在经济理论发生的诸多变化中，最重要的变化涉及收入的分配。

当然，边际革命在使经济学发展进步的同时，也使经济学付出了一定的代价。它使主流经济学在后来将近半个世纪的时间里放弃研究早期古典主义（主要是李嘉图以前的古典经济学家）的主要课题——长期经济增长。

第二节　杰文斯的经济理论

威廉·斯坦利·杰文斯
（1835—1882）

威廉·斯坦利·杰文斯（1835—1882）出身于英格兰利物浦一个经营钢铁的上层商人家庭，从小接受良好教育。但随着英国铁路兴旺时代的结束，家庭经营破产，为了帮助家庭渡过难关，他于1854年19岁时到澳大利亚悉尼造币厂工作，1859年返回英国。1863年毕业于伦敦大学学院。1863—1875年任曼彻斯特欧文斯学院逻辑学与伦理学指导教师、讲师、教授。1876—1880年任伦敦大学学院政治经济学教授。1870年任英国科学促进协会会长。1872年当选英国皇家学会研究员。1882年不幸溺水身亡。其主要经济学论著有《黄金价值暴跌》(1863)、《煤炭问题》(1865)、《政治经济学理论》(1871年，有中译本)、《货币与交换机制》(1875)、《政治经济学初级读本》(1878) 等。他同时还是一位逻辑学家、统计学家、气象学家。

杰文斯对近代经济学的主要贡献体现在他的《政治经济学理论》一书中。现将其基本观点介绍如下。

一、经济学的目的与方法

杰文斯是从作为消费者的经济人的个人角度去理解经济学的，因此他认为经济学的目的是研究如何以最小痛苦换取最大幸福，认为经济学是关于效用和自利心的科学，并认为这种经济学可以建立在三个最基本的归纳性命题上：(1) 每个人都选择较大的明白的利益；(2) 人类欲望或迟或早会得到满足；(3) 延长的劳动会愈益成为痛苦。鉴于对经济学的目的、性质及基本前提的上述看法，杰文斯认为有必要把政治经济学更名为经济学。

杰文斯强调用数学手段来研究经济学。理由之一是经济学所涉及的是各种经济量及其相互关系，而一切量与量的关系都属于数学的范畴。理由之二是经济生活中的各种量之间有着复杂的关系，数学方法比通常的文字分析能够更好地处理这些复杂关系。他认为明确经济学的数学性，自觉采用数学方法，将使经济学理论获得进步。他的论述可以概括为如下几点：(1) 经济学的本性是数学的，因此采用数学方法是其本性使然。(2) 即使变量无法精确测定也不妨碍经济学的数学性，不妨碍数学方法的采用。(3) 经济学所用的数学方法主要是微积分法。(4) 数学方法是使经济科学进步的必要但非充分条件。

对数学方法的强调，是杰文斯在方法论方面的第一个主要特征和主要优点。用今天的眼光来看，这种强调是正确的、富有远见的。数学方法从那个时候以来给经济科学带来的进步，是极其巨大的。经济科学的数学化就像物理科学的数学化一样，已经成为不可阻挡的趋势。杰文斯对经济科学的数学性与精确性的区分，从当时为经济学的数学性辩护这一点来看，是机智的。用更长远的眼光来看，这一见解预示了数理经济学与计量经济学的区分。前者具有数学性，但不考虑变量的精确测定，只研究各变量之间的关系；后者则以前者的研究结果为基础，通过对变量（参数）的精确测定来检验理论、预测前景，具有精确性。上述数学性不等于精确性的见解也表明他对数学的本质有着较深的洞察力。

杰文斯虽然正确地肯定了经济学的数学性，但限于当时数学发展的水平，在采用什么数学方法研究经济学方面却表现出了狭隘性：只看重微积分法。

除了强调数学方法外，杰文斯在方法论方面的第二个特征是强调统计对于经济科学的重要性。他认为：要验证演绎所得出的经济学结论，要使经济学不仅是数学的而且是精确的，从而具有实用价值，就必须依靠健全的统计。

杰文斯在方法论方面的第三个特征是主张细分经济科学，主张各种研究方法兼容并蓄。他认为：当时经济科学的混乱状态是因为它包含的内容太多且没有区分理论研究层次与应用研究层次。因此，需要从题材和研究方法方面实行分科，同时又以某种一般原理作为共同的基础。这一见解显示了他的远见。

杰文斯在方法论方面的第四个特征是静态分析。他承认他的《政治经济学理论》类似于物理学中的静力学，而动态分析还有待发展。因此他在分析中抽象掉人口变动，集中力量分析在人口、土地及其他资源既定时，如何配置劳动，使生产物的效用最大化。

杰文斯在方法论方面的第五个特征是广泛运用合成推理，即杰文斯认为对个人来说适用的结论也必定适用于整个社会，反之亦然。这种方法大大简化了他的分析，但也使他付出了沉重的代价。杰文斯理论的许多缺陷和不足，概源于此。

二、效用论

杰文斯认为经济研究的出发点应当是消费而非生产，因为生产的目的是消费，产品的种类和数量也要依消费需要来决定。

在研究消费时，杰文斯以边沁的功利主义作为基础，认为人们消费的目的便是追求快乐、减少痛苦，而物品能给人带来快乐（或负痛苦）的性质便是物品的效用。因此，效用并非物品的客观属性，而是在与人发生关系时才具有的属性。

杰文斯用图形和数学方程表达了总效用与边际效用之间的区别以及边际效用递减规律。他用 u 表示消费 x 量某商品所带来的总效用，$\mathrm{d}u/\mathrm{d}x$ 表示边际效用，他称之为效用程度。由此可知，边际效用是总效用对消费数量的一阶导数，是消费量的函数。他认为效用程度 $\mathrm{d}u/\mathrm{d}x$ 会随 x 的增加而减少，即 $\mathrm{d}^2u/\mathrm{d}x^2<0$。这样他便用数学方式表达了边际效用递减规律。图 8-1（a）、（b）分别表达了个人和全国的边际效用递减规律。由于对个人来说，某种商品的数量（x）不是无限可分的，所以其边际效用曲线为阶梯形。但对全国来说，某种商品的数量可以被看成是无限可分的，所以其边际效用曲线为一直线。

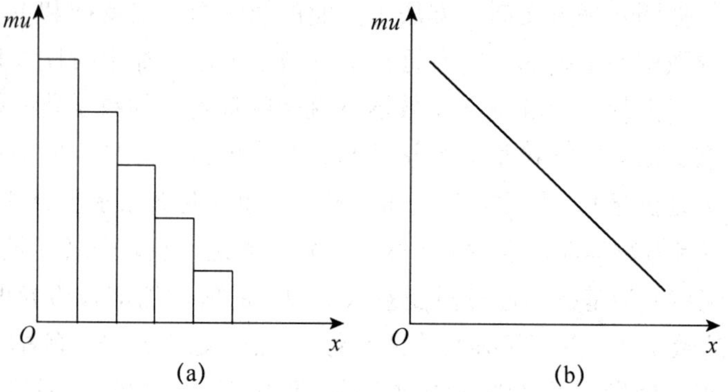

图 8-1　边际效用递减规律

以边际效用递减规律为基础，杰文斯进一步探讨了消费者在既定商品数量下获取最大效用的条件。他区分了两种情况：一是商品 x 可用于若干种用途；二是商品 x 可用于从现在起的不同时间。

在第一种情况下，杰文斯假定一定数量的某物可用于两种用途：第一种用途用去 x，总效用为 u_1；第二种用途用去 y，总效用为 u_2。且令 $x+y=s$，则获取最大效用的条件为：

$$\mathrm{d}u_1/\mathrm{d}x=\mathrm{d}u_2/\mathrm{d}y$$

即两种用途的边际效用相等。

在第二种情况下，杰文斯假定一定数量的某物要分配于未来几个时期内使用。v_1，v_2，…，v_n 分别是各期消费的边际效用。p_1，p_2，…，p_n 分别是获得 v_1，v_2，…，v_n

的概率，因为物品在储藏中可能损失，q_1，q_2，…，q_n 分别是现在的快乐与未来各期的同等程度快乐的比率，由于未来的不确定性，这个比率通常不等于 1。现在获取最大效用的条件为：

$$v_1 p_1 q_1 = v_2 p_2 q_2 = \cdots = v_n p_n q_n$$

三、交换论

在交换论中，首先，杰文斯下了三个定义：定义使用价值为总效用，定义价值（或估价）为效用程度（即边际效用），定义价格（交换价值）为两种物品之间的交换率。其次，他把市场规定为具有完全知识的自由竞争市场。为了考察这种市场中的交换规则，他提出了“贸易体”这一概念和无差别法则。贸易体是指买者或卖者所组成的集团，可以只有一个人，也可以由全体居民组成。无差别法则的含义是：在完全知识的自由竞争市场上，两种物品的交换率在同一时间内，不论在哪两个人的交易中都是相同的、无差别的。这一法则实际上是完全知识的自由竞争市场的必然结果。由该法则所得出的推论为：在任一时点上两个商品在任何局部范围内的交换率，必与全部范围内的交换率相等。写成公式便是：

$$\mathrm{d}y/\mathrm{d}x = y/x$$

杰文斯认为在交换中通用的基本原理是：两个商品的交换率，是交换后诸商品量的最后效用程度的比率的倒数。该原理保证了交换者通过交换获取最大利益。他用以下这个联立方程表示了这一原理，它就是有名的杰文斯交换方程：

$$\varphi_1(a-x)/\Psi_1 y = y/x = \varphi_2 x/\Psi_2(b-y)$$

式中，a 为贸易体 A 在交易前拥有的 A 商品量；x 为用于交易的数量；$a-x$ 为交易后拥有的 A 商品量；$\varphi_1(a-x)$ 为交易后 A 商品对贸易体 A 的边际效用；y 为贸易体 A 通过交易所得到的 B 商品量；$\Psi_1 y$ 为贸易体 A 从 y 量 B 商品中获得的边际效用；b 为贸易体 B 在交易前拥有的 B 商品量；y 为用于交易的数量；$b-y$ 为交易后拥有的 B 商品量；$\Psi_2(b-y)$ 为交易后 B 商品对贸易体 B 的边际效用；$\varphi_2 x$ 为交易后 A 商品对贸易体 B 的边际效用。该方程组的推导过程如下：

由交换的基本原理，交易后贸易体 A 和 B 都实现了下述平衡式：

$$\varphi_1(a-x)\mathrm{d}x = \Psi_1 y\mathrm{d}y\text{，即 }\varphi_1(a-x)/\Psi_1 y = \mathrm{d}y/\mathrm{d}x$$

$$\varphi_2 x\mathrm{d}x = \Psi_2(b-y)\mathrm{d}y\text{，即 }\varphi_2 x/\Psi_2(b-y) = \mathrm{d}y/\mathrm{d}x$$

由这两个平衡式，再考虑无差别法则使 $\mathrm{d}y/\mathrm{d}x = y/x$，便可得到杰文斯交换方程。

杰文斯建立交换论的目的是想说明交换价值的决定。但实际上，他的交换论只是指出了消费者在既定交换价值下通过交换实现满足最大化的条件，以及个人在既定交换价值下追求满足最大化所形成的供给和需求。这个条件用现代西方经济学的语言来说，就是消费者均衡的条件。

杰文斯在建立交换价值决定理论的过程中，无意之中建立了消费者均衡理论，这就是他的交换论的主要价值。也正因为如此，他时常被称作现代西方消费经济理论的先驱。

四、劳动论

杰文斯的劳动论主要包括两个方面的内容：均衡的劳动时间的决定；劳动在各种产品生产中均衡分配的条件。

杰文斯定义劳动为以未来利益为全部目的或一部分目的而使身心所忍受的任何含有痛苦的努力。一方面，他把劳动所带来的痛苦称为负效用，而且劳动时间越长，边际负效用越大。但他也承认，只要劳动时间不超过一定长度，就会给劳动者带来正效用。另一方面，劳动时间越长，带来的成果也越多，因此，这些成果的边际效用将越来越小。他认为均衡的劳动时间由劳动的边际负效用与劳动成果的边际效用相等这一点决定。这可以用图形或数学方程来表示。图 8－2 的横轴为时间，纵轴为边际效用和边际负效用。pq 曲线为劳动产品的边际效用曲线，bcd 曲线为劳动的边际负效用曲线。该曲线表明：在 Ob 时间内，劳动由一开始的不习惯、不舒服变得顺畅起来；在 bc 时间内劳动带来正效用；在 c 点之后，劳动产生边际负效用。在 m 点，劳动的边际负效用 md 正好等于劳动产品的边际效用 mq，所以 m 点便是均衡的劳动时间。杰文斯劳动的边际负效用概念，以及劳动时间均衡的思想，为后来边际主义者提出劳动供给曲线准备了基础。

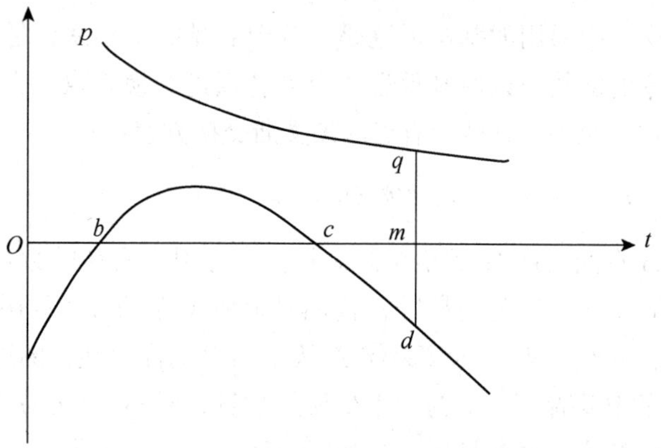

图 8－2　均衡的劳动时间的决定

杰文斯的效用论、交换论和劳动论实际上是作为一个整体，考虑了在完全竞争条件下市场均衡（或资源最优配置）的条件。但他并没有完全搞清实现均衡的机制，他只是认识到了这个机制的几个要点，并没有把它们有机地结合在一起从而对这个机制做出完整的描述。

在杰文斯的市场均衡条件中，不仅有消费-效用一面，而且有生产-费用一面；而在奥地利学派的市场均衡条件中只包含消费-效用一面。因此，杰文斯的市场均衡条件比奥地利学派的更接近现代西方经济学。但奥地利学派对于市场均衡的形成机制有比较详尽的分析：从个人的边际效用推论出市场的供求，然后用供求的相互作用说明均衡价格的决定；而杰文斯的失误则在于他混同了孤立的两人间交换与无数人参加的交换，从个人的边际效用直接推导出均衡价格。这就使他的市场均衡条件比奥地利学派的更远离现代西方经济学。概括来说，在市场均衡条件的表述上，杰文斯胜过奥地利学派；但对实现均衡机制的说明，杰文斯不如奥地利学派。

五、其他理论

杰文斯不仅对理论经济学有着突出的贡献，对经济统计学也做出了突出贡献，主要是关于价格指数的构建方法。在1863年出版的《黄金价值暴跌》一书中，他详细讨论了价格指数的编制、算术平均与几何平均的优劣比较、样本商品的选择以及不同商品权重的设定并且亲自构建了一个1845—1862年39种商品的年均价格。通过年均价格持续高涨的走势，他确定澳大利亚和加利福尼亚发现并开采黄金的结果是导致商品价格上涨（黄金价格下跌）的原因。

杰文斯是价格指数问题的开路先锋。由于他以及其他一些后继者的努力，价格指数的编制逐步成熟。这在经济思想史上的重要意义是使得困扰几代古典经济学家的寻找不变价值尺度的努力不再具有实践意义。在商业实践中，为了保证交易双方能够在价格变动的条件下签订互惠的长期契约，找到不变的价值尺度确有必要。而价格指数的编制，可以在一定程度上替代不变价值尺度的功能。从此，寻找不变价值尺度的工作便只有理论意义而无迫切的实践需要了。

为杰文斯赢得最初声誉的著作《煤炭问题》，是一部带有马尔萨斯倾向的杞人忧天的著作。在估计英国煤炭的储备量和煤炭消费的增长率的基础上，杰文斯得出了英国煤炭将要衰竭，煤价将要暴涨，从而英国经济将要停滞的悲观预测。事后证明他的预测有误，因为他低估了技术的进步和能源替代品的出现。但是他的预测失准也可能是他的悲观预测引起社会警惕并及时采取防范措施的结果；是社会在他的警告下改变行为方式的结果，就像20世纪70年代罗马俱乐部的报告《增长的极限》所起的作用一样。所以从这个意义上讲，不能说杰文斯的预测毫无道理，因为这是一类自我否定的预测。有趣的是，他为了应对预期出现的纸荒而囤积的稿纸，50年后还未被其后代用完。

杰文斯的另一个颇为有趣的理论是他的太阳黑子经济周期论。作为一位气象学家，他注意到太阳黑子的活动周期与经济周期高度相关，都是十年左右，于是便认为太阳黑子的周期活动会引起天气的相应波动，进而引起农业产量的波动和粮价的波动，从而导致整个经济的波动。这个理论的错误在于他把统计上的相关关系误认为因果关系。虽然他对经济周期原因的解释显得有些好笑，但是在通过分析经济统计数据研究经济周期的过程中，他正确地发现了经济周期的组合特征，从统计数据中成功地分离出了影响经济周期的三种趋势：季节波动、周期波动和长期增长的非波动趋势。因此，杰文斯无疑应当算作经济周期理论的开创者之一。

六、杰文斯在西方经济学史上的地位

杰文斯是在边际革命的三位奠基人中最早发表自己观点的人，同时也是观点最不严谨、最不成熟的人，所以在英国，他的影响很快被马歇尔的巨大声望所淹没。杰文斯对西方经济学的贡献可以概括为以下几点：

（1）在英语世界里虽然他不是第一个运用数学来研究经济学的人，但是他突出强调了数学对经济学的重大意义。在这方面，他不像瓦尔拉斯在法语世界里那样有古诺作为自己的先驱，所以杰文斯在这方面的贡献更为突出。

（2）他用微积分法清楚地表达了效用、边际效用概念以及边际效用递减规律并用边际效用去解释价值。他虽然不是在英语世界中第一个提出边际效用价值论的人，但却是第一个用数学方法清楚地说明了边际效用价值论的人。

（3）在建立交换论的过程中，他给出了消费者均衡的条件，为后人进一步分析消费行为奠定了基础。

（4）在劳动论中，他提出了边际负效用概念，该概念是英语世界里后来用于分析劳动供给的基本概念。他的劳动论否定了古典经济学劳动论的一些基本观点，把效用作为分析劳动者劳动决策的基础，劳动是劳动者自主选择的结果。这就从个人角度否定了生产性劳动与非生产性劳动的区分，否定了维生工资论和工资基金论，否定了劳动者在劳动市场上的无奈地位。这个理论为后来的经济学家从个人角度出发分析劳动市场奠定了基础。

（5）由于在经济统计学方面的贡献，他也常常被看作现代计量经济学的先驱。

（6）他被认为是经济周期理论的开创者之一。

从各方面来看，如果说马歇尔是使英国的主流经济学由古典经济学转变为新古典经济学的主帅，那么杰文斯便是这一转变的急先锋。

第三节　威克斯蒂德的经济理论

自19世纪70年代初边际革命的三位奠基人出版他们的开山之作以后，整个19世纪70年代不再有边际主义的新著作问世。直到1881年，英国的埃奇沃思出版《数学心理学》一书，以此为开端，整个19世纪80年代，英国的威克斯蒂德，奥地利的维塞尔、庞巴维克、萨克斯三人，以及意大利的潘塔莱奥尼等人，相继出版专著，宣扬并发展边际主义经济学。由此形成了持续到20世纪最初10年的边际主义广泛传播、迅速发展的浪潮。在1881—1911年的这30年中，大多数最著名的边际主义者都已亮相，大部分最著名的边际主义专著也都已问世。

本节主要介绍英国的威克斯蒂德在深化边际革命的过程中所起的作用。

一、威克斯蒂德的生平及贡献

菲利普·亨利·威克斯蒂德（1844—1927），生于英国，伦敦大学文学硕士，1887—1918年任伦敦大学分校讲师。早年他爱好文学、哲学及史学。中年时，亨利·乔治的《进步与贫困》一书引起了他对经济学的兴趣，而杰文斯的《政治经济学理论》则使他成为杰文斯最早的主要追随者。他的主要贡献在于：一是用非数学的方式阐明了边际效用价值论，二是说明了边际生产力分配理论的协调。他的主要论著有：《经济学入门》(1888)、《论分配规律的协调》(1894) 和《政治经济学常识》(1910)。

菲利普·亨利·威克斯蒂德
(1844—1927)

二、威克斯蒂德的经济思想

在《论分配规律的协调》一书中，威克斯蒂德指出以往的分配理论往往为不同的要素建立不同的分配法则，而且不考虑按不同法则进行的分配是否正好将产品分配完毕这一问题。他为自己的分配理论规定了两项任务：一是为各种要素建立一种统一的分配法则；二是证明按此法则进行分配，将正好将产品分配完毕，既不多也不少。

威克斯蒂德认为：统一的分配法则就是边际生产力论，即每种要素在总产品中所得到的份额等于该要素的边际产出与其数量的乘积。设产出 Q 的生产函数为 $Q=F(x_1, x_2, \cdots, x_n)$，$x$ 为某种要素的投入量，则该要素的分配份额为 $(\partial Q/\partial x_i)x_i(i=1, 2, \cdots, n)$。

威克斯蒂德进一步认为：只要满足下述前提条件，则按边际生产力进行分配的结果将正好使产出在各要素之间分配完毕。这些前提条件为：(1) 生产函数是线性齐次的，其经济意义是规模报酬不变；(2) 自由竞争；(3) 要素投入不是无限的；(4) 各要素可按其价值进行比较。在这些前提下，下式成立：

$$Q=(\partial Q/\partial x_1)x_1+(\partial Q/\partial x_2)x_2+\cdots+(\partial Q/\partial x_n)x_n$$

抽象掉该式的经济意义，它就是欧拉定理。

虽然比克拉克的边际生产力论早 5 年提出的威克斯蒂德的分配理论不如前者名气大，但威克斯蒂德关于收入分配满足欧拉定理的前提条件的分析，以及这个问题的提出，都表明了他对边际主义经济学的发展和贡献。

此外，威克斯蒂德关于经济学性质的看法预示了后来莱昂内尔·罗宾斯关于经济学是一门选择的科学的观点。

思考题

一、论述边际革命的兴起与传播。

二、述评杰文斯的劳动论。

三、述评威克斯蒂德的分配理论。

第九章
边际革命中的奥地利学派

第一节　门格尔的经济理论

卡尔·门格尔（1840—1921）出身于加利西亚（时为奥地利领土，现属波兰）一个律师家庭。他于1859年进入维也纳大学读书。第二年转入布拉格大学，1867年在克拉科夫的贾基洛尼亚大学获得法学博士学位，毕业后进入奥地利首相办公厅新闻部工作。1872年回维也纳大学任经济学讲师，第二年升任教授。1876年受聘为奥匈帝国王储的私人教师，为王储讲授经济学和统计学。1877年随王储游历瑞士、英国、法国各国。1878年重回维也纳大学任教授，直至1903年退休。他曾在政府的通货审议会、币制调查委员会工作。1900年当选奥地利上议院终身议员。门格尔一生论著甚多，其中最重要的有1871年出版的《国民经济学原理》(有中译本)、1883年出版的《关于社会科学尤其是政治经济学方法的探讨》。

一、规律、目的和方法

在当时的德语世界里，只重描述、不重分析的历史学派经济学家占据着正统地位。经济学界洋溢着一派否认规律性的气氛。在这样一种学术背景下，门格尔坚持认为经济现象具有规律性，认为经济科学可以像自然科学那样成为精确的科学。

门格尔于1883年出版《关于社会科学尤其是政治经济学方法的探讨》，与坚持历史学派方法的施穆勒展开方法论争辩，强调演绎推理、抽象理论在经济学里的重要性。这是一次具有深远影响的关于经济学方法论的大讨论。争辩最后以门格尔创始的奥地利学派的胜利而告终。

在门格尔看来，承认经济现象的规律性，就意味着承认经济科学与自然科学在方法上有着相通之处，就意味着经济科学可以采用自然科学的研究方法和叙述方法。当时在自然科学中占统治地位的方法，可以说是一种原子论而非整体论的方法，其特征便是把研究对象分解成若干组成部分，然后分别加以研究，最后再把分别研究的结果加以综合，形成对研究对象整体的看法。这种原子论的方法对门格尔有深远影响。门格尔甚至整个奥地利学派，运用方法论个人主义，把商品价值这一人类经济的复杂现象，还原成孤立的经济人对财货的主观评价，从而提出了著名的边际效用价值论。

门格尔的经济人与亚当·斯密的经济人有重大区别。这种区别是门格尔以至整个奥地利学派的理论与斯密-李嘉图的理论出现重大分歧的根本原因。斯密所假设的经济人是作为生产者的经济人，尤其是作为商品生产者的经济人。通过生产和交换使既定资产获取最大收益，是这种经济人的必然行为动机。在这种动机下，商品生产者的投入决策和产出决策都受到外生的交换价值的制约。斯密所关心的价值，就是独立于单个经济人主观意识，同时又约束着经济人行为的客观的经济信号。对这样一种价值决定机制的探索，就构成了从亚当·斯密开始直到约翰·斯图亚特·穆勒为止的价值理论的主线。门格尔所假设的经济人是作为消费者的经济人，而且是最一般意义的消费者，最抽象的消费者是抽象掉制度因素约束的消费者。这种经济人的行为动机是在财货既定的条件下追求欲望满足的最大化。而达到这种最大化的条件，便是门格尔认为的经济学所应研究的对象。

由于把追求欲望满足最大化的消费者作为分析起点，门格尔便着重分析了人的主观欲望的各种特征及其对经济行为的影响，这就使门格尔的理论具有浓厚的主观色彩。对经济人的生产、交换、消费诸行为，他都从主观欲望这一角度去加以分析和解释，从而对财富的定义、分类、价值、价格、分配以及资本积累等问题都提出了一整套与以往经济理论不同的见解。

以作为消费者的经济人为分析起点，是门格尔的方法的基本特征之一。门格尔理论的革命性质和局限性概源于此。

门格尔的方法的又一基本特征是采用了边际分析方法。“边际”这一术语并非门格尔首创，但他是在经济分析中运用边际概念的首批经济学家之一。在他这里，边际分析方法对经济科学的重要意义得到了初步揭示，那就是用边际效用来说明消费者对财货的主观估价，用两种财货的边际效用来说明它们的交换比例的确定。

门格尔的方法的又一基本特征，是他的《国民经济学原理》在叙述上与历史学派完全不同，采用的是从基本命题出发演绎出全部结论的方法，从而给人以强烈的体系感，该书不是一些资料或若干缺乏联系的思想火花的简单堆砌。

二、消费者的欲望、经济财货和私有产权

作为门格尔分析出发点的消费者，是具有理性即追求欲望满足最大化的消费者。为了分析他们的行为特征，就有必要首先对他们的欲望进行分析。这种分析为门格尔的价值理论（含分配论）、交换理论和资本理论奠定了基础。

门格尔指出了消费欲望的多样性、层次性及满足上的协调性和递减规律。即消费者在每个时点上都有多样欲望需要相互协调地同时满足并且各种欲望的满足对于消费者具有不同的重要性，同时一种欲望已经满足的程度越高，进一步满足的重要性就越低。

门格尔用著名的欲望分类分级表表述了上述思想（见表 9-1）。

表 9-1 欲望分类分级表

Ⅰ	Ⅱ	Ⅲ	Ⅳ	Ⅴ	Ⅵ	Ⅶ	Ⅷ	Ⅸ	Ⅹ
10	9	8	7	6	5	4	3	2	1
9	8	7	6	5	4	3	2	1	0
8	7	6	5	4	3	2	1	0	
7	6	5	4	3	2	1	0		
6	5	4	3	2	1	0			
5	4	3	2	1	0				
4	3	2	1	0					
3	2	1	0						
2	1	0							
1	0								
0									

在表 9-1 中，罗马数字表明了重要性依次递减的十种欲望，其中欲望Ⅰ最重要。表 9-1 中的阿拉伯数字则表明同一种欲望的不同强度，其中 10 代表最高的强度。任何一种欲望随着满足程度的提高，其强度都不断减弱且进一步满足所具有的意义也不断递减，直至 0。需要说明的是，门格尔构造这样一个表，只是为了说明欲望满足过程中的心理规律，并非认为人类千差万别的欲望可归结为十类，而每一类的强度可依此排列。

门格尔认为：不仅任一特定时点的各种欲望，其满足的重要性有所不同，而且同一种欲望的同样程度的满足，如果是发生在当前或以后的不同时点上，其重要性也不一样。

门格尔关于消费者欲望的上述见解属于静态分析。静态分析的意义在于说明，当消费者的欲望系统一定（即假定引起消费者欲望系统变化的诸因素不变）时，这个系统及其满足有何法则。用静态分析的眼光来看，上述见解无疑是符合实际的。但门格尔的上述见解有一定的局限性，具体表现在以下三个方面：第一个方面是他偏重于静态分析，忽略了（但不能说没有）对消费者欲望的长期动态分析。他所谈的主要是在欲望的种类和强度都已确定的条件下满足的规律，而不是欲望系统在长期中发展变化的规律。这一局限性使他的整个理论体系具有静态分析的性质。第二个方面是他忽略了孤立状态下的消费者与存在于一定社会中的消费者在欲望上的区别。第三个方面是他没有意识到，他关于欲望的上述见解仅适用于消费欲望，并不适用于人的全部欲望。一个人且不谈其他社会身份，仅仅作为经济人，也不单纯是一个消费者，同时他还是一个要素所有者、一个生产者。作为要素所有者和生产者，他的欲望和作为消费者的欲望是不尽相同的。而那些欲望和消费欲望一样，也对人的经济活动产生影响。因此，仅仅分析人的消费欲望，即便能得到正确结论，但单凭这些结论去推导整个经济现象，也仍然会失之偏颇。

在分析经济人消费欲望的基础上，门格尔认为一物之所以成为财货，并不完全依存于它的自然属性，更重要的是它能满足人的某种欲望。从这种认识出发，他认为能满足人的欲望的有用人类行为（其中最主要的是劳务）也是财货，但他分析的主要是物质财货。

门格尔把经济人为满足其欲望所必需的财货数量叫作个人需求，并认为它与有支付能力的需求不同。从消费欲望的多样性和满足上的协调性出发，门格尔认为经济人对满足不同欲望的各种财货的需求是相互制约的。作为消费者的经济人不满足于单纯拥有一种财货，而是力图拥有满足不同欲望的各种财货，并且要使不同财货在数量上保持一种有机的格局。这些思想可以说是当代消费经济学的消费者均衡思想的萌芽。

门格尔认为：并非人所需求的各种财货都能得到充分供给，经济人消费欲望的满足往往受到财货稀缺的约束。根据各种财货的不同供求状况，门格尔把需求大于供给的财货称为经济财货，把需求小于供给的财货称为非经济财货。他强调财货的经济性质不是财货本身的属性，而是财货供求关系上的一定特征。

门格尔认为：由于经济财货的存在，人们将力图使有限的经济财货得到最好的使用。首先用于满足最重要的欲望，其次用于满足次要欲望。他的经济人的行为动机是追求欲望满足的最大化，而其行为方式是在财货稀缺的约束下优先满足重要欲望，即追求经济财货的最佳使用。这种见解对后来经济学的发展产生了深远影响。后来经济学的发展在很大程度上是给出稀缺资源的最佳利用条件。

经济财货的存在，在门格尔看来，还具有决定社会经济制度的作用，是财货私有权制度存在的根源。他提出，经济财货无论怎样分配，都会使一部分社会成员的需求经常得不到满足或得不到完全满足，这样就使这部分人对这类财货的利害关系与那些占有这类财货的人的利害关系发生矛盾，因而就使占有这类财货的人认为有必要通过社会法制来保护其所占有的财货。从这一见解出发，门格尔进一步肯定，只要财货的相对稀缺性没有被消除，想废除所有权制度就是不可能的。因而一切社会改革方案，都只应朝着经济财货被合理分配的方向努力，而不应企图废除所有制本身。

三、资本理论

门格尔从物财与人的欲望满足的关系出发，把物财区分为与人的欲望满足有直接因果关系的低级财货和有间接因果关系的高级财货。高级财货，根据与人的欲望满足的因果关系的远近，又可以分为若干级。如果把低级财货称作第一级财货，那么直接生产第一级财货的财货是第二级财货，直接生产第二级财货的财货是第三级财货，依此类推。他所说的低级财货相当于消费品，高级财货则相当于资本品。资本品包括生产资料和尚未最终售给消费者的消费品存货。

门格尔指出：某种高级财货之所以具有财货性质，是因为它所生产的低级财货能直接满足人的欲望。如果这些低级财货不能满足人的欲望，那么生产它们的高级财货也将失去财货性质。因此，人们对低级财货的需求是第一位的，对高级财货的需求是派生的。这种派生需求的大小取决于人们对低级财货的需求以及生产低级财货的技术条件。

门格尔指出：某种高级财货具有财货性质的另一个条件是存在着与之相配合以生产低级财货的其他高级财货。由于高级财货之间的互补性质，人们对某种高级财货的需求与跟它有互补关系的其他高级财货的需求是同时发生的。高级财货的财货性质对低级财货的依存性，以及高级财货相互之间的互补性，对高级财货的价值决定有重要意义。

门格尔认为：高级财货对于人类的福利有重要意义，人类越能不断增加对高级财货的利用，就会使人类支配享乐资料的能力变得越大。

门格尔认为：高级财货转变为低级财货需要时间，而且这个时间随着高级财货级次的提高而延长。这就是说，支配高级财货，一方面使人类有可能支配更多的享乐资料，另一方面又使人类不能立即支配这些享乐资料，需要经历一定的时间。因此，时间就成为需要考察的一个本质要素。关于这个转化时间，门格尔有两个见解：一是它是无法完全消灭的，虽然能够通过技术与交通的进步使其缩短。二是生产迂回程度的增加，总是伴随着生产能力的增强。因而反映不同迂回程度的各种高级财货之间在数量上总是趋向均衡状态。任一特定迂回程度的高级财货若有较高的现值，那么其他的高级财货都将转化为这一特定迂回程度的高级财货，从而降低其现值，直至等于其他迂回程度的高级财货的现值。

门格尔认为：由于高级财货转化为低级财货需要时间，而人们又总是注重当前和近期的欲望满足，较少注意遥远未来的欲望满足，所以人们积累高级财货的能力便受当前和近期欲望满足的制约，只有当前和近期欲望满足到一定程度后，人们才可能积累高级财货。

上述这些见解说明门格尔把积累看作消费者对当前满足与未来满足进行平衡的结果。从这种见解出发，他很自然地否认资本积累是节欲的结果，否认利息是节欲的报酬，认为利息不过是资本利用与其他财货相交换时的比例。

对西方经济学的资本理论来说，门格尔提出了如下有价值的见解：（1）将物财区分为消费品和资本品两大类；（2）提出用资本品进行生产虽然具有高生产率但生产所需时间更多，即他考察了生产的迂回性问题；（3）积累资本品的动机不在于节欲，而在于当前满足与未来满足之间的平衡。这些见解为庞巴维克系统考察资本问题奠定了基础。

在门格尔以前，经济学家大多承袭斯密的传统，用作为生产者的经济人的眼光，按物财是用于维持生产性劳动还是非生产性劳动来区分资本和收入。而由于生产性劳动和非生产性劳动的界限难以确定，所以物质财富被区分为资本和收入的界限也难以把握，而资本在实物形态和价值形态上的不一致，更加重了分类的困难。门格尔使分类问题摆脱了传统的“资本”与“收入”的范畴，使分类问题的解决不再依存于生产性劳动与非生产性劳动的划分，提出了全新的划分依据——与人（实际上仅仅是消费者）的欲望满足的关系。

四、价值理论

门格尔从作为消费者的经济人的角度出发，将价值定义为人们所意识到的财货的一定支配量对生命和福利所具有的意义。从这一定义出发，他认为价值的本质不在于财富的客观属性，而在于经济人对财富所具有意义的判断，是依存于经济人意识的主观的东西。但他并不认为任何对人的生命和福利有意义的财货都有价值，他认为只有经济财货才有价值。

门格尔把财货对人的生命和福利所具有的意义，或者说对财货满足人类欲望的能力，定义为效用。于是从质上来看，价值就是具有相对稀缺性的经济财货的效用。一旦把价值的质规定为效用，衡量价值的尺度就自然是效用的大小了。

由于各种欲望的重要性有所不同，所以某种财货一单位的价值就由该种财货所能满足的各种欲望的最不重要的欲望（即边际欲望）获得满足后对人所具有的意义来决定，也就是由边际效用来决定。

门格尔把他的价值论确定为四个基本命题：（1）财货的价值源于财货导致的欲望满足意义。（2）由于各种欲望的满足在保护生命和福利方面的重要性有所区别，所以各种欲望满足的意义是不同的。（3）财货价值的差异源于财货所导致的欲望满足的意义不同。（4）边际欲望获得满足的意义决定财货的价值。从这些基本命题可以看出，门格尔的价值论是不折不扣的主观价值论。为了论证主观价值论的正确性，他以古董、古画及旧机器为例，说明财货在生产中所耗费的劳动和其他财货都不决定财货的价值。

到此为止，门格尔的价值论只适用于低级财货，因为只有低级财货才具有满足人类欲望的功能。为了使理论具有普适性，他在说明低级财货价值决定的基础上，进一步阐述了高级财货的价值决定。他认为：与人们通常所认为的相反，不是高级财货决定低级财货的价值，而是高级财货的价值由其所产生的低级财货的预期价值决定。

门格尔认为虽然高级财货的价值由其所产生的低级财货的预期价值决定，但两者并不相等，前者要略低于后者。这是因为低级财货的预期价值要减去两个项目后，才是高级财货的价值。这两个项目，一是高级财货的使用价值（与高级财货本身的价值不同），二是企业家活动的价值。这两个项目之所以也有价值，是因为要生产出一定的低级财货，单凭拥有高级财货还不够，还必须在一定时间内使用高级财货，而这种使用又离不开企业家的活动。

生产一种低级财货需要的高级财货是多种多样的，那么每一种高级财货的价值如何决定呢？门格尔考虑了两种情况：第一种情况是不同高级财货的配合比例可变。例如，某种高级财货 A 与其补足财货 B 之间在生产某种产出 Q_l 时具有互替性，即该高级财货 A 减少一单位所造成的产出 Q_l 的损失，可由其补足财货 B 的增加来弥补。这时，该高级财货 A 的价值将由其补足财货 B 从其他产出 Q_R 中转移出来生产该种产出 Q_l 所引起的其他产出 Q_R 的减少所造成的损失来决定。第二种情况是不同高级财货的配合比例固定。例如，某种高级财货 A 与其补足财货 B 在生产某种产出 Q_l 时不具有互替性，即该高级财货 A 减少一单位所造成的产出 Q_l 的损失，不能由其补足财货 B 的增加来弥补。这时，因该高级财货 A 减少一单位而显得多余的补足财货 B，能转用于生产其他产出 Q_R，于是该高级财货 A 的价值便等于产出 Q_l 上损失的价值减去产出 Q_R 上增加的价值后的差额。

关于一个高级财货的价值，门格尔最终建立了如下基本命题：一个高级财货的价值，在生产一个生产物所必要的其余补足财货的价值不变的条件下，与该生产物的预期价值成正比，即该生产物的预期价值越大，则这个高级财货的价值也越大；同时，在其他条件相同的情况下，这个高级财货的价值又与其余补足财货的价值成反比，即其余补足财货的价值越小，则这个高级财货的价值就越大。

门格尔关于高级财货价值决定的理论，为他的分配理论奠定了基础。他认为经济学在讨论地租、利息时，不应考虑它们是否公正、是否应当存在，而应当考虑它们为什么会存在。他认为地租、利息分别是土地利用、资本利用的价格，而这种价格又来源于它们的稀缺性，于是它们的价值决定就遵从高级财货价值决定的一般原理。

门格尔从失业现象出发，认为劳动力不一定是财货或经济财货，不一定有价值，因而不存在最低生活费用决定劳动工资的铁律。劳动工资是具体劳动力的价格。其决定也与其他一切财货的价格决定相同，受制于其价值，而其价值也同样遵从高级财货价值决定的一般原则。门格尔认为：企业家的活动也应算作劳动并且是一种经济财货，但它有两个特性：（1）它不是商品，所以没有价格；（2）其数量受到资本利用数量的限制。

门格尔反对那种认为劳动者收入低于地主和资本家的原因是存在剥削的见解，认为收入悬殊的原因在于对人类欲望的满足来说，土地和资本比劳动要重要得多。

综上所述，门格尔实际上把分配看作三类特殊高级财货的价值论并按高级财货价值决定论的一般原理来说明分配论。总的来说，他的分配论还是非常简单的，并没有像他的价值论那样具有系统性，只是给出了进一步研究分配问题的三个出发点：（1）收入分配问题被归结为高级财货的价值决定问题。（2）要素的价值取决于它们的产品，而非相反。（3）要素的价值与它们的稀缺性有关。

门格尔的价值论与古典学派的价值论完全不同，但两者的区别实际上不在于对同一种经济现象的不同解释，而在于分析了不同的经济现象。古典学派价值论的研究对象是在交换过程中形成的带有客观性质的价值，研究目的是要说明客观交换价值的决定机制；门格尔价值论的研究对象则是消费者对其拥有的财货（不论是如何获得的）的主观估价，研究目的则是说明这种主观估价的决定机制。我们可以把门格尔的价值论正名为消费者个人估价理论，简称估价论。边际效用价值论作为一种估价理论，其合理性是显而易见的。在消费者看来，财货价值难道不是与其拥有量成反比吗？高级财货的估价不是取决于它所参与生产的低级财货的估价吗？作为一种估价理论，边际效用价值论可以成为研究消费者行为的一个合理出发点，事实上它就是后来的消费经济学的一个出发点。

五、交换理论与价格理论

在门格尔的理论体系中，真正与古典学派的价值论相对应的是门格尔的价格理论，门格尔的价格理论试图说明市场交换价值是如何决定的。

门格尔认为：价格是经济人在进行财货交换中的一个偶然现象，是在经济活动中经济平衡的一个表征。为了说明价格的决定，门格尔首先建立了自己的不同于古典学派的交换理论。

门格尔认为：交换行为之所以会发生，并不像亚当·斯密所说的那样是因为人的天性就喜欢交换，而是因为交换能更好地满足交换双方的欲望。门格尔这里所说的欲望，实际上仅指消费欲望，他所说的交换者，实际上都是作为消费者的经济人。他实际上是以追求欲望满足最大化的消费者的眼光来看待交换行为的。他认为经济人进行交换的基础有三个：（1）交换双方都认为：对方财货一定量的价值超过自己财货一定量的价值；（2）双方都认识到这一点；（3）双方有力量进行交换。这就是说，交换的基础在于对交换双方来说被交换财货相互之间都是不等价的。显然，当交换者是追求欲望满足最大化的消费者时，换进财货的主观估价将高于让出财货的主观估价，从主观估价的角度来看，交换总是不等价的。

从对交换基础的这样一种认识出发，门格尔赋予“使用价值”和“交换价值”这两个术语以完全不同于古典学派的含义。门格尔认为财货的使用价值是指财货被所有者使用时所具有的主观估价，交换价值是指财货不由自己使用而用于交换别种财货来满足欲望时所具有的主观估价。同一个财货，自己使用所带来的欲望满足和用于交换所带来的欲望满足，其意义往往不同，这就是说，财货的使用价值往往和交换价值不一致。这就产生了一个问题：财货的价值究竟应当按哪一个决定？门格尔认为在两个价值中哪一个较高，财货的价值就应当按哪一个计算。这样，他就从孤立的消费者的估价行为过渡到了有交换的消费者的估价行为。在后一种情况下，估价已不再仅仅依存于消费者的主观欲望，还要依存于与之有交换关系的其他消费者的主观欲望，估价已不再由个人决定，而是由社会决定。

当财货的交换价值高于其使用价值时，消费者倾向于进行交换，门格尔认为交换会进行到一个静止点，在这个静止点上，两种财货给交换者双方带来的边际效用都相等。这样一个静止点之所以存在，源于边际效用递减规律。交换后交换者原有的财货数量减少，从而增加了边际效用，而换得的财货数量增多，从而边际效用下跌，因此最终总会达到两种财货的边际效用相同之处。门格尔所说的这个静止点也就是后来帕累托所说的交换最适度。

从交换是不等价的这样一种信念出发，门格尔重新规定了价格理论的任务。他认为：在供给价格与需求价格之间存在差额，绝不只是偶然现象，实为经济的普遍现象。因此，一个正确的价格理论的任务，并不在于说明事实上并不存在的两个财货数量间的表面上的价值相等性。一个正确的价格理论所应说明的是经济人在试图尽可能地满足其欲望的努力上，如何以一定量的财货相互交换。在古典学派那里，问题是等价交换如何实现；在门格尔这里，问题是如何通过交换来最大限度地满足欲望。

门格尔从交换双方都追求欲望的最大满足这一前提出发来说明价格的决定。首先，从两个孤立的交换者所确定的交换比例开始。这种孤立交换所形成的交换比例，在不考虑其他条件时，是两个交换者各自意愿的比例的中间点。然后，分析垄断条件下的价格决定。如果垄断产品是唯一的，那么它将落入出价最高的买者手中，而价格将落在出价最高的买者所愿意支付的最高价格和出价次高的买者所愿意支付的最高价格之间的某一点上。在这样一个价格可能区间上，买卖双方将像两个孤立的交换者那样决定交换价格。如果垄断产品不是唯一的，那么这些产品将落入那些出价较高的买者手中，其价格将落在购得产品的买者中出价最低的那个人所愿意付出的最高价与被排除的买者中出价最高的那个人所愿意付出的最高价之间的某一点上。

综上所述，门格尔分析了卖方垄断时规定销量下的价格决定，但没有分析卖方竞争时的价格决定。他实际上是把垄断当作普遍的情况，因此几乎完全没有分析在完全竞争条件下均衡价格的决定，这是他与杰文斯及瓦尔拉斯的一个重大区别。门格尔看到了供给对价格以及价格对需求的决定作用，但没有考虑价格对供给的反作用。他研究的是供给既定时的价格决定，以及价格一定时的需求，而不是价格与供需相互作用下的价格决定。门格尔的价格理论为庞巴维克用边际对偶说明双方竞争条件下的价格决定提供了基础。

六、垄断厂商理论

门格尔认为：在经济生活中垄断现象比竞争现象出现得更早。至于竞争状态是如何从垄断状态中产生的，他认为是由于文明的发展。文明的发展引起需求增加，使原先处于垄断地位的产品价格上升，结果新生产者出现，原先的垄断局面被打破，代之以竞争状态。

门格尔指出垄断者的目的是经济利益的最大化，并指出垄断者由于其特殊地位，可以不受其他经济主体的影响，完全出于对自身利益的考虑，或者决定能产生最大收益的价格，或者决定能产生最大收益的销售量，但不可能同时决定价格和销售量。因此，垄断者一旦决定了价格（或销量），其销量（或价格）就由外生的需求曲线唯一地决定了。

门格尔还分析了垄断与竞争对产量和价格的不同影响。他分析了某种产品的供给者由一个垄断者变为两个竞争者时的产量和价格变化。他的结论是：竞争与垄断相比，有两个方面好处：(1) 不会有人为毁坏部分商品和闲置部分生产资料的现象，因为这种做法虽然能为垄断者带来好处，但无益于竞争者；(2) 不仅不会出现毁弃已有存货的现象，在生产资料不受自然限制的范围内，还将增加商品总量，从而使价格低廉，造福于消费者并使低收入阶层也能享用该商品。

门格尔的垄断理论蕴含了他反对垄断、提倡竞争的政策主张。这与亚当·斯密的主张是一致的。

七、关于制度起源及演化的观点

随着近年来新制度经济学的兴起，门格尔关于制度起源及演化的观点重新引起了人们的关注，门格尔则被尊称为新制度经济学的始祖。在他那儿，人们可以清楚地看到新制度经济学与新古典经济学的渊源关系。

门格尔区分了制度起源的两种途径，认为一些制度是人们共同愿望（协议、明确的法律等）的结果，而另一些制度则是人们各自努力追求个人目标时的无意识（或非刻意）的后果。他称前者为“协议”方式，后者为“有机”方式。在他看来，虽然协议方式与有机方式在解释制度起源时都是不可或缺的，但协议方式较易说明，而有机方式则构成对社会科学家的智力挑战。许多与公共福利关系重大的制度，怎么会在人们并无建立它们的共同意愿的条件下发展出来呢？

门格尔认为：对有机形成制度的起源的说明，类似于对市场价格、利率等经济现象的说明，因为两者都是大量行为主体追求个人利益所导致的意料不到的结果。因此，他提出，解释有机形成制度的起源所用的方法，与解决经济学主要问题的方法在本质上是相同的。具体来讲，他在解释有机形成制度的起源时所用的方法，就是亚当·斯密在说明市场机制时所采用的“看不见的手”。依照这种方法，门格尔遵循以下步骤解释了货币制度的起源。

第一步：假定在初始状态中，有待说明的制度即货币并不存在，只存在物物交换。

第二步：假定个人在一定约束下追求自身利益，即致力于通过交易来改进自身的处境。

第三步：假定个人可以采取某种行为来更好地实现自身利益，即个人用较难销售的物品交换较易销售的物品将使他更容易得到自己所向往的东西。

第四步：假设人群中有一些创新者迟早会发现这种行为以及它的有利后果。

第五步：假设这种行为一旦被某些先行者发现并采纳，先行者的成功就会引起其他人的模仿。

第六步：某种行为被普遍模仿而扩散后，就将成为一种制度，如货币制度。

门格尔对货币制度起源的这种说明方式的魅力在于它只依靠非常简洁的假设，只要有人能发现或发明一种有利的行为并且这种行为能得到模仿和扩散，一种普遍的行为方式或制度便形成了。

八、门格尔在西方经济学史上的地位

对熟悉现代西方经济学的读者来说，门格尔的经济思想很难说有什么新奇感，因为门格尔的理论在今天都有极为精致、往往是数理形式的表述。然而这也说明，他的思想并没有被近一个半世纪的历史长河所销蚀。在经济学史上，门格尔属于这样一类经济学家：在前人的理论似乎已经接近完善、理论家似乎已经无话可说的时候，他们洞察了以往理论的重大缺陷，从而令人意想不到地重新构造了经济理论的逻辑起点。在此后的很长一个时期中，经济学凭借他们所创造的概念体系，循着他们所预定的方向不断发展。

可以毫不夸张地说，门格尔是现代西方经济学的奠基人之一。从科学动力学的角度来看，门格尔为经济学的发展提供了一个新的范式，对后来西方经济学的发展产生了如下重要影响：

（1）在德语世界里重新确立了演绎方法在经济学中的地位，使德语世界的经济学在方法上克服了历史学派的褊狭性。

（2）以追求欲望满足最大化的消费者代替在英国古典经济学中那种追求收益最大化的生产者作为经济分析的起点，详细分析了在静态条件下消费欲望的特征及其得到满足时的规律，为消费者行为分析奠定了基础。可以说，门格尔是现代西方微观经济学消费理论的奠基人之一。

（3）门格尔揭示了经济财货或稀缺财货与价值、价格现象的内在联系，从此财货的稀缺性成为西方经济学的分析前提之一。通过稀缺性这一概念，人们终于认识到了价格在配置资源、分配产品方面的经济功能——使有限的财货得到经济使用。把稀缺性概念注入经济体系，改变了价值理论所研究的问题，在英国古典学派那里，价值理论所要解决的主要问题是价值如何决定、如何测量。在门格尔以后，价值理论所要回答的问题转变为价格的经济功能是什么。

（4）把财货区分为低级财货和高级财货从而为后来的生产理论、资本理论和周期理论的发展铺平了道路。庞巴维克的资本理论显然是以这样一种区分为前提的。

（5）边际效用价值论，以及以边际效用价值论为基础的交换-价格理论，实际上是从消费者需求的角度出发说明了市场机制。从此，对价格现象的分析不能再像门格尔以前那样单纯地从供给方面展开了，而必须同时兼顾供给和需求两个方面。需求的决定因素不再被排除于经济分析之外，而是经济分析的重要内容之一了。

（6）在经济分析中运用边际概念对经济学所产生的深远影响也许是门格尔本人始料未及的。边际概念启发后来者提出边际生产力、边际成本、边际收益等概念，最后它与微观经济学的几乎所有变量都有关系，成为在经济分析中一个极有用的基本概念。随着数理经济学的发展，人们最终认清了，边际概念与经济活动的优化条件有着密切关系。可以说边际概念是在经济学发展过程中提炼出的少数最有价值的概念之一，而门格尔则是在经济分析中运用边际概念的首批经济学家之一。

（7）对有机形成制度（如货币）的起源的解释，使门格尔成为新制度经济学的始祖，成为今天人们所说的诱致性制度变迁的最早提出者。虽然他在这方面的贡献被承认得晚了一些，但他关于制度起源的见解即使在今天也仍然给人以深刻启示。

新的理论范式的提出，使门格尔成为西方经济学史上的一代宗师。门格尔直接影响了维塞尔和庞巴维克，通过这两个人，又影响了以威克塞尔为代表的瑞典学派，影响了米塞斯、熊彼特和哈耶克。门格尔的影响远远超出了奥地利学派的范围，成为西方经济学难以磨灭的组成部分。

第二节　维塞尔对门格尔经济思想的发展

弗里德里希·冯·维塞尔
（1851—1926）

弗里德里希·冯·维塞尔（1851—1926）出生于奥地利的维也纳。1874 年毕业于维也纳大学，1875—1877 年赴德国留学，师从历史学派的罗雪尔、克尼斯和希尔德布兰德。回国后任文官，1883 年任维也纳大学讲师，1884 年到布拉格大学任教，1889 年成为该校政治经济学教授。1903 年接替其退休的岳父卡尔·门格尔成为维也纳大学经济学教授，直至 1922 年。他还曾任奥匈帝国上院议员（1917）和奥匈帝国最后两届内阁的商务大臣。其主要论著有：《经济价值的起源及主要规律》（1884），《自然价值》（1889 年，有中译本），《社会经济理论》（1914），《强权的法律》（1926）。

一、价值与价格的决定

在消费品价值决定理论方面，维塞尔除了做一些微小的修正外，全盘接受了门格尔的边际效用价值论并首次提出“边际效用”这一术语。维塞尔对边际效用价值论的发展主要有：关于货币的边际效用及货币对价值决定的影响，用归属法求解高级财货的价值，以边际效用论为基础解释成本现象及提出机会成本的概念。

维塞尔认为货币的边际效用也遵循递减规律，进而指出同量货币对富人和穷人有不同的边际效用。这一见解后来成为收入再分配政策的理论依据。维塞尔认为价格是商品与货币之间的关系，是两者的边际效用相互作用的结果。由于看到货币在价格决定中的作用，他指出财富分配会影响价格，因为财富分配影响人们对货币的估价。关于财富分配状况影响价格的见解是一个全新的看法，它最终影响到人们对价格机制的局限性的看法。

维塞尔提出用求解联立方程组的方法来确定某种具体的高级财货（尤其是基本生产要素）的生产贡献。他假设了一个例子，设有 X、Y、Z 三种生产要素，有下面三个产出方程：

$$X+Y=1\,002X+3Z=2\,904Y+5Z=590$$

可以解出 $X=40$，$Y=60$，$Z=70$，分别为 X、Y、Z 三者的生产贡献。用联立方程组求解各生产要素的生产贡献，被维塞尔称作归属。

维塞尔归属论的意义在于，它对由技术条件和资源条件所决定的各种要素对产出的贡献，与受社会制度尤其是产权制度严重影响的要素所有者的收入分配，进行了严格区分。这对于他深刻认识在社会主义公有制条件下资源有效配置的条件具有重大影响。

维塞尔提出，当要素可用于生产多种产品时，其边际生产贡献由在这些产品中具有最小边际效用的产品价值决定。他分析了影响要素的边际生产贡献大小的诸因素，如要素的供给量及需求量、与其他要素的互补情况、技术条件、独立程度、质量。他还进一步分析了耐久高级财货的价值决定问题，认为耐久高级财货的价值是通过对其使用期中各期的生产贡献进行贴现的方法求得的。

按照门格尔所建立的边际效用价值论，高级财货的价值是由低级财货决定的。由此很容易得出结论：当高级财货被用于生产不同的低级财货时，其价值也应不同。但实际上同一高级财货总是具有相同的市场价值，如何使边际效用价值论与这种现象相协调，就成为边际效用论者必须回答的问题。与这一问题相联系，在一般人的心目中，商品的价值是由其成本决定的。如何从边际效用论出发去说明成本现象呢？维塞尔指出：一种产品的成本是由所有与该产品使用相同要素的产品（他称之为同源产品）的边际效用决定的。若成本小于该产品的边际效用，就说明在与该产品（记为 A 产品）同源的其他产品中，起码有一种产品（记为 B 产品）在生产中所使用的某种要素一单位所带来的边际效用，要低于 A 产品在生产中所使用的同种要素的一单位所带来的边际效用。在这种情况下，这种生产要素便会从 B 产品的生产中流出，投入 A 产品的生产中。生产要素这样流动的结果是，B 产品产量下降，生产要素一单位所带来的边际效用提高，这种提高在 A 产品那里便反映为成本上升；同时，A 产品产量增加，生产要素一单位所带来的边际效用下降。于是 A 产品的边际效用大于成本的差额趋于消失，直至成本等于边际效用为止，生产要素才停止由 B 产品的生产向 A 产品的生产的流动。由于上述过程在相反方向

（A产品的成本大于其边际效用）上也存在并且对所有同源产品都存在，所以最终将达到所有同源产品的成本都与其边际效用相等的局面。由此可知，所谓某种产品的效用与成本的关系，实际上是该产品的效用和其他与其同源的产品的效用之间的关系，一切成本归根结底都是机会成本，即为了得到某种产品增量单位所带来的效用而牺牲的其他产品的产量所蕴含的效用。不同产品之间的成本关系实际上反映了它们的边际效用之间的互相制约关系。因此，说该产品价值由成本决定与说它由该产品的边际效用决定，两者并不矛盾。

通过这样一种说明，门格尔关于高级财货价值取决于低级财货价值的命题就不再与成本现象相冲突了。维塞尔的上述成本理论对边际效用价值论的贡献在于说明成本这种表面上、直观上与边际效用论相矛盾的现象，实际上完全可以用边际效用加以说明。

维塞尔还指出：技术条件只是决定在同源产品集合中各种产品的比价关系，并不决定绝对价值，绝对价值由边际效用决定。

二、价格制度的功能

维塞尔对西方价值理论的最大贡献，也许是改变了价值理论的研究目的。在门格尔那里，价值理论的研究目的是说明价值及价格如何决定，而在维塞尔这里，研究目的是说明按边际效用决定的价值及价格有什么经济功能。

在维塞尔看来，价格的功能有如下几个：（1）在财富分配既定的条件下，价格使生产适合需要，但价格不可能改善财富分配的状况。（2）由于价格除了受边际效用影响外，还受到财富分配状况的影响，所以价格不一定反映财货的社会重要性。这一见解指出了价格的局限性，表明单凭价格机制虽然能使生产适应需求，但不能改变财富分配的不合理状况。这一看法是自亚当·斯密提出“看不见的手”以来，西方经济学家对市场机制社会功能的看法的一大突破。（3）价格是实行经济核算的必要因素。（4）按要素的边际生产贡献决定价值，有助于促使企业采取合理的要素组合，有助于整个社会把有限的资源用于最需要的产品的生产。当然，这种需要是一定财富分配下形成的需要，即归属问题的解决有助于从既定要素出发取得最大的经济效益。从这一认识出发，维塞尔对收入分配现象有了新的认识，它实际上是归属问题在资本主义制度下的特定解决方式。通过收入分配所表现出来的要素价格，保证了在特定财富分配方式下稀缺资源的有效配置。实际上他并非单纯为资本主义的收入分配辩护，而是为这种分配背后潜伏着的增进经济效益的归属现象辩护。相比之下，维塞尔比门格尔对资本主义社会的不公正现象表示出了更多的不满。（5）由于认识到价格的经济功能，维塞尔认为如果按劳动价值论来确定产出的价值，那么稀缺的非劳动资源将没有价值，它们的配置将成问题。因此，他认为：即便管理是尽善尽美的，管理者是廉洁的，民众是无私的，其他失误是不存在的，但只要要素、产品的相对稀缺仍然存在，也就仍然应当存在由边际效用决定的产品的自然价值，应当存在由边际产品的效用决定的资本的自然利息、土地的自然地租，也就是说，仍应当计算各要素的边际生产贡献，以便按最合理的方式使用产品和各种要素。当然，利息和地租将不再成为私人收入，不再是分配范畴，而是经济核算的范畴。由此可知，维塞尔所探讨的自然价值（包括自然利息、自然地租），实际上是超越经济制度的，是合理分配稀缺资源所必需的纯经济范畴。

为了更加清楚地分析资源配置问题，维塞尔指出了整个社会生产的三个技术特征：一是生产等级，即类似于门格尔把产品分为直接满足消费欲望的最终产品和间接满足消费欲望的中间产品并在中间产品中根据距离最终产品的远近所做的进一步区分。二是生产主干，这个术语是维塞尔独创的，用于描绘最终产品与生产它们的主干要素之间的垂直关系。例如，存在以煤为主干要素的系列产品：从煤开始到一切在其生产中消耗煤的产品。三是生产关系，他赋予这个概念的含义与马克思主义经济学的完全不同，是指每一种产品与其他产品之间在使用和消耗主干要素方面的水平关系。例如，以煤为主干的所有产品之间都存在水平关系。

维塞尔认为现代生产技术非常复杂。它使生产关系达到非同一般的范围。每一种产品都有数种主干要素，于是形成了许多平行的主干系列。铁的一种产品很可能也是煤和其他广泛系列的生产要素的产品。所有生产主干都相互关联。一些产品拥有共同的主干要素，可以被称为充分关系产品。例如，木匠制作的桌子和箱子都源于木头。其他产品只是部分关系，它们只共同拥有某几个或者一个主干要素。不太可能有产品与其他任何产品都没有这种充分关系或者部分关系。可能存在不拥有共同主干要素的两种产品，但总是可以发现某种产品在这两种产品之间建立了间接关系，因为那种产品分别与这两种产品共有某种主干要素。

生产等级、生产主干、生产关系这三个反映技术特征的概念，表明维塞尔清楚地意识到整个社会生产过程的相互联系，意识到合理安排稀缺资源的重要性和难度。在市场经济中合理安排稀缺资源需要每个生产者在计算时考虑各种市场后果，这形成了所有其他主体计算的基础。同时在一个理想的社会主义国家，所有这些计算都必须组合起来统一进行。

三、对现实市场的分析

维塞尔不仅分析了理想市场的基本功能，而且分析了现实市场。例如，他区分了聚合市场和分离市场：聚合市场就是全部供求聚合在一起的市场；分离市场的供求在地理上分散。如果只考虑聚合市场，那么价格的形成将只能被不完全地描述。他分析了买方和卖方垄断市场，分析了各种类型的垄断、准垄断组织，论证了竞争的正面影响和负面影响，强调一般商品市场与投机品市场不同，指出了由于贫富不均而导致的价格分层现象，指出了穷人在交换中的不利地位。

维塞尔专门分析了资本主义社会的各类企业，包括小型和大型的私人企业、合伙企业、他称之为集团企业的国有企业、自治团体企业以及股份制企业。他把私人企业和合伙企业称作所有者企业，把国有企业和自治团体企业称作管理者企业。一方面存在源于私人所有权的拥有不受约束的管理权的领导者，另一方面存在受委任限制要对委任者负责的受约束的领导者。这是两种最主要的领导形式。股份制企业体现了从所有者企业到管理者企业的转变，它联结了两种领导形式。他已经认识到在管理者企业中所有者和管理者之间的委托代理关系带来的问题。

维塞尔指出了合伙企业与股份制企业的巨大差异。只有几个人的合伙企业是自发合作的，他们每个人都非常清楚他们的个人利益并能保护它。而在股份制企业中，小股东并不能有效、充分地保护自己的利益。通过合同产生的领导权有可能出现最严重的权力滥用，因此需要对这种后果进行法律控制。这些保护小股东的观点可能是当代公司治理理论的早期渊源之一。

维塞尔还分析了企业家所需具备的素质：必须有事业心；必须在企业发展的同时迅速洞察当前新的契机；必须具有按照自己的想法控制企业的能力；必须具有接受与每一项投资相关的风险的能力。引发企业家的进取心、驱使他们不断前进的动力是一种令人欣喜的创造力。在资本主义企业中，企业家的鲜明个性提升到了最高程度：大胆的技术创新者，敏锐了解人类本性的组织者，有远见的银行家，不计后果的投机者，征服世界的托拉斯领导者。

维塞尔分析了在决定机制上与农业地租有重大差异的城市地租，强调需求因素在决定城市地租中的主要作用。

维塞尔认为：企业家利润作为企业毛利扣除利息和管理工资后的余额，源于企业家的特殊才能，是企业家特殊个性和卓越领导确保企业特殊优越市场地位的结果。

关于工资的决定，维塞尔区分了不同经济。他认为：劳动已经成为稀缺资源的发达国家经济的工资理论能够在一般价格理论的基础上加以简单说明。而劳动过剩经济中的工资是维生性的，通常不会超过雇主为了保持劳动者具有工作所要求的健康程度所必需的最低工资。他指出：对于劳动过剩经济中的劳动者而言，可以自由选择的劳动市场并不存在。雇主处在可以规定合同条款的地位，劳动者除了接受这些条款之外没有别的选择。竞争迫使工人仅仅为了生存而努力并承受风险。

维塞尔进而指出：并不存在统一的劳动市场，由于劳动的不同个人类型和不同阶层而引起了大量局部的、分层的市场，有必要区分各个局部市场的水平联系和劳动的垂直分层，所以，工资在所有劳动者之间并不趋同，只有在同一个群体中才存在一个有效的均等化趋势。

维塞尔还分析了工会以及企业家联盟的作用，指出组织和未组织的劳动市场的条件根本不同，工资形式相应地也不同。在未组织的劳动市场，个别劳动者只能依靠自己，惯例是决定性的。劳动供给由于其巨大数量而处在强烈的过度竞争中。最糟的情况是：最弱势群体只能接受一个仅仅能够满足日常最紧迫需求的维生工资。

而当一个地方的企业家彼此签订协议时，其状况就几乎类似于需求垄断。他们能够对经济上过于软弱的未组织工人施加很大的压力。这时工资可能被保持在一个不是理论上确定的标准上。这些工资要么在更高的工资依然可能的条件下被压低到维生水平，要么没有达到通过归属确定的劳动的边际生产力。

维塞尔指出：在劳资冲突中，只有那些在特定局部市场中联合了所有或几乎所有劳动供给的组织才是有影响力的。如果这个条件不成立，工会就无法成功地使用它最重要的武器——罢工。表面上，工会与卡特尔或托拉斯类似，是通过消除竞争达到垄断，但在功能上，工会和面对消费者的垄断供给联盟根本不同。卡特尔面向没有组织的消费者；

工会面向作为劳动的需求方，垄断地组织起来的企业家。工人组织不能扩大生产，不能划分市场和对消费者进行分级。它必须根据生产条件调整自己，而这些条件是企业家设置的。最后，卡特尔控制了所有生产，工会仅仅控制了一种起作用的生产要素。通过维持合作，工人们显然可以通过让补充性要素不发挥作用而使生产不可能。但是造成这种影响的武器是一把双刃剑，它会同时伤害工人，因为罢工使工人没有收入，所以不能维持很长时间。企业家可能通过限制产量的垄断政策成功地迫使边际效用上升。但工人不能使用这个工具，他们受到把劳动供给全部持续投放到工会中的必要性的限制。

从而，组织性最好的工人团体也只是能够通过罢工获得等于边际生产力的工资。因此，工会没有为那些边际生产力仅仅达到维生收入或者工资仅够维持生命的工人阶层提供一个获得更高工资的前景。

四、对资本主义的批评和肯定

维塞尔认为社会存在阶级，存在阶级之间的统治和支配性权力，因此，经济理论应当讨论阶级和每个阶级内部的等级。他区分了两类分工：水平分工和垂直分工。前者是指通常的劳动者之间的工作分化；后者是指人与人之间垂直的上下级关系，如企业家和工薪阶层。劳动分工的这两个方面——劳动按照产品集合进行划分，同时也在权威和依附的垂直关系上进行划分——应该被区分开来。如果在劳动分工中混淆了水平联系和垂直分层这两个方面，那么整个经济结构就会从一个欺骗性的角度被观察。区分两类分工，是他能够认识到市场经济在收入和财产分配方面的局限性的理论基础。对社会经济中阶级分层和经济权力现象的重视，是维塞尔理论的一大特色，也是他质疑古典经济学的自由主义观点的出发点。他是在奥地利学派中少见的正视资本主义社会阶级矛盾的经济学家。

维塞尔重视社会的垂直分层，考察了从古代到资本主义时代社会分层的变化，指出了资本主义社会的两极分化、中产阶级的分化，以及农民阶级的苟延残喘，同时他也看到了熟练工人生存条件的改善。他指出工业资产阶级在中世纪的城镇中以不可忽视的姿态登上了历史舞台。它的重要性在其经济成就中得到体现，进而出现了作为大企业的经济领导聚敛了大量资本财富（尤其是货币资本）的个人。在他们的企业中，中世纪的工匠转变为一种靠工资生存的无产阶级。在这个阶级当中，几乎没有人能够靠运气或是才能获得经济上的独立性。由于失去了成为行业中熟练技工的机会，他们中的很多人因为屈从于非独立工人的地位而被毁掉，所以当时的社会充分展开并产生了现代资本主义社会全部类型的分层。

维塞尔对于他所处时代的贫富不均现象做出了愤怒的指责，资本主义富足和困苦之间的对比太强烈了。观察家不能对自己隐瞒经济持续增长背后的问题，其中绝大多数与劳动工资相关。假设现存条件变得更加尖锐，直到社会最终分为两个阵营，即拥有大量财富的少数人和极端贫困的大多数人，那么社会经济会完全失去它的意义，并且只要收入分配中的不平等变得过度，价格分层就会变得过分明显，并且从社会角度来看价格就是不公正的。收入差异存在一个界限，超过它，增加的产出就不再对应健康的需求，增加的产品就不再有意义。

为了解决贫富差距问题，维塞尔对利润分成制表达了欣赏态度，认为它不仅改善了工人的条件，而且向工人的精英团体转移了部分企业家地位。在这个方向上很可能找到一个平衡各方利益的重建大企业组织的方法。同时他要求政府制定保护性工厂立法和建立社会保险。

维塞尔对于他所处时代的劳资关系的结论性意见是：对资本主义劳动关系的历史评价只有在它未来的进化中能够清楚显示其结果时才可能做出。如果目前的时代是向劳动者的安全和人道状态的过渡，那么今天对于技术进步的颂词就是正当的。然而，如果社会被分裂成只有小部分拥有大量财富的人和大量无产者而没有中产阶级，或者即便现在的状态被凝结，被赞美的资本主义技术和组织也会被宣判为人类文化的终结。

维塞尔的上述观点在奥地利学派中是罕见的，在整个古典经济学和边际效用学派中也是罕见的。他对劳动者的这种深切同情，与他对劳动的看法密切相关。维塞尔认为劳动使人成为人，不劳动的人将发现他的享受力量和能力都会衰退，最大的财富也不会再对他有利益。因此，维塞尔强调劳动与其他生产要素的根本区别，充分发展的道德情感总是把人的劳动与无生命的有用物品区分开来。当物品进入生产时，就完全被支配，其命运被一劳永逸地决定了。但劳动者具有自己的重要目标，他总是保留着独立的生存意义。因此劳动者具有一种独立的、极具重要性的、不允许被牺牲的价值。他应当受到关爱并得到应有的报答。他绝不应当隶属于其雇主到丧失自主决策权的程度。人类历史充满了劳动者为首先得到人身自由然后是劳动自由而斗争的记录，并且这种斗争在任何地方都远未结束。

虽然对贫富差距不满，但维塞尔依然肯定私有制。他指出：私人经济是社会经济的一种历史形式，几千年的实践经验证明这一体制比一致服从、统一命令的体制更为成功。尽管经济具有社会性，但生产一直分工进行，以实现最大效用，这一点通过成千上万的人按照各自的意愿行动和相互比较最终取得均衡并更加精准。如果由官员按照一些既定规则进行资源配置，那么这种配置将削弱配置效率并且这种配置还需要这样或那样的高成本审议。即使赋予官员最大的行动自由，他们也不会有兴趣在历经失败后寻求新的资源使用方法。私人行为就有所不同，私人收入来源于冒险收益，私人以追求自身利益作为行动动力。社会应该承认利己主义的合法性，不同人的利益发生在不同的经济过程中，个人在经济过程中受制于国家对不同利己主义的协调，私人经济的解放与国民经济共存。人们将利己主义看成是有关个人自由的社会权利，它被社会认可或控制并在法律范围内得到最高程度的确认。

针对人们对于资本主义贫富巨大差距的指责，维塞尔强调：一个法律体系即便非常不平等地分配它辅助生产的所得，但只要它能够比其他体系给大多数公民带来更多利益，同时遵照权利和自由原则支出非常少的收益救济穷人，那就依然是一个好体系。同时，他认为：任何时候私人法律秩序都应当被一个博爱、慷慨和利他的慈善体系所补充，受到道德力量、宗教情感和教会命令的支撑。这些慈善活动让人们在正规法律的严厉执行中感受到处处存在的人类同情心。

维塞尔并未单纯歌颂资本主义私有制，他认识到了资本主义大工业发展带来的问题。

大工业的发展是社会获取最新技术成果的新途径。但若这种发展不受控制，大工业的优势就会引起独裁和专制，经济私有结构的均衡就会被打破，在国家经济范围内，自由原则也就不再适用。一旦资本主义变得足够强大，它将利用历史形成的权力来反对弱小的竞争者和工人阶级。一旦大规模工业发展，这种霸权就变成了整个社会的罪恶，就会出现被压迫的工业底层人群、集中的无产阶级劳动者。

五、政府的经济职能及赋税原则

维塞尔考虑了政府的经济职能，对此他有下述值得注意的想法：政府直接从事经济活动的范围应当是个人无力干的事，个人不愿干的事，个人不适宜干的事。前两条早已为亚当·斯密所提出，但后一条则是新的，它是指若私营将导致垄断的活动应由政府出面主办。

维塞尔从边际效用论出发，论证了反垄断的重要性和必要性。他指出：由于边际效用递减规律，所以财货数量增加到一定程度后，其总效用和总价值会向相反方向变动。当企业的目标是价值而非效用，同时又具有垄断地位时，它可以通过限制产量（即减少总效用）来达到目标。这说明：当出现垄断时，厂商的利益（总价值增加）可能与社会的利益（总效用增加）发生冲突。因此，反垄断，由国家来从事可能导致私人垄断的事业，便成为国家干预的一个重要方面。

针对资本主义大工业所带来的问题，维塞尔认为现代国家经济政策已经与政府不干预经济的原则彻底决裂，实行了有利于工人的势在必行的大改革，这些改革在经历多次摇摆不定之后最终远离了经济完全自由的原则。个人自由保证达到社会效用最大化，这一观点不再被认为绝对正确。古典经济学的这一论点仅在各方势力相当的情况下才能成立。如果势力不均衡，经济完全自由的结果只能是不利于弱势方，而保护弱者是政府的天职。

维塞尔指出：在现实中大资本的利润在很大程度上是不劳而获的。因此政府可以采取强力措施反对资本的弊端，而不必担心其后果。他建议对大工业进行改革，新制度将在拥有绝对权力的资本专制和社会主义之间寻求中间道路，它类似于专制主义和共和主义之间的君主立宪政体。

维塞尔从边际效用论出发论证了合理的赋税原则及累进税制。他提出合理的税负要达到两个平衡：一是赋税额要与国家提供的服务的价值相当；二是个人收入应实现在满足公共利益的赋税和满足私人开支两方面的平衡，即赋税给纳税人带来的边际效用应当和私人开支带来的边际效用相等。对累进税制，他从富人和穷人对财富的不同边际效用上说明了其合理性。

维塞尔提出：为了兼顾公平和效率，同一社会应当保有私人经济和集体经济两部分。前者不利于平等，但有助于效率，后者则能促进公平。公平与效率之间的不一致，实际上导致了国家的经济政策与社会政策之间的不协调。维塞尔是较早指出公平与效率之间的冲突的经济学家。

用今天的眼光来看，维塞尔这种既反对无约束的自由市场，又反对无市场的社会主义的观点，对有政府规制的市场的审慎推崇，已经经受了历史实践的检验。他对于市场机制优点和缺点的深刻分析，对于劳动阶级的真诚同情，都使他的思想的影响穿透了整个 20 世纪并且将对完善市场经济继续发挥作用。

第三节　庞巴维克对门格尔经济思想的发展

欧根·冯·庞巴维克
(1851—1914)

欧根·冯·庞巴维克（1851—1914）生于奥地利，毕业于维也纳大学法学系，曾与维塞尔同赴海德堡大学、莱比锡大学和耶拿大学学习政治经济学。1881—1889 年任因斯布鲁克大学教授。1889 年入奥匈帝国财政部任职，于 1895 年、1897—1898 年和 1900—1906 年三次出任奥匈帝国财政部部长。1904 年离开政府，任维也纳大学教授。1911 年曾被选为奥地利科学院院长。其主要论著有：《资本与利息》(1884 年，有中译本)，《商品价值理论纲要》(1886)，《资本实证论》(1888 年，有中译本)，《奥地利的经济学家》(1890)，《价值、成本和边际效用》(1892)，《财货价值的最后尺度》(1894)，《卡尔·马克思及其体系的终结》(1896 年，有中文节译本)，《控制还是经济规律?》(1914)。庞巴维克对门格尔经济思想的发展，主要是在价值论、价格论方面，尤其是在资本、利息、利率方面。

一、价值论

庞巴维克完全接受门格尔的边际效用价值论。他的发展主要是详尽论述了当物品之间存在替代关系及互补关系时，边际效用如何决定物品的价值。他指出：一物的价值不单纯取决于其本身的边际效用，而且取决于可用来替代它的其他物品的边际效用。由于人们一般是通过交换来取得替代物的，所以上述观点的提出使边际效用价值论从门格尔的孤立人那里走进了交换经济，有助于说明在交换经济下物品的主观估价如何形成。

关于互补品的价值，庞巴维克指出：一组互补品的总价值等于它们互补使用时的边际效用，除非它们中间每种物品都可被替代。关于它们中间每种物品个别的价值，要区分几种情况：(1) 若每种物品都不可替代且只有一种用途，则每种物品都具有全组的价值。(2) 若每种物品虽都不可替代但都还有其他用途，则每种物品都将有两个价值，一个是作为互补品使用时的价值，另一个是在其他用途上的价值，但通过自由竞争下的交换会使二者趋于相等。(3) 若在一组互补品中有些可被替代而另一些不可被替代，则那些可被替代物品的价值不会高于它们独立使用时的价值，而不可被替代物品的价值将等于全组物品的总价值减去可被替代物品价值后的剩余。互补品价值决定的理论，为其分配论奠定了基础。

二、价格论

在价格论上，庞巴维克对门格尔的主要发展是提出了当买卖双方竞争时，价格由边际对偶决定。如前所述，门格尔在分析价格决定时，只看到既定的供给对价格以及价格对需求的决定作用，没有看到价格对供给的决定作用，没有分析卖方竞争时的价格决定。庞巴维克的边际对偶正好克服了门格尔价格理论的缺点。

庞巴维克在说明边际对偶如何决定市场价格时所采用的一个例子是：假定有 10 个买主和 8 个卖主，每人都打算买进或卖出一匹马，每人对一匹马所做的主观估价如表 9-2 所示。

表 9-2　庞巴维克在说明边际对偶如何决定市场价格时采用的一个例子

买主对一匹马的最高估价		卖主对一匹马的最低估价	
A1	30 英镑	B1	10 英镑
A2	28 英镑	B2	11 英镑
A3	26 英镑	B3	15 英镑
A4	24 英镑	B4	17 英镑
A5	22 英镑	B5	20 英镑
A6	21 英镑	B6	21 英镑 10 先令
A7	20 英镑	B7	25 英镑
A8	18 英镑	B8	26 英镑
A9	17 英镑		
A10	15 英镑		

假定这些买主和卖主同时来到市场，各匹马的优劣相同，每个人都判断准确。这时马的价格的上限由实际进行交换的最后的买主（即 A5）和被排斥在交易之外的最有竞争能力的卖主（即 B6）的估价来决定；其下限则由实际卖出货物的竞争能力最小的卖主（即 B5）和被排斥的最有竞争能力的买主（即 A6）的估价来决定。A5 和 B6，以及 A6 和 B5，就构成边际对偶的四方，由这个边际对偶决定的价格将在 21 英镑 10 先令和 21 英镑之间。如果价格高于或等于 21 英镑 10 先令，卖主将超过买主，卖主之间的竞争将压低价格；如果价格低于或等于 21 英镑，买主将超过卖主，买主之间的竞争将抬高价格。

庞巴维克的边际对偶已经接近马歇尔后来提出的均衡价格论，它已经包含着供给是价格的递增函数、需求是价格的递减函数这两方面的意思。庞巴维克已经看到价格由供求均衡点决定。边际对偶的意义在于表明价格是在许多买者与卖者的个人估价的相互冲突中形成的，但又不依其中任何一个人的意志而转移。边际对偶描绘了从许多个人的主观估价过渡到社会评价的机制。边际对偶所决定的市场价格，将反过来影响个人的主观估价，这就造成了替代效应，所以边际对偶实际上是庞巴维克的替代效应说的逻辑前提。边际对偶决定的价格并没有排斥个人估价，只是把后者隐藏了起来。当价格低于个人估价时，个人将按价格购买，只要价格不超过个人估价，购买行为就将继续进行，一旦价格高于个人估价，购买行为就将停止。

边际对偶的局限性在于它只说明了暂时的均衡价格。由于庞巴维克没有分析决定供给者供给价格的种种因素，没有联系成本考虑供给价格，所以，也没有说明短期和长期均衡价格的决定。这就是说，他没有说明古典学派经常考虑的那种在或长或短的时期中社会决定的价格。尽管有此不足，但庞巴维克的思路是极富启发性的，因为它在对商品的个人主观估价和社会客观评价之间建立了第一座桥梁。

三、资本与利息理论

庞巴维克把人们所说的资本分为狭义资本和广义资本。狭义资本是指生产资本或社会资本，它是中间产品的集合，包括除消费品以外的一切产品：原料、固定资本。广义资本则是指获利资本和私人资本，它除了包含中间产品外，还包括用于交换的消费品（包括企业家预付给工人的生活资料等）。

上述划分的意义在于使庞巴维克有可能从中间产品的角度去探讨资本在社会化大生产中的功能。他接受了门格尔关于使用中间产品的迂回生产比直接生产具有更高生产力但需要更多时间的命题，进一步提出了生产期的概念，用于指称生产消费品所需要的迂回时间。

可以用图 9－1 来说明迂回生产更有生产力：其中纵轴为总产量，横轴为生产期，直线 tQ、$t'Q'$、$t''Q''$、$t'''Q'''$ 分别代表不同生产期的总产量，而斜线 tQ'、tQ''、tQ''' 的斜率分别代表不同生产期的边际产量。它们表明随着生产期的延长，总产量不断增加，但是边际产量递减。

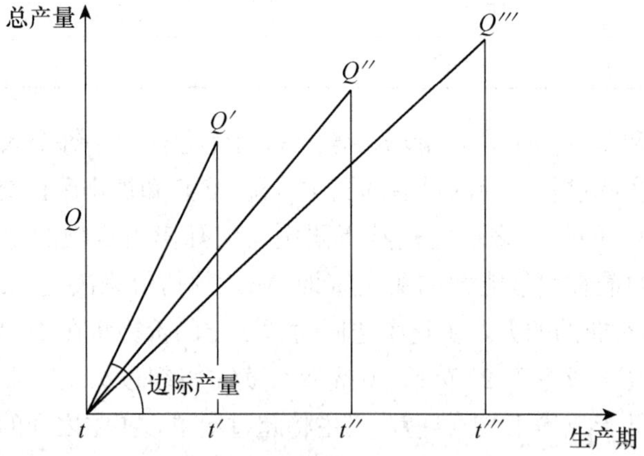

图 9－1　迂回生产更有生产力

生产期的长短与维持基金密切相关，维持基金是庞巴维克特别提出的一个概念，指在迂回生产过程中处于各个不同生产阶段的（包括最后阶段的）、最后用于形成工人逐期所需消费品的产品（包括消费品和中间产品）总和。他认为：若工人每年所需要的维持基金一定，则总维持基金越大，所允许的生产期便越长；或生产期越长，所需要的总维持基金便越大。

迂回生产的根本特征是使用被称作社会资本的中间产品，但这些社会资本（中间产品）从何而来呢？庞巴维克指出：社会资本（中间产品）的形成与积累既依存于生产又依存于储蓄。从整个社会的角度来看，就是节约一部分生产力不用于生产当年的消费品（通过储蓄行为），而用于生产中间产品。这就结束了以前长期存在于西方经济学界的关于资本是生产的结果还是节约的结果的争论。

庞巴维克进一步提出了社会资本积累的三种方式：（1）减少生产当年消费品的劳动力，转而生产资本品；（2）减少生产当年消费品的资本品；（3）改变资本品的用途，使原先用于生产消费品或生产较低级的高级财货的资本品转而用于生产较高级的高级财货。

根据上述这些关于社会资本（中间产品）的功能及其形成机制的看法，庞巴维克认为：作为资本收益的利息既不是源于节欲，也不是源于迂回生产造成的生产资本的较大生产力，而是源于人们对现在物品比同种同量的未来物品具有较高的主观估价。之所以如此，是由于三个原因：（1）预计未来生活状况会更好，供给会更充裕，所以现在物品较未来物品更有价值；（2）由于缺乏想象力，意志不坚定，无法抵御当前消费享受的诱惑，认为人生无常而导致低估未来；（3）对将来某一特定时点而言，现在物品比未来物品允许更迂回的生产方式。例如，对于今后第十年而言，现在的物品便比今后第五年的物品允许更迂回的生产方式，前者允许 10 年迂回期的生产方式，所以现在物品在技术上有优越性。前两个原因通常在穷人身上和不经心的人身上起作用，使他们高估现在物品。在富人那里前两个原因也许不存在，但第三个原因会发挥作用。结果是几乎不论处于什么境况的人，穷困的、富有的，不经心的、节约的，或者由于前两个原因，或者由于第三个原因，都将高估现在物品，而低估同种同量的未来物品。

庞巴维克认为利息的具体来源有三个：借贷利息，企业利润，耐用品租金。借贷利息是当前物品与同种同量的未来物品相交换时的价格。它的决定也可以用边际对偶来说明（见表 9-3）。

按照表 9-3 假设的情况，100 单位现在物品将值 106～107 单位未来物品。借贷利息在 6 单位和 7 单位之间。

表 9-3　边际对偶

现在物品买主	现在物品单位估价	未来物品单位	现在物品卖主	现在物品单位估价	未来物品单位
A1	100	300	B1	100	99
A2	100	200	B2	100	100
A3	100	150	B3	100	101
A4	100	120	B4	100	102
A5	100	110	B5	100	103
A6	100	108	B6	100	105
A7	100	107	B7	100	106
A8	100	106	B8	100	107
A9	100	104	B9	100	108
A10	100	102	B10	100	110

庞巴维克所分析的企业利润，并不是由经济的动态因素造成的超过正常利息的那种企业家利润，而是资本家把钱贷给企业家后所要求获得的利息。庞巴维克认为企业利润的形成是由于企业家购买的劳动及其他高级财货，虽然在物质上和物理上是现在财货，但在经济意义上是将来财货，即它们要到将来才能变成消费品。因此，虽然它们的未来价值与它们转变成的未来消费品价值一致，但由于这些未来消费品的现值要打一个折扣，所以这些高级财货及劳动的现值也要打同样的折扣。随着生产过程的进行，它们逐步转变为现在财货，于是其价值也逐步得到提高。到生产过程结束时，高级财货和劳动等以前的将来财货和现在由它们转化成的当前财货的价值差额，就构成企业利润。

在庞巴维克看来，耐用品的租金等于它在一年的使用中所获得的总收益减去所丧失的价值，即租金等于净收益。耐用品的价值由下式给出：

$$V=[R_0/(1+r)^0]+[R_1/(1+r)^1]+[R_2/(1+r)^2]+\cdots+[R_n/(1+r)^n]$$

式中，V 为总价值；R_0 为当年服务的价值；R_1 为此后第一年服务的价值，R_2，…，R_n 依此类推；r 为利率；n 为耐用品的使用年限。由上式可知，即使耐用品在未来一系列年份中提供的服务是一样的，但越遥远的服务，现值越小。当新耐用品使用一年后，得到的收益是当年服务的价值 R_0，失去的价值等于最后一年服务的价值的现值 $R_n/(1+r)^n$。再使用一年后得到的收益仍是当年服务的价值 R_1，失去的是 $R_{n-1}/(1+r)^{n-1}$。于是可由下式给出耐用品使用到第 k 年时的租金：

$$N_k=R_k-R_{n-k}/(1+r)^{n-k}$$

如果耐用品是消费品，那么租金由上式给出。如果耐用品是资本品，那么其当年服务的价值还要按该服务最后转化为消费品所需要的年限来进行贴现，其租金也同样是按上述原则贴现的结果。

综合上述利息的三个来源，可知在庞巴维克看来，利息的根源在于现在物品与未来物品的价值差额。

庞巴维克认为利息的功能在于防止那种其剩余收益低于利息的过于迂回的生产方式。因此，利息是一个纯经济范畴，而非历史-法权范畴。他指出：社会主义也将有利息，如果计划当局不愿犯重积累而忽略当前消费的错误，那么社会主义的利息将继续保持其控制生产迂回程度的经济功能。但不再像资本主义那样成为少数资产者的收入，而是作为全体人员的收入，即利息在社会主义中将保持资源配置功能，失去分配功能。

庞巴维克关于资本和利息的理论，使他在西方经济学史上占据了重要地位，因为这一理论直接影响到瑞典学派创始人威克塞尔的累积过程理论，以及当代经济自由主义大师哈耶克的经济波动理论。对于庞巴维克的资本和利息的理论，不能简单地全盘否定。他其实是不自觉地时而在一般意义上考虑迂回的社会化大生产，时而在资本主义这一特殊形式上考虑迂回的社会化大生产。他关于社会资本（中间产品）的功能和形成机制的观点，关于利息的经济功能（防止生产过于迂回化）的观点，显然是在一般意义上考虑迂回的社会化大生产的结果。因此这些论点不仅适用于资本主义，而且同样适用于社会主义。而他关于利息来源的观点，则更像是他在资本主义这一特殊形式上考虑迂回的社会化大生产的结果。因为在他分析利息来源时，利息不再是仅仅与社会资本（中间产品）相联系的现象，而是与私人资本和获利资本（即他所说的广义资本）相联系的现象了。

四、利率的决定

庞巴维克的利率理论，不是要说明在单纯的资金借贷市场上利率的决定，而是要说明资本和劳动各自的收入如何决定，因此这一理论实际上是他独特的分配理论。他认为：利率是现在物品与同样的未来物品交换时的价格。当现在物品的买卖双方对现在物品与未来物品的交换比例（贴水）都有确定看法时，利率由边际对偶决定。这就是发生在单纯的资金借贷市场上的事情。

庞巴维克进一步认为：在资金借贷市场上，在自由竞争条件下，利率的上限实际上要由企业正常利润率（利率的特定形式之一）决定。而企业正常利润率从全社会角度来看，正是以消费品形式出现的现在物品与劳动这个未来物品相交换的贴水。

因此，从整个社会来看，在现在物品与未来物品的交易中，占有重大比例且起主导作用的是劳动这个未来物品与资本家阶级拥有的消费品（现在物品）之间的交易。而劳动与其他物品不同的一个特点是，它的买者没有关于它的预先决定好的主观评价，因此劳动是按照它的未来产品而评价的，但劳动所能带来的未来产品的多少是随着生产迂回程度（生产期）的变化而变化的。因此，生产期未定时劳动这个未来物品与现在物品的交换比率，即企业正常利润率，也难以确定。

庞巴维克认为：生产期的长短取决于工资率，而工资率在资本家看来恰好是劳动所能带来的未来物品的价值的贴现值。但如刚才所说，劳动所能带来的未来物品的数量要取决于生产期且未来物品价值贴现时的贴现率又要取决于企业正常利润率。

为了说明生产期的长短、工资率、利率（企业正常利润率）三者之间的关系，庞巴维克运用文字和数表构造了一个理论模型，以劳动市场均衡和资本不存在闲置为前提条件，说明了均衡的工资率、生产期及利率如何同时决定。在建立基本模型之后，他又进一步考虑改变模型的参数对利率和工资率的影响，由此得到如下一些结论：

（1）其他条件不变，既定的资本量（维持基金）越大，则利率越低，工资率越高。

（2）其他条件不变，既定的劳动者越多，则利率越高，工资率越低。

（3）其他条件不变，技术越是进步，则利率越高。

（4）其他条件不变，地租越高，则利率越低。

（5）其他条件不变，整个社会的储蓄欲望越高，则利率越低。

思考题

一、述评门格尔的制度演化理论。

二、述评维塞尔对价格制度功能的分析。

三、述评庞巴维克的利息理论。

第十章

边际革命与洛桑学派：一般均衡的缔造者

第一节　瓦尔拉斯

马利·埃斯普里·里昂·瓦尔拉斯
(1834—1910)

马利·埃斯普里·里昂·瓦尔拉斯（1834—1910）生于法国。他两次报考著名的巴黎综合理工学院，皆因数学考试未过关而失败。然而就是这样一个高考因数学而不能如愿的人，最后竟然成为数理经济学的创始人之一。1851 年、1853 年分别获得巴黎大学文学士学位和理学士学位。毕业后曾在巴黎从事文学创作，成为一名成功的小说家，其传记体小说的主人翁弗朗索瓦·萨富不懈地与社会弊病和保守势力做斗争。瓦尔拉斯还当过一个合作社的报纸《劳动报》的记者，为土地改革和公平的税制而斗争；当过铁路管理人员。1858 年，也就是在他 24 岁的那一年，他的父亲奥古斯特·瓦尔拉斯（1801—1866）在一次散步时指出社会科学在方法上向自然科学的逼近、数学方法在社会科学中的渗透，是 19 世纪有待完成的重大课题之一，鼓励他毕生研究数理经济学。瓦尔拉斯一边工作一边钻研经济学，终于在 1870 年被聘任为瑞士洛桑学院政治经济学教授，直到 1892 年。虽然当时数理经济学并不为学校所重视，但是他坚持不懈，免费发送自己的论文并出版了《纯粹经济学要义》等重要著作。这些论著为他赢得了世界性声誉。瓦尔拉斯退休后继续担任该学院名誉教授，在生命行将结束时又被聘为美国经济学会名誉会员。其主要论著有：《政治经济学与公正》(1860)，《社会理想的研究》(1868)，《纯粹经济学要义》(1874 年，有中译本)，《复本位制数理经济学》(1881)，《社会财富的数学理论》(1883)，《社会经济学研究》(1896)，《应用政治经济学研究》(1898)。

一、经济学的目的与分类

任何在经济学说史上进行创新活动的经济学家，都首先在经济学的研究目的和对象方面提出过自己独特的看法，瓦尔拉斯同样如此。他提出，为了认清经济学的研究目的和对象，首先需要区分科学、技术和伦理学，它们各自的标准是真、效用（指的是物质福利）和善（指的是公道）。科学的职能是观察和解释自然现象和人类现象，但并不指导人类的行为。指导人类行为的是技术和伦理学。而人类行为有两个基本分类：一类涉及人与自然之间的关系，由技术进行指导；另一类涉及人与人之间的关系，由伦理学进行指导。

根据上述分类，瓦尔拉斯把经济学分为纯粹经济学、应用经济学和社会经济学三部分。纯粹经济学研究社会财富的交换，应用经济学研究社会财富的生产，社会经济学研究社会财富的分配。他定义社会财富为有用且稀缺的一切物质和劳务。有用和稀缺这两个性质造成了三个后果：（1）社会财富是可以占有的，无用的东西没人愿意占有，有用但无限的东西没有必要占有；（2）社会财富是可以交换从而具有交换价值的；（3）社会财富是可以经由生产而增加的。对生产活动和占有活动加以指导是应用经济学和社会经济学的任务，对交换现象进行观察和解释是纯粹经济学的任务。因此，纯粹经济学的研究对象是社会财富的交换价值，其目的是说明交换价值的决定。

瓦尔拉斯认为：纯粹经济学需要用数学推理来进行研究，通过数学推理得到的并不是对现实的逼真写照，而只是对现实的近似描绘。他反对某些并不懂得数学的经济学家对数学方法的责难，坚信他们决不能阻止自由竞争下的价格确定理论成为一个数学理论。

同时，瓦尔拉斯是首批倡导并坚持方法论个人主义的经济学家。他从个人的意愿和行为出发去解释市场价格现象。

瓦尔拉斯的主要贡献是通过以微积分和联立方程为特征的数理模型①，建立了说明交换价值的一般均衡理论。这个理论由从简到繁的几个部分组成。这几个部分都以下述几个假设为前提：

（1）关于市场结构的假设。瓦尔拉斯假定交换总是在完全竞争的拍卖市场中进行，该市场不存在任何摩擦，有着最完善的组织。这意味着交易总是在均衡价格下才实际进行，而在未达到均衡时，交易各方并不实行真实的交换，只是表达各自的供求意愿。

（2）关于经济人总是追求其目标值的最大化的假设。

（3）关于需求函数和供给函数的性状的假设。瓦尔拉斯假设个人对某种商品的需求或供给是价格的非连续函数，但整个社会对某种商品的需求或供给（由所有个人的需求或供给加总而成），由于大数定律，是价格的连续函数。这一假设在他那里是运用数学方法分析交换价值的决定所必不可少的。

除了上述三个共同的假设前提外，一般均衡理论的各个组成部分还有各自特殊的假设前提。随着理论由简到繁地展开，这些特殊假设逐步逼近现实，但共同的假设却始终未变。

二、两种商品交换时的均衡

瓦尔拉斯首先从只有两种商品交换这种最简单的情形开始，假定这两种商品总量既

---

① 本书将不介绍数理模型的具体内容，有兴趣的读者可进一步参见蒋自强编著的《经济思想通史》第三卷第一编第四章第一节（杭州：浙江大学出版社，2003）；也可参见张旭昆编写的《西方经济思想史 18 讲》第十一讲（上海：世纪出版集团，上海人民出版社，2007）。

定并假定交易者追求的目标是效用最大化。这两个特殊假定意味着暂时抽象掉生产活动。

瓦尔拉斯假定交易者对某种商品的边际效用（他称之为稀缺性）是其消费数量的连续递减函数。在此假设下，他认为个人需求函数是交易者追求效用最大化的结果。交易者以一种商品换取另一种商品时，满足最大化的条件是它们的边际效用之比等于既定的价格之比。

由以上假设，瓦尔拉斯推论：全体交易者各自商品的边际效用函数和初始拥有量，决定了两种商品的市场需求函数，从而决定了两种商品的均衡价格。同时，均衡时两种商品的价格之比也一定等于任一交易者拥有的两种商品的边际效用之比，否则便不可能是均衡状态。由此，他得出三个结论：

（1）在完全竞争的市场中，由于两种商品在任何一对交易者之间都必定按完全相同的比率成交，即只有一种价格，所以一切交易者都能在均衡时获取满足最大化，即交换均衡具有最优性。

（2）交换价值与边际效用成正比，边际效用是交换价值的起因。

（3）当其他条件不变时，一种商品的均衡价格将由于某一个或某几个交易者对该商品的边际效用函数的提高（减少）而提高（减少），或由于某一个或某几个交易者对该商品的初始拥有量的增加（减少）而减少（增加），除非这两种变化对价格的影响互相抵消。

三、多种商品交换时的均衡

在分析多种商品交换时，瓦尔拉斯假定：各种商品总量既定，交易者追求效用最大化。为了便于分析，他首先假定每个交易者只拥有一种初始商品，其次再考虑交易者可能拥有一种或一种以上初始商品这种更一般的情形。他还指出，在多种商品相交换时，会有两种交换均衡：第一种均衡出现在下述情况中，假定每种商品与其他各种商品的交换是分别进行的，不允许套购存在；第二种均衡是允许套购存在时的均衡。

瓦尔拉斯认为：多种商品交换时的有效需求函数，无论是在每个交易者初始只拥有一种商品的特殊情况下，还是在每个交易者初始便拥有多种商品的一般情况下，都是交易者追求效用最大化的结果。与只有两种商品交换时的情况相比，现在效用最大化的条件变为任何一对商品对交易者来说的边际效用之比等于它们各自以某种作为货币的商品计的价格的比率。

根据对需求函数的上述看法，瓦尔拉斯认为在多种商品的交换均衡状态中，任何一对商品以货币计的价格比率也必定等于任何一个交易者对这两种商品的边际效用之比，否则便不可能是均衡状态。因此，均衡状态同时也是交换的最优状态。

瓦尔拉斯指出：在实际市场中，均衡价格是通过他所说的摸索过程，通过价格的上下波动而逼近的。具体来讲，就是每个交易者都根据一定的价格体系（不一定是均衡的），按照效用最大化的目标，来决定自己对各种商品的供求意愿，由此形成的所有商品的市场供求状况又反过来影响价格体系。某种商品供大于求，价格下跌；供小于求，价格上升。新形成的价格体系又通过改变每个交易者原先的供求意愿，形成新的市场供求状况，这种反复的调整过程终将达到所有商品供求相等的地步。

为了保证摸索过程必然趋向均衡，瓦尔拉斯还分析了均衡的稳定性问题。稳定的条件有两个：第一个条件是，任何一种商品的需求均必须随价格上升而下降，供给则必须随价格上升而上升，而且需求曲线必须在某一正数价格上与上升阶段的供给曲线相交。第二个条件是，其他各种商品的价格在趋于均衡时，对该商品造成的促使其趋向均衡和背离均衡的影响大都相互抵消，且剩余的纯影响不能抵消该商品本身价格变动所造成的趋于均衡的主要趋势。只要满足了这两个条件，摸索过程就必然趋向全面均衡。

瓦尔拉斯总结了多种商品交换时均衡价格的确定定律：假定有多种商品，以金钱为媒介互相进行交换；要使市场处于均衡状态，即要使每一种商品以货币计的价格稳定，则必要和充分条件是，在这类价格下，每种商品的有效需求都等于其有效供给。如果不存在这一均等，要获得均衡价格，就得使有效需求大于其有效供给的那些商品的价格上升，使有效供给大于其有效需求的那些商品的价格下降。同时他还总结了均衡价格的变动规律：在其他条件一定时，某种非货币商品以货币商品计的均衡价格，将由于一个或几个交易者对该商品边际效用函数的提高（降低）而提高（降低），或由于一个或几个交易者对该商品的初始拥有量的增加（减少）而减少（增加），除非这两种变化对价格的影响互相抵消。

对于多种商品交换，瓦尔拉斯还提出并证明了商品持有量等值再分配定理：假定在处于全面均衡状态的一个市场中有多种商品，不管这些商品的各个数量的所有权在各个参与者之中有什么样的再分配，只要各个参与交换者保有量的总和的价值不变，这些商品的现期价格就仍然不变。该定理是说，尽管一定总量的商品在各交易者之间发生了实物意义上的再分配，但只要各种商品再分配的结果不改变各交易者初始拥有的各种商品的价值（按再分配以前的均衡价格计）总和，均衡价格就将保持不变。这一定理实际上已经指出了引起均衡价格变化的第三个因素：价值意义上的财富再分配。尽管整个社会实物财富的总量不变，但只要财富的总价值（按再分配以前的均衡价格计）在各交易者之间的分配有了变化，均衡价格就将变化。

四、考虑生产时的均衡

第一，在分析了多种商品的交换均衡之后，瓦尔拉斯放弃了商品总量不变的假定，认为各类商品的数量将由于生产而变化。但他对生产的技术特征做了三个重要的假定：生产活动是不消耗时间的，生产技术系数（单位商品所消耗的生产要素的服务量）既定，资本品（固定资本）数量既定。

为了分析生产活动，瓦尔拉斯给出了资本和收入的定义。他定义资本为一切耐用品，不论它是用于生产的厂房或机器，还是用于消费的住宅或家具。他定义收入为一切非耐用品，既包括用于生产的种子，也包括用于消费的面包或肉。资本的本质在于能产生收入，收入的本质在于能直接或间接地构成资本。

在上述定义的基础上，瓦尔拉斯把整个社会财富分成四大类：第一类是一切种类的土地，它产生土地服务或土地收入；第二类是人力资本或个人，它产生人力服务（即劳动）或个人收入；第三类是土地和人力之外的一切其他资本品，简称狭义资本品，它产生资本服务或资本收入；第四类是非耐用的消费品及生产原料。前三类属于资本，第四类属于收入。

瓦尔拉斯认为生产活动就是土地资本、人力资本和狭义资本品三者结合在一起共同提供生产性服务。生产性服务的结果是商品。他把社会上参与经济活动的人分为两大类：提供生产性服务的人（提供劳动的工人、提供土地服务的地主及提供狭义资本品服务的资本家），以及需要各类生产性服务来生产商品的企业家。而整个社会存在两大类市场：一是服务市场。工人、地主和资本家是卖主，企业家是买主，该市场形成三种服务的价格：工资、地租和利息。二是商品市场。企业家是卖主，而工人、地主和资本家则成为买主，该市场形成各种商品的价格。瓦尔拉斯假定工人、地主和资本家作为商品的买主，追求的是满足最大化，作为服务的卖主，追求的是收入最大化，而企业家则追求的是利润最大化。于是服务的供给和商品的需求都是服务价格和商品价格的函数。

若生产不是通过直接消耗生产性服务，而是通过消耗中间产品来进行的，可以通过一定步骤把对中间产品的消耗折算为对生产性服务的消耗，生产技术系数不再反映商品对服务的直接消耗，而是反映商品通过中间产品对服务的间接消耗。

瓦尔拉斯的分析暗含着两个重要的被后人所明确指出的假定。第一个重要的暗含假定是服务的供给函数及商品的需求函数都是零次齐次的，其经济意义是，当所有价格（包括服务和商品）都变动相同倍数时，服务的供给和商品的需求将保持原来的水平。第二个重要的暗含假定就是后人所说的瓦尔拉斯法则，即所有人购买所有商品的总支出恒等于他们出售服务的总收入。

瓦尔拉斯强调指出：生产均衡与交换均衡是同时实现的，实现交换均衡的条件是服务市场与商品市场同时实现供求均衡，实现生产均衡的条件是所有商品的售价都等于其成本。只要生产和交换有一个均衡尚未实现，另一个均衡也就建立不起来。

瓦尔拉斯认为均衡是通过摸索过程逼近的。他分析了存在生产活动时的摸索过程。首先，瓦尔拉斯假定服务价格不变，以便集中分析达到生产均衡和商品市场均衡的摸索过程。假定企业家先任意决定一套产量，为使该套产量正好等于需求，就需要一套特定的价格，这套价格一方面要排除套购机会，另一方面要与商品市场上任一买者所购买的商品的边际效用之比成同一比例，因此这套价格便是既定产量下实现商品市场均衡的那套价格。达到这套价格的摸索过程在前面分析多种商品的交换均衡时已经介绍了。

若这套价格正好等于生产成本，则生产均衡和商品市场均衡同时实现。但这套价格很可能与生产成本不一致，从而使企业家有的获得利润，有的出现亏损。于是企业家增产盈利商品，减产亏损商品，由此形成一套新的产量。这套产量又会导致一套新的使商品市场均衡的商品价格。这套价格若仍不等于生产成本，则上述调节过程将重新开始。

瓦尔拉斯认为：在上述摸索过程中，要使每套新的商品市场均衡价格都比原先那一套更逼近生产成本，即生产均衡要具有稳定性，需要两个条件：（1）一种商品产量的变动，总归使其价格与成本相接近。（2）其他各种商品产量的变动，有的使该商品价格与成本相接近，有的使它们相分离，但这两种影响大都相互抵消且剩余的纯影响不能抵消该商品产量变动造成的价格与成本相接近的趋势。只要具备这两个条件，摸索过程就将导致商品市场均衡和生产均衡同时出现。

第二，瓦尔拉斯放弃了服务价格不变的假设前提，开始分析使服务市场趋向均衡的摸索过程。在分析中假定货币商品的产量不变。他认为某种服务的供给是其价格的增函数，而它的需求是由商品需求派生出来的，与商品需求同向变化。商品需求是商品价格的减函数，商品价格又是服务价格（成本因素）的增函数，因此某种服务的需求是其价格的减函数。随着服务价格的变化，供给同向变化，需求反向变化，这就是趋向服务市场均衡的首要条件。趋向服务市场均衡的次要条件是，其他各种服务的价格变动对该服务的供求均衡趋势的有利影响和不利影响大多相互抵消且剩余的纯影响不能抵消该服务自身价格变动所导致的趋向供求均衡的趋势。只要具备上述两个条件，均衡便具备了稳定性，摸索过程将趋向服务市场的均衡。由于任何一套服务价格都能导致商品市场和生产的同时均衡，所以当服务市场达到均衡时，也必然会出现与服务市场的一套均衡价格相适应的商品市场均衡和生产均衡。

第三，瓦尔拉斯放弃了货币商品产量不变的假定，分析了货币商品的价格与成本趋于一致的摸索过程，这里不再详述。

通过对上述摸索过程的分析，瓦尔拉斯提出了服务和商品的均衡价格的确定定律：假定能够用以制成各种商品的有多种服务并且假定这些服务是以通货为媒介来交换其商品的，那么，要使市场处于均衡状态，充要条件是：（1）在这样的价格下，各种服务和各种商品的有效需求等于其有效供给；（2）商品的售价等于制造这类商品时所使用的服务的成本。如果这两种均等并不存在，那么为了实现第一种均等，就得提高有效需求大于有效供给的那些服务或商品的价格，降低有效供给大于有效需求的那些服务或商品的价格；为了实现第二种均等，就得增加售价大于生产成本的那些商品的产量，减少生产成本大于售价的那些商品的产量。

瓦尔拉斯还指出：由自由竞争所达到的这种生产与交换同时均衡的状态，也就是各经济主体的满足或效用最大化的状态。

瓦尔拉斯还提出了服务和商品的均衡价格的变动规律。在其他条件一定时，某种服务或非货币商品的以货币商品计的均衡价格，将由于一个或几个交易者对该服务或商品边际效用函数的提高（降低）而提高（降低），或由于一个或几个交易者对该服务或商品的初始拥有量的增加（减少）而降低（提高），除非这两种变化对价格的影响互相抵消。

五、资本形成条件下的均衡

在生产均衡分析中瓦尔拉斯假定资本品数量既定，现在他在保留生产均衡分析的其他假定前提下放弃了这一假定，认为各类资本品的数量是在某一特定的商品市场——资本品市场中决定的，该市场的大多数买主购买资本品的目的是取得该资本品所能提供的服务。于是从需求一方来讲，资本品的价格便取决于其服务的价格，即其收入，同时还与其折旧情况及保险费用有关。

瓦尔拉斯认为：追求利润最大化的企业家存在投资行为。与整个社会新资本品形成相对应的是：地主、工人和资本家三类人作为整体，其消费低于其收入，即存在储蓄行为。摸索过程使实际资本市场的利率向均衡值逼近，投资与储蓄逐步靠拢。同时，企业家也调整各种新资本品的产量，以使其售价向生产成本逼近。前面已经说明，对任何一套资本品产量和任何一个净收益率来说，都会导致消费品市场和服务市场的均衡，以及消费品生产的均衡，所以对于均衡的资本品产量和均衡的净收益率来说，也一定存在着这种消费品市场和服务市场的均衡。这时便出现了全面均衡。

瓦尔拉斯总结了均衡利率和新资本品均衡价格的确定定律：假定有多种服务并且有可能从这些服务的代价中扣除收入对消费的一个超过量，使之转变成新的狭义资本品，这些资本品以货币为媒介，就可以与各种消费品和各种新资本品进行交换。这时要使资本品市场处于均衡状态，或者要使以货币计的新资本品价格处于稳定状态，充要条件是：(1) 以货币计的这类新资本品的有效需求等于其有效供给；(2) 新资本品的售价与其生产成本相等。如果这两种均等并不存在，那么为了实现第一种均等，当有效需求大于有效供给时，就必须提高售价，当有效供给大于有效需求时，就必须降低售价；为了实现第二种均等，对于售价高于其生产成本的那些新资本品，就必须增加其产量，对于生产成本高于其售价的那些新资本品，就必须减少其产量。

瓦尔拉斯还论证了，当所有新资本品的利率一致时，无论是从产生消费服务的角度来看，还是从产生生产性服务的角度来看，新资本品都达到了最大效用。

从两种商品的交换均衡开始，到此为止，瓦尔拉斯完成了他的一般均衡的整个体系。然后，瓦尔拉斯在两个方面改变了这个体系的假设。

第一个改变是关于市场只在一般均衡时才实际成交的假设。他提出了持续市场的概念，意思是说交换会随时随地不断地进行，并不是只在达到一般均衡时才成交。因此，经济体系是不断地趋向一般均衡状态，但永远不会实际上达到这种状态。因为在特定的均衡状态尚未实现时，整个体系的参变量（商品和服务的初始拥有量、商品的边际效用函数等）可能已经变化，从而均衡状态变动了。于是经济体系又开始趋向新的均衡状态。

第二个改变是关于生产技术系数不变的假设。瓦尔拉斯指出：在实际生活中生产技术系数并非常量，而是变量。它有两种变化：一是生产某种产出所需的投入种类不变，但生产技术系数在数值上发生了变化。他把这种变化称作经济的发展，因为这种变化往往是在经济发展过程中用一种服务替代另一种服务的结果。二是生产技术系数的性质变了，即生产某种产出所需要的投入在种类上有了变动。他把这种变化称作技术的发展。但瓦尔拉斯并没有把作为变量而非常量的生产技术系数纳入其一般均衡体系，理由是如此做将使他的一般均衡体系更难以理解和掌握。

瓦尔拉斯实际上是在假设资源数量、需求偏好、生产技术和经济制度四项参数保持不变的条件下，论证了在完全竞争的市场机制中一般均衡的存在性、唯一性、稳定性和最优性。同时他清楚地看到这个均衡的具体情况是由财富的分配状况决定的，因此这个最优只是效率意义上的，并不意味着收入分配的公正。他认为不仅要建立竞争性的市场，而且要设法使财富的分配公正。为此，他要求在理想的社会中取消一切税收，土地通过政府收购实现国有，政府依靠地租运行，政府的主要职责是发展教育，使每个公民的能力和兴趣尽可能地得到发展并自由享用自己劳动的成果。广义地讲，瓦尔拉斯是最早的市场社会主义者。

六、瓦尔拉斯在西方经济学史上的地位

瓦尔拉斯的一般均衡理论受到了熊彼特的高度赞扬。熊彼特认为经济均衡理论是瓦尔拉斯的不朽贡献。这个伟大理论水晶般明澈的思路以一种基本原理般的光明照耀着纯粹经济关系的结构。与另外两位边际革命的奠基人门格尔和杰文斯相比，虽然在强调边际效用决定价值这一点上，他们三位是共同的，但瓦尔拉斯的贡献更具有永久的魅力。这种魅力首先在于，瓦尔拉斯抓住了在完全竞争条件下市场经济的核心问题：一般均衡问题，一般均衡的存在、最优和稳定。他说明均衡的价格体系是边际效用、要素数量等一系列因素相互作用的结果，是各种商品、服务的价格相互影响的结果，这既摆脱了另外两位奠基人只注重分析个别商品均衡的局限性，也摆脱了他们过于从边际效用这一因素角度去说明价值起源的局限性。其次，瓦尔拉斯在处理一般均衡问题时选择了正确的方法：数学方法。这是他在方法上的一大创新。这一创新使他远远走在了另外两位奠基人的前面：门格尔不欣赏数学方法，杰文斯只是运用了简单的微积分。事实上，只有数学方法，更确切地说只有数学中的大型联立方程组，才能清楚地阐明经济生活中各种因素之间的相互作用、相互关系，才能回答均衡的存在性问题。因此，只有掌握了这一数学方法的瓦尔拉斯，才能解决一般均衡问题。最后，除了所选择的问题意义重大、解决问题所采用的方法坚实有力外，最重要的是，瓦尔拉斯的一般均衡体系为后来几代西方经济学家提供了进一步研究市场经济甚至计划经济的出发点。确实，这个体系有许多不足和错误，但正是后人克服这些不足和纠正这些错误的努力，每一次都推进了西方经济学的发展。

瓦尔拉斯对均衡存在性的证明是有缺陷的，他以为只要独立方程的数量与未知量相等，方程组便有解。这对于线性方程组来说是正确的，但对于非线性方程组来说则未必，而他的体系中的方程恰有许多是非线性的。另外，即便是线性方程组，也正如冯·纽曼后来所指出的，也可能出现非正解，但是非正的价格一般是不会出现在现实的市场中的。为了纠正这些缺陷，20 世纪 30 年代，亚伯拉罕·瓦尔德给出了均衡存在性的初步证明；20 世纪 50 年代，阿罗和德布鲁运用拓扑学的技巧完成了对均衡存在性的严格证明。

瓦尔拉斯在分析市场实现均衡的机制时，把市场假设为拍卖式市场，即只有所有商品都达到均衡价格时才实际成交且不存在任何交易成本的市场。这些假设虽然使问题得以简化，从而有助于问题的解决，但是也与现实相差甚远。这是远离现实的假定。对这一假定的不满导致了当代西方非均衡分析的发展，以及交易成本经济学的发展。瓦尔拉斯对均衡稳定性条件的说明不够严格，这一不足引起希克斯在 20 世纪 30 年代对均衡稳定性的严格分析。

瓦尔拉斯对市场结构做了高度简化的假设，假设市场是单层的，即生产者与使用者之间直接交换，没有考虑中间商人的存在引起的多层市场所带来的问题。

瓦尔拉斯假设所有交换的商品都是由买者直接加以使用的商品，没有考虑买者为了以后在涨价时再出售盈利的投机品的存在所引起的问题。

瓦尔拉斯的需求函数隐含着效用可测性假定，这遭到了帕累托的反对，正是从这种

反对中产生出序数效用论及一整套的分析工具。

瓦尔拉斯体系是没有空间概念的，忽略了市场总是被空间距离所分隔的问题。对这一不足的重视和纠正，导致了20世纪30年代俄林对区间贸易和国际贸易的卓越分析。

在瓦尔拉斯体系中，生产技术系数是不变的，这无疑是背离现实的。但在20世纪初，巴罗尼和林达尔便通过把生产技术系数作为要素服务价格的函数，把变化的生产技术系数引进了一般均衡体系。而借助不变生产技术系数的假定，以及瓦尔拉斯体系中的要素服务的供求均衡方程组，里昂惕夫在20世纪30年代开创了投入产出分析。

在瓦尔拉斯体系中，假定不存在不确定性，结果人们的储蓄行为也就同时成为投资行为。对这一假定的抛弃，构成了凯恩斯体系的基础之一。

瓦尔拉斯体系长于对均衡状态的描述，短于对实现均衡的过程的分析，短于对均衡移动过程的分析。为了弥补这一不足，熊彼特提出了创新概念，建立了说明资本主义动态过程的经济发展理论。

最后有必要简单说明一下瓦尔拉斯体系对社会主义经济分析的意义。正是在瓦尔拉斯体系的基础上，巴罗尼证明了社会主义同样存在着一般均衡问题，而计划当局可以通过直接求解联立方程组（不需要通过摸索过程），使资源达到与在自由竞争条件下同样好的配置。兰格则进一步提出了资源配置的试错法和社会主义分权模式。近年来，以对社会主义经济进行实证分析而出名的雅诺什·科尔奈（János Kornai），在他的短缺经济学中，也把瓦尔拉斯均衡作为理想的参照系，来分析社会主义短缺经济中的均衡。

第二节 帕累托

维尔弗雷多·帕累托
(1848—1923)

维尔弗雷多·帕累托（1848—1923）出生于法国巴黎。他的父亲拉斐尔·帕累托是热那亚的贵族，是19世纪前半叶热烈拥护意大利统一的马志尼主义者。他的母亲则是一位法国人。他1850年前后回到意大利，1869年获都灵工业大学工程学博士学位，1870—1892年期间以工程师身份从事工程和工业管理工作，曾任意大利钢铁公司总经理。1893—1906年由瓦尔拉斯推荐为洛桑大学的政治经济学教授。其主要论著有：《政治经济学讲义》(1896—1897)，《社会主义体系》(1902—1903)，《政治经济学手册》(有1906年和1909年两个版本，1909年版本是1906年版本的法文译本，但1909年版本中的数学附录完全是重新编写而成的)，《思想与社会：社会学通讯》(1916)。他对经济学的贡献，主要集中于《政治经济学手册》一书中。同时，他也是一位著名的社会学家。他早年更注重经济学的数学化，晚年则发现了单纯强调经济学数学化的缺陷，转而更强调经济学的历史化和社会化，注意从社会学角度考虑经济现象。

作为经济学家，帕累托被后人所赞赏，但是作为社会学家，他由于推崇精英、忽视草根而被后人批评为法西斯主义的思想先驱。实际上他并不关心党派政治，更热衷于抽象的纯理论研究。他为这类研究辩护说，在任何时代都有维护抽象研究有用性的人，在某种意义上这些人是有道理的。这些研究只有在它们的总体中以及通过形成智力习惯，在实践中才是有用的。一片从空中飘落的羽毛并不符合自由落体定律，同样，实际交换也不遵循交换法则。但是，从第一个案例中得出的不是物理学的无用性，从第二个案例中得出的也不是纯经济学的无用性。

一、序数效用论与无差异曲线

作为瓦尔拉斯教席的继承人，帕累托在很大程度上继承了瓦尔拉斯的一般均衡理论，但同时又在做出重大修正的基础上发展了这一理论。重大修正之一是用序数效用论代替基数效用论并用无差异曲线来分析消费者的需求行为。

帕累托认为：瓦尔拉斯一般均衡理论的一大缺点是把需求函数建立在效用可测性的假定之上。他赞同费雪的观点，认为效用是难以测定的，并且一种物品的效用并非只与其本身的数量有关，还与其他物品的数量有关。效用虽不可测，但从人们的日常行为来看，不同物品或不同物品组合的效用是可以比较的。即效用虽不能用基数加以测定，但完全可以用序数排列其大小。而在序数效用论的基础之上，完全可以推演出瓦尔拉斯一般均衡体系所需要的需求函数。为此，帕累托采用了埃奇沃思在多年以前所提出的无差异曲线作为分析工具，但他对埃奇沃思的观念做了重要修正。埃奇沃思的无差异曲线是以效用可测性为前提、根据测定的效用来绘制的，而帕累托的无差异曲线则以经验事实为根据，并不需要以效用的测定为前提。用序数效用代替基数效用，就避开了个人效用的计量和不同人效用的比较等无法解决的难题。

帕累托详细列举了当两种物品具有不同关系时的无差异曲线：（1）两种物品（A、B）中只有一种（A）具有效用（见图 10－1）；（2）两种物品（A、B）严格互补（见图 10－2）；（3）两种物品（A、B）虽互补但并不严格互补；（4）两种物品（A、B）效用各自独立；（5）两种物品（A、B）可互替但替代比例不定（见图 10－3）；（6）两种物品（A、B）以不变比例互替（见图 10－4）。不论这些无差异曲线有何不同，其共同特点都是离原点越远的无差异曲线代表越大的效用。这些不同形状的无差异曲线，广为后人所采用的是（2）、（5）、（6）这三种，尤其是（5）。

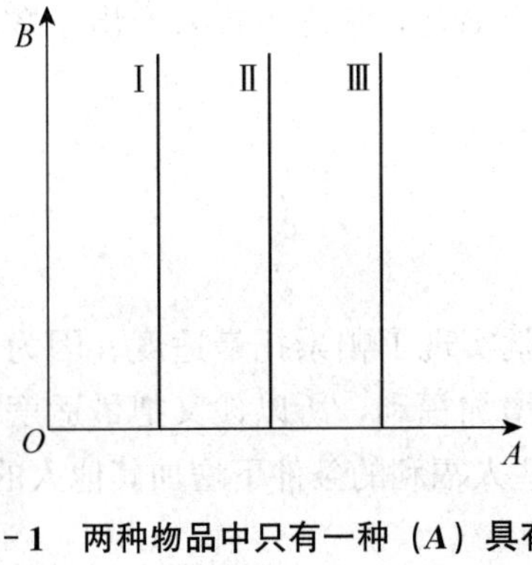

图 10－1　两种物品中只有一种（A）具有效用

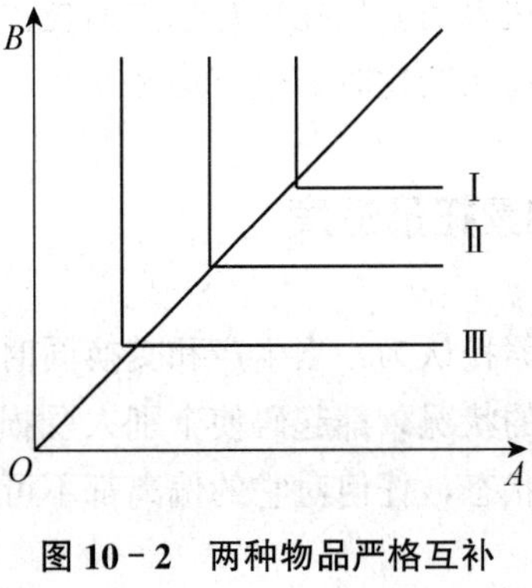

图 10－2　两种物品严格互补

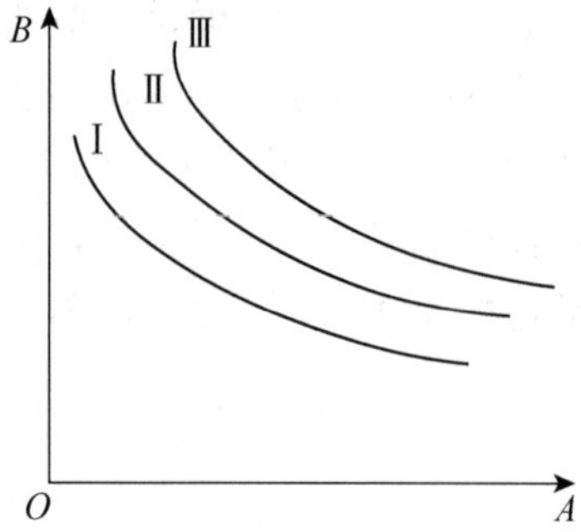

图 10－3　两种物品可互替但替代比例不定

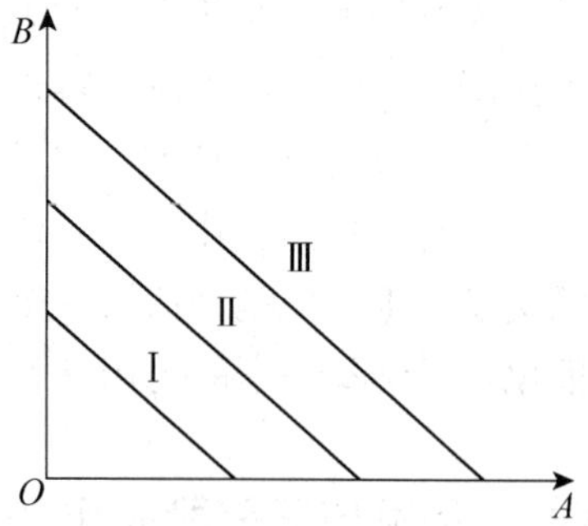

图 10－4　两种物品以不变比例互替

由埃奇沃思提出，进而由帕累托（还有费雪）修正与发展的序数效用论和无差异曲线，成为后来西方经济学家分析消费者行为和市场需求的有力工具。

二、一般均衡理论

帕累托对瓦尔拉斯一般均衡理论所做出的发展之一，是大大拓展了一般均衡这一概念的内涵。在瓦尔拉斯那里，主要是分析自由竞争条件下的一般均衡，而帕累托则进一步分析了包括自由竞争在内的各种市场条件下的一般均衡。在瓦尔拉斯那里，一般均衡仅仅是经济生活中的现象，而帕累托则认为经济中的一般均衡只是整个社会的一般均衡的一部分。在瓦尔拉斯那里，一般均衡是个人欲望与满足欲望的资源的有限性之间的冲突的结果，而帕累托则进一步把均衡看作需求和满足需求时所遇到的障碍（不仅仅是资源的稀缺）之间冲突的结果。在帕累托看来，需求是经济行为的刺激和动力，而障碍则是广义的对经济行为的限制。

和瓦尔拉斯一样，帕累托分别分析了交换均衡和生产均衡。帕累托的新发展之一是大量借助无差异曲线，用图示方法来分析均衡。新发展之二是把交换均衡分为两种情形加以分析：一是交换者双方都不能事先确定价格时的情形；二是有一方能决定价格（即竞争不完全）时的情形。在第一种情形下，交换均衡可由交换双方无差异曲线的切点来表示；在第二种情形下，交换均衡可由不决定价格的一方的无差异曲线与价格线（他称之为行走线）的切点决定。新发展之三则是区分了两种情形下的生产均衡：一是投入物的生产率随产出量的增加而增加的情形，二是投入物的生产率随产出量的增加而减少的情形。这表明帕累托比瓦尔拉斯更深入地分析了生产活动，考虑了投入产出系数因产量规模变动而变化时的生产均衡。

三、帕累托最适度

帕累托认为：当生产和交换同时达到均衡时，就实现了帕累托最适度。因为任何偏离均衡的状况，都起码使个别人受损而其他人则不增加福利，所以他又把最适度看作一种特定状态，任何对它的偏离都不可能在不降低某些人福利的条件下增加其他人的福利。

在帕累托之前，也曾有人探讨过集体福利最大化的条件，如边沁和马歇尔，他们都是从基数效用论出发，假定不同人之间的效用量可以进行比较。因此一定的分配状态也就成为集体福利最大化的部分条件。若其他条件不变，只是某种物品的一定量通过再分配由 A 转归 B 所有，则 A 的总效用下降而 B 则相反，只要 A、B 两人总效用的变化额的代数和为正，再分配以后的状况就要优于以前的状况。只有任何类型的再分配都不可能使各人总效用的变化额的代数和为正，初始的分配状况才是对应于集体福利最大化的状况。帕累托最适度理论与其他效用理论的区别在于它以效用不可测定，从而不同人之间效用不可比较为前提。因此，帕累托最适度并不以一定的分配状况为条件，它也无法判定分配状况不同时集体满足的大小，它只是说，在既定的分配状况下，集体福利最大化的条件是生产和交换都达到均衡。于是对应于任何一种分配状况，都会有一特定的帕累托最适度，而在不同的最适度状况（对应于不同的分配状况）之间，是无法进行集体福利的大小比较的。

帕累托最适度的提出，对后来西方福利经济学的发展起到了重大推动作用。它的意义在于指出了集体福利的评价和比较要涉及两方面的标准：一方面与生产和交换有关，可以通过分析予以确定；另一方面则与分配有关，无法通过分析予以确定。这两方面的标准取决于人们的价值观念，而人们的价值观念往往是相互冲突的。

四、帕累托分配法则

帕累托是第一位根据世界范围的统计数据研究收入分配的经济学家。他虽然未能指出哪一种分配状况是最优的，但却根据英、法、德、美、奥等国的统计资料提出了一个经验性的帕累托分配法则，该法则可用下述公式表示：

$$N=A/(x-a)^{\alpha} \quad 或 \quad \ln N=\ln A-\alpha\ln(x-a)$$

式中，N 表示其收入不低于某一特定水平的人数，x 表示一定量的收入，A、a 和 α 均为从统计资料中求得的参数，a 表示最低收入水平，α 反映了收入分配的不平等程度，它越大，不平等程度越高。帕累托分配法则亦可用图 10－5 的双曲线或对数直线表示。

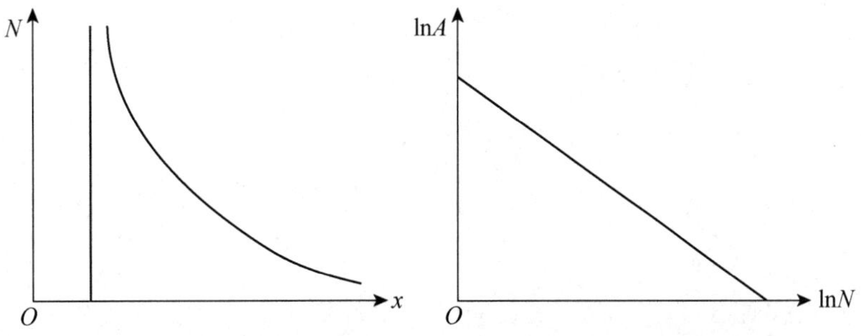

图 10－5 帕累托分配法则

帕累托根据多国、多个地区的资料得到的结论是 α 介于 1.2 和 1.9 之间，平均值为 1.5。帕累托认为：由于统计资料显示，上述法则很少因时代、地理位置和经济制度的不同而不同，所以，产生这一法则的根本原因在于人的本性。

帕累托分配法则引起了许多人的质疑，因为这意味着改善收入分配的努力是没有意义的。它从两个方面促进了后来西方经济学的发展：一是促进了对分配（包括收入分配和财产分配）状况的实证分析，由此产生了后来的洛伦兹曲线和基尼系数等专门分析分配状况的分析工具；二是帕累托在给出该法则时所采用的方法，即不是先提出一个有待检验的理论假设，然后用经验数据加以验证，而是纯粹从经验数据推导出一定的结论，为后来计量经济学的发展提供了一定的样板。

思考题

一、述评瓦尔拉斯对经济思想的贡献。

二、述评帕累托最适度。

第十一章

马歇尔：当代微观经济学的奠基人

19 世纪末，西方经济学在其演进过程中发生了第二次综合。其内容是将以李嘉图为代表的古典经济学与边际主义经济学结合起来，形成的一种新的理论体系。这次综合实际上是由两个人完成的：一个是英国的马歇尔，另一个是瑞典的威克塞尔。由于语言壁垒，后者体系的综合性历来被低估了。

第一节　马歇尔生活时代的英国

阿尔弗雷德·马歇尔（1842—1924）出身于英国一个银行职员家庭。1865 年毕业于剑桥大学，取得剑桥大学数学学位考试甲等第二名，随即成为研究员，打算研究分子物理学。1867 年，他由开始关心物理学经由关心伦理学而最终转向献身于经济学。这一转变与他在目睹了一些城市贫民窟的悲惨景象后，深思贫困是否必然这一问题有关。1868 年，为研究康德哲学，他去了德国，在那里接触了历史学派经济学家罗雪尔的经济思想。同年回国，任剑桥大学道德科学讲师。法德战争期间他再次去德国研究黑格尔哲学。1875 年，他为了研究贸易保护主义政策而去美国考察，此行对他产生了重大影响。1877—1882 年任布里斯托尔大学学院负责人。1881 年因病辞职赴意大利休养。1883—1884 年任牛津大学巴里奥学院经济学讲师。1885—1908 年任剑桥大学经济学教授。其主要论著有：《工业经济学》(1879 年与其夫人合著)，《经济学原理》(1890 年，有中译本)，《工业与贸易》(1919)，《货币、信用与商业》(1923 年，有中译本)。

马歇尔从事学术活动的时期，正是英国由自由资本主义向帝国主义过渡的时期，自由竞争逐步被私人垄断所取代。这一转变给他的经济思想留下了深刻的印记，使他对资本主义经济的特征产生了不同于前人的看法，即他不再把竞争看成是资本主义经济的特征，认为用竞争这个词来说明近代产业生活的特征是不恰当的，而应当用“经济自由”来概括资本主义经济的特征。对于竞争，马歇尔认为既要看到它促使人们保持活力和自主精神而有益于社会的一面，又要看到它破坏性的一面；对于经济自由，他也同样认为：既要看到自由企业制度对英国生产力的促进作用，又要看到它被那些缺乏教养的商人滥用而导致的罪恶现象。因此，他认为应当由政府对自由企业制度进行一定的干预，以增加自由企业制度好的影响而减少它坏的影响。他提出这种干预是需要由经济学家进行研究的实际问题。由此可知，他虽然把自由竞争作为自己理论分析的前提，但并不反对由政府进行一定的干预。

马歇尔从事学术活动时期的英国，一方面仍然存在着许多贫富不均的现象，另一方面由于长期以来英国工业的发达以及1846年废除《谷物法》之后廉价农产品的大量输入，英国穷人的生活水平比工业革命前还是有所提高，比其他一些落后国家也要高。这种状况也同样给马歇尔的经济思想留下了深刻的烙印。由凯恩斯为马歇尔所写的传记可知，马歇尔曾经利用假期访问数个城市的贫民区，了解社会上穷人的生活状况。正是出于对穷人的同情，出于对工人阶级何以无法有更好的生活条件的疑问，他才转向研究经济学并使他把“贫困是否必然的问题”当作经济学应予最大关心的问题，把财富的分配不均看作英国社会的一个严重缺陷。另外，他又认为：大部分技术工人已经不再属于下等阶级，其中有些人所过的生活已经比一个世纪以前的大多数上等人所过的生活更美好。在上述这种思想状态下，他提出渐进的改良主义。他的改良主义表现在两个方面：一是明确宣扬劳资合作，认为资本和劳动的合作如同纺纱工和织布工之间的合作一样重要。二是主张在保持私有财产权的基础上进行谨慎的改良。

第二节 经济学的研究对象及方法

马歇尔认为经济学的研究对象是财富和人。他认为货币的一般购买力和物质财富之所以成为经济学研究的中心问题，并非因为它们是人类努力的主要目标，而是因为它们是衡量人类动机的唯一便利的方法。

在马歇尔看来，经济规律的存在无须说明，值得注意的是经济规律的性质。他认为经济规律相当于较为复杂和较不精确的自然科学的规律，它表达的不是各种现象之间带有必然性的确切的数量关系，而是带有概率性质的大致趋向。

马歇尔研究方法的最主要特征有三个：连续原理、边际分析、局部均衡分析。马歇尔从生物学和数学中得到启示，认为“自然不能飞跃”这句格言对于研究经济学尤为合适。他强调自己学说的特点是注重对连续原理的各种应用。该原理的含义是：在经济现象中难以划出非此即彼的界限，任何不同的经济现象之间都存在连续关系。例如，他认为在正常价值和市场价值之间没有显著的区别，对一定时间而言的正常价值，对更长时间来说不过是市场价值。地租和利息的区别，同样应视时间长短而定，没有绝对分明的界限。流动资本与固定资本、新投资与旧投资，同样如此。在算作资本和不算作资本的物品之间、必需品与非必需品之间、生产性劳动和非生产性劳动之间，也都没有明显的区别。他还把连续原理运用到经济学史的发展上，认为新的学说补充了旧的学说并扩大和发展了、有时还修正了旧的学说，而且因着重点的不同往往使旧的学说具有新的解释，但却很少推翻旧的学说。他认为经济学研究的不同课题之间也贯穿着连续原理。例如分配问题和交换问题便不能截然分开，可以用供求平衡的一般原理来说明这两者。马歇尔承认，他关于发展的连续性概念，以及在此基础上建立起来的经济学观点，从实质上讲是受到生物学、历史学和哲学的影响，而在形式上则是受到数学的影响。

综上所述，马歇尔把连续原理用在两类现象上：一类是与发展变化有关的历时现象，如经济思想的变化、经济制度的变化等。对这类现象来说，连续原理意味着变化过程不存在突变和飞跃。另一类是指并存的各种共时现象，如资本和非资本、必需品和非必需品、利息和地租等。对这类现象来说，连续原理意味着它们之间不存在严格的界限。在他的体系中，连续原理导致了三个主要成果：(1) 使他看到在经济学各领域中分析方法的统一性，从而把边际分析方法贯穿到经济学各领域的分析中。(2) 使他把交换理论和分配理论统一在供求均衡论的基础上，不像在古典学派那里分别受不同原理所支配，从而使他的体系具有逻辑上统一简洁的美感。(3) 使他对边际主义与古典学派在价值论、分配论方面的观点进行了综合，从而使得古典经济学好像变成了边际主义的一个组成部分，这便使得古典经济学失去了独立存在的地位。直到很久之后，人们才重新发现古典经济学的许多重要内容，如人口变动、经济增长、制度变迁等，而这些在马歇尔的综合中被排斥或不再占据重要地位。在这些方面，古典经济学具有比马歇尔综合体系更丰富的内涵。

连续原理是马歇尔研究方法的第一大特征。对连续原理的笃信、微分学在研究连续变量中的重要作用，再加上古诺和杜能的影响，使马歇尔深信对于经济学来说，增量是比总量更重要的概念，从而引起他对边际增量分析方法的广泛运用。他大大拓宽了边际分析方法的适用范围，把早期边际效用论者仅仅用于分析需求和效用的方法，用于经济学各个领域的分析之中。他不但运用这种方法分析欲望、效用和需求，分析成本、收益和供给，并在此基础上说明商品的价值，而且运用这种方法解决国民收入的分配问题，从而使他成为边际生产力论的发明者之一。

边际分析是马歇尔研究方法的第二大特征。边际分析方法的广泛使用，是马歇尔在方法上区别于早期边际主义者的主要特征之一。这一特征对西方经济学后来的发展影响极大，影响到经济学的方法甚至内容。边际分析在本质上是微分学在经济学中的表现，而微分学又与数学中的古典优化理论联系密切，所以边际分析便在后来的发展中演化成优化分析，许多经济问题最终被归结为寻求不同场合下的极值问题。而边际-优化分析方法所取得的成功，又使得经济学中那些可以运用此种方法的内容扩展开来，而难以运用此种方法的其他内容逐渐萎缩，使经济学从一门涉及制度变动、资源增减、交换价值、收入分配等诸多方面内容的学科演变为在既定制度、既定资源条件下合理配置资源的学科，它以牺牲研究领域的广阔为代价换来了对某部分内容研究的深入。

局部均衡分析是马歇尔研究方法的第三大特征。均衡概念是从力学中吸收过来的、表明各种方向相反的力互相抵消时的一种状态。马歇尔的均衡状态则是表达各种相反的经济力量相互抵消时的状态，也就是古典学派所说的“正常状态”“自然状态”，只是古典学派未用“均衡”这一字眼来表达罢了。所以注重分析均衡状态并非马歇尔在方法上的创新。古典学派也注重分析均衡状态，只是对于构成均衡状态的经济力量的分析，古典学派与马歇尔有所不同。马歇尔侧重从供求两个方面来说明均衡状态，而古典学派侧重从资本在各种产品生产之间自由流动的停止来说明市场均衡状态。

马歇尔对于均衡分析方法所增加的新内容，主要不在于提出“均衡”这一名词（当然这也是他的贡献之一），而在于提出了局部均衡的分析方法。他之所以要提出局部均衡的分析方法，是因为要研究的力量为数如此之多，以至最好一次研究几种力量，做出若干局部的解答，用“其他条件不变”这句话把其他一切力量看作是暂时不起作用的，但并非说这些力量是无用的，不过是对它们的活动暂不过问而已。由此可知，局部均衡分析方法是分析复杂的经济现象的一种近似方法。这一方法实际上一直为古典学派甚至除洛桑学派外的边际主义者所不自觉地使用着，只是马歇尔明确指出了这一方法的局限性和合理性。正因为如此，他才能非常熟练地运用这一方法，同时又不至于掉入这一方法所造成的陷阱。

虽然以局部均衡作为主要分析方法，但马歇尔的分析绝不仅仅是静态的，而是以静态分析为基础，大量地涉及动态成分。他常使用的“平衡”这个名词，含有与“静态”相似之意。但是，事实上他始终是研究引起发展的种种力量，他的书的基调是动态的，而不是静态的。他的体系中的动态成分主要表现在以下三点：一是引进短期、长期这一对概念，比较了短期均衡与长期均衡的区别，分析了引起短期均衡向长期均衡变动的因素。二是分析了各种生产要素数量（有时还有质量）的变化趋势，尤其是产业组织这一要素的变化对内部经济和外部经济的影响。而这方面的变化在他看来是会改变供给曲线的形状和位置，从而最终引起均衡状态的变更的。三是分析了经济进步对收入分配的影响。他的动态分析主要侧重于不同均衡状态之间的比较分析，以及旧均衡向新均衡过渡的原因分析，较少涉及失衡向均衡的趋近过程。

第三节　对需求的分析

一、从边际效用递减规律到市场需求规律

对需求的分析是马歇尔体系的基础之一。他的需求分析是建立在边际效用论的基础上的。他认为人的欲望是无止境的、多种多样的，但每一特别的欲望都是有限度的。因此，当时间足够短以至消费者在性格和爱好上不发生变化时，一物对任何人的边际效用，随着个人已有此物数量的每一次增加而递减。马歇尔进一步把上述结论推广到货币身上，其结论是一个人越富有，货币的边际效用对他来说就越小。

以边际效用递减规律为基础，马歇尔展开了对需求的分析。他首先分析个别消费者的需求，提出了需求价格的概念。需求价格是消费者在货币购买力和拥有的货币量既定时，购买一定数量的商品所愿意支付的最高价格。它由这一定量商品的边际效用决定。

由于商品的边际效用随商品数量的增加而减少，所以一个人所拥有的一物的数量越大，假定其他条件不变（即货币购买力和个人支配下的货币数量不变），则他对该物所愿意支付的价格就越低。这便是边际需求价格递减规律，这一规律表明了需求价格对于商品数量的依存关系。

但边际需求价格递减规律从另外一个角度来看，又反映了一个人在其货币拥有量及

货币购买力一定时，对某种商品的需求量与各种可能出现的价格的依存关系，这一依存关系可以看作是前面那种依存关系的逆函数。表达后一种依存关系的表格便被称作个人需求表。表达后一种依存关系的曲线便被称作个人需求曲线。而只要把个人需求表或个人需求曲线加总，便可得到市场需求表或市场需求曲线。市场需求曲线可以用图 11－1 表示：其中 DD 曲线便是市场需求曲线，它表达了一个普遍的市场需求规律：需要的数量随着价格的下跌而增大并随着价格的上涨而减少。这表明市场需求是价格的递减函数。

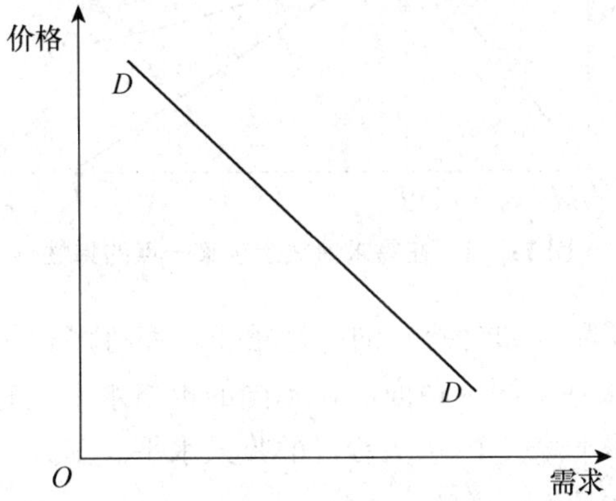

图 11－1　市场需求曲线

通过对货币的边际效用的分析，马歇尔进一步认为需求还受到货币拥有量的支配。当一个人的货币拥有量（作为资财的代表）增加时，由于货币的边际效用递减，他对既定市场价格下的商品的需求会增加。当进入市场的大多数人都增加了货币拥有量时，图 11－1 中的 DD 曲线就会相应右移。这表明在古典学派理论中已经涉及的关于收入或财产变化对需求的影响，被马歇尔用货币边际效用递减规律加以说明了。除了价格和资财这两个因素外，他还简略提出了影响需求的其他因素，如风尚、替代品的价格等。

综合来看，马歇尔实际上是把市场需求看成是价格、资财、风尚、替代品的价格等多种因素的函数。价格及资财对需求的影响是以商品本身的边际效用递减规律和货币的边际效用递减规律为基础的，所以他是在边际效用论的基础上建立起他的市场需求理论的。但与奥地利学派及杰文斯相比，马歇尔的边际效用和市场需求两者之间的关系不再那么直接，而是通过一些中介环节，而且马歇尔把商品的边际效用和货币的边际效用作为并列的因素来解释市场需求，不像奥地利学派及杰文斯那样只考虑商品本身的边际效用。

二、需求弹性

马歇尔用需求弹性这个概念表明需求量对市场价格的变动做出反应的程度。需求变动的百分比除以价格变动的百分比，表明了弹性的强度。当比值小于 1 时，谓之弹性小；当比值等于 1 时，谓之弹性为 1；当比值大于 1 时，谓之弹性大。他还利用图 11－2 指出了在需求曲线上求某一点的弹性的方法：如 P 点的需求弹性便等于 MT/MO 或 PT/Pt。

马歇尔进一步列举了影响需求弹性的诸因素，主要有：(1) 消费品的性质。一般来

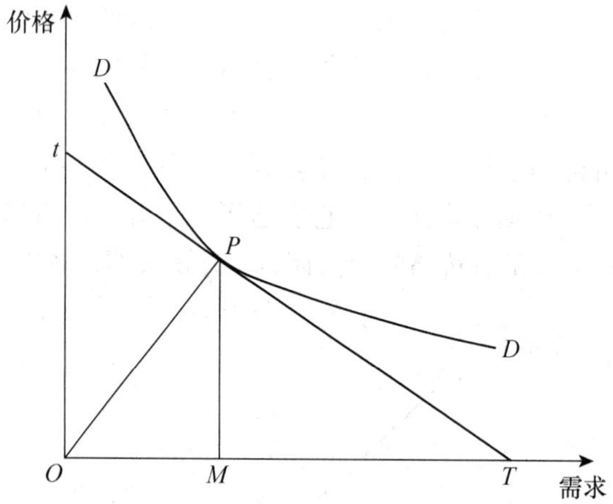

图 11－2　在需求曲线上求某一点的弹性

说，用途单一的绝对必需品（如食盐）的弹性很小，而有多种用途的商品（如水）的弹性往往很大。（2）价格水平。同一种商品在不同的价格水平上有不同的弹性。随着价格的降低，需求弹性将逐步下降。（3）消费者的收入水平。工人、中产阶级以及富人对同一种商品的需求弹性往往是不一样的。

马歇尔把弹性这一概念放在重要的地位并进行了仔细的研究，从而使这一概念成为重要的分析工具，成为在他的理论体系中最富有活力的一个概念。由此引申出的各种各样的弹性，成为经济分析的有力工具。

三、消费者选择行为与消费者剩余

马歇尔还以边际效用为基础分析了三个问题：一是一种物品在不同用途上的选择；二是一种物品在现在使用与将来使用之间的选择；三是消费者剩余。前两个问题涉及消费者的选择行为，在这两个问题上，他基本上是重复了戈森第二定律以及奥地利学派的见解，但消费者剩余却是他独创的概念。消费者在购买一定量商品时，支出的总费用等于价格与商品量之积。而这个价格在马歇尔看来等于商品的边际单位的效用。但对消费者来说，边际单位之前的各单位商品的效用要高于边际单位的效用，所以他对边际单位之前的各单位商品所愿意支付的价格也将高于边际单位的价格。这样，为了得到这一定量的商品，消费者所支出的总费用便低于他为了得到这些商品而愿意支出的最高费用。两者之差便是消费者剩余。消费者剩余表示消费者在购买中获得的额外利益，可以用图 11－3 表示消费者剩余。

在图 11－3 中，面积 *PEQO* 表示消费者为购买 *QO* 量的商品所实际支出的总费用，面积 *DEQO* 表示消费者为得到 *QO* 量的商品所愿意支出的最高费用，两者之差为面积 *DEP*，便是消费者剩余。

消费者剩余又可看作是消费者从某商品（A）一定量中所获得的总效用（U_A）与所支付的总费用（C_A）之间的差额。设需求价格（P_A）为需求量（Q_A）的函数：$P_A=f_A(Q_A)$，则该商品（A）的总效用（U_A）可由下式求得：

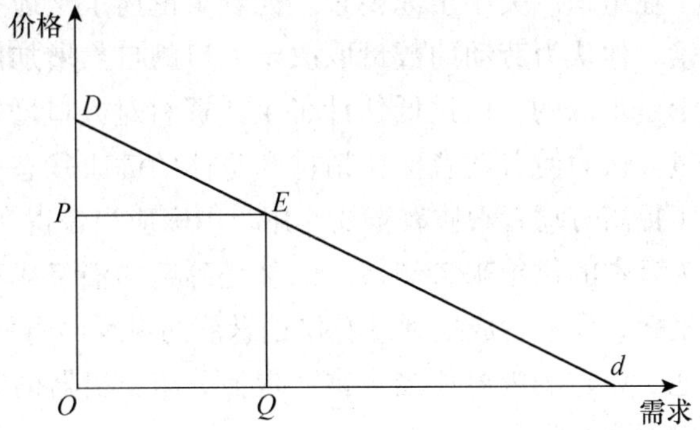

图 11－3　消费者剩余

$$U_A=\int_0^a f_A(Q_A)\mathrm{d}Q_A$$

式中，a 为需求量。该商品（A）的总费用（C_A）可由下式得出：

$$C_A=P_A\times a$$

则该商品（A）的消费者剩余便等于

$$U_A-C_A=\int_0^a f_A(Q_A)\mathrm{d}Q_A-P_A\times a$$

消费者剩余这一概念在后来的福利分析中具有重要意义。

马歇尔还给出了在一定收入条件下，消费者通过消费各种商品所获得的总效用（U）函数：

$$U=\sum_{x=1}^{n}U_x=\sum_{x=1}^{n}\int_0^a f_x(Q_x)\mathrm{d}Q_x$$

马歇尔承认，由于该函数形式假定总效用由各商品效用加总而成，没有考虑各商品间的替代和补充，即没有考虑其他商品的数量对某种商品效用的影响，所以这一函数缺乏实用价值。虽然如此，它仍是在西方经济学发展中建立总效用函数的初步尝试。对总效用函数后来的发展来说，马歇尔的贡献不在于给出了上述形式的总效用函数，而在于指出了它的缺点。

第四节　对供给的分析

一、生产四要素与报酬变动的三种情况

在对供给的分析中，马歇尔首先对决定产品供给的生产要素进行了分类并研究了各种要素的变化对产品供给的影响。

马歇尔认为：生产要素共有四种，除了以往人们多次提出过的土地、劳动和资本外，

还有一种，他称之为工业组织。关于土地要素，他着重论述了土地报酬递减规律的含义和作用。关于劳动要素，他认为劳动的数量取决于人口的自然增加以及移民并肯定了马尔萨斯人口论在本质上是正确的，但过低估计了生活资料对人口增加的承受能力。他还强调了劳动要素的质量，认为使劳动者保持精神和身体的健康状态有助于提高工业生产的效率，认为教育对于提高劳动者素质有重要作用。国家应当舍得在教育方面进行投资。关于资本要素，他认为资本的供给来自储蓄。储蓄是延期的消费或享乐，而利息则是延期享受所做出牺牲的报酬。他不赞成把利息看作是忍欲的报酬，而强调它是等待的报酬。关于工业组织要素，他认为它的内容相当丰富，包括分工、机器的改良、有关产业的相对集中、大规模生产以及企业管理。

马歇尔用“内部经济”和“外部经济”这一对概念来说明第四种要素的变化何以能导致产量的增加。所谓内部经济，是指由企业内部的各种因素（如劳动者工作热情和工作技能的提高、内部分工协作的发展完善、先进设备的采用、管理水平的提高及管理费用的减少等）所导致的生产费用的节约。所谓外部经济，是指由企业外部的各种因素（如企业离原料供应地和产品销售市场的远近、市场容量的大小、运输通信的便利程度、其他相关企业的发展水平等）所导致的生产费用的减少。

马歇尔把四种生产要素的变化对产品供给的影响概括为报酬递增和报酬递减两种基本情况。他指出：概括来说，在生产上自然所起的作用表现出报酬递减的倾向，而人类所起的作用则表现出报酬递增的倾向。这是因为自然资源数量有限，若自然在生产过程中所提供的生产要素在数量上无法增加，或必须以日益昂贵的方式增加，而其他生产要素如劳动和资本又在几乎不变的工业组织下不断增加，则将出现报酬递减倾向，产品的边际生产费用将增加。然而，劳动和资本的增加，一般会引起工业组织的改进，从而提高劳动和资本的使用效率，这将导致报酬递增倾向，产品的边际生产费用将下降。

马歇尔提出，报酬递增和报酬递减这两种倾向是不断地相互压制的。当两者的作用相互抵消时，便出现了报酬不变的情况。他谈到，农业部门是报酬递减倾向占上风，非农业部门则往往出现报酬不变或报酬递增，而在大多数原料费用无足轻重的工业部门中，报酬递增倾向于占主导地位。

马歇尔进一步指出：报酬递增的趋势在短期内一般不存在。因此，在短期内，在任何一个生产部门，都存在一个关于产量的边际水平。在这个边际之内，任何一种生产要素的使用量的增加，在一定条件下都是有利的；但是超过了这个边际，生产要素的使用量继续增加就会产生递减的报酬，除非需求增加，同时与某一生产要素合用的其他生产要素也有适当的增加。这个关于边际的概念不是一律的和绝对的，它是随着所研究问题的条件而变化的，特别是随着与它有关的时间的长短而变化的。这就是说，由于在短期中工业组织这一要素往往保持不变，所以产量达到一定水平后将出现报酬递减，而在长期中由于工业组织的改进会使产量的边际水平（将出现报酬递减的临界水平）不断增大，从而出现报酬递增。

由于一个行业往往同时存在许多企业，有的趋向兴盛，有的趋向衰退，有的趋向稳定，所以，为了分析报酬变动对产品的边际生产费用的影响，马歇尔提出了代表性厂商这一概念。这个代表性厂商可作为一个行业的缩影，对它来说（从而也就是对整个行业来说），产量增加所引起的边际生产费用可能会有三种变化情况：（1）费用递减（报酬递增），即随产量增加、生产规模扩大，边际生产费用逐步减少。（2）费用递增（报酬递减），即随产量增加、生产规模扩大，边际生产费用逐步增加。（3）费用不变（报酬不变），即随产量增加、生产规模扩大，边际生产费用不变。

二、供给价格和供给曲线

一种商品的供给价格是代表性厂商在提供一定数量的商品时所愿意接受的最低价格，它由这一定量商品的边际生产费用决定。在一定时间里，对应于同种商品的不同产量，有不同的供给价格，两者之间存在一定的函数关系，描述这种函数关系的表格被称作供给表，描述这种关系的曲线被称作供给曲线。由于供给价格取决于边际生产费用，而边际生产费用如前所述在产量变动时会有三种变化，所以供给价格与商品产量的关系可以分别用图 11-4（a）、（b）、（c）表示。图 11-4 中的三条 *SS* 曲线分别是报酬递减（费用递增）、报酬不变（费用不变）和报酬递增（费用递减）三种情况下的供给曲线。它们表明：在报酬递减（不变或递增）的情况下，随着产量的增加，代表性厂商的供给价格将上升（不变或下降）。从另外一个角度来看，它们表明：为使代表性厂商提高产量，在报酬递减的情况下，市场价格必须提高；在报酬不变的情况下，市场价格可以不变但不能降低；在报酬递增的情况下，市场价格可以降低。

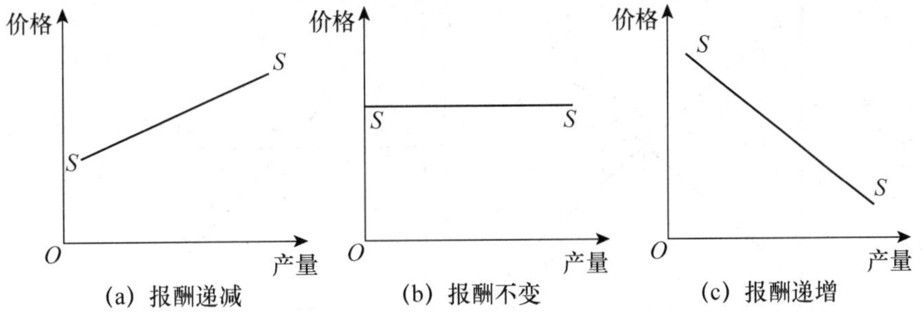

图 11-4　供给价格与商品产量的关系

三、供给弹性

马歇尔用供给弹性这个概念表明供给对市场价格的变动做出反应的程度，它的强度由供给变动百分比除以价格变动百分比的值确定。他指出：在使用供给弹性这一概念时，必须注意它与需求弹性的区别。需求对价格变动做出反应的速度一般来说比较快，同时需求弹性一般不会因时间的长短而有不同。但供给就有所不同，因为供给的变动涉及生产规模的变化，所以供给对价格变动做出反应所需要的时间间隔，取决于生产规模做出变动所需要的时间。他指出了两种极端的情况：那些需要大型设备而原有设备已充分开工的工业部门，生产规模扩大所需时间较长；而那些所需工具简单的手工制品部门，生产规模可迅速变化。在生产规模无法做出相应变动的短时间里，供给弹性的大小要视产品的储备及卖主对市场价格进一步走向的预期而定。在生产规模可以做出相应变动的长时期中，供给弹性的大小还需视产品属于哪种报酬倾向而定。他指出：遵守报酬递增甚或报酬不变规律的商品的供给弹性，长期来说在理论上是无限大的。综上所述，产品的供给弹性将依时间的长短、报酬倾向的不同而有所不同。

第五节　均衡价格

一、稳定均衡和非稳定均衡

马歇尔以完全竞争为前提，分别按照报酬递减、报酬不变和报酬递增三种情况来考虑均衡价格的决定。他认为：均衡价格就是需求价格与供给价格相等时的价格，或需求量等于供给量时的价格。在三种报酬的情况下均衡价格的确定可分别用图 11－5（a）、（b）、（c）、（d）表示出来。

在图 11－5 中横轴都为供求量，纵轴都为价格。需求曲线和供给曲线的交点 E（以及 E_1、E_2）为均衡点，其对应的价格为均衡价格，对应的供求量为均衡供求量。图 11－5（a）、（b）、（c）各有一个均衡点 E，（d）则有两个：E_1、E_2。

马歇尔认为：图 11－5（a）、（b）、（c）中的 E 及（d）中的 E_2 所对应的均衡都是稳

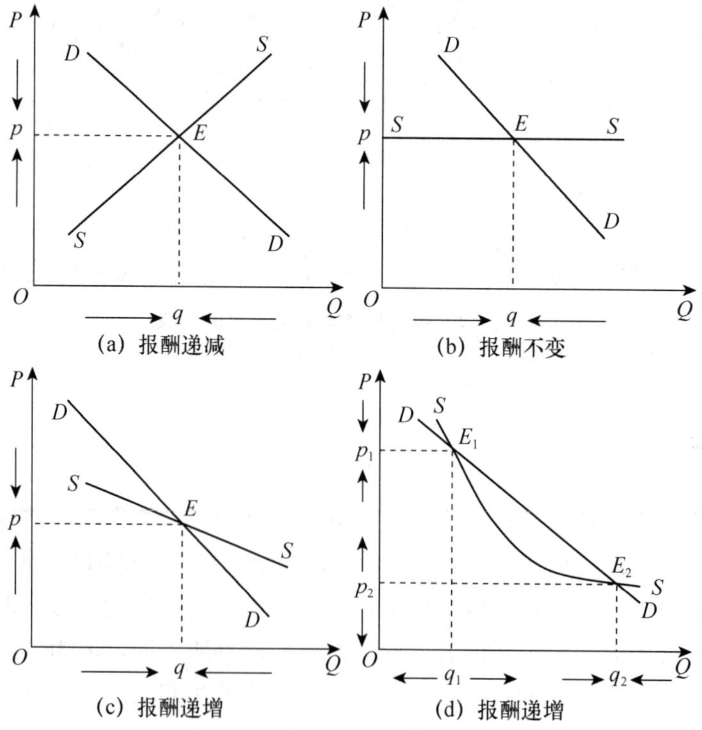

图 11－5　均衡价格的确定

定均衡，即如果出现对它们的偏离，无论是对价格的偏离还是对供求量的偏离，在自由竞争条件下，由于供求双方追求自身利益，均会产生一种自发运动，使偏离趋于消失；而（d）中的 E_1 则是一种非稳定均衡，即一旦出现对它的偏离，偏离就会越来越大。

马歇尔认为：稳定的均衡价格便是古典学派所说的正常价格，它为市场价格的摆动提供了一个环绕的轴心。

二、因时间长短而异的四种均衡

马歇尔在分析均衡价格或古典学派所说的正常价格时强调了时间因素，认为随时间长短不同，均衡价格也将不同。他把均衡价格分成四种类型：（1）暂时均衡价格；（2）短期均衡价格；（3）长期均衡价格；（4）长久性运动中的均衡价格。

所谓暂时，是指时间如此短暂，以至无法变动供给量，所以供给曲线为一垂直线，于是均衡价格主要取决于需求，需求增减，则均衡价格也相应增减，而与生产费用无关。对此可用图 11－6 表示。

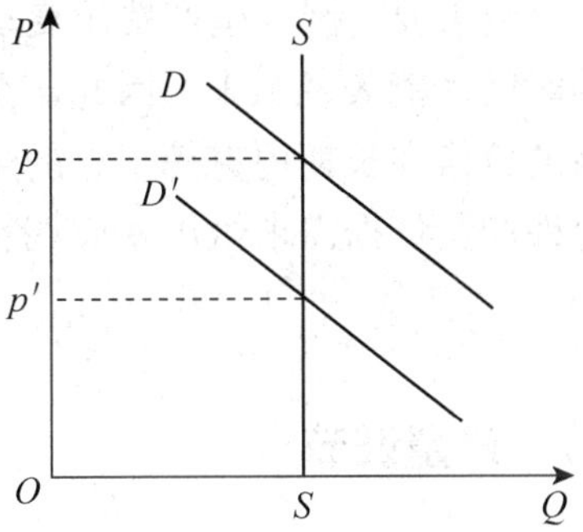

图 11－6　暂时均衡

所谓短期，是指在这段时间里无法通过增加生产设备、改进生产技术和工业组织来改变产量，但设备利用率、工人人数和工作时间可以变动，从而使产量可以在一定范围内变动。在这样一段时间里形成的均衡就叫作短期均衡。

所谓长期，是指在这段时间里一切生产要素都可适应需求的变动而在数量和性质上发生变动，从而引起供求量的变动。在这样一段时间里形成的均衡就叫作长期均衡。

马歇尔认为：短期与长期所导致的一个重要差别是供给价格的内涵不一样。他把产品的总生产费用分成直接生产费用和补充生产费用：直接生产费用一般是指工资、原材料消耗等；补充生产费用包括设备及厂房的折旧及维修费、高级职员的薪水等。在短期中，供给价格不能低于直接生产费用，但可低于全部生产费用。这就是说，在短期中只要价格可以抵补直接生产费用，则相应的产量便会被供应出来。而在长期中，供给价格要取决于除地租外的一切生产费用（包括直接生产费用和补充生产费用），以至包括资本利息和正常利润。

所谓长久性运动中的均衡价格，是指从一个世代到另一个世代知识、人口和资本逐渐增长以及需求和供给变化的结果。所以可以把它看作均衡价格在动态过程中的变化途径，而前三种均衡则都带有静态性质。

图 11－7 表明了马歇尔的四种均衡价格的分类。

均衡价格
- 暂时均衡价格
- 短期均衡价格
- 长期均衡价格
- 长久性运动中的均衡价格

图 11－7　马歇尔的四种均衡价格

三、价值由需求和生产费用共同决定

马歇尔认为：价值由需求和生产费用共同决定。他认为：讨论价值是由效用决定还是由生产费用决定，和讨论一张纸是用剪刀的上边剪还是用剪刀的下边剪是一样的。但对应于所考虑时间的长短不同，需求和生产费用在价值决定中所起的作用不同。他的结论是：一般而言，所考虑的时期越短，就越需要注意需求对价值的影响；所考虑的时期越长，生产费用对价值的影响就越重要。因为生产费用变动对价值的影响与需求变动的影响比起来，一般需要更长的时间才能表现出来，因此，在暂时均衡中，价值就可以看成是单独由需求决定，而商品的价值在长期内有等于它的生产费用的趋势。另外，在报酬不变的场合，只要在时间允许产量依据需求做出相应调整的范围中，价值都可以看成是单独由生产费用决定的。

四、均衡的动态分析（Ⅰ）：产量调节

马歇尔并不满足于上述静态均衡分析，而是深入进行动态的均衡分析。这包括两方面内容：一是关于失衡走向稳定均衡的调节机制；二是关于均衡的移动。

马歇尔认为市场从失衡向稳定均衡的恢复是通过产量的调整进行的。他假定初始时有一个既定的产量水平，若该产量的需求价格高于（低于或等于）供给价格，即初始产量低于（高于或等于）均衡水平，将刺激厂商提高（降低或不变动）产量水平，从而使均衡得以实现（保持）。这种调节机制与瓦尔拉斯体系中把价格调节作为恢复均衡的机制不同。这种不同在报酬递减和报酬不变的场合不会造成不同的动态变化，但在报酬递增的场合却会导致不同的动态变化。这可用图 11－8 说明。

图 11－8（a）、（b）分别表示报酬递增时供求曲线之间的两种关系。在图 11－8（a）中，马歇尔的初始产量 q_m 引起背离均衡的产量运动，而瓦尔拉斯的初始价格 p_w 所引起的负值超额需求却引起趋向均衡的价格运动。在图 11－8（b）中情况恰恰相反：马歇尔的初始产量 q_m 引起趋向均衡的产量运动，而瓦尔拉斯的初始价格 p_w 所引起的正值超额需求却引起背离均衡的价格运动。

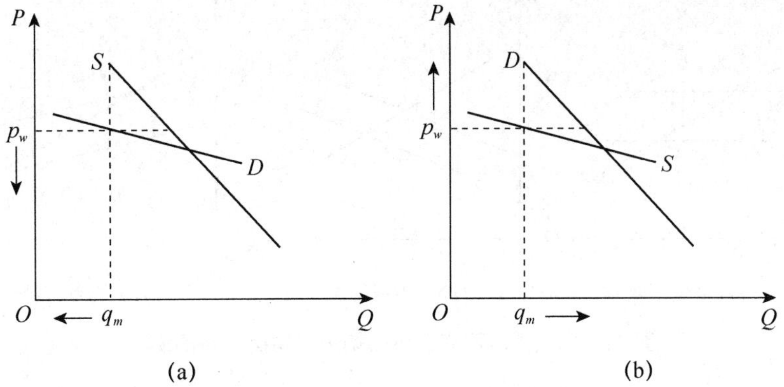

图 11－8　报酬递增时供求曲线之间的两种关系

五、均衡的动态分析（Ⅱ）：均衡位置的移动

马歇尔认为：除了存在着由失衡趋向均衡的运动外，还存在着均衡位置本身的运动。他认为有许多因素都通过移动正常需求或（和）正常供给而引起均衡位置本身的运动。引起正常需求增加的因素有：商品日益时新，开发出商品的新用途或新市场，代用品供给的减少，社会财富或一般购买力的长期增长，等等。这些因素的反面将引起正常需求的减少。引起正常供给增加的因素有：新供给来源的开辟，技术进步，新机器或新制造方法的发明，获得生产补贴，等等。这些因素的反面将导致正常供给的减少。他进一步用图 11－9 来分析正常需求增加在供给不变时对均衡价格的影响。

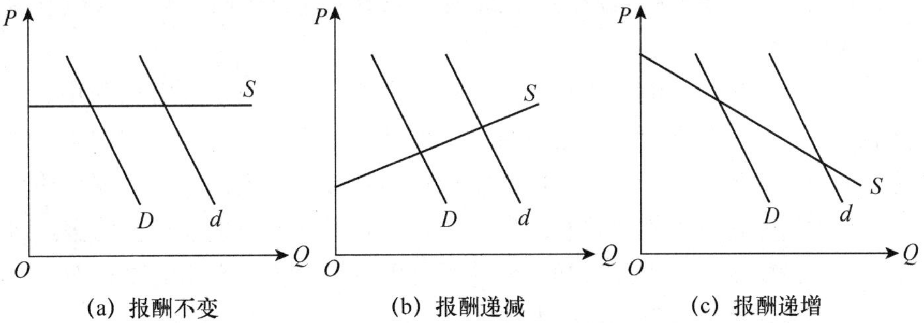

(a) 报酬不变　(b) 报酬递减　(c) 报酬递增

图 11－9　供给不变、需求增加对均衡价格的影响

由图 11－9 可知，当需求增加（表现为需求曲线右移）时，报酬不变的产品的均衡价格不变，报酬递减的产品的均衡价格上升，报酬递增的产品的均衡价格下降。

图 11－10 表明供给因技术进步等原因而增加但需求不变时，均衡价格将如何变化。由图 11－10 可知，当供给增加（表现为供给曲线向右下方移动）时，若报酬不变，产品均衡价格下降；若报酬递减，产品均衡价格稍有下降；若报酬递增，产品均衡价格大幅下降。

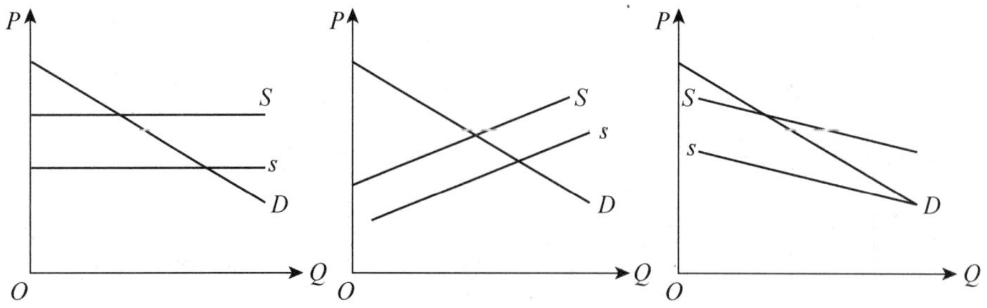

(a) 报酬不变　　(b) 报酬递减　　(c) 报酬递增

图 11－10　需求不变、供给增加对均衡价格的影响

六、均衡的福利分析：满足最大化

马歇尔指出：巴斯夏等人所认为的自由竞争下的均衡意味着满足最大化的论点是不能接受的。他认为均衡仅仅是满足最大化的必要条件，而不是充分条件。这有两方面的原因：首先，均衡并不会自动导致收入均等化，即不会使货币的边际效用在所有人那里都一样，因此，均衡并不意味着交换各方的满足实现了最大化，因为还可以通过收入的再分配使社会全体人员的福利总和进一步增加。其次，由于报酬递增和报酬递减这两种情况的存在，自由竞争条件下的均衡不一定意味着满足的最大化。他认为在报酬递增的条件下，可以通过政府补贴来降低生产成本，使消费者剩余的增加超过补贴额并且使价格大幅下降。在报酬递减的条件下，可以通过政府税收来提高生产成本，使消费者剩余的减少小于税收额并使价格略有上升。因此，若对报酬递减的产品进行征税，再用所征税款来补贴报酬递增的产品，则消费者剩余比不这样做时增加。由此可知，通过政府的上述税收和补贴行为而形成的新均衡将比政府不采取上述行为时的均衡（即自由竞争下的均衡）导致更大的福利。

马歇尔的上述分析，以消费者剩余这一概念为工具，说明了自由竞争并不一定导致社会满足的最大化，这与早期的边际效用论者是有很大差别的。正如熊彼特所指出的，马歇尔是第一个表明完全竞争不总是能够使产量达到最大程度的人。马歇尔的上述论点所蕴含的政策主张是，可以通过政府的税收和补贴政策使产量以及社会的满足水平超过自由竞争所能达到的水平。由此可知，他并不是无条件地主张自由竞争，而是像小穆勒一样，主张由政府对经济进行一定的干预。

七、连带需求与复合需求，连带供给与复合供给

马歇尔清楚地认识到，局部均衡的分析方法是以忽略各种产品之间错综复杂的关系为前提的。然而在现实生活中，这些关系对产品的均衡价格会产生各种影响，因此，他在运用局部均衡方法建立了均衡价格论之后，着手研究了产品之间的相互关系及其对价格的影响。

马歇尔首先将需求分解为直接需求和间接（派生）需求。前者是对直接满足人的消费需要的产品的需求，而后者则是对生产产品的原料和其他生产要素的需求，它是由对前者的需求派生而来的。因此产品的价格便影响到生产产品的原料等生产要素的价格。

马歇尔用“连带需求”和“复合供给”这两个概念表达了今天人们所说的产品之间的互补关系和替代关系，并认为具有这类关系的产品的价格会相互影响。他又用“连带供给”这一概念表达了今天人们所说的联合产品之间的关系，认为具有这种关系的两种产品的价格之间也存在相互影响。他还用“复合需求”这一概念说明了对一种产品的多种用途的需求，认为各种用途的需求之间存在着竞争，从而影响该产品的需求价格。

总的来说，马歇尔指出了各种产品之间的复杂关系，可以说他已经认识到一般均衡问题。

第六节　垄断理论

在研究了自由竞争条件下的均衡价格和均衡产量之后，马歇尔又研究了垄断条件下的均衡价格和均衡产量。他首先分析了垄断者的行为目标，认为垄断者所关注的是获得最大限度的纯收入，因此他们所提供的产量总是能够使他们获得最大纯收入的产量。马歇尔以这一命题为前提展开对均衡价格和均衡产量的分析，但他同时也承认，垄断者有时也会为了自己的长远利益而暂时不以纯收入最大化为其行为目标。

马歇尔以图 11－11 表述了追求纯收入最大化的垄断者的均衡产量和均衡价格的决定。在图 11－11 中，横轴为产量，纵轴为价格，*DD* 为需求曲线，*SS* 为供给曲线，*yy* 为纯收入曲线。*yy* 上的任一点到横轴的垂直距离，都等于其垂足所代表的产量水平的需求价格与供给价格之间的差额，即纯收入额。当产量为 *K* 和 *H* 时，供求曲线分别交于 *B* 和 *A*，纯收入为零。当产量低于 *K* 和大于 *H* 时，供给价格大于需求价格，纯收入为负

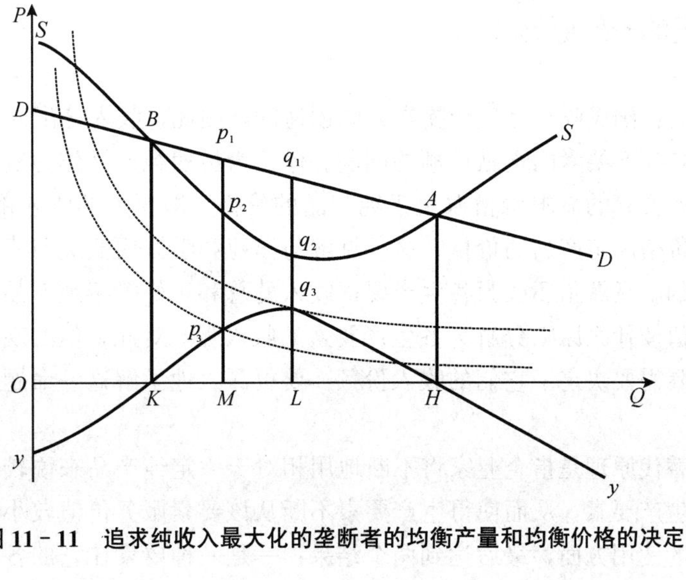

图 11－11　追求纯收入最大化的垄断者的均衡产量和均衡价格的决定

值。图中虚线为直角双曲线，其方程为 $xy=g$，即曲线上任一点的两坐标值之积为一常数 g，离原点越近的双曲线，其 g 值越小。图中 yy 曲线上的 q_3 点相切于较高的双曲线，而 yy 曲线上的其余各点，如 p_3 点则相交于较低的双曲线。由此可知，q_3 点代表最高的纯收入，由于线段 q_3L 等于线段 q_1q_2，即在产量 OL 处，需求价格超过供给价格的数额最大，由此可知，均衡产量为 OL，而均衡价格由该产量下的需求价格决定，为 q_1L。

马歇尔进一步比较了垄断条件下的均衡产量与自由竞争条件下的均衡产量。他指出：与自由竞争条件下的厂商相比，垄断者往往能够保持企业成本上的节约。这是因为自由竞争条件下的厂商无法利用大规模生产带来的内外部经济，也无法拿出像垄断厂商那样多的资金来改进技术和机器设备，同时相互之间还要竞争，以致用于各种广告的总费用将比一个厂商大得多。因此，虽然垄断条件下的均衡产量不像自由竞争条件下那样由供求曲线的交点决定，而是低于交点所对应的产量，但垄断条件下的均衡产量还是可能会大于自由竞争条件下的均衡产量。这是因为如果垄断者经营有方，那么一般可以得出结论：非垄断产品的供给表所表示的供给价格比垄断产品的供给表要高，所以，在自由竞争条件下所生产的商品的均衡产量小于需求价格等于垄断供给价格的那一产量。这就是说，如图 11－11 所示，虽然 L 在 H 的左方，但若没有垄断，商品的供给曲线将高于图中的 SS 曲线，以致它与 DD 曲线的交点位于 A 点的左方甚至 q_1 点的左方。

从上述论断来看，马歇尔并不是无条件地认为垄断不如竞争，从理论上讲，垄断的产量可能大于也可能小于竞争的产量，垄断的价格同样可能大于也可能小于竞争的价格。他的这一思想后来被熊彼特在《资本主义、社会主义与民主》一书中大加发扬，该书论证了垄断较竞争在产量和价格两方面的优越性。

第七节　国民收入分配理论

一、收入分配的一般原理

马歇尔认为：国民收入是生产要素共同创造的，因此，收入分配问题就是如何把国民收入分解为各生产要素的贡献份额的问题。他认为虽然纯产品作为实物是由生产要素生产的，但生产要素的需求价格取决于纯产品的价格，即要素的收入由产品价格决定，而不是要素的价格决定产品的价格。这一见解与奥地利学派用低级财货价值决定高级财货价值是一致的。马歇尔还认为各生产要素收入的总和正好等于纯产品的总价值。那么纯产品的总价值按什么原则分解为各生产要素的收入呢？对此，他的观点是：对各种要素的服务的边际需要决定了它们的收入份额。要更深入地了解这一命题，就需要了解他的替代原理。

马歇尔的替代原理是指企业家将不断地用相对于一定纯产品来说较便宜的生产要素来代替较贵的生产要素，从而使得生产要素不断从该要素服务价值较小的使用方面移向服务价值较大的使用方面，最后达到两个结果：一是一种要素在它的各种用途上的价值趋于一致；二是在同一种用途上任何两种要素的边际纯产品之比等于它们各自的价值之比。由此可知，他的替代原理实际上就是追求收益最大化的企业家选择最佳要素组合的行为的结果。这种行为决定了各种要素在整个经济中的边际需要并进而决定了收入在各种要素之间的分配比例。

由上述替代原理可知，决定要素收入份额的边际需要，是由要素的边际生产力（边际纯产品）和要素的成本（要素的价格）共同决定的。边际生产力决定了企业家对要素的需求价格，而要素的成本取决于要素的供给价格。于是要素的收入份额问题便归结为要素的均衡价格问题，归结为要素的供求问题。于是，分配的决定便与价值的决定一样，同样取决于供求均衡。任何生产要素的需求都取决于它在替代原理作用下的边际生产力；而供给不论什么时候都首先取决于它的现有存量，其次取决于它的所有者把它运用到生产上的意向。因此，虽然工资、利息、地租和利润互不相同，但它们从根本上讲都服从供求规律。

马歇尔还进一步分析了各种要素相对数量的变化对收入分配的影响。他认为任何一种要素的收入份额越大，若其他条件不变，则其数量相对于其他要素（土地除外）来说将增加得越快，结果其边际生产力将下降并使其在国民收入中的份额减小，而使其他要素的收入份额增大。

二、工资理论

马歇尔用劳动的供求均衡来说明工资的决定，需求和供给对工资起着同样的作用，难分轩轾，如同剪刀之两边、拱门之双柱一样。一方面，工资有等于劳动纯产品的趋势，劳动的边际生产力决定劳动的需求价格。另一方面，工资有同培养、训练和保持有效率的劳动的精力所用的成本保持密切关系（虽然是间接而复杂的）的趋势。他强调：在计算劳动的成本时，不仅要考虑生存和维持效率的必需品，还要考虑习惯上的必需品。从这种供求均衡论出发，他否定古典学派的工资铁律和工资基金论，也不同意某些边际主义者单纯从边际生产力角度来说明工资的决定。

马歇尔认为：在现代文明中并不存在所谓一般工资率。劳动可以分为不同种类和阶层，每一劳动种类和阶层都有它自己特殊的需求价格和供给价格。“一般工资率”这种概念只是为了方便地考察劳动和资本的一般关系。

马歇尔还以供求均衡论为基础，分析了不发达国家的工资决定。他指出不发达国家的劳动阶级所能消费的奢侈品最少，甚至习惯上的必需品也不多。他们报酬的增加引起人数的大量增加，从而使他们的报酬又迅速降低至仅能维持生活所需要的费用的原有水平线。在世界上的大多数地方，工资几乎是按所谓铁律来规定的，这个规律把工资固定在培育和维持一个效率很差的劳动阶级的费用上。这一论点似乎是肯定工资铁律，否定不发达国家的工资由供求决定，其实不然，马歇尔恰恰是把所谓的工资铁律建立在供求均衡论的基础之上。他的上述思想可用图 11－12 表达：横轴为劳动供求量，纵轴为工资率。OS 为维生工资率，e_1 为初始均衡，初始均衡工资率高于维生工资率，结果引起劳动供给迅速增加，使供给曲线由 SS_1 右移为 SS_2，于是新的均衡点为 E_1，恢复维生工资率。在需求曲线因需求增加而从 D_1D_1 右移为 D_2D_2 后，均衡点为 D_2D_2 和 SS_2 的交点 e_2，工资率再次超过维生工资率，又引起劳动供给增加，供给曲线 SS_2 右移为 SS_3，出现均衡点 E_2，又恢复维生工资率。余类推。结果从长期看，虽然不断有工资高于维生水平的情形出现，但最终总是回落到维生水平，出现工资铁律。由此可知，不发达国家的维生工资率或工资铁律现象完全可以用供求均衡论加以说明。

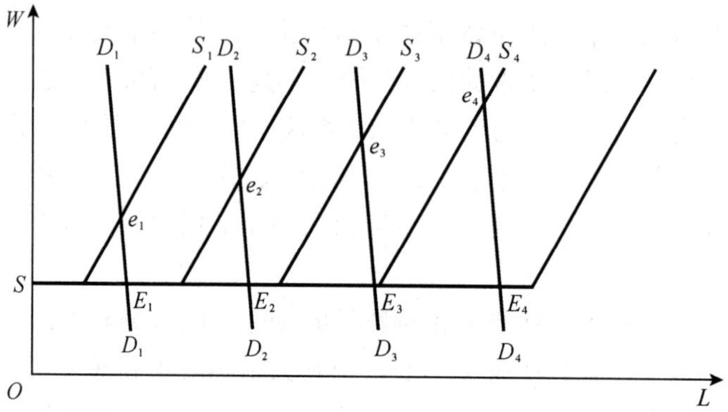

图 11－12　用供求均衡论分析不发达国家的工资决定

西方发达国家之所以有比不发达国家高的工资率，马歇尔认为是由于在发达国家中工人的必需品不仅含有维持生存的必需品，还含有维持效率的必需品。即相对于不发达国家来说，发达国家的劳动供给曲线有更高的位置。

由此可知，无论是发达国家还是不发达国家，工资率都由劳动的供求均衡来决定。区别在于发达国家的劳动供给价格包括了维持效率所必需的费用，而不发达国家的则不包括这部分费用。

马歇尔不仅对工资问题进行了上述实证性分析，还提出了自己的规范性要求，即主张实行效率工资。因为能提高效率的高工资，不仅能提高工资领受者的效率，而且能提高他们子孙的效率，报酬优厚的劳动一般是有效率的劳动，所以不是昂贵的劳动。从这一认识出发，马歇尔提出在一切资本中最有价值的莫过于投在人身上的资本。

三、利息理论

马歇尔认为：利息对于获得利息的人来说，是延期享受所做出的牺牲的报酬，或等待的报酬；对于付出利息的人来说，则是使用资本的代价。他把通常的利息区分为毛利和纯利，认为只有纯利才是等待的报酬，毛利则除了包含纯利外，还包含由风险、债权者的麻烦等因素所带来的报酬。他认为纯利的利率有趋向一致的趋势，但毛利的利率则没有这种趋势。

马歇尔认为：利率的大小也和工资率一样取决于资本的供求。资本的需求取决于增量资本所提供的纯产品，即资本的边际生产力。而资本的供给从根本上讲取决于资本家对延期消费或等待所期望的报酬。但具体来说，供给情况依据资金市场的大小、时间的长短而有所不同。对于局部地区的资金市场来说，需求增加后，资本可以通过向邻区抽调资金而在短期内迅速增加。但对于全国或全世界来讲，需求的增加、利率的上升并不会在短期中引起资金供给的增加，只有在长期中才会使资本总供给缓慢增加。

四、地租与准租理论

在地租问题上，马歇尔基本上重述了李嘉图的级差地租理论。他首先将地租区分为狭义地租和广义地租。狭义地租完全是自然界的恩赐，非人力所为，而广义地租则包括对土地进行投资改造所得的报酬。他重点分析了狭义地租的决定。他认为虽然对个人来说，土地也可以算是一种具体资本，可以变动它的数量，但对整个社会来讲，土地是数量不变且无生产成本的，是大自然的恩赐，所以土地没有供给价格。因此，地租便取决于对土地的边际投资的纯产品。他从土地报酬递减规律出发，认为随着投资的不断增加，最终会达到某个边际，处于该边际上的投资所生产的纯产品，仅提供正常利润而无剩余。而边际投资以前的各份投资的纯产品，则除去正常利润外尚有剩余，这些剩余便构成地租。

准租概念是马歇尔富有独创性的一个收入范畴。准租是指在短期中，由对各种在长期中数量可变但在短期中数量固定的生产要素的需求所引起的报酬。例如生产设备、工业组织、管理技能、个人的特殊才能等，在短期内都不能适应需求的变化而变化，像土地一样，它们在短期中的报酬完全由对其服务的需求决定，往往高于其供给价格，类似于地租。但在长期中它们数量可变，所以其长期报酬又由对其服务的供求双方决定，趋于其供给价格，因此又不具有地租的性质。生产设备的准租（短期收益）可以高于也可以低于均衡利率，但它的长期收益必须也必然趋近均衡利率。否则，若是低于均衡利率，则生产设备数量将减少；若是高于均衡利率，则其数量将增多。而这些数量变动最终将迫使其长期收益向均衡利率逼近。

准租概念使马歇尔能依据时间长短来说明要素收入与产品价格之间的关系。在短期中，要素收入能否包括准租是由产品的价格决定的，因此是产品价格决定要素收入；而在长期中，要素收入不再包含准租成分，趋向于其供给价格，并且要素收入通过影响产品供给价格成为产品均衡价格的决定因素之一，于是长期中是要素收入决定产品价格。

五、利润理论

马歇尔区分了正常利润和超额利润。他认为超额利润是企业家特有天赋的产物；正常利润则是企业家经营管理和组织企业活动的报酬。他认为企业家有两种能力：（1）生产的组织者；（2）人的领导者。而这两种能力是专门教育训练和天赋才能的产物。为培养这些才能而付出的代价决定着企业家“劳动”的供给价格。而企业家“劳动”的需求价格取决于企业经营的边际纯产品，这个纯产品表现为企业家在最合理地使用和安排其他各生产要素的条件下所能获得的纯收入，亦即在支付工资、利息和地租以后所能得到的正常利润。

总的来说，马歇尔的利润理论比较单薄，不像他对其他收入范畴的说明那样有力。

六、劳资调和论

马歇尔坦率地承认，分配论研究的主要意义是使我们知道：现有的社会经济力量使财富的分配日趋完善；这些力量是经常起作用的、日益壮大的；它们的影响大多是积累性的；社会经济组织比乍看起来要更加微妙而复杂；考虑不周的巨大改革会引起严重的后果。这表明：他相信现存制度会逐步改善，而任何大的社会变革都是不必要的。他承认在一般资本和一般劳动之间存在着一定的竞争关系，资本会排斥劳动。但他同时又认为：资本的增加会增加国民收益，虽然从短期看，劳动者不能从这种增益中得到明显的好处，但从长期看，资本的增加会增加就业，更重要的是随着资本的增加，利率必然下降，从而降低资本收入在国民收入中的份额，提高劳动收入的份额。他的结论是：一般资本和一般劳动在创造国民收入上是相互合作的，并按照它们各自的（边际）效率从国民收益中抽取报酬。它们的相互依存是极其密切的：没有劳动的资本，是僵死的资本；不借助他自己或别人的资本，则劳动者势必不能久存。哪里的劳动奋发有力，那里资本的报酬就高，资本的增值也很快。由于拥有更多的资本和知识，西方国家的普通工人在许多方面都比以前的王公吃得好、穿得好，甚至住得也好。资本和劳动的合作，如同纺工和织工的合作一样重要：一方的发展是同他方的力量和活动分不开的；不过，一方用牺牲他方的办法可以暂时（如果不是永久地）取得较大的国民收益份额。

第八节　货币、经济波动和国际贸易

一、货币理论

马歇尔认为：货币的职能主要有两种，即交换媒介和价值标准。为了履行第二种职能，就需要保持货币价值或货币的一般购买力的稳定性。他指出：货币的一般购买力或物价水平在实际生活中会发生波动，但人们必须区分它的短期波动和长期波动。而为了弄清这种波动，就需要用算术加权法或几何加权法来计量货币的一般购买力，即编制物价指数。他看到了编制物价指数的各种困难，承认不能希望得到一种没有大缺点的购买力标准，但考虑到长期借贷活动的需要，应当确定一种官方的一般购买力单位，也就是由政府定期公布物价指数。

在分析了货币价值的计量问题之后，马歇尔进一步探讨了货币价值的决定因素，认为货币的价值与其他商品一样，取决于其本身的供求状况。他指出：决定货币价值的因素在供给方面是贵金属的生产成本，在需求方面是人们建立在贵金属基础上的对购买力的需求，再加上工业以及炫耀性消费对贵金属的需求。从这一看法出发，马歇尔对费雪的交换方程 $MV=PT$ 提出了异议，认为那不过是一个恒等式，并未说明决定货币流通速度 V 的原因。他认为这种原因必须从国民愿意以通货形式保存的购买力总额，即国民对货币的需求角度来说明。他认为这种需求的大小与如下因素有关：人口，财富，人均交易额，货币交易占交易总额的百分比，货币的代用品如支票、汇票等的发行情况，货币的交易效率，个人的职业和性情，运输、生产和交易方式。若国民对货币的需求既定，则物价水平将会随着货币供给的增加尤其是不兑现纸币的增加而上涨。他关于货币供求决定其价值的思想，为后来他的学生庇古提出货币的剑桥方程奠定了基础。

马歇尔认为：通货要有效地发挥交易手段的功能，就必须保持其购买力的稳定，而只要政府能防止伪币流通并使人民绝对相信货币不会发行过多，纸币就能够保持这种稳定性。为此，政府必须编制物价指数并据此调节通货的数量，使物价指数保持不变。他还提出：要考虑信用正常时期和信用失常时期人们对货币的不同需求并据此调节货币的供给。这些观点表明马歇尔已经有了管理通货的萌芽思想和相机抉择货币政策的萌芽思想。

在分析商业信用问题时，马歇尔指出了实际利率与货币利率之间的区别，指出了货币利率的变化与货币购买力的变化，从而与信用周期的关系，即物价上涨一般伴随着货币利率的上升，而物价下跌一般也伴随着货币利率的下降。这一思想可能影响到费雪关于物价与利率之间关系的看法并经由当代的货币主义而广泛传播，成为货币主义反对凯恩斯主义以一定的利率水准作为货币政策中间目标的理论依据。

马歇尔对货币理论的最后一个贡献涉及国际金融，他在穆勒关于金本位制国家之间货币汇率决定机制的理论的基础上进一步阐明了购买力平价论，从而解决了不可兑现的纸币在不同国家之间的汇率决定问题。

二、经济波动

马歇尔认为在以往商业交往不发达的时候，经济的波动往往与农业收成的变化、战争和瘟疫有关。而在现代经济中，导致商业危机的直接原因往往是少数企业的破产，但危机的真正原因还不在于少数企业的破产，而在于许多信贷没有坚实的基础。可以说他基本上是从信贷因素、从现代经济的广泛交往联系角度来寻找波动原因的。

马歇尔对物价的波动原因也进行了分析。他认为物价长期波动的主要原因是贵金属的数量相对于必须以贵金属为媒介的交易量发生了变化。而短期波动则与通货量及贴现率的变化有关。当通货增加后银行将降低贴现率以促进贷款，从而刺激投资需求，提高价格水平，而这将提升贴现率和长期贷款的利率。

总体上看，马歇尔更多的是描绘了信用与经济波动的现象，考察了技术进步对就业的影响。他承认技术进步会使小部分工人暂时失业，但从长远看将利大于弊。他认为市场机制能很好地解决不同劳动力的配置问题。他指出现代化大工业往往使失业问题表现得格外严重。

三、国际贸易理论

马歇尔的国际贸易理论是以李嘉图的比较成本说为基础的。马歇尔指出：只要有利条件不是平均地分布在各个行业之间，开展贸易就对双方都有利，即使其中一方在各方面都比另一方强。同时，他也承认，在两种情况下实行进口关税有一定的合理性：一是不发达国家为了保护其新兴产业；二是地域辽阔，在国内征税成本很高的国家。但他担心为了保护新兴产业而实行的保护性关税在新兴产业已经成长起来之后还会继续实行下去。

马歇尔认为：由于劳动和资本能够在国内自由流动而在国家间的流动会遇到很大的障碍，所以商品在一国之内的交换价值与在国家间的交换价值有很大不同，国内价值的决定机制与国际价值的决定机制是不一样的。他以图 11－13 说明了国际价值的决定：横轴表示 E 国产品的数量，纵轴表示 G 国产品的数量。OE 表示 E 国意愿的贸易条件，表明 E 国用一定数量的产品所希望换得的 G 国的产品量。例如，E 国希望用 M 量的产品换得 G 国 N 量的产品。OE 曲线凸向横轴，表明随着 E 国出口量的增加，它所希望换回的 G 国产品按递增速度增加。OG 曲线表示 G 国意愿的贸易条件，表明 G 国用一定量的本国产品所希望换得的 E 国的产品量。例如，G 国希望用 n 量的本国产品换得 m 量的 E 国产品。OG 曲线凸向纵轴，表明随着 G 国出口量的增加，其所希望换回的 E 国产品按递增速度增加。OE 曲线与 OG 曲线的交点 A 反映了两国产品均衡的交换比例，或两国产品的交换价值。当实际交换比例偏离它时，将自发地趋向这一均衡比例。例如，当初始比例为 P 点的交换比例时，虽然 E 国愿意以 M 量本国产品换回 N 量 G 国产品，但 G 国却愿意以大于 N 量的本国产品去交换 E 国的 M 量产品，愿意把交换比例由 P 点移向 T 点；而 E 国进一步愿意把交换比例由 T 点移向 S 点；G 国又进而希望移向 H 点……最后在 A 点达到均衡。概括来讲，若实际的交换比例落在 OE 曲线的右边，则它将向左移动；若落在 OE 曲线的左边，则它将向右移动。同理，若实际交换比例落在 OG 曲线的上方，则它将下移；若落在 OG 曲线的下方，则它将上移。

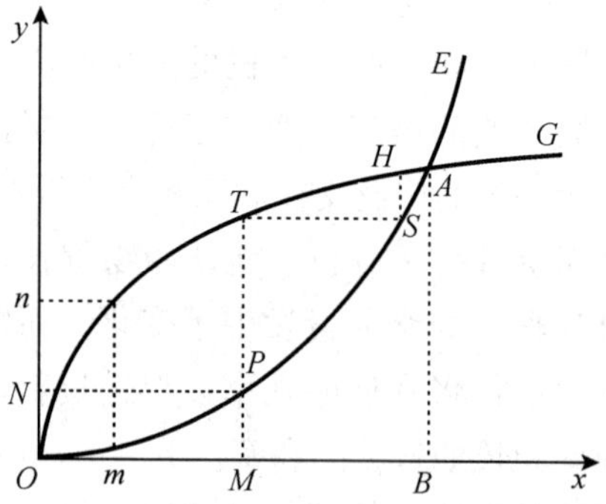

图 11－13 马歇尔国际价值的决定

马歇尔进一步将图 11－13 作为基本分析工具，研究了两个国家对对方产品的需求弹性的大小以及关税的大小对均衡交换比例的影响。其基本结论是：当 G 国对 E 国的产品具有较大需求弹性（即 OG 曲线较陡峭）时，E 国对 G 国产品需求的增加（表现为 OE 曲线右移）不会引起均衡交换比例的太大变化；若 G 国的需求弹性较小（即 OG 曲线较平坦），则 E 国对 G 国产品需求的增加将使均衡的交换比例向着不利于 E 国的方向变化，即 E 国需要用更多的本国产品来换取一定数量的 G 国产品。当 E 国对其向 G 国的进出口征收关税时，会在某种程度上减少其进口，在更大程度上减少其出口，从而使均衡的交换比例变得有利于 E 国，即 E 国可用更少的本国产品换得一定量的 G 国产品。同时，若 G 国对 E 国的产品有很大的需求弹性，E 国对进出口征收中等程度的关税，将在 E 国对 G 国产品的需求有弹性时降低双方的贸易欲望，而在 E 国对 G 国产品的需求无弹性时不影响交换比例。

马歇尔还研究了关税对两国利益的影响。他指出：若 E 国对其进出口征收一般性关税并用其购买本国产品和劳务，则 E 国将使 G 国在两个方面受损：一是降低 G 国的出口欲望，二是恶化 G 国的交换比例，迫使 G 国用更多的本国产品来交换同样数量的 E 国产品。同时，这对 E 国本身将既有利又有弊，弊在于将减少其进口，利在于将改善 E 国的交换比例。若把 E 国政府和人民的利益一起计算，这种关税是有一些好处的。

马歇尔还进一步分析了关税的归属转嫁问题。他的结论与约翰·斯图亚特·穆勒的一样：一国对别国产品需求弹性越大且别国对其产品需求弹性越小，该国越能将关税负担转嫁给别国。

虽然马歇尔对关税的各种影响进行了广泛的分析，肯定了关税在一定条件下的各种好处，但马歇尔基本上是倾向于自由贸易的。他对自由贸易的论证首先是依据李嘉图的比较成本说，其次也从政治角度提出了一些其他论证。他提出：贸易保护政策会腐蚀国家的政治生活，对政治家的道德素养造成损害。因此，他认为：自由贸易的政策现在是、将来或许仍然是最好的政策，因为它不是一种对策，而是无对策。为应付一时所需而制定的政策，将由于时过境迁而过时。但自由贸易这种朴素而自然的做法，将胜过操纵关税所获得的各种小利，不管税收征管的方法多么科学、多么高明。他还进一步分析了保护关税政策比自由贸易主张更易获得成功的原因，即利益明确的小团体往往比利益模糊的大团体更容易在政治生活中实现自己的目标。主张保护关税的人能够清楚地说出这种政策将使哪些人受益，而主张自由贸易的人则往往讲不清楚保护关税将具体伤害哪些人。他因此认为自由贸易政策在英国的实施是一个偶然事件，因为以往对进口商品课征的保护性关税碰巧都挑选得很不好，给英国公众带来了明显的伤害。

马歇尔上述从政治角度对自由贸易和保护关税所做的分析，可以说是今天的寻租理论、公共选择理论和集体行为理论的萌芽。

马歇尔也考虑了今天发展经济学所考虑的新兴国家的产业选择问题，认为它们最需要发展的是依托本国资源、人力密集的产业，而不是那种耗资甚巨、需要高度专门技术的产业。

马歇尔对国际贸易的长期趋势有下述判断，即受自然资源的差别支配的贸易额比重将增大，而受工业发展阶段的差别和制造业种类的不同支配的贸易额比重将减小。

第九节　马歇尔综合体系的意义

马歇尔经济理论体系的主要特征是它的综合性。这一综合体系的主要思想源流当属约翰·斯图亚特·穆勒。只要比较一下马歇尔的《经济学原理》和穆勒的《政治经济学原理》，便可清楚地看到两者之间的承继关系。马歇尔晚年在回忆自己的思想发展过程时，也承认深受穆勒上述著述的启发。熊彼特在谈到马歇尔和穆勒两人之间的关系时，认为像马歇尔这样一个彻底受过数学训练并决心攻读经济学的人，对于穆勒在证明的中肯性和结论的确定性方面所表现出的模糊和粗疏，必然会感到惊讶；此外，他认为马歇尔会马上动手清除各种限制并使命题概括化。要把穆勒的结构转化为马歇尔的结构，除了上述两点外，实际上不需要很多东西了。在对穆勒体系进行的改造中，马歇尔加进了边际分析方法，相互作用的观念，对欲望、效用和需求的分析，以及图解表达方法。对于边际分析方法，他受惠于古诺和杜能。对于相互作用的观念，他是从古诺那里获得的。正是这一观念，使他一方面把供求看作是价格的函数，另一方面又以供求的均衡来决定价格，而不再像穆勒那样穷究决定价值的最后原因。对欲望、效用和需求的分析，则是马歇尔自己独立发现的。虽然它们迟至 1890 年才被出版，但从凯恩斯为马歇尔所写的传记来看，从马歇尔对杰文斯、门格尔和瓦尔拉斯等人并未表示感激的态度来看，这一点是无疑的。马歇尔和美国的克拉克一样，都是在不依靠边际革命的三位奠基者的贡献的情况下，独立然而重复地发现了边际效用理论。但由于马歇尔深信连续原理，所以并不是把他发现的边际效用论作为反对古典学派的利器，而是把这一发现与古典学派的体系进行了综合，把边际效用和生产费用作为决定价值的两股力量。至于他的图解表达方法，则是他的数学基础所导致的后果。1890 年出版的《经济学原理》，是他对穆勒的体系进行上述改造的结晶。

马歇尔的思想也深受德国历史学派的影响，但这种影响在《经济学原理》一书的正文中很难找到它的痕迹。他对经济史所做的研究，主要体现在《工业与贸易》一书中。马歇尔本来打算将该书作为《经济学原理》的第一部分，后来才决定另行成册。

关于这一新的综合体系，我们可以从马歇尔以后两位西方经济学界的大师凯恩斯和熊彼特的下述评价中，了解它对西方经济学的重大影响。

凯恩斯认为马歇尔的《经济学原理》对西方经济学做出了七大贡献：（1）最终澄清了在经济学发展史上关于需求和生产费用哪个决定价值的争论。（2）一般均衡理论作为一种分析方法，由于马歇尔导入了两个有影响的辅助概念，即边际和替代，而更有力、更灵验了；边际这个概念被他引申到效用的范围之外，以说明任何一种经济因素在一定条件下的均衡点；而替代这个概念则被用于描述恢复或趋向均衡的过程。运用这种方法，工资和利润等收入范畴，也像商品的价值一样，由供求均衡的机制决定。（3）通过短期和长期这一对概念，把时间因素引入经济分析，从而进一步引出了外部经济和内部经济这一对概念，以及主要成本与辅助成本这一对概念，借助长期和短期的区分给出了正常价值的确切含义。借助准租和代表性厂商这两个概念形成了正常利润学说。（4）提出了消费者剩余这一概念，为分析自由放任条件下的福利问题提供了工具。通过这一工具，马歇尔证明了在某些条件下，自由放任并不能导致社会的最大福利。这一思路为后来庇古建立福利经济学开辟了通道。（5）以外部经济和报酬递增为基本分析工具建立了对垄断的分析。（6）引进了弹性概念。（7）重视对经济史的研究，虽然这一点在《经济学原理》一书的正文中并不明显。

熊彼特认为马歇尔的《经济学原理》对西方经济学做出了六大贡献：（1）这部著作

的论点和分析工具指导了1890年以后30年间的经济学研究工作。(2) 区分长期与短期，这最终导致经济学的一个特殊部分的兴起，那就是短期分析。(3) 由于提出报酬递增(费用递减) 现象，所以马歇尔应当说是不完全竞争理论的创始人。这在斯拉法1925年发表的论文《论产量与成本之间的关系》中可以清楚地看出来。(4) 在《经济学原理》第六篇里，马歇尔运用一种既有别于局部均衡又异于一般均衡的“总合的”分析方法，对整个经济过程进行了广泛的概括，从而为货币理论成为关于总产量和就业的理论开辟了道路。(5) 尽管未能引起读者的充分注意，但马歇尔事实上建立了一个关于经济发展的理论。(6) 马歇尔是促使现代计量经济学诞生的最有力的影响者之一。

但马歇尔的综合体系，从发展西方经济学的角度来看，也并非没有缺陷。有两点不足降低了这一综合体系的价值：一是这个体系的需求理论是建立在基数效用论的基础上的，没有吸收后来的序数效用论的成果，而这一成果在马歇尔在世时已经出现。这就使这一部分理论无可避免地具有基数效用论的各种不足。二是这个体系过于偏重局部均衡方法，从短期来看，这是这个体系比瓦尔拉斯的体系更能够得到广泛传播的一个优点，但从长期来看，这无论如何都是一个缺点。这两点不足表明：马歇尔实际上是将边际革命的初期成果与古典理论进行了综合，并没有对边际革命所实现的各种成果进行综合。对边际革命的几乎全部成果加以总结的工作，是由后来的希克斯和萨缪尔森完成的。

马歇尔在西方经济学史上一代宗师的特殊地位，是由三个原因造成的：

第一个原因是：由于他的不懈努力，经济学从伦理学和历史学当中独立出来，他于1903年创立了剑桥大学的经济系，培养了一大批学生。这些学生后来都在他的旗帜下对西方经济学的各个方面进行了广泛的研究和探索。正如凯恩斯所说，马歇尔成为当代英国经济学之父，主要是由于他培养了众多的学生；有宏丰的著述，倒在其次。

第二个原因是：马歇尔的表述方法符合当时经济学界的知识素质，这既是他优于瓦尔拉斯的地方，也是他不如瓦尔拉斯的地方。与瓦尔拉斯的体系相比较，马歇尔的体系以简洁雅致见长，具有雅俗共赏的特征。而瓦尔拉斯的体系更严谨、更全面、更富有逻辑上的美感，但也更深奥难懂。瓦尔拉斯的体系注定主要是为20世纪的经济学专家准备的，而马歇尔的体系则在当时便适应一般公众的需要。所以，在短时间里，马歇尔比瓦尔拉斯赢得了更多的追随者，但随着时间的推移，随着经济学界整体知识素质（尤其是数学水平）的提高，瓦尔拉斯所获得的声誉相对于马歇尔来说则日渐升高。

第三个原因是：马歇尔的体系在结构上具有可分解的特征，即其中的任何一部分理论都可以相对独立存在。这就使他的后继者可以各自以他的某部分理论为基点，深入研究某个局部领域，如福利理论、厂商理论、消费理论等。而瓦尔拉斯的体系在结构上则不具备这种特征，很难设想瓦尔拉斯的后继者可以进行局部领域的深入研究，对于他们来说，要么是发展完善瓦尔拉斯的整个体系，要么什么也别干。而发展完善整个体系所需要的知识素养，在瓦尔拉斯以后的相当长一段时间里，对大多数经济学家来说，是不具备的。因此，这一工作总的来看便只能推迟到20世纪。可以用一个比喻表明马歇尔体系与瓦尔拉斯体系在结构上的差别。瓦尔拉斯是盖了一座宏伟的结构联系紧密的建筑，而马歇尔则是盖了一批联系松散的建筑。瓦尔拉斯的后继者必须对那座宏伟的大建筑进行整个装修，而马歇尔的后继者则可以只专注于装修其中一座小建筑而不顾及其他建筑。所以马歇尔有一大群门人弟子，而瓦尔拉斯只有一个帕累托。

思考题

一、述评马歇尔的均衡价格论。

二、述评马歇尔关于收入分配的一般原理。

三、述评马歇尔对经济思想的贡献。

第十二章
威克塞尔与瑞典学派

19 世纪末西方经济学在其演进过程中所发生的第二次综合，在英语世界中是由马歇尔完成的，而在非英语世界中则是由威克塞尔完成的。威克塞尔体系的综合性质，由于语言壁垒，曾长期被人们忽视。系统反映威克塞尔理论体系的《价值、资本与地租》和《利息与价格》，分别出版于 1893 年和 1898 年，前者较马歇尔出版《经济学原理》晚 3 年。所以从时间上看，威克塞尔与马歇尔大致在同一个时期建立了各自的综合体系。

克努特·威克塞尔（1851—1926）出生于瑞典斯德哥尔摩。1885 年获乌普萨拉大学数学硕士学位，先后做过讲师、记者和小册子作家等。35 岁时转向研究经济学，在此后 5 年遍游英、德、法、奥各国，研习经济理论，1895 年获经济学博士学位。1899 年任乌普萨拉大学助理教授，1900 年任隆德大学副教授，1911 年获法学博士学位，1903—1917 年任隆德大学教授。他从青年时代起便关心社会及伦理问题，思想激进，曾于 1905 年因发表思想偏激的演说《王座、祭坛、宝剑与财货》而被监禁两个月。其主要论著有：《价值、资本与地租》(1893)，《财政理论考察，兼论瑞典的税收制度》(1896)，《利息与价格》(1898 年，有中译本)，《国民经济学讲义》(1901—1906 年，有中译本)。威克塞尔的贡献，除了具有一般均衡特点的微观经济学和分析物价水平决定机制的宏观经济学外，还有公共财政方面的观点。

第一节　经济学的性质、分类及其研究方法

一、经济学的性质与分类

威克塞尔指出：经济学的性质并非一成不变，而是随着时代的变迁而变化。在实行国家干预的重商主义时代，经济学是关于国民家计原理的科学，而在自由竞争的私有制时代，经济学关注人们利用既定手段达到尽可能大的物质满足或利用尽可能少的手段达到既定物质满足的活动，是关于人们在约束条件下谋取物质利益最大化的活动的学说。

从经济学的上述性质出发，威克塞尔首先将经济学区分为“理论经济学”和“实用经济学”，并进一步将“实用经济学”部分区分为：在既定制度条件下基本理论的应用和

对既定制度条件的评价及改进。于是，他把经济学分为三大块：（1）理论经济学，主要涉及对经济规律的论述。（2）实用经济学，主要涉及经济规律在具体经济生活中的应用。（3）社会经济学，主要涉及应当如何应用经济规律及应当对现存的经济制度进行何种改革。

对于理论经济学，威克塞尔又将其分为若干部分：（1）价值与交换理论，涉及消费和需求，以及自由竞争和非自由竞争条件下的价值决定。（2）生产与分配理论，涉及生产三要素在生产中的作用及在产品分配中的相对份额。但这部分内容并不包含生产要素财产权的分配问题。它属于社会经济学领域，明确区分收入分配与财产分配，是威克塞尔体系的长处之一。（3）资本理论，主要涉及在动态条件下资本的积累及收益问题，而前两部分主要涉及的是静态分析。（4）货币与信用理论。这部分内容进入理论经济学，是威克塞尔的一大创新。这是他结合李嘉图的货币数量论与庞巴维克的资本利息理论的结果。可以说，马歇尔在价值理论上综合了古典学派和边际学派，提出相对价格的决定理论；而威克塞尔则在货币与信用理论方面综合了古典学派和边际学派，提出一般物价水平的决定理论。

二、经济学的研究方法

威克塞尔认为：经济学的研究方法主要是抽象推理法，即从某些假设前提出发，运用逻辑推导出相应结论。他指出：采用抽象推理法所得出的结论是否符合现实，在多大程度上符合现实，取决于两点：（1）假设前提的现实性；（2）被抽象掉的因素的相对重要性。前提的现实性越强，被抽象掉的因素的相对重要性越小，则结论越可能接近现实。同时他也指出：在研究的过程中，有时可以先把某些重要的因素抽象掉，以使研究对象简单化，然后进一步考虑开始时被抽象掉的重要因素的作用。

威克塞尔的抽象推理法包含了数学方法。他认为数学方法并不能保证不产生错误的演绎，但与单纯描述的方法相比，其优点在于不会长久地隐藏错误。在推崇抽象推理法的同时，威克塞尔也肯定了历史学派归纳方法的作用，认为这两种方法在经济学的研究中是分工关系。

第二节　价值理论

威克塞尔指出：如果把“交换”这一概念广义理解为人们在同一种生产资料或完成品的各种用途之间或在达到同一目的的各种手段之间一直持续进行的选择，那么价值理论就不仅对于自由竞争的经济而且对于自然经济和集体主义经济都具有重要意义。因此他把价值理论作为理论经济学的基本理论。

威克塞尔的价值理论也像马歇尔的一样是一种供求均衡价格论，但后者以局部均衡为特征，前者以一般均衡为特征。威克塞尔既肯定边际生产费用对交换价值的决定作用，也肯定边际效用对交换价值的决定作用，把边际生产费用和边际效用作为在一般均衡体系中与交换价值具有相互作用关系的两股力量，由它们的均衡决定着交换价值。因此，他的价值理论也是综合了古典学派的生产费用论和边际学派的边际效用论的结果。他的价值理论本质上是以一般均衡为前提的供求均衡价格论。该理论及马歇尔的以局部均衡为前提的供求均衡价格论与古典学派的生产费用价值论及边际学派的边际效用价值论的根本区别在于，后两种理论都认为价值有唯一的最终决定因素，而前两种理论则否认这一点。

下面主要简单介绍威克塞尔价值理论的一些富有特色的论点：

（1）威克塞尔不认为某种商品的边际效用仅仅依赖于该商品本身的数量，而是强调各种商品的边际效用相互之间的依存关系，强调某种商品的边际效用对所有商品的数量的依存关系。虽然奥地利学派在详细说明其边际效用价值论时，已经对这种关系的不少特殊情况加以分析，但威克塞尔用数学方式对这种关系做了一般性表述。威克塞尔把消费者的总效用定义为在某一单位时间里一切商品的数量的函数：$U=U(X_1,X_2,X_3,\cdots)$。式中，U 为总效用，X_1，X_2，X_3，…分别为各种商品的数量。这一效用函数与马歇尔的效用函数有明显不同，后者把总效用定义为各种商品的效用总和，其前提实质上是否定了各种商品的效用之间的相互依存关系。威克塞尔根据上述总效用函数，把某种商品的边际效用定义为一阶偏导数 $\partial U/\partial X_i(i=1,2,\cdots)$。对总效用和边际效用的上述数学表达，一直被延续到今天。

（2）威克塞尔认为以李嘉图为代表的古典学派，在价值问题上的根本错误是忽略了生产边际并非固定不变，而是依需求的变化而变化这一现实。所以，虽然价值与生产边际上的生产费用相等，但这并不意味着价值由这种生产费用决定。

（3）和马歇尔一样，威克塞尔也认为只要财产分配不均等，货币的边际效用在穷人和富人那里就有区别，那么自由竞争所形成的交换均衡就不一定意味着社会福利的最大化。这一论点实际上是边际效用价值论的逻辑结论。威克塞尔与马歇尔对自由竞争均衡的这一看法影响了他们各自的门人弟子，对后来斯堪的纳维亚各国和英国的收入再分配政策产生了重要影响，这表明边际主义思潮的潜在意义是主张政府干预收入分配。威克塞尔对政府干预提出了如下保留意见：如果干预导致总产量减少，那么即使收入分配更均等化了，也未必可取。

（4）威克塞尔不仅考虑了自由竞争条件下的价值决定，还考虑了不完全竞争。他指出：在竞争与垄断之间不存在绝对界限。他分析了垄断利润最大化的条件。他还指出：消费者信息不完全以及产品的空间差距造成了零售贸易的不完全竞争，进而导致比在完全竞争条件下更高的价格和更多的零售商。这些思想后来为张伯伦和琼·罗宾逊所发展。

第三节　生产-分配理论

在生产-分配理论中，威克塞尔认为在不同的经济制度下生产与分配之间有不同关系。他指出：若整个国家是一个统一的经济单位，则生产将纯粹是一个追求某个目标极大化的技术问题，而分配将是独立于生产的问题，它要受到纯经济之外的考虑的制约。

但在自由竞争的私营企业制度下，生产者以利润最大化为目标来安排生产，而利润的大小又受到成本从而受到工资、利息及地租所要求的产品份额的影响。因此，生产与分配问题不能分离并且在本质上是同一个问题。

威克塞尔认为生产要素除了土地、劳动和资本外，还包括以专利、商业秘密形式存在的技术发明和商誉。但在分析自由竞争条件下的生产和分配时，他仍然把三要素作为分析对象。由于他认为技术发明和商誉这类生产要素会限制自由竞争，所以不必加以考虑。

威克塞尔以产品市场价格既定为前提，对生产-分配问题进行静态分析，先研究非资本主义生产（基本上不使用工具的生产），再研究资本主义生产（使用工具的生产）。

在分析非资本主义生产时，威克塞尔的核心论点是用边际生产力递减规律来说明劳动和土地要素的增加对生产量的影响，以及这两种要素的收入份额——工资和地租——的决定。他的论点和美国经济学家克拉克的论点基本一致，从而使他们被并列为边际生产力论的发明者。威克塞尔的独特之处是用数学方式表述了边际生产力论，从而清楚地揭示了这一理论的适用前提。

威克塞尔假定生产函数具有如下形式：$Q=W\cdot f(L/W)$，式中，Q 为产量水平，L 为土地要素量，W 为劳动要素量。由此函数，边际生产力可表示为 Q 对于 W 和 L 的一阶偏导数。当该函数为线性齐次（其经济含义是规模报酬不变）的时，则各要素按边际生产力决定的收入份额之和正好等于总产量，即：$W(\partial Q/\partial W)+L(\partial Q/\partial L)=Q$。若规模报酬递增，则各要素按边际生产力决定的收入份额之和大于总产量，如此则自由竞争局面将无法维持，各要素报酬也无法按边际生产力支付。若规模报酬递减，则各要素按边际生产力决定的收入份额之和小于总产量，这意味着企业总会获得利润（它等于总产量与收入份额总和之差），因此人人争当企业家，所有企业都将最终分裂为更小的企业，结果收入分配也将不再由边际生产力决定。由此可知，收入分配的边际生产力论要依存于两个前提：一是整个经济的规模报酬不变，这保证总产出正好可以按边际生产力进行分配，不多不少。二是各个企业都要在相对于市场需求的较小规模上达到由规模报酬递增发展为递减的临界点，这保证了完全竞争的局面。所以边际生产力论要依赖关于整个经济和各个企业的规模报酬的特殊假定。

在分析资本主义生产时，威克塞尔关于资本和利息的观点可概括为如下几点：

（1）不赞成用资本的边际生产力来说明利率。威克塞尔认为利息与工资及地租并不完全类似。关于劳动和土地，边际生产力规律在一定保留之下是适用于整个国民经济和任何私营企业的，但这个理论只有从个别企业家的角度来考察时才适用于资本。假如考察社会总资本的增加（或减少），那就绝不是随之发生的社会总产量的增加（或减少）决定资本利率。

（2）绝对精确地规定社会资本概念，将它作为一个确定的量，即使不是不可能，也是很困难的。在威克塞尔用来说明利率决定的一个数字例子中，他指出在既定产品价格条件下，只有先确定均衡利率，然后才能通过确定工资额再确定以货币计的社会资本的价值。而由此求得的社会总资本额是无法用来证明社会总资本的边际生产力决定均衡利率的。他的上述数字例子还表明：当均衡利率变动时，社会总资本将反向变动，这就是后人所说的伪威克塞尔价格效应。他还从另一个角度说明了社会资本总额对利率的依存关系，即利率变化将引起各种资本品再生产成本的变化。这就是后人所说的利率变动的实威克塞尔价格效应。

(3) 威克塞尔指出：在社会资本的某些特定水平上，或者说在由此决定的某些特定均衡利率下，在同一产业（如瑞典制鞋工业）内，可能同时存在两种或多种生产方法，这两种生产方法可能需要完全不同的资本数额和不同的生产时间（如手工制鞋和机器制鞋）。由此可知，他并不认为企业家对生产方法（劳动力人均资本、生产时间）的选择是社会资本量和利率的单值函数。

上述三点看法表明，威克塞尔是当代以琼·罗宾逊为代表的新剑桥学派反对新古典经济学关于边际生产力论和总量资本概念的先驱。

(4) 威克塞尔认为利息是由劳动和土地要素不直接用于生产消费品，而用于更迂回从而更有效的生产消费品的方法所造成的，在这种更迂回的生产方法中，劳动和土地以资本的形式被储存起来，所以资本实质上是储存的劳动和储存的土地。利息则是储存的劳动和储存的土地的边际生产力与现存的劳动和现存的土地的边际生产力的差额。而这个差额之所以经常是正值，则是因为储存的劳动和土地比现存的劳动和土地有更大效率，而这又是因为现存的劳动和土地相对于它们所可使用的目的是丰富的；而储存的劳动和土地在同样的程度上对于许多有利的用途则是不足的。由于储存意味着被储存的劳动和土地要经历更长时间才能变为消费品，所以他又把时间要素看作资本概念的真正核心，把利率看作“期待”的边际生产力。

由此可知，威克塞尔基本上同意庞巴维克的时差利息论，强调时间因素在说明利息现象时的重要性。威克塞尔与庞巴维克的重要区别在于前者抹去了后者理论中的主观估价成分，即不再用人们对同种同量现在物品与未来物品的主观估价的差异来说明利息，而是用边际生产力概念来说明时差，即用储存的劳动和土地相比现存的劳动和土地在边际生产力上的优越性来说明利息的产生。所以威克塞尔的利息理论可被称作强调时差的客观性质的时差利息论，以区别于庞巴维克的强调时差的主观性质的时差利息论。

(5) 威克塞尔还分析了资本增加对收入分配的影响。他区分了两种情况：技术不变时的资本增加和技术进步时的资本增加。技术不变时的资本增加会使得现存的劳动和土地的边际生产力增加，而使得资本（储存的劳动和土地）的边际生产力减少，从而首先使工资和地租增加，利率下降，但资本在总收入中的相对份额仍然会增加。然而随着资本的继续增加，其相对份额将会减少，到最后其绝对份额也将减少。他把技术进步所产生的影响归结为生产期的延长或采用更迂回的生产方法，用他的话说便是资本的“深度”增加。因此，在技术进步时，增加的一定量的资本将分散用于比以前更长期的投资中，从而使以后每年增加的资本量将少于未出现技术进步时的数量，这成为抵消资本增加对利率的不良影响的因素。若技术进步发生在资本并未增加的情况下，则资本“深度”增加，而“幅度”变小，即每年分配到的资本额变小，这甚至会使工资和地租发生暂时的下降，所以他的结论是：进行储蓄的资本家基本上是劳动者的朋友，而技术的发明者则往往是劳动者的敌人。同时威克塞尔也承认：从长期来看，技术进步对工资和地租的不良影响将由于资本积累而得以抵消。

（6）威克塞尔认为储存的劳动与土地之间均衡的比例必须满足下述条件：储存劳动的边际生产力与现存劳动的边际生产力之比，等于储存土地的边际生产力与现存土地的边际生产力之比。

（7）威克塞尔认为投资于不同期限的资本相互间的均衡比例要满足下述条件：较长期投资与较短期投资的边际生产力之间保持着按照复利计算的比例关系。于是利率的降低将使得较长期投资相对增加、较短期投资相对缩减。

从总体上看，威克塞尔的分配理论是边际生产力论（用于说明工资和地租的决定）和时差利息论的结合。它不像马歇尔的分配理论那样具有统一的结构，但却包含了不少置后者于死地的思想观点的萌芽。

第四节　一般物价水平的决定与累积过程理论

在西方经济思想史上威克塞尔的最大贡献，是通过综合李嘉图的货币数量论与庞巴维克的资本理论，提出了以利率为基本变量的一般物价水平决定理论，以及物价在利率的影响下发生变动时的累积过程理论，从而建立了前凯恩斯的宏观动态经济理论并使得关于经济生活的实际面的理论与关于货币面的理论之间建立了联系，结束了以往理论中的货币中性论（即货币因素不影响经济的实际面的一种论点）。

威克塞尔研究物价水平的背景是资本主义世界从18世纪中叶到1873年，物价水平呈现持续上升，而1878年以后则出现持续下跌。他认为物价水平的波动与相对价格的变化不同，后者造成的危害可在一定程度上得到调整，而前者造成的危害则难以调整。因此，最好是在不影响相对价格的前提下，通过人为干预使物价水平保持稳定。这就需要研究物价水平的决定机制及其变化时的特征。

同时，19世纪后半叶，在包括杰文斯在内的众多统计学家的努力下，物价指数的概念开始被提出并且一些国家编制了一定时期的物价指数，这就为经济学家研究物价指数的变化准备了相应的方法和素材。

一、相对价格与货币价格

威克塞尔认为货币有三种职能：价值尺度、价值贮藏与交换媒介。后一职能是货币的最重要特征。为了履行这一职能，货币本身便应具有价格，而物价水平的倒数恰好是货币价格。

威克塞尔指出了相对价格与货币价格的不同决定机制。首先，相对价格受商品供求关系制约；而决定相对价格的因素并不决定货币价格，货币价格的决定必须到商品市场和货币市场的关系中去寻找。其次，相对价格偏离均衡后会自发调整从而恢复均衡，而货币价格一旦脱离原有均衡便不存在促使其恢复均衡的自发力量。因此，用来说明相对价格决定的理论不足以说明货币价格的决定，必须探讨货币价格的决定理论。

二、货币价格的两种决定理论：生产成本论与货币数量论

威克塞尔认为说明货币价格的理论主要有两种：生产成本论及货币数量论。他指出：在以黄金充当货币的条件下，黄金的生产费用只有在相当长的时间内才会影响到货币价格，但在这段时间内货币价格并非一成不变，而对商业活动有重大影响的恰恰是货币价格在这段时间内的变化，因此要说明货币价格在这段时间内的变化，生产成本论便不是一种有价值的理论。

威克塞尔认为：与其他理论相比较，李嘉图等人在与以杜克为代表的银行学派的争论中所提出的货币数量论，是解释货币价格的较完善的理论，但这一理论也包含一些严重缺点。他指出：按照货币数量论，货币数量与货币价格之间存在直接因果关系，货币数量变化首先影响到人们的现金准备，进而影响到各种商品的供求，最后影响到货币价格，使之发生与货币数量的变化同比例但反方向的运动。同时，货币数量的变化对经济的实际方面，即生产总水平、生产结构、资源配置以及产品和要素的相对价格，均无任何积极作用。也就是说，按照货币数量论，货币具有中性。货币数量论实质上是把货币数量当作货币价格的最终决定因素。

威克塞尔指出：货币数量论建立在一系列不现实的假定之上，相对于这些假定来说，它是正确的，但问题在于这些假定距现实太远。这些不现实的假定包括：（1）假定货币制度是不存在银行信用体系的几乎完全的个人现金制度。（2）假定作为交换媒介的货币与作为财富储藏的货币之间有明确界限，只讨论作为交换媒介的货币。（3）定义货币仅仅为纸币和硬币，否定与它们可互相替代的各种票据（账面信用、汇票、支票等）的货币性。由以上三个假定，便可得到第四个假定：（4）货币流通速度不变。他着重分析了第四个假定的非现实性，认为随着信用制度的发展，流通速度的变化范围越来越大。在纯现金的经济中，流通速度的变化范围相当狭窄，理论上可以假定流通速度不变。在简单的信用经济中，流通速度已经加快，变化范围稍有扩大。在有组织的信用经济中，由于汇票的广泛使用和借贷集中于金融机构，流通速度的变化范围大为扩张。所以在理论上已没有理由再把它看作一个常量，从而单纯用货币数量来说明物价水平是不够的。另外，信用制度的发展有可能使货币完全脱离流通，因此单纯用货币数量来说明物价水平就显得更不合理。由此可见，需要对物价水平的决定做出新说明。

通过分析以杜克为代表的银行学派的理论，威克塞尔进一步指出：李嘉图的货币数量论的逻辑推论是随着货币数量的变化，货币价格和利率将同向变化，而银行学派却依据统计资料表明，两者将反向运动，即在货币价格上升（物价下跌）时，利率将下降。逻辑推论与经验事实之间的不统一，表明货币数量论包含着重大缺陷。

三、利率与物价水平、物价变动的累积过程

在以利率为基本变量说明物价水平时，威克塞尔创造性地区分了自然利率与货币利率。自然利率是指在实物借贷条件下，由实物资本供求所决定的利率，是投资与储蓄一

致时的利率，它等于新资本的预期收益率，它对物价水平的影响是中立的，既不使之上涨，也不使之下跌。货币利率则是指通常由银行等金融机构所决定的贷款利率。他认为两种利率完全一致的可能性是极小的。这是因为自然利率往往连续变化，而货币利率的变动往往是间断式的。自然利率的变动是由于技术变动、资本存量变化等生产领域内的因素，而货币利率的变动主要取决于银行等金融机构的政策。因此，自然利率变动在经历一段时滞之后，最终将牵动货币利率向它靠拢。但在经历时滞的过程中，货币利率很可能维持原状甚至与自然利率的变化背道而驰。

威克塞尔认为：并不是货币利率的绝对变化引起物价变动，而是货币利率相对于自然利率的变化引起物价变动。当不论是自然利率的变动或货币利率的变动还是两者的共同运动导致货币利率低（高）于自然利率时，物价都将趋于上升（下降）。只有当两种利率保持一致时，物价才保持稳定，才存在货币中性。

威克塞尔进一步分析了当两种利率不一致时引起物价变动的具体机制。这一分析涉及如下假设条件：(1) 资本存量不变。(2) 各个行业的生产期都为一年且不可缩短或延长。(3) 各行业的生产都始于年初、终于年末而后互相交换。(4) 企业家都无自有资金，都通过银行这一中介向资本家借入所需资金。(5) 一年的工资和租金都在年初一次支付。(6) 企业家也在年初便备好一年所需的投入存货。以上是他明确提出的假定。此外还有下述隐含假定：(1) 消费者的边际消费倾向不随货币收入变化而变化。(2) 人们普遍预期本年度的物价水平在下一年度将继续维持。(3) 经济中不存在垄断成分。

在上述假设下，威克塞尔指出：若货币利率与自然利率一致，则企业家只能获得管理报酬，无法获得利润，不会产生扩大生产的要求，不会产生对生产要素的额外需求，结果是物价保持稳定。一方面，无论什么原因使自然利率高于货币利率，企业家通过贷款从事经营都会获取一定利润，利润率等于自然利率减去货币利率的差额。利润促使企业家扩张业务，从而使得对劳动等生产要素的需求增加。而这种追加需求所需的资金，将由企业家按不变的货币利率从银行贷得。这又引起这些要素的价格（货币收入）提高。这种提高并不会降低企业家的利润率从而抵消他们扩张业务的要求，这是因为要素所有者会按照货币收入提高的幅度增加其对消费品的需求。由于消费品数量一定，所以消费品价格乃至一切产品的价格都将按需求增加的幅度增加。这就使企业家能够在要素价格上涨时继续获得因货币利率低于自然利率而带来的利润。如此，只要自然利率始终高于货币利率，企业家便始终在利润的刺激下不断增加贷款，不断增加对要素的需求，从而使要素价格不断上升。而要素所有者又由于货币收入增加而不断增加消费需求，从而使消费品乃至一切产品的价格不断上涨。在这一过程中，企业家将形成产品价格上涨的预期。正是在这种预期的支配下，企业家才可能不顾要素价格的上升而始终不减少甚至增加对要素的需求。这表明：一旦物价水平发生上涨，由此形成的预期行为将反过来进一步促进这一上涨运动，甚至在自然利率和货币利率恢复一致以后的一段时间里，预期因素仍然起着提高物价水平的作用，但实际提高的幅度将低于预期的幅度，从而使物价水平上升的过程最终停止。以上所讲的这一过程，便是物价上升的累积过程。另一方面，无论什么原因使自然利率低于货币利率，都将发生物价下跌的累积过程。

威克塞尔还指出：由两种利率不一致所造成的物价变化，与由技术或其他实际方面的因素所造成的物价变化，两者的区别在于前者是累积性的，后者是一次性的。在《利息与价格》中，他主要从两种利率不一致时企业家和要素所有者的行为角度来说明累积过程。在《国民经济学讲义》中，他开始从总供求的不一致角度来说明累积过程，从而顺便指出了萨伊定律的局限性在于它只适用于物物交换经济，不适用于货币经济。这一点，与威克塞尔认识到货币不仅具有价值尺度和交换媒介职能，还具有价值贮藏职能有密切联系。注意到货币的存在可能导致总供求不一致，这也许是他把货币理论与经济的实际理论相结合所产生的最可取的成果，同时也表明他是西方经济学家中早于凯恩斯反诘萨伊定律的人。

在上述对累积过程的分析中，威克塞尔以自然利率与货币利率始终存在差距为前提，着重分析企业家和要素所有者的行为对累积过程的影响。但他留下了两个问题：(1) 两种利率间的差距何以长期存在？(2) 这种差距最终何以消失从而结束特定方向的累积过程？对这两个问题，他主要是通过对银行行为的分析来回答的。

威克塞尔指出：若不考虑银行的行为动机及其所受到的限制，则从理论上讲，银行有可能使货币利率始终高（低）于自然利率，从而使物价的向下（上）运动持续累积下去，但事实上银行追求自身利益且其行为受到各方限制。

第一，单个银行必须和其他银行同步，不可能独自任意决定货币利率。若个别银行要保持过低或过高的货币利率，则将失去所有客户或破产。

第二，就单个国家来说，若其货币以金属本位为基础，则它的银行面对国外银行时，其地位也如上所述：若货币利率过低，贵金属将外流；若货币利率过高，外来贵金属将流入，而银行必须以存款形式接受并照付利息，同时由于货币利率过高其借户又相应减少，结果银行的贷款利息收入减少而存款利息支出增加。

以上是从银行间的相互制约来说明单个银行或单个国家的银行不可能随意决定货币利率。但若假设所有银行都自觉采用相同的货币利率，那么货币利率所受到的限制便具有另一种情况。这时，一方面，货币利率持续低于自然利率所造成的物价上涨的累积过程，将导致公众对作为交易媒介的货币（主要是纸币与支票）的需求不断增加，而这在金属本位制度下便意味着银行的准备金相对来说处于越来越不足的状态。同时物价上涨的累积过程还将打击黄金生产、刺激工业增加对黄金的需求，当需求超过生产的供给时，便只能取自银行库存。这又使银行的黄金准备绝对减少。上述两种状态的发展将危及银行信用甚至银行的生存。另一方面，货币利率持续高于自然利率所造成的物价下跌的累积过程，将导致公众对作为交易媒介的货币的需求不断减少，储蓄存款不断增加，而银行则必须为这些存款支付仅略低于贷款利率的利率。这将使银行的经济利益受到损害，因此，无论是货币利率高于还是低于自然利率，都不可能永远持续下去。到一定时候银行为维护自己的经济利益或者生存，自然会采取行动消除两种利率之间任何方向上的差距，从而结束累积过程。

同时，威克塞尔又指出：虽然货币利率最终会由于银行的利己行为而趋向不断变动的自然利率，但这个过程往往很费时间。其中的原因只有在洞悉银行技术方面的奥妙之后方能回答，但有两个突出原因，即银行家往往按习惯和常规办理，不愿轻易变动货币利率；个别银行或个别国家的银行必须和其他银行或其他国家的银行协调行动，而协调需要时间。

从以上分析可知，若不考虑银行行为，只考虑企业家和要素所有者的行为，则累积过程一旦开始便会无止境地持续下去，宏观经济的自发趋势是走向非均衡。但若同时考虑银行行为，则累积过程便不可能无止境地持续下去，虽然往往持续相当长一段时间。同时，物价变动的累积过程现在成为恢复均衡的力量，它最终将迫使银行采取行动使货币利率趋向自然利率。于是宏观经济在失衡之后的自发趋势是依靠物价变化的累积过程来走向新的均衡。

威克塞尔指出：当货币利率等于自然利率时，物价变动的累积过程结束，货币价格处于均衡状态。但货币价格的均衡与相对价格的均衡是不同的。相对价格可比喻为一种满足稳定均衡条件的机械装置，譬如摆锤。每一个离开均衡位置的变动，都促使一些力量发挥作用，使之恢复到原来的位置，变动范围越大，所起的作用也越大。货币价格可比喻为位于某个平面上的容易转动的圆球，它在所谓随机均衡的状态下停留在平面上某一点。需要某种力量来推动这个“价格圆球”不停运转。当这个力量——利率的提高或降低——发挥作用时，圆球将依不变的方向转动。到某点为止，即使力量已停止发挥作用，它也仍将活动一个时期。圆球一旦静止，就不再有恢复到原来位置的倾向。简言之，对于相对价格来说，均衡通常是稳定的；而对于一般物价水平来说，均衡是不稳定的。

威克塞尔认为上述理论具有理论和实践两个方面的意义。在理论上，它说明了人们争论不休的关于物价与利率之间的关系：自然利率的独立变化所造成的两种利率间的差异引起物价的变动，而这种变动则是货币利率发生与物价同方向的运动的主要原因。而银行准备金的多少、贵金属的生产、纸币发行及信用制度的发展等，都对货币利率的决定起次要作用，它们对货币利率向自然利率的移动起着促进或阻碍作用。我们可以用下述环形图（见图 12－1）来说明威克塞尔所提出的物价与利率之间的关系。

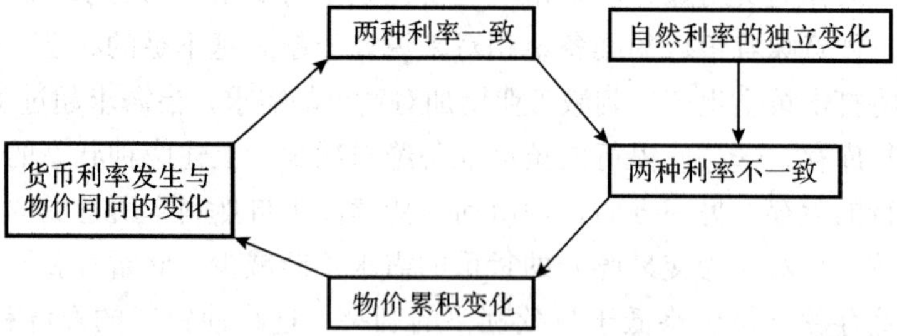

图 12－1　物价与利率的关系

这样，威克塞尔就解释了传统货币数量论所无法说明的货币利率与物价水平做同向运动的原因。在实践上，这个理论将使银行能够自觉地采取行动，以保持物价稳定，从而给世界经济带来无可争辩的利益。

综合来看，威克塞尔的上述理论涉及两个方面：一是宏观经济均衡条件的分析，用他的话讲便是货币均衡价格的决定理论；二是宏观经济的失衡与复衡的过程分析，用他的话讲便是累积过程理论。前一方面的理论以静态假设为隐含前提，不涉及技术进步和由新投资引起的资本积累。后一方面的理论是一种动态分析，但并非那种涉及技术进步和资本积累的动态分析，而是对宏观经济由均衡到失衡再到新均衡的过程的分析。此外，这两方面的理论都以充分就业的产量水平为当然前提，因此都是关于物价而非关于产量和就业的理论。前一方面涉及均衡的物价水平的决定，后一方面涉及物价水平的变化。采纳还是放弃充分就业这一前提，便构成他和1936年以后的凯恩斯的分水岭。其实威克塞尔已经认识到，若尚未充分就业，则信用宽松便可能导致产量增加。

第五节　政策主张

威克塞尔的政策目标可概括为：（1）保持宏观经济的均衡状态，消除经济波动。（2）改进收入分配状况，促进社会福利。

威克塞尔认为：为了实现上述第一个目标需要银行随时自觉调整货币利率，使之跟上自然利率的变动。具体做法是：只要物价没有变动，银行利率就不会变动。如果物价上涨，银行利率即应提高；如果物价下跌，银行利率即应降低；以后银行利率即保持在新水平上，除非物价发生进一步变动要求银行利率做进一步变动。为此，首先需要同一国家的各银行在规定利率时彼此合作。当这种合作不能顺利实现时，还可以由中央银行通过公开市场业务来影响整个银行体系贷款资金的数量，进而影响货币利率。其次，还需要各国中央银行彼此合作，调整相互间的利率差别，共同维持物价的稳定。具体做法是各国银行都以平价兑现汇票及各国货币，不考虑汇率的任何差异，同时以利率为手段保持国际收支平衡。这可以说是固定汇率制度的思想萌芽。

为了防止金币数量变化对物价的影响，威克塞尔提出废除金币的私人自由铸造制度。他指出金本位制的矛盾在于：一方面，信用的发展使黄金储备成为不必要；另一方面，对于稳定币值来说，它又是必要的。只有废止自由铸造金币的制度，使货币价值与金属分离，才能克服金本位制的上述矛盾。这可以说是主张废除金本位制的思想萌芽。

关于第二个目标，威克塞尔根据货币边际效用递减原理论证了在财产分配不均的条件下自由竞争并不能保证实现社会福利的最大化，为此，需要由政府对收入分配进行正确的干预并需要限制工人的工作时间。

威克塞尔虽然看到自由放任无助于实现上述两个政策目标，但是并没有明确提出要通过政府干预来实现第一个目标，更多的是寄希望于银行家的良知和社会责任心。对于第二个目标，他提到了政府干预，但同时提出了这种干预所必需的前提条件，即政府必须是建立在民主主义原则上的，并且干预不应当以减少总产量为代价来实现收入再分配。他认为：一般来说，不加限制的自由总比错误的限制和强制更可取。只要一国政府依民主原则建立，就存在着一种措施只在其有利于大多数人时才被采取的确实（虽然不是常常可靠的）保证。而只要商业和工业政策被掌握在拥有特权的少数人手中，就可以推定一国公共政策将走上相反方向。

在公共财政方面，威克塞尔强调在自然垄断行业发展国有企业，以便这些企业能够比由私人控制时向消费者提供更多商品并索取更低价格，同时用税收来弥补这些国有企业可能出现的亏损。在税收方面，他要求减少当时瑞典具有累退性质的主要由低收入者承担的消费税和关税，开征个人收入、个人遗产和公司收入的累进税。同时他主张政府资助教育，以便缓解由市场按照边际生产力决定的个人收入的不平衡。

威克塞尔的这些政策主张使他成为后来北欧社会民主主义的先驱之一。

第六节　威克塞尔综合体系的意义

熊彼特把威克塞尔和瓦尔拉斯、马歇尔一起并列为 1870—1914 年间，在纯理论方面做出最大贡献的两位经济学家。这一评价把威克塞尔放到与马歇尔相匹敌的地位上，是恰如其分的。威克塞尔也像马歇尔一样，在大致相同的时间里建立了综合古典经济学和边际效用论的理论体系。威克塞尔的分配理论是综合边际主义者内部两种理论（边际生产力论和时差利息论）的结果。他的累积过程理论（或从另一角度来看的货币均衡理论）是在综合李嘉图的货币数量论和庞巴维克、杰文斯的资本利息理论的基础上建立起来的。

威克塞尔与马歇尔的另一共同点是，他们通过各自的综合体系，分别创建了从 20 世纪初一直延续到今天的两个寿命最长的学派——瑞典学派和剑桥学派。他们两人的区别在于：（1）马歇尔综合体系的主要成就在于微观方面，而威克塞尔综合体系的主要成就在于宏观方面。（2）马歇尔以局部均衡为框架综合了古典经济学和边际主义；威克塞尔以一般均衡为框架综合了古典经济学和边际主义并且对边际主义思潮内部的不同观点也进行了一定的综合，如在分配理论方面。（3）对于古典经济学，马歇尔综合体系的肯定语调较浓，威克塞尔综合体系的肯定语调较淡。（4）马歇尔综合体系与后来的凯恩斯革命的逻辑联系较弱，威克塞尔综合体系与凯恩斯革命的逻辑联系较强。

威克塞尔综合体系的意义主要有：

（1）开辟了宏观均衡分析和宏观过程分析的新领域。威克塞尔的宏观均衡分析，后来在缪尔达尔那里得到了更为精确的表述并发展为动态条件下的均衡分析。威克塞尔的宏观过程分析后来被奥地利的米塞斯、哈耶克发展为解释经济周期的理论，但威克塞尔本人显然并不认为累积过程理论便是解释经济周期的全部理论。他承认货币价格波动与经济周期有联系，但认为经济周期的主要且充分的原因在于技术进步的时断时续。而这一思想可能影响了奥地利的熊彼特。

（2）提出了以稳定物价为目标、以银行自觉调节利率为特征的宏观货币政策，这一政策构成凯恩斯革命之前西方宏观经济政策的核心。同时，这一政策预示了货币制度由金本位制向管理通货制的过渡。

（3）威克塞尔的分配理论和资本理论包含了后来新剑桥学派反对新古典主义边际生产力论的思想萌芽。

（4）威克塞尔用线性齐次的生产函数（它意味着技术系数未必是常数）代替了瓦尔拉斯体系中的固定技术系数的生产函数，从而深化了一般均衡理论。深化的另一方面便是引入了时间因素。

（5）在分析方法上，威克塞尔在静态分析的基础上进一步展开了比较静态分析乃至动态分析，为后来瑞典学派的宏观动态分析奠定了基础。

第七节　威克塞尔以后瑞典学派的形成和发展

与威克塞尔同一时代，瑞典还有两位著名的经济学家：卡尔·古斯塔夫·卡塞尔和大卫·戴维森。他们三位共同奠定了瑞典学派的基础。到20世纪二三十年代，以缪尔达尔1927年的博士学位论文《价格构成和变化因素》为标志，瑞典学派正式形成。瑞典学派早期的主要代表人物为缪尔达尔、林达尔、伦德伯格、俄林等。第二次世界大战之后，经济学家林德贝克崭露头角，成为新一代代表人物。

瑞典学派的主要特点是以一般均衡分析为基础，对封闭经济的宏观总量进行静态和动态分析，对国际贸易进行静态分析，从而提出了独立于凯恩斯的宏观动态理论和赫克歇尔-俄林定理并且提出了国家从宏观和收入分配两个方面对经济进行干预的政策主张。

一、卡塞尔的经济思想

卡塞尔1866年出生于瑞典斯德哥尔摩，其主要论著有《社会政策》《利息的性质和必要性》《社会经济理论》《世界货币问题》《1914年以后的货币与外汇》《凯恩斯的〈通论〉》。

（一）一般均衡的简化模型与价值理论无用论

卡塞尔对瓦尔拉斯考虑生产时的均衡方程组进行了简化。与瓦尔拉斯不同的是，卡塞尔假定生产要素服务的供给是既定常量。此外，卡塞尔方程组中的既定因素还有技术系数和需求函数形式。未知变量是n种产品的需求量（N_1，N_2，…，N_n）和供给量（A_1，A_2，…，A_n），n种产品的价格（P_1，P_2，…，P_n），m种要素服务的价格（Q_1，Q_2，…，Q_m）。在此基础上，他建立了一个简化的方程组模型。该模型得到广泛传播和运用，被称作瓦尔拉斯-卡塞尔均衡模型。[①]

根据这一体系，卡塞尔认为产品的价格实际上取决于体系中的三个既定因素：需求函数形式、技术系数和生产要素服务的既定供给。前一因素带有主观性质，而后两个因素则带有客观性质。于是他认为产品的价格是由主观因素和客观因素共同决定的。他还进一步认为：抽象掉价格决定问题的价值理论是无用的、无意义的。因为实际上交换经济从一开始时就必然是货币经济，所以研究交换就是要研究价格的形成，而抽象掉货币

① 本书不介绍模型的具体内容，有兴趣的读者可进一步参见蒋自强编著的《经济思想通史》第三卷第十章第一节（杭州：浙江大学出版社，2003）；也可参见张旭昆编写的《西方经济思想史18讲》第十三讲第七节（上海：世纪出版集团，上海人民出版社，2007）。

因素的价值理论，无论是古典经济学的具有客观意义的价值理论，还是边际效用论的具有主观意义的价值理论，都是无用的。上述价值理论无用论使卡塞尔名噪一时。

（二）购买力平价说

卡塞尔对西方经济学的另一贡献，是提出了汇率决定的购买力平价说。这一理论的要点早已为李嘉图所表述，但对它的系统说明当推卡塞尔。该理论的基本点是：在自由贸易和运费为零这两个条件下，两国货币的汇率将等于两国物价水平之比。设 γ 为 A 国货币兑换 B 国货币的汇率，P_A、P_B 分别为两国的物价水平，则购买力平价说可以用下式表达：$\gamma=P_A/P_B$。该理论主要用于说明废除金本位制以后的汇率决定。

二、缪尔达尔对威克塞尔理论体系的发展

冈纳·缪尔达尔（1898—1987）出生于瑞典。1923 年毕业于斯德哥尔摩大学法学院，1927 年获斯德哥尔摩大学经济学博士学位，担任该校政治经济学讲师，1925—1927 年留学德国和英国，1929—1930 年作为洛克菲勒基金资助的学者访问美国进行学术研究。1931—1932 年任日内瓦国际研究生院副教授，1933—1939 年任斯德哥尔摩大学拉尔斯·希尔塔讲座政治经济学教授；1938 年受纽约卡耐基公司委托，对美国黑人问题进行研究。1934—1936 年、1942—1946 年被选为瑞典国会参议员；1945—1947 年任瑞典战后计划委员会主席、瑞典商务部部长；1947—1957 年任联合国欧洲经济委员会执行秘书；1957 年受 20 世纪基金会委托，对南亚和东南亚 11 国的政治经济问题进行了长期研究。1961 年任斯德哥尔摩大学国际经济研究所所长；1961—1965 年任斯德哥尔摩大学国际经济学教授；1962 年任斯德哥尔摩国际和平研究所理事会理事长。1974—1975 年任纽约大学杰出客座教授。1974 年荣获诺贝尔经济学奖。此外，他还获得 30 多个荣誉称号，是瑞典皇家科学院、英国科学院、美国艺术与科学院院士，计量经济学会会员，美国经济学会名誉会员。其主要论著有《货币均衡论》(1931 年，有中译本）等。

（一）货币均衡的条件

缪尔达尔在 20 世纪 30 年代主要研究宏观经济，20 世纪 40 年代以后开始研究不发达国家问题和经济制度，成为一名制度经济学家。本节根据他的《货币均衡论》一书，介绍他作为宏观经济学家对威克塞尔经济思想的发展。

威克塞尔建立宏观经济理论的主要目标是通过分析利率与物价的关系，说明物价水平（货币价值）的决定和变化，挽救货币数量论。这一理论可分为有着内在联系的两部分：货币价值均衡的条件；物价水平变化的特征（即累积过程理论）。

缪尔达尔的主要贡献在于：（1）突出强调威克塞尔宏观理论第一部分内容的重要地位和基础性质。（2）对这部分内容进行了重大改造，经过这番改造，原先表述不清的变清楚了，原先错误的被剔除了。更重要的是，这部分内容由原先主要用于说明在静态条件下币值均衡条件的理论，转变为说明在动态条件（技术进步、资本积累）下宏观经济均衡条件的理论。虽然缪尔达尔的书名是《货币均衡论》，但其内容之一恰恰是说明在动

态条件下当宏观经济达到均衡时，物价未必是稳定的，即币值未必是均衡的。(3) 在改造过程中所提出的一系列概念，如事先、事后、静态、动态、时点、时期、预期、风险等，为后来宏观经济学的发展提供了有效的分析工具。

缪尔达尔认为：威克塞尔理论的主要内容是说明，若经济体系偏离了均衡，累积过程便会在这一方向或那一方向开始。因此，货币均衡的概念在威克塞尔的货币理论中占有极其重要的地位。关于货币均衡的条件，威克塞尔在《利息与价格》一书中谈到了两个：一是货币利率等于自然利率；二是物价稳定。在《国民经济学讲义》一书中又增加了一个：总供求相等。这三个条件在威克塞尔那里是有一定的逻辑顺序的。作为基础的是第一个条件，由它保证了总供求相等这一条件，而这一条件又保证了物价稳定。所以物价稳定这一条件是依存于其他两个条件，归根结底依存于第一个条件的。但另一方面，在三个条件中只有物价稳定这一条件才具有可观察性，因此威克塞尔特别注意分析这一条件并主张银行根据这一条件是否满足来制定利率政策，保证第一个条件的实现。

缪尔达尔把威克塞尔的总供求相等这一条件转述为储蓄与投资相等这一条件。这样，缪尔达尔就把威克塞尔关于货币均衡的条件概括为三个：(1) 货币利率等于自然利率；(2) 储蓄等于投资；(3) 物价水平稳定不变。然后，他对这三个条件的含义及相互关系进行了详尽分析。

缪尔达尔首先分析第一个条件。在这一条件中，他认为自然利率作为一种摆脱任何货币因素的纯粹实物意义上的概念，是难以捉摸的。在现实的货币经济中，不存在这种纯实物意义上的自然利率。同时，决定企业家投资行为的也不是这种难以捉摸的自然利率，而是投资的收益率。他进一步运用“时点”“时期”和“事前”“事后”这两对概念，区分了事后投资收益率和事前投资收益率。前者是指已经过去的一个时期的簿记意义上的收益率；后者则是指在当前这一时点上，对未来一个时期的预期收益和成本进行贴现之后所得到的收益率。由于后者带有预期性质，所以它包含了企业家对风险和不确定性的估计和态度。他认为企业家正是通过比较这种事前预期的投资收益率与货币利率来决定是否投资的。

于是，威克塞尔的第一个均衡条件中的自然利率就应当被事前预期的投资收益率所代替，均衡条件应当表述为货币利率与所有企业的预期投资收益率相等。

缪尔达尔进一步指出：在实际生活中并不存在单一的货币利率，它实际上是各种具体的信用条件在理论上的抽象代表。同时预期的投资收益由于在很大程度上取决于企业家的预期，所以也难以计算，因此上述均衡条件最好表述为现有实际资本的价值与它的再生成本两者均等。这一表述避开了难以把握的货币利率和预期收益率，但资本价值这个概念综合反映了以货币利率为代表的各种信用条件，以及未来的预期收益。

缪尔达尔进一步指出：这一条件只有在不存在技术进步以及不存在由新投资形成的资本积累的静态条件下，才是货币均衡的基本条件。而在技术进步和资本积累的动态条件下，它不可能再成为货币均衡的基本条件。这时，基本条件将是第二个条件：储蓄等于投资。

缪尔达尔认为：威克塞尔理论隐含的基本论点是，强调投资并非任何时候都恒等于储蓄，但威克塞尔本人并未明确讲清这一点，相反，威克塞尔常把储蓄描绘成把生产要素从消费财货生产转移到实际资本生产上。这种含义的储蓄是不可能有别于投资的。同时，从事后的观点来看，以往发生的储蓄和投资也总是相等的。因此，与第二个均衡条件有关的是事先的与预期有关的意愿投资和意愿储蓄。前者是指将要进行的资本积累，后者则是指收入中未用于消费的部分，或者说是对于企业家而言的可自由处置的资本。这两者不像事后簿记意义上的储蓄与投资，并不会必然恒等。考虑到在动态条件下难以准确区分总投资中的重置部分和新投资，所以威克塞尔的第二个均衡条件就是：如果货币利率能使实际投资总额与储蓄加上实际资本预期价值变动总额（即加上现有实际资本的预期减少的价值，减去它预期增加的价值）二者相等，这种货币利率就是正常的。缪尔达尔把这一条件称作基本均衡条件。

依据上述基本均衡条件，缪尔达尔对威克塞尔的第三个均衡条件进行了分析，缪尔达尔认为在动态条件下，物价水平的稳定并不像威克塞尔所强调的那样是货币均衡的必要条件。不论物价水平向哪个方向变化，变化幅度为多大，变化是否被预期到，只要它不使储蓄等于投资不再成立，货币均衡就仍然保持。即储蓄等于投资所维持的均衡并不要求物价水平稳定不变，而是可以和若干种不同的物价水平相适应。另外，基本均衡条件虽然与物价水平不相干，但却依存于若干重要的相对价格关系：制成品的价格、进入实际资本生产成本的要素价格等之间的关系。

缪尔达尔认为：虽然货币均衡并不一定要求物价或消费品价格指数保持稳定，但它对物价还是有一定要求的。他指出：各种产品的价格由于契约关系、垄断因素等，具有不同程度的刚性；同时，不同产品的价格变化对于企业家的投资决策的影响也不相同。一方面，这两个因素使得物价水平稳定与否不再成为判断货币均衡与否的标准；另一方面，货币均衡要求一种特殊的价格指数具有尽可能大的稳定性，这种价格指数是根据各种产品的价格刚性程度和价格变动对企业投资决策的影响程度进行加权的一种价格指数。

通过对威克塞尔的三个均衡条件的上述分析，缪尔达尔的结论是：第二个均衡条件是货币均衡的基本条件，但这一条件的实现是货币利率和计划投资的收益率相对变化的结果。因此，经过必不可少的修订后的第一个均衡条件虽然不再是均衡的基本条件，但却是对第二个均衡条件必不可少的补充，至于第三个均衡条件，则完全是错误的。

（二）预期变动和储蓄变动对均衡的影响

缪尔达尔运用货币均衡的基本关系式，分别考察了因货币利率、预期和储蓄变动而造成的失衡现象。货币利率变动的影响已为威克塞尔所详尽考察，但预期和储蓄变动的影响则为威克塞尔所忽略。对这两个因素变动影响的考察是缪尔达尔的新贡献。

缪尔达尔假定在货币利率不变时企业家对实际资本的未来收益产生了更乐观的预期，这意味着预期利润增加。这种预期将导致投资增加，结果发生了向上的威克塞尔累积过程。

缪尔达尔认为：若货币利率维持不变，而储蓄增加了，则由于投资未因储蓄增加而增加，相反，还因为储蓄增加引起消费减少、消费品价格下降、再引起企业家悲观预期降低预期利润，从而出现下降，结果引发了向下的威克塞尔累积过程。在这种情况下，只有银行因储蓄增加而降低货币利率来抵消储蓄增加造成的投资的下降，才可能重建平衡。但是在这种情况下，银行很可能因顾虑到企业的清偿能力而不愿降低货币利率、放宽信用，结果累积过程便不能终止。

（三）劳动市场垄断条件下的货币均衡

分析垄断条件下货币的均衡与失衡，是缪尔达尔对威克塞尔体系的又一发展。缪尔达尔认为：威克塞尔体系是以排除经济中的垄断因素为分析前提的。因此，一旦把垄断因素考虑进去，就会给出一些新的结论。他把垄断定义为物品或生产要素的价格被长期维持在不能出清市场的水平上。这种垄断现象在劳动市场上是非常典型的，而对于其他市场也有重要意义。因此他着重分析了劳动市场的垄断对货币均衡和失衡的影响。

缪尔达尔假定：(1) 工资对于因货币政策而引起的变化反应不灵敏，即工资带有刚性，但其他价格是灵活的。(2) 劳动市场垄断因素仅存在于供给一方，所以工资受到供方垄断的影响。(3) 初始状态是货币均衡且货币政策的唯一目标是维持均衡。(4) 失业为零。(5) 唯一的初始变动是工人要求提高工资。在上述五个假定下，若进一步假定所有物品的预期价格都随工资的增加而立即上涨，则结果将是随着工资的增加而立即出现物价的全面上涨。由于失业假定为零，所以工人将再次要求增加工资，物价将再次全面上涨，出现一个物价-工资持续上涨的过程，但这个过程并不类同于威克塞尔的累积过程，因为在这个过程中，自始至终保持着货币均衡。这说明：在上面的假定下，物价的上涨并不是货币失衡的结果。

若物品的预期价格并不会随工资增加而全部立即上涨，货币利率也没有下调，则工资增加的结果将是导致货币失衡，产生向下的威克塞尔累积过程。在这一过程中，工资因垄断的作用而不会充分下降，于是将出现失业的增加。这时，若降低货币利率，诱使其他价格随着工资的上升而上升，则新的货币均衡将建立起来。在建立这一新的均衡的过程中，因为并不存在压低工资的力量，所以在新的均衡下工资将因垄断因素的作用而保持较高的水平，从而其他价格也比旧均衡时高，同时存在着失业现象。

若其他假定不变，劳动市场的垄断因素仅存在于需求一方，则企业家压低工资的初始行为在完全预期的情况下将造成物价的持续下降局面，但始终维持货币均衡。在预期不完全且货币利率不变的情况下将出现货币失衡，出现向上的威克塞尔累积过程。这一过程只有通过提高货币利率才能终止。在新的货币均衡建立后，工资由于垄断（需求一方）因素仍将较低，同时企业家对劳动的需求在这种工资水平下并未充分满足。

根据上述分析，缪尔达尔得出结论：在垄断条件下，货币均衡只能在同时存有某些商品和劳务的供给和需求之间某种差异的情况下才能维持。更详细地说，这些差异的大小必须正好足够满足供给和需求的垄断条件。当这种差异表现为劳动市场的失业时，货币政策必须根据这种失业来决定，否则，其结果不是一个经常不变的货币均衡以及整个价格体系不终止的向上平行移动，就是一个背离均衡向下发展的威克塞尔累积过程。上述结论表明：缪尔达尔已经意识到在垄断条件下，宏观经济均衡要以微观的非均衡为条件，意识到非充分就业均衡的可能性。在这一点上，他与后来凯恩斯的区别仅仅在于他把非充分就业均衡看作是在劳动市场上供方垄断的结果，而后者则归咎于有效需求不足。上述结论还表明：他已经意识到，货币政策的目标若是消除与劳动市场的供方垄断相适应的失业，结果将可能导致通货膨胀。这与今天货币主义者用自然失业率和扩张性货币政策来解释通货膨胀有惊人的相似之处。

（四）政策主张

在政策主张方面，缪尔达尔对威克塞尔体系的发展主要有如下几点：（1）强调理论分析的货币利率在现实中不存在，在现实中只有各种信用条件的不同体系。因此，在确定货币政策时，需要考虑在一定情况下对实现货币均衡有同等影响的各种不同利率的各种组合以及利率与其他信用条件的各种组合。这些组合虽然在实现货币均衡这一目标方面没有区别，但对于实际投资的方向及收入分配则具有不同影响。这意味着银行当局在调节货币利率时，必须对一系列没有区别的信用条件组合加以选择，以兼顾其他目标。（2）强调货币政策并非万能，它的功效取决于其他方面的政策，因此货币政策必须与其他政策相协调。（3）货币政策的目标应当是通过维持货币均衡来缓和（但绝不是消除）经济波动，因为经济波动的根源不在于经济的货币方面，而在于经济的实际方面。货币失衡只是加剧但绝不是制造波动。但在缓和经济波动时，不能像威克塞尔那样以稳定物价为目标，因为前面的分析已经说明稳定的物价与货币均衡之间并无必然联系。但若能在维持货币均衡的前提下尽可能稳定物价，仍是有意义的，这有助于企业家形成稳定的预期，从而有助于减少经济波动的幅度。

三、俄林的国际贸易理论

伯蒂尔·戈特哈德·俄林（1899—1979）生于瑞典。1924 年获斯德哥尔摩大学文学博士学位，1925—1930 年任丹麦哥本哈根大学经济学教授，1930—1965 年任斯德哥尔摩商业学院经济学教授，1938—1970 年任瑞典议会议员，1944—1967 年任瑞典自由党主席，1944—1945 年任瑞典贸易大臣，1977 年获诺贝尔经济学奖。其主要论著有：《贸易理论》(1924)，《世界经济萧条的过程与阶段》(1931)，《地区间贸易和国际贸易》(1933 年，有中译本)，《货币政策与公共工程：解决失业的工具》(1934)，《国际经济重建》(1936)，《资金市场与利率政策》(1941)，《就业稳定问题》(1949)，《对外贸易政策》(1955)，等等。

在西方经济学史上俄林的贡献主要有两个：第一个贡献是他与缪尔达尔、林达尔等人一起继承了威克塞尔的传统，注重分析宏观经济问题，运用总需求、总供给等概念，通过事先-事后分析方法，在凯恩斯的《通论》出版之前，便提出了凯恩斯在《通论》中所建立的理论。在 1934 年出版的《货币政策与公共工程：解决失业的工具》一书中，俄林强调了公共工程对收入和就业的影响并研究了乘数问题。但是他关于宏观经济的许多论著尚未译成英文，更未译成中文，所以关于他在这一方面的贡献，便无法做更详细的介绍。第二个贡献是他提出了国际贸易理论，下面将展开介绍。

（一）区间贸易的基本模型

俄林的国际贸易理论，按他自己的说法，是汇合两股经济思想的结果：一股是哈佛大学经济学院以陶西格、瓦伊纳、威廉斯等人为代表的国际贸易理论；另一股构成他的理论的一般背景，是瑞典经济学家，尤其是卡塞尔、赫克歇尔、缪尔达尔以及威克塞尔等人的经济思想。

俄林把国际贸易看作广义的地区间（包括国与国之间和一国之内不同地区之间）贸易的特殊类型并进而把国际贸易理论看成是一般的生产布局理论的一部分。这一思想使他能够从生产的角度去考虑区间贸易问题。

俄林认为：要有效地分析国际贸易及更一般的区间贸易，必须采取一般均衡分析这种充分考虑各种价格间相互依存关系的方法，以一般均衡分析为基础建立国际贸易及广义区间贸易的理论。

俄林虽然以经过卡塞尔简化的瓦尔拉斯一般均衡模型作为基础，但认为这个模型忽略了市场的空间布局，暗中假定所有商品和要素都集中在一个区域中成交，因此该模型基本上排除了生产布局问题以及由布局问题带来的区间贸易问题。为了以一般均衡分析为基础建立区间贸易理论，他做出了如下模型假定：假定只存在两个地区 A 和 B；假定每个地区之内要素具有完全的流动性和可分性，这就排除了规模经济现象，即假定生产函数具有规模报酬不变的性质；假定两个地区之间不存在要素的流动，只存在商品的流动；假定各生产要素的供给既定不变；假定两个地区具有相同的技术知识，从而具有同样的生产函数形式，即如果两个地区所采用的生产技术有所不同，那么并非由于技术知识不同，而是由于各种要素的相对比价不同；假定不存在与商品的空间位移有关的任何费用。

在上述假定下，俄林首先建立两个地区孤立条件下的一般均衡模型。该模型表明：在孤立条件下均衡的相对价格体系由如下两个函数决定：由要素供给、物质生产条件所决定的技术系数函数和由消费者欲望所决定的商品需求函数。然后引进贸易，建立存在贸易条件的一般均衡模型。[①] 于是出现了一个新的变量——汇率。当汇率处于均衡时，将有若干种商品在 A 地区的生产成本从而价格较低，而另有若干种商品在 B 地区的生产成本从而价格较低。这样便会出现商品贸易。由该模型可以推断出：当两个地区要素的相对价格一致从而技术系数一致，或所有商品的生产要素都以相同比例结合时，区间贸易将不会出现。由该模型还可以推断出：虽然 A 和 B 两个地区具有完全不同的生产要素且各自的产品也不相同，但仍然会出现区间（国际）贸易的均衡。而后一论断恰好是古典的比较成本说所无法得出的。

（二）区间（国际）贸易的原因及其后果

由上述基本模型可知，两个地区出现分工和贸易的直接原因是起码有部分商品在两个地区孤立条件下的价格不一致，而这种不一致又是源于生产要素的相对价格在两个地区不一致，而生产要素相对价格的不一致又是由于两个地区各自所拥有的各种生产要素

① 本书不介绍模型的具体内容，有兴趣的读者可进一步参见蒋自强编著的《经济思想通史》第三卷第十章第四节（杭州：浙江大学出版社，2003）；也可参见张旭昆编写的《西方经济思想史 18 讲》第十三讲第七节（上海：世纪出版集团，上海人民出版社，2007）。

的比例或禀赋有所不同，且这种要素供给的差别又无法为两个地区在商品需求上的差别所抵消。简单地讲，不同地区（国家）分工和贸易的产生，源于它们在生产要素的相对稀缺性方面的差异。这种要素相对稀缺性的差异，使得每个地区（国家）进口那些在生产中需用较多本地区缺乏从而昂贵的生产要素的商品，生产并出口那些在生产中需用较多本地区丰富从而便宜的生产要素的商品。这就是赫克歇尔-俄林定理。

除了不同地区（国家）要素的相对稀缺性的差异外，导致地区（国家）间分工和贸易的另一个重要原因，俄林认为是由生产要素的不可分性所导致的大规模生产的节约，或者说是规模报酬递增规律。由于这一原因，即使两个地区（国家）要素的相对稀缺性完全一致，也仍然可以出现区域分工和贸易，只要地区内部某些物品的市场没有大到足以容许最有效的生产规模。由此可知，他事实上提出了催生区间（国际）贸易的两个原因：生产要素相对稀缺性的差异；大规模生产的节约。

俄林认为，通过区间（国际）贸易，会产生三个后果：一是需求的变化；二是要素供给的变化；三是所谓要素价格的均等化趋势及由该趋势引起的产量增长。俄林指出：贸易通过改变个人嗜好来影响他的需求，商人不仅提供人们所需要的东西，而且促使人们向往得到商人打算出售的东西。

俄林认为：从长期来看，各个地区的生产要素禀赋并非一成不变，而是深受区域分工和贸易的影响。但对于这种影响的性质，他承认这是一个复杂的问题，尚无法进行扼要的说明。他只是指出了两种可能的情况：一是建立在要素相对稀缺性差异基础上的贸易，有可能进一步发展这种差异，因为贸易会提高一个地区原先丰富的要素的价格，从而使它更加丰富，会降低一个地区原先缺乏的要素的价格，从而使它更加稀缺。二是建立在大规模生产节约基础上的贸易，会使一个地区的要素供给发生更适于这种大规模生产的变化。

俄林认为：区间（国际）贸易作为要素跨地区（国家）流动的替代，会减少同一地区（国家）要素相对稀缺性之间的差异，从而产生要素价格的均等化趋势。而这种均等化趋势会给贸易双方带来利益。这有两方面的原因：（1）这可以改善各个地区（国家）内部生产要素的配置比例，从而增加产量。（2）它使地区（国家）内部的交换比例比贸易前更为有利。

俄林同时也指出：这种要素价格均等化趋势以及由此给双方带来的利益，并不是必然出现的。这是因为不同地区（国家）生产要素之间质的差异，不同地区（国家）使用完全不同的技术的可能性，大规模生产的节约，以及经济稳定性及税收的差异，将使要素价格的均等化趋势变得不确定。

后来的西方经济学家把俄林关于要素相对稀缺性差异造成区域分工和区间（国际）贸易，以及贸易导致要素价格均等化的论点，称作广义的赫克歇尔-俄林定理。这一定理概括了俄林区间（国际）贸易理论的重要部分，但并不全面。它遗漏了俄林关于大规模生产节约对区域分工和贸易的影响的观点，以及要素价格均等化趋势可能由于种种原因而受阻的观点。而正是这些观点可以用来解释许多不能用赫克歇尔-俄林定理来说明的区域分工和区间（国际）贸易现象。因篇幅所限，我对此不再详述。

（三）转运费用与要素流动

俄林首先是在假定不存在转运费用、不存在要素流动的条件下分析区间（国际）贸易的原因及后果，然后进一步分析转运费用和要素流动对区间（国际）贸易的影响。转运费用是指运费、关税、运输损耗等一切与商品的空间位移有关的费用，其中运费往往是主要的。

俄林关于转运费用对区域分工和贸易的种种影响可以概括为两点：一是缩小贸易的规模并进而缩小许多产业的生产规模，使得大规模生产的节约无法充分实现。二是改变贸易的构成。在不存在转运费用时，两个地区之间几乎任何商品都可进行交易，通过交易使几乎任何商品在两地的价格都相同。转运费用使得同一种商品的价格在两地会保持一定的差距，以不高于转运费用为界。转运费用使得所有商品分为两大类：区内市场商品和区间市场商品。前者是指在孤立状态下两地的价格差异不超过转运费用的商品，后者是指情况相反的商品。区间（国际）贸易只在区间市场商品中进行。在不存在转运费用时，区间（国际）贸易的对象可以是原料、最终产品，或某个中间阶段的半成品，但转运费用使得生产纵向各阶段的产品中，只有转运费用最低的产品才成为贸易对象。

俄林关于要素流动对贸易影响的论点可概括为两点：（1）由要素相对稀缺性的差异所造成的贸易，与要素流动具有替代性，即当要素的转运费用相对低于商品的转运费用时，则要素的流动将替代商品贸易，反之则是商品贸易替代要素流动。这种替代关系是因为要素流动（商品交易）造成的要素（商品）价格均等化使得商品交易（要素流动）不再有必要。（2）由大规模生产节约造成的贸易，与要素流动会互相促进。

关于俄林的上述区间（国际）贸易理论，西方经济学者一直有两种偏向：一是缩小这一理论的涵盖面，把它仅仅看作关于国际贸易的理论；二是扩大它的涵盖面，把它看作说明一切国际贸易现象的基础理论。俄林本人表明了对这两种偏向的不满。首先，他认为国际贸易实际上只是生产布局（或区域分工）问题的一个特殊部分，而他的理论在很大程度上旨在说明布局问题，所以远远不只是关于国际贸易的理论。其次，他明确承认他的基本模型（他称之为生产要素比例模型）是静态模型并主要适用于说明像英国和新西兰、澳大利亚这类国家之间的贸易关系，不适用于说明发达国家与发展中国家之间的贸易关系。其实生产要素比例模型只是他的分析的起点，他书中后来的分析远远突破了这一模型的限制条件，具有动态成分。赫克歇尔-俄林定理是不能用来完全概括俄林的整个理论的，这一定理只是关于他的生产要素比例模型的定理，是静态性质的。

思考题

一、述评威克塞尔的累积过程理论。

二、述评缪尔达尔的货币均衡论。

三、述评俄林的国际贸易理论。

第十三章

美国边际主义者

——克拉克和费雪

第一节　克拉克

约翰·贝茨·克拉克（1847—1938）生于美国。1872 年毕业于阿默斯特学院，获文学学士学位。后留学于德国海德堡大学和瑞士苏黎世大学，曾与庞巴维克一同师从历史学派代表人物克尼斯。返美后历任史密斯学院教授（1891—1893）、阿默斯特学院教授（1893—1895）、哥伦比亚大学教授（1895—1923）。作为 1888 年美国经济学会的创始人，克拉克于 1893—1895 年任该学会会长。他早期的学术倾向受德国学术界社会主义者的影响，批评资本主义。到哥伦比亚大学任教后，他的学术观点逐渐转变为全力支持资本主义。他被称作边际主义的美国学派的创始人。其主要论著有：《财富的哲学》(1886)，《财富的分配》(1899 年，有中译本)，《经济理论纲要》(1907)。在《财富的哲学》一书中，他还深受德国历史学派的影响。其基本倾向是反对古典学派，主张社会改良主义。

一、静态与动态：经济新的分类

由萨伊创始，经穆勒父子修正，经济习惯上被分为四个组成部分：生产、分配、交换和消费。克拉克反对这种传统的划分。他指出：若从整个社会的角度来看待经济活动，则它包括了交换和分配。首先，通常在交换理论中所讨论的价值问题，实质上是收入在各产业团体之间的分配问题。交换理论实际上是关于社会产业组织的理论，因此应划归分配理论。这样分配理论便涉及两种分配现象：收入在各要素所有者之间的分配以及在各产业团体之间的分配。其次，不论哪种类型的分配，都与分配者（要素所有者或产业团体）在收入的生产过程中的贡献份额或创造财富的功能有关。因此，研究分配便是研究贡献份额或创造财富的功能，分配问题实质上是一个生产问题。

在破除了传统的划分之后，克拉克首先把经济学划分为两个部分：第一部分研究生产和消费的一般规律，第二部分研究这些一般规律在各种经济中的具体表现。他认为主要的一般规律有三个：消费品的级差效用规律、生产工具的级差效用规律和劳动的级差效用规律。这里的“级差”一词，实际上就是“边际”概念。他认为这三个一般规律存在于任何经济之中。

克拉克把经济划分为不存在分工交换从而不存在分配问题的原始自然经济，以及存在分工交换从而也存在分配问题的所谓有组织的社会经济（即今天人们所说的市场经济）。对这两种经济，他认为又可以从两个角度去进行研究，分为静态分析和动态分析。他重点分析静态有组织的社会经济和动态有组织的社会经济。

按照克拉克的看法，所谓静态，就是人口、资本、生产方法、产业组织以及消费者偏好这五个动态因素保持不变，从而产品的品种和产量也不变，但生产不断持续，劳动和资本要素自由流动的状态。这实际上就是今天人们所说的自由竞争条件下的均衡状态。而静态分析则是要研究上述三个一般规律在静态有组织的社会经济中的具体表现。因此，静态分析就是要研究在静态条件下自然价值、自然利息和自然工资的决定。他承认，静态并不是一种实际存在的状态，但是静态分析所确定的自然价值、自然利息和自然工资，为非静态的实际经济生活提供了变化的标准和变化的方向。

克拉克认为，有组织的社会经济的动态分析包括两方面的内容：一是研究实际状态与静态标准存在偏离的原因及后果，以及偏离将以什么方式、什么速率趋于消失；二是研究当五个动态因素分别变化或同时变化时，静态标准本身如何变动及这种变动所导致的后果。他认为第二方面的内容是更重要的。

二、要素所有者之间的分配规律：边际生产力论

克拉克主要分析了静态条件下的分配（包括生产和交换）问题。而在前面所说的两种分配现象中，他首先分析了收入在要素所有者之间的分配。他认为：收入在要素所有者之间的分配，从生产的角度来看，就是各种要素在收入的生产中贡献份额的确定。他把各种生产要素归结为劳动和资本两大类，所以收入的分配也就是劳动和资本这两大类要素在收入的生产过程中贡献份额的确定。

克拉克特别强调对资本和资本货物加以区分。这一区分是他的利息理论区别于庞巴维克的利息理论的关键所在。克拉克把资本理解为体现在生产财富所用的各种手段中的一笔基金，而资本货物则是各种具体的生产手段（包括土地）。两者之间有两个重要区别：首先，资本是永久存在的，而资本货物则是不能流动的。资本作为一笔基金，而且在静态条件下是一笔数额固定的基金，可以随时根据情况的变化而改变自己的存在方式，即改变其所体现的资本货物的具体形态，这就是资本的流动性，而资本货物则不具备这种可能性，因此是不流动的。其次，资本与资本货物之间的区别，也反映在它们各自不同的收入范畴上，资本的收入是利息，而资本货物的收入则是租金。从整个社会来看，利息和租金在总数上是相等的，而且租金的多少基本上受利息规律支配，因此对租金这一收入范畴的研究就归结为对利息范畴的研究。

由于区分了资本和资本货物，克拉克不再把土地作为一种与劳动和资本并列的生产要素，而是把它看作一种特殊的资本货物，和其他资本货物处于同等地位，而地租也就自然成为一种特殊的租金了。

克拉克的边际生产力论可概括为如下三点：（1）在静态条件下，自由竞争（要素可无阻碍地流动）将使工资趋向于劳动要素的边际生产力（他称之为最后生产力），利息则

趋向于资本要素的边际生产力。(2) 由于资本和劳动的边际生产力递减这个存在于任何社会中的一般规律，所以劳动（资本）在资本（劳动）不变时逐渐增加，将导致工资（利息）下降。(3) 在静态条件下由资本边际生产力决定的利息乘以资本量等于资本要素的总收入，由劳动边际生产力决定的工资乘以劳动量等于劳动要素的总收入，两种要素收入之和等于两种要素在一起所产生的收入总和。

克拉克用图 13-1 表达了以上所述的命题：图中横轴代表要素（劳动或资本）数量，纵轴代表边际生产力。*BC* 曲线表明当要素由 *A*1 增加到 *A*6 时，边际生产力递减的状况。线段 *AE* 表示只有 6 单位要素时的报酬（工资或利息）率，矩形 *AECD* 表示要素（劳动或资本）的总收入，三角形 *EBC* 表示另一种要素（资本或劳动）的总收入。

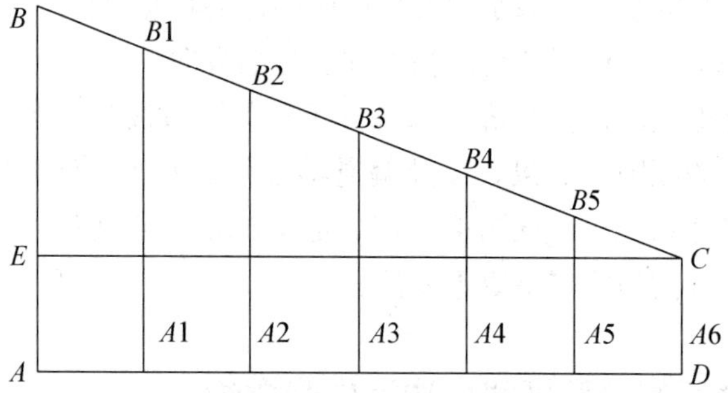

图 13-1 克拉克的边际生产力论

克拉克对边际生产力论的主要贡献集中在两个方面：一是明确指出了它的静态前提，即肯定它说明的是静态条件下的分配规律。二是区分了资本与资本货物，即明确指出是资本而非资本货物的边际生产力决定了利息。

三、产业团体之间的分配规律：克拉克规律

克拉克认为产业团体之间的分配取决于产品的价值或价格，因此，他关于产业团体之间的分配理论，就相当于通常所说的价值理论。他认为产品的价值由边际效用决定。但他强调：在大多数情况下，一单位某商品往往同时具有多方面的效用。例如，一艘豪华游艇便具有五个方面的效用：使人能浮在水面上；使人能渡过很深的水流；使坐船的人能安全地渡过水域，而不至被打湿衣服；能轻快地航行；能满足它的所有者的爱好。因此，大多数商品都可以被看作一个多方面效用的组合，确定价值的基本单位不应是这样一个组合，而应当是商品的某方面效用。所以克拉克不是以单位商品为基本价值单位，而是以商品所具有的属性为基本价值单位。

克拉克认为：商品的价值是由其多方面效用的边际效用的总和来决定的。他认为：人们在收入增加时，典型的行为不是增加对同一种商品的消费，而是用性能更好、质量更优的商品来代替性能较差、质量较优的商品。在这种情况下，许多商品往往是只需要一单位而不需要第二单位的，如手表等。因此，谈论边际单位是无意义的，无法用边际单位的效用来决定商品的价值，只能用该商品多种用途的边际效用之和来决定其价值。

克拉克认为：商品价值应当由社会来决定。因此，财富的分配也是影响商品价值的因素。

我们可以用图 13-2 来说明克拉克的价值决定。图中，字母 A、B、C、D、E、F 分别表示效用顺次递减的六种不同商品或同一种商品的六种用途，罗马数字Ⅰ、Ⅱ、Ⅲ、Ⅳ、Ⅴ、Ⅵ表示富裕程度顺次递减的各级买主。阿拉伯数字表示具有六种性能的商品的某种性能或只具有该性能的某种商品对某一级买主的效用，或该买主对该性能所愿意支付的最高价格。例如 100 表示第Ⅰ级买主购买性能 A 所愿意支付的最高价格（或 A 对于Ⅰ的效用）。任何一行阿拉伯数字都表明 A，B，…，F 性能对某一级买主递减的效用。任何一列（除最右边一列外）阿拉伯数字则都表明某种性能对Ⅰ，Ⅱ，…，Ⅵ各级买主具有递减的效用。最右边一列阿拉伯数字则分别表示各种性能对各级买主的总效用。

	A	B	C	D	E	F	$\sum U$
Ⅰ	100	90	80	70	60	50	450
Ⅱ	90	80	70	60	50	40	390
Ⅲ	80	70	60	50	40	30	330
Ⅳ	70	60	50	40	30	20	270
Ⅴ	60	50	40	30	20	10	210
Ⅵ	50	40	30	20	10	5	155

图 13-2　克拉克的价值决定

现假设具有 A 性能的商品有 6 单位，则其价格由边际买主Ⅵ的效用决定，为 50；假设具有 B 性能的商品有 5 单位，则其价格由边际买主Ⅴ的效用决定，为 50……假设具有 F 性能的商品有 1 单位，则其价格由边际买主Ⅰ的效用决定，为 50。在上述假设下，A～F 这六种性能的市场价值都是 50，于是同时具有这六种性能的商品的价值便等于 50×6＝300。当买主Ⅰ购买这种同时具有六种性能的商品时，得到的消费者剩余为 450－300＝150。

克拉克的上述价值决定理论被称为克拉克规律。克拉克规律显然更适合说明那种每单位都能同时满足消费者多方面欲望的商品的价值。这种分析商品性能的价值而非分析整件商品价值的做法，在当代经济学家兰开斯特所提出的消费经济学的属性分析方法中得到再现。

四、动态分析初探

在完成静态分析的基础上，克拉克对经济的动态进行了初步分析。他进行动态分析的一个基本前提是：假定只要静态标准不变，则无论实际状态初始时对静态标准有多大偏离，最终都趋向标准。这说明他把静态均衡的稳定性作为不言而喻的前提。他的动态分析大致包含三部分内容：（1）说明实际状态偏离静态标准的原因；（2）说明动态因素对收入分配和产业结构的影响；（3）用动态分析方法说明将世界划分为发达地区和不发达地区的原因。

在上述假定前提下，造成实际状态偏离静态标准的原因有两个：一是存在着各种阻力，使实际状态不能迅速逼近静态标准。但克拉克认为这个原因不是主要的，所以对阻力没有展开说明。但从他的全文来看，阻力主要是指妨碍各种生产要素自由流动（行业之间及区域之间）即妨碍自由竞争的各种因素。二是静态标准本身的变化。他认为这才是导致实际状态偏离静态标准的主要原因。正是由于静态标准本身的变化速度快于实际状态向任何既定静态标准逼近的速度，实际状态才始终不能与静态标准达到一致。

克拉克认为静态标准的变化起源于五种动态因素：人口不断增长、资本不断增长、生产方法不断改良、产业不断集中、人们的欲望不断增长。他进一步考察了五种动态因素分别变化和同时变化对静态标准的不同影响。若其他因素不变，只是人口（或资本）增加了，由于这种增加通常总是局部性的，所以一定会引起劳动（或资本）发生跨地区、跨行业的流动。若其他因素不变，只是生产方法改良了，且这种改良只发生在个别部门，则该部门产品的标准价值将相对下降；若改良同时发生在各部门，则产品相对价值（标准意义上的价值）的变动将小得多。若其他因素不变，只是人们的欲望变化了，且这种变化只是对原有产品的质量、性能方面的要求提高，则对原有产品结构、产业结构的冲击不会太大；若这种变化是要用一种全新的产品来满足一种新的欲望，则将对产业结构产生很大的扰乱作用。

克拉克还指出：实际状态向既定静态标准逼近所需要的时间，随两者的差别由哪种因素的变动引起而有很大不同。他认为：在实际生活中这五种动态因素往往同时变化，这就使它们对静态标准的影响往往互相抵消一些，使静态标准的变化不如个别因素单独变动时大。他进一步分析了五种动态因素同时变化以及实际状态向静态标准的调整对收入分配和产业结构的影响。

首先，生产方法的改良会提高工资的静态标准，但由于实际工资不会被迅速调整到提高了的标准上去，这就形成企业家的利润。正是这种生产方法的改良和工资调整的滞后，构成企业家利润的源泉，而这种利润又是企业家进行改良的动机。由于改良连续出现，工资调整的滞后持续存在，就使得企业家利润始终存在，所以利润是经济动态的结果。同时，改良的连续出现也使得实际工资尾随持续提高的工资静态标准而不断提高。其次，由于在长期中，资本增长快于劳动增长，在边际报酬递减规律的作用下，利率相对于工资来说处于下降趋势中，但利息总额会增加。

克拉克对产业结构长期变动趋势的分析值得注意。为便于分析，他用图 13－3 表示一个经济社会的产业结构：A，B，C，…表示各种产品的初级产业或基础产业，例如粮食生产、森林、金属矿产等。A，A′，A″，…表示加工程度逐渐深化的各部门，例如棉花生产、纺纱、织布、印染、服装等部门。B 系列，C 系列，…表示其他各种最终产品从原料生产到最后成品的各级部门。

A	B	C	…
A′	B′	C′	…
A″	B″	C″	…
…	…	…	…

图 13－3　一个经济社会的产业结构

克拉克认为，在动态因素长期变动情形下，劳动和资本在各部门之间的流动有两种方式：一种是从基础部门（如 A）向初加工部门（如 A′）的流动，由初加工部门（如 A′）向深加工部门（如 A″，…）的流动，这种流动是单向的；另一种是在加工程度差不多的各部门（如 A″与 B″，B″与 C″）之间的平行流动，这种流动是双向的。他认为前一种流动是规则的，而后一种则是不规则的。前一种流动存在的原因有两个：一是基础产业部门与后续加工部门相比，生产方法和生产组织的改良速度较慢；二是人们对基础产业部门的产品的需求与对后续加工部门的产品的需求相比，只有较小的弹性。他指出：若改良导致更多的原有产品和更新的产品，则劳动和资本会出现第一种流动。若改良只是节约劳动，并不导致旧产品的增多和新产品的出现，则资本和劳动将因上述第一个原因而由后续加工部门流向基础部门，即出现与第一种流动反向的流动。由此可知，他实际上是用基础部门与后续加工部门的技术进步速度的相对差异以及两大部门产品的需求弹性的相对差异来论证第一种流动的存在原因。

克拉克认为：要素的第二种流动，即在加工层次差不多的各部门之间平行的来回流动，是由于这些部门改良的非同步性。当 A″部门出现节约劳动和资本改良时，要素便流向 B″部门和 C″部门。而后若 B″部门出现了节约劳动和资本改良，则要素又将从 B″部门流出。

克拉克认为：生产组织这一动态因素的变化，在长期中导致集中化的趋势。但这种集中化并不会破坏竞争局面，只是使竞争的方式发生变更。因此，他以竞争为前提所建立起来的静态和动态分析将长期有效。

克拉克最后还运用其动态分析方法来说明世界上存在文明中心（即今天人们所说的发达国家）与不发达地区的原因。他认为这是由于要素尤其是劳动要素的跨国流动受到阻碍，同时也是由于生产方法和生产组织的改良速率在上述两个地区有差别。这就使文明中心出现了一种相对于本地区而言的局部静态，他称之为准静态。准静态的工资标准包含着一部分准利润，它们是由于文明中心与不发达的外界的界限而保留下来的，因此它们和企业家的利润一样，都是由动态过程中调整的滞后所造成的收入。但他相信，用更长远的眼光来看，准静态终究要向全世界范围内的完全静态逼近。因此，不发达地区工人的工资最终会赶上文明中心的工资水平。

克拉克是在西方经济学家中较早关心世界范围的发达与不发达问题的经济学家。他把不发达现象看作世界范围内的动态过程所导致的后果，是由于各种阻力妨碍要素充分自由流动所导致的后果，这种阻力存在于实际状态向全世界意义上的静态标准接近的调整过程中。所以从长远看，他是乐观的。虽然他的乐观态度不会为今天的许多发展经济学家所接受，但他把不发达看作动态过程中的现象，这是一种可取的论点。

第二节　费　雪

欧文·费雪（1867—1947）生于美国。于 1888 年、1891 年分别获得耶鲁大学文学学士和哲学博士学位。1892—1895 年在耶鲁大学任数学教师，1895—1935 年任经济学教授，1926—1947 年曾在雷明顿公司、兰德公司任职。他在价值理论、资本理论、货币理

欧文·费雪
（1867—1947）

论及统计学方面都做出了重要贡献。其主要论著有：《价值与价格理论的数理研究》(1892)，《资本和收入的性质》(1906)，《利息率》(1907)，《货币的购买力》(1911)，《经济学基本原理》(1912)，《稳定美元》(1920)，《指数的编制》(1922)，《货币幻觉》(1928)，《利息理论》(1930 年，有中译本)，《繁荣与萧条》(1932)，《通货膨胀》(1933)。本节将简要介绍其价值理论、利息理论及货币数量论。

费雪在只了解杰文斯交换方程的条件下独立发展了与瓦尔拉斯体系相近的一般均衡体系。该体系在某些方面显然优于瓦尔拉斯体系。同时，费雪作为边际效用论由基数论向序数论转变过程中的过渡性人物，促进了这一转变。此外，他的利息理论和货币数量方程也都名噪一时。

一、价值理论

费雪的价值理论见于其 1892 年出版的《价值与价格理论的数理研究》一书。费雪是继瓦尔拉斯之后较早运用一般均衡方法研究价值决定问题的经济学家之一。他的一般均衡理论[①]是在除了阅读杰文斯的著作外未接触任何其他数理经济学家（包括瓦尔拉斯）的论著的情况下提出的，因此他的理论可以看成是对杰文斯著名的交换方程的发展。杰文斯的交换方程只涉及两人两商品间的交换均衡，而费雪的理论则推广到 n 人 m 商品间的交换均衡。费雪对杰文斯理论的发展表现在两个方面：一是把杰文斯交换方程推广到 n 人 m 商品交换的情形；二是提出了收支平衡方程组。

费雪体系与瓦尔拉斯体系的一个重要差别是，费雪明确地把各人的收入水平、各种商品的总量和各人对各种商品的边际效用函数三者并列为决定均衡价格的参变量，而瓦尔拉斯只明确承认后两个因素的作用。明确肯定各人收入水平（也就是肯定收入的分配状况）对价格的决定作用，是费雪体系优于瓦尔拉斯体系的地方。另一个重要差别是，费雪把边际效用值作为体系的未知变量，而在瓦尔拉斯体系中，边际效用只是决定需求这一未知变量的因素之一，本身并不作为一个明显变量出现在体系之中。这是费雪体系劣于瓦尔拉斯体系的地方，因为这意味着费雪的价值理论必须解决瓦尔拉斯体系所不会面临的一个难题：边际效用值的测量。费雪对这一难题的回答表现了他的两面性：一方面，他在任何一种或至少一种商品的效用只取决于它自身的数量而和其他商品的数量无关这一前提下说明了效用的单位，研究测量的方法；另一方面，他又承认一种商品的效用应被看作一切商品数量的函数，这接近后来的序数效用论。他的这种两面性表明他是从基数效用论向序数效用论转变的过渡人物。

---

① 本书不介绍其具体内容，有兴趣的读者可进一步参见蒋自强编著的《经济思想通史》第三卷第五章（杭州：浙江大学出版社，2003）；也可参见张旭昆编写的《西方经济思想史 18 讲》第十四讲第二节（上海：世纪出版集团，上海人民出版社，2007）。

二、利息理论

费雪首先定义了收入与资本。他把个人收入分作三种形态：享用收入（由满足的感觉或体验构成）、实际收入（由带来满足的种种产品和服务组成，用生活费用来进行加总和衡量）、货币收入（个人用来支付生活费用的货币）。由此可知，他的收入概念类似于今天西方经济学中的消费。他认为资本就其价值而言，是将来收入的贴现或将来收入的资本化。他用图 13－4 表明了资本与收入之间的关系：资本财货导致从现在起到未来的一系列收入流量，这一流量决定了收入的价值，而收入的价值再反过来决定资本财货的价值。把收入和资本区分为流量和存量，这是费雪对西方经济学所做出的重要贡献之一。

资本财货→服务的流量（收入）
↓
资本财货的价值←收入的价值

图 13－4　资本与收入之间的关系

费雪倾向于对资本做最广义的理解。他认为一切能带来收入的东西都可以被称作资本，这些东西的价值取决于它所带来的收入流量。甚至人本身也可以被称作资本，只要他能带来收入流量。与这种对资本概念的广义解释相对应，费雪反对把利息作为与地租、工资及利润并列的收入范畴，而认为利息作为广义资本的收入，包括了地租、工资和利润。

费雪把利率看作联系收入与资本的桥梁，他认为资本的价值与利率反向运动，而与储蓄同向运动。他把利率定义为对某一日期的货币所支付的贴水的百分率，这一贴水是以一年后的货币表示的。因此，利率实质上是把各市场的不同时点联系起来的一种价值。所以各种产品，只要其所提供的服务是跨时的，其价值便要受到利率的影响。跨越的时间越长，利率的影响越大。同时任何生产要素，只要是被应用于迂回生产的，其价格都要受到利率的影响，生产越是迂回，利率的影响越大。只要有时间因素存在，便有利率的问题存在。利率是整个价格结构之中最为普遍的价格。

费雪认为：作为现在财货与未来财货相交换时的价格，利率由两大因素决定：一是主观心理因素，即人性不耐或时间偏好（现在财货优于未来财货的边际偏好）；二是客观因素，即投资机会。

费雪认为：一个人的时间偏好主要由其收入川流的四大特征决定。这四大特征是：(1) 流量的大小。(2) 川流的时间形态，即收入是随时间推移不变、递增、递减抑或波动。(3) 川流量的构成，即收入由哪些实际项目（饮食、住所、娱乐和教育等）组成。(4) 川流量的或然性、风险大小或不确定的程度。费雪认为：在其他条件一定时，收入流量越小，时间偏好越强；在其他条件一定时，递增的收入流量将提高时间偏好；在其他条件一定时，当前的风险或不确定性以及在时间上均匀分布的风险或不确定性将提高时间偏好，而未来的风险或不确定性将降低时间偏好。除了收入川流的四大特征外，影响时间偏好的其他因素有下述个人因素：远见、自制力、习惯、寿命预期、对后人的关怀以及时尚。在这些个人因素中，导致时间偏好增强的是目光短浅、缺乏自制力、乱花钱的习惯、预期寿命短或不确定、不关心后人以及盲目追随时尚。

首先，费雪分析了不存在投资机会［即每个人只面临唯一的收入川流，无法通过变动资本（广义）的使用方式来改变之，只能经由借贷改变之］时的利率决定，他称之为利息的第一近似理论。[①] 他假定：（1）每个人的收入川流在开始时是确定的、固定的；（2）借贷市场是完全竞争的，即单个人的借贷行为不影响利率；（3）每个人可以自由进出借贷市场并依据市场利率借贷任何数额；（4）个人只能通过借贷和资产的买卖来变更收入川流，即不存在投资机会，不能通过变动资本（广义）的使用方法来变更收入川流。在这四个假定下，每个人都将依据初始的市场利率来决定自己的借贷行为，变更收入川流，以调整自己的时间偏好使之接近市场利率，由此形成整个借贷市场的借贷总量，而市场利率将依据借贷总量之间的差额而调整。当最终实现均衡时，在市场上所有人的时间偏好将相等并与均衡的市场利率一致，同时借贷总量之间实现均衡。

其次，费雪进一步考虑了存在投资机会时的利率决定，他称之为利息的第二近似理论。他把投资机会定义为投资者经由选择从一种收入川流移向另一种收入川流的机会。这种收入川流的转移与单纯的借贷（它也具有改变收入川流的作用）不同，它涉及投资者所拥有的要素的使用方法的变更和技术的变更。

当存在投资机会时，资本（广义）所有者将从许多不同的收入川流中选择一条依据既定利率其现值最大的收入川流，然后通过借贷来变更其时间形态。所有人的借贷行为将调整利率，利率的变化将引起所选择的收入川流的变化。如此不断地反复调整，当最终实现均衡时，将满足下述条件：所有人的时间偏好相等并与均衡的利率一致；借贷总量均等；每个人所选择的收入川流按均衡利率计算，均具有最大现值，即每个人所选择的收入川流的边际收益超过成本率的幅度都相等并与均衡利率一致。收入川流的边际收益超过成本率是指该收入川流带来的边际效益与其机会成本的比例。它会由于投资数量的变化而变化，一般随投资数量的增加而递减。

最后，费雪考虑了存在风险和不确定性时的利率决定，他称之为利息的第三近似理论。当存在风险和不确定性时，每个人面临的各种收入川流都将带有或然性，而不是确定性，从而这些川流的边际收益超过成本率的幅度也将是不确定的，时间偏好率也将带有或然性。同时整个借贷由于呆账风险而未必一定平衡，个人在一个长时期中的借贷的现值的代数和也未必为零。由此造成的后果是，任一时点的利率决定难以用数学方法加以说明。费雪把风险和不确定性称作利率决定的扰乱因素，认为尽管在实际生活中大量存在这类扰乱因素，但是可以用他的第二近似理论说明实际生活中利率的基本倾向。

在众多导致风险和不确定性的因素中，费雪重点分析了发明与发现对利率的影响以及起因于货币的物价变动对利率的影响。他认为发明与发现对利率的最初影响是促使其升高，因为发明与发现所导致的投资机会会促使借款增加。但发明与发现对利率的最终影响是促使其下降，因为收入川流在数量上增加了，这将削弱时间偏好。

---

① 本书不介绍第一近似理论和第二近似理论的具体数学模型，有兴趣的读者可进一步参见蒋自强编著的《经济思想通史》第三卷第五章（杭州：浙江大学出版社，2003）；也可参见张旭昆编写的《西方经济思想史 18 讲》第十四讲第二节（上海：世纪出版集团，上海人民出版社，2007）。

对于货币、物价对利率的影响，费雪花费了较多的篇幅进行考察。他首先区分了货币利率（名义利率）与实际利率，实际利率就是由时间偏好和投资机会决定的利率，而货币利率往往等于实际利率与币值变动率（一般物价水平变动率）之和。当币值变动率为零时，货币利率便等于实际利率。当币值变动时，货币利率才会与实际利率产生差异，除非币值变动被准确地预见并在契约中加以考虑。但由于人们普遍存在货币错觉，币值变动不会很快被人们所觉察，所以币值变动在短期中难以影响货币利率。费雪还进一步根据英美两国的统计资料，运用计量分析方法考察了货币利率对币值水平和币值变动的依存关系，得到四个结论：（1）当物价水平上升时，货币利率一般有增高的倾向；当物价水平下降时，货币利率一般有降低的倾向。（2）货币利率的变动往往落后于物价的变动，因而对两者进行同期的直接比较时，两者间的关系往往模糊不清。（3）货币利率与物价变动的滞后分布的加权平均值（权数依滞后期的延伸而递减，滞后期的长短依具体情况而定）高度相关。（4）当物价水平高时货币利率也肯定地倾向于高，当物价水平低时利率也肯定地倾向于低，同时他也指出了物价水平依货币利率的变动而反向变动的另一种因果关系，即人为压低（提高）货币利率将提高（压低）物价水平。他强调后一种因果关系发生在较短时期中，而在较长时期中是前一种因果关系起支配作用。

费雪的利息理论，按他的本意，也是对瓦尔拉斯、帕累托一般均衡理论的补充。费雪认为瓦尔拉斯的一般均衡理论解决了同一地区同一时间的价格决定问题，但没有回答不同时间的同一货物之间交换的价格决定，而解决后一问题便是利息理论的目的。从更广阔的视野来看，从边际革命开始，西方经济学家关于利率的决定问题一直有两种基本思路：一种是忽略时间因素来说明利率的决定，如维塞尔、瓦尔拉斯、克拉克、马歇尔等人，他们或者是用资本的边际生产力或者是用资本的供求平衡来说明利率的决定。另一种是强调时间因素来说明利率，把利率看作经济活动在时间之流中进行所引致的结果，如庞巴维克、费雪等人，但他们对时间因素的重视与后来凯恩斯及其追随者对时间因素的重视又有区别：费雪等人更侧重于确定性条件下的分析，因而总是把利率看作资本现象而非货币现象；而凯恩斯则开始重视时间过程中的不确定性，把它看作对经济生活有重大影响的因素并以此为依据把利率看作货币现象而非资本现象；而凯恩斯的追随者之一琼·罗宾逊则干脆把时间看作不确定性的代名词。总的来看，庞巴维克-费雪的传统比瓦尔拉斯-克拉克-马歇尔的传统更接近凯恩斯的传统。凯恩斯自己也认为他的资本边际效率与费雪的边际收益超过成本率很接近。

用今天的眼光来看，在费雪的利息理论中最有价值的是他关于物价水平与利率之间关系的见解。这些见解以及他得到这些见解时所采用的计量经济学方法，表明他不仅是计量经济学的先驱，同时也是现代货币主义关于这方面见解的先驱。此外，虽然他未能充分阐述风险对利率的影响，但他对风险的重视很可能启发了今天耶鲁大学的詹姆斯·托宾。托宾完成了费雪未完成的事业，建立了考虑风险因素的数理模型，说明了利率等变量的决定。

三、货币数量论

在费雪的经济思想中对后人最有影响力的当属他的货币数量论。这一理论主要见于

1911年出版的《货币的购买力》一书。在该书中，他提出了著名的费雪方程：$MV=PT$。式中，M 为包括金属货币和纸币在内的货币数量，V 为每单位货币的平均流速，P 为一般物价水平，T 为社会总交易量。

当考虑银行支票存款时，方程变为：$MV+M'V'=PT$。式中，M'为支票存款量，V'为支票存款的平均流速。费雪提出该方程的目的，在于说明在均衡状态下物价水平（货币的币值）的决定。同时他也指出：在尚未达到均衡的过渡时期，并不能简单地运用该方程来说明物价的决定。所以只有在均衡状态下，物价水平才正比于 $MV+M'V'$，而在过渡时期，这种正比关系并不存在。因为在过渡时期，M 的增加并非全部作用于 P，而是会导致 M'对 M 的比例趋大且使 V 和 V'增加，结果又进一步引起 T 的变动，而 P 是否相应增加以至与 M 同比例增加，则取决于以上种种变动的结果。由此可知，不区分均衡时期和过渡时期，简单地依据费雪的交换方程认为 P 将与 M 同比例变动，是不符合他的原意的。他还列举了除 M 外，通过影响 T 和 V 而影响 P 的诸因素：第一，影响 T 从而影响 P 的因素。一是生产方面：(1) 天然资源的地区分布状况；(2) 劳动分工状况；(3) 技术知识；(4) 资本积累。二是消费方面：人类欲望的范围及其变动。三是生产和消费的共同因素：(1) 交通状况；(2) 交易的自由程度；(3) 货币银行制度；(4) 商业信心。第二，影响 V 从而影响 P 的因素。一是个人习惯：(1) 节俭与窖藏的习惯；(2) 记账的习惯；(3) 使用支票的习惯。二是社会支付制度：(1) 收支次数的多寡；(2) 收支规律化的程度；(3) 收支间距与金额的大小。三是一般社会背景：(1) 人口密度；(2) 交通运输的快速程度。

思考题

一、述评克拉克的边际生产力论。

二、述评费雪的利息理论。

第十四章

马歇尔以后至 20 世纪 30 年代英、美经济学的发展

自从马歇尔创建了剑桥学派之后，从 20 世纪初到 20 世纪 30 年代，剑桥大学涌现出一个经济学家群体，包括阿瑟·塞西尔·庇古、约翰·梅纳德·凯恩斯、丹尼斯·霍姆·罗伯逊、皮埃罗·斯拉法、琼·罗宾逊等。这里只考虑这些经济学家截至 20 世纪 30 年代为止对西方经济学的发展所做出的贡献。庇古发展了马歇尔的福利思想，提出了系统的福利经济学并专门研究了与福利问题密切关联的失业问题、产业波动和货币问题。凯恩斯主要是建立了系统的货币理论体系。罗伯逊主要是对货币和经济周期进行了研究。斯拉法的贡献比较特殊，不是像其他人那样在马歇尔体系的基础上做出新的贡献，而是对马歇尔体系的基础提出了疑问，进而对边际主义经济学的基础进行了重新检验。琼·罗宾逊主要是在斯拉法的启发下开拓了对不完全竞争市场的研究。

第一节　庇古的福利经济学、周期理论、失业理论和货币理论

阿瑟·塞西尔·庇古（1877—1959）出生于英格兰。1900 年获剑桥大学文学硕士学位，1901 年任剑桥大学国王学院讲师，1908—1943 年任政治经济学教授。他是剑桥大学马歇尔讲座的继任者。其主要论著有：《工业和平原理和方法》(1905)，《福利经济学》(1920)，《论失业问题》(1914 年，有中译本)，《工业波动论》(1927 年，有中译本)，《公共财政研究》(1925，1956)，《失业理论》(1933)，《静态经济学》(1935)，《就业与均衡》(1941)，《凯恩斯“通论”的回顾》(1956)。

阿瑟·塞西尔·庇古
(1877—1959)

一、福利经济学

关注福利问题，是马歇尔研究经济学的出发点，但他并没有建立系统的福利经济学体系，只是提出了一些对后来庇古所建立的福利经济学有深远影响的概念，如消费者剩余、生产者剩余、外部经济和外部不经济等。作为马歇尔的嫡传弟子，庇古继承了马歇

尔关心福利问题的传统，于1912年出版了《财富与福利》一书，后经修改充实，于1920年易名为《福利经济学》出版。这部巨著是庇古的代表作，是在西方经济学发展中第一部系统论述福利经济学问题的专著。庇古认为：福利经济学的目的，是研究如何使社会的经济福利达到最大化。因此，它的性质不同于实证经济学，后者研究“是什么”“会是什么”这类问题，前者是一种规范经济学或实用经济学，致力于研究“应当是什么”“应当如何”这类问题。

庇古对经济福利的含义进行了几方面的说明：第一，经济福利是一种狭义福利，与广义福利不同。广义福利包括经济福利和非经济福利。经济福利是与货币尺度相关联的那一部分福利，是主要取决于经济因素的那一部分福利。经济福利虽然有时会与广义福利发生不同方向的变化，但一般来说经济福利的增长总是意味着广义福利的增长。第二，个人的经济福利与其他福利一样，是一种心理状态、一种满足感。第三，虽然非经济福利难以度量，但经济福利是可度量的，从而不同人的经济福利是可比较、可加总的。第四，整个社会的经济福利是各个社会成员的个人经济福利的总和。由这四点说明可以看出，庇古的福利经济学是建立在边沁的功利主义哲学以及基数效用论的基础上的。因此，庇古所建立的福利经济学后来被称作旧福利经济学，以区别于以序数效用论为基础的新福利经济学。

庇古认为：整个社会的经济福利取决于两个基础因素：国民收入（国民净产品）的大小和国民收入的分配。当国民收入分配状况一定时，国民收入越多，从而人们消费的商品和劳务越多，从中获得的满足越大，则全社会的经济福利越大。当国民收入一定时，国民收入的分配越是均等化，社会的经济福利越大。这是因为人们货币收入的边际效用是递减的，而以基数效用论为基础的经济福利又可以在人与人之间进行比较，所以，高收入者将自己的一部分收入转移给低收入者，将使后者增加的福利超过前者减少的福利，于是整个社会的经济福利由此增加。庇古又指出：在下述两种情况中，整个社会的经济福利是否增加是不确定的：一是国民收入增加的同时，收入的分配更加背离了均等化的方向；二是收入分配趋向均等化的同时，国民收入减少了。

在肯定社会的经济福利取决于国民收入的大小和国民收入的分配这两个因素之后，庇古进一步分析了影响国民收入大小的因素。他认为：关键因素是既定资源在不同部门中的配置。为了说明资源最优配置的条件，他提出了边际社会净产值这个概念，它等于边际社会净产品与售价的乘积。而边际社会净产品是一个流量概念，指当既定资源得到合理使用时，其边际增量引起的、从社会角度来看的总产品的增量。它是有用产品和有害产品的代数和。例如，火力发电厂生产的电是有用产品，但其烟囱所冒之烟给环境带来的污染是有害产品，两者的代数和才构成从社会角度来看的净产品。

庇古提出，在资源既定且不考虑资源转移成本的前提下，国民收入达到最大化资源配置（即最优配置）的条件是：任何一种资源在每一种用途上的边际社会净产值均相等。这是因为把资源从边际社会净产值较小的用途转移到边际社会净产值较大的用途，总会增加国民收入。但若考虑到转移成本，则转移到新用途上所获得的增量收益应大于转移成本。

庇古认为：在私有制条件下，资源配置是通过私人的行为实现的，而私人是在追求最大收益这一目标的支配下，根据不同用途的边际私人净产值来确定自有资源的投向，力求达到各种用途的边际私人净产值均相等这一状态。边际私人净产值是指在某一用途上追加一单位资源给私人带来的增量收益。若边际私人净产值在任何用途上均恒等于边际社会净产值，则私人的自发行为将导致资源的最优配置。

庇古认为：在实际生活中存在种种原因使边际私人净产值背离边际社会净产值。这种种原因之一是由不确定性和私人企业的保密行为所造成的信息不完全，它使人们对投资的预期收益估计过高或过低，从而导致资源的错误配置。原因之二是某些资源的不可分性，这使得这些资源无法充分转移和配置以实现边际私人（社会）净产值处处相等。原因之三是某些耐用生产资料的使用权与所有权分离，这使使用者过度使用这些资料，以致边际私人净产值大大超过边际社会净产值。此外，还有两个使边际私人净产值背离边际社会净产值的重要因素：一是各种形式的垄断因素的存在；二是经济行为的外部影响。庇古侧重分析了后一个因素。他提出，内部经济与内部不经济这两个概念描述的是厂商的产量与单位成本间的关系：若产量增加导致单位成本下降，便是内部经济；若产量增加导致单位成本上升，便是内部不经济。外部经济与外部不经济这一对概念描述厂商的经济活动对部门内和部门外其他厂商及其他经济主体的影响。若厂商的行为给其他厂商及其他经济主体带来了无须付酬的利益，便是外部经济；若厂商的行为给其他厂商及其他经济主体带来了得不到补偿的损失，便是外部不经济。在存在外部经济的场合，边际私人净产值小于边际社会净产值。因此，由于经济行为的外部影响的存在，即使在排除了垄断的自由竞争条件下，也无法像亚当·斯密所设想的那样，私人追求自身利益最大化的行为，导致社会福利的最大化。因此，政府干预是实现资源最优配置必不可少的手段。

这里有必要指出：庇古的"外部经济"和"外部不经济"是从马歇尔那里借用和引申来的两个术语，其所表达的含义与马歇尔赋予它们的含义并不相同。马歇尔提到的"外部经济"，其含义是指企业在扩大生产规模时，由其外部的各种因素所导致的单位成本降低。所以马歇尔的"外部经济"与庇古的"外部经济（不经济）"是两回事。前者指企业活动受到的外部影响，后者指企业活动对外部的影响。鉴于这一区别，应当把庇古的"外部经济"和"外部不经济"这对概念看作是他的一个新创造。这一对概念已成为今天分析市场机制优劣的重要工具。

庇古进一步探讨了政府干预的方式。他主张运用税收和津贴来克服外部影响所造成的边际私人净产值对边际社会净产值的背离，即：对于边际私人净产值小于边际社会净产值的场合，政府实行奖励和津贴，以鼓励厂商增加产量；对于边际私人净产值大于边际社会净产值的场合，政府进行征税，以迫使厂商减少产量。这类促使边际私人净产值向边际社会净产值靠拢的措施被后人称作庇古税。为了克服各种形式的垄断对资源配置造成的不利影响，庇古主张运用间接控制或直接控制手段来消除或限制垄断。间接控制便是运用法律手段禁止出现垄断组织，或限制垄断组织损害社会的产量和价格行为。直接控制就是由政府规定销售价格或其浮动区间，或者干脆由政府直接经营某些必定会处于垄断地位的企业。

除了上述促进资源最优配置的干预措施外，庇古还主张政府以收入分配均等化为目标对自发形成的收入分配进行干预。具体措施之一是征收累进的所得税和遗产税，但要注意不能损害资本形成。具体措施之二是由政府向穷人转移收入。转移既可以是直接的，如举办社会保险、社会服务设施等；也可以是间接的，如补贴那些专门生产穷人必需品的部门和厂商，以增加产量、降低价格。但他反对施舍性质的收入转移，强调任何收入转移措施都应当防止助长懒惰和浪费。

庇古的福利经济学的主要贡献在于提出资源最优配置的条件，以及外部影响对资源最优配置的干扰，从而论证了由政府干预资源配置以及收入分配对于提高全社会经济福利的重要性。

由于庇古的上述贡献，他时常被称作公共财政学、福利经济学和环境经济学的先驱。

二、周期理论

庇古的经济周期理论主要见于他 1927 年出版的《工业波动论》一书。他在该书中主要涉及两个问题：一是经济周期的一般特征、原因及周期性；二是消除波动的方法。他指出，通常所说的经济波动有三种情况：一是长期延续的广泛变动；二是延续数年的较短波长的摆动；三是随正常年度的季节变换而来的短期变动。而他所研究的主要是第二种波动。

庇古指出：经济周期具有五个一般性特征：一是国际性，即经济周期往往同时发生在许多国家；二是相似性，即不同的经济周期都有许多很相似的地方；三是相关性，即不同行业的周期在时间上和方向上一般是一致的；四是波幅的差异性，即资本品工业比消费品工业有更大的波动幅度；五是异步性，即资本品工业的波动往往领先于消费品工业。

庇古认为：经济周期的直接原因是工商业者变动不定的预期。而导致获利预期变动的则有三方面的原因：真实原因、心理原因以及自发的货币原因。

真实原因包括农作物收成的变动，新技术和新产品的发明与改进，新矿床的发现与开采，劳资纠纷，偏好的改变，国外需求的变动。庇古认为这些因素的重要性是不一样的，要清楚地区分各个因素的影响也是无法做到的，但有一点比较明确的就是农作物收成的变动在工业发达的社会中影响越来越小。同时，货币工资的刚性或劳动供给的弹性，以及劳动力的不完全流动性，对导致和加剧经济周期都起着重要作用。

心理原因是指工商业者在对企业前景的预测中所犯的过分乐观或过分悲观的错误。工业经济的经营决策离不开预期，而上述种种真实原因往往导致预期的失误。庇古认为决定预测错误大小的因素有以下六个：一是生产力发展和社会偏好的变幻莫测。变化越是不可预测，则预测错误越大。二是不同智能的人在工商经营活动和其他活动中的分布，以及他们参与经营决策的程度。高智能的人参与企业经营越多，参与决策的程度越高，则预测错误越小。三是决策者可得到的信息。信息越全面越真实，则预测错误的可能性越小。四是经营管理权的分散程度。这种分散，尤其是产销决策权的分散，往往导致供求信息沟通的困难，以及订货的过度膨胀，从而导致预测错误。五是产品生产周期的长短。生产周期越长，则预测越有可能出错。六是市场范围的大小。市场范围越大，则预测越有可能出错，而只为自己进行生产一般是不会发生大的预测错误的。庇古进而分析了使预测错误得以扩散或普遍化的三个因素：一是企业家之间在心理上的相互依赖、相互感染。二是不同行业之间的投入产出关系。当一个行业的企业家抱有乐观预期从而增加其投入时，往往导致其上游行业的销售旺势。三是企业家之间的债权债务关系链。他还指出：过于乐观的预测错误和过于悲观的预测错误并不是相互隔离的，而是相互孕育的，这是导致经济波动周而复始的重要原因之一。

在庇古看来，对于金本位制国家来说，**自发的货币原因**主要有三个方面：一是金矿的发现和关闭以及提炼黄金的新技术的发明。二是外国货币政策及黄金储量的变化，尤其是信贷的扩张及收缩。三是与国外金融业务有关的短期的黄金流出入。庇古比较详尽地探讨了由货币原因导致经济周期的一些具体机制。机制之一是货币信贷的扩大与收缩引起投资的增加与减少；机制之二是货币信贷的松紧助长了企业家过度乐观或过度悲观；机制之三是货币信贷的松紧影响一般物价水平。他依据统计资料指出了银行信贷创造量的波动与就业量的波动之间的紧密联系。庇古探讨了引起一般物价水平变化的因素，指出一般物价水平与货币流通量同向变化；与实际收入、劳动生产率或货币流通期的平均长度反向变化。他提到了价格水平变动与企业家预期的相互影响，以及价格水平变动对于长期合同的收入再分配效应，而这些因素都会影响经济周期。

庇古认为经济周期是上述三大类原因共同作用的结果，他坚决反对从单一原因去说明经济周期的观点，如货币论、心理论、收成论等。

从总体上看，庇古对经济周期原因的分析是一种多因论，既强调客观原因，也重视主观心理因素；既看到了经济实际面的影响，也承认货币面的作用。其不足则是缺乏对各种原因的一个清晰的层次分析，使人难以分清哪个是主要原因、哪个是次要原因。

关于消除经济周期的办法，庇古认为：首先要认清经济周期对经济福利的影响。他认为：如果经济周期是人们对工作和闲暇的偏好的周期性变化，那么就不能认为它一定是祸害。同时，如果没有经济周期，没有萧条所造成的压力，企业家改进技术的动力便会下降，低能的企业家就不容易被淘汰，从而对整个社会生产力的提高造成不利。尽管有上述两个似乎是为经济周期辩解的看法，庇古总的来说还是强调了经济周期所造成的失业对人力资本造成的危害，大量的短期失业可以损害一个人的技术能力，而且尤其重要的是损害他的一般性格。

庇古提出，在克服经济周期时，也要考虑成本-收益原则，要使克服经济周期的边际成本与经济周期被克服后的边际收益两者相等。至于克服经济周期的具体措施，由于他往往着眼于克服失业现象，所以在下面关于失业理论的一小节中再详细介绍。

三、失业理论

作为福利经济学创始人的庇古，对失业问题一直非常关注。庇古首先给“失业”下了一个定义：如果做出某些保留和解释，所谓失业就等于一般所了解的“非自愿赋闲”。他所说的失业就是非自愿性失业。而这种非自愿性失业有两种形式：完全失去工作和被迫缩短工时。

庇古认为：失业现象完全是由工资率与劳动需求之间的关系失调引起的，并指出在劳动市场自由竞争的条件下，除了因不同等级的劳动需求发生变动而引起的暂时失业外，不可能存在长期失业现象，但劳动市场并不是自由竞争的，工资率并不是在任何地方都由自由的竞争力量决定的，因此便出现了失业。为了分析失业原因，他区分了静态和动态两种条件。在静态条件下，失业的主要原因有三个：一是由于工会或其他因素，工人所要求的工资率高于在自由竞争条件下自发形成的工资率。二是根据人道主义原则制定的法定最低工资，使得一些愿意接受也只能接受更低工资的人失业。三是一部分工人的素质和教育水平低下，无法满足工作岗位所需。而在动态条件下，劳动需求会由于季节性变化和经济周期而发生有规律的变动，还会由于偏好、技术等因素的变化而发生不规则的变动，这就使均衡工资率处于不断的变化之中，这时，导致失业的原因还要加上工资率的刚性。工资率向下的弹性为工人所阻挠，向上的弹性则为企业主所阻挠。刚性工资不能适应在动态条件下均衡工资率的不断变动，于是便造成了失业。此外，劳动力由于存在流动费用而缺乏流动或盲目流动，也是导致失业的重要因素。

根据对失业原因的上述看法，庇古提出了五个消除或减少失业的措施：（1）发展教育和培训事业，提高工人尤其是最低等级工人的素质。（2）成立调解委员会以解决劳资纠纷并采取富有弹性的工资制度。（3）运用货币手段缓和经济波动，减缓劳动需求量的波动幅度。（4）把各地的职业介绍所组织成全国相互联系的系统，改善劳动市场的信息状况，增加劳动力的流动性，减少流动的盲目性。（5）实行政府干预。

庇古认为：政府可以通过调整直接与自己有关的工业来控制劳动需求，也可以通过补助金及赋税来调节私营企业的劳动需求。政府可以调节供给，采取逆经济风向的调节措施，在萧条时增加产量，在繁荣时削减产量。但这种调节只适用于耐用品工业，不适用于非耐用品工业。因为在萧条时政府若增加非耐用品的产量，从而增加就业，势必扩大供给，降低价格，结果是未被政府调节的厂商将减产，进一步减少劳动需求，而繁荣时正好相反，结果是加剧了波动。而在耐用品工业中，政府在萧条时增加产量、扩大就业可增加储备而不一定增加市场供给，这样未受调节的厂商也不会减产和削减劳动需求。政府也可以调节自己的需求，使它逆经济风向而变动：当私人需求减少时，便增加政府需求，当私人需求增加时，则相应减少政府需求，如此使经济保持稳定，减少就业的波动。但这种逆向变动政府需求的措施是否能减少失业要取决于劳动的流动性。若劳动在生产私人用品的产业与生产政府所需产品的产业之间具有流动性，则上述逆向实施的调节措施将有助于减少失业；若劳动缺乏流动性，则上述调节措施未必能减少失业。

至于政府的具体调节措施，庇古似乎更看重控制信贷进而稳定物价水平的货币手段。在萧条时增加信贷投放而在繁荣时则缩小信贷规模。他进而提出了控制信贷规模的两种做法——定额配给与贴现控制——并比较了它们的优劣。他的结论是：贴现控制比定额配给更优越，因为定额配给会扭曲价格信号。他还提到了相机抉择的货币政策在效果上的不对称性，即克服过热较为有效而克服萧条不太有效。但他从繁荣孕育着萧条的观点出发，认为有效地防止了过热也就有效地预防了萧条。他还不无正确地提到货币政策的目标必须是稳定物价，而不能是保持一定数量的储备金，若以后者为目标，就难以克服萧条。他一方面颇有预见地看到了纸币本位制由于解除了黄金对货币量的束缚，从而有助于避免通货缺乏引起的萧条，但另一方面有孕育通货膨胀的危险。为此他主张由国会对银行发行纸币的权力进行一定的制约。这两种看法在 20 世纪 70 年代以后体现出它们的价值。他还谈到在金本位制条件下稳定物价的目标与稳定汇率的目标之间的冲突，任何一个国家都难以自由地既实施一个严密的稳定物价制度而同时又实施一个严密的稳定汇兑制度。这一思想可以说是当前克鲁格曼“魔鬼三角关系”的先驱。

除了货币政策外，庇古也谈到了财政政策，包括相机抉择的政府订货行为及公共工程以及相机抉择的税收和津贴行为。

此外，庇古还主张各种收入政策，比如由政府编制物价指数并激励公众将各种契约尤其是长期契约指数化。他主张由政府限制繁荣时期的加班加点，以防止过度繁荣从而加深随之而来的萧条。他还希望公众自愿采取逆经济风向的行为，如在萧条时自觉增加购买而在繁荣时则反向而行。

庇古认为：上述各种措施并不能完全消除失业，但剩下的失业应当尽可能采取比较可取的形式，如普遍缩短工时或轮流工作，而不要急于辞退部分工人，使失业之苦集中在少数人身上。他还具体分析了企业主采取何种失业形式的原因。对于熟练工人、使用贵重原料和精密机器的工人以及掌握专利技术的工人，企业主通常不愿意解雇他们；对于工资难以精确计量的工人，企业主往往倾向于解雇他们；至于轮流工作，则往往由于组织困难，企业主一般不愿意采用。

庇古肯定了失业保险稳定整个社会的消费水平的功能，指出若无失业保险，工人一旦失业，消费水平将大降，而如果要使失业后的消费维持原状，就必须大大增加平时的私人储蓄，从而减少平时的消费。庇古还分析了在失业保险中存在的今天被人们称作道德风险和逆向选择的问题，并指出了若干解决这两个问题的具体措施。

由以上所介绍的失业理论我们可以看出，在凯恩斯出版《通论》之前，庇古就已经肯定了存在着非自愿性失业，但在对失业原因的分析上，庇古完全是站在新古典的立场上，强调市场机制不健全和竞争不完全，强调工资缺乏弹性和劳动缺乏流动性。正因如此，他被凯恩斯选中，作为新古典学派的代表，在《通论》中大加鞭挞。但庇古关于消除失业的措施，则完全突破了传统理论，比凯恩斯早 20 多年便提出了用政府干预来消除失业的主张，甚至提出了相机抉择的原则。更为可贵的是，庇古指出了相机抉择原则有效性的微观基础是劳动力的流动性。由此看来，凯恩斯与他所批判的对手之间的区别并不像他所渲染的那么大。在消除失业的措施方面，两者是很接近的，区别在于对失业原因的分析。庇古的不足之处在于他所分析的是宏观现象，但采用的方法则是微观的，缺乏总量分析工具，缺乏总需求函数，没有短期概念，没有乘数概念，没有对收入水平决定机制的说明，这就使得庇古对失业的解释不如凯恩斯，同时也使得庇古关于政府干预的主张缺乏充分的理论根据。

四、货币理论

庇古在货币理论方面的主要贡献，是在 1917 年出版的《货币的价值》中把马歇尔的货币需求理论表达为数量方程，即著名的货币余额方程（又被称作剑桥方程）：

$$M_d = kPY$$

式中，M_d 为货币需求量；k 为保持在货币形态上的收入占总名义收入的比率（$0<k<1$）；P 为一般物价水平；Y 为实际收入水平。

该方程的意思是：由于人们获取收入与支出收入有一定时距，所以，为了便利交易，也为了应付不时之需，人们需要以货币形式保存收入。但由于货币形式的资产不会给所有者带来收益，所以人们往往只需要以货币形式保存部分而非全部收入。这就是人们的货币需求。由上式可知，这种需求取决于名义收入水平 PY 和比例系数 k，并与这两者同向变化。

庇古所提出的上述货币余额方程为后来凯恩斯在《通论》中所提出的货币需求函数以及再后来弗里德曼所提出的货币需求函数，提供了最原始的基础。

第二节　斯拉法和琼·罗宾逊对马歇尔综合体系的发展

皮埃罗·斯拉法（1898—1983）

皮埃罗·斯拉法（1898—1983）生于意大利，毕业于都灵大学。1924—1926 年任佩鲁贾大学政治经济学教授；1926—1927 年任卡利亚里大学政治经济学教授；1927 年任剑桥大学讲师，后任剑桥大学三一学院研究员。其主要论著有：《意大利的银行危机》(1922)，《成本与产量之间的关系》(1925)，《竞争条件下的收益法则》(1926)，《收益递增和代表性厂商》(1930)，《哈耶克博士论货币与资本》(1932)，《用商品生产商品》(1960)，与莫里斯·多布合编的《李嘉图著作和通信集》(共十卷，1951—1973)。

一、斯拉法宣言：对马歇尔均衡价格论的挑战

斯拉法于 1926 年发表的论文《竞争条件下的收益法则》被后人称作斯拉法宣言。在该论文中，斯拉法对马歇尔局部均衡的供求价格论提出了挑战。如前文所述，马歇尔在其综合体系中用一种商品市场的供求均衡来决定该商品的均衡产量与均衡价格，建立了局部均衡的供求均衡价格论。同时，在分析商品的供给时，又谈到了由于存在内部经济（不经济）和外部经济（不经济），会引起收益随产量扩大而递增（递减），从而使供给曲线向下（上）倾斜和向下（上）平移。

斯拉法指出：马歇尔的均衡价格论与他对商品供给的分析是不和谐的，均衡价格论依赖于两个假设前提：一是完全竞争；二是假设其他条件不变，即一个部门的生产条件独立于其他部门的生产条件。第一个前提保证了均衡价格取决于供求均衡的交点，第二

个前提保证了局部均衡方法的合理性。但是，马歇尔在分析商品供给时所提出的内部经济和外部经济，却使上述两个假设前提难以存在。斯拉法认为：内部经济使厂商的供给曲线向下倾斜，势必导致垄断，从而使均衡价格和均衡产量不再取决于供求均衡。而外部经济则意味着有关的不同部门的产量之间存在着相互影响，这就破坏了局部均衡方法的合理性。因此，内部经济与完全竞争不能并存，外部经济与局部均衡不能并存，这就是斯拉法对马歇尔体系的两难推理。

斯拉法两难推理的提出，深深影响了西方微观经济学后来的发展。这一发展表现在两个方面：一是从马歇尔的以行业为基本分析对象过渡到以厂商为基本分析对象；二是从马歇尔的完全竞争分析过渡到不完全竞争分析。在斯拉法的影响和启发下做出这一发展的便是剑桥经济学家琼·罗宾逊。

琼·罗宾逊（1903—1983）出生于英格兰。1925 年获剑桥大学经济学学士学位，1929 年任剑桥大学经济学助理讲师，1937 年升副教授，1965 年升教授。其主要论著有：《不完全竞争经济学》(1933 年，有中译本)，《就业理论引论》(1937 年，有中译本)，《论马克思主义经济学》(1942 年，有中译本)，《资本积累论》(1956 年，有中译本)，《经济学的异端》(1971)，《现代经济学导论》(1973 年，有中译本)，《发展与不发展》(1979)，《经济论文集》(1979)。下面主要介绍《不完全竞争经济学》一书的内容。

二、边际分析方法

琼·罗宾逊在分析方法上的最主要特征，也是最为当代西方经济学家所称道的特征，就是把边际分析方法广泛应用于效用、成本、收入、要素生产力诸方面，从而使厂商（无论是垄断的、竞争的还是介于二者之间的厂商）的行为分析由边际分析方法统一了起来。这对马歇尔体系来说是一个推进。马歇尔在分析垄断厂商的行为时，主要是通过总量（总收益和总成本）概念。这与他在分析其他问题时主要运用边际方法是不一致的。琼·罗宾逊则主要运用边际概念说明了各类厂商的行为。她的分析工具现在是当代西方厂商理论的标准工具。

三、垄断均衡与竞争均衡

琼·罗宾逊假定厂商追求利润最大化，而利润最大化的产量恰好是边际收入等于边际成本的产量，这无论对于垄断厂商还是竞争厂商都无例外。边际收入和边际成本分别是总产量增加一单位时总收入和总成本的增量。

琼·罗宾逊用图 14－1 表明了垄断厂商的均衡产量和均衡价格的决定。图中向下倾斜的需求曲线同时又是厂商的平均收入曲线 AR。由于 AR 曲线向下倾斜，所以边际收入曲线 MR 位于 AR 下方。平均成本曲线 AC 向上倾斜，所以边际成本曲线 MC 在其上方。边际成本曲线与边际收入曲线相交于 E 点，决定了利润最大化的产量水平为 OQ，以及相应的价格为 PQ。垄断利润为三角形 AEL 的面积，它正好是产量为 OQ 时边际收入曲线以下的面积减去边际成本曲线以下的面积后的剩余。同时，垄断利润又等于长方形

FPHG 的面积，它等于总收入（等于面积 *FPQO*）减去总成本（等于 *GHQO*）。

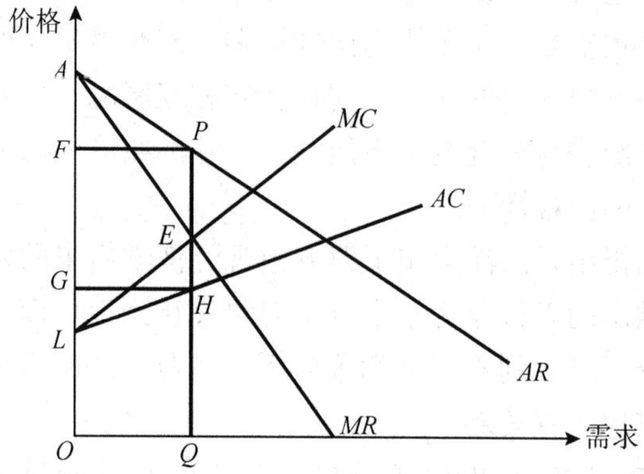

图 14-1　垄断厂商的均衡产量和均衡价格的决定

当处于均衡状态时，由前述平均值、边际值及弹性值三者的关系可知，均衡价格 *PQ* 与边际成本 *EQ* 之间满足下列关系：$PQ=EQ\times\varepsilon_p/(\varepsilon_p-1)$。式中，$\varepsilon_p$ 为需求曲线（平均收入曲线）*AR* 在 *P* 点的弹性。由该关系式，可分析需求变动和成本变动（需求曲线移动和成本曲线移动）对价格的各种影响。

琼·罗宾逊提出，在不完全竞争条件下，厂商的均衡与整个行业的均衡不同，后者不仅要求行业中各厂商处于均衡状态，而且要求厂商的数目固定不变，即不再有新厂商加入，也没有老厂商退出。这就要求厂商只能获得正常利润而无超额利润。她把行业的均衡称作完全均衡，它需要两个条件：边际收入等于边际成本，平均收入（或价格）等于平均成本。图 14-2 表明了完全均衡时厂商的价格、产量和利润：产量为 OQ^*，价格为 OP^*，该产量的平均成本也是 OP^*，厂商不再有超额利润，只有包含在平均成本中的正常利润。

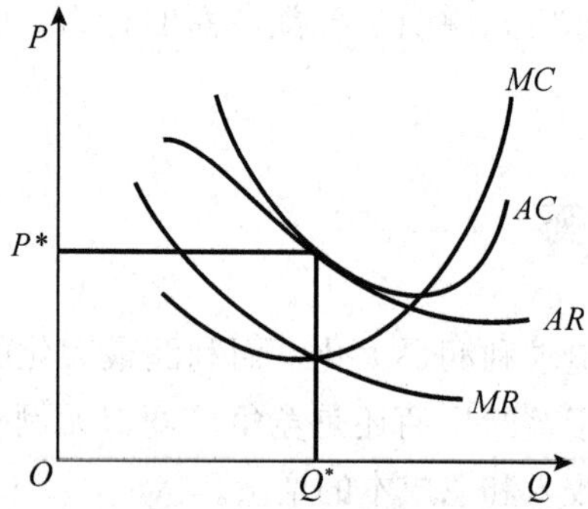

图 14-2　完全均衡时厂商的价格、产量和利润

琼·罗宾逊分析了完全竞争条件下的厂商均衡和行业均衡。如图 14-3 所示：图（a）表示厂商均衡，图（b）表示行业均衡。由于完全竞争，厂商面临水平的需求曲线，同时又是平均收入曲线与边际收入曲线。产量仍由边际成本曲线与边际收入曲线的交点决定。在图（a）中，均衡产量的价格 *PQ* 大于平均成本 *HQ*，存在超额利润（等于长方形

$FPHG$ 的面积)。在图(b)中，由于厂商数目的变动消除了超额利润，均衡产量的价格 PQ 等于平均成本 HQ，实现了行业均衡的两个基本条件：$MC=MR$，$AC=AR$。

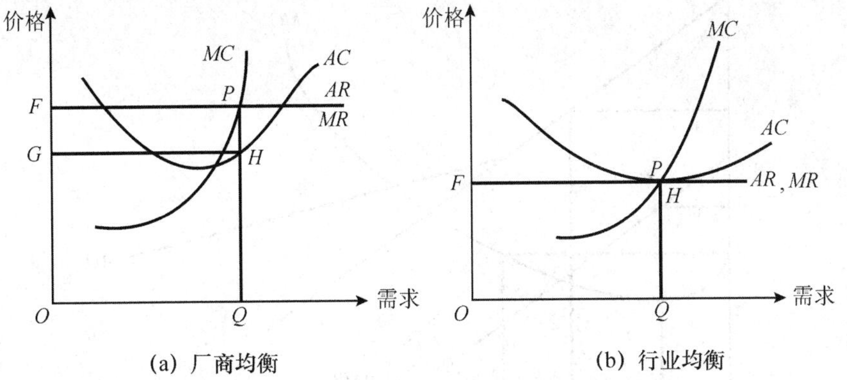

图 14-3　完全竞争条件下的厂商均衡和行业均衡

琼·罗宾逊在分析了垄断均衡和竞争均衡之后，比较了成本曲线和需求曲线都不变时，垄断产量和竞争产量孰高孰低。她的结论是：只有存在稀缺要素且垄断者不必为使用稀缺要素支付全部租金，同时又有大规模生产的经济时，垄断产量方可能大于竞争产量。此外，在各种情况下，垄断产量总是小于或等于竞争产量。

四、价格歧视

琼·罗宾逊把价格歧视称作同一个厂商生产出来的同种商品按照不同价格售给不同买主的行为。她指出：实行价格歧视需具备几个条件：(1) 该厂商要具有一定的垄断地位，而在完全竞争条件下，即使市场分成各自分离的几个部分，任一厂商也无法实行价格歧视。(2) 该厂商要能够为自己的同一种商品找到或人为创造出两个或更多的市场且各市场的买方之间不可能转手倒卖。(3) 不同市场的需求弹性必须有所不同。

琼·罗宾逊以图 14-4 表达了价格歧视下的厂商均衡。其中曲线 AD、D_1、D_2 分别为总的需求曲线、市场 1 的需求曲线、市场 2 的需求曲线。曲线 AMR、MR_1、MR_2 分别为总的边际收入曲线、市场 1 的边际收入曲线、市场 2 的边际收入曲线。MC 为边际成本曲线。均衡产量由 MC 与 AMR 的交点 C 决定，为 OM。市场 1 的销售量为 OM_1，其边际收入等于总产量的边际成本，价格为 P_1。市场 2 的销售量为 OM_2，其边际收入也等于总产量的边际成本，价格为 P_2。由此可知，产量均衡的条件是总的边际收入等于边际成本，销售量分配的均衡条件是各市场的边际收入相等。把这两个条件联系起来，便可得到价格歧视下的厂商均衡条件：$MR_1=MR_2=MC$。在满足该条件时，厂商利润最大化。由该条件及前述平均值、边际值、弹性值三者的关系式可知，因两个市场的边际收入在均衡时相等，所以其平均收入(价格)不同的条件只能是需求的弹性值不一致。

琼·罗宾逊进一步比较了价格歧视下的产量与单一价格下的垄断产量，得到的结论是：价格歧视下的均衡产量大于、等于或小于单一垄断价格下的均衡产量的条件是 $\varepsilon_1 x_1^2 f_1''(x_1)>$、$=$、$<\varepsilon_2 x_2^2 f_2''(x_2)$。式中，下标 1 代表需求弹性较大的市场，下标 2 代表

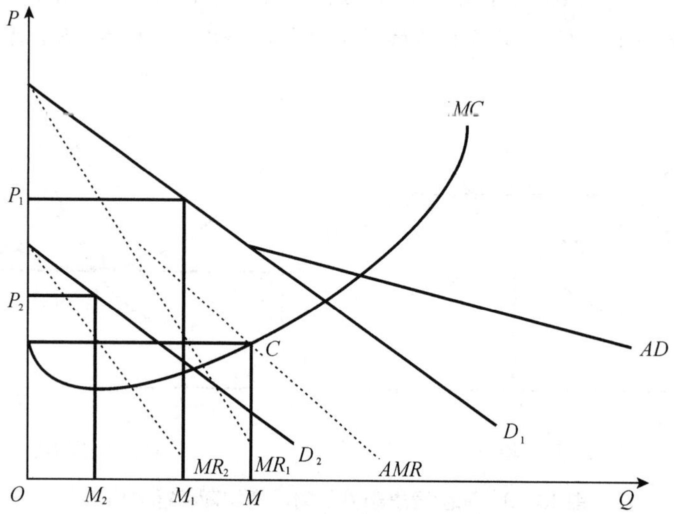

图 14－4 价格歧视下的厂商均衡

需求弹性较小的市场。x_1 和 x_2 分别为市场 1 和市场 2 的均衡销售量，$f''_1(x_1)$ 和 $f''_2(x_2)$ 分别为市场 1 和市场 2 的需求函数的二阶导数。ε_1 和 ε_2 分别为市场 1 和市场 2 当销售量分别为 x_1 和 x_2 时的需求弹性。由该条件可以得知，若弹性较大的需求曲线是凹形的［即 $f''_1(x_1)>0$］，而弹性较小的需求曲线是凸形的或直线的［即 $f''_2(x_2)<0$ 或 $f''_2(x_2)=0$］，则价格歧视下的均衡产量大于单一垄断价格下的均衡产量。若弹性较大的需求曲线是凸形的［即 $f''_1(x_1)<0$］或直线的［即 $f''_1(x_1)=0$］，而弹性较小的需求曲线是凹形的［即 $f''_2(x_2)>0$］，则价格歧视下的均衡产量小于单一垄断价格下的均衡产量。若两条需求曲线都是线性的［即 $f''_1(x_1)=f''_2(x_2)=0$］，则两种情况下的产量相同。若两条需求曲线都是凹形的或都是凸形的，则要按照上述条件来确定两种情况下的产量孰大孰小。

价格歧视与单一垄断价格相比，哪一个更好，取决于两种情况下的产量比较，不能一概而论。在琼·罗宾逊之前，庇古曾认为价格歧视下的产量等于单一垄断价格下的产量且价格歧视意味着消费者剩余有所减少，所以价格歧视比单一垄断价格更坏。琼·罗宾逊通过以上分析确定了两种情况下的产量未必是一致的，因此从增加产量这一点来看，价格歧视在一定条件下要优于单一垄断价格。指出这一点，被认为是琼·罗宾逊对西方垄断理论做出的贡献之一。

五、买方垄断

琼·罗宾逊运用边际分析方法分析了买主的行为。她首先假定买主追求满足最大化，因此，任何买主均必须按照边际效用等于边际支出的原则来决定自己对任何一种商品的购买量。然后琼·罗宾逊区分两种情况来分析买主的行为：一是许多买主情况下的行为，即买主之间存在完全竞争时的行为；二是只有一个买主即买方垄断时的行为。

买主之间的完全竞争有赖于三个条件：（1）买主人数众多。（2）每个买主面临的是水平的（或完全弹性的）供给曲线，即他在既定价格下可以买进他所需要的任何数量的商品，或他的购买行为不影响价格。(3) 卖主对任何买主一视同仁地供给商品。

琼·罗宾逊认为：在上述完全竞争条件下，买主的边际支出等于价格，因此使买主满足最大化或边际效用等于边际支出的需求量便是边际效用等于价格的需求量。于是个别买主的边际效用曲线便是他的需求曲线，整个市场的需求曲线便是所有买主边际效用曲线的总和。

琼·罗宾逊认为：在垄断条件下，买主面临的供给曲线便是整个市场的供给曲线。若供给曲线是水平的，则该买主的需求将和竞争条件下的需求一致。若供给曲线是向上倾斜或向下倾斜的，则该买主的需求可由图 14－5 给出。

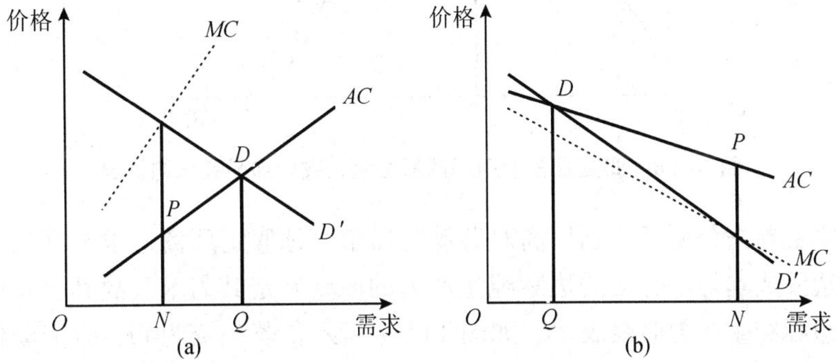

图 14－5　在垄断条件下，供给曲线向上倾斜或向下倾斜时买主的需求

在图 14－5（a）中，*AC* 是向上倾斜的供给曲线或垄断买主的平均支出曲线，所以边际支出曲线 *MC* 位于其上方，*DD′* 是需求曲线。垄断买主将购买边际效用等于边际支出的商品量 *ON* 并支付低于竞争价格（*DQ*）的价格（*PN*）。图 14－5（b）中的 *AC* 是向下倾斜的供给曲线或垄断买主的平均支出曲线，所以边际支出曲线 *MC* 位于其下方，*DD′* 是需求曲线。垄断买主购买边际效用等于边际支出的商品量 *ON* 并支付价格 *PN*。

由此可知，假定垄断买主的需求与完全竞争下的买主全体的总需求相等，若供给价格递增，垄断买主的均衡需求量和均衡价格都将低于买主全体；若供给价格递减，垄断买主的均衡需求量将大于买主全体，均衡价格将低于买主全体；若供给价格不变，则两者的均衡需求量和均衡价格相同。

六、一种生产要素的需求

琼·罗宾逊以劳动要素为代表，分析厂商对一种生产要素的需求。为此，她提出了四个概念：(1) 平均总生产力：每人平均产值；(2) 边际总生产力：在相应增加其他要素的条件下增加一个人而增加的产值；(3) 平均纯生产力：每人平均产值减每人所用的其他要素的平均成本；(4) 边际纯生产力：边际总生产力减其他要素的成本增量。

琼·罗宾逊用图 14－6 给出了上述四个变量在个别厂商那里随人数增加而变化的情况：*AGP* 是平均总生产力曲线，*MGP* 是边际总生产力曲线，*ANP* 是平均纯生产力曲线，*MNP* 是边际纯生产力曲线。当人数为 *OQ* 时，*AC*（即 *MGP*－*MNP*）是其他成本的边际增量，*BD*（即 *AGP*－*ANP*）是每人其他要素的平均成本。

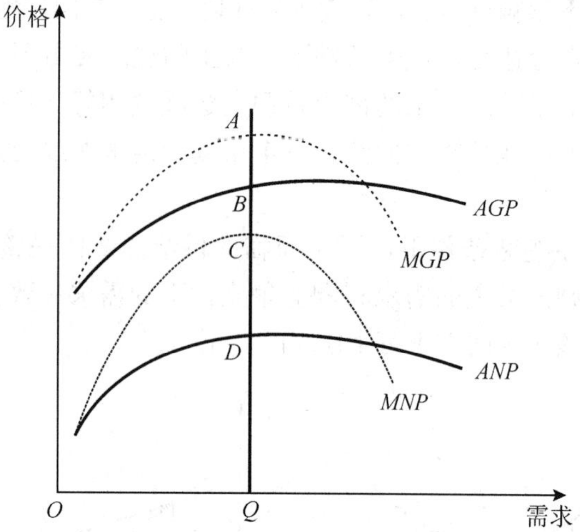

图 14－6　四变量在个别厂商那里随人数增加而变化的情况

琼·罗宾逊首先分析了个别厂商对劳动的需求。她假定厂商追求利润最大化，因此按照劳动的边际成本等于劳动的边际纯生产力的原则确定其需求。故其劳动的需求曲线可由劳动的边际纯生产力曲线表示。如图 14－7 所示，若工资为 *OC* 时劳动供给完全弹性，则边际劳动成本等于工资，厂商的劳动需求为 *OQ*，其边际纯生产力（*EQ*）等于工资（*OC*）。当劳动需求为 *OQ* 时，其平均纯生产力 *DQ* 大于边际纯生产力（工资），这意味着有超额利润 *BDEC*。在这种情况下，将有更多厂商涌入该行业竞争劳动要素，从而使工资上升。当整个行业处于均衡时，个别厂商对劳动的均衡需求和工资如图 14－8 所示，分别为 *OQ* 和 *OC*。即均衡工资为平均纯生产力的最大值，或边际纯生产力等于平均纯生产力时的值。若个别厂商的劳动供给不是完全弹性的，则行业均衡时的劳动需求和工资如图 14－9 所示，分别为 *OQ* 和 *DQ*。这时均衡工资将低于劳动的平均纯生产力的最大值。

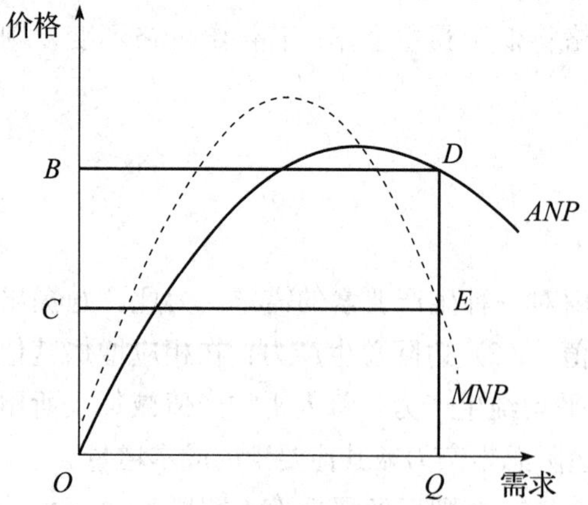

图 14－7　劳动供给完全弹性

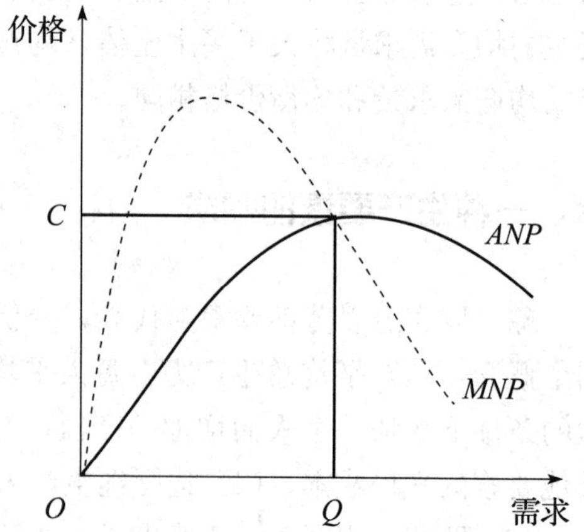

图 14－8　劳动供给完全弹性、行业均衡

由前文可知，个别厂商对劳动的均衡需求取决于两个条件：劳动的边际成本等于边际纯生产力，工资（平均成本）等于平均纯生产力。

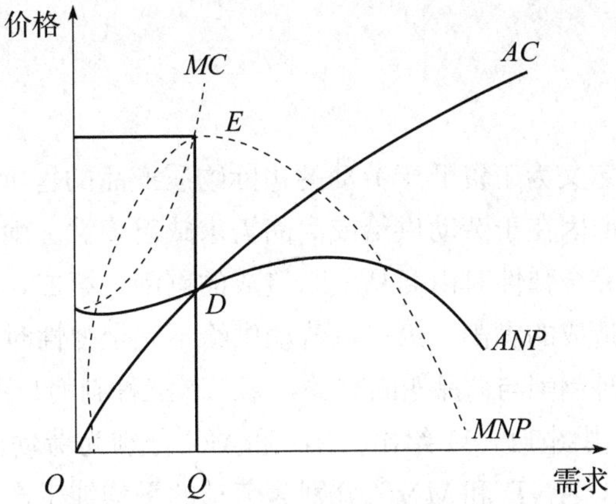

图 14-9　劳动供给不是完全弹性、行业均衡

琼・罗宾逊进而分析了整个行业在完全竞争条件下对劳动的需求。她认为行业的劳动需求曲线便是行业的劳动平均纯生产力曲线，行业的劳动需求曲线上的任何一点所对应的工资水平，都同时等于行业内各厂商的劳动边际纯生产力和平均纯生产力；该点所对应的劳动需求，正好是其中各企业均衡需求的总和。

琼・罗宾逊进一步分析了整个行业对劳动的需求弹性。她指出：在行业的劳动供给弹性是完全的且无大规模经济的场合，若要素之间无替代可能，则劳动的需求弹性将小于其所生产的产品的需求弹性。若要素之间可以替代，则替代弹性越大，劳动的需求弹性也越大。替代弹性是由生产技术条件决定的，它等于要素数量比例的变化百分比除以要素价格比例的变化百分比。若存在大规模经济，则劳动的需求弹性趋向增大，即使在要素不可替代的情况下，劳动的需求弹性也可能等于甚至大于其产品的需求弹性。

琼・罗宾逊比较了垄断和竞争下的劳动需求。她指出：在各种要素之间比例固定的条件下，垄断下的劳动需求将少于竞争下的劳动需求。如图 14-10 所示，*ANP* 和*MNP* 分别是竞争下和垄断下的劳动需求曲线。*AC* 和 *MC* 分别是行业的劳动供给曲线和边际劳动成本曲线。竞争下所雇人数为 *OQ*，垄断下所雇人数为 *OM*。若垄断者在购买劳动时实行完全的价格歧视，则所雇人数为 *OM′*。她指出：在各种要素之间比例不固定时，垄断下所雇人数有可能大于竞争下所雇人数。

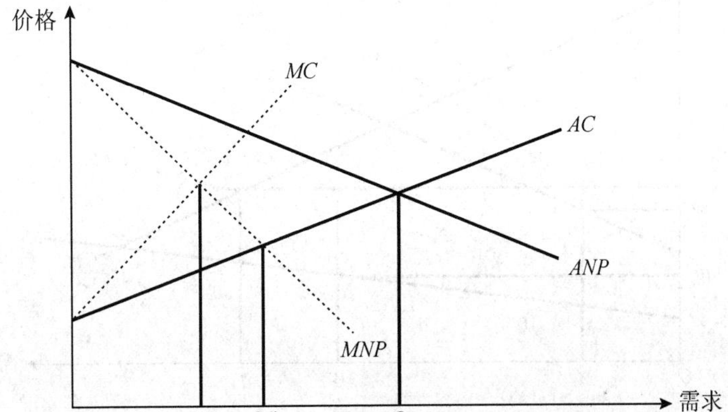

图 14-10　垄断和竞争下的劳动需求

七、三种剥削

琼·罗宾逊将剥削定义为工资低于劳动的边际物质产品的售价。她认为：在资本主义条件下产生剥削的根本原因在于劳动供给或商品需求缺乏弹性。她把由此产生的剥削分为三类：第一，劳动供给完全弹性时由商品垄断造成的剥削；第二，商品市场完全竞争时由劳动供给的不完全弹性造成的剥削；第三，劳动供给不完全弹性时由雇主购买劳动的价格歧视造成的剥削。第一种剥削与商品垄断有关，第二、三种剥削与买方垄断有关。

第一、二种剥削可由图 14－11 给出。*AC* 和 *MC* 分别为劳动的供给曲线（平均成本曲线）和边际成本曲线，*ANP* 和 *MNP* 分别为劳动的平均纯生产力曲线和边际纯生产力曲线。*MC* 和 *MNP* 的交点决定均衡的雇佣量 *ON*，工资率为 OM_0。*FH* 为单个劳动者的总剥削量，其中 *FG* 为商品市场的垄断造成的剥削，*GH* 为劳动市场的买方垄断造成的剥削。

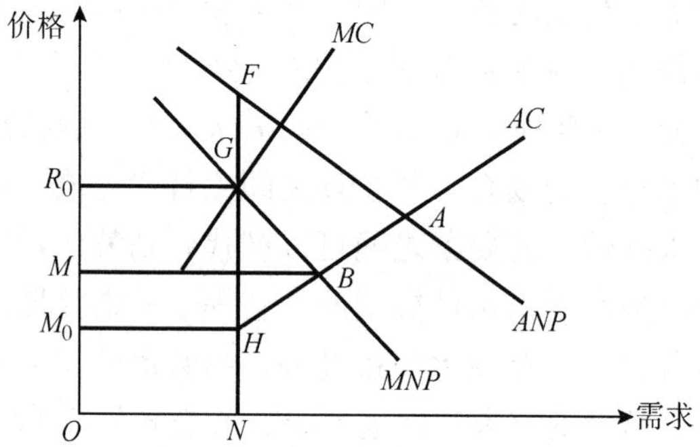

图 14－11　第一、二种剥削

第三种剥削可由图 14－12 给出：假定厂商对两组工人实行价格歧视，S_1 和 M_1 分别为第一组工人（比如说男工）的供给曲线和边际成本曲线，S_2 和 M_2 分别为第二组工人

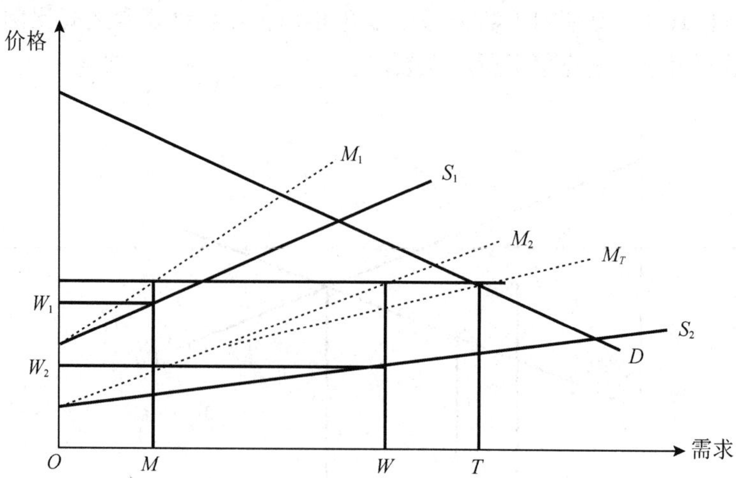

图 14－12　第三种剥削

（比如说女工或童工）的供给曲线和边际成本曲线，M_T 为总的边际成本曲线，D 为劳动需求曲线。M_T 与 D 的交点决定总的劳动需求量为 OT，其中 OM 和 OW 分别为男工的雇佣量和女工（或童工）的雇佣量。在这两个雇佣量上男工和女工（或童工）的边际成本相同且都等于劳动的边际纯生产力。但他（她）们的工资分别为 OW_1 和 OW_2，都低于其边际纯生产力。

琼·罗宾逊认为：要消除垄断造成的剥削不能用提高工资的办法，那只能增加失业。唯一正确的做法是控制价格以便从垄断者那里取得竞争产量。对于由买方垄断造成的剥削，可能通过规定最低工资或消除市场的不完全来消除，但前一种方法可能导致失业。

第三节　美国经济学家对马歇尔经济理论体系的发展

在美国，早在 1872 年，被称作美国第一位数理经济学家的西蒙·纽科姆（1835—1909），在当年 4 月份的《北美评论》上登载的他对杰文斯《政治经济学理论》的评论中，就已经预见到马歇尔的均衡价格论：我们担心商品对卖者或生产者的效用会从方程中完全消失，所有的关系都将被看作一边是生产条件和另一边是商品对买者的效用之间的关系。但是对马歇尔综合体系的传播是从 19 世纪 90 年代开始的。这一时期也正好是美国边际主义开始逐渐占据经济学正统地位的时期，同时也是美国经济学不再步欧洲大陆各派经济学的后尘，开始提出自己的独立见解，形成自己的独立流派的时期。从那个时期到 20 世纪 30 年代的这段时间中，对马歇尔综合体系的传播和发展起着重大作用的美国经济学家有陶西格和张伯伦。下面我们先来探讨张伯伦的垄断竞争理论。

一、张伯伦的垄断竞争理论

爱德华·黑斯廷斯·张伯伦（1899—1967）生于美国。毕业于艾奥瓦大学，1922 年获密歇根大学文学硕士学位，1927 年获哈佛大学哲学博士学位。1929—1933 年任哈佛大学副教授，1934—1967 年任哈佛大学教授。1948—1958 年任《经济学季刊》编辑。其主要论著有：《垄断竞争理论》(1933 年，有中译本)，《走向更一般的价值理论》(1957)。以他 1927 年的博士学位论文为基础的《垄断竞争理论》与琼·罗宾逊的《不完全竞争经济学》同于 1933 年出版，被并列为西方厂商理论的两部开山之作。

（一）纯粹竞争下的价值理论

张伯伦以纯粹竞争作为研究的起点。纯粹竞争是指没有任何垄断因素掺杂其中的竞争。他认为如此定义的纯粹竞争有别于完全竞争，因为后者除了排除垄断外，还可被解释为包含其他方面的完全性，如要素的完全流动性和对未来的完全了解等。指出市场的纯粹性与完全性的区别，是张伯伦市场理论的一大特征。

张伯伦指出，纯粹竞争需要两个必要条件：（1）有大量的卖者与买者；（2）产品是标准化的、同质的，卖主也是标准化的，即任何卖主对购买者所贡献的效用都是一致的。

这两个必要条件合为一体就是没有一个卖主能通过控制市场的供给来控制价格。

张伯伦认为：在纯粹竞争市场中，均衡的条件是供求相等。他进一步指出：在纯粹竞争下价格之所以等于供求均衡点，是因为它正好是使每个卖者都获得最多利润的一点，即是使每个卖者的边际收入等于边际成本的一点。这是因为在纯粹竞争条件下，每个卖主所面临的是水平的需求曲线，其高度等于当时的市价，于是这条需求曲线便同时又是每个卖主的平均收入曲线和边际收入曲线。张伯伦的上述分析实际上是通过对个别厂商的行为来说明纯粹竞争条件下的价格何以由供求均衡决定。

张伯伦进一步从个别厂商的角度分析了在纯粹竞争条件下实现长期均衡的条件：(1) 每个厂商都在均衡价格下获得最多利润，即边际收入等于边际成本；(2) 每个厂商都实现了最有效的生产规模，即都在平均成本的最低点处进行生产；(3) 整个市场处于供求均衡状态。这三个条件可见图 14－13。图 14－13（a）表示整个市场在价格为 *OM* 时达到供求均衡，图 14－13（b）表示当均衡价格为 *OM* 时，某厂商的产量为 *Oa*，它是整个市场的均衡产量 *OA* 的很小一部分。当该厂商产量为 *Oa* 时，其边际成本曲线 *MC* 正好与边际收入曲线 *MR* 相交，即边际成本等于边际收入，实现了利润最大化。同时，*Oa* 产量也正好是平均成本曲线 *AC* 最低点上的产量，即实现了生产的最优规模。

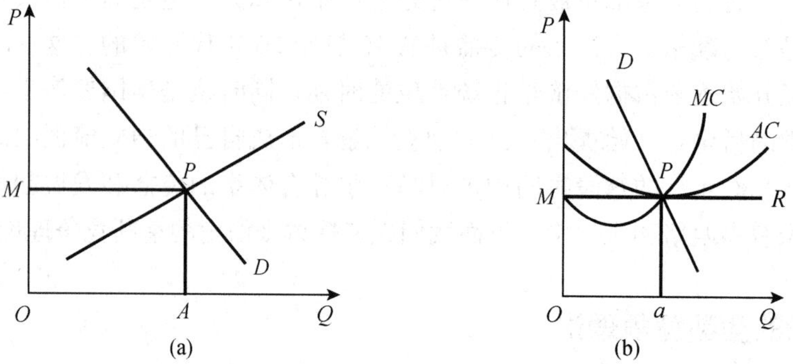

图 14－13　纯粹竞争条件下实现长期均衡的条件

张伯伦指出：在纯粹竞争市场中出现实际价格背离均衡的原因在于各种不完全性。而趋向均衡的调整所依靠的，不是拍卖性的减价，而是实际价格的波动。

（二）非纯粹竞争下的价值理论

张伯伦认为：以往的价值理论大多只是研究了两种极端情况下的价格决定，即纯粹竞争和垄断，不承认介于这两者之间的中间状态，没有探讨中间状态的价格决定理论。而他的任务便是探讨这种中间状态下的价值理论。

张伯伦把介于纯粹竞争和垄断之间的中间状态分为两种：一是起因于售卖人数过少以致售卖者可以操纵价格的双垄断和寡头；二是起因于产品差别的垄断竞争。对于双垄断现象，前人如古诺和埃奇沃思已经提到并进行了一定的研究，所以张伯伦只是对前人的分析进行了概略的述评。垄断竞争现象则是他首先提出并进行了重点研究的。

张伯伦在评述前人的双垄断理论后提出了如下五个结论：

(1) 前人如古诺和埃奇沃思对双垄断的分析之所以会得出不同结论，是因为他们所依据的前提不一样。由此可知，双垄断和寡头垄断问题不存在单一的答案。在不同的假设前提下会得出不同的答案。

（2）假如双垄断和寡头垄断下的售卖者注意到他们对价格的总影响，则价格将与垄断条件下的价格一致。这里所谓的总影响包括直接影响和间接影响。直接影响是指一个售卖者做出决策时不顾及其决策对其竞争者的影响，只单纯考虑自己所做决策对价格的影响。间接影响则是指一个售卖者的决策影响到其竞争者后，其竞争者的行为对价格的影响。

（3）若假定售卖者不考虑其决策的间接影响，都以其竞争者不会受其影响为前提来做出决策，则价格的决定依据下述不同假设而有不同。若每人假定其竞争者的供给一定，则均衡价格随着竞争人数的增加而从垄断条件下的价格开始逐步下降，当人数无限多时，降至纯粹竞争下的均衡价格水平。若每人假定其竞争者的价格一定并假定可以重订契约直至对任何人都没有不利而不需要进一步变动价格为止，则均衡价格在双垄断条件下也将等于纯粹竞争价格。若每人假定其竞争者价格一定，但同时假定售卖者可以不顾买者的利益而控制其价格，则价格将在一定限度内摇摆，该限度将随竞争者的增多而逐步缩小，接近纯粹竞争价格。

（4）若售卖者既不考虑他对价格的直接影响，也不考虑间接影响，则不论有多少售卖者，结果都将是纯粹竞争价格。

（5）由以上四点可知，双垄断和寡头垄断下的均衡价格的确定，依存于一个售卖者对其竞争者的行为做何假定。因此便产生了下述不确定因素：（a）其他竞争者是否保持其产量和价格不变。（b）其他竞争者是否有远见。（c）其他竞争者可能的市场份额。由于这些不确定性，在实际生活中双垄断和寡头垄断下的价格也是捉摸不定的。

张伯伦重点分析了与产品差别相联系的垄断竞争。他指出：在实际生活中许多产品之间存在着一定的差别，同时又存在着程度不同的替代性。产品差别的存在使得售卖者能在一定程度上控制价格，即具有一定的垄断性；替代性又使得不同产品的卖者之间存在竞争性。这就造成了垄断竞争的局面。他指出：产品之间的差别可以是产品本身之间存在的差别，也可以是产品的售卖条件方面的差别。前一种差别包括独有的专利权、商标、商店名称、包装特点、品质、设计、颜色、式样等。后一种差别包括售卖者的地址的便利程度、商店的一般风格和特点、经营方法、公平交易的信誉、待人接物的方式、工作效率等。

张伯伦认为：在产品差别造成的垄断竞争中，厂商不再像纯粹竞争条件下那样单纯通过调整产量来谋求利润最大化，也不再像垄断厂商那样通过操纵产量从而操纵价格来谋求利润最大化，而是通过如下手段来谋求利润最大化：一是通过产量和价格行为；二是通过改变产品种类，即制造产品差别；三是通过广告和其他各类销售费用。

张伯伦首先分析了个别售卖者调整其产量和价格的行为。假定一切替代品的性质和价格已知，厂商的产品既定。这种调整如图14－14所示。

在图14－14(a)、(b)中，均衡产量都由边际收入曲线（*MR*）和边际成本曲线（*MC*）的交点决定，为*OQ*，从而均衡价格由需求曲线上相应的点决定，为*PQ*。在图14－14（a）中，均衡价格（*PQ*）高于该产量上的平均成本（*HQ*），存在超额利润*GPHF*。在图14－14(b)

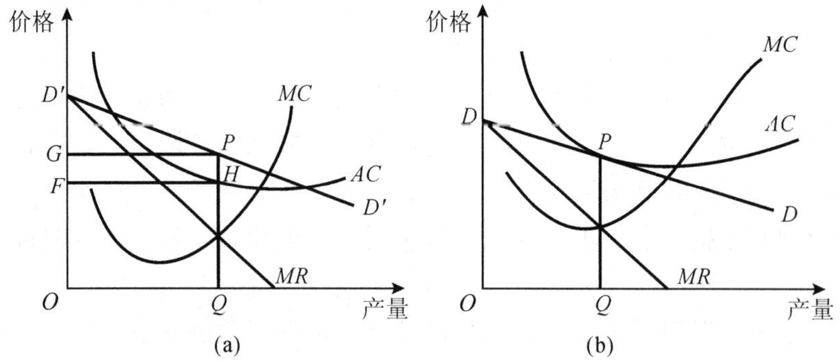

图 14－14　个别售卖者调整其产量和价格

中，均衡价格（*PQ*）等于该产量上的平均成本，不存在超额利润但保证了正常利润。若进一步考虑到其他厂商的反应，当出现如图 14－14(a) 所示的情景时，因存在超额利润，吸引了新厂商的加入，原有的其他厂商也会开始生产富有替代性的产品，结果该厂商面临的需求曲线会向左下方移动，同时成本曲线会因此而移动，可能上升、下降，也可能保持不动，依据在通常成本理论中所分析的各种情况而定。最终，需求曲线和成本曲线移动的结果，将使单个厂商的产量和价格的状况与图 14－14(b) 所描绘的一致，即单个厂商不再获得超额利润，但能获得正常利润。

由图 14－14 可知，由于存在垄断因素，厂商面临的需求曲线不是水平的而是向下倾斜的，从而使厂商利润最大化的产量水平 *OQ* 不再是平均成本最低点上的水平，而是低于该水平，同时均衡价格也不再位于平均成本的最低点，而是要高于该点，这表明与纯粹竞争相比，垄断竞争下厂商的产量较低，价格较高。

张伯伦进而分析了个别售卖者调整产品的行为。假定价格一定，其他售卖者的产品和价格也既定，这一分析就能说明，在价格一定时，个别厂商如何选择能带来最高利润的产品。这种调整可以用图 14－15 表示。假定价格为 *OE*，AC_A 为产品 A 的平均成本曲线，AC_B 为产品 B 的平均成本曲线，OQ_A 为产品 A 在价格为 *OE* 时的需求量，OQ_B 为产品 B 在价格为 *OE* 时的需求量。产品 A 的利润为 *EMRC*，产品 B 的利润为 *ENGD*，产品 B 的利润大于产品 A 的利润，显然厂商将选择产品 B。

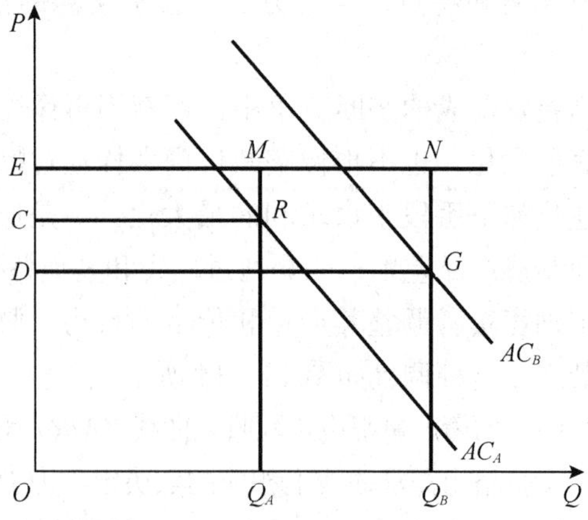

图 14－15　个别售卖者调整产品

若考虑到其他厂商的反应，当该厂商选择产品B从而获得超额利润时，将引起新厂商的进入，原有的其他厂商也将选择生产对产品B具有替代性的商品，结果导致该厂商的需求由OQ_B下降，同时也可能使产品B的平均成本曲线向右上方移动，最终将使该厂商的超额利润消失。

在分别分析了厂商的产量-价格行为和产品行为之后，张伯伦把两种调整行为结合在一起进行分析，并充分考虑到其他售卖者的反应。这时，个别厂商的均衡可以用图14-16表示。AC^*为充分考虑其他厂商的反应时，对该厂商来说最有利（“最好”）的产品的平均成本曲线。dd为充分考虑其他厂商的反应时的需求曲线。OE为均衡价格。OQ^*为最好产品的均衡产量。若厂商变动其产量，则无论是大于还是小于OQ^*，都将使其成本超过价格，招致亏损。若厂商选择其他成本曲线位置更高（低）的更好（坏）的产品，则更好产品的需求量增加将不会超过更高成本曲线与EZ线的交点，或更坏产品的需求量的减少将超过更低成本曲线与EZ线的交点，从而两种情况都将给该厂商带来损失。

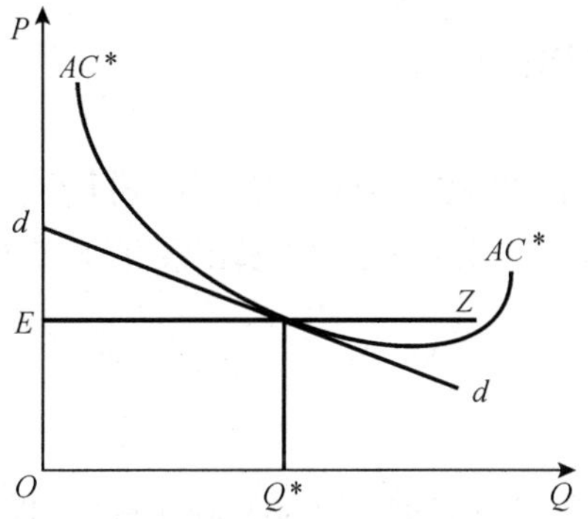

图14-16　个别厂商的均衡

根据分析，张伯伦认为：与纯粹竞争相比，若产品既定，则垄断竞争下的均衡价格较高，不是等于平均成本的最低点；若价格既定，则垄断竞争下的产品较差。但同时他也指出：垄断竞争与纯粹竞争相比较时的这些弱点，由于前者较之后者能增加产品种类从而扩大消费者自由选择的范围而得到弥补。

在垄断竞争厂商的三种调整行为中，张伯伦重点分析了厂商调整销售成本的行为对价格的影响。他指出：销售成本是非纯粹竞争情况下的特有现象，在纯粹竞争条件下，厂商是不需要销售成本的。

张伯伦分析了销售成本与生产成本的区别。他指出：生产成本使产品适应需求，满足需求；销售成本使需求适应产品，影响需求。生产成本影响厂商的供给曲线，而销售成本则影响需求曲线，使需求曲线富有弹性并向右上方移动。销售成本是如何影响需求的呢？他认为销售成本对需求的影响依存于两个因素：(1) 购买者对商品的了解不完全。(2) 广告等销售方法能改变人们的欲望。广告及其他销售方法有助于增加人们对某种商品的了解，从而使这种商品的需求曲线富有弹性并向右上方移动。同时广告等销售方法也会制造出某种新的需求，为厂商所生产的产品打开销路。所以广告往往会起到两种作用：一是增进购买者的商品知识；二是帮助厂商在与其他厂商的竞争中处于有利地位，提高其垄断程度，使购买者对某类可相互替代的商品的总需求发生有利于该厂商的分配。

张伯伦认为：由于两方面的理由，单位产品的销售成本随产量的增加先递减而后递增。一是重复宣传和宣传手段的改进往往使单位销售成本曲线开始呈下降趋势；二是由于市场潜力的逐渐减少和其他欲望的重要性的逐渐增加，曲线最终将出现上升。在考虑到销售成本之后，厂商的平均成本不能再仅仅包括生产成本，而是要同时包括生产成本和销售成本，成为生产-销售综合成本，这意味着与不考虑销售成本相比，考虑销售成本将使厂商的平均成本曲线向右上方移动。同时，销售成本也往往使需求曲线向右上方移动，于是厂商的均衡价格和均衡产量便由如此移动后的边际成本曲线和边际收入曲线的交点决定。

在考虑销售成本之后，张伯伦沿用前面的分析方法，先假定其他厂商行为既定，分别考虑个别厂商进行产量-价格调整、产品种类调整、销售费用调整时的均衡，再综合考虑三方面调整同时进行时的均衡，最后在考虑其他厂商反应行为的前提下考虑个别厂商的均衡。

二、美国其他经济学家的贡献

自马歇尔和威克塞尔于 19 世纪末对西方经济学进行了第二次综合之后，在美国，除了陶西格和张伯伦外，还有不少美国经济学家在深化第二次综合中做出了值得重视的贡献。

（一）蛛网模型

美国经济学家亨利·舒尔茨（1893—1938）在 1930 年提出了蛛网模型，同年提出这一理论的还有荷兰经济学家丁伯根和意大利经济学家里西。他们的论文均发表于德国。

蛛网模型是对马歇尔供求均衡价格论的进一步发展。马歇尔的供求均衡价格论主要局限于静态均衡分析和比较静态分析，对于市场实现供求均衡的动态过程和必要条件，并没有展开深入的分析，蛛网模型则在一定程度上弥补了这一分析。

蛛网模型假定：（1）市场为非垄断市场，即供求双方人数众多，没有人能影响价格。（2）市场供给对价格变动反应滞后，即 t 期供给 S_t 取决于 $t-1$ 期的价格 P_{t-1}。（3）市场需求对价格变动反应及时，即 t 期需求 D_t 取决于该期价格 P_t。市场价格总是能出清市场。该模型可由下述三个方程组成：

$$D_t=D(P_t)$$
$$S_t=S(P_{t-1})$$
$$D_t=S_t$$

该模型揭示了市场趋于均衡或是相反的条件：若 $dD/dP>dS/dP$，则市场趋向均衡；若 $dD/dP\leqslant dS/dP$，则市场不趋向均衡。假定供求都是线性函数，则可用图 14－17 来表明上述结论：在图 14－17（a）中价格和产量通过阻尼振荡而收敛于均衡；在图 14－17（b）中是扩散振荡，不收敛于均衡；在图 14－17（c）中是等幅振荡，也不收敛于均衡。

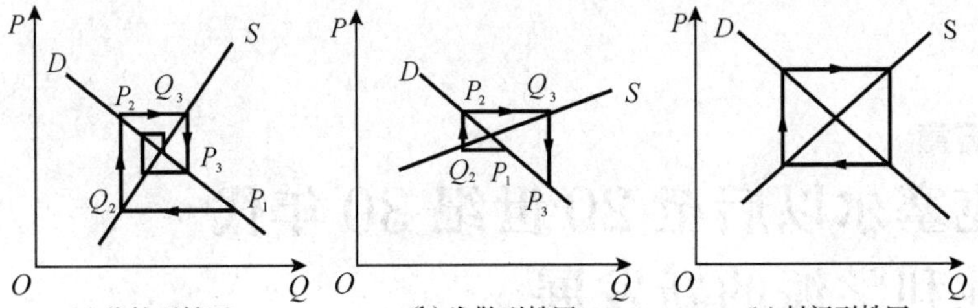

(a) 收敛型蛛网　　(b) 发散型蛛网　　(c) 封闭型蛛网

图 14-17　收敛型蛛网、发散型蛛网、封闭型蛛网

蛛网模型属于早期的动态分析，可用于说明农产品和其他需要较长生产时间的产品的市场趋势。

（二）柯布-道格拉斯生产函数

在第十二章我们已经谈到，威克塞尔在建立其综合体系时，提出了线性齐次的生产函数：

$$Q=W \cdot f(L/W)$$

式中，Q 为产量水平，W 为劳动要素量，L 为土地要素量。这一生产函数是柯布-道格拉斯生产函数的先驱。保罗·霍华德·道格拉斯（1892—1976）是美国经济学家克拉克的学生。道格拉斯与友人、数学家查尔斯·柯布合作，运用计量经济学方法研究他的老师克拉克的边际生产力论。在1934年出版的《工资理论》中，柯布和道格拉斯提出了著名的柯布-道格拉斯生产函数：

$$Q=AL^{a}C^{1-a}$$

式中，Q 为产量；L 为劳动；C 为资本；A 为广义技术系数；a 和 $1-a$ 分别为产量对于劳动和资本的弹性，同时又分别是劳动和资本各自的收入份额。柯布和道格拉斯还具体测算了 A 和 a，使该函数具体化为 $Q=1.01L^{3/4}C^{1/4}$。柯布-道格拉斯生产函数具有下述两个性质：（1）其一阶偏导数大于零而二阶偏导数小于零，这被认为反映了边际生产力递减规律。（2）线性齐次性质，这被认为反映了规模报酬不变规律，而该规律保证各要素按边际生产力所分得的收入之和正好等于总产出。由于这两个性质，该函数被认为验证了边际生产力论。

思考题

一、述评庇古的福利经济学。

二、述评罗宾逊的价格歧视理论。

三、述评张伯伦的垄断竞争理论。

第十五章
威克塞尔以后至20世纪30年代奥地利学派的新发展

自从门格尔、维塞尔和庞巴维克于19世纪末创建了奥地利学派之后，在他们的熏陶之下，20世纪初从维也纳大学又走出了四位后来享有国际声誉的经济学家，即米塞斯、熊彼特、哈耶克、哈伯勒，其中米塞斯和哈伯勒还曾任教于维也纳大学。从他们所遵循的传统来看，他们在20世纪30年代以前所做出的学术成就，可以被认为是奥地利学派的新发展。这一新发展主要表现在三个领域：货币理论、经济波动理论以及国际贸易理论。而在货币理论和经济波动理论方面的新发展，又在很大程度上受到北欧学派的奠基人威克塞尔的经济思想的影响。

第一节　米塞斯的经济思想

路德维希·冯·米塞斯
(1881—1973)

路德维希·冯·米塞斯（1881—1973）出生于奥匈帝国伦贝格（今乌克兰境内）。1906年获维也纳大学博士学位。1909—1934年任奥地利商会经济顾问，1913—1938年任维也纳大学教授，第一次世界大战期间曾服军役，战后至1920年任国际联盟奥地利赔偿委员会主任。1927年任新成立的奥地利经济周期研究所副所长。1934—1940年迁居瑞士日内瓦，任国际研究生院教授，1940年迁居美国，在美国国家经济研究局做研究工作。1942年赴墨西哥国立大学任教授。1945—1969年任美国纽约大学教授。其主要论著有：《货币与信贷理论》(1912)，《社会主义：经济与社会学的分析》(1922)，《自由主义》(1927年，中译本名为《自由与繁荣的国度》)，《币值稳定与经济周期政策》(1928)，《经济危机的起因》(1931)，《经济学的认识论问题》(1933)，《国民经济学：有关买卖和经济的理论》(1940)，《人类行为》(1949)，《经济科学的最终基础》(1962)。

一、货币、信用与经济波动

米塞斯关于货币与波动的理论，主要见之于《货币与信贷理论》一书。该书分为四篇：（1）货币的本质；（2）货币的价值；（3）货币与银行；（4）货币的重建。

米塞斯认为货币存在的制度性前提是私有制与劳动分工。他沿袭门格尔的观点，认为货币起源于人们为了克服物物交换的不便，因此可以把货币定义为在交换过程中最有利于完成交换目的的财货，或最能发挥一般交换手段这一功能的财货。他指出，认为货币是法律和国家产物的观念是站不住脚的，国家自身并不能使一种商品成为一种通用的交换媒介，即货币，只有所有从事商业活动的人的共同行动才会形成货币。

米塞斯对货币进行了分类。首先分成两大类：狭义货币与货币替代品（见图15－1）。

狭义货币分成三种：一是商品货币，即其本身就是商品的货币，其最基本的特征在于将某种商品用于货币目的。二是法定货币，即由具有特定法律资格的物品所构成的货币。这里关键的因素是政府盖印，并不是盖有印章的物品构成货币，而是印章本身。三是信用货币，即作为一般交换媒介的未来到期的一种债权，但这类债权一定不会同时具备随时兑付和绝对安全这两种性质。

货币替代品就是代表着绝对安全而且可以随时支付的货币债权的物品。它包括货币兑换凭证和信用媒介，而信用媒介又包括无准备的银行存款和银行券，以及各种辅币。

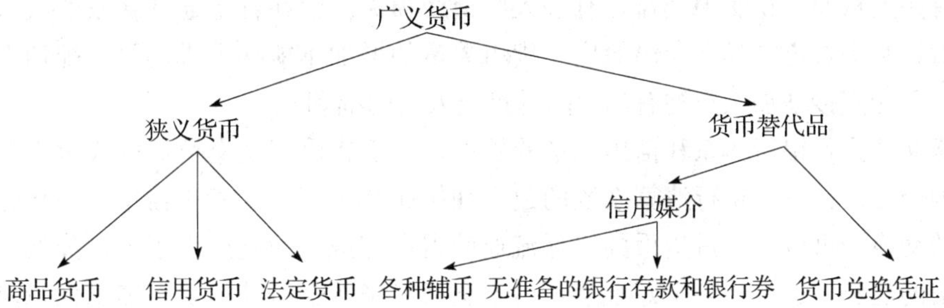

图15－1　货币的分类

米塞斯指出，货币经济问题的核心就是货币的客观交换价值或货币的购买力。他批评货币生产成本决定其价值的观点，认为这种观点虽然提供了一个关于商品货币的交换价值的理论，却不能解决有关信用货币和法定货币的交换价值问题。

米塞斯以门格尔所创立、由庞巴维克和维塞尔所完善的边际效用论为基础，分析货币的价值决定。他认为货币的价格最终也是由买者和卖者的主观估值决定的。为了论证这个观点，他认为有必要回到根本不以货币职能为基础而以物品其他用途为基础的最初交换价值问题上来，如果要求商品货币价值理论只以货币职能来解释货币和商品之间的交换比率，而不考虑商品货币价值的历史持续性因素，就无法说清商品货币的交换价值。他指出，在商品开始发挥货币职能之前，它们必须具有以货币职能之外的一些其他原因为基础的交换价值。在它们逐渐成为货币之后，人们开始赋予它们比以前更高的估值。人们珍视它们首先是因为它们具有普通商品的用途，然后才是因为它们可以充当交换媒介。这两类估值均受边际效用法则支配。这就是说，商品货币的价值具有历史连续性。溯本求源，商品货币的交换价值受制于其当初尚未成为货币时所拥有的主观估值。

关于货币价值变动的原因，米塞斯认为，要区分货币和其他商品之间交换比率的两种影响因素，即那些从货币方面施加影响的因素和那些从商品方面施加影响的因素。而一般经济因素的发展会引起货币需求的巨大变化。人口的增长、劳动分工的扩展深化以及随之发生的交换范围的扩张，都增加了个人的货币需求，因此也增加了整个社会的货币需求。人口的减少和交换经济的退化会带来货币需求的萎缩。这些就是促使货币需求发生重大变动的决定因素。货币需求量与货币存量的联系，形成了解释货币客观交换价值波动的出发点。米塞斯认为货币存量相对于需求量的增加，最终将引起各种商品价格的上涨。由此可见，对于货币购买力变化原因的分析，他基本上是赞同货币数量论的。不管是法定货币或信用货币的发行者，还是商品货币币材的生产者，一个社会的货币存量的增加都会引起大量经济主体货币持有量的增加。对于这些主体，货币需求与货币存量的比率发生了变化，他们拥有过多的货币却缺少其他经济品。这种情况的直接后果是货币单位的边际效用降低。对于他们所需要的商品，他们表现出比之前更强烈的需求，并且他们也有能力为其想要获得的商品支付更多的货币。结果，有关商品的价格上升，货币客观交换价值相对下降。

米塞斯认为，在商品价格普遍上升的过程中，不同商品价格上升的幅度不会相同，上升的时间也不会相同。因此，货币客观交换价值的变动会导致收入与财富的分配发生变化，有些人从通货膨胀中受益，有些人则遭受损失。他在肯定通货膨胀的收入分配效应的同时，坚决否定它具有产出效应，货币数量的增加不能导致人们可支配消费品存量的增加，不能直接增加人类拥有的商品总量或人们的福利。

米塞斯认为，银行体系和信用体系的发展，对于货币客观交换价值或货币购买力的影响有两个方面：一是银行清算系统的建立和扩张减少了广义货币需求，一部分依赖货币进行的交换，可以不经过货币的实际流通就得以完成。因此产生了一种降低货币客观交换价值的趋势，这一趋势正好抵消了由于交换经济的扩张使得货币需求大量增加，从而形成的货币价值上升的趋势。二是信用媒介的发展也有同样的影响，信用媒介在商业上能够替代货币，降低狭义的货币需求。这是信用媒介的重要意义之所在。但是，银行信用体系的发展，尤其是信用媒介并不会自动配合货币需求的变化而不影响货币的客观交换价值。由于整个银行体系的行动，信用媒介流通额必将持续增加，相应地导致货币客观交换价值的下降，因此，银行发行的信用媒介并不会使货币数量论失效。

米塞斯认为，银行发行的可充当流通手段的信用媒介，将引起广义货币存量的变化。这些信用媒介与狭义货币的区别在于其数量具有高度弹性。正是作为流通手段的信用媒介的这一特征，会引起货币利率与自然利率或均衡利率（使投资与储蓄相等的利率）的差异。

关于自然利率，米塞斯沿袭庞巴维克的观点和术语，认为资本品价值低于其未来产品价值的那一部分构成利息，这部分价值差额源于现在商品价值与未来商品价值的自然差别。用更通俗的语言来表达就是自然利率要等于资本的边际生产力。但银行为了盈利，往往以低于自然利率的货币利率扩大贷款，于是企业生产活动的增加会首先造成生产品价格的上升。企业家由于较低的货币利率而采用了过于迂回的生产方式，或者说过度的资本积累，这就妨碍了社会消费品的生产。参加生产的资本品还未被全部转化为消费品，但所有可用于维持消费的资源却均已用完，于是消费品的市场价格相对于生产品而上涨。结果是贷款利率重新上升，再度接近自然利率。从低息扩张贷款刺激经济，到提息遏制经济扩张，一个完整的经济周期就出现了。米塞斯认为，贷款利率的重新提高是导致经济危机的直接原因，如果银行继续降低贷款利率就能继续延缓市场的崩溃。银行能够延缓崩溃，但信用无法进一步扩大的时刻最终一定会到来。于是灾难便会发生，而且，贷款利率被压低至自然利率以下的时间越长以及不合资本市场情况的迂回生产过程被采用的程度越大，则结果就越恶劣，对抗市场繁荣趋势的力量也越强。

米塞斯的上述关于经济周期的观点，可以说基本上是用庞巴维克的术语复述了瑞典学派创始人威克塞尔的累积过程理论。这种关于经济周期的观点与威克塞尔的相同之处在于，都强调自然利率和货币利率两者的差异在形成周期中的作用。区别在于：(1) 米塞斯认为造成两种利率差异的主要是银行信用的高度弹性，是货币利率的变化造成了差异，因此，他的这种观点就被后人称为纯货币的周期理论。而威克塞尔则认为是由技术进步等原因造成的自然利率时断时续的变化引起两种利率之间的差异。(2) 米塞斯的周期理论突出强调了两种利率不一致所引起的消费品、资本品相对价格的变化在形成周期中的作用。它引起通货膨胀或紧缩，造成繁荣与萧条的周期性波动。这一论点在他的学生哈耶克那里得到充分展开和说明，构成了哈耶克的周期理论。

基于上述纯货币的周期理论，米塞斯认为，能控制信用数量的金本位制是最好的币制。在1928年出版的《币值稳定与经济周期政策》中，他进一步分析了经济周期反复出现的原因，认为是因为企业家和政治家普遍存在着这样的思想：把利息率降低看作是经济政策的一个重要目标，把膨胀式信用扩张看作是实现这一目标的最好方法。因此，经济周期接二连三地出现。他还进一步指出，商业银行之所以能一次次地扩张信用，是由于中央银行的支持，而中央银行之所以能有力量支持，是由于它垄断了纸币的发行权。假使纸币发行不由中央银行垄断，各银行都有权发行可自由兑换法偿币（黄金）的纸币，则人为增发货币扩张信用的现象将大大减少。这是因为不稳健的银行将被淘汰，只有稳健的银行才能存在下去。这一废除中央银行纸币发行垄断权的思想，无疑对哈耶克后来于20世纪70年代提出的自由货币的主张有着直接影响。

在政策主张方面，米塞斯批评了他所概括的两种货币政策：通货膨胀政策和通货紧缩政策。

通货膨胀政策就是企图增加货币数量的货币政策。米塞斯指出主张这种货币政策的目的，有的是为了减轻债务人的负担，有的是为了刺激出口、扩大国内生产，有的是为了帮助政府在不征税的条件下增加可支配的资金。但是这一切目标都可以用其他经济干预方式实现，并且会较好地实现，不会产生不良的意外影响。如果希望救助债务人，可以宣布延期支付令，或者彻底取消偿债义务；如果希望鼓励出口，可以准许出口奖励；如果希望加大进口的难度，可以简单地禁止进口，或者征收进口税。而且任何通货膨胀政策的影响程度都是无法预测的，而最终持续的通货膨胀必然会导致经济崩溃。他认为通货膨胀之所以变成当今货币管理的公认方法，并非偶然。它是国家主义和专制政府的财政补充工具。它是逐渐走向极权主义的各项复杂制度与政策的一个构成部分。

米塞斯同样批评了减少或不增加货币存量的通货紧缩政策，主要是指出了它难以实行的原因。

米塞斯的结论就是，增加或减少货币客观交换价值的努力都被证明是行不通的。对于大多数人，客观价值不发生任何变化（不管是来自货币方面还是来自商品方面）的货币，似乎是最好的。因此，货币购买力的稳定，应当成为社会所追求的目标。但对于通过政府来实现这一目标，他表示了怀疑，因为对于一些既定的以影响货币价值为目的的措施在数量上的准确性，人们并不充分了解；更为严重的是，除了货币交换价值的变动会受到货币数量的影响之外，人们无法准确决定，货币交换价值的变动究竟还有其他哪些影响原因以及影响程度如何。结果，一旦确定了政府可以而且应当影响货币交换价值的原则，即使目的仅在于保证币值的稳定，错误措施的危险就会立即出现。所有货币政策都会遇到以下困难：以影响货币客观交换价值为目的所采取的任何措施的结果都不能事先被预测，即使是在影响已发生后，仍旧不能确定其性质和幅度。即由于政府的有限理性，它追求币值稳定的目标未必就能够实现，甚至可能会引发更糟糕的结果。因此，他的结论就是恢复贵金属本位制，金属货币由于其数量的增减不受人类有计划的干预，就自然成为现代货币的典范。他强调，正如所有人类创造一样，金本位制并非没有缺点，但是在目前情况下，要想使货币制度不受政党政治和政府的干预，无论是在目前，或是在可以预见的未来，均不存在其他途径。他认为只有实行贵金属本位制，才能保证货币的稳健性，而这种稳健性是实现自由市场经济的必要条件。稳健货币是为了保障公民权利以对抗政府暴政而产生的工具，因此，稳健货币原则的观点成为自由纲领中最受欢迎的要点之一。

二、经济自由主义

米塞斯在他1927年出版的《自由主义》(中译本名为《自由与繁荣的国度》）一书中全面概述了他的自由主义观点。他认为自由主义的纲领可以概括为“私有制”三个字，即生产资料的私有制。他强调，在实行劳动分工的社会里，人类相互合作的唯一可行的制度是生产资料的私有制。私有制为个人创造了一个不受政府控制的领域，成为个人自由和自治的基础，对人类物质进步和精神文明产生了深远影响。在这种意义上可以将私有财产称为个人发展的基本条件。同时他强调，是资本主义的自由导致了技术进步，而不是技术进步导致了资本主义。

米塞斯主张自由劳动、自由贸易以及自由迁移。他认为自由劳动之所以比奴隶劳动更值得追求，并非出于慈善观点，而是因为自由劳动可以创造远远高于奴隶劳动的生产率。同样，他为自由贸易和劳动力自由迁移所提供的依据也使它们比贸易保护制度、禁止劳动力迁徙制度更有效率。

米塞斯从自由主义的观点出发，强调法律面前人人平等，反对任何形式的特权，认为人人都有参与经济生活和社会生活的权利。但他并不主张收入平等和财富平等，因为收入平等将降低财富的总量。财富的总量是与收入分配方式密切相关的。同时，收入分配的不平等还有第二个功能，即它造成了富人的奢侈行为，而这种行为鼓励了消费水平的提高，刺激了工业的发展，是经济生活的动力源之一。他认为只要废除了特权，私有制就不会导致不同地位的凝固化。在自由社会中，富人也必须不断改进自己的生产方式，以保持自己的财富，否则便会被竞争所淘汰。

米塞斯从自由主义的观点出发，认为政府的任务是：保护私有财产，保护自由，保卫和平。他坚决反对政府对私人活动领域的干预，认为这种干预一旦开始，就意味着要有越来越多的干预，直至接受极权主义的经济计划原则。政府一旦干预商品的价格，为之规定最高水平，就会导致短缺。为了消灭短缺，政府就必须进一步干预供给、干预生产，最终将发展为对各种商品的生产和价格进行干预。

米塞斯从自由主义的观点出发，认为要有效地限制政府对私人生活的干预，就必须实行民主制度，使一般公众有权选择政府。他认为民主是一种使公众能够在不使用暴力的前提下让政府符合自己意愿的方法，否则，公众只能通过暴力、革命和内战来选择政府，而这将意味着极高的社会成本。

米塞斯从自由主义出发，主张在思想领域实行宽容，建立一个个人可以按照自己所选择的世界观和道德标准来塑造个人生活的社会，政府在世界观上保持中立和宽容的态度，同时制止任何人、任何团体将自己的观念强加给别人的企图。概括来讲，米塞斯认为自由主义就是要允许思想观念的多元化。

第二节　哈耶克的货币和经济波动理论

弗里德里希・冯・哈耶克
(1899—1992)

弗里德里希・冯・哈耶克（1899—1992）生于奥地利。1921 年和 1923 年分别获得维也纳大学法学和政治学博士学位，1927 年获经济学博士学位。1921—1926 年在米塞斯担任主任的国际联盟奥地利赔偿委员会中任职。1927 年受聘为新成立的奥地利经济研究所所长。1929 年兼任维也纳大学经济学讲师。1931 年移居英国并任伦敦经济学院教授。1940 年获该校经济学博士学位。1950 年赴美国芝加哥大学任教授，直至 1962 年。1962—1969 年受聘任德国弗赖堡大学政治经济学终身教授。1969 年退休返回奥地利，仍任萨尔茨堡大学聘任教授。1974 年获诺贝尔经济学奖。主要论著有：《货币理论与经济周期》(1929)，《物价与生产》(1931 年，有中译本)，《货币的国家主义与国际稳定》(1937)，《利润、利息与投资》(1939)，《资本的纯理论》(1941)，《通往奴役之路》(1944 年，有中译本)，《个人主义与经济秩序》(1948 年，有中译本)，《自由宪章》(1960 年，有中译本)，《哲学、政治学与经济学研究》(1967)，《法律、立法与自由》第一卷《法则与秩序》(1973)，《货币的非国有化》(1976)，《法律、立法与自由》第二卷《社会公平的幻想》(1976) 和第三卷《自由人的社会秩序》(1978)，《哲学、政治学、经济学与思想史新研究》(1978) 等。本节将主要介绍他在《物价与生产》一书中的货币和经济周期理论。

一、货币中性

“货币中性”是北欧学派创始人威克塞尔首倡的概念，具含义是指货币数量使货币利率等于自然利率，投资等于储蓄，货币的币值（即一般物价水平）保持稳定，从而货币对实际经济过程保持一种中立状态，不是一种影响实际经济过程的因素。

哈耶克采用了“货币中性”这一术语，但不同意威克塞尔对它的定义，因此对这一术语的含义做了相当大的变动。这种变动与他对当时流行的货币理论持不同的看法密切相关。他指出：以约翰·斯图亚特·穆勒和费雪为代表的流行货币理论，以及威克塞尔的货币理论，都认为货币数量的变化只有在引起一般物价水平变动时才会影响相对价格；而只要币值稳定（即保持威克塞尔意义上的中性），一般物价水平不变，货币就不会影响相对价格，从而也不会影响经济过程的实际方面。他认为：这种货币理论无法说明货币数量变化如何影响经济中个人的决策，所以与以研究个人经济决策为中心的一般经济理论发生了分离。

哈耶克认为：货币对物价和生产的影响，完全与一般物价水平的影响无关，几乎货币数量的任何变动，无论它对物价水平有无影响，总会影响到相对价格，从而影响到受相对价格制约的生产数量和方向。因此，他要建立的货币理论，主要是要说明货币在什么条件下对商品的相对价格，从而对生产数量和方向产生影响，并说明这种影响的具体机制。

由于相信货币数量变动会直接影响相对价格，哈耶克的货币中性的含义就不再是威克塞尔所强调的一般物价水平不变，而是指货币对商品的相对价格不产生影响，不引起相对价格的失衡，不引起生产方向的误导，即货币对商品的相对价格保持中性或保持中立。在如此规定货币中性的含义（可以把这种含义的中性称作哈耶克中性，以区别于威克塞尔中性）后，他认为：构成货币影响生产的理论分析的出发点的，不是币值是否稳定，而是货币是否保持中性。于是货币理论的目标是说明使货币保持哈耶克中性的三个条件：第一，货币总流量一定；第二，一切价格随供求状况的变化而完全伸缩自如；第三，一切长期契约都建立在对未来价格运动正确预测的基础上。这三个条件对于保持货币中性缺一不可。

其中第一个条件并不意味着货币总流量绝对不变。哈耶克指出：为了保持经济过程的均衡和货币的中性，在一定条件下，必须变动货币总流量。一定的条件之一就是哈耶克所命名的“货币交易系数”的变化。货币交易系数是指货物总流量与其中以货币成交的那一部分之间的比例。他强调，货币交易系数不能与货币支付数量占贸易的实物量的比例相混淆，后者受物价水平变化的影响，而前者则不然，整个社会的货币交易系数只取决于企业组织的纵向综合程度（即一个完整的生产过程是由一个企业来完成还是由若干有着纵向联系的企业来完成）、生产者自给性生产的比重、物物交换占整个交易量的比重，以及货币在经济体系中各个货币交易系数互不相同的部分之间的分布。显然，当整个社会的货币交易系数发生变化时，货币流通量应发生反方向的变化。

除了货币交易系数的变化外，需要货币总流量在保持中性的前提下发生变化的另一个条件是货币流通速度。哈耶克提出：当流通速度变化时，必须以货币总流量的相反变化来加以抵消，以使货币对相对物价与生产保持中性。由此可见，货币保持哈耶克中性的第一个条件应当表述为：在货币交易系数和流通速度一定时，使货币流通量保持不变。

哈耶克的货币中性概念首先是一个理论概念，用来分析货币因素是如何影响实际的经济过程的。他指出：在物物交换条件下必然存在的供求相等的情况，当货币成为交易中介后，就不复存在了。物物交换被分为两个单独的交易以后，一个交易发生时并不辅以另一个交易，这时就出现了货币的影响。因此，此时的问题就是把货币的这种影响游离开来加以考察。由此可见，货币中性概念主要是把货币影响抽象出来进行考察的一个分析工具。

同时，哈耶克的货币中性概念对他的货币政策主张也有很大影响。他认为货币中性概念为判断实际货币政策是否合理提供了一个虽非唯一但也许是最重要的准则。从这一准则出发，他反对当时颇为流行的“弹性货币”政策（即中央银行应当使货币量随生产的增长而相应增长）。因为这种政策不是像他所要求的那样按货币交易系数和流通速度的变化而相应变动货币流通量，而是使货币量随生产规模的变化而变化，这在他看来，必然导致相对价格和生产结构的扭曲，破坏货币的中性。他还分析了导致弹性货币主张的两个认识上的原因：一是混淆了开放经济和封闭经济。在开放经济条件下，如果生产规模的变化引起一国经济在世界范围内的比重变化，那么该国货币数量的变化是自然而然的，但在封闭经济条件下，不能认为还会出现相同的情形。弹性货币的提倡者没有区分开放经济和封闭经济对货币数量的不同要求。二是弹性货币的提倡者混淆了人们对某种货币的需求与对一般通货的需求之间的区别。事实上，随经济周期而变化的是人们对某种货币，尤其是现金的需求，而一般通货则不但包括现金，而且包括各种起着流通媒介作用的信用。他否定了弹性货币的政策主张，而他关于货币政策的正面建议与其周期理论联系密切，后面再专门介绍。

哈耶克的货币中性理论是他全部经济观点的基础，他的周期理论是以货币保持中性的第一个条件遭到破坏，货币量变动破坏相对价格的均衡为前提的。他的自由主义观点则与他的货币保持中性的第二个条件有逻辑关系，完全伸缩自如的价格体系只有在自由竞争条件下才能实现。他的第三个条件，即一切长期契约都以对未来价格运动的正确预测为基础，实质上要求经济决策者对未来拥有完全的信息，而这在实践中是做不到的。这也就意味着在实际生活中货币是难以保持中性的，从而周期的波动作为货币中性被破坏的结果是不可避免的。这是他的货币中性理论没有明确表述但却逻辑地蕴含着的结论。

二、经济波动

哈耶克的经济波动理论主要表述于他于1931年出版的《物价与生产》一书之中。他直接受到奥地利经济学家米塞斯的信用波动学说的启发，其学术渊源则是威克塞尔的货币理论和庞巴维克的资本理论。他是从某种均衡状态出发来分析经济周期的。哈耶克的均衡，是在一切可用的资源都被使用（即充分就业），货币数量一定，整个社会的消费-储蓄比例一定，从而生产的纵向结构一定时，用于购买消费品的货币和用于购买资本品的货币之间的比例（这一比例也反映了对这两类产品的需求之间的比例），等于消费品产量与资本品产量之间的比例，即两类产品的需求之比等于供给之比，这个比例可以被称作均衡比例。

哈耶克的均衡是充分就业条件下的均衡。在他看来，均衡必然意味着充分就业，至于非充分就业现象，只是经济失去均衡的结果，正是周期理论所要加以说明的现象。充分就业不仅是他的均衡的组成要素，而且是他的周期理论的逻辑前提之一，他的整个周期理论的推导是离不开这个前提的。

哈耶克的生产结构，就是生产的迂回程度或资本化程度，这个概念在他的周期理论中具有重要地位。在他看来，迂回的生产包括若干顺次相继的生产阶段，其中每一阶段都以上一阶段的产出为投入，又以自己的产出为下一阶段的投入。除了最后一个阶段外，其他阶段生产的都是中间产品，这种具有纵向顺序的诸生产阶段全体，就是他所说的生产结构。当生产的迂回程度不变时，生产结构一定；当生产的迂回程度增大时，就意味着出现了新的生产阶段，使生产的纵向结构不断扩张。生产迂回程度（或资本化程度）的变化，在他看来意味着生产结构的变化。他强调这种变化与经济周期的出现有重大关系。而生产结构是稳定还是变化，皆取决于各生产阶段上企业家的盈利情况，而盈利情况又取决于各阶段产品的成本和相对价格。因此，相对价格是决定生产结构的最重要因素。

哈耶克认为：生产结构的变化会引起均衡比例的变动，生产结构会由于两种原因而变化：一是当货币数量不变时社会的消费与储蓄之间的比例发生自愿的变化；二是消费与储蓄之间意愿的比例不变，但货币数量有了变动。

哈耶克认为：当生产结构由于比如说自愿储蓄增加而变化时，只要货币数量一定，经济体系就会经过一个平稳的自发过程建立起新的均衡。从某一均衡状态出发，若消费者决定把收入中的较大份额用于储蓄，即出现自愿储蓄的增加，则这种自愿储蓄的增量在他看来将毫无疑问地全部转变为投资。因此，自愿储蓄增加的结果是减少消费需求，增加资本品需求，从而引起消费品相对价格下降和资本品相对价格上升。但各种资本品的价格不会等量上涨，也不会全部上涨。在较晚的接近消费品生产阶段的那些阶段中，其产出的资本品的价格由于受消费品价格下降的影响而可能下降，但下降幅度必然小于消费品价格的下降幅度。而较早阶段产出的资本品的相对价格则肯定会上升。相对价格的这种变化，导致较晚阶段所用资金的利润相对下降，而较早阶段所用资金的利润则相对上升，从而使资金及非专门性货物①由较晚阶段向较早阶段转移，甚至导致新生产阶段的出现，即使得生产方法更加资本化或更加迂回。生产的迂回程度加深的结果是消费品产量相对减少（绝对量则未必下降，因为更迂回的方式将提高生产效率，增加消费品产量），而资本品产量则相对增加。与此同时，用于消费品生产阶段和接近消费品生产的其他较晚阶段的货币量将减少，用于较早生产阶段的货币量将增加。结果，随着自愿储蓄的增加，消费品的需求和供给都趋于相对减少，用于购买消费品的货币也趋于相对减少。

---

① 非专门性货物是指那种可用于一个以上生产阶段的原始生产要素和中间产品，与之对应的是专门性货物，它是指那种只能专门用于某个生产阶段的原始生产要素和中间产品。这是哈耶克所用的两个概念。

因此，只要自愿储蓄的增加是稳定的，那么最终将建立新的均衡，消费品需求和资本品需求之间的比例将再次等于它们之间在供给方面的比例，但这一比例将小于自愿储蓄未增加时的比例。当自愿储蓄减少时，将出现相反的结局：新的均衡比例将大于储蓄未变动时的比例。

除了自愿储蓄的变化外，生产结构还会由于货币数量的变化而变化。一旦货币数量发生变动而消费-储蓄比例不变且货币交易系数和货币流通速度也不变，旧的均衡将被打破，而新的均衡只有在经历了波动之后才会出现。

哈耶克认为：货币数量变动对均衡的扰动，会因为新增货币是首先用于购买资本品还是首先用于购买消费品而有所不同，由旧均衡走向新均衡的途径也会有所不同。

如果是以银行向生产者放贷的形式增加货币数量，那么必须使货币利率低于均衡利率（即威克塞尔的自然利率）。货币利率降低使原有各生产阶段的企业家实行要素替代，用资本品替代原始生产要素。这种行为导致了两种结果：一是在初始的充分就业状态中释放出一部分原始生产要素并投入更早的生产阶段，使生产阶段增加，迂回程度加深；二是引起资本品生产，尤其是较早生产阶段的利润相对增加，非专门性货物从消费品生产阶段和其他较晚生产阶段向较早生产阶段流动，在经历了一段耗尽消费品原有储备所需要的时间后，非专门性货物的这种流动将引起消费品减少。

如果这种消费品减少伴随着消费者自愿储蓄的相应增加，那么货币数量变动引起的经济扰动将平稳过渡到新均衡，但现在的问题是消费者并不打算改变原有的消费水平和原有的消费-储蓄比例，即消费需求并没有减少，消费需求维持原状，消费品供给却减少了，结果便是消费品价格上涨。

如果这种价格上涨没有被消费者货币收入的相应提高所抵消，消费者将被迫减少消费水平（实物意义的）。这时就出现了强迫储蓄。但消费者的货币收入最终将由于货币量增加而提高，这是因为经济始终保持充分就业状态，即原始生产要素的使用量并没有减少，只是改变了使用方向，所以企业家用新增货币进行投资的结果是使新增货币逐渐转移到原始要素所有者（同时也是消费者）手中。这就使消费者有可能用更多货币购买消费品，结果消费品价格相对于资本品价格将更快上涨。

如果这种消费品相对价格上升的势头被银行对企业家的进一步放款所抵消，那么已经拉长的生产过程将继续保持。但是由于法律或营业习惯的限制，银行不可能持续地扩张信用，于是出现了货币资本供给的短缺。

如果企业家在银行供给的货币资本出现短缺之前，借助新增加的货币已经胜利完成了新的更迂回的生产过程，就可以生产出较多消费品以供消费，于是消费者增加货币收入后恢复原先消费水平（实物意义）的行为，也不会改变已经加深的生产迂回程度。如果企业家尚未完成为时较长的迂回生产过程，而货币资本已告短缺，那么只要自愿储蓄不增加，银行增加对企业家的货币贷款就将引起资本品相对价格的一度提高和生产迂回程度的一度加深；但最终将由于货币资本供给的短缺而出现消费品相对价格上升，非专门性货物又从较早生产阶段流回消费品生产阶段和较晚的资本品生产阶段，剩下的那部分非专门性货物不够完成较长生产过程之用，曾经一度拉长的生产过程将出现纵向收缩。在生产过程收缩之后，较早生产阶段将出现专门性货物尤其是专用设备的闲置，这正是萧条的特征。哈耶克认为：正是生产过程的这种一伸一缩的情况，使经济出现繁荣与萧条的周期性波动。

以上是新增货币首先用于购买资本品时的情况。如果从某种均衡状态出发，新增货币首先用于购买消费品，将出现相反的过程。这时消费品价格以及在较晚阶段中生产出的资本品的价格将相对提高，在短期中甚至超过最后将达到的均衡水平。于是大量非专门性货物由较早生产阶段流向较晚和最终的生产阶段，生产过程将缩短，在短期中甚至有过分缩短的倾向，即实际生产过程在短期中甚至比新的均衡比例出现后会有的生产过程还要短。原先一些较早阶段中的专门性货物将由于与之配合的非专门性货物的不足而闲置，不仅专门性货物会闲置，原先较迂回的生产方式也无法维持，而新的生产过程较短的生产方式又没有充分完成到足以吸取全部非专门性货物的程度，这时连非专门性货物也会出现一定的闲置，于是整个经济出现萧条现象。

哈耶克认为：如果没有足够的非专门性货物可以使耐用设备达到充分利用的状态，专门性货物，尤其是耐用设备的闲置，并不能证明消费不足。他比喻说，一个孤岛上的居民打算制造一部巨大机器以供应他们的一切必需品，结果发现在这部新机器能够生产出产品之前，已经耗尽了他们所有的储蓄和可以动用的自由资本。于是居民们便只好放下这项工程，而在没有任何资本的情况下，把他们的劳力全部用来生产他们每天需要的食物。只有当食物供应问题得到解决之后，他们才能继续原来的工程。在这个例子里，工程的停顿，设备的闲置，生产过程的缩短，并不是因为消费不足，而是由于非专门性货物——劳动——不得不被投入到消费品的生产中去。由此可见，在哈耶克看来，萧条或者说资本品闲置，并不是因为消费品生产部门因生产过剩而减少其对资本品的需求，而是因为消费品相对来说太多，消费品的生产抽光了使较早阶段的专用资本品得以发挥作用的非专门性货物，所以他的波动理论被称作消费过多论。而消费品的生产之所以能够抽去大量非专门性要素，又源于银行不愿意充分供应货币资本以支持企业家的投资，所以哈耶克的波动理论又被称作资本短缺理论。

根据这一理论，哈耶克提出了关于对付经济波动的政策主张。他认为避免波动的方法是使货币保持中性。这就要求货币当局只能在不干扰消费品需求和资本品需求的比例的条件下变动货币量。但他认为：这一要求实际上无法得到满足。因此，对货币政策能够得出的唯一的实际准则，也许是一个消极的准则，就是：生产和贸易的增加这个简单的事实并不能成为扩张信贷的正当理由；除了严重的危机时期外，银行家不必顾虑过于谨慎会妨害生产。如果要做超出这个范围的尝试，也只能由一个世界性的货币当局来做；任何单独一个国家的行动都是注定要失败的。这就是说，一个国家的货币当局不能因产量变化而变动货币量，尤其不能在经济周期的上升阶段增加货币量，以免人为地增进繁荣。同时要求建立完全竞争的市场体制，以保证各种商品的价格完全伸缩自如。一旦萧条已经出现，就不能寄希望于用小小的通货膨胀来克服萧条，这将是危险的。也不能用增加消费和公共开支的政策来对付萧条，因为这将使生产结构进一步缩短，使萧条拖得更长。唯一的办法是让生产结构缓慢地、自发地适应自发形成的消费品需求与资本品需求之间的比例。

概括地讲，哈耶克反对建立当时许多人如卡塞尔、庇古、凯恩斯等所主张的弹性货币制度（又称管理货币制度），主张继续维持半自动化的金本位制，依靠这种货币制度下的自由竞争来避免经济的波动。

哈耶克的上述经济波动理论，从逻辑上看，是放弃威克塞尔累积过程理论的一个不现实的假定的结果。这个假定是指各个行业的生产期都固定为一年，不可缩短，也不可延长。在此假定下，自然利率和市场利率之间的差异自然不可能引起生产迂回程度的变化，从而不会引起消费品和资本品相对价格的变化。于是这种变化在形成经济波动时的作用便被排除出威克塞尔的累积过程理论。哈耶克的波动理论放弃了上述不现实的假定，从而说明了相对价格变化在形成经济波动时的作用。

哈耶克波动理论在西方经济学界的受欢迎程度呈现出随时间推移而变化的U形轨迹。在凯恩斯革命以前，哈耶克已经是西方著名的经济波动理论专家，因他在1929年2月就已经警告人们提防即将来临的经济大危机而使世人感到震惊。后来由于凯恩斯革命的影响，凯恩斯在西方经济学家中逐渐占了上风，而哈耶克由于出版了《通往奴役之路》而在知识分子中丧失了信誉，他的波动理论也就成了被殃及的池鱼了。到20世纪70年代，滞胀证明了凯恩斯主义的局限性之后，哈耶克的波动理论才重新为人们所重视。哈耶克本人也部分由于对经济波动的出色分析而获得1974年诺贝尔经济学奖。

哈耶克的波动理论有两个重要前提：充分就业和忽略技术进步。关于充分就业这一前提，前面已做过介绍；关于忽略技术进步这一前提，这里简单介绍一下。他在《物价与生产》一书中两次提到他所说的引起经济波动的生产结构变化，并不是由技术知识的进步引起的，而完全是由社会的消费-储蓄比例的自愿或强制变化引起的。这两个前提既造成他的周期理论的短处，也造成其长处。忽略技术进步，使他的理论不能说明技术进步这一常见现象对经济波动有无影响和如何影响（解决这一问题是熊彼特的经济周期理论的长处），这是短处；但忽略技术进步却使他有力地证明了即使不存在技术进步，现代资本主义经济也将不会平稳发展，仍会由于其他原因而出现波动，这是长处。充分就业这一前提并不意味着他否认非充分就业状态的出现，而是说他的波动理论不承认会出现非充分就业的均衡状态。哈耶克的均衡是由他的结构分析方法得到的，并不是一种总量均衡，而是一种结构均衡，即产品的需求结构（需求比例）与供给结构（供给比例）相等。但产品结构均衡实际上可以在不同的总产量水平上实现，即结构均衡不给出任何关于总量的结论。这一点从数学上看是一目了然的：$C_d/I_d=C_s/I_s$。从该等式中，我们是无法得知关于C_d和C_s或I_d和I_s的水平的。因此，从逻辑上看，他必须为自己的理论体系确定一个关于总量的假设前提，他选择了充分就业作为自己的结构均衡的前提。这一前提的短处是他的理论无法说明产品的总量是如何决定的，把总产量的决定这个需要说明的问题用一个假定处理掉了。

充分就业这个前提在哈耶克体系中的作用不仅在于它提供了分析的出发点，而且在于该体系的内在逻辑是基本不承认在经济失衡和均衡移动时会出现闲置的非专门性生产要素（包括劳动这种原始生产要素），只会出现非专门性要素的配置变动和专门性要素的闲置。即他基本上不承认失衡会导致劳动者的大量持续失业，只会造成专用设备的闲置。于是他的理论就不能像凯恩斯的有效需求论那样更有说服力地解释20世纪30年代那种持续出现大量失业劳动者的萧条。

哈耶克关于在结构失衡和均衡位置变动时，非专门性要素只会出现配置情况的变化而不会出现闲置的论点，与他只注意货币因素的变动对相对价格的影响，忽视对一般价格水平的影响的观点是有联系的。确实，如果一般价格水平不变，只有相对价格变动了，那么总量就没有理由变化，只有结构会变化。所以他的充分就业前提蕴含着一般物价水平不会因货币因素而变动的结论。

充分就业前提的长处在于，哈耶克证明了，即使非专门性要素不出现闲置，即经济保持充分就业，也不能避免经济波动。这一结论对于凯恩斯以后的世界具有重要意义。哈耶克实际上分析了另一种类型的经济萧条，与凯恩斯所分析的不同。凯恩斯所分析的萧条是由总需求不足引起的非充分就业萧条，其特征是各种要素（包括专门性和非专门性两类生产要素）都出现闲置现象。这种萧条可以通过扩大总需求来消除。但克服了凯恩斯式萧条并不能避免哈耶克式萧条，哈耶克式萧条是在充分就业的基础上发生的，是由结构均衡被货币因素破坏造成的，其特征是只出现专门性生产要素的闲置，不出现非专门性生产要素的闲置。

哈耶克式萧条的这种特征，使他的周期理论更适用于那种由于各种原因而能保持劳动者充分就业的国家。明确地说，他的理论对于研究转型前的社会主义国家的经济波动也许比凯恩斯的理论更有借鉴意义，因为由于制度性的原因，转型前的社会主义国家的劳动者往往是充分就业的。他的结构均衡用我们的术语来说就是两大部类之间、积累中的固定资金和流动资金之间、简单再生产和扩大再生产之间具有均衡的比例关系。他的波动理论给我们的启示是：不仅要注意货币因素对经济总量的影响，还要注意货币因素对结构的影响；不仅要注意保持总量均衡，还必须注意保持结构均衡。

不仅如此，哈耶克的周期理论对于资本主义经济何以会突然之间由盛转衰做出了有说服力的解说，但它的不足之处在于无法解释为何经济危机爆发之后会进一步出现非专门性生产要素（包括劳动）的大量闲置。而他推导出的克服危机的对策——进一步紧缩消费，以便腾出非专门性生产要素完成更迂回的生产过程——也显然不是克服萧条的良策。而对非专门性生产要素（包括劳动）大量闲置现象的解释，恰恰是凯恩斯经济波动理论的长项。

第三节　熊彼特的经济创新理论和周期理论

约瑟夫·阿洛伊斯·熊彼特（1883—1950）生于奥匈帝国摩拉维亚省（今捷克境内）。1906 年获维也纳大学法学博士学位。当时的法律系要求学生学习政治和经济，他是奥地利学派著名代表人物庞巴维克的学生，深受奥地利学派经济理论的影响。在大学期间，他又结识了德国社会民主党人希法亭和奥托·鲍威尔等人并由此接触了马克思主义理论。1906 年从维也纳大学毕业之后，他来到英国，求教于著名的经济学家马歇尔和埃奇沃思。1907—1908 年，他在埃及开罗的国际混合法庭从事短期的法律工作。1909 年他回到维也纳，由庞巴维克推荐，任奥地利布科文纳省捷尔诺维茨大学教授。1911 年他改任格拉茨大学教授。1913—1914 年他作为奥地利的交换学者去纽约哥伦比亚大学访问并被授予博士学位。在第一次世界大战前夕，他回到了维也纳。在第一次世界大战结束后，奥地利成立了由社会民主党和基督教社会党组成的联合内阁。经当时政府外交部部长鲍威尔的推荐，熊彼特以经济学家身份出任财政部部长。1920 年，由于反对与德国结盟和反对工业国有化政策而被迫去职。1921 年他担任了维也纳私营的彼得曼银行的总经理，但该银行于 1924 年破产，他多年之后还不得不用自己的薪水继续还债。1925 年，他应德国政府教育部的邀请赴波恩大学任教，在任教期间，两次到哈佛大学讲学，1932 年移居美国任哈佛大学教授，直至 1950 年去世。

熊彼特一生著有 15 本著作和 200 多篇文章。其主要经济理论著作有：《理论经济学的本质与主要内容》(1908)，《经济发展理论》(1912 年初版，1935 年第 4 版，有中文版)，《经济理论与方法史上的阶段》(1914 年初版，1924 年第 2 版)，《租税国家的危机》(1918)，《经济周期：资本主义过程之理论的、历史的和统计的分析》(1939)，《资本主义、社会主义与民主》(1942 年，有中文版)。熊彼特去世以后，他所著的《从马克思到凯恩斯十大经济学家》(有中文版）和《经济分析史》(有中文版)，由他的夫人、经济学家伊丽莎白·布迪·熊彼特整理后分别于 1951 年和 1954 年出版。

除了著书立说外，熊彼特还从事大量的学术活动。1930 年，他与世界上一些著名的经济学家共同倡导成立计量经济学会并于 1937—1941 年担任主席。1948—1949 年，他第一个以非美国人的身份被选为美国经济学会会长。1949 年西方经济学界筹设国际经济学会，一致推选他为第一届会长。

一、理论体系的方法论特征

熊彼特理论体系的方法论特征，可以用一句话进行简洁的概括，那就是以一般均衡为出发点，以创新概念为中心，以理论的、历史的、统计的分析相融合为特点。

熊彼特虽然直接师承奥地利学派的代表人物庞巴维克，但他最推崇的还是瓦尔拉斯，认为瓦尔拉斯的经济均衡体系把革命的创造性的优点和古典学派的综合的优点统一了起来，认为这是唯一可与理论物理学成就媲美的一位经济学家的成就。瓦尔拉斯的一般均衡给予熊彼特以极为深刻的印象，但熊彼特并没有像一个循规蹈矩的高才生那样只满足于对先师的庞大建筑物做一些使其尽善尽美的修补工作，而是像那些最出色的学生那样，一方面给先师的建筑物以充分肯定，另一方面立即在其基础上着手修造更宏伟的大厦。

熊彼特的理论体系迥然不同于瓦尔拉斯体系，但前者无疑是以后者为其逻辑和分析起点的。没有一般均衡这样一个出发点，很难预计熊彼特是否能构筑成他的宏伟体系。关于熊彼特的体系与一般均衡理论之间的关系，熊彼特自己认为：作为一名经济学家，与其他任何影响相比，他受惠最大的就是瓦尔拉斯的概念以及瓦尔拉斯的分析技术，但是这个概念以及分析技术不仅在性质上纯系静态性质，而且只适用于一定不变过程。所谓静态理论，不外乎是阐明均衡的条件和均衡在受到任何微小的扰乱之后能再生出来的道理，别无其他。所谓一定不变过程，是指实际上不是由它自己的动力推进的过程，或者说是与时间相伴随的循环流转的过程。纵使这个过程有变化，那也是在诸如自然灾害、战争等与过程本身无关的外在事物或现象的影响下发生的。他痛感这种看法是错误的，深信在经济体系内部存在一种能源，正是这个东西本身使得将要达到的均衡遭到破坏。假如事情果真如此，那么在这种情况下，就必须有一种理论，一种能阐明并非由于经济以外的因素而使经济体系发生从一个均衡推向另一个均衡的变化的纯经济理论。他打算创立的就是这样的理论。熊彼特虽然把一般均衡理论作为体系的起点，但决心跨越静态的一般均衡理论，建立一套从经济体系的内部因素来说明经济动态现象的理论，因为他深信经济体系内部必定存在一种由它自己打乱均衡的动力源。

重视经济发展的动态过程，注意从经济体系内部寻找造成发展的因素，这是熊彼特理论体系方法论的一个重要特征。没有这种对"发展"、对"内部因素"的重视，就不会有创新理论，就不会有熊彼特引以为豪的整个体系。

熊彼特重视"发展"和"内部因素"，这很可能与他在维也纳大学时曾接触过马克思主义有关。据考证，在他当时的同班好友中有三位年青的马克思主义者，即后来成为著名的社会主义理论家的莱德勒、鲍威尔和希法亭。在同学之间的辩论中，耳濡目染，他可能无形中受到马克思主义的影响。多年以后，他自己也谈到，关于应当从经济体系内部寻找促进经济体系发展的动力源的观点，他和马克思是完全相同的，并且他的结构只包括马克思的研究领域的一小部分。

熊彼特的创新理论，便是他从经济体系内部寻找发展动力源的结果。他认为经济体系从一个均衡走向另一个均衡的发展，其根源就在于企业家的创新活动，并且经济生活的周期现象也与创新活动的特点有重大关系。他不仅用创新活动来说明经济的周期波动和发展，还用它论证资本主义的最终崩溃和社会主义的自动实现。总之，"创新"成为熊彼特说明资本主义经济的一切动态现象——在资本主义条件下从经济的发展和波动到资本主义崩溃、新制度出现——的中心概念。

按照熊彼特的解释，"创新"并不是一个技术概念，不是单纯的技术的新发明，它是一个经济概念，是指在经济生活中出现的新事物。它包括下述五种情况：(1) 引进新产品或提供某种产品的新质量；(2) 采用新的生产方法；(3) 开辟新的市场；(4) 发掘原料或半成品的新供给来源；(5) 建立新的企业组织形式，如建立垄断地位或打破垄断地位。概言之，"创新"就是指企业家实行对生产要素的新的结合，对从事活动方法方面的历史的和不可逆转的改变。创新的实现，一是要靠银行信贷，二是要靠企业家。按照他的解释，进行创新活动的企业家不等同于一般的经理，他们必须具有创新思想、冒险精神、先见之明。按照他的看法，研究静态经济需要假设经济人作为经济主体，而研究动态经济则需要假设具有创新精神的企业家作为经济主体。具有创新精神的企业家所从事的创新活动，在他看来就是理解资本主义经济动态过程的基本线索。

把理论分析、历史分析和统计分析融为一体，是熊彼特方法论的特征。他的两大卷关于经济周期的巨幅著作的副标题，就是"资本主义过程之理论的、历史的和统计的分析"。

熊彼特的理论分析大致包括两个方面的含义：一是指创造和使用概念及原理并且用它们去理解事实的艺术。他提出"创新"概念并用以说明资本主义经济的动态现象，就是一个典型的例证。二是强调采用数学方法。当他还只有 23 岁时，就写文章呼吁在经济理论中使用数学方法，后来也一直提倡使用数学方法。1946 年，他还与人合写了《经济学者和统计学者需用的数学初步》一书，以便在经济学界推广使用数学。他对数学方法的推崇，与他对经济科学以及一般科学的看法密切相连。他认为在经济科学中之所以还存在大量的分歧意见，就是因为经济科学的精密程度还不够高，而数学化是提高精密程度的可靠途径。同时，他还认为：经济科学采用数学方法，有助于提高经济科学的成熟程度。在积极倡导运用数学方法的同时，他也清楚地认识到，数学方法并不是经济学家所需要的全部，而仅仅是一种极其重要的辅助手段。

在经济学中采用历史分析方法，是德国新旧历史学派的一贯主张，作为历史学派对立面的奥地利学派的弟子，熊彼特在这个问题上并没有门户之见。相反，他对于新历史学派的代表人物施穆勒所采用的方法的程序及其成果还给予了极高的评价。

熊彼特明白，单纯运用理论分析方法，必须排除许多对经济现象起着重要作用的社会、制度和文化方面的因素，这就不免使经济学在反映现实时受到损害。补救的办法就是引进历史学派所采用的历史分析方法，在分析经济现象时不忽略社会、制度和文化方面的因素的影响。

熊彼特除了进行理论分析、历史分析外，还重视统计分析，这表现为他重视统计数字，注意用统计资料来印证或矫正理论分析的结果。更重要的是，三种分析方法在熊彼特那里并不是孤立存在的，而是相互融合、形成一个互补的三位一体结构。他的每本重要著作，可以说都体现了这三种分析方法的出色结合。他从这种三位一体方法中确实获益不少，提出了一些不同凡响的论点。例如对于垄断现象，单纯的理论分析总是给予不利的评价。而熊彼特运用他的三位一体方法来分析垄断现象，就提出了全新的见解，姑且不论他对垄断的看法是对还是错，能够一反众议提出新论，就充分反映了熊彼特的三位一体方法的作用之所在。

二、创新与经济周期

熊彼特的经济周期理论，主要表述于他1939年出版的两卷本巨著《经济周期：资本主义过程之理论的、历史的和统计的分析》中。他在该书序言中强调，这本书有三个特点：第一，从理论分析、历史过程和统计资料三个方面对资本主义的经济周期进行分析。第二，以创新活动为中心，对经济周期的起因和过程进行实证分析。第三，不给出任何有关对策的建议。除了这部巨著外，他的周期理论在1935年发表的论文《经济变动的分析》中也得到了简略叙述。

经济周期通常是指在资本主义制度下，一些经济数据依时间的推移而发生波动变化。熊彼特所定义的“周期”这个术语从统计上来说含有两个意思：第一，历史时间（与理论时间相区别）上的经济数量的连续并不表现为单调的增或减；第二，在每个时间系列中，这些“波动”都不是独立地发生的，而相互间总是表现出有着短暂的或较长的联系。这个定义强调了经济数据的波动性，以及各个“波”之间的联系性。

在现实世界中，引起经济数据变化的因素众多，有的引起波动，有的则单纯地引起单调变化。熊彼特把引起经济数据变动的因素分为三类：外部因素、增长因素和创新。其中增长因素是指人口的增加这类变化，其特点是不会引起经济生活的波动或周期。因此，他强调在分析周期问题时，应当排除这类非周期的增长因素。

外部因素是指战争、革命、自然灾害、制度变化、经济政策变化、银行和货币管理、支付习惯以及黄金生产变化等。熊彼特认为这些外部因素是导致经济波动的一个明显的重要根源，但他强调指出：仅仅从外部因素去探讨经济周期的原因是远远不够的，问题在于是否从根本上存在着任何产生于商业社会行为本身并在制度的和自然的社会结构保持绝对不变的情况下也能观察得到的波动。他认为：即使把外部因素造成的波动排除了，资本主义经济也仍将呈现出周期现象。之所以如此，是因为存在着创新活动。熊彼特在应用“创新”概念来说明商业和社会内在的周期现象时，首先提出了一个只包括上升期和下降期两阶段的单纯模型。他首先假定一个一般均衡的经济体系，在该体系中，每个家庭都处于长期均衡状态，即收支相抵且支出的格局长期不变；每个企业也都处于长期均衡状态，即收入与成本正好相等，利润和利息皆为零且不存在任何获取利润的机会；而整个经济不存在非自愿的闲置资源。在这样一种静态均衡中，企业家的创新活动会给他带来利润。而一个企业家成功的创新活动所造成的盈利机会，会促使其他企业家纷纷模仿他，结果就形成了创新风暴，这个风暴扩大了对生产资料的需求，而由于在初始均衡状态中是不存在非自愿闲置的资源的，因此，企业家只有支付更高的价格，才能获取生产资料，于是生产资料的价格便出现了涨势。而为了进行支付，企业家便扩大了对银行信贷的需求，引起信贷的扩张。物价上涨和信贷扩张便造成了经济的上升阶段。熊彼特特别强调了信贷在导致创新活动中的作用，认为信贷的作用在于为进行创新活动的企业家提供了实现要素新组合所需要的购买力，在于把资源从循环流转过程中转移出来投入创新。但是，这种创新风暴无疑是对初始均衡状态的一次大扰乱，因此，经济必然向着新的均衡发展，结果就导致了经济的下降阶段。他认为：下降阶段之所以会出现，是因为创新风暴使企业家为获得创新或模仿所需的生产资料而展开竞争，使生产资料的价格上升，成本提高；同时创新和模仿造成产品的产量大量增加，以至价格下降；于是创新企业的利润趋向于零，守旧的企业则趋向消失，与此相伴，对银行信用的需求也开始紧缩。经济进入了下降阶段，直至达到新的均衡状态。

熊彼特认为：创新活动之所以只能造成周期波动而不是经济的持续繁荣，是因为创新活动的特征之一是它的不连续性，它是集中在一个时期、时断时续地出现的。因此，一次创新造成的下降就不能被下一次创新造成的上升所抵消，于是经济生活就呈现出周期波动。

上述经济周期的单纯模式只包括上升和下降两个阶段。在这个单纯模式中，熊彼特抽象掉了创新所诱发的各种从属现象，如创新者的投资活动所引起的各种连锁反应，以及随着繁荣的逐渐到来而形成的投机心理和投机活动。熊彼特认为这种种从属现象将大大加强周期的振幅。他把诱发出来的各种从属现象的总和称为“从属波”。

为了把由从属波引起的后果考虑进周期理论中，熊彼特建立了关于经济周期的四阶段模式，该模式把经济周期分为“繁荣”“衰退”“萧条”“复苏”四个阶段。他认为：由于从属波的作用，即由于创新所引起的信贷扩张和对生产资料需求的扩张，促成了新工厂的建立和新设备的增多，也增加了社会对消费品的需求，整个社会出现大量投资机会，出现过度投资，出现大量投机活动，所以，创新活动所引起的上升将越过新均衡，以致形成虚胀或过度繁荣。

熊彼特认为：从属波造成的许多投资机会发生于与创新活动无关的部门，这时的信贷扩张也与创新无关，仅仅是为一般企业和投机活动提供资金。这意味着从属波虽然看来声势浩大，但并无或很少有自身的推动力，它的动力源于创新活动。而一旦创新活动促使高涨的推动力消失，从属波便往往戛然而止。这就使经济的下降过程超过单纯因创新停止而造成的衰退阶段，进入萧条阶段。在萧条阶段，不仅投机活动消失，许多正常的活动也受到破坏。在萧条阶段，从属波的影响逐渐消失，于是便进入复苏阶段。复苏阶段将使经济由低于均衡的水平趋向均衡。如果要使经济由“复苏”走向“繁荣”，那就需要新的创新活动，以使经济超过复苏阶段所达到或将要达到的均衡水平，趋向新的高涨。熊彼特强调指出：虽然在复苏和繁荣两个阶段经济都趋于上升，但造成上升的动力在这两个阶段是不同的。正是这种不同使上升运动有可能构成两个性质不同的阶段。

以上便是熊彼特对资本主义经济周期的四个阶段的解释。从中可以看出，主要是由于从属波的存在，才使周期由单纯因创新造成的两个阶段变为四个阶段。图 15－2 和图 15－3 直观地展示了两阶段周期模式与四阶段周期模式的区别。两图的横轴都表示时间，纵轴都表示总产量水平，具有正斜率的直线都表示均衡水平随时间推移的轨迹。

图 15－2 中的波形线表明了两阶段周期。其特点是完全位于直线之上，表明繁荣是因创新活动使经济跃出原有的均衡，而衰退则意味着回到新的均衡位置。图 15－3 中的波形线表明了四阶段周期。其特点是繁荣和衰退两阶段位于直线之上，而萧条和复苏两阶段则位于直线以下，表明从属波的作用使经济在下降阶段出现过度行为，以至越过新的均衡位置，从而需要一个复苏阶段来恢复均衡。

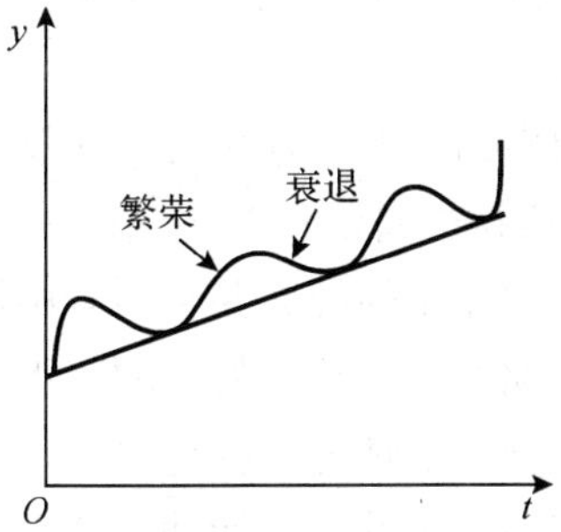

图 15－2　两阶段周期

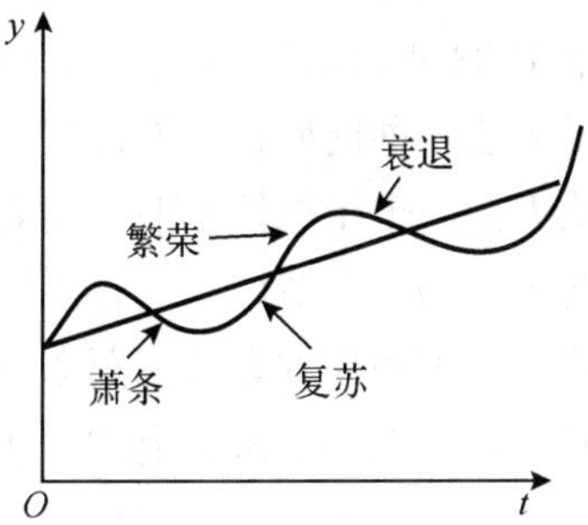

图 15－3　四阶段周期

熊彼特的四阶段周期模式把复苏阶段和衰退阶段看成是适应的过程，而繁荣阶段和萧条阶段则表现为离开均衡位置的一种运动。繁荣阶段和萧条阶段分别由创新和诸如投机、恐慌、经济政策不当之类的外生的非实质性现象引起。繁荣阶段和衰退阶段对于资本主义过程来说是本质的，而萧条阶段和复苏阶段则不是本质的。由于尖锐的社会和个人障碍发生于非本质阶段，所以政策能够消除它们。

熊彼特指出：不同的创新活动所需要的时间可能是不同的，对经济的影响范围和程度也不同。它们有的带来较短的波动，有的则导致较长的潜在高涨。因此，如果认为只存在一种周期并以为它会以非常显著的规则表现出来，那是不现实的。同时，创新的进行也不是连续平稳的，而是有时密集，有时稀疏，一次成功的创新活动会在一定时间里引起一个创新的“群集”，即引起一连串的创新活动，如汽车工业的出现。而由于创新群集的大小不同，所引起的周期也有所不同，因此，资本主义经济所实际表现出来的周期运动其实是若干个时间跨度各不相同的周期相互叠加的结果。

于是，为了有效地说明现实的周期运动，熊彼特提出把三种周期图式提出来作为一个有效的解决问题的假设。这表明他并不肯定就只有三种周期，也没有排除存在其他周期的可能性，事实上他也提到了其他周期。三种周期的图式实际上只是他为了分析现实的周期现象而选择的一种理论假设。他认为这种假设有助于人们分析复杂的周期现象。作为一种假设，三种周期图式比四阶段模式更接近现实，因为四阶段模式虽然刻画了每个现实周期所经历的路径，但并不能说明在现实生活中各个周期何以在时间跨度、波动幅度等方面会存在巨大差别。而三种周期图式则能够较好地回答这一问题，起码是朝着回答这一问题的方向迈出了有意义的一步。

在熊彼特所提到的三种周期中，第一种周期是长达五十多年的经济长周期，或称长波。因它由苏联经济学家康德拉季耶夫于 1926 年首先提出，又被称为“康德拉季耶夫周期”。熊彼特沿袭康德拉季耶夫的观点，认为资本主义的第一个长波大约是从 18 世纪 70 年代到 19 世纪 40 年代，即第一次工业革命时期。第二个长波大约是从 1842 年到 1897 年，即蒸汽机和钢铁时代，或者可以被称为世界铁路化时代。第三个长波大约是从 1897 年到 20 世纪 20 年代末，被称作电气、化学和汽车时代。

第二种周期是平均 9 年到 10 年的中周期，又被称为中波。因它由法国经济学家朱格拉于 1860 年首先提出，所以又被称为“朱格拉周期”。

第三种周期是平均 40 个月（3 年到 4 年）的短周期，或称短波。因它由美国经济学家基钦于 1923 年首次提出，所以又被称为“基钦周期”。

除了上述三种周期外，熊彼特还提到其他形式的周期，如库兹涅茨周期及存货周期等。他认为：一个康德拉季耶夫周期大约包括 6 个朱格拉中周期和 18 个基钦短周期；一个中周期包含约 3 个短周期。长周期是对中周期起制约作用的因素并影响着中周期借以发生的背景。中周期的繁荣和萧条的程度，受到长周期的特定阶段的影响。中周期与短周期之间也有类似的关系。上述三种周期并存且相互交织的情况，在他看来，正好证明了他的创新理论的正确性。三种周期中的任何一种都与一定的创新活动相联系。尤其是长周期，与重大创新群集有相当密切的关系。至于中周期，他根据另一位经济学家罗伯逊的研究成果，认为把它们与一些特殊工业和特殊创新相联系也是可能的。只是对于短周期，虽然从理论上讲也是创新活动的结果，但要把某个特定的短周期与某项特定的创新活动联系起来似乎不太容易。

在用创新活动说明资本主义经济周期的同时，熊彼特对各种倾向于用货币因素、信贷的扩张及收缩来说明周期的理论表达了不同的意见。第一，他把银行和货币管理看作导致经济变化的外部因素，并认为单纯用外部因素来解释周期是不够的。第二，他认为单纯用投资和信贷的变动来解释周期将导致错误的政策主张。如果假设投资本身有自己的机制，不仅不能抓住事物的本质，而且会不可避免地做出如下极端的推理，即由于投资的增长和信贷扩张与繁荣阶段的联系，所以可以通过扩大信贷来制造繁荣。第三，他并不否认投资和信贷这些与货币密切相关的因素在周期中起着一定的作用，但倾向于把它们与他所谓的“从属波”联系在一起。他希望最终能够建立起一种以创新活动为中心、兼顾货币因素影响的说明资本主义周期的理论模式。他认为周期理论的目标是确立创新图式的有效性和说明创新是如何与货币的补充作用一起导致在资本主义社会经济生活内部产生一种特殊形式的波，而且这种波是与人类活动其他领域的类似现象并行发生的。

综上所述，熊彼特经济周期理论的最大特色是强调创新活动所起的作用。这样，经济周期就不像他以前以及他同时代的另外一些经济学家所认为的那样，是资本主义罪恶的表现，或是自发势力造成的不必要的痉挛，而是经济进步在资本主义条件下的必然表现形式。同时值得指出的是，他并没有否认其他所谓的外部因素，包括货币政策等人为因素对周期的影响（虽然他对创新活动的大肆渲染往往给人以这种印象）。实际上他指出了造成资本主义经济周期振动的两个振源，即内生振源（创新活动）以及外生振源（各种外部因素）。其中一部分外部因素，主要是与信贷、投机等相联系的投资活动，以从属波的形式影响着经济周期。他用细腻的笔触刻画了一幅内生振源作用机制的工笔画，同时对外生振源的作用机制也留下了一幅简笔画和不少伏笔。他并没有对周期现象提出任何政策建议，但从他的分析中，我们可以冒昧地推断出：他可能承认人为的政策干预有助于缓解或消除来自外生源的影响，但除非禁止创新活动，来自内生源的振动将不能被任何人为政策加以消除。第二次世界大战以来的宏观经济政策熨平而非消除西方经济波动的史实，是否能够成为上述推论的证据，有待进一步分析。

三、创新与经济发展

熊彼特强调资本主义是一个发展和演化过程。他把资本主义的经济发展过程看作一个创造性毁灭过程，而过程的基本动力源便是创新活动。甚至可以说，在熊彼特看来，“资本主义”这一概念的内涵就包括经济发展。研究经济发展，就是研究资本主义。

为了充分论证创新活动在经济发展中的作用，熊彼特分析了创新活动发生的原因，以及创新活动促进经济发展的具体机制。为此，他首先假定在经济生活中存在一种所谓“循环流转”的“均衡”状态，其中不存在具有创新精神的企业家，从而也没有创新的发展，企业收支相抵，经理们只获得管理工资，没有利润，也无利息，整个经济在同一产出水平上不断循环，显然在这样一种状态中是无发展可言的。

为了说明发展，熊彼特在市场机制的纯粹理论中增加了有关企业家的创新活动的假设。他认为企业家是和通常意义上按照常规进行活动的企业经理不同的人，他把企业家定义为专门从事创新活动、对生产要素进行新的组合的人。在熊彼特看来，创新活动之所以发生，是因为富有创新精神的企业家看到，通过创新活动打破循环流转的均衡状态，能够给他带来额外的盈利机会，即追求利润的动机是导致创新活动的重要原因。在强调利润动机的同时，熊彼特并不忽略其他文化、心理上的因素对创新活动的刺激作用。他认为追求事业成功，争取出类拔萃的那种非物质的精神力量在推动企业家的创新活动中的作用是不可忽视的。他把这种精神称为企业家精神。这种从多方面追寻企业家创新动机的思想，反映了熊彼特思想中历史学派的影响。

熊彼特认为：利润是企业家因为进行成功的创新活动而获得的功能性报酬。它在循环流转的均衡状态中是不存在的。而创新所导致的生产要素的新的更合理的组合，就构成了利润的源泉。因此，他反对把利润看作承担风险的报酬，强调承担风险是资本所有者的职能，而非企业家的职能。至于利息，他认为其来源是利润，就如同对利润的一种“课税”。因此在循环流转的均衡状态中，它也由于利润的不存在而消失。至于资本，他认为那是企业家用来进行创新活动的一种杠杆和控制手段，为创新活动提供必要的条件。总之，在熊彼特这里，利润、利息和资本这些概念都具有了新的意义，它们不再如在以往的经济理论中那样是经济理论的中心概念，而是成为他的创新概念的一些辅助概念，一些仅仅与创新的动机和条件有关的概念。

创新活动引起经济增长的具体机制，可以用熊彼特的“创造性毁灭过程”这一概念来概述。带来额外利润的创新活动，将导致为分享这种利润而开始的“模仿”并进一步引起那些采用旧方式的企业为保卫自己的生存而进行的“适应”。这是一个激烈的竞争过程。这种因创新而引起的竞争，所打击的不是现存企业的利润和产量，而是这些企业的基础，将危及它们的生命。这种竞争和其他竞争在效率上的差别，犹如炮击和徒手攻门间的差别，因此，按其通常意义来考虑竞争能否更敏捷地发挥作用，就变得比较不重要了；长时期通过扩大产量降低价格的强有力的杠杆，无论如何总是用通常竞争以外的其他材料制成的。在这个竞争过程中，许多新资本加入进来，同时那些适应能力太差的企业被淘汰和毁灭了。创新风暴通过创造生产要素的新组合，推进了经济增长，同时也造成了对旧资本和守旧企业的毁坏。这就是创造性毁灭过程的含义。

熊彼特认为：经济的发展和经济的波动是密切联系的，经济增长是通过经济周期来实现的，可以说周期性的波动正好体现了经济增长中的创造性毁灭过程。他提出：创新和创新成果的吸收组成了经济周期。创新和模仿造成了经济的繁荣，但由于创新活动的不连续性，繁荣终将结束。随之而来的衰退和萧条将造成那些适应性差的企业的毁灭（伴随着旧资本的毁坏）。这样，一个周期就构成一次创造性毁灭过程。

熊彼特从资本主义是一个由创新活动引起的变化过程这一认识出发，对自由竞争状态和垄断状态做出了与前人迥然不同的评价。

熊彼特首先提出：完全竞争的假设是一个不现实的假设。到此为止，他并没有提供多少新观点。他进一步提出：只有在生产方法既定，产品既定，产业结构既定，除了新增的人力和新增的储蓄联合起来以便设立现存类型的新商行外什么也不发生变化的条件下，也就是在静态条件下，完全竞争作为一种最有效的资源配置机制，才有其理论上和实践上的合理性。但资本主义本质上是一个创造性毁灭过程，在这种变化的过程中，完全竞争不利于刺激创新活动，因为任何由创新所引起的新事业都将立即被过多的企业所模仿，新行业立即会有过多的企业涌入，以致创新者得不到应有的利益，从而挫伤其创新动力。同时，在完全竞争时，各企业的内部效益要小于垄断企业。此外，完全竞争的行业比垄断行业更易受到萧条的打击。因此，完全竞争状态并不是创造性毁灭过程所依存的理想环境。他承认：从某个时点看，完全竞争可能比其他市场组织形式更有效率，但从一个长时期看，它在效率上不如垄断，因为它不利于创新活动的开展。

熊彼特提出：以往的经济理论断言垄断不如竞争有效率，是以既定的需求状态和成本状态在竞争条件和垄断条件下是一样的这一不现实的假定为前提的。可是对于现代大实业来说极为重要的一点是，由于它出产数量巨大，它的需求状态和成本状态不可避免地比完全竞争制度下同一产业部门的需求状态和成本状态远为有利。他提出：人们之所以对垄断如此深恶痛绝，是因为由历史所形成的一种习惯，即他们实际上把自己不喜欢的商业上的任何东西都归于垄断这种恶势力。为了澄清概念，他定义垄断者只是面对着一定需求表的独家卖主，而需求的高低既绝对地不受垄断者自己行动的影响，也不受其他企业对垄断者行动的反行动的影响。而按此定义，纯粹的长期垄断的事例比完全竞争的事例还要少见，除非是受到政府保护。

熊彼特一方面否认个别企业可以不依靠政府而长期保持垄断地位以致影响社会的总产量，另一方面也承认个别企业会在短期内处于垄断地位。而这种短期的垄断地位，在他看来，不仅不是社会的祸害，相反，是创新活动和经济发展不可或缺的前提条件。他指出：依据统计资料，现代生产的发展，群众性消费的出现，是与人们通常所说的垄断——大规模生产、大企业——的出现并行的，因此，断言垄断不利于生产发展和社会进步是没有根据的。他认为：各种垄断行为，诸如专利权、长期合同、产量限制、刚性价格等，在静态经济条件下确实造成完全竞争时不会出现的对消费者利益的损害，但在创造性毁灭过程中，它们都是经济进步的推进剂。这些行为实际上都是针对不确定的未来而设立的一种保险机制，若没有这种保险机制，创新活动将大受阻碍。他特别分析了人们经常指责的刚性价格和技术垄断，指出从创造性毁灭过程来看，刚性价格并不像人们通常想象的那么坏，因为：（1）新产品的出现、质量的提高，是无法从衡量价格刚性的指标上反映出来的；（2）刚性价格通常是短期的，因为旧产品终究要为新产品所取代；（3）刚性价格措施，是大企业为了避免季节性的、不规则的、周期性的价格波动给自己造成伤害而采用的保护性措施。人们之所以痛恨刚性价格，是因为人们认为它在萧条时期加剧了萧条，但这种指责要以萧条时期需求的价格弹性大于1为前提，因为只有这一前提成立，萧条时期的刚性价格才会压抑总产量，但这一前提是不存在的。存在的是相反的情况：需求的价格弹性小于1，因此刚性价格可能比非刚性价格更有益于扩张总产量。因此，一概反对刚性价格是不对的。至于技术垄断，熊彼特认为：人们对大企业阻碍技术进步的指责忽略了一个事实，那就是大企业有能力、通常也极愿意建立研究机构，研究新技术，开发新产品。大企业暂时不用新技术的现象是存在的，但这是出于其他方面的合理考虑：一方面主要是对成本、对保持旧有资产价值的考虑。而只要新技术导致的全部未来成本低于原有技术的相应成本，大企业是不会拒绝新技术的。另一方面的考虑是，如果某个方面的技术进步不是一次性的，在可以预见的未来是接连发生的，那么大企业就没有理由不顾原有资本的相继损失，在技术进步的每一个环节上都采用很快又变旧的新技术，大企业的通常做法是暂时不采用尚在完善过程中的新技术，而是采用最后相对定型的新技术。所以，人们对大企业垄断专利、阻碍技术进步的指责也是站不住脚的。

熊彼特还进一步指出：新产品的独家生产者是不能称作垄断者的，因为他们面临着旧产品生产者的竞争，没有自己既定的需求表，需要创立自己的需求表。他们的垄断性质是创新行为成功所必不可少的，为创新者争取到了发展所需的时间和市场空间。这些人所获得的超额利润，实际上是资本主义颁发给革新者的奖金。熊彼特进一步肯定地指出：如果没有各种垄断行为给大企业带来的垄断利润，创新行为将不会出现，大规模生产也无法形成。也就是说，垄断利润不再如以往人们所说的那样是一种剩余性质的报酬，而是一种刺激创新的功能性报酬。

熊彼特对垄断行为的肯定，并不是毫无保留的。实际上，他所赞成的主要是那些与大规模生产并行出现的垄断。对于缩小规模的垄断，例如不完全竞争条件下的垄断现象，他是持否定态度的。但他认为：不完全竞争只是一种短期现象，不是资本主义的本质的稳定现象，创造性毁灭过程会通过创新活动来扫除这种现象。而对于寡头，他却认为：虽然从短期来看，寡头的限产和维持刚性价格等做法是有损于消费者利益的，但从创造性毁灭过程的背景来看，却可以得出相反的结论。他以第一次世界大战之后在美国汽车工业和人造丝工业中出现的寡头现象来证明这一点，指出这两个行业如果不是出现寡头而是存在完全竞争，给消费者带来的利益就不如出现寡头时多。对处于不完全竞争地位的规模缩小的厂商的反感和对于寡头的偏爱，反映了他对于垄断的选择倾向。

熊彼特认为：垄断与创新的关系实际上是双重的。一方面，创造性毁灭过程将使任何厂商都无法保持垄断地位，除非借助政府的帮助；相反，它使厂商之间的竞争突破传统教科书所说的价格竞争的范围，出现质量竞争和销售竞争，企业面临的是创新造成的更高层次的竞争，也就是占有成本上或质量上的决定性有利地位的竞争。这些非价格竞争能够比价格竞争更有力地推动经济发展。也就是说，创造性毁灭过程从长期来看能够深化竞争，排除垄断。另一方面，短期的垄断地位、垄断行为虽然从短期来看是不利于生产发展的，但却是创新活动，从而是经济长期发展的必要条件。没有这种短期的垄断地位和垄断行为，创新活动将难以出现。也就是说，创造性毁灭过程是以创新者的短期垄断地位为基础的，而这个过程又使任何人都无法让自己的垄断地位长期保持下去。

熊彼特以下述意见总结了他对垄断的看法。与大规模生产相联系的垄断行为，已成为经济进步的最有力的发动机，尤其是已成为总产量长期扩张的最有力的发动机，总产量的长期扩张不仅没有无视这种在个别事例中或个别时点看来富有限制性的战略，而且在很大程度上正是通过这种战略实现的。就这一点来说，完全竞争不仅是不可能的，而且是低劣的，它没有权利被树立为理想效率的模范。因此，把政府管理产业的学说置于下列原则的基础上是错误的：应该让大企业像各个完全竞争的企业一样在完全竞争制度下开展业务。

如果把熊彼特的经济发展理论与亚当·斯密的经济发展理论做一番比较，就更容易看出其特征。斯密认为：生产性劳动人口和资本的增加是经济发展的基本要素，资源的有效配置是经济发展的主要方式，因此，促进有效配置的自由竞争和反对垄断，是他所力主的经济政策。而熊彼特认为：单纯的人口和资本的增加，并不能打破循环流转的静滞状态，不能带来发展。只有创新活动才是经济发展的基本要素，而资源的重新组合，则是经济发展的主要方式，因此，有助于创新活动的垄断，而不是自由竞争，才是能最有效地促进经济发展的理想状态。我们可用表 15－1 来表示熊彼特与斯密的发展理论的区别。

表 15-1　熊彼特与斯密的发展理论的区别

	发展的基本要素	发展的主要方式	发展所需要的经济环境
熊彼特	创新	资源的重新组合	短期垄断
斯密	生产性劳动人口、资本	资源的有效配置	自由竞争

我们也可以把熊彼特的经济发展理论与第二次世界大战以后哈罗德-多马模型所表述的经济增长理论做一比较。在分析增长问题时，哈罗德-多马模型偏重从宏观和总量方面去考虑；而熊彼特则偏重从微观和企业行为方面去考虑。在经济增长与经济波动的关系上，哈罗德-多马模型虽然承认波动难以避免，但认为波动并不是必定与增长过程相伴随的现象，通过合理选择的宏观经济政策，有可能使经济在免除波动的情况下获得增长；而熊彼特则把经济波动看作经济增长的实现形式。

强调创新活动，强调经济发展与经济波动之间的密切关系，强调经济发展与垄断之间的密切关系，这三点可以说构成了熊彼特经济发展理论的主要特征。

思考题

一、述评米塞斯的经济自由主义。
二、述评哈耶克的经济波动理论。
三、述评熊彼特的创新理论。

第十六章
凯恩斯：当代宏观经济学的奠基人

第一节　凯恩斯的生平及论著

约翰·梅纳德·凯恩斯
(1883—1946)

约翰·梅纳德·凯恩斯（1883—1946）生于英国剑桥。他于1936年出版《就业、利息和货币通论》，建立了现代宏观经济学的理论体系，从而实现了西方经济学演进中的第三次革命。

凯恩斯的父亲约翰·内维尔·凯恩斯（1852—1949）是剑桥大学彭布罗克学院的院士，在剑桥大学任教达27年之久，曾写过两本在当时颇有名气的著作：《形式逻辑》（1884）和《政治经济学的范围与方法》(1891)。他的母亲是剑桥大学女子学院的毕业生，热心社会事务，曾担任过市参议员和剑桥市市长。可以说，凯恩斯从小就生活在一种兼有学术和政务活动氛围的家庭环境中。受他母亲的影响，他熟知当时的社会问题。他的父亲又时常和当时剑桥大学的一些经济学家如马歇尔等讨论学术上的各种问题。这些因素对凯恩斯后来活动的特点——密切联系现实问题展开学术研究——不能说没有影响。

在凯恩斯的早期教育中，伊顿公学的影响是不容忽视的。在那里他受到传统的也是最好的英国教育，表现出多方面的兴趣，尤其擅长数学和古典文学。从伊顿公学毕业后，他以这两方面的奖学金进入剑桥大学专攻数学。在大学里他开始认识到自己在数学方面并不是一流的，而对于现实政治问题却有日益浓厚的兴趣，经常参加学生会举办的辩论会，围绕当时政府的各项政策展开辩论并一度担任学生会主席。大学生活使他看到自己今后的出路是到政府部门去做文官而非做一个纯数学家，并使他形成了研究问题、解决问题的固有思路，那就是从政府的角度出发去解决当前的实际问题。

1905年，凯恩斯以全校数学学位考试第12名的优异成绩毕业。毕业后，他继续留在剑桥跟随马歇尔和庇古攻读经济学，以应付英国文官考试。马歇尔曾在凯恩斯的一份试卷上留下如下批语：“深信你今后的发展前途，绝不会仅止于一个经济学家。”

1906年凯恩斯参加了文官考试，高中第二名，被分派到印度事务部工作。在那里他工作了2年，为日后撰写他的第一部专著《印度通货和金融》(1913）做了一些准备工作。1908年，他辞去印度事务部的工作，回剑桥大学任经济学讲师，直至1915年。在此期间，他讲授经济学原理和货币理论并以一篇关于概率的论文取得了剑桥大学国王学院院士资格。1911年（时年28岁）他担任了《经济学杂志》主编并于1913年受聘为皇家经济学会秘书。

第一次世界大战爆发后不久，凯恩斯被征召入英国财政部工作。由于他的精明干练，到1918年时，他的职位是执行秘书长，在财政部坐第四把交椅。由于他在财政部的地位和他关于国际金融的专门知识，于1919年以英国财政部首席代表身份参加巴黎和会。由于不能同意也无法改变《巴黎和约》关于战败国德国的赔款规定，他愤然辞去和会代表的职务，返回剑桥大学任教并于1919年12月出版了《和约的经济后果》一书。该书引起欧美各界的争论，使他一时成为欧洲经济复兴问题的重要人物。

1919年以后，凯恩斯进入了他著书立说的丰产时代。1922年，出版《条约的修正》，作为《和约的经济后果》的续篇；1923年，出版了一本理论性著作《货币改革论》；1925年，出版《丘吉尔先生政策的经济后果》；1926年，出版《自由放任主义的终结》；1928年，出版《英国工业的前途》；1929年，与汉德森合撰一本小册子《劳合·乔治能做得到吗?》；1930年出版了两卷本的《货币论》；以后一直至1936年，凯恩斯出版了他最杰出的著作《就业、利息和货币通论》(以下简称《通论》)。除了著书立说外，在这段时间里，凯恩斯还担任过不少厂商的金融顾问和董事，担任皇家学院的总务长。他自己也从事金融投资方面的活动，收获甚大。1925年，他与苏联圣·彼得堡皇家芭蕾舞团的舞蹈演员露波可娃结婚。

《通论》的出版成为凯恩斯事业的巅峰，一时曾引起众多非议，但经过不到十年的时间，《通论》所表述的思想便成为西方经济学的正统观念了。

1937年，凯恩斯得了严重的心脏病，直至第二次世界大战爆发，仍在病中。1940年，他再次步入政界，担任财政部顾问并于同年出版了小册子《如何筹措战费》，为战时英国规划了新的预算政策。从1943年开始，由于英国的战时财政工作已经步入正轨，他便开始把主要精力放在战后的经济复兴问题上，参与拟订了该年发布的英国的国际清算同盟计划，即所谓的凯恩斯计划。1944年7月，凯恩斯作为英国的代表参加了著名的布雷顿森林会议。在该会议中，他居于领导地位并成为新成立的国际货币基金组织及国际复兴开发银行（世界银行）的英国理事。

1946年3月，凯恩斯出席了在美国佐治亚州召开的国际货币基金组织和世界银行的第一次会议，但因疲劳过度，心力交瘁，在返回英国后不久，即于1946年4月21日因心脏病突发而逝世于家中。

纵观凯恩斯的一生，舍弃他的政治信仰不论，可以说那是由两个声部交织而成的出色的合唱。一个声部是他作为经济学家的学术活动，另一个声部是他作为政府官员和顾问的政务活动。他既不像一些学院派经济学家那样流连忘返于象牙塔中，也不像一些政客那样醉心于仕途。可以说他是一个同时活跃于书斋和办公桌的“两栖”经济学家，围绕实际经济问题展开理论研究，根据研究的结果指导实际经济工作。他使学术活动和政务活动相得益彰、交相辉映。务实是他作为一个经济学家最重要的素质之一。行政官员的经历使他不会提出学院派经济学家时常提出的那种为政府所无法实行的政策建议。了解了这一点，便不难明白为什么《通论》会出自他而非别人之手了。

第二节　凯恩斯生活时代的英国

凯恩斯生活在从自由竞争到私人垄断的过渡时代。当历史进入 20 世纪以后，作为自由放任的私人企业制度典范的英国开始染上今天人们所说的“英国病”，第一次世界大战是英国国运的转折点。由于大战，政府开支剧增，英国（及其他交战国）被迫中止已实行多年的金本位制。在摆脱“金”锁链之后，通货迅速出现膨胀。它意味着完全依赖市场机制保护币值稳定的时代已经结束。在第一次世界大战之后，英国开始从殖民帝国、世界工厂的峰顶一步步衰退了下来。

一个国家在世界文明中的领先地位往往成为阻碍它进一步发展的历史重负。英国在维多利亚时代（1837—1901）取得的巨大成就，拖曳了它在新世纪中的前进步伐。世界工厂、大殖民帝国的特殊历史地位，通过种种机制使英国在产业结构的调整、工业组织的完善和经营管理方式的改进等方面逐渐落到后起资本主义国家的后面。这一潜移默化的过程最终削弱了英国在国际贸易中的优越地位，而第一次世界大战给英国海军和商船队造成的损失更是加剧了这一过程。

对于英国这样一个国内市场并不广阔的岛国来说，一旦在国际贸易的竞争中丧失了在产品构成和劳动生产率方面的优势，就必然会给国内经济造成不良影响。所以从 1920 年开始，英国经济就陷入了停滞状态，煤炭、棉纺织品、造船工业等重要部门因国内市场狭窄和出口不顺利而无法恢复元气。

英国经济在 20 世纪 20 年代初期的不景气由于统治者的错误决策而进一步加剧。当时的英国政府并没有意识到英国经济已经开始走下坡路，依然按照维多利亚时代行之有效的原则来制定经济政策。为了提高英国在国际金融界的信誉，并巩固伦敦作为世界金融中心的地位，英国政府于 1925 年恢复了金本位制，使英镑价值固定在黄金上，结果是提高了英镑的汇率，造成进口增加、出口减少。在这种情况下，为了维持国际收支的平衡，只能通过提高利率以减少资本净输出来平衡外贸方面的净输出的减少，但提高利率会造成国内投资需求不振，失业人数增加。

庞大的失业大军造成了一系列社会问题，如何降低失业率便成为英国朝野共同关心的问题。由于金本位制的恢复，很难用扩张性货币政策来刺激就业，因此，从 20 世纪 20 年代起就不断有人提倡以公共工程来减少失业，也就是靠扩张性财政政策来刺激就业。但是以新古典学派理论为基调的“财政部观点”反对用公共工程缓和失业，结果英国经济在 20 世纪 20 年代的萧条状态一直持续到大危机爆发。

20 世纪 20 年代的“英国病”，虽然不是导致凯恩斯撰写《通论》的直接社会原因，但它对《通论》的出版起到了如下作用：（1）使凯恩斯较早便开始考虑失业问题；（2）20 世纪 20 年代英国恢复金本位制的后果是使他更清楚地看到了通货紧缩与失业增加之间的关系；（3）公共工程问题的讨论使他考虑了财政政策与失业之间的关系，而卡恩提出的乘数概念，为凯恩斯日后的乘数理论奠定了基础。

1929—1933年资本主义世界大危机是资本主义有史以来最严重的一次危机。与以往的历次危机相比，它有以下新特点：首先是持续时间长达5年，实际上造成了长期萧条的局面，而以往的危机，生产下降的持续时间不过几个月、十几个月，因此，如何解释长期萧条的形成，便成为经济学面临的一大课题。其次，这次危机所造成的生产下降和失业增加，都是以往的危机所难以相比的。1932年，整个资本主义世界的工业生产比1920年下降了1/3以上，其中美国下降了将近一半（46%）。在5年的时间里，整个资本主义世界的总失业人数由1 000万增加到3 000万，加上半失业人数，共达4 000万～5 000万。其中美国失业人数由150万增加到1 300多万，失业率接近25%。这次危机使整个资本主义世界的工业生产倒退到1908—1910年的水平，其中美国倒退到1905—1906年，英国甚至倒退到1897年。而在以往的经济危机中，生产水平通常只倒退一两年。最后，这场危机不仅是一场生产危机，同时也是一场金融危机。它的开端便是纽约股票市场于1929年10月行情暴跌，嗣后不少国家的股票交易所宣告破产。美国的股票价格平均下跌了79%。整个资本主义世界有许多银行由于猛烈而持续地爆发挤提存款、抢购黄金的风潮而破产倒闭。整个银行信用系统基本瘫痪，金本位制再度垮台。更为严重的是，在以往的危机中时常采用的旨在摆脱危机的金融货币政策完全失灵。例如，英国政府由于危机使贸易逆差增大，国外投资收入和海运收入锐减，国际收支赤字猛增，被迫于1931年9月再度放弃金本位制并实行英镑贬值，但这并没能阻止英国的危机在1932年第三季度达到最严重的地步，失业人数高达300万，失业率高达23%。这一现象不能不使人怀疑单凭货币政策是否能克服危机。

大危机表明，单凭私人企业在自由放任的市场条件下的利润冲动，无法使失业减少到不威胁私人企业制度的程度，单凭货币政策同样无济于事。

1929—1933年世界性的大危机，与以往危机的最大区别在于它实际上宣告了一个时代的终结，即完全自由放任的私人企业-市场交易制度的历史使命在世界范围内的终结，但这并不意味着西方社会将不可避免地经历一场无产阶级革命从而转变为公有制社会。历史从来不会沿着单一的必然性道路发展，而是经常面临着若干具有不同概率的走向。当时的西方经济制度实际上处于一个十字路口：或者彻底消灭私人企业-市场交易制度，代之以由统一计划管理全部经济的公有制经济，走苏联之路；或者在经济系统的宏观调节层次上抛弃自由放任原则，实行政府干预，同时保留私人企业制度。这样一个西方社会历史发展中的十字路口，便是以《通论》为标志的凯恩斯经济学得以产生的基本历史背景。只有把握了这一时代的脉搏，才可能深刻理解《通论》的意义及它得到迅速广泛传播的原因。

第三节 凯恩斯《通论》的基本内容

经过10年左右的思想演化，凯恩斯于1936年出版了《就业、利息和货币通论》这一在西方经济思想史上划时代的著作，下面介绍这一著作的基本内容。

一、充分就业概念的含义

在 20 世纪 30 年代大萧条所导致的大量失业的背景下，凯恩斯认为充分就业是值得追求、应当追求的经济目标。在他看来，充分就业这个概念可以从两个不同的角度下两个等价的定义：(1) 当社会的有效需求进一步增加不再导致追加的就业量时的就业水平；(2) 各生产要素的边际产出等于这些生产要素为维持一定产量所要求的最低真实报酬（等于边际负效用）时的就业水平。在图 16-1 中充分就业水平就是劳动的需求曲线 D_n 与供给曲线 S_n 的交点所对应的就业水平 N_f。

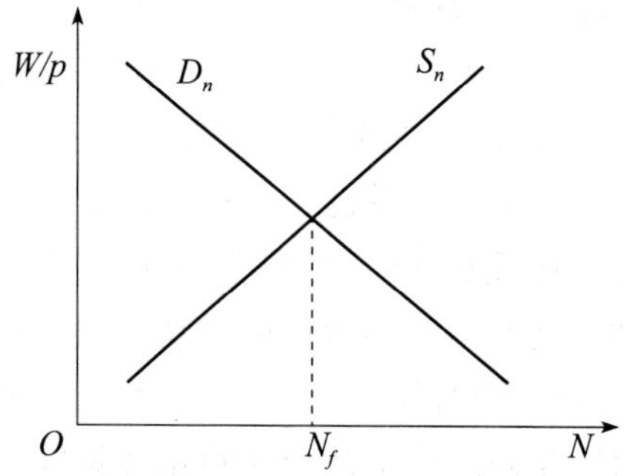

图 16-1 充分就业

凯恩斯认为：充分就业并不意味着所有有劳动能力的人都有工作，充分就业状态并不排除自愿性失业和摩擦性失业。所谓自愿性失业是指劳动者不愿接受现行的真实工资率而造成的失业，是由劳动者自己造成的。所谓摩擦性失业是指因季节性生产、机器故障、原料不足、工作转换等生产过程中局部的、暂时的失调所造成的失业。

大萧条的现实使凯恩斯认识到，在现实的资本主义社会中，除了自愿性失业和摩擦性失业外，还经常存在着第三种失业：非自愿性失业。它是指失业者愿意接受等于或低于现行真实工资率的工资，但仍然找不到工作。非自愿性失业的存在表现为当消费品价格相对于货币工资率上升（即真实工资率下降）时，劳动的总供给和总需求都将上升。而在不存在非自愿性失业时，真实工资率的下降是不会引起劳动供给的增加的。

凯恩斯认为：当社会存在非自愿性失业时，就不存在充分就业，因为存在非自愿性失业就意味着劳动的边际真实报酬（等于边际生产力）高于边际负效用。非自愿性失业的存在意味着就业水平不是像传统理论所认为的那样是由劳动市场的供求力量决定的，这就需要建立新的理论来说明就业水平的决定机制。

二、有效需求概念的含义

有效需求概念是凯恩斯的就业和收入决定理论的逻辑起点。这一概念要借助总供给函数和总需求函数两个概念来加以说明。

凯恩斯认为：在社会全体雇主的心目中，一特定的就业量总应有一最低的预期收益（包括正常成本和正常利润）。若实际收益低于此，则雇主将使实际就业量低于该特定就业量。这一最低预期收益可被称为特定就业量所产出的总供给价格。不同的就业量具有不同的总供给价格，两者之间的对应关系就构成了总供给函数，形如图 16－2 中的 $Q^S=S(N)$。其特征是随着就业 N 的增加，总供给价格也不断上升。

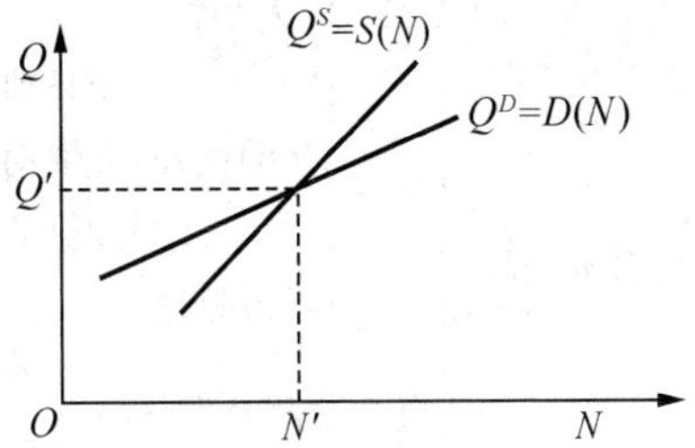

图 16－2　有效需求

凯恩斯认为：在社会全体雇主的心目中，一特定的就业量还会有一个最高的预期收益，这一预期收益等于该特定就业量所可能生产的最大产出的价格总和，我们可称之为总需求价格。不同的就业量具有不同的总需求价格，两者之间的对应关系就构成了总需求函数，形如图 16－2 中的 $Q^D=D(N)$。其特征也是随着就业 N 的增加，总需求价格不断上升。他认为：一特定的就业量的总需求价格的高低，取决于该就业量之下的消费需求和投资需求。

凯恩斯认为：有效需求就是总需求价格与总供给价格相等时的社会总需求，在图 16－2 中，就是总需求曲线与总供给曲线相交时所决定的总需求 Q'。由此可知，有效需求首先是指有支付能力的需求，但不仅如此，它还必须是能保证全体雇主获得最大利润的有支付能力的需求。在图 16－2 中，两条曲线相交之前的总需求曲线上的各点都可算作有支付能力的需求，但只有在交点上的总需求 Q'，才能为雇主提供最大利润。

凯恩斯认为：社会的实际就业量是由有效需求决定的。在图 16－2 中，就是 N'，比 N'更高的就业量，将导致比总需求价格更高的总供给价格，因此是不会为雇主所采纳的。而低于 N'的就业量，虽然使总需求价格高于总供给价格，但增加就业还会使雇主增加利润，所以雇主不会满足于比 N'低的就业量。

凯恩斯认为：有效需求不仅决定了就业水平，还决定了收入水平。因为有效需求从雇主的角度来看，就等于当就业量为 N'时，他们所可取得的总收益（包括利润和各种要素的收入即雇主的要素成本）。

因此，要说明在资本主义社会中收入和就业水平的决定，在凯恩斯看来，就要研究决定有效需求大小的诸因素。

三、有效需求的决定——收入和就业理论概要

凯恩斯的收入和就业理论是在下述一系列因素既定的条件下探讨收入和就业的决定因素的。这些既定因素包括以下一系列在短期中不会发生变动的因素：现有劳动力的数

量和技能，现有资本设备的数量和质量，现有生产技术、竞争程度、消费者偏好、各种劳动的边际负效用，以及社会结构，等等。由此可知，他采用的是短期分析，主要分析在短期中收入和就业的决定。图 16－3 直观地呈现了凯恩斯的论点。

- 收入（Y）和就业（N）
  - 总消费（C）
    - 消费倾向
      - 平均消费倾向（C/Y）
      - 边际消费倾向（dC/dY）
    - 收入的大小
  - 总投资（I）
    - 利率
      - 流动偏好
        - 交易动机
        - 谨慎动机
        - 投机动机
      - 货币数量
    - 资本边际效率（r）
      - 资本设备的预期收益
      - 资本设备的供给价格或重置成本

图 16－3　收入和就业与有效需求的决定

由于上述因素被假定为不变的，所以总供给函数也就是既定的了。如果把总供给函数绘成曲线，曲线的位置和斜率就是既定的。总供给函数作为一个既定的因素参与收入和就业水平的决定。

在总供给函数既定之后，收入和就业水平的高低便取决于总需求函数。总需求越高，则收入和就业水平也越高。由图 16－2 可知，在总供给函数 $Q^S=S(N)$ 一定时，总需求函数 $Q^D=D(N)$ 位置越高，则两条曲线的交点位置也越高，所对应的有效需求 Q' 和均衡的就业量 N' 就越大。

而总需求由两部分构成：总消费和总投资。因此研究总需求大小的决定因素，便是研究决定总消费和总投资的因素。

总消费的大小取决于消费倾向和收入的大小。消费倾向分为平均消费倾向（即消费与收入之比，C/Y）和边际消费倾向（即消费增量与收入增量之比，dC/dY）。在消费倾向一定时，总消费随收入的增减而增减。在收入水平一定时，总消费随消费倾向的高低而高低。

总投资的大小取决于两个因素：资本边际效率和利率。资本边际效率可用下列公式来定义：

$$K=R_1/(1+r)+R_2/(1+r)^2+R_3/(1+r)^3+\cdots+R_n/(1+r)^n$$

式中，K 为资本设备的重置成本或供给价格；R_i 为该资本设备在第 i 年所带来的预期收益；r 为资本边际效率。当资本边际效率大于利率时，投资便是有利可图的。由上式可知，资本边际效率与资本重置成本反向变动，与预期收益同向变动。总投资在利率一定时，随资本边际效率的提高而提高，而在资本边际效率一定时，随利率的降低而提高。

利率的高低则取决于流动偏好（即人们对货币的需求）和由中央银行决定的货币数量。当流动偏好一定时，利率与货币数量反向变动。当货币数量一定时，利率与流动偏好同向变动。

流动偏好则取决于人们需求货币的三种动机：交易动机（即由于货币收入与支出在

时间上的不一致所引起的，人们为了进行日常交易而保留货币）、谨慎动机（即人们为了应付各种意外事件而保留货币）和投机动机（即人们为了不失去有利的投资机会而保留货币）。

根据上述分析，凯恩斯认为决定收入和就业水平的自变量主要有三个基本心理倾向，即消费倾向、预期的资本边际效率和流动偏好，以及由中央银行所决定的货币数量。他认为：由这些自变量所决定的收入和就业水平往往低于充分就业时的水平，整个宏观经济处于非充分就业的均衡状态，出现大量的持续的非自愿性失业。为了说明何以如此，就要对三个基本心理倾向及货币数量的影响展开进一步的分析。

四、消费函数与边际消费倾向递减规律

凯恩斯在《通论》中相当详尽地分析了影响消费的各种因素。这些因素是：收入数量，收入与净收入之间的差额（折旧）变化，收入的分配，个人对未来收入的预期，资产价值的实际损失，利率短期变动引起的资产价值变动，长期利率对消费习惯的影响，社会成员的消费习惯，政府公债政策的变化，消费品存货的积累，个人和社团公司进行储蓄的各种动机。在对上述各种因素进行仔细分析之后，他认为总收入是决定消费的基本变量且总收入和消费两者之间存在着相当稳定的函数关系，$C=C(Y)$。建立以收入为主要自变量的消费函数，被西方经济学家看作凯恩斯的一大贡献。

凯恩斯在建立了消费函数之后，进一步对该函数的性质进行了探讨。他认为：由于基本的心理法则，随着收入的增加，整个社会的消费也将增加，但是，它是以递减的幅度增加，结果消费在收入中的比重随收入的增加而不断减少，这就是边际消费倾向递减规律。这一规律用数理形式来表述就是：

$$0<\mathrm{d}C/\mathrm{d}Y<1,\ \mathrm{d}^2C/\mathrm{d}Y^2<0$$

即消费函数的一阶导数大于 0 小于 1，二阶导数小于 0。

由于边际消费倾向递减规律的存在，储蓄在收入中的比重随收入的增加而不断增加。如果投资能够自动地与储蓄相等，那么收入和就业水平将不断趋于上升，直到实现充分就业为止。但由于资本边际效率和利率方面的原因，投资并没有自动地与各种收入和就业水平的储蓄相平衡的功能，结果收入和就业水平便只能趋向某一非充分就业的水平，在该水平上，投资与储蓄平衡。

五、资本边际效率与预期

凯恩斯认为：在决定投资需求的两因素中，资本边际效率是比利率更重要的因素。决定资本边际效率的主要有两个因素：资本设备的供给价格和资本设备的预期收益。

供给价格并不一定等于现时的市场价格，它是保证该资本品能被重新生产出来的最低价格，所以供给价格又可被称为重置成本。

资本设备的预期收益只能依靠推测。推测的一个根据是现有的事实，主要是目前各

类资本及一般资本的数量，以及还有哪些消费品工业需要增加资本设备。推测的另一个根据就是对未来所做的长期预期，主要是对未来资本的类型及数量、消费者的偏好、有效需求的强度等因素的预期。长期预期不仅是对上述各种因素的预期，而且包括对这些预期的信任程度。凯恩斯强调，对这些预期的信任程度是决定资本边际效率的重要因素之一。而这种信任程度首先取决于一个成规，即除非预料到今后将有变化，否则便假定现在的状态将无限延续。除了这个成规外，信任程度还受到各种不稳定的投机因素的影响以及投资者的心理情绪波动的影响。

凯恩斯认为：长期预期是决定收入和就业水平的重要因素。以往的预期通过转化为耐久的资本品而参与决定了今日的收入和就业水平，今日的预期又以同样的方式影响来日的收入和就业水平，特定时间的收入和就业水平实际上是由以往许多预期与该时间的预期一同决定的。

在《通论》中，凯恩斯实际上分析了资本边际效率的两种变动：一种是由资本数量的变化所引起的变动，另一种是在资本数量一定时的变动（可被称为资本边际效率表的移动）。

在图 16－4 中，第一种变动表现为当资本量由 A 增加到 B 时，资本边际效率沿曲线 r_1r_1 由 a 减至 b。第二种变动表现为当资本量给定为 A 时，资本边际效率因曲线由 r_1r_1 上移至 r_2r_2 而由 a 增至 c。第一种情况是指在一定时间内随着资本数量的增加，在短期中资本的供给价格会上升，在长期中资本的产出物的价格预期会下降，于是预期收益下降，从而资本边际效率趋于下降。这种资本边际效率随资本数量增加而减少的现象可称作资本边际效率递减规律。第二种变动则主要由长期预期（包括信任程度）的变化引起，它是导致经济波动的重要源泉，下面将进一步分析。

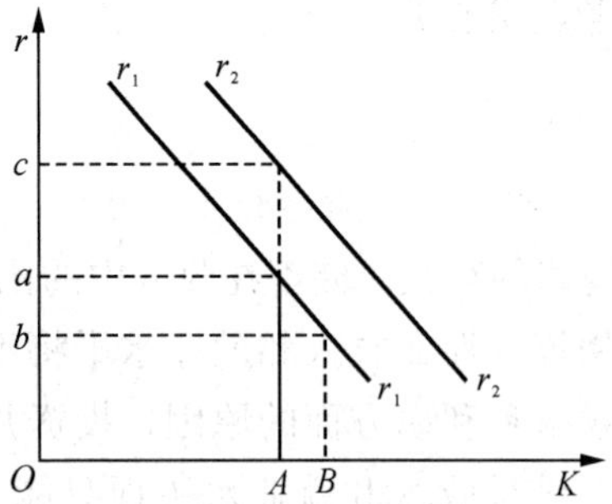

图 16－4 资本边际效率的两种变动

由于资本边际效率递减规律的存在，投资很难随储蓄的增加而一直增加下去，除非利率在资本边际效率下降的同时也同样下降。资本边际效率递减规律，是继边际消费倾向递减规律之后造成有效需求不足的第二个原因。

凯恩斯还指出，今日投资不足，将无法提高今日的收入水平；今日投资充足，将增加来日的困难。因为投资增加虽然提高了今日的收入水平，但来日的供给能力也因今日投资的增加而增加。在边际消费倾向递减规律的作用下，这意味着来日充分就业条件下储蓄的绝对量和比重都将更大，从而必须有更大的投资需求，但投资需求的增大却受到资本边际效率递减规律的限制。

六、货币利率的决定：流动偏好与货币数量

按照凯恩斯的看法，在一定时间内，当资本的边际效率表一定时，企业主将把投资扩张到资本边际效率等于利率的程度，如图 16-5 所示。

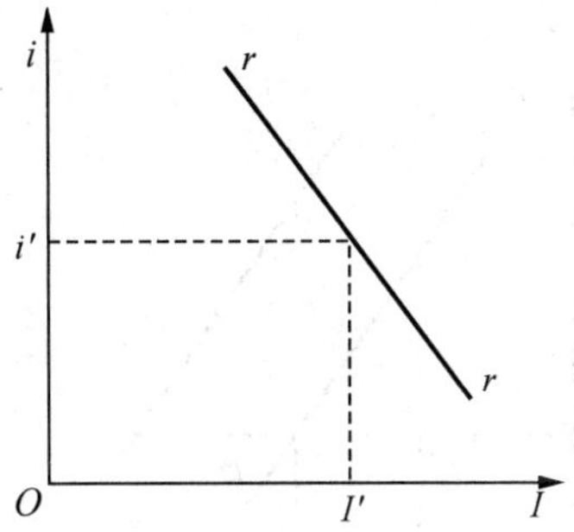

图 16-5 资本边际效率等于利率

资本边际效率表现为投资需求曲线 rr。当利率为 i'时，投资为 I'，其资本边际效率等于利率 i'。因此当利率下降时，既定的资本边际效率表将导致更大的投资需求。可见，利率是决定投资需求的又一因素。

凯恩斯认为：利息是放弃流动偏好的报酬。所谓流动偏好就是人们对具有流动性的资产形式的偏好。“流动性”是指某种资产转换为其他资产形式的难易程度，难者为流动性小，易者为流动性大。显然，货币具有最大的流动性，所以流动偏好就是以货币形式保存资产的偏好，放弃流动偏好就是以非货币形式保存资产，而这将为资产所有者带来许多不便，尤其是不能尽快地、及时地按资产所有者的意愿转换资产形式。因此，放弃流动偏好就必须有利息作为报酬。把利息看作放弃流动偏好的报酬，意味着他把利息看作一种货币现象。

凯恩斯把利率的功能看作一种使货币供求相等的“价格”，认为利率的决定取决于流动偏好（对货币的需求）和货币数量（对货币的供给）。

凯恩斯认为流动偏好取决于三种心理动机：交易动机、谨慎动机和投机动机。前两种动机所引起的货币需求与收入水平和货币流通速度有关，与利率的关系不直接。利率的变动是通过影响收入来影响由这两种动机支配的货币需求的。货币流通速度取决于银行及工商业的组织结构、社会支付习惯、收入分配格局以及持有货币的机会成本，这些因素在短期中变化不大，从而流通速度在短期中也是稳定的。因此，在短期中决定由前两种动机所引起的货币需求的主要是收入水平。收入水平越高，则交易所需货币量越大，所以货币需求也越大。

投机动机所引起的货币需求取决于实际市场利率与投机者的预期利率。市场利率的提高意味着证券价格的下降，从而持有现金的机会成本增加，因此较高的市场利率通常总是对应较低的货币需求。在图 16-6 中，当市场利率由 i_1 升至 i_2 时，货币需求（M_d）由 a 降至 b。对应不同的市场利率，有不同的货币需求，由此构成一流动偏好表，反映

在图 16－6 中就是曲线 l_1l_1 和 l_2l_2。投机者利率预期的变化将引起流动偏好曲线的移动。当预期利率上升（即证券价格下降）时，投机者们将倾向于做空头，抛出证券持有货币，以便日后市场利率上升时再做多头，低价购进证券，从一出一进中获取纯收益。如图 16－6 所示，当市场利率为 i_1 时，若人们普遍预期利率将上升，则货币需求将由 a 增至 c，由此可知，市场利率的变化使人们的货币需求沿曲线 l_1l_1 变化，而预期的改变则使人们的货币需求因曲线移动而变化。

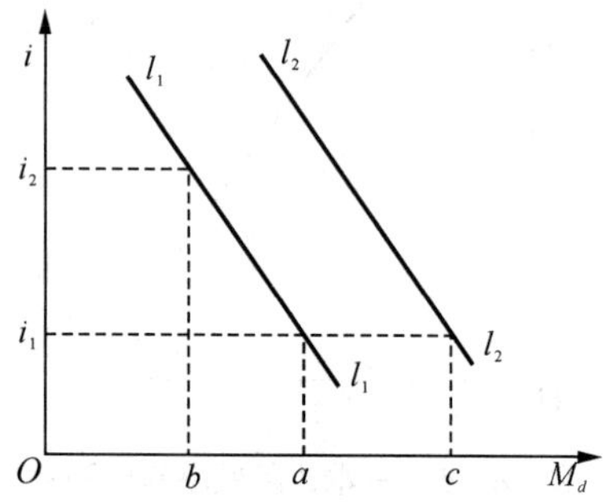

图 16－6 投机动机所引起的货币需求

凯恩斯强调指出：由投机动机所引起的货币需求，归根结底起因于人们对未来利率水平的不确定。如果没有这种不确定性，人们将普遍以不同期限的债券来代替货币以保存资产。

根据货币需求对收入和利率的上述依存关系，凯恩斯认为流动偏好是一个表明了货币需求对收入和利率的依存关系的函数，这个函数又可以称为货币需求函数：

$$M_d=M_{d1}+M_{d2}=L_1(y)+L_2(i)=y/V+L_2(i)$$

式中，L_1 为对货币的交易需求；L_2 为对货币的投机需求；V 为货币流通速度。

凯恩斯认为：在货币供给量一定时，若收入提高了，对货币的交易需求将增加。这时利率将提高，因为只有提高利率，才能使投机所需要的货币随着交易需求的增加而相应减少，使货币的需求和既定的供给依然保持平衡。由此可知，在货币供给量一定时，利率将随收入的提高而提高，这就阻碍了投资需求的增加。

由于随着收入的增加，边际消费倾向递减，资本边际效率下降，流动偏好增加，利率提高，这就使消费需求和投资需求都不可能随收入的增加而自动增加，造成有效需求不足，造成非充分就业的均衡的收入和就业水平。

那么货币供给量的增加是否会降低利率从而刺激投资并增加有效需求呢？凯恩斯认为：一般情况下增加货币供给量确有降低利率的作用，因为只有利率降低了，从而使收入增加，才能引起货币的交易需求增加，从而使货币的投机需求增加。结果货币需求的总增加量与货币供给的总增加量相等，货币供求达到新的平衡。但在某些条件下，第一种可能是，货币供给量的增加并不能起到降低利率以及增加国民收入和提高就业水平的作用，当利率低到某种超过常规的程度，以至人们普遍预期利率将上升（证券价格将下降）时，流动偏好会变得无穷大，形成所谓的流动陷阱，无论如何增加货币供给量，都无法使利率再进一步降低。第二种可能是，即使货币供给量增加使利率下降了，若资本边际效率下降得更快，则货币供给量增加依然不能增加有效需求。第三种可能是货币供给量增加通过降低利率增加了投资，但若消费倾向下降了，则总有效需求还是不能增加。根据上述这些可能发生的情况，凯恩斯认为单凭中央银行的货币政策不一定能增加有效需求并消除非自愿性失业现象。

在对利率的决定及利率对投资的影响做了上述分析之后，凯恩斯在《通论》中进一步探讨了利息与货币的特性，回答了三个问题：是否只有货币才有利率？货币与其他资产的区别何在？在非货币经济中情形如何？

凯恩斯认为：并非只有货币才有利率，任何一种耐用品，如铜、房屋以至钢铁厂，都有利率。它们的利率等于期货价格与现货价格之差除以现货价格。他进一步认为：各种耐用品都可用作衡量资本品边际效率的标准。两种不同的标准所计算的资本品的边际效率，会随作为标准的两种商品之间的相对价值变动而变动，但这种变动并不会改变不同资本品的边际效率的大小顺序。

凯恩斯认为：货币与其他资产的区别在于货币供给的价格弹性小，替代的价格弹性小，储存费用低，流动升值高，从而货币的边际效率下降得最慢。所谓供给的价格弹性小，是指若金融当局不增加货币供给，则当货币价值提高时，雇主并不能用其所雇劳动力来增加生产。所谓替代的价格弹性小，是指当货币价值提高时，人们不能用其他物品来替代它；而其他资本品若价格提高了，人们迟早会找到替代品。所谓储存费用低，是指它在储存过程中不大会有损耗，也不会像其他资本品那样需要大笔的仓储费用。所谓流动升值高，是指货币的流动性强，具有处置的便利性和潜在的安全性。由于上述特征，当各种资产数量增加时，其他许多资产本身的边际效率都不断下降，唯有货币的边际效率下降得最慢，结果当其他各种资产的边际效率下降到与货币的边际效率（利率）齐平时，各种资产的数量便不再增加，人们将主要选择货币作为资产储存，从而产量和就业就受到了货币利率的限制。

凯恩斯认为：在非货币的经济中，也依然会有某种边际效率下降最慢的物品，这种物品的利率便成为产量和就业扩大的障碍。因此，真正妨碍充分就业实现的并非货币，而是各种形式资产的边际效率的降低速度有快有慢。

七、乘数理论

凯恩斯认为：一笔投资增量会引起一笔收入的增量，收入增量与投资增量之间的比值就是投资乘数。同样，一笔投资增量也会引起就业的增量，两者之间的比值就是就业乘数。在短期中，就业乘数等于投资乘数。

凯恩斯认为：投资乘数等于边际储蓄倾向的倒数，或1减去边际消费倾向的倒数。其简单的推导如下：

$$\Delta y = \Delta c + \Delta I$$
$$1 = \Delta c / \Delta y + \Delta I / \Delta y$$
$$\Delta y / \Delta I = 1/(1 - \Delta c / \Delta y)$$

从经济机制来讲，一笔投资增量最终必定要引起一笔收入，其中的储蓄正好与投资相等，以便实现宏观均衡。这样一笔收入必定等于储蓄（与投资相等）除以边际储蓄倾向。因此，这笔收入与它所引起的储蓄之比（也就是这笔收入与投资之比）必定等于边际储蓄倾向的倒数，而边际储蓄倾向又等于1减去边际消费倾向的差，于是乘数便如上述定义。

凯恩斯认为：投资增量要起到增加收入和就业的作用，是需要一些前提条件的：一是消费品生产行业各部门资本设备既定且都有闲置，二是存在非自愿性失业。如果这两个条件都不具备，经济已经达到充分就业，则投资的进一步增加不会按乘数增加收入（实际产量），只会引起物价水平的上涨。如果仅仅第一个条件不具备，投资的结果需要消费品生产部门增加资本设备，那么初始投资对收入和就业的影响便不能完全用乘数来解释了。

凯恩斯还指出：虽然穷国比富国有更大的边际消费倾向从而有更高的乘数，但由于穷国的平均消费倾向也大大高于富国，从而投资增量大大低于富国，所以穷国利用乘数原理通过投资来增加收入的可能性并不比富国大。他还指出：在一个国家中，在经济周期的不同阶段，边际消费倾向从而乘数也会有所不同。一般在失业严重时乘数值较大，而在接近充分就业时乘数值则较小。

八、经济波动理论

凯恩斯认为：经济波动主要是由于投资率波动，而投资率的波动又主要是由于资本边际效率的变动。当繁荣趋向顶点时，对于资本品工业的逐渐加强的巨大需求压力，导致资本设备的重置成本的提高。这是造成资本边际效率趋于下降的一个原因。更为重要的原因是，在趋向繁荣的过程中，资本品逐渐丰裕，从而边际生产力趋于下降；同时过多的资本品使得维持充分就业所需要的新投资机会日益减少。在这样一种客观背景下，雇主的悲观预期油然而生，迅速蔓延，成为降低资本边际效率的主要因素。

资本边际效率一旦崩溃，人们的流动偏好随即增强，利率随之上升，于是在下降的资本边际效率和上升的利率的两面夹击下，投资锐减。同时，若资本边际效率下降得很厉害，则边际消费倾向也要受到不利影响，结果消费需求也由此而下降（而本来是需要它提高以抵消投资的下降的）。

投资需求和消费需求的下降导致了萧条。凯恩斯认为从萧条到复苏主要依存于资本边际效率的复升。所以资本边际效率复升的快慢便决定了复苏的快慢，而资本边际效率复升的快慢主要依存于：（1）耐久资本品平均寿命的长短。平均寿命越长，设备更新越慢，则复苏越不易于出现。（2）人口增加的情况。人口增加越慢，则复苏越不易于出现。（3）存货情况。过剩存货越多，则复苏越不易于出现并且大量过剩存货的存在还将使政府举债支出的扩张效果被抵消。（4）折旧率的高低。折旧率越高，越是超出正常重置的需要，则储蓄越多、消费越少，越不利于复苏的早日到来。

凯恩斯认为：尽管可能存在着种种阻碍或延迟复苏到来的因素，但随着时间的推移，过剩存货终将耗尽。设备又由于使用、折旧、损毁贬值而变得稀少起来，于是资本边际效率重又提高，投资开始增加，复苏逐渐出现并趋向繁荣。

凯恩斯强调指出：从繁荣折向萧条，并非因为资本品真正已多到社会全体无法合理运用的程度，而是因为投资者处于不确定的环境中，因而对未来的预期不能实现。

凯恩斯认为：为了避免经济循环，最好的办法是双管齐下，即一方面设法由社会来调控投资量，防止资本边际效率的突然崩溃；另一方面用各种政策（包括收入再分配政策）来提高消费倾向，同时增加投资和消费，以防止萧条的突然到来。如果在统制投资或消费倾向方面没有什么良策，那么可以采取控制利率的政策。当经济趋向繁荣时，他主张使利率高至阻碍最过火的乐观主义者，防止出现繁荣过度以及随后到来的深度萧条，即以利率为手段来缓和经济波动的幅度。但总的来说，他更主张采用财政政策而非货币政策来熨平波动。

九、物价理论

凯恩斯的物价理论不是研究相对价格如何决定，而是研究一般物价水平如何决定。他认为：以前把经济学分为价值论、分配论和货币论三大部分是错误的。正确的区分应当是关于一厂或一业的理论与社会全体的产量论及就业论。从这一思想出发，他认为：在短期中，一般物价水平的决定和一个行业的产品的价值决定一样，也是部分取决于在边际成本中各生产要素的价格（主要是工资率），部分取决于生产规模（即就业水平）。而就业水平按凯恩斯的观点是取决于有效需求的，因此有效需求的高低也就是影响一般物价水平的部分因素了。

凯恩斯对以往的货币数量论提出了异议，但并不是抛弃它，而是指出它能够成立所需要的各种条件。他认为在设备与技术都不变的短期中，货币数量是通过影响工资率和就业量这两个渠道来影响一般物价水平的。他提出，在短期中，只有具备了下述四个前提条件，货币数量论才可以有一个正确的表述。这四个条件是：（1）在边际成本中各要素的报酬同比例变动；（2）同类的失业资源效率相同，不同类的失业资源可替换；（3）各要素只要尚未充分就业，就不要求货币收益增加；（4）有效需求与货币数量同比例变化。当具备如此条件时，则货币数量的增加在非充分就业时，保持物价不变而产品供给有完全弹性；在充分就业后，产品的供给弹性为0，物价与货币同比例增加。

凯恩斯进一步指出：上述四个前提条件在现实生活中是不具备的，因此传统的货币数量论认为物价与货币数量之间存在简单的比例关系的想法过于简单。他给出了反映物价与货币数量之间关系的弹性公式：

$$e=e_d(1-e_e\cdot e_o'+e_e\cdot e_o'\cdot e_w)$$

式中，$e=\mathrm{d}P/\mathrm{d}M\cdot M/P$，即物价的货币弹性；$e_d=\mathrm{d}D/\mathrm{d}M\cdot M/D$，即需求的货币弹性；$e_e=\mathrm{d}N/\mathrm{d}D\cdot D/N$，即就业的需求弹性；$e_o'=\mathrm{d}O/\mathrm{d}N\cdot N/O$，即产量的就业弹性；$e_w=\mathrm{d}W/\mathrm{d}D\cdot D/W$，即工资的需求弹性。由该式可知，当上述四个条件具备时，若是非充分就业状态，则 e_e 和 e_o' 分别等于1，e_w 等于0，e_d 等于1，结果 $e=0$；若是充分就业状态，则 e_d 等于1，e_e 等于0，结果 $e=1$，即物价和货币数量同比例上升。若上述四

个条件均不具备，则在非充分就业状态中，e 的值不是那么简单地等于 0。

根据上述见解，凯恩斯给出了关于通货膨胀与半通货膨胀的定义，即当有效需求再增加（即货币数量再增加），已无增加产量之作用，仅使成本单位同比例上升时，就是真正的通货膨胀；当未达充分就业时，有效需求上涨会引起一系列“瓶颈”问题，在克服这些瓶颈的过程中，一方面产量增加，另一方面物价也由于成本上升而上升。产量和物价都上涨，便是半通货膨胀的特征。半通货膨胀的又一特征是当产量增加时工资率和物价都上涨，但前者的上涨幅度不及后者大，原因在于工资率的上涨往往是非连续性的，也在于边际报酬递减规律的存在。

凯恩斯认为：上述见解主要是关于短期的立论，而在长期中，物价稳定与否，必须看工资率（更精确地说是成本）的上升速度与生产效率的增长速度之间的关系。一般来说，长期中的物价总是上涨的，因为：当货币丰裕时，工资率会因此而上涨；当货币稀少时，工资率却不易下降，这时社会总会通过其他办法来增加货币量。

概括地讲，在凯恩斯看来，在短期中，物价取决于工资率和就业量的高低，货币数量变动是通过影响它们才对物价发挥作用的。在未达充分就业时，货币数量变化既作用于物价，也作用于产量；而在充分就业后，货币数量变动则完全影响物价。在长期中，物价的变动取决于工资率的增长率与生产效率的增长率之比，但总趋势是上涨的，货币是通过影响工资率的增长率来影响物价的。

十、关于国际贸易的看法

凯恩斯对重商主义的通过外贸顺差获取货币金银的主张，做出了与古典经济学不同的评价。他指出：贸易顺差意味着对外投资，因此具有扩大有效需求，从而增加就业和收入的作用，而贸易顺差所造成的货币金银的输入，又意味着国内货币增加，有助于降低利率，刺激国内投资。但如果利率下降所导致的总需求扩大引起了工资率的上升，造成物价的上涨，将对外贸差额产生不良影响。另外，若国内利率下降至低于他国利率的水准，则将刺激对外贷款，发生货币金银外流的危险。

凯恩斯认为：虽然贸易顺差对于提高国内的就业和收入水平有上述好处，但各国应当尽量通过扩大国内需求来提高收入和就业水平，不应该过分依靠贸易顺差。因为一国的顺差便是他国的逆差，用顺差来消灭失业也就意味着将失业输出，并且各国追逐出口顺差的结果势必是引起贸易限制，最终大家都未必能实现预期目的，反而都将遭受损失。

十一、工资理论

凯恩斯概括了古典学派工资理论的两大论点：（1）真实工资等于劳动的边际产品；（2）真实工资的效用正好等于劳动的边际负效用。他接受了第一个论点，但依据存在非自愿性失业的事实否定了第二个论点。他认为：并不是劳动市场供求均衡时的真实工资水平决定就业量；相反，是有效需求所决定的就业水平在决定着真实工资。它等于该就业量的劳动边际产品，高于该就业量的边际负效用（非充分就业时）。

根据就业水平决定真实工资的见解，凯恩斯认为：劳资双方关于货币工资的争执的主要作用是决定如何将既定的真实工资总额分配给各劳动团体，即决定在各劳动团体中个人的相对真实工资，而不是决定平均真实工资。

凯恩斯认为：货币工资的变动并不会直接影响到就业，它对就业的影响要视它对有效需求（消费和投资）的影响而定，而这种影响的结局是相当复杂、难以确定的。以货币工资减少为例。第一，物价会因此而下降，导致真实收入的重新分配，从工薪阶层转移到其他要素所有者，从雇主阶层转移到食利阶层。这将降低整个社会的消费倾向。第二，物价因货币工资减少而下降后，有可能增加出口，促进就业，但贸易条件会趋于恶化。第三，货币工资减少、物价下降会降低流动偏好表，从而降低利率、促进投资。第四，货币工资减少、物价下降会加重雇主的债务负担，从而降低资本边际效率。第五，货币工资减少会产生各种预期，如进一步减少的预期和不再减少的预期，从而对资本边际效率产生不确定的影响。第六，货币工资减少往往会引起工人的反抗，从而不利于确立雇主的信心。综上所述，货币工资降低对有效需求从而对就业的影响是非常不确定的。这种不确定的影响使凯恩斯强调在短期中不宜用有伸缩性的工资政策来实现充分就业的目标，而应当用有伸缩性的货币政策；或者说，应当使货币工资稳定，使物价上升，通过物价上升来降低真实工资，增加就业。

凯恩斯认为：在长期中可以有两种政策：一是令货币工资稳定，让物价随技术与设备的进步慢慢下降；二是令物价稳定，让货币工资慢慢上涨。他赞成后一种政策，因为这种政策会造成未来工资会上涨的预期，这种预期有助于实现充分就业。同时，后一种政策比前一种政策更有助于逐步减轻雇主的债务负担，有利于社会；有助于劳动力从衰退行业转向兴旺行业，有利于对劳动者造成一种心理上的鼓励。

十二、对自由放任的私人企业制度的批判

凯恩斯认为：自由放任的私人企业制度有两个最大的弊端：一是不能实现充分就业，二是财富与收入的分配太不公平。同时，后一个弊端通过降低消费倾向而加重前一个弊端。虽然正视了自由放任资本主义的弊端，但凯恩斯并不主张消灭私有制。相反，他认为私有财产制度对于保持经济的效率和个人的自由是不可或缺的。他只是认为一国必须抛弃自由放任的主张，实行国家干预：国家一方面干预收入分配，促进收入均等化，提高消费倾向；另一方面对投资进行社会控制，以保证足够的投资需求。国家干预投资的结果是：在短期中有助于实现充分就业，在长期中使整个社会的资本存量逐渐增加。在资本存量渐增的同时，政府设法使利率也相应下降。如此经过一个足够长的时间，资本的边际效率将降至零，社会将不再有人获得财产收益，食利阶层将逐渐消亡。然而，个人仍然可以自由地使用自己的体力和脑力，同时由于经济生活仍然存在着不确定性，企业家仍然有用武之地，资本主义的各种弊端将由于国家干预经济生活而逐渐消除，但资本主义的优点将持续保存。

第四节　凯恩斯《通论》的革命性质

在《通论》出版之前，西方经济学的主流是以马歇尔为代表的新古典经济学，在所研究的问题上，实际上是继承了李嘉图以来的（包括边际革命的）传统。这个传统的基本特征就是不重视甚至不讨论国民收入总量的决定问题，把充分就业的收入水平当作不言而喻的前提，考虑既定资源的配置和国民收入的分配问题。可以说新古典学派的理论主要是一种在自由放任的市场机制下稀缺资源的配置理论，是一种微观经济学。当然，新古典学派也并非完全忽视在现实生活中时常出现的非自愿性失业现象。例如，马歇尔的嫡传、剑桥大学的庇古教授，就已经在1914年出版的《论失业问题》中谈到了非自愿性失业的存在，但他把它看作市场机制受到破坏、货币工资缺乏向下弹性的结果。

新古典学派的资源配置理论，一方面，以充分就业状态为分析前提，因为若就业是不充分的，就无所谓资源的稀缺性，配置问题也就不再存在，不再有分析和研究之必要。另一方面，充分就业状态下的收入水平、充分就业状态下的宏观经济均衡（总供给等于总需求）又是资源配置理论所蕴含的结论。因为按这一理论，劳动市场的供求力量自发作用的结果是实现充分就业、带来充分就业的产量水平（或供给水平）；而按照供给决定需求的萨伊定律，充分就业的产量水平会自动形成相应的需求。同时，按照新古典学派的资源配置理论，资本市场中的利率会自动调节，使充分就业时的投资等于储蓄，实现充分就业的均衡。

在研究方法上，新古典经济学把经济现象区分为实物的和货币的两个方面，把货币仅仅看作价值尺度和交易媒介，忽视其价值贮藏职能，因此货币的存在并不妨碍萨伊定律的成立，从而并不影响国民收入的决定，它仅仅是影响一般物价水平的因素。

凯恩斯的《通论》不是新古典经济学的自然延伸，不是在承认新古典理论的所有基本前提下对新情况得出新的结论，而是根本改变某些前提，革新旧的推论方法，考虑过去不予考虑的因素，提出新的研究课题。因此，它不是理论发展过程中渐变意义上的递进，而是突变，是西方经济学的主流发展过程的“中断”。西方经济学家把《通论》的出版称作经济学发展过程中的革命并认为这场革命包括两个方面，或者说有两个革命：一个是经济理论上的革命，另一个是经济政策上的革命。

凯恩斯在经济理论上的革命包括如下几个方面：

（1）提出了经济学的新研究课题：各种宏观总量的决定机制，即宏观经济学问题。在凯恩斯的《通论》出版以前，新古典学派关于宏观经济的论点蕴含在他们的微观分析之中，并没有形成一个独立的与微观分析并行的研究课题。瑞典学派创始人威克塞尔于1898年出版的《利息与价格》，只是探讨了一个宏观总量——物价水平的决定，并没有全面地探讨宏观经济问题，而且把充分就业作为分析前提。凯恩斯在《通论》中实际上已经接受了系统论的基本命题：整体不等于部分的简单总和。他在论证过程中提出了宏观与微观的差别，指出新古典学派把在微观中成立的结论直接推广到宏观上去是错误的。他明确认识到宏观经济学与微观经济学的区别。可以说，《通论》是建立当代宏观经济理论的最重要的尝试。

（2）提出了有效需求决定收入水平、就业水平的见解。最早提出有效需求对收入水平的决定作用的是马尔萨斯。马尔萨斯在与李嘉图、萨伊等人的论战中反对萨伊定律，提出有效需求不足会造成暂时性的普遍过剩和长期萧条，造成失业，降低收入水平。但马尔萨斯关于有效需求的观点并没有受到后人的重视，萨伊定律一直占据统治地位。凯恩斯的《通论》可以说是重新发掘了有效需求概念，给留存一个多世纪的萨伊定律以有力的批驳。

（3）建立了消费函数。在新古典学派那里，消费是利率的递减函数，利率通过决定储蓄而影响消费。在马尔萨斯那里，虽然有效需求主要是指消费需求，但他并没有把收入水平当作决定消费需求的主要自变量。凯恩斯在《通论》中把收入水平作为决定消费的主要自变量，建立了消费函数并提出边际消费倾向大于0小于1，提出边际消费倾向递减规律。这样，消费不足的原因便得到了新的说明。消费函数的提出对建立乘数理论有重要影响，因为没有消费函数，就没有边际消费倾向，那么乘数的数值只有臆测。如果乘数的数值不能用经济学概念来说明，只能通过臆测，那么乘数理论便缺乏说服力。所以说，虽然乘数概念并非凯恩斯所创，但乘数理论的建立却与他有极大关系。消费函数的建立使乘数得到说明，即它只不过是边际储蓄倾向的倒数。美国经济学家汉森认为：消费函数是凯恩斯对经济理论的重要贡献之一。

（4）指出了非充分就业均衡的存在。在凯恩斯的《通论》出版之前，已有不少经济学家研究了在现实生活中存在的经济周期现象，研究了在周期的萧条阶段存在的失业现象。但一般观点认为收入和就业偏离充分就业水平的现象是经济偏离均衡的结果，一般不承认非充分就业均衡的存在。这种观点之所以流行，是因为瓦尔拉斯的一般均衡体系指出：在竞争条件下，虽然会出现偏离充分就业均衡的现象，但任何偏离了这一均衡的状态都是不稳定的状态，其自发趋势都是趋向均衡。这就是瓦尔拉斯一般均衡的稳定性。凯恩斯则指出：宏观经济的均衡、总储蓄与总供给的相等，可以在劳动市场并未均衡时达到，即存在着非瓦尔拉斯式的均衡。之所以如此，是因为决定储蓄和投资的因素是不同的，并不像新古典学派所认为的那样是取决于同一个因素——利率。储蓄主要取决于收入，收入通过决定消费来决定储蓄，而投资则是由其他因素决定的。因此，在充分就业时由收入所决定的储蓄，往往找不到与其相等的投资，因为利率不可能下降到如此程度，使投资大到与充分就业时的储蓄相等。把收入水平看作决定储蓄的基本变量，也是凯恩斯与瑞典学派的一大区别，因此也是《通论》与深受威克塞尔影响的他的《货币论》的一大区别。

（5）提出了节俭有害论。从亚当·斯密一直到马歇尔，西方经济学的主流都把消费当作与储蓄从而与资本积累相对立的因素，其隐含前提就是充分就业。显然，在充分就业条件下，消费的增加只能以储蓄从而资本积累的减少为前提。因此，消费是不利于家庭和国家财富增加的因素，而节俭是美德。另外，收入分配的巨大不平等也因其能增加储蓄从而促进资本积累而具有合理性。然而，凯恩斯指出了非充分就业状态的存在。在这种状态下，由于消费需求会增加国民收入，所以只要边际消费倾向小于1，则消费的增加便同时会引起储蓄的增加，从而引起资本积累的增加。相反，消费的减少将由于减少了收入而减少储蓄。因此，凯恩斯便认为：如果一国处于非充分就业状态，那么节俭并非美德，相反会导致贫困。可以说凯恩斯对消费和节俭的经济功能有了全新的认识，这就是在充分就业状态下和在非充分就业状态下它们的功能是不一样的。在非充分就业状态下，消费增加可以增加国民收入，可以增加资本积累，消费可以致富，节俭反而致贫。因此，能增加储蓄的收入分配不均等便不再有存在的合理性。

（6）提出了新的就业理论。新古典学派认为：就业取决于劳动市场的供求力量，取决于劳动市场的结构性质以及是否有完全竞争，而收入水平则是由就业水平决定的，就业是自变量，收入水平是函数。凯恩斯则认为：就业和收入都是有效需求的函数，有效需求才是决定就业水平的决定性因素。在新古典学派的庇古等人看来，非充分就业是由于劳动市场的竞争不完全，货币工资缺乏弹性。而在凯恩斯看来，货币工资的刚性固然有碍于充分就业的实现，但弹性的货币工资并不能一定保证充分就业，因为在萧条时货币工资的下降引起工人收入减少，从而降低整个工人阶级的消费需求。即使雇主的收益因货币工资下降而上升，由于其边际消费倾向低于工人，所以社会的总消费也将减少。消费减少对于就业的增加显然是不利的，在个别企业或行业中货币工资的减少会促使雇主增加雇佣量（这是以总需求不变为前提的），但普遍地降低货币工资却不会使就业增加。

（7）提出了新的利息理论。新古典学派认为：利息被看作节欲（延迟消费）的报酬，利率被看作借贷资本的价格，是由借贷资本的供求决定的。凯恩斯用消费函数说明了储蓄主要取决于收入而非利率，结果就面临着重新说明利息和利率的任务。他解决这一任务的方法便是把利息和利率说成是一种与货币而非资本有关的现象，这也是他与瑞典学派的又一大区别，同时也是《通论》与他的《货币论》的又一大区别。他把经济生活中的预期和不确定性现象引进了经济分析。他认为：利息不是节欲（延迟消费）的报酬，而是放弃流动性即暂时放弃货币的报酬，而人们之所以要在有报酬的情况下才愿意暂时放弃货币，是因为货币不仅具有新古典学派所承认的价值尺度和交易媒介的职能，还具有价值贮藏的职能，而人们之所以要通过不盈利的货币来储存一部分财富，是因为人们对未来的预期具有不确定性。正是这种不确定性，使人们认为用货币形式来持有一部分财富要胜过以其他形式来持有财富，因为它能够使人们非常灵活地随时变动自己的财富结构，既避免风险，又获得收益。未来的不确定性使持有货币成为必要，使暂时让渡货币要收取报酬。而利率就决定了这个报酬的大小，利率的大小则取决于货币的供求。于是由预期的不确定性引起的持有货币的行为，便影响到利率进而影响到投资，同时，预期的不确定性也直接影响到厂商的投资决策。由于投资取决于预期的收益率，而预期带有不确定性，因此厂商的投资决策往往不是以理性选择为基础，而是以推测、惯例以及模仿为基础，结果造成投资往往不能与一定收入下（尤其是充分就业收入下）的储蓄相均衡并且常常发生巨大的波动。

把不确定性引进经济分析，实际是从根本上摧毁了萨伊定律。在凯恩斯之前，一些非主流西方经济学家往往只是诉诸直观来否定萨伊定律，用在现实中存在的失业来否定萨伊定律。实际上萨伊定律能够成立所依赖的正是确定性。因为在一个未来具有确定性的世界中，经济人是没有必要持有货币来保存财富的。货币不具有价值贮藏职能，它将真正是实物经济中的面纱，仅仅充当价值尺度和交易媒介。同时，储蓄作为一种延期消费，也必然造成同等数量的投资，它所带来的产出将正好被延期的消费吸收完毕。于是产品的供给必定自动导致需求，卖自动导致同样数量的买。而在一个未来具有不确定性的世界中，如上所述，保存货币便成为经济人的合理行为了，投资在不确定预期的支配下也不再自动等于储蓄了，卖就不再自动导致同样数量的买了。

强调不确定性对人们经济行为的影响，就能立即发现货币具有在确定世界中所未曾有的职能，即价值贮藏职能。依此而建立起来的货币利息理论，就成为沟通经济的实物理论和货币理论的渠道，未来不确定世界中的货币不再仅仅是实物关系的面纱，而是会影响到实物关系。因此，把经济分为实物方面和货币方面，把经济理论分为实物理论和货币理论的传统二分法，就此告终了。把不确定性引进经济分析，强调货币（更一般来讲，是强调流动升值降低最慢的财富形式）对经济的实物方面的巨大影响，从而结束自亚当·斯密以来的传统二分法，是凯恩斯在《通论》中对经济理论的又一重大贡献。

（8）提出了新的物价理论。新古典学派认为：物价水平取决于货币数量，因此在货币数量一定时，货币工资下降不会引起物价下跌。这种论点的政策含义便是可以通过降低货币工资而增加就业。凯恩斯认为在非充分就业状态下，物价水平取决于货币工资率，因此后者的降低将导致前者同比例的下降，所以降低货币工资率并不能刺激厂商增加产量和增加就业。

以上简介了凯恩斯《通论》在经济理论上的革命。从上述理论上的革命可以看出，新理论在逻辑上的起点有两个：消费函数和预期的不确定性。从这两点出发，整个新理论的主要论点都可以推演出来。凯恩斯在他1937年所写的一篇论文《就业通论》中对此做了明确的说明。这两点也分别由美国经济学家汉森在《凯恩斯学说指南》一书和狄拉德在《凯恩斯经济学：货币经济理论》一文中指出：新理论的中心论点如美国经济学家克莱因在《凯恩斯革命》一书中所指出的，在于强调自由放任条件下，即使存在完全竞争（工资非刚性），储蓄与投资也不会在任何产量水平下都相等，尤其不会在充分就业水平下相等，因此，非充分就业的宏观均衡状态下的收入水平低于充分就业的收入水平是完全可能并经常出现的。

当然，凯恩斯的经济理论体系与新古典理论也并非绝缘，在强调凯恩斯的理论的突变性质时，也不能忽略它与新古典理论相延续的一面。他自己就认为新古典理论并非全无道理，只不过是他的通论的一种特例。在国家对经济的总量进行管理之后，新古典理论还是可以成立的。不仅如此，在理论内容上两者还存在着相通之处，在分析方法上，凯恩斯也多有得益于新古典学派之处。他继承了新古典理论重视心理因素的传统，这表现在他对消费倾向、资本的预期收益、经济周期的成因等问题的分析中，新古典理论的边际分析方法、均衡分析方法也是他进行总量分析的工具。资本边际效率递减便是他运用边际分析得出的结论。新古典的均衡观念使他认为就业量取决于总需求函数与总供给函数的交点。在这些方面，新体系与旧传统之间表现出一定的连续性。

在20世纪30年代，像凯恩斯那样主张国家干预的经济学家在美国已经存在。从1933年开始，罗斯福和希特勒事实上都已经着手对经济进行国家干预，但美国和德国都未能产生类似于凯恩斯《通论》的理论体系。《通论》所表达的思想出自受新古典理论熏染几十年的凯恩斯之手，虽然是一曲反调，但也能从中看到新古典学派的分析传统所起的作用。

凯恩斯在《通论》中并没有提出具体的政策实施方针。凯恩斯自己也认为：《通论》的主旨是理论上的分析，至于理论在实践中的应用则是第二位的。尽管如此，凯恩斯在政策主张上的革命还是非常令人注目的，同时也有一些流行见解值得怀疑。

流行见解认为凯恩斯革命在政策上的主要表现就是主张国家干预。实际上这是不确切的，因为要求国家干预的主张，已经在19世纪末20世纪初的一些经济学文献中出现。如威克塞尔于1898年在《利息与价格》一书中提出管理通货的主张，其实质就是要求国家通过银行，运用货币手段来调节宏观经济。而在《通论》中被凯恩斯当作对手的庇古，也早在1914年出版的《论失业问题》中，主张通过国家对生产和需求的调节来减少失业。由此可见，主张国家干预并非凯恩斯在《通论》中的独创。《通论》的意义在于为国家干预提出了有力的理论依据，从而突出了国家干预的必要性。

凯恩斯在政策主张上的革命，主要不在于提出国家干预，而在于提出了干预的手段不应当以货币政策为主，而应当以财政政策为主，提出在萧条时期要革除传统的健全财政政策（即量入为出、收支平衡和力求节约），采用膨胀性的财政政策；扩大政府开支、实行赤字预算和发行公债。同时他认为国家干预的方向有两个：一是指导投资，以消除私人投资造成的波动性；二是推进收入均等化，增加消费需求。收入均等化在《通论》出版以前也曾被不少经济学家提出过，但大多是从社会公正的原则出发提出的。他通过提出节俭在未达充分就业时对财富生产的不利影响，指出依靠收入不均等来增加社会储蓄，不仅有悖于社会公正原则，也不符合增进国家财富的目标。这就不仅为收入均等化提出了伦理方面的根据，还提出了经济学方面的根据。

把国家干预的手段由货币政策转向财政政策，这才是凯恩斯的《通论》在政策主张方面革命的最主要特色。这一转变对西方经济生活以至政治生活和对西方经济理论的影响都是极为深远的。

20世纪30年代的严酷现实，使新古典经济学遭受了灭顶之灾。一时间各种异端经济思想如琼·罗宾逊所谓的各种"奇谈怪论"纷至沓来。然而随着时间的推移，其他经济思想都在舞台上消失了，而凯恩斯经济学却被擢升为西方经济学的正统。这是因为它指明了西方社会向国家干预型私人企业制度发展的趋势，而该趋势又深为统治阶级所赏识。《通论》之所以能够反映这一趋势，是因为凯恩斯在一定程度上看到了私人企业制度在自由放任条件下的弊端，看到了资源不可能在自由放任条件下得到充分利用。他写道：我们生存其中的经济社会，其显著缺点，乃在于不能提供充分就业，以及财富与所得之分配有欠公平合理。他认为：在自由放任条件下是难以实现充分就业的。他的结论是：我们不能把决定当前投资量的职责放在私人手中。可以说，他认识到资本主义的最主要症状是：由分配欠公平引起的总消费不足，由私人投资的盲目性、投机性引起的总投资不足。这两种不足合成社会的有效需求不足，以致不能充分发挥社会所已经达到的生产潜力。从这一认识出发，他认为不能单由私人来决定经济活动的总量，而必须由社会来决定，而一旦总量由社会决定了，总量的具体构成则由私人来决定。他实际上让国家和私人在经济决策上做如下分工：由国家决定总的供求平衡，保证充分就业，由私人决定个别商品的供求平衡；由国家决定总产量，由“看不见的手”决定总产量的具体构成。

正因为凯恩斯对自由放任的私人企业制度的弊端及其成因有了一定深度的认识并提出了用国家干预消除弊端的对策，所以《通论》的出版不仅仅描绘了客观存在着的向国家干预型私人企业制度发展的可能趋势，更重要的是它提高了这种可能性实现的概率。从此，国家干预不再被认为仅仅是一种临时的应急措施，而是私人企业制度继续生存所不可或缺的支柱。于是从自由放任向国家干预的过渡不再带有盲目性，而是成了统治阶级的自觉行为。战后英、美等国制定的就业法案就是这种自觉行为的典型例证。

第五节 如何筹措战费与如何建立国际金融新秩序

第二次世界大战爆发以后，凯恩斯对于英国政府如何筹措战费的问题提出了自己的见解。首先，不是提高税收，因为这会减少公众的收入；其次，也不是袖手旁观，因为这会导致通货膨胀。他的主张是义务储蓄和战后支付，即所有收入超过一定水平的英国公民都从收入中取出一部分作为特殊的银行存款，充作战费。这些存款战时一般不得取出，但是会产生利息。战后可以自由存取。这一措施一方面可以在保持公众财富水平的前提下解决政府的战时经费问题，另一方面又可以在最后刺激消费，防止出现需求不足从而引发经济衰退。

为了防止战后世界各国通过货币贬值来刺激本国经济对外输出衰退，出现竞争性的货币贬值，导致全球经济衰退，凯恩斯提出了各国货币与黄金建立固定比价，从而使各国货币维持固定汇率的主张。这一主张在布雷顿森林会议上得以通过，从而建立了持续25年之久的关于国际金融的布雷顿森林秩序，在此期间，全球贸易得到了空前的大发展。同时，为了防止各国因追求贸易顺差而引发贬值冲突，凯恩斯还建议建立国际清算银行，对贸易持续顺差的国家实行惩罚，同时对贸易持续逆差的国家提供贷款。这一建议由于美国的反对未获通过，因为当时的美国是几乎唯一的贸易顺差国家。尽管如此，布雷顿森林会议还是成立了国际货币基金组织和世界银行。这些也许是凯恩斯留给世界的最后遗产。

思考题

一、述评凯恩斯的消费理论。

二、述评凯恩斯的货币理论。

三、述评凯恩斯的乘数理论。

参考文献[①]

全书参考文献

基特，里斯脱．经济学史．上海：商务印书馆，1923.

徐毓枬．经济学说史：上册．北京：高等教育出版社，1956.

卢森贝．政治经济学史：上册．北京：三联书店，1961.

季陶达．资产阶级庸俗政治经济学选辑．北京：商务印书馆，1963.

熊彼特．从马克思到凯恩斯十大经济学家．北京：商务印书馆，1965.

汉纳．经济思想史：上册．台北：正中书局，1969.

惠特克．经济思想流派．上海：上海人民出版社，1974.

鲁友章，李宗正．经济学说史：上册．2版．北京：人民出版社，1979.

罗尔．经济思想史．北京：商务印书馆，1981.

胡代光，厉以宁．当代资产阶级经济学主要流派．北京：商务印书馆，1982.

雷金娜，等．经济学说史教科书．武汉：武汉大学出版社，1987.

杨德明．当代西方经济学基础理论的演变．北京：商务印书馆，1988.

熊彼特．经济分析史：第1、2、3卷．北京：商务印书馆，1991，1992，1994.

马加什．现代非马克思主义经济学史．北京：商务印书馆，1992.

哈奇森．经济学的革命与发展．北京：北京大学出版社，1992.

巴克豪斯．现代经济分析史．成都：四川人民出版社，1992.

海尔布罗纳．几位著名经济思想家的生平、时代和思想．北京：商务印书馆，1994.

① 全书及各章节参考文献基本按照出版时间排序。

斯皮格尔．经济思想的成长：上、下．北京：中国社会科学出版社，1999.
埃克伦德，等．经济理论和方法史：第 4 版．北京：中国人民大学出版社，2001.
普雷斯曼．思想者的足迹：五十位重要的西方经济学家．南京：江苏人民出版社，2001.
庞巴，海兹．46 位大经济学家和 36 本名著．海口：海南出版社，2003.
巴克霍尔兹．已故西方经济学家思想的新解读．北京：中国社会科学出版社，2004.

第一章参考文献

张旭昆．思想市场论．杭州：浙江大学出版社，2001.

第二章参考文献

亚里士多德．亚里士多德伦理学．万有文库版．上海：商务印书馆，1933.
亚里士多德．政治学．北京：商务印书馆，1965.
色诺芬．经济论　雅典的收入．北京：商务印书馆，1961.
阿奎那．阿奎那政治著作选．北京：商务印书馆，1963.
瓦罗．论农业．北京：商务印书馆，1981.
摩奴法典．北京：商务印书馆，1982.
门罗．早期经济思想：亚当·斯密以前的经济文献选集．北京：商务印书馆，1985.
周新廉，彭琦．柏拉图和他的《理想国》．北京：商务印书馆，1985.
加图．农业志．北京：商务印书馆，1986.
柏拉图．理想国．北京：商务印书馆，1986.
陈村富，庞学铨，王晓朝，等．古希腊名著精要．杭州：浙江人民出版社，1989.
巫宝三．古代希腊、罗马经济思想资料选辑．北京：商务印书馆，1990.
汉穆拉比法典．北京：高等教育出版社，1992.

第三章参考文献

托马斯·孟．英国得自对外贸易的财富．北京：商务印书馆，1959.
托马斯·孟，尼古拉斯·巴尔本，达德利·诺思．贸易论（三种）．北京：商务印书馆，1982.
配第．政治算术．北京：商务印书馆，1960.
配第．赋税论　献给英明人士　货币略论．北京：商务印书馆，1963.
配第．爱尔兰的政治解剖．北京：商务印书馆，1964.
洛克．论降低利息和提高货币价值的后果．北京：商务印书馆，1962.
洛克．政府论：下篇．北京：商务印书馆，1983.
季陶达．重农主义．北京：商务印书馆，1963.
达德利·诺思．贸易论．北京：商务印书馆，1976.
布阿吉尔贝尔．谷物论　论财富、货币和赋税的性质．北京：商务印书馆，1979.
布阿吉尔贝尔．法国详情及补篇．北京：商务印书馆，1981.

布阿吉尔贝尔．法国的辩护书．北京：商务印书馆，1983.
休谟．休谟经济论文选．北京：商务印书馆，1984.
坎蒂隆．商业性质概论．北京：商务印书馆，1986.
富兰克林．富兰克林经济论文选集．北京：商务印书馆，1989.
范德林特．货币万能．北京：商务印书馆，1990.
达维南特．论英国的公共收入与贸易．北京：商务印书馆，1995.
马格努松．重商主义经济学．上海：上海财经大学出版社，2001.
汤姆逊．洛克．北京：中华书局，2002.
曼德维尔．蜜蜂的寓言：私人的恶德，公众的利益．北京：中国社会科学出版社，2002.
格劳秀斯．论海洋自由或荷兰参与东印度贸易的权利．上海：上海人民出版社，2005.
格劳秀斯．战争与和平法．上海：上海人民出版社，2005.
约翰·罗．论货币和贸易．北京：商务印书馆，2007.①
库埃尼．大赌局．昆明：云南人民出版社，2010.

第四章参考文献

杜阁．关于财富的形成和分配的考察．北京：商务印书馆，1961.②
坎南．亚当·斯密关于法律、警察、岁入及军备的演讲．北京：商务印书馆，1962.
魁奈．魁奈经济著作选集．北京：商务印书馆，1979.
斯密．国民财富的性质和原因的研究：上卷．北京：商务印书馆，1972.
斯密．国民财富的性质和原因的研究：下卷．北京：商务印书馆，1974.
斯密．道德情操论．北京：商务印书馆，2017.
陈冬野．亚当·斯密的经济理论体系．上海：上海人民出版社，1982.
外国经济学说研究会．现代国外经济学论文选：第四辑．北京：商务印书馆，1982.
约翰·雷．亚当·斯密传．北京：商务印书馆，1983.

第五章参考文献

马尔萨斯．人口论．北京：商务印书馆，1959.
马尔萨斯．政治经济学定义．北京：商务印书馆，1960.
马尔萨斯．政治经济学论文五篇．北京：商务印书馆，1961.
马尔萨斯．政治经济学原理．北京：商务印书馆，1962.
西尼尔．政治经济学大纲．北京：商务印书馆，1977.
霍兰德．大卫·李嘉图百年评价．北京：商务印书馆，1979.
斯拉法．李嘉图著作和通信集：第 1 卷．北京：商务印书馆，1962.
斯拉法．李嘉图著作和通信集：第 3 卷．北京：商务印书馆，1977.

① 约翰·罗即本书正文中的约翰·劳的另一译法。
② 杜阁即本书正文中的杜尔哥的另一译法。

斯拉法．李嘉图著作和通信集：第 6 卷．北京：商务印书馆，1980.
斯拉法．李嘉图著作和通信集：第 7 卷．北京：商务印书馆，1982.

第六章参考文献

萨伊．政治经济学概论．北京：商务印书馆，1963.
西斯蒙第．政治经济学新原理或论财富同人口的关系．北京：商务印书馆，1964.
古诺．财富理论的数学原理的研究．北京：商务印书馆，1994.
巴斯夏．经济和谐论．北京：商务印书馆，2009.

第七章参考文献

李斯特．政治经济学的国民体系．北京：商务印书馆，1961.
杜能．孤立国同农业和国民经济的关系．北京：商务印书馆，1986.
戈森．人类交换规律与人类行为准则的发展．北京：商务印书馆，1997.

第八章参考文献

穆勒．穆勒自传．上海：商务印书馆，1935.
穆勒．穆勒经济学原理．上海：世界书局，1936.

第九章参考文献

布留明．政治经济学中的主观学派：上卷．北京：人民出版社，1983.
杰文斯．政治经济学理论．北京：商务印书馆，1984.
布莱克，科茨，古德温．经济学的边际革命．北京：商务印书馆，1987.
晏智杰．经济学中的边际主义．北京：北京大学出版社，1987.

第十章参考文献

门格尔．国民经济学原理．上海：上海人民出版社，1958.
庞巴维克．资本与利息．北京：商务印书馆，1959.
庞巴维克．资本实证论．北京：商务印书馆，1964.
维塞尔．自然价值．北京：商务印书馆，1982.

第十一章参考文献

瓦尔拉斯．纯粹经济学要义或社会财富理论．北京：商务印书馆，1989.

第十二章参考文献

马歇尔．经济学原理：上卷．北京：商务印书馆，1964.
马歇尔．经济学原理：下卷．北京：商务印书馆，1965.

马歇尔．货币、信用与商业．北京：商务印书馆，1985.
凯恩斯．艾尔弗雷德·马歇尔传．北京：商务印书馆，1990.

第十三章参考文献

魏克赛尔．利息与价格．北京：商务印书馆，1959.①
维克塞尔．国民经济学讲义．上海：上海译文出版社，1983.②
米尔达尔．货币均衡论．北京：商务印书馆，1963.③
俄林．地区间贸易和国际贸易．北京：商务印书馆，1986.

第十四章参考文献

菲歇尔．利息理论．上海：上海人民出版社，1959.④
克拉克．财富的分配．北京：商务印书馆，1959.

第十五章参考文献

张伯仑．垄断竞争理论．北京：三联书店，1958.⑤
海约克．物价与生产．上海：上海人民出版社，1958.⑥
庇古．论失业问题．北京：商务印书馆，1959.
庇古．工业波动论．北京：商务印书馆，1999.
乔安·罗宾逊．不完全竞争经济学．北京：商务印书馆，1961.⑦
乔安·罗宾逊．资本积累论．北京：商务印书馆，1965.
哈伯勒．繁荣与萧条．北京：商务印书馆，1963.
外国经济学说研究会．现代国外经济学论文选（第十辑）．北京：商务印书馆，1986.
熊彼特．经济发展理论．北京：商务印书馆，1990.
熊彼特．资本主义、社会主义与民主．北京：商务印书馆，2009.
米瑟斯．自由与繁荣的国度．北京：中国社会科学出版社，1995.⑧

第十六章参考文献

凯恩斯．劝说集．北京：商务印书馆，1962.
凯恩斯．就业、利息和货币通论．北京：商务印书馆，1963.
凯恩斯．货币论：上、下卷．北京：商务印书馆，1986.

---

① 魏克赛尔即本书正文中的威克塞尔的另一译法。
② 维克塞尔即本书正文中的威克塞尔的另一译法。
③ 米尔达尔即本书正文中的缪尔达尔的另一译法。
④ 菲歇尔即本书正文中的费雪的另一译法。
⑤ 张伯仑即本书正文中的张伯伦的另一译法。
⑥ 海约克即本书正文中的哈耶克的另一译法。
⑦ 乔安·罗宾逊即本书正文中的琼·罗宾逊的另一译法。
⑧ 米瑟斯即本书正文中的米塞斯的另一译法。

克莱因．凯恩斯的革命．北京：商务印书馆，1962.
杨雪章．凯恩斯主义．北京：商务印书馆，1962.
汉森．凯恩斯学说指南．北京：商务印书馆，1963.
狄拉德．凯恩斯经济学．上海：上海人民出版社，1963.
肯尼斯·栗原．凯恩斯学派经济学．北京：商务印书馆，1964.
奥斯汀·罗宾逊．凯恩斯传．北京：商务印书馆，1980.
罗志如，厉以宁．二十世纪的英国经济："英国病"研究．北京：人民出版社，1982.

附录

凯恩斯以后西方经济学发展概览

这里所谓的凯恩斯以后，主要是指他的《就业、利息和货币通论》于 1936 年出版之后，尤其是他去世之后西方经济学的发展。国内目前介绍这方面的书，一般以当代或现代西方经济学流派命名，其代表性论著有复旦大学出版社出版的蒋自强、史晋川等撰著的《当代西方经济学流派》及中国人民大学出版社出版的方福前撰写的《当代西方经济学主要流派》等。这些论著往往是分别介绍不同流派在一些论域的不同理论观点，如在宏观经济学领域，分别介绍美国凯恩斯学派和英国凯恩斯学派的不同观点。其优点是可以让读者清楚不同流派之间的分歧。但其不足之处在于往往不能或很难介绍那些难以归属某个流派但却有重大贡献的西方经济学家的观点，如肯尼斯·阿罗等一些诺贝尔经济学奖得主的贡献。同时，由于二战之后西方经济学呈现全面开花之势，研究领域迅速扩张，而这些领域未必有明显的流派之分，结果以流派为主线就很难对它们加以介绍。

为了弥补这种缺憾，本附录打算按照不同的专题分别介绍西方经济学在凯恩斯以后的发展，同时在每个专题之下再介绍不同流派的观点。这本来是笔者将要撰写的另一本书的主要内容，应朱含蓄编辑之约，就先写一个概览，以飨读者。同时也希望听取不同意见，为日后成书提供参考。

本附录将按照以下 4 个专题简单介绍凯恩斯以后西方经济学的发展：(1) 经济学的研究对象与方法；(2) 宏观经济学：短期分析；(3) 长期经济增长、人口、资源与环境；(4) 微观经济学。此外，尚有 7 个专题暂缺：(1) 公共经济学；(2) 货币金融学；(3) 产业经济学与区域经济学；(4) 发展经济学；(5) 国际经济学；(6) 制度经济学；(7) 福利经济学。

第一节　研究对象与方法

西方经济学的研究对象在凯恩斯之后有了巨大的变化，更确切地讲是巨大的扩张。在之前的近一个世纪里，西方经济学的研究对象主要是市场机制中稀缺资源有效配置的机制，正如罗宾斯在其 1932 年的论著《经济科学的性质和意义》中所言，经济学为研究稀缺资源配置的科学。凯恩斯的《就业、利息和货币通论》则进一步研究了市场机制中如何充分使用稀缺资源的问题。可以将凯恩斯之前近一个世纪的西方经济学的主要研究对象概括为市场机制中稀缺资源的有效配置和充分使用。

一、研究对象的扩张

1. 从短期分析扩张到长期分析

在1870年开始的西方主流经济学边际革命之后，它不再关心长期问题。这种状态被哈罗德1939年的《论动态理论》所打破。从此，长期经济增长问题、经济波动问题成为众多经济学家的研究对象。

2. 从研究发达经济到研究欠发达经济

其实欠发达经济如何发展的问题，在英国古典经济学家那里，以及在德国历史学派那里，都曾经有所探讨，但这一方向同样被边际革命中断了。这种状况被两位经济学家所改变。一位是保罗·罗森斯坦-罗丹，他于1943年发表《东欧与东南欧的工业化问题》；另一位是张培刚，他于1949年出版了他的博士学位论文《农业与工业化》。他们都提出了落后国家如何实现工业化的问题，从而引发了二战以后发展经济学的大发展。

3. 从研究市场经济运行机制到研究市场机制的制度基础、制度结构与制度演化

以前，西方主流经济学一直以市场机制为既定制度，研究这种机制下各种经济主体的行为及其所引起的经济后果。不过也有非主流经济学家研究了资本主义市场机制的制度基础、制度结构及制度演化，如美国制度学派的凡勃伦（Thorstein Bunde Veblen）、康芒斯（John Rogers Commons）以及1932年出版《现代公司与私有财产》的伯利（Adolf A. Berle）和米恩斯（Gardiner C. Means）。在凯恩斯之后，他们的继承人如艾尔斯（Clarence Edwin Ayres）、加尔布雷思（John Kenneth Galbraith）纷纷出版一系列论著，对资本主义市场经济的制度结构展开了分析，并对资本主义的缺陷进行了揭露和批判。

与上述几位不同，哈耶克于1944年出版了《通往奴役之路》，开始为市场机制所体现的自由主义精神进行伦理性辩护，由此引发了德国弗莱堡学派和美国弗里德曼等人对自由市场机制的全面论证。从1948年起，以欧根（Walter Eucken）为中心的一些弗莱堡大学的教授们，创办了一个名为《奥尔多：经济与社会秩序年鉴》的理论刊物，开始主张秩序自由主义。弗里德曼（Milton Friedman）于1962年出版《资本主义与自由》。他们所代表的新自由主义思潮极大地影响了20世纪后半期的经济学界和许多国家的政策走向。

科斯（Ronald Coase）于1960年发表《社会成本问题》，开始探讨产权对市场经济的重要性，开创了对市场经济产权制度基础的研究。

诺斯（Douglass C. North）于1973年与罗伯特·托马斯（Robert Thomas）合著《西方世界的兴起》，以历史事实论证正确的产权制度对经济增长的重要性。

4. 从研究市场经济到研究计划经济

西方经济学原来是只关注市场经济的，在凯恩斯之后，由于计划经济体制在相当长时间内的存在引起了不少经济学家对计划经济体制的关注，开始形成比较经济学，经济

学家对市场经济与计划经济展开了比较研究。庇古于1937年出版的《社会主义和资本主义的比较》以及熊彼特于1942年出版的《资本主义、社会主义与民主》是这方面的两本开山之作。匈牙利著名经济学家雅诺什·科尔奈于1980年出版《短缺经济学》，对计划经济体制的运行机制进行了系统全面的实证分析。

5. **从分析经济现象到分析非经济现象**

以上所述的研究对象的扩张可以说都还是囿于经济现象和人们的经济行为。凯恩斯以后经济学研究对象开始扩展到了非经济行为和非经济现象。缪尔达尔于1944年出版《进退维谷的美国：黑人问题和现代民主》，开始把经济学分析方法引入传统上由社会学研究的领域。贝克尔（Gary Becker）从20世纪50年代末开始，建立了家庭经济学，运用经济学分析方法研究婚姻、生育、求学积累人力资本等传统上由社会学研究的问题。安东尼·唐斯（Anthony Downs）1957年出版《民主的经济理论》，开始把经济学分析方法引入政治学，引发了公共选择革命。随后而来的是美国经济学家布坎南（James M. Buchanan）和塔洛克（Gordon Tullock），两人于20世纪50年代末开始合作创建公共选择学派。波斯纳（Richard Posner）于1973年出版《法律的经济分析》，开始把经济学分析方法引入法学。

二、在经济学研究方法上值得注意的五个方面

1. **区分实证分析与规范分析**

弗里德曼在1953年的《实证经济学论文集》中，提出必须明确区分经济学中的实证分析与规范分析，前者涉及“是什么”“怎么样”的问题，后者涉及“应当是什么”“应当怎么样”的问题。他认为这种区分是基本且有用的，因为规范的政策主张必须以对现状实情的实证分析为前提，以对各种政策后果的预测为基础。而对于如何进行实证分析，他特别重视进行分析所提出的前提假设的推论或预测的准确性，而不是前提假设的合现实性。

2. **博弈论的诞生与发展**

数学家冯·诺依曼（John von Neumann）和经济学家奥斯卡·摩根斯坦（Oskar Morgenstern）于1944年合著《博弈论与经济行为》，标志着博弈论正式被提出。后经过纳什（John F. Nash）、泽尔滕（Reinhard Selten）、海萨尼（John Harsanyi）等人的发展，它成为一门独立、成熟的有关研究方法的学科，被广泛应用于经济学、国际政治学、生物学等多个领域。它成为研究个体或群体策略行为互动的一般框架。

3. **公理化方法，即用数理方法推导并表达经济思想**

萨缪尔森（Paul A. Samuelson）1947年出版其博士学位论文《经济分析基础》，将马歇尔的数理表达用现代数学加以精炼，以基本的、有力的数学工具重新表达了马歇尔经济学的基本内容。他认为大多数经济问题都和某个经济变量（成本、利润、效用、福利等）的极大极小值有关，而这种极值的特点都可以借用数学中的微积分知识推导出来。这种极值的实现往往就是均衡状态的确立，同时，均衡状态往往也是对立的经济力量（如供求）所达到的静止状态。他用数理方法考察均衡状态时区分了比较静态和动态。比

较静态方法就是比较两个不同的均衡状态，看它们有什么区别，但并不考虑从一种均衡状态到另一种均衡状态的变化过程。而动态分析则要考虑变化过程，即经济是如何从一种均衡状态逐渐变为另一种均衡状态的。

虽然此前数理方法也已经有多人运用，但是它的大规模推广运用则是凯恩斯以后的趋势，以至于有人已经认为它有被滥用的倾向。

与数理化倾向的发展几乎同时，一种求最优解的数学方法——线性规划——在经济学领域中迅速发展起来。它由苏联数学家康托罗维奇（Leonid Kantorovich）、美国数学家丹齐格（George Dantzig）和数理经济学家库普曼斯（Tjalling Koopmans）分头独立发展出来。康托罗维奇于1939年出版《生产组织与计划的数学方法》，给出了一类重要的经济问题的数学表述，包含了线性规划的理论和算法。丹齐格于1947年对线性规划进行补充，提出线性规划的一种更常用的解法——单纯形法。库普曼斯于1949年6月在芝加哥主办的一场关于线性规划的会议上与阿罗、丹齐格、萨缪尔森等人进行了深入讨论，会议论文由库普曼斯担任主编，于1951年出版《生产和调度的活动分析》。在该书中，库普曼斯第一次将活动分析这种新的经济分析工具作为一个完整的理论介绍给学界。活动分析方法将里昂惕夫的投入产出法、线性规划、瓦尔拉斯的一般均衡理论融合在一起，创造了一种更具普遍意义的求最优解的工具。

进入20世纪50年代后，数理经济学的基础由微积分转变为集合论等新的数学工具，阿罗1951年的学位论文《社会选择与个人价值》开创了一个新的数理经济学分支：社会选择。其奠基定理就是所谓“阿罗不可能性定理”。他与德布鲁一起给出了一般经济均衡存在性的严格证明。

德布鲁于1959年出版《价值理论：对经济均衡的公理分析》，彻底摆脱了一般均衡理论主要运用代数和方程的传统，以集合论和凸性分析作为主要的公理化分析手段，构造了全新的一般均衡理论大厦，实现了一般均衡理论的时代飞跃。

4. 经济计量学的发展

经济计量学（又称“计量经济学”）是一种经济学工具，它依据经济理论，通过数学方法对各种实际经济变量的统计数据之间的关系进行定量分析，以预测未来指导决策。它是经济理论、数学方法和统计数据三者相结合的产物。

经济计量学的初创时间其实很早，但它的大发展无疑是在凯恩斯之后。1930年，挪威经济学家弗里希（Ragnar Anton Kittil Frisch）在与英美和欧陆多名数理经济学家数年串联的基础上，成立了经济计量学会；尔后又于1933年创办了《经济计量学》季刊。这标志着经济计量学进入了正式创立阶段。

在这一阶段中，以弗里希、丁伯根为代表的经济计量学家，开始有意识地把经济学、统计学和数学结合起来研究经济周期和市场供求动态，创立了经验宏观经济学和经济动态学，同时对经济计量学的专有方法也开始进行初步探索，提出了识别、参数估计、联合方程等问题。

从战后的20世纪50年代开始，经济计量学进入了蓬勃发展阶段，经济计量学的方法开始得到系统总结和多方面的发展，数理统计、控制论等新思想和新方法被不断融合到经济计量学的方法中。借助电脑的发展，大型经济计量模型不断涌现，同时普及经济计量学的教科书也开始出现并接踵而来，经济计量学的研究成果也开始进入从政府到厂商的各级决策过程。到今天，经济计量学已经成为经济学专业的必修基础课，成为经济学家们进行理论研究的基本工具之一，成为政府和一些大厂商进行经济决策的必不可少的辅助手段。

5. 实验经济学的发展

实验经济学是指研究经济学的实验方法。经济学实验的萌芽最早可追溯到 1713 年伯努利（Nicolaus Bernoulli）所进行的实验。现代实验经济学的开端可以追溯到瑟斯通（J. J. Thurstone）于 1931 年用实验确定消费者无差异曲线。

自 20 世纪中期以来，实验方法在微观经济学领域中迅速展开，而后被扩展到宏观经济学领域。实验经济学围绕三大路径展开：一是由瑟斯通开拓、莫里斯·阿莱（Maurice Allais）拓展、丹尼尔·卡尼曼（Daniel Kahneman）等人发扬光大的个体选择理论实验路径。二是在冯·诺依曼与奥斯卡·摩根斯坦的《博弈论与经济行为》的影响下，由兰德公司、普林斯顿大学等研究机构的一些学者围绕博弈论假设而展开的博弈实验路径。该路径从囚徒困境博弈实验开始，后来扩展到协调、议价等博弈。三是由张伯伦于 1948 年所开创的，用实验方法考证实验对象是否正好以竞争性价格成交，使供求相等，后由弗农·史密斯（Vernon Smith）等人所进行的市场实验路径。在这三条路径的基础上，响应小卢卡斯（Robert E. Lucas，Jr.）的呼唤，涉及宏观经济学主题的实验研究于 20 世纪 80 年代末出现。

第二节　宏观经济学：短期分析

宏观经济学是经济学大家族中非常重要的一个专题分支。它主要起源于凯恩斯 1936 年出版的《就业、利息和货币通论》（以下简称《通论》），随后围绕着它形成了对它的多种论证与解读：以保罗·萨缪尔森为主要代表人物的包括了詹姆斯·托宾和罗伯特·索洛等人的新古典综合派对凯恩斯的解读；以剑桥大学琼·罗宾逊为主要代表人物的包括了皮埃罗·斯拉法和尼古拉斯·卡尔多等人的新剑桥学派对凯恩斯的解读；以法国经济学家贝纳西为代表人物的非均衡学派对凯恩斯的解读。

在 20 世纪 60 年代以后，通货膨胀开始困扰世界主要经济体，以解释并解决通货膨胀为主要任务的货币主义迅速崛起。几乎同时出现的还有供给学派。不久，沿着货币主义的思路，产生了以理性预期为特色的新古典宏观经济学，实现了对凯恩斯的颠覆。

一、对凯恩斯的解读

1. 新古典综合派对凯恩斯的解读

该学派以希克斯、汉森的 IS-LM 模型为代表。沿着希克斯和汉森所开辟的解释路线，美国经济学家克莱因于1950年出版《凯恩斯的革命》一书。稍后，以色列经济学家唐·帕廷金在1956年出版的《货币、利息与价格》一书中，运用希克斯所发展起来的宏观一般均衡分析方法以及萨缪尔森所发展起来的动态稳定性分析方法，对货币供求变化所引起的实际余额效应进行静态、比较静态和动态的分析，较早在货币理论方面对新古典和凯恩斯进行了综合。

剑桥大学经济学家庇古从新古典经济学的角度研究了失业问题，并因此而成为凯恩斯在其《通论》中的批评对象。但他于1943年发表论文《古典静止状态》，反驳了凯恩斯在《通论》中提出的一个观点，即由于流动陷阱和无弹性的投资函数，一般价格水平的下降并无助于刺激就业和产量。他的观点是：一般价格水平的下降会产生财富效应，即下降的物价会增加实际财富从而增加就业和产量。后人称这种效应为庇古效应。

以萨缪尔森为首的新古典综合派经济学家战后所从事的一项重要工作便是从新古典的微观经济学中发掘出宏观经济理论，把它与凯恩斯的理论进行比较并进行综合。按照这一综合模型，凯恩斯的宏观经济理论不再是对新古典理论的革命，而是改变新古典理论的某些假定前提的结果，至多是对新古典宏观理论的一种补充，表现在用收入说明消费、用利率说明货币需求这两个新观点上。于是凯恩斯的宏观理论作为新古典宏观理论的特例便完全可以与新古典的微观理论相结合了。

2. 新剑桥学派对凯恩斯的解读

这一解读可以以剑桥大学的经济学家罗宾逊为代表。她对凯恩斯革命的主要精义的看法，大致可分为两个阶段：第一阶段是从《通论》的出版到20世纪五六十年代，第二阶段是20世纪70年代。在第一阶段，她认为凯恩斯革命的主要精义在于对收入分配不均现象以及新古典理论中为这种不均现象做辩护的所谓储蓄-积累说明提出挑战。在第二阶段，她认为凯恩斯革命的主要精义在于对新古典理论中的均衡观和理性选择原理提出挑战。

3. 非均衡学派对凯恩斯的解读

非均衡分析最初出现在动态过程分析中，是一种分析非均衡状态如何在动态过程中趋向均衡的方法。后来，它成为一种为凯恩斯宏观经济理论提供微观基础的方法。非均衡学派的早期代表有克洛沃（Robert Clower）、莱荣霍夫德、贝纳西、巴罗和格罗斯曼等人。

二、凯恩斯的《通论》为西方经济学的进一步发展准备了多个出发点

进一步发展的方向包括消费理论、投资理论、货币需求理论、经济波动理论、通货膨胀理论等。

1. 消费理论

凯恩斯以后的消费理论包括如下观点：

(1) 詹姆斯·S. 杜森贝里（James S. Duesenberry）于1949年出版的《收入、储蓄和消费者行为理论》一书中提出的相对收入假定。

（2）弗兰科·莫迪利阿尼[①]（Franco Modigliani）在 1954 年与人合写的《效用分析与消费函数——对横截面资料的一个解释》一文中提出的关于消费支出与储蓄的家庭生命周期假说。

（3）米尔顿·弗里德曼在 1957 年出版的《消费函数理论》一书中提出的永久性收入假定。

2. 投资理论

凯恩斯以后的经济学家对投资提出了以下几种观点。这些观点基本上都是从宏观角度对投资进行分析，较少从微观角度分析企业的投资决策。

希克斯、汉森和萨缪尔森等人看到了乘数理论在说明投资与收入之间关系时的局限性，提出用引致投资概念和加速原理来补充凯恩斯关于收入与投资关系的理论。

希克斯提出超级乘数概念。他指出，要说明投资的乘数作用，必须考虑存货状况，包括最初的存货状况。

荷兰经济学家丁伯根在 1938 年发表的《加速原理的统计证明》中，主张用利润代替产量来解释引致投资，即主张投资的利润理论。克莱因也于 1948 年发表了一篇关于投资函数的论文《投资理论的笔记》，该文表示了对加速原理的不满，并以厂商追求利润最大化和资产结构最佳化为前提，建立一套动态投资函数。

詹姆斯·托宾于 1968 年与布伦纳合写论文《设立资产模型的一些陷阱》，于 1969 年撰写论文《货币理论的一般均衡分析方式》。在这两篇文章中，托宾正式提出了 q 系数（托宾系数）理论。

3. 货币需求理论

凯恩斯以后的经济学家对货币需求理论的发展主要有两点：（1）鲍莫尔和托宾指出，货币的交易需求并非只是收入水平的函数，同样也是利率的函数。（2）托宾指出，货币的投机需求不仅取决于利率，而且取决于风险。

4. 经济波动理论

1937 年，奥地利经济学家戈特弗里德·哈伯勒（Gottfried Haberler）受国际联盟的委托，完成了《繁荣与萧条》一书，对以前的各种经济周期理论做了系统的介绍和评价。

凯恩斯以后的经济波动理论，按照德国经济学家 G. 加比希和 H. W. 洛伦兹的分类，可以首先分为两个大类：依赖外生冲击的经济波动模型和不依赖外生冲击的经济波动模型。

荷兰经济学家丁伯根于 1936 年发表论文《关于 1936 年的经济政策》，其中制作了一个关于荷兰经济的模型。这个模型表明，若无外力的作用，经济会产生逐渐衰减的振荡，由此解释了经济周期。

萨缪尔森于 1939 年发表《乘数分析和加速原理的相互作用》和《加速原理和乘数的综合》两篇论文，首先提出用乘数—加速数原理来解释经济周期。

尼古拉斯·卡尔多在其 1940 年发表的《一个经济周期模式》中，以凯恩斯的储蓄-

---

① 布劳格，斯特奇斯．世界重要经济学家辞典．北京：经济科学出版社，1987：449-450.

投资分析为基础，建立了一个经济周期模式。

希克斯在 1950 年出版的《经济周期理论》一书中，吸取了哈罗德[①]和萨缪尔森等人的研究成果，建立了运用乘数-加速数原理说明经济周期的理论模型。

美国经济学家威廉·诺德豪斯在 1975 发表的《政治经济周期》中，提出了二战以后诱发经济波动的新因素——政治因素。这是外生冲击导致经济波动的一个范例。

卢卡斯于 1981 年出版《经济周期理论研究》，该书提出了理性预期的经济周期理论。

普雷斯科特和基德兰德于 1982 年发表《建设和汇总波动的时间》，认为生产率扰动是产出波动的源泉。

与普雷斯科特等人几乎同时，荷兰经济学家范·杜因（Van Duijn）于 1983 年出版《经济生活中的长波》。该书继承了荷兰经济学界重视研究经济长波的传统，以统计数据肯定了经济生活中存在着康德拉季耶夫长波，沿袭熊彼特的分析传统，强调了创新在经济长波中的关键作用。

美国经济学家费尔普斯于 1994 年出版《结构性衰退：失业、利息和资产的现代均衡理论》，书中提出了一种与卢卡斯的货币波动理论非常不同，与真实波动理论也有所不同的波动理论。他称之为结构性波动理论。

5. 通货膨胀理论

理论发展大体经历了两个阶段：第一阶段是 20 世纪 50—60 年代，理论研究重点是分析通货膨胀的发生原因，以及依据发生原因或其他标准对通货膨胀进行分类。凯恩斯学派经济学家的观点在这一阶段占主导地位。第二阶段是 20 世纪 70—80 年代，研究重点转为分析通货膨胀现象的发生过程，以货币主义、理性预期的观点占主导地位。

20 世纪 50—60 年代在分析通货膨胀的原因时，经济学家们通常把通货膨胀区分为需求拉上型通货膨胀和成本推进型通货膨胀。经济学家马克卢普在 1960 年发表的《成本推进型通货膨胀和需求拉上型通货膨胀的另一种观点》中，进一步把需求拉上型通货膨胀区分为三种情况：（1）自发式，由总需求的自发上升引起，与实际的和预期的成本上涨无关。（2）引致式，是指由成本上升引起的总需求函数的上升。（3）支应式，由政府通过财政或货币政策扩大总需求造成。他把成本推进型通货膨胀也区分为两种情况：（1）侵害型，即由有组织的劳工在劳动生产率一定时努力提高货币工资来提高实际工资造成的。（2）防御型，即由有组织的劳工在通货膨胀已经发生后力图恢复原先的实际工资而要求提高货币工资造成的。一些经济学家都强调成本推进在战后通货膨胀中的作用。

哈伯勒在 1958 年再版的《繁荣与萧条》中，谈到有组织的工人要求提高工资所造成的通货膨胀。

哈罗德在 1973 年出版的《动态经济学》一书中，认为竞争的不完全和工人对工资的过高要求是造成当时通货膨胀的主要原因。

生于新西兰的经济学家菲利普斯（Alban W. H. Philips）通过分析英国 1861—1957 年的统计数据，发现在货币工资的变化率和失业率这两个变量之间存在着稳定的非线性

---

① 哈罗德的周期理论将在后面第三节关于经济增长理论部分的哈罗德-多马模型中简介。

的相关关系，即菲利普斯曲线。

20世纪60年代开始出现一种力图从结构因素解释西方国家长期通货膨胀的理论——结构型通货膨胀。最早提出这一理论的经济学家有保罗·斯特里坦（Paul Streeten）、朱利奥·奥利维拉、威廉·鲍莫尔。20世纪70年代以后，乔弗雷·梅纳德、威莱·里凯亨以及约翰·希克斯等人又进一步发展了这一理论。结构型通货膨胀理论的核心假设是先进部门和非先进部门劳动生产率增长的不一致和货币工资增长率的一致。

斯堪的纳维亚模型是在20世纪70年代由挪威经济学家和瑞典经济学家共同创建的。该模型吸收了结构型通货膨胀理论，分析开放型小国的通货膨胀。

三、政府的宏观经济政策

二战后西方凯恩斯学派经济学家对宏观经济政策理论的发展，主要集中在四个方面：（1）政策目标的选择，即通过制定和执行宏观经济政策，究竟要达到什么样的目标。（2）政策实施的原则。（3）政策功能分析及各种政策的组合方式。（4）越来越多地通过建立宏观经济计量模型来进行预测和政策模拟。在宏观政策理论的发展中，挪威经济学家弗里希和荷兰经济学家丁伯根发挥了重要作用。由于英美两国战后国情的差异，以及以美国凯恩斯主义者为主的新古典综合派与英国新剑桥学派对凯恩斯的不同理解，政策理论在英美两国的发展途径有所不同。丁伯根于1956年出版了《经济政策：原理与设计》一书，书中通过21个经济计量模型（大多为宏观模型），研究了与制定经济政策有关的一系列问题，对以后经济政策的制定产生了深远的影响。

1. 美国凯恩斯主义的政策主张

二战后的美国以其经济和军事实力称雄西方世界，当时面临的主要问题是如何保持由于二战而激发的繁荣势头，同时防止因经济过热出现通货膨胀。在经历了20世纪50年代的低速增长之后，20世纪60年代经济面临的新问题则是如何保持并提高经济的增长速度，同时保证充分就业。在战后相当长一段时间，国际收支问题一直不是美国经济的重要问题。这是与英国的一大区别，这一区别影响到美国和英国的凯恩斯主义者对政策理论的不同发展。

阿尔文·汉森（Alvin Harvey Hansen）在1941年出版的《财政政策与经济周期》、在1947年出版的《经济政策和充分就业》及以后陆续出版的一系列论著，对美国新古典综合政策理论的形成和发展发挥了重要作用。进入20世纪60年代以后，为了提高美国的经济增长速度，新古典综合派的托宾和阿瑟·奥肯（Arthur Okun）等人，提出了所谓新经济学，界定了“潜在国民生产总值”和“充分就业预算”这两个新概念。他们在政策目标方面比汉森更重视长期经济增长，强调沿着充分就业的途径，在免除经济波动的条件下实现经济增长，使潜在国民总收入变为现实的国民总收入。

2. 英国凯恩斯主义的政策主张

英国在第二次世界大战之后，经济实力大为削弱。作为一个贸易岛国，如何在充分就业和物价稳定条件下实现国际收支平衡，便成为一个重要的政策问题。

英国经济学家米德作为新古典综合派在英国的代表（他自称是明智的激进派），于1951年出版的《国际经济政策理论》第一卷《国际收支》以及于1975年出版的《明智的激进派经济政策指南：混合经济》这两本书中，对上述问题做了回答。这可以算是英国新古典综合派在政策思想方面的特殊贡献。

新剑桥学派也从凯恩斯经济学出发，提出了自己的政策理论。新剑桥学派同样把充分就业、物价稳定和收支平衡作为宏观经济政策目标。该学派的重要人物卡尔多提出了与汉森的“补偿性财政”概念相近似的“功能性财政”概念。

概括地讲，战后凯恩斯学派经济学家在宏观经济政策方面比较一致的意见有两点：一是一致同意把充分就业、物价稳定、经济增长和收支平衡作为政策目标；二是普遍将宏观经济计量模型作为制定定量化的宏观经济政策的基本工具。但在另外两个方面则存在意见分歧：一是究竟按照什么规则来实施宏观经济政策，是采用相机抉择规则，还是采用比较稳定的政策规则；二是在各种形势下应当采用何种政策配方去实现上述四大目标，这是意见分歧最大的一个方面。

四、非凯恩斯主义宏观经济理论与政策

20世纪70年代以后，由于凯恩斯理论无法对滞胀现象做出令人信服的说明，宏观经济学开始出现群雄并立的局面。货币学派、理性预期学派、供给学派以及公共选择学派等不断对凯恩斯主义发起挑战。这种挑战从各个角度丰富了西方的宏观经济理论。

1. 货币主义

货币主义发端于20世纪50年代初，形成于60年代，而鼎盛于70年代。它的主要代表人物首推芝加哥大学教授米尔顿·弗里德曼，其他有美国经济学家布伦纳（Karl Brunner）、哈伯格（Arnold Carl Harberger）和安德森，英国经济学家莱德勒（David E. W. Laidler）、帕金（John Michael Parkin）、沃尔特斯（Alan Arthur Walters）等。货币主义的兴起需要从社会背景和学术渊源两个方面来说明。

2. 理性预期与新古典宏观经济学

理性预期就是假定经济单位在形成预期时使用了一切有关的、可以获得的信息并且对这些信息进行理智的整理。理性预期学派的主要代表人物卢卡斯在1981年出版的《经济周期理论研究》中以经济主体的理性行为为基础，说明了政府可以在长期稳定状态下通过扩张性货币政策来刺激产量和就业，但若反复使用这种政策，其功效便会下降。另一位重要代表巴罗在1974年发表的著名论文《政府债券是净财富吗?》中论证了“李嘉图等价原理”，说明政府的扩张性财政政策也同样无效。

3. 供给学派的政策主张

最早提出供给学派基本思想的，被认为是加拿大籍的美国经济学家、哥伦比亚大学教授罗伯特·蒙代尔。他于1971年4月认为正确的政策组合应该是紧缩银根与减税，前者抑制通货膨胀，后者促使厂商多投资、多雇用工人以降低失业率。

20世纪70年代末80年代初，供给学派正式形成，其主要代表人物有南加利福尼亚

大学教授阿瑟·拉弗、哈佛大学经济学教授马丁·费尔德斯坦、哈佛大学经济学教授乔治·吉尔德等人。供给学派的政策主张可以概括为如下几点：(1) 降低边际税率，刺激人们的工作和投资热情。(2) 减少规章制度，以充分调动企业厂商的经营积极性。(3) 减少福利开支，一方面能减少政府开支，另一方面则能刺激人们的工作热情。(4) 实施平衡预算，减少政府开支。(5) 恢复金本位制，以控制货币发行量。

4. 哈耶克的自由货币论

哈耶克于 1976 年出版《货币的非国有化》一书，提出用货币发行的自由化来克服通货膨胀。

五、新凯恩斯宏观经济模型

20 世纪 70 年代以后，宏观经济学家认为宏观经济模型需要可靠的微观经济基础。新凯恩斯强调凯恩斯主义的结论与更标准的微观经济模型是相容的。新凯恩斯宏观经济学的两个特定方面包括：一是就业和产量决定的效率工资模型，其表明工人的努力程度与厂商支付的实际工资正相关。这种效率工资模型也能说明作为均衡结果的实际工资刚性和非自愿性失业。二是黏性价格宏观经济模型，其微观基础是下述一般性假设。首先，产品市场上的名义刚性很可能比劳动市场上的名义刚性更影响资源配置，因为劳动市场上支付的工资率反映了长期关系下的分期支付。其次，为使刚性价格成为一种最大化行为，单个厂商的利润函数必须是厂商索要的价格的连续函数。这种考虑使垄断竞争模型对于宏观经济分析来说最有用。最后，既然定价成本相对于总量经济变化来说是小的，那么个别价格制定者面对的定价成本必定具有大大放大的总效应。

第三节　长期经济增长与人口、资源、环境

凯恩斯以后的经济增长理论，可以首先大致分为两大类：理论分析与经验研究。两者并非截然分离的，而是相互印证的。而在理论分析中，又可以区分为两种类型：均衡增长的条件分析与经济增长的因素分析。两者同样并非截然分离的。

均衡增长的条件分析，显然源于凯恩斯。经济增长的因素分析，可以一直溯源至亚当·斯密。

一、经济增长的理论

1. 哈罗德-多马模型

英国经济学家哈罗德 1937 年发表论文《凯恩斯先生和传统理论》，对《通论》提出的唯一批评是它的静态性质。1939 年他发表论文《论动态理论》，首次提出经济的均衡增长问题。美国经济学家多马（Evsey David Domar）1948 年发表《资本积累问题》，分

析了均衡增长的条件和途径。由于两人结论的相似性，后人将其统称为哈罗德-多马模型。

2. 汉森与刘易斯对经济增长因素的分析

阿尔文·汉森于1941年出版《财政政策与经济周期》。阿瑟·刘易斯于1955年出版《经济增长理论》。他们两位与哈罗德和多马不同，重点考虑的不是经济均衡增长的条件，而是导致经济增长的因素。

汉森认为有三个外生因素推动了经济增长：（1）人口增长；（2）疆土扩张，包括新资源的发现与开发；（3）创新引起的技术进步。而经济增长的表现形式就是经济波动。

刘易斯在《经济增长理论》一书中认为促进一个国家经济增长的因素可以大体分为以下几个方面：（1）人们从事经济活动的愿望；（2）经济制度；（3）知识的增长；（4）资本的积累；（5）人口与资源；（6）政府的作用；（7）资源状况。这些因素涵盖了后人深入分析的几乎所有因素。

3. 托宾与杜森贝里对均衡增长条件的分析

托宾于1955年发表论文《动态总量模型》，提出了第一个包含货币的增长模型，其基本内容是认为储蓄率是相当稳定的，因此，要实现稳定均衡的增长，关键在于投资行为，而投资行为受到资本报酬率的影响。

杜森贝里在1957年出版的《经济周期与经济增长》一书中，提出了一个以资本-产量比为基本自变量的增长模型。他通过该模型说明，经济会自发地趋向稳定的均衡增长途径。

4. 新古典增长模型

以托宾为先导，经济学家索洛、斯旺、费尔普斯和米德分别于20世纪50年代中期和20世纪60年代初期发表文章，提出了新古典增长模型。

新古典增长模型一般被称作单部门模型，即假定社会只生产一种产品，它既可以用于消费，也可以用于资本积累。米德于1961年发表《新古典经济增长理论》，率先提出了两部门的新古典增长模型。该模型假设社会同时生产两种产品——消费品和资本品。1962年，宇泽弘文（Hirofumi Uzawa）发表《论经济增长的两部门模型》。两部门模型在更加复杂的条件下考察了均衡增长的存在性、唯一性和稳定性。

5. 新剑桥增长模型

新剑桥增长模型是由新剑桥学派的代表人物琼·罗宾逊和卡尔多等人在哈罗德-多马模型的基础上发展出来的增长模型，其主要特点是把经济增长和收入分配放在一起进行分析，既分析增长过程中收入分配的决定，又分析如何通过收入分配的变化来实现经济增长，强调收入分配的变化是实现经济均衡增长的主要因素。

卡尔多在1955年发表的《各种不同的分配理论》（又译《可供选择的分配理论》）及在1957年发表的《一个经济增长模型》这两篇文章中，建立了他的增长理论中的两个基本模型：宏观收入分配模型和均衡增长模型。

琼·罗宾逊在1956年出版的《资本积累论》一书中，提出了充分就业均衡增长时期（她称之为黄金时代）的一系列特征，说明了经济增长趋向黄金时代的机制，并且对经济增长过程中的资本积累、技术进步和人均资本（她称之为机械化程度）的变化三者之间的关系进行了分析，批驳了新古典的收入分配理论。

6. 新增长理论简介

从哈罗德-多马模型到新古典增长模型以及新剑桥增长模型，它们共同的特点就是都受凯恩斯的影响，关心总需求将如何适应总供给的增长，即关注增长的均衡性。若记 n 为自然增长率、S 为储蓄率、C 为资本-产出系数，则哈罗德-多马模型、新古典增长模型以及新剑桥增长模型都一致认为充分就业的均衡增长的条件为 $n=S/C$。但哈罗德、多马认为 n、S、C 三者独立决定，故这一条件难以实现。新古典增长模型认为可通过变动 C 实现这一条件。新剑桥增长模型强调可通过变动 S 实现这一条件。三者对于决定总供给增长的因素一般都不太关注。

20 世纪 80 年代后期，增长理论再次成为经济学家关注的热点，形成了所谓的新增长理论，又称内生增长理论，其含义是指把先前增长理论视为外生的决定总供给增长的变量（主要是技术进步和人口增长）转变为内生变量了。

新增长理论或内生增长理论的代表人物有罗默（Paul Romer）、卢卡斯、雷贝洛（Sergio Rebelo）、阿吉翁（Philippe Aghion）、豪伊特（Peter Howitt）、格罗斯曼（Gene M. Grossman）、赫尔普曼（Elhanan Helpman）和斯托基（Nancy L. Stokey）等人。他们的观点并不完全一致，但是具有如下两个最主要的共识：

（1）经济可以实现持续均衡增长，它是经济体系内生因素而非外生因素所导致的结果。

（2）促使经济增长的最主要的内生因素是体现在不断更新的资本品中的技术进步和人力资本的不断积累。

7. 对经济增长的经验研究

在一些经济学家从事建立各种经济增长模型，主要考察均衡增长和最优增长所需要满足的各种条件及其存在性和稳定性的同时，另有一些经济学家对经济增长进行了经验分析，主要是依据一些国家的历年统计数据（劳动人数、投资规模、资本存量以及国民收入等等），分析实际经济增长的基本特征及导致增长的主要因素。其代表人物有英国经济学家尼古拉斯·卡尔多、西蒙·库兹涅茨、安德鲁·肖恩菲尔德以及美国经济学家爱德华·丹尼森、保罗·罗默等等。

卡尔多在 1961 年发表的《资本积累与经济增长》中，根据多国经济增长的实际情况，归纳出了六方面的基本事实：（1）人均产出具有持续增长趋势；（2）人均资本具有持续增长趋势；（3）资本收益率稳定；（4）资本-产出比稳定；（5）资本和劳动在国民收入分配中的份额稳定；（6）各国生产率的增长率存在广泛差距。

罗默于 1989 年发表的《长期增长理论中的资本积累》中，进一步根据各国经济增长的经验归纳了如下基本事实：（1）平均增长率并不随人均收入的变化而变化；（2）国际贸易与产出增长正相关；（3）人口增长率与收入水平负相关；（4）要素增长率不足以解释全部产出增长率，存在一个不能用要素增长率来说明的“剩余”；（5）熟练工人和非熟练工人都倾向于移民到高收入国家；（6）政府政策影响人均收入水平和人均收入增长率。

库兹涅茨在20世纪50年代以后开始关注经济增长问题，出版了一系列有关经济增长的专著。他通过对大量历史统计资料的整理，考察了发达资本主义国家的国民收入、产业结构、生产率、收入分配等经济变量在经济增长过程中的变化趋势、变化特点。他总结了现代经济增长的六大特征：第一，最明显的是发达国家的高人均产值和高人口增长率。第二，生产率的增长率，即所有投入的单位产值均是高的。第三，经济结构的转型，主要方面包括从农业转向非农业，从工业转向服务业；生产单位规模的变动，如从私人企业转到非私人经济组织，劳动力的职业地位有相应变化。第四，紧密相关并且极其重要的社会结构及其意识形态的快速变化。第五，经济发达国家运用技术实现增长的力量，尤其在交通通信上，这在任何前现代时代都是不可能的。第六，现代经济增长的扩散，尽管在全球有局部效应，但仍是有限的，因为占世界人口四分之三的国家的经济表现仍远远落后于现代技术潜力可行的最小水平。

爱德华·F. 丹尼森（Edward F. Denison）根据统计数据发现，1929—1982年，美国的实际产出以年均2.9%的速度增长，并且这些增长中的32%即约三分之一可以归功于劳动投入量的增加，资本形成对增长的贡献不到五分之一，对增长的其余贡献即50%左右可以归功于那些能够提高劳动生产率的因素，即广义的技术进步，其中14%可以归功于劳动者受教育程度的提高。

戴尔·W. 乔根森（Dale W. Jorgenson）等人在1987年出版的《生产率与美国经济增长》一书中，得出了与丹尼森不同的结论，认为在经济增长中，资本投入是最重要的根源，劳动投入的增长是次重要的根源，而生产率的增长则是最不重要的根源。他们否定技术进步生产率增长对于经济增长的重要性的观点，实际上是因为他们把技术进步的相当大一部分作用归功于资本和劳动质量的提高，而这种提高又被归功于资本和劳动要素的增加。其实只要他们重新界定资本和劳动要素的定义，把它们质量的改进归功于技术进步，那么他们的结论就会与他们所反驳的对手差别不大了。

8. 罗斯托的经济增长阶段论

美国经济史学家罗斯托（Walt W. Rostow）在1952年写成的《经济增长的过程》一书中，把经济增长分为五个阶段：传统社会、为起飞创造前提条件阶段、起飞阶段、向成熟推进阶段、高额群众消费阶段。在1971年出版的《政治和增长阶段》中，他又在高额群众消费阶段之后，提出一个追求生活质量阶段。

9. 制度与长期经济增长

美国经济学家诺斯与罗伯特·托马斯于1973年出版《西方世界的兴起》，该书涉及了前面所介绍的那些经济增长理论都没有考虑过的制度对长期经济增长的影响和作用。该书强调有效率的经济制度是经济增长的关键。而以往人们所列举的经济增长的原因，如创新、规模经济、教育、资本积累等等，并不是经济增长的原因，它们就是增长本身。这就是说，前人列举的经济增长的原因，其实就是增长本身，正是需要解释的对象。那么什么是有效率的即能够刺激人们创新、积累物质资本和人力资本的经济制度？该书认为就是能够使私人活动的成本收益等于或接近社会成本收益的经济制度，也就是完整的所有权或产权。

二、人口、资源、环境与经济增长

前面介绍的经济增长理论，一般是研究经济如何均衡增长、依靠哪些因素增长、长期中经济增长的不同阶段。这些理论一般都认为经济增长是值得追求的目标。

但是从20世纪中期尤其是60年代开始，西方社会出现了一股质疑经济增长的思潮，主要是从人口、资源、环境三个方面考虑了经济增长的负面影响，提出了经济增长是否有极限的问题，要求人类社会控制无限度的经济增长。而与此几乎同时，西方社会也出现了与之对立的观点，这些观点从人口、资源和环境三个方面为经济增长提出了辩护。

1. 对经济增长的忧虑

美国学者威廉·福格特（William Vogt）于1948年出版《生存之路》。该书继承了马尔萨斯的基本观点，但改变了论证的方式，不再像马尔萨斯那样从两条基本公理出发进行论证，而是用很大篇幅描述全球尤其是西半球的环境主要是土地被破坏的具体情况，进而分析导致这种情况的各种原因，尤其是人口的激增，最后提出解决问题的对策。

在《生存之路》出版二十年之后，美国人口学家保罗·埃利希（Paul Ehrlich）于1968年出版《人口炸弹》，警告人类社会若不控制人口，灾难就将临头。后又于1991年与其妻子安妮·埃利希（Anne Ehrlich）合作出版《人口爆炸》。该书再次提醒人类社会注意人口过剩、环境破坏及资源枯竭将造成的灾难性后果。

蕾切尔·卡逊（Rachel Carson）于1962年出版《寂静的春天》，该书属于时事报告文学，它以化学杀虫剂对大自然所造成的深远不可逆的危害为例，告诫人类要尊重自然，在发展经济促进经济增长的同时，务必要保护好环境。

尼古拉斯·乔治斯库-洛根（Nicholas Georgescu-Roegen）于1971年出版《熵定律与经济过程》，该书力图从物理学的热力学视角考虑人类社会的经济增长，尤其是热力学第二定律对经济增长的长期影响。他根据热力学第二定律，指出熵增定律是经济学价值和经济学短缺的最后起源，它尤其涉及人类可以利用的能量，人类不可能把所有能量都转化为对人有用的东西，总会产生各种废物和垃圾。他用热力学第二定律为人类的经济活动敲响了警钟，要求人们节约能源，保护环境。

1968年，意大利实业家奥雷利奥·佩切伊创立了罗马俱乐部，它是由科学家、实业家、经济学家等组成的一个非官方组织。该俱乐部于1972年出版了由德内拉·梅多斯（Donella H. Meadows）领衔撰写的报告《增长的极限》。该报告沿袭了前面几位学者的思路，但采用了比前述学者更新的方法，即控制论所提出的反馈概念。该书的结论是：（1）如果世界人口、工业化、污染、粮食生产以及资源消耗按现在的增长趋势继续不变，这个星球上的经济增长就会在今后一百年内某个时候达到极限。最可能的结果是人口和工业生产能力这两方面发生颇为突然的、无法控制的衰退或下降。（2）改变这些增长趋势，确立一种可以长期保持的生态稳定和经济稳定的条件是可能的。（3）如果世界上的人决定努力争取这第二种结果，而不是第一种，那么他们愈早开始努力，取得成功的可能性就愈大。

该书的出版产生了起码两个结果：一是促进了环境经济学、能源经济学、生态经济学和未来学的发展；二是催生了反对的意见，即认为人口增加和经济增长从长期来看并不会导致增长的极限。

1974 年，美国拉特格斯大学的约瑟夫·J. 塞尼卡（Joseph J. Seneca）和迈克尔·K. 陶西格（Michael K. Taussig）合作出版了世界上第一部环境经济学专著《环境经济学》。[①] 该书主要分析了产生环境污染的经济原因，即通常所说的生产和消费活动的负外部性，进而探讨了社会治理环境污染的各种对策。接着，澳大利亚的戴维·詹姆斯（David James）、荷兰的赫伊布·詹森（Huib Jansen）和汉斯·奥普斯科尔（Hans Opschoor）于 1978 年合作出版了《应用环境经济学》。[②] 该书主要运用投入产出分析方法、费用-效用分析方法等分析了环境污染问题及其治理。此外，托马斯·思德纳于 2002 年出版了《环境与自然资源管理的政策工具》。[③]

2. 为经济增长、人口增加辩护

早在 20 世纪 50 年代，美国经济学家阿瑟·刘易斯（Arthur W. Lewis）在其 1955 年出版的《经济增长理论》中就已经关注人口问题，主要是分析经济增长对人口增长率的影响。他对人口问题抱有一种乐观的态度，相信经济增长最终会解决人口问题，不过对发展中国家的人口问题，他并不乐观，人口高速增长对发展中国家的经济发展是一个打击。人口的高速增长同样使城市失业问题难以解决。他探讨了适度人口规模这个问题。

与《增长的极限》相对立的观点很快出现了，其代表是朱利安·西蒙（Julian Simon）于 1977 年出版的《人口增长经济学》及于 1981 年出版的《最后的资源》。他的结论是：基于马尔萨斯收益递减规律的人口增长影响传统模型，只是用假设的试验数据计算得出人口增长降低生活水平的结论，而实际统计表明的事实与他们得出的结论完全不是一回事。如果进一步考虑人口创造和推动技术发展、带来规模经济性等因素，从较长一段时间考察其综合结果，就会发现，人口的增长将是经济发展和人均生活水平提高的动力之一。

第四节　微观经济学

在凯恩斯革命之后，微观经济学虽然在价值论、分配论、市场论、厂商论等传统领域都有一定的发展，但最重要的发展是对新古典微观经济学中的完全信息假设提出挑战，可以说是进行了一场革命。这场革命从任何个人和任何组织都面临信息不完全和不对称这种状况这一基本前提假设出发，分析了在此假设之下各类经济主体的决策行为和行动方式，从而分析了众多方面的经济现象，更加深刻地揭示了实际市场的运行机制，大大深化了人们对市场运行机制的认识。

---

① 塞尼卡，陶西格．环境经济学．南宁：广西人民出版社，1986.

② 詹姆斯，詹森，奥普斯科尔．应用环境经济学．北京：商务印书馆，1986.

③ 思德纳．环境与自然资源管理的政策工具．上海：上海三联书店，2005.

一、价值论与收入分配理论的新发展

1. 一般均衡理论的发展

法国经济学家瓦尔拉斯于1874年出版《纯粹经济学要义》，研究了使一切市场（指所有商品的市场）都处于供求相等状态的一般均衡，成为西方数理经济学和一般均衡理论的创建者。20世纪初期意大利经济学家帕累托和巴罗尼对一般均衡理论做了进一步的发展。稍后，出生于匈牙利的银行家兼数理经济学家施莱辛格（Karl Schlesinger）于1914年出版《货币和信用经济理论》，发展了瓦尔拉斯的货币理论。瑞典经济学家卡塞尔于1918年出版《社会经济理论》，简化了瓦尔拉斯一般均衡理论模型。

一般均衡理论逐渐被认为是经济学理论的核心。不过严重的问题是瓦尔拉斯证明均衡价格解存在的方法，即未知数与独立方程式数相等，后来被人发现是有问题的。这种方法不能证明非线性方程组有解。而瓦尔拉斯的方程组不能保证每个方程都是线性的。而且即便每个方程都是线性的，也需要保证每个均衡价格解都必须是非负的。于是，为了证明非负均衡价格解的存在，必须另辟蹊径。

（1）证明非负一般均衡价格解的存在性、唯一性、稳定性、最优性。

从20世纪20年代开始，一些小型学术团体开始对一般均衡理论进行了进一步的探索，其中一个学术团体是由奥地利学派经济学家卡尔·门格尔之子、数学家小卡尔·门格尔（Karl Menger，Jr.）所组建的。该团体于1929年发表宣言《世界的科学视野》，吸引了欧洲不少学者。其中一位是出生于罗马尼亚的瓦尔德（Abraham Wald），他用20世纪20年代刚刚发展出来的新数学理论（拓扑学里的不动点理论），在1936年的论文中证明了只要需求函数具有一定的特征，一般均衡方程就足以求解所有商品的均衡价格和均衡数量。

与瓦尔德大致同时，同样受到小门格尔吸引的冯·诺依曼在1938年的论文中也用相同的方法证明了一般均衡方程组均衡解的存在。

不久之后，英国经济学家希克斯于1939年出版《价值与资本》，该书在序数效用论的基础上，以比较简单的术语描述了一般均衡理论，尤其是给出了均衡的稳定性所需要满足的条件。

1941年，美国经济学家萨缪尔森写成了《经济分析基础》（因战争推迟到1948年出版），论证了一般均衡解的稳定性。

1954年，美国经济学家阿罗和德布鲁一起发表了论文《竞争性经济中均衡的存在》，用更好的方法证明了一般均衡解的存在性。

1959年，德布鲁出版《价值理论》，用法国数学界布尔巴基（Nicolas Bourbaki）学派的公理化方法再次证明了一般均衡解的存在性。不过，它也有不足之处：一是它尚未证明均衡的稳定性；二是它尚未把货币考虑进模型；三是它以规模报酬不变为基本公理之一，而这与现实差距过远。

（2）对一般均衡理论的质疑。

对一般均衡理论的质疑，一是来自奥地利学派，二是来自新剑桥学派。

奥地利学派最新一代代表人物伊斯雷尔·M. 柯兹纳（Israel M. Kirzner）认为，对一般均衡的数学论证和描述，往往忽略了市场从非均衡状态走向均衡状态的过程；尤其是忽略了企业家的创新活动。

奥地利学派还批评研究一般均衡的经济学家往往以一般均衡状态的优越性来为市场机制辩护，殊不知市场机制的优越性并不在于它会自动趋向一般均衡，而在于它是一种处理任何人都无法完全收集并统一整理的分散信息的最佳机制。

由于对凯恩斯革命的内涵有着自己的看法，新剑桥学派的经济学家琼·罗宾逊、斯拉法及卡尔多等人认为那场革命绝不仅仅是否定了新古典主义的充分就业前提，创立了宏观经济学，而是整个抛弃了新古典主义。因此，必须把凯恩斯所进行的革命推进到微观领域，建立崭新的微观经济学。新剑桥学派经济学家从 20 世纪 50 年代开始，就提出了自己的资本理论、分配论和价值论。

新古典主义关于资本有两个基本命题：一是可以从各种形式相异的具体资本品那里抽象出一般意义上的同质资本；它的边际生产力及其供给便决定了均衡的利率。二是一般意义上的同质资本与劳动在生产中的配合比例，是利率的单值减函数。

①资本存量的估算与测量。

琼·罗宾逊在 1953 年发表的著名论文《生产函数与资本理论》及此后发表的一系列论文中，对新古典经济学关于资本理论的上述两个命题进行了批判。她指出，认为利率由资本边际生产力决定的观点是错误的。为了求得利率，就需要了解资本的边际生产力，而这就需要知道资本的总量，而为了知道资本总量，就需要知道利率，以便用利率去除资本的收益。这就陷入了循环论证。同时，把各种不同的资本品加总成资本总量也并不容易。

②技术再转换。

关于技术再转换问题的分析，则是用来批驳新古典主义关于资本问题的第二个命题。第二个命题的关键论点是认为资本与劳动之间的配合比例是利率-工资率变化的单值函数。新剑桥学派论证，当利率由低而高或由高而低变化时，理性厂商选择的技术会出现轮回，即厂商在利率很低时所采用的技术会在利率很高时又重新采用，这种现象就是技术再转换。

③用商品生产商品的价值论。

斯拉法于 1960 年出版的小册子《用商品生产商品》，为新剑桥学派的收入分配理论提供了一个价值论基础，标志着新剑桥学派价值论的正式建立，也标志着新剑桥学派与新古典主义的彻底决裂。他的分析说明了剩余（国民收入）的生产和商品价值（或生产价格）的形成是由物质生产条件决定的，是一个客观的过程；而剩余的分配则是与社会制度因素和生产关系有关的过程，涉及阶级之间的利益关系。

新剑桥学派以斯拉法理论为基础，批判了新古典综合的理论观点，提出了自己的价值论和分配论。他们认为，新古典综合派的边际生产力分配论是完全错误的：首先，新古典综合派企图不考虑社会制度因素，只从生产的技术条件方面来解释收入分配方式，把现行制度中的工资和利润分配格局看成是公平合理的，这一理论不仅不能说明资本主义经济中收入分配的实际状况，而且歪曲了真实的状况。其次，按照新古典综合派的边际生产力分配论，必须先依照一定的价值（或价格）计算出各种异质资本品的价值（或价格）总量，然后才能计算出资本的边际产量的价值（或价格），再得出利润率和利润额；而斯拉法的生产方程体系已经证明，计算资本总量必须以一定的收入分配条件（即利润率与工资的确定）为前提，因此，边际生产力分配论在逻辑上是一种循环论证。

④收入分配份额的决定。

新剑桥学派的分配论，主要由卡莱茨基、琼·罗宾逊及卡尔多所创立。卡莱茨基在1939年出版的《经济波动理论文集》一书中，分析了垄断程度和投资规模对收入分配份额的决定作用。20世纪40年代，在凯恩斯革命和卡莱茨基的影响下，琼·罗宾逊开始对新古典主义的收入分配论产生了怀疑。这种怀疑表达在她1947年出版的《论马克思主义经济学》一书中。20世纪50年代，她开始形成完整的收入分配论，其要点集中在她1957年发表的《分配论》上。卡尔多在20世纪50年代发表的论文《各种不同的分配理论》中，也系统介绍了新剑桥学派的分配论。

琼·罗宾逊区分了短期和长期的收入分配问题。在短期中，资本和劳动的数量一定，生产力水平一定。假定政府和稀缺性生产要素不存在，国民收入完全分解为工资和利润。假设工人的储蓄倾向为零，则收入分配状况可由卡莱茨基的下述名言来概括：工人花费他们所得到的，资本家得到他们所花费的。琼·罗宾逊的结论是：就短期情况而言，在一定的生产力下，工资在产值中所占的份额是三种独立的影响的结果。其一，投资率越低，则所占的份额越大。其二，由企业的价格政策和劳动市场的谈判地位的相互作用造成的垄断程度越高，则所占的份额越小。其三，个人的消费倾向和企业分配利润的倾向越低，则所占的份额越大。

琼·罗宾逊指出，在长期中，收入分配状况取决于三个因素：一是资本-劳动比率；二是资本与劳动之间的替代性；三是技术进步的性质及需求偏好的发展。

2. 分配论

（1）克拉克对经济增长中个人收入分配的研究。

科林·克拉克（Colin Clark）在其1940年出版的《经济进步的条件》一书中，研究了经济增长过程中个人收入分配的变化趋势。他从美国和丹麦的收入统计数据看到，收入不公平的最重要来源是通过买卖债券和其他资产所得的大量收益，从这一方式得到的收入集中于小部分人。在导致收入不公平的来源中，这是一个比利息更重要的来源，而利息是比股息更重要的来源，股息是比租金更重要的来源。而在工薪阶层和农民群体中，收入不公平性相对较小。从长远看，每个国家的趋势都首先是收入不平等增加，达到顶点后，将出现这样一个趋势，即实现更大的收入平等。

（2）库兹涅茨收入分配的倒U形曲线。

西蒙·库兹涅茨（Simon S. Kuznets）于1953年出版了具有里程碑意义的《高收入阶层在国民收入与储蓄中所占份额的研究》，首次运用历史序列的收入分配数据进行分析。接着他于1955年发表《经济增长及收入不平等》，于1963年发表《关于经济增长理论》，根据一些国家的横截面数据，提出了收入分配的倒U形曲线，即随着人均收入由低到高，收入分配首先趋于差距扩大，到某一点之后又会趋于缩小。

但是这种基于横截面数据所得到的倒U形曲线后来受到了挑战，一些经济学家从一个国家的时间序列数据中发现并不存在这种收入分配随人均收入增长呈倒U形变化的趋势。

(3) 明塞尔的人力资本理论。

由雅各布·明塞尔（Jacob Mincer）发展起来的人力资本理论，可以解释收入分配的不平等与黑人和妇女的地位恶化。

(4) 对劳动收入差距的理论说明。

凯恩斯以前的古典经济学时期，经济学家一般关注三大阶级之间的收入分配。与此不同，凯恩斯以后的经济学家有许多转向关注劳动阶级内部收入分配差距问题，力图对这种差距给出理论上的解释。

丁伯根于1975年发表《收入分配：分析和政策》，依据劳动力二元市场假说，即发达社会存在一个高技能的熟练劳动市场和一个由于受教育程度较低而缺乏技能的非熟练劳动市场。这就引起了收入分配上的差距。他进一步提出，通过加强教育可以使收入差距缩小。然而技术进步会拉大收入差距，因为技术进步会扩大对有技术劳动力的需求而减少对无技能劳动力的需求。他认为收入差距的变化是教育和技术进步比赛的结果：若教育比技术进步发展快，则收入差距有可能缩小；若技术进步比教育发展快，则收入差距有可能扩大。由此分析他得出的政策结论是：政府应当增加教育投资，以使教育发展快于技术进步；同时还要指导技术进步，以增加社会对低技能劳动力的需求；并且政府要实行较高的财产、资本和遗产税。[①]

依循上述思路，不少经济学家在20世纪末21世纪初进一步研究了这个问题。赫尔普曼概括了他们的观点，指出大多数发达国家的工资分配不平等程度在增加，对此有两种具有竞争性的解释：不发达国家融入世界贸易体系和新的技术变革。

落后国家参与国际贸易拉低了发达国家非熟练工人的工资，而技术进步则提高了发达国家熟练工人的工资。他认为这两种因素都在起作用。

(5) 皮凯蒂的《21世纪资本论》。

托马斯·皮凯蒂（Thomas Piketty）于2013年出版《21世纪资本论》，其研究的领域是收入和财产的分配问题，以及与之密切相关的社会公平与效率问题。

皮凯蒂首先回顾了18、19和20世纪对不平等现象的描绘和对不平等原因的分析。他认为，自20世纪以来，收入和财富的分配问题被主流经济学忽视了。他提出要把收入和财富分配问题重新纳入现代经济学的重要主题之一。

从定义一系列资本、收入等概念入手，皮凯蒂考察了自18世纪以来英、法、德、美等国资本、收入的变化及资本收入和劳动收入相对比重的变化。通过考察，他得出了两个主要结论：第一，财富分配的历史总是深受政治影响，是无法通过纯经济运行机制解释的。第二个结论，也是本书的核心：财富分配的动态变化表明，有一个强大的机制在交替性地推动着收入与财富的趋同与分化。那些长期存在的促进不稳定和不平等的力量并不会自动减弱或消失。[②]

从第一个结论出发，皮凯蒂不赞同库兹涅茨倒U形曲线，因为它意味着随着经济的增

---

① 普雷斯曼．思想者的足迹．南京：江苏人民出版社，2001：286-287.

② 皮凯蒂．21世纪资本论．北京：中信出版社，2014：21-22.

长，收入分配会自动趋向平等。事实是“在 1910—1950 年，在大部分发达国家发生的不平等的减少主要是源于战争以及应对战争冲击而出台的一系列政策。同样，1980 年以后不平等的重现很大部分是源于过去几十年，尤其是针对税收和金融方面的政治转变”[①]。

对于第二个结论，皮凯蒂认为“知识和技能的扩散”是推动平等的主要力量。[②] 而比推动平等的力量经常更强大的力量一是“高收入者的收入要远远高于其他人”，而当前导致不平等的具体原因之一就是职业经理人的过高报酬。[③] 然而，“更重要的是，当经济增长疲软而资本回报高的时候，在财富积累和集中的过程中会伴随着一系列的分化力量”[④]。在他看来，根本性分化力量，最主要的就是资本收益率（他记为 r）在长期中总是大于国民收入的增长率（他记为 g），即在长期当中存在着 $r>g$。[⑤] 他认为这是收入和财富分配不平等的根源，尤其是在经济停滞时期，不平等将会进一步加剧。虽然在一定时期不平等会有所缓解，但他的“核心观点是资本收益率与经济增长率之间明显而细小的差距，将在长期内对社会不平等的结构和演变产生强大而不稳定的影响”[⑥]。因为若资本收益率 r 高于经济增长率 g，那就“意味着，即使没有劳动收入，只将过去积累的财富再资本化就可以比经济增长快得多。……如果财富足够多，不必消耗完每年的租金就可以过得很好，从而有更多的储蓄，那么财富的增长将快于经济的增长，即使没有从劳动中得到收入，财富的不平等也会有扩大的倾向”[⑦]。那么为什么资本收益率 r 在大多数时间里都高于经济增长率 g 呢？他的回答是：“$r>g$ 这一不等式应该被视作依赖多重机制的历史事实，而不是绝对的逻辑必然。它是多种力量共同作用的结果，而各种因素在很大程度上相互独立：一方面，经济增长率 g 结构性地偏低（一旦人口结构转换完成，国家达到了世界技术前沿水平，而在创新步伐相当缓慢时，g 的数值通常不高于 1%）；另一方面，资本收益率 r 取决于很多技术、心理、社会和文化的因素，它们共同决定了 4%～5%的收益率（不管怎样都大大高于 1%）。”[⑧] 他反对单纯以“时间偏好”来解释资本收益率的决定。[⑨] 可以说，他对于 $r>g$ 的这个解释是不太有说服力的。这可能是他整个理论体系的一根软肋。

皮凯蒂并不认为收入和财富的不平等是市场失灵的结果，反而是“资本市场越完善（从经济学家的角度看），$r>g$ 的可能性就越大”[⑩]。因为市场越完善，资本的收益率就越高。

为了论证这一点，皮凯蒂首先定义了他所谓的资本，简单地说，他的资本概念包括了一切能够给人带来收益的非劳动要素，包括物质资本（土地、建筑、基础设施以及其

① 皮凯蒂．21 世纪资本论．北京：中信出版社，2014：21-22，241.
② 同①23，71.
③ 同①26.
④ 同①24.
⑤ 同①27.
⑥ 同①77.
⑦ 同①360-361.
⑧ 同①370.
⑨ 同①368-369.
⑩ 同①28.

他一些产品）和非物质资本（专利及其他知识产权），但不包括人力资本。① 然后他提出了资本主义第一定律：

$$\alpha = r \times \beta$$

其中，α 为资本收入占国民收入的比重，r 为资本收益率，β 为资本-收入（产出）之比（即单位产出所占用的资本）。② 这是一个纯粹的会计恒等式，表明了三个变量是相互联系的。③ 他进一步提出资本主义第二定律：

$$\beta = s/g$$

其中，s 为储蓄率，g 为经济增长率。④ 他认为这个“公式反映了一个浅显但重要的事实：储蓄较多而增长缓慢的国家将在长期中积累起更大数量的资本（相对于收入而言），而巨额资本反过来会对社会结构和财富分配产生重大影响”⑤。他认为这个公式反映的只是长期中的稳定均衡状态，而短期冲击有可能使得等号暂时不能成立。⑥

而把资本主义第二定律代入资本主义第一定律，就可以得到：

$$\alpha = r \times s/g$$

它表明，只要在长期当中资本收益率 r 和储蓄率 s 都大于增长率 g，且 g 不断变小，那么资本收入占国民收入的比重 α 就将不断增大。

那么长期当中 α 不断增大是如何影响到收入不平等的呢？是否这种不平等仅仅反映在资本收入与劳动收入两者之间呢？为了分析这个问题，皮凯蒂指出，所有社会中“收入差距主要由两个原因造成：一是劳动收入的不平等；二是资本收入的不平等，而这正是财富极端集中的后果”⑦。他批评以往一些衡量“收入不平等的统计指标……比如基尼系数，就是把诸如劳动和资本的不平等之类迥异的问题混杂在一起，使人根本不可能明确区分不平等的多个维度和各种运行机制”⑧。在分析两种不平等时，他观察到一个规律：“资本导致的不平等总比劳动导致的不平等更严重，资本所有权（及资本收入）的分配总比劳动收入的分配更为集中。”⑨ 而为了衡量社会收入不平等的程度，他提出“把人口细分成最贫穷 50%、中间的 40%和最富裕 10%……这个办法可让任何一位观察家看到，不同社会人群实际获得的收入是否或在多大程度上反映了国内产值和国民收入的增长”⑩。因为“只看到有些人享有极高收入是不够的……归于最上层 10%或 1%人群的收入（或财富）比重才是判断一个社会有多不平等的有用指数，因为它不仅反映了极高的收入或

---

① 皮凯蒂．21 世纪资本论．北京：中信出版社，2014：46，49.
② 同①52.
③ 同①53，56.
④ 同①168，169.
⑤ 同①169.
⑥ 同①171-174.
⑦ 同①51，247.
⑧ 同①241-248.
⑨ 同①248.
⑩ 同①273.

极大财富的存在，也反映了获得这种报酬的人数”[①]。我们可以把这个指数称为“皮凯蒂指数”。皮凯蒂认为劳动收入分配的最上层10%或最低层50%不是构成财富分配最上层10%或最低层50%的同一批人，收入最高的1%不是占有财富最多的1%，因此，“劳动收入、资本占有和总收入（包括劳动和资本）的前10%和前1%群体是分别定义的”[②]。他指出，在传统社会，劳动收入的最上层与财富占有的最上层是负相关的，而现代社会则是正相关的，但相关系数小于1。他的这种看法，反映了现代社会（不像工业革命初期）的贫富差距并不是完全以是否拥有资本或财富为界的，拥有小额资本财富（如拥有一座加油站）的人未必就一定比出卖劳动的人（比如大公司的高管）收入更高。

皮凯蒂指出，劳动收入的不平等是一种温和的不平等。[③] 而资本收入的不平等才是极端的不平等。[④] “总收入不平等更接近劳动收入不平等而不是资本收入不平等……因为劳动收入一般占国民收入的2/3～3/4。”[⑤] 他根据有关数据，统计出2010年美国社会总收入的皮凯蒂指数，最上层10%的人占有国民收入的50%，最上层1%的人占有20%。[⑥] 他指出，出现严重不平等的原因有三个：（1）一个社会财富或资本高度集中在小部分继承人手上，总收入的皮凯蒂指数主要由资本收入的不平等主导，他称这种社会为“超级继承社会”；（2）一个社会的高收入主要集中在一些超级精英（大公司高级管理者、影视明星等）手上，总收入的皮凯蒂指数主要由劳动收入的不平等主导，他称之为“超级精英社会”；（3）上述两种社会的并存。[⑦]

皮凯蒂进一步分析了劳动收入不平等程度变化的原因和资本收入不平等现象变化的原因。

对于劳动收入不平等程度变化的原因，皮凯蒂指出了三个因素：（1）用教育与技术赛跑理论来说明教育滞后于技术进步而引起的低技能劳动者的低收入，这种低收入扩大了劳动收入的差距；（2）政府定期不断提高最低工资的政策，这种政策有助于缩小劳动收入的差距；（3）英语国家尤其是美国高级管理者的兴起，这引起劳动收入差距的扩大。[⑧] 对于前两个因素，他的结论是：“总而言之，长期来看，增加收入和降低收入不平等的最好方式是对教育和技能进行投资。长期而言，最低工资和工资制度本身不可能推动工资呈5倍或10倍速度增长；要实现这么快的增长，教育和技术是决定性力量。然而，在由教育和技术的相对进步所决定的时期，劳动市场的规则在工资设定过程中扮演着关键角色。”[⑨] 对于第三个因素，他认为大公司高级管理者的高报酬“与他们的个人生产率没有任何明确的联系”，而是由于“这些高级管理者拥有制定自己薪酬的权力”[⑩]。“那些

① 皮凯蒂．21世纪资本论．北京：中信出版社，2014：257.
② 同①258.
③ 同①259-261.
④ 同①261-264.
⑤ 同①267.
⑥ 同①253，268.
⑦ 同①268-269.
⑧ 同①第九章．
⑨ 同①320-321.
⑩ 同①26.

有权决定薪酬的人天然拥有对自己慷慨的动机，或至少会对自己的边际生产率给出过度乐观的估计。”① 而一些国家降低了个人收入的边际税率，也对这些高级管理者提高自己的薪酬以很大刺激。② 当然，他们并不能无所顾忌地为自己规定任意高工资，要受到一定的社会规范的制约。③ 他的结论是：“边际生产率理论及教育与技术赛跑理论为工资分配的长期演变提供了一种合理的解释，至少是在一定的工资水平内、在一定的精确程度上可以解释。”但是对于高级管理者的薪酬，“社会规范的解释力随之增强”④。

对于资本收入不平等程度变化的原因，皮凯蒂观察了19—20世纪的情况，得到的“第一个结论是，在1914—1945年的一系列冲击之前，资本所有权不平等程度并未呈现明显的下降趋势。实际上，资本的集中度在19世纪有轻微上涨趋势（在已经很高水平的基础上），在1880—1913年甚至出现了螺旋式加速上升的特征”⑤。而二战结束以后，资本所有权的集中度有所下降，“今天的财富不平等程度明显低于一个世纪之前：当前前10%人群所占财富比重为60%～65%，仍旧相当高，但明显低于‘美好年代的水平’”⑥。他认为其原因“在于出现了世袭中产阶层，他们大约占有1/3的国民财富——一个相当重要的数额……这一阶层由那些管理自有资本的个人组成，几乎占了人口的一半”⑦。另外，“1914—1945年的一系列冲击后，财富不平等程度大幅度下降的原因最容易解释。由于战争和一些政治原因，资本遭受了一系列极端暴力冲击，同时，资本冲击又加深了战争和政治问题的影响，资本-收入比也因此出现‘坍塌式’下降”⑧。还有就是“到了20世纪，政府开始对股息、利息、利润和租金征收各种各样的税，这就彻底改变了社会形态”⑨。但是，“人口中最贫穷的一半依然一无所有，只不过现在有了所谓‘世袭中产阶层’，其成分占了社会财富总额的1/4～1/3”⑩。他的结论是：“当今欧洲的财富集中度明显低于‘美好年代’，这主要是由一些偶发事件（1914—1945年的冲击）和一些特定制度设计（如对资本及其收入征税）所致。”⑪ 简言之，两次世界大战对存量资本或财富的大规模毁坏、中产阶层的兴起、政府的税收政策三管齐下，才使得财富的不平等程度没有恢复到以前曾经的最高水平。

那么，巨额财富是如何在少数人那里集聚起来的？为了回答这个“极为关键的”问题，皮凯蒂“进一步分析继承和储蓄在资本积累中的相对作用及其长期变化”⑫。他的结论是：“当资本收益率长期明显高于经济增长率时，继承财富（过去积累的财富）必然会变得比储蓄财富（当下积累的财富）更重要。从严格逻辑上讲，储蓄财富也可能比继承

① 皮凯蒂．21世纪资本论．北京：中信出版社，2014：339.
② 同①356－357.
③ 同①339－340.
④ 同①341.
⑤ 同①348－349.
⑥ 同①355－356.
⑦ 同①356.
⑧ 同①378.
⑨ 同①383.
⑩ 同①387.
⑪ 同①386.
⑫ 同①387.

财富更重要，但推动继承财富重要性超越储蓄财富的力量要远远大于另一方向的力量。以 $r>g$ 表述的不平等从某种意义上说意味着……过去积累的财富无须劳动即可自我增长，其增速还高于工作挣来的用于储蓄的财富。由此，几乎不可避免的是，过去形成的不平等具有持续性和特殊重要性，即继承财富更为重要。”① 他分析了年度遗产和馈赠占国民收入比重（b_y）的三个决定因素：

$$b_y=\mu\times m\times\beta$$

其中，μ 是逝者死亡时的平均财富与在世者平均财富之比，m 是死亡率，β 是可继承的私人财富总额占国民财富的比重。显然，这三个因素越大，则年度遗产和馈赠占国民收入的比重也就越大。② 除了继承财富之外，由于大公司高级管理者的高报酬引起的储蓄财富也在增加，但是在 $r>g$ 的条件下，这些“创业者最终都会变成食利者”③。继承财富终将占据主导地位，“继承财富的现象在全球范围的再现将是 21 世纪的重要特征”④。因此，“未来的世界可能会糅合过去世界的两大弊端：一方面存在巨大的由继承财富造成的不公，另一方面又存在以能力和效率为理由的因薪酬造成的巨大贫富差距（其实这种说法并没有道理）。因此，走向极端的精英主义就很容易产生高管和食利者之间的赛跑，最终受损者则是在旁观赛的普通大众”⑤。他指出：“总体的变迁趋势很清楚：……1970 年以来私人财富在发达国家强劲回归……出现了新型的承袭制资本主义。”⑥

皮凯蒂的结论就是：“总而言之：贫富差距的根本动因就是……以 $r>g$ 公式表达的不平等，这种不平等机制与市场竞争不完全没有关系，因而也不会因为市场变得更加自由或竞争变得更加完全而消失。因此，认为完全的自由竞争会让继承财富消失并让世界形成精英治理的公序良俗，这种想法属于危险幻想。”⑦ “认为现代经济增长的本质特征或者市场经济法则能够确保降低财富不平等并实现社会和谐稳定是一种幻想。”⑧

对于 21 世纪，皮凯蒂认为，如果长期资本-收入比 β 和资本收益率 r 能够略微下降，经济增长率 g 虽然会低于 20 世纪但仍然高于 18 世纪以前的大多数时期，“那么就算资本税被废除，财富的集中度也不会回到 1900—1910 年那样的极端水平”⑨。不过，由于在资产管理中存在的规模经济效应，“即资产管理规模越大，平均收益率就越高”⑩，以及拥有大额资产者往往更能够承受风险，所以“大额财富的增速将永远高于平均财富的增速（至少高出一倍）……诚然，全球超级富豪的财富在全球财富总额中的比重很小，但增速却相当可观。如果这种演变趋势无限制发展下去，那么到 21 世纪末，全球财富中的很大

---

① 皮凯蒂．21 世纪资本论．北京：中信出版社，2014：388.
② 同①393－394.
③ 同①406.
④ 同①442，296.
⑤ 同①430.
⑥ 同①176.
⑦ 同①437.
⑧ 同①386.
⑨ 同①385.
⑩ 同①444.

一部分将集中在超级富豪手中”①。“只有对资本实行累进税才可有效遏制这样的势头。”②

皮凯蒂认为，解决不平等问题的主要对策是征收“全球范围内的累进资本税。这样的税制还有另外的好处：让财富置于民主监督之下，这对于有效监管演化体系和全球资本流动也是必要条件。资本税有助于让公共利益超越私人利益，同时又可保持经济的开放度和自由竞争”③。同时，实行全球累进资本税，还需要“配合非常高度的国际金融透明度”④。他认为，在国际金融高度透明条件下的全球累进资本税，其目的主要不是为各国政府融资，而是管理资本主义制度。“首先，其目标是终止无限增加的财富不平等；其次，是对金融和银行体系施加有效管理以避免危机。欲达此两端，资本税需先提高民主和金融透明度：谁在全世界拥有何种资产应该清晰透明。”⑤

皮凯蒂的上述观点表明，他虽然不是一个信奉马克思主义的学者，也没有多少热情对未来可能或应当建立的社会主义进行描述和探讨，但他肯定是一个不满意于社会不平等思想的正直学者，他所提出的解决社会不平等的全球累进资本税方案也确实是一个值得深入研究的建议。在马克思和恩格斯所向往的那种共产主义社会尚未能实现的今天，他的方案也不失为一种也许可行的实用措施。

二、决策理论的新发展

以瓦尔拉斯的一般均衡理论和马歇尔的局部供求均衡理论为代表的新古典微观经济学一直以经济行为主体具有完全且对称信息为隐含的基本假设前提，分析他们在此假设前提下、在唯一的约束即资金约束下，做出各种经济决策，并实现目标函数的最大化。

凯恩斯以后，微观经济学领域最大的变化或者说革命，就是对经济主体（家庭与企业）决策行为的深入分析，起码从两个方面补充修正了简单的决策理论：一是改动了目标函数最大化的假设；二是除了资金约束之外，增加了信息约束，强调经济主体的信息往往是不完全且不对称的。

1. 对目标函数的修正

威廉·鲍莫尔（William Baumol）提出大公司高级管理者的目标并非公司利润最大化，而是产值最大化。

赫伯特·西蒙（Herbert Simon）提出，由于人的有限理性，企业家的行为目标未必就是利润最大化，而是实现“令人满意”的目标。⑥

2. 信息约束与信息经济学

奈特早在1921年出版的《风险、不确定性和利润》中，就已经涉及信息不完全这一

① 皮凯蒂．21世纪资本论．北京：中信出版社，2014：449.
② 同①453.
③ 同①485－486.
④ 同①531.
⑤ 同①535.
⑥ 贝尔，克里斯托尔．经济理论的危机．上海：上海译文出版社，1985：101.

约束条件对经济主体决策的影响。

美国律师伯利和经济学家米恩斯于1932年出版《现代公司与私有财产》，以大公司内部所有者与经营者之间的信息不对称为前提分析了大公司的行为目标、结构及运行机制。

科斯于1937年发表《企业的性质》，虽然没有明确提到信息不完全现象，但实际上指出由于人们获取信息需要成本，因此人们不可能得到完全信息，从而需要用厂商这种非市场组织来实现一部分资源的合理配置。

哈耶克为市场机制辩护的理由就是没有任何人及任何组织能够拥有完全的经济（所有商品与供求有关的）信息。

施蒂格勒（George J. Stigler）1961年出版《信息经济学》，提出在没有瓦尔拉斯拍卖商的现实市场中，买卖双方都需要搜集价格信息，即发生搜寻行为。但由于搜集信息要付出成本，任何买者都不可能知道所有卖者在既定时点出售商品的全部价格，卖者也不可能知道其全部竞争对手的售价，因此所有交易都不可能按统一价格进行，追求效用最大化的家庭和追求利润最大化的厂商都可能并未实现自己的目标。而且劳动市场的情况与商品市场一样，寻求理想岗位的劳动者和寻求理想工作者的厂商都需要花费时间去搜寻，这就导致了因为搜寻而产生的失业，这种不同于总需求不足而产生的失业可以被称为“摩擦性失业”，由此产生的失业率可以被称为“自然失业率”。①

美国经济学家金德尔伯格（Charles P. Kindleberger）指出，越来越多的经济理论家抛弃了原来对市场参与者智力等同、拥有同样的信息、具有独立思考能力这一假定的依赖，引入信息不对称（不同的参与者拥有的知识不同）、认识不一致（无意识地压制与一般观点不一致的信息）、从众行为以及耽误良机最终导致不能及时行动等概念。

三、家庭经济学的新发展

家庭作为一种经济主体，一般要做出如下方面的决策：财富积累决策（物质资本和人力资本）、收入决策（如何获取收入、获取多少收入）、消费-储蓄决策、消费内容决策。

1. 家庭生育经济学

家庭的财富积累包括物质财富和人力财富。而关于人力财富的一个重要决策，就是生育决策。

（1）莱宾斯坦对家庭生育现象的微观经济分析。

哈维·莱宾斯坦（Harvey Leibenstein）于1957年发表《经济落后与经济成长》，运用成本-收益分析方法，分析了家庭的生育决策。他分析了家庭收入增加对于生育决策的影响，认为父母收入增加对于子女作为消费品的功能不会有什么影响，但子女作为获取收益的生产品和保险品的意义将会下降。父母收入增加有可能提高子女的成活率从而降

① 马加什．现代非马克思主义经济学史：下册．北京：商务印书馆，1992：645－647．

低多生孩子的意愿。父母收入的增加往往会加剧他们让子女进入更高职业的愿望，从而会增加子女的培育费用；这往往减少了父母多生育的欲望。这就是莱宾斯坦对于经济增长何以会降低人口增长率的微观解释。

（2）贝克尔的家庭经济分析。

美国经济学家贝克尔（Gary Stanley Becker）于 1964 年发表《人力资本》，于 1981 年发表《论家庭》，运用经济学分析方法，探讨了传统上由社会学研究的家庭非经济决策及行为，如婚姻、生育等问题。贝克尔不再把家庭看作一个单纯的消费主体，而是同时把家庭看作一个人力资本的投资决策主体。他认为人们的婚姻决策同样基于成本-收益分析，一个人只有在通过婚姻获得的预期收益超过预期成本时才会结婚。他认为人们的生育决策也基于成本-收益分析：生育的成本是父母养育孩子的各项开支以及机会成本，尤其是时间成本；收益则是因为孩子类似于其他耐用消费品，能够在“消费”中获取快乐。他认为家庭并不仅仅是一个消费主体，同时还是一个人力资本的投资主体，投资的规模以投资未来的收益的现值相当于当前投资支出的数额为限。

（3）舒尔茨关于家庭生育计划的关键性假设。

舒尔茨在 1967 年的一次会议发言中提出了关于家庭生育计划的四个关键性假设：①全世界的父母对某种规模的家庭都有着偏好，因此，他们对其再生产年限内将有的孩子数目并非漠不关心。②全世界的父母都实行家庭生育计划。③父母在其家庭生育计划中的偏好是：当死亡率的下降对父母来说变得相当确定而可知的时候，他们将在尽可能大的范围内通过减少生育的数目来对死亡率的下降做出反应。④实现父母这些偏好的可能性主要取决于节育技术的可能性、实用性、可行性和相对成本。对于人口问题的未来趋势，他认为确实有强烈的迹象表明：死亡率和出生率之间的巨大差距正在缩小，而且在我们进入 21 世纪后，现在加在我们身上的人口危机将主要是一个历史问题。

2. 收入决策

收入决策包括希望获得什么水平的收入及如何获得希望的收入。这涉及家庭的工作-闲暇决策，研究这种决策的一个重要进展是由单期决策模型发展出跨期决策模型。跨期决策模型分析了两期消费的最优化问题。显然，两期最优化问题的分析比单期最优化问题的分析要复杂。因为若只考虑单期最优化问题，并把一个人的整个劳动生涯作为一期，则必然得出如下结论：很高的实际工资率将由于收入效应而引起劳动供给的减少。但若考虑两期最优化问题，把当前作为第一期，把此后的劳动生涯作为第二期，则当前很高的实际工资将引起当前劳动供给的增加，或者说，将使家庭用未来的闲暇替代当前的闲暇。同理，将来实际工资的增加造成将来劳动供给的增加，同时相应减少当前的劳动供给，即使家庭用当前闲暇替代未来闲暇。

3. 消费-储蓄决策

西方主流经济学对消费行为的研究，可以大致分为两个方面：一是对整个社会消费水平及其在国民收入中占比的测算及决定因素的研究，这种研究往往要分析家庭消费水平及在收入中所占比重的决定因素。因此这一方面的研究，往往被归于宏观经济学领域。二是对各种消费品结构的选择及变化趋势的研究。这一方面的研究，一般被归于微观经济学领域。

4. 消费内容或消费结构决策

（1）序数效用论。

英国经济学家希克斯与艾伦（R. G. D. Allen）鉴于基数效用论面临效用无法测定的难题，于 1932 年发表《重新考察价值理论》（又译《价值理论的重新审视》），提出了序数效用论，避开了对效用进行测量的难题。他们同时以序数效用论为工具，分析了收入变化对消费者需求的影响，区分了正常商品和劣质商品；还分析了商品价格变化对消费者需求的影响，区分了价格变化的收入效应和纯价格效应。

（2）恩格尔法则和施瓦贝法则。

科林·克拉克于 1940 年出版《经济进步的条件》，其中探讨了经济增长过程中消费变化的趋势。① 一是恩格尔（Ernst Engel）法则：当收入增加时，用于生活必需品的开支比重趋于下降。二是施瓦贝（Schwabe）法则：当总收入增加时，租金支出占收入的比重趋于下降。通过类似方法，可算出不同商品的需求收入弹性，可以发现制造业产品有较高收入弹性，服务业弹性更高。由此不难发现工作人口稳定地从第一产业转移到第二产业，再从第二产业转移到第三产业的基本原因。这些趋向可能由于第一产业和第二产业人均生产率的上升而更加突出了。

（3）显示偏好理论。

序数效用论的提出，避开了效用的测量难题。然而由于效用无法计量且无法观察，所以效用函数是难以给出明确形式的，只是一种无法实证检验的假说。它从一些公理出发推导出消费者的行为，如相对价格及收入的变化将如何改变消费者的消费选择。

萨缪尔森于 1943 年发表《用显示性偏好表示的消费理论》，提出了显示偏好理论。它允许在没有显性效用函数的情况下，从观测到的消费者的消费选择行为推导出其效用函数及无差异曲线的存在和性质。

（4）消费属性分析。

凯尔文·兰开斯特（Kelvin Lancaster）于 1966 年发表《消费理论新探讨》，以消费品的多种属性为基础，探讨消费者由于对消费品不同属性的不同偏好而形成的选择行为。

---

① 克拉克．经济进步的条件．北京：中国人民大学出版社，2020：第十三章．

教学支持说明

1. 教辅资源获取方式

为秉承中国人民大学出版社对教材类产品一贯的教学支持，我们将向采纳本书作为教材的教师免费提供丰富的教辅资源。您可直接到中国人民大学出版社官网的教师服务中心注册下载——http://www.crup.com.cn/Teacher。

如遇到注册、搜索等技术问题，可咨询网页右下角在线 QQ 客服，周一到周五工作时间有专人负责处理。

注册成为我社教师会员后，您可长期根据您所属的课程类别申请纸质样书、电子样书和教辅资源，自行完成免费下载。您也可登录我社官网的“教师服务中心”，我们经常举办赠送纸质样书、赠送电子样书、线上直播、资源下载、全国各专业培训及会议信息共享等网上教材进校园活动，期待您的积极参与！

2. 高校教师可加入下述学科教师 QQ 交流群，获取更多教学服务

经济类教师交流群：781029042

财政金融教师交流群：766895628

国际贸易教师交流群：162921240

税收教师交流群：119667851

3. 购书联系方式

网上书店咨询电话：010－82501766

邮购咨询电话：010－62515351

团购咨询电话：010－62513136

中国人民大学出版社经济分社

地址：北京市海淀区中关村大街甲 59 号文化大厦 1506 室　100872

电话：010－62515803　010－62516948

传真：010－62514775

E-mail：jjfs@crup.com.cn